건설달인이 본

건설업 노무관리 실무

발 간 사

1986년 6월 우리 사회는 자발적 시민항쟁을 통한 민주화 운동으로 여러 분야에서 새로운 변화를 가져왔지만 특히 산업화로 억눌렸던 노동자들의 권리 분출과 이로 인해 경험해 보지 못했던 새로운 노사정 구조가 만들어지게 되는 놀라운 일을 경험하게 되었습니다.

필자는 노동자들을 하나로 묶었던 그 엄청난 에너지로 인해 그 동안 금기시 되어왔던 노동문제들이 일상의 관심사로 표출되고 노동자들의 단결된 힘이 우리 사회를 조금씩 변화시키는 것을 목격하고 1988년부터 우리사회에 힘의 균형을 잃지 않는 건강한 노사관계가 필요하다는 생각을 바탕으로 노동문제 전문가가 되기 위해 필요한 공부를 시작하게 되었습니다.

1990년 10월, 20대 청춘의 부푼 꿈을 품고 산업노동연구원에 입사하면서 노동문제가 제 삶의 중심이 되었고 책에서 배웠던 이론들이 산업현장에서 어떻게 적용이 되는지를 경험하게 되었으며, 또한 책으로 접하지 못한 많은 사례들을 겪으면서 끝없이 배우고 연구하지 않으면 좋은 전문가가 될 수 없음을 깨닫게 되었습니다.

1995년 6월 29일 잊을 수 없는 삼품백화점 붕괴사고가 있었습니다. 대한민국 역사상 경험해 보지 못한 이 사건은 유가족에게도 이루 말할 수 없는 슬픔을 안겨줬지만 많은 국민들에게도 경악과 분노와 좌절감을 가져다 준 사건이었습니다.

필자도 당시 여러 유족들의 사건을 수임하며 법의 사각지대가 너무 많음을 알게 되었습니다. 백화점 입주업체 중의 중소기업 상당수는 산재보험에 가입되어 있지 않았고, 사고로 사망한 망인의 급여자료와 국세청에 신고한 원천징수 금액간에는 상당한 차이가 있었으며, 샵 마스터 자신이 받는 판매수당으로 보조직원을 고용하는 경우도 있었습니다. 그에 따라 샵 마스터의 근로자성여부 및 샵 마스터가 고용한 직원의 산재보험 적용 여부를 결정하는 문제가 쉽지 않았으며, 근로자성이 인정되는 직원의 경우에도 입증자료 부재로 인해 원만한 보상이 이루어지지 않는 등 많은 다툼이 발생하는 것을 보게 되었습니다. 필자는 이러한 상황속에서 유가족을 설득하고 회사의 자료를 복원하는 노력을 통해 입증 가능한 증거를 확보하여 많은 유족에게 산업재해보상보험법이 정하고 있는 보상을 받을 수 있게 하였습니다.

삼풍백화점 붕괴사고로 인한 산재보상을 담당하며 자연스럽게 필자는 산업재해에 많이 노출되는 건설업에 대한 관심을 가지게 되었습니다. 필자가 건설 노무관리에 집중하게 된 이래 건설 노무관리에는 커다란 변화가 찾아오고 있습니다. 그 중의 하나는 바로 시공참여자 제도의 폐지입니다.

그 동안 건설사업자의 지위를 부여하고 건설현장에서 허리역할을 담당했던 시공참여자 제도가 2008년 폐지됨에 따라 한동안 많은 혼란이 발생되었으나 시공참여자 제도의 폐지는 노동법상의 획기적인 변화가 시작되는 시발점이 되기도 하였습니다. 건설업은 수차의 하도급으로 이루어지는 수주산업의 특성을 지니고 있고, 직접고용 보다 도급의 형식과 용역·파견계약이 다반사로 이루어지고 있는 분업구조의 영역인데 그동안 이 영역에서 오랜 기간동안 법내 지위를 인정받던 시공참여자가 그 지위를 상실하게 되자 건설 산업 기본구조의 변화와 노동관계법 사용자의 범위확장, 4대보험법상의 보험가입자 변화로 인한 보험료 납부 책임이라는 노무관리의 중대한 변화를 가져오게 된 것입니다.

또한 2011년 4대보험 징수통합은 보험료의 산정단위가 세법상의 보수로 통일되면서 기존에 임금보다 그 모수가 큰 보수로 보험료를 산정해야 하는 결과로 보험료율의 인상없이도 자연스럽게 보험료가 가파르게 상승하는 결과를 초래했습니다. 건설업의 수주방식이 후진국형 최저입찰제를 지향하는 환경에서 2011년 사회보험료 인상은 경영에 막대한 지장을 초래하였고, 장기연속공사 시 종합건설사는 공공공사 발주처로부터 공기연장에 따른 간접비 보존을 받지 못해 추가되는 보험료로 인해 경영상의 막대한 손해를 감수해야 하는 상황이 되었습니다.

더욱이 2018.7.24.자로 개정된 국토교통부 사회보험 적용기준 변경으로 8일 이상 근무하는 일용근로자의 건강보험·국민연금 가입이 확대적용됨에 따라 앞으로 건설현장에 투입되는 거의 모든 일용근로자의 4대보험 가입·자격관리·보험료 납부를 보험가입자인 건설사가 관리하게 되어 해당 관리업무가 증가할 것으로 예견되고 있습니다.

전문건설사는 최저임금 상승, 건설업 기피현상에 따른 기능직 인건비의 수직상승과 이미 국내 건설인력을 대체하고 있는 외국인근로자들에 대한 특수한 노무관리, 시공참여자 소속 근로자의 노무관리 등과 같은 막중한 행정업무 뿐 아니라, 현장 일용근로자의 건강보험 가입회피, 변경된 4대보험 실무역량 부족 등에 따른 관리능력 미비, 여기에 더하여 정부의 제도변화에 따른 적극적인 홍보부족이라는 요인까지 겹치면서 노무관리에 막중한 부담을 지게 되었습니다.

급변하는 노무관리 변화에 적응하지 못한 건설사는 4대보험 징수통합 기관인 건강보험공단의 건강보험 실사, 근로복지공단의 고용산재보험료확정정산으로 수천만원에서부터 수십억대에 이르는 추징을 당하는 사태가 발생하였고 이로 인해 기업이 도산하는 지경까지 이르게 되었습니다.

규모가 있는 일부 종합건설사 외에는 전문적인 노무관리 담당자가 없으며, 대부분의 건설사는 수주와 시공에 에너지를 집중하는 업무특성 상 획기적으로 변화하고 있는 건설업 노동환경에 맞는 노무관리 전문 담당자를 배치하기 어려운 실정이다 보니 선제적 노무관리를 통한 비용절감 및 효율적 경영의 한계를 겪게 되는 여러 건설사를 현장에서 목격하게 된 필자는 안타까움을 금할 수 없었습니다.

이처럼 건설현장 노무관리 업무가 건설사 경영에 중요한 업무가 되었는데도 노무관리에 관한 전문적 업무 매뉴얼이 존재하지 않으며, 또 열악한 근무환경으로 인한 건설 노무관리 담당자의 높은 이직률 때문에 수시로 변경되는 노무관리 정보를 건설 현장에 적시에 적용하는데 한계가 있음을 목격하게 되어, 열악한 건설 노무관리 분야에 관심있는 사람들을 위해 재능기부 차원으로 2010년부터 네이버에 "건설업노무관리달인", 줄여서 [건설달인]이라는 이름으로 블로그를 개설하여 복잡하고 다양한 건설업 노무관리 정보를 분야별로 포스팅하게 되었으며, 현재 1200개의 다양한 정보를 등록하여 누적 방문자수가 300만명에 이르게 되는 등 많은 분들의 노무관리 파트너 역할을 담당하게 되었습니다.

노무법인을 운영하면서 노동사건, 특히 건설업 관련 노동사건을 많이 경험하게 됨에 따라 자연스럽게 건설업 노무관리, 산업안전, 재해보상, 4대보험, 외국인근로자 고용관계, 복수노조 관련 집단적 노사관계, 건강보험 지도점검, 고용산재보험료확정정산, 건설업 노무진단, 간접비 효율적 운영방안, 현장일용근로자 4대보험관리 프로그램개발, 기타 건설업 노무관리 강의와 컨설팅, 사건을 집중적으로 수행하게 되었습니다.

2019년 28년 만에 전면 개정된 산업안전보건법의 2020.1.16.시행, 2020.1.1.부로 50인이상 사업장에 확대 시행되는 주 52시간 근무제, 특수고용직형태근로자의 산재보험 확대적용, 직장내 괴롭힘 금지 제도시행, 채용절차공정화법의 제정 등으로 많은 변화가 예상되는 이 시점에 건설업 노무관리의 길잡이 역할을 담당할 책을 발간할 수 있도록 협조해 주신 건설경제 신문사에 이 자리를 빌어 다시 한번 감사의 인사를 드립니다.

노사관계 업무에 종사한지 30년 되는 이 시점에 건설업 노무관리 책 발간을 계기로 부족하나마 그 동안 현장에서 경험했던 노하우를 공개할 수 있어 무한한 영광으로 생각하며 20년간 변함없이 이 길을 동행해준 강태길실장과 원고작업에 도움을 주신 허지은노무사, 전덕원과장, 그외 법인의 직원들에게 감사의 인사를 드립니다.

2019년 10월

이 덕 조

법령 약어

근로기준법	근기법
건설근로자의 고용개선 등에 관한 법률	건설근로자법
건설산업기본법	건산법
고용보험 및 산업재해보상보험의 보험료징수 등에 관한 법률	보험료징수법
고용보험법	고보법
국민건강보험법	건보법
근로자참여 및 협력증진에 관한 법률	근참법
기간제 및 단시간근로자 보호 등에 관한 법률	기단법
노동조합 및 노동관계조정법	노조법
산업안전보건법	산안법
산업재해보상보험법	산재법
외국인근로자의 고용 등에 관한 법률	외국인고용법
임금채권보장법	임채법
진폐의 예방과 진폐근로자의 보호 등에 관한 법률	진폐법
채용절차의 공정화에 관한 법률	채용절차법

CONTENTS

01. 건설업 노무관리 실무

02. 건설업 사대보험자격관리 및 보험료 납부실무

CONTENTS

03. 건설업 고용산재확정정산 실무

04. 건설현장 외국인 근로자 고용실무

05. 건설업 산업안전 및 재해보상 실무

06. 건설업 노동조합 실무

07. 노동사건 진정 및 구제 실무

제 1 장

건설업 노무관리 실무

I 채용[1)]

'채용'이란 사용자가 필요에 따라 근로조건을 구체적으로 명시하여 근로자를 모집하거나, 필요한 문서를 제출하여 응모해 온 근로자를 심사한 후 입사시키는 것을 말한다. 인적자원관리의 측면에서 채용은 인사노무관리의 시작으로 중요한 지위를 차지하고 있으므로 '채용절차의 공정화에 관한 법률(이하 '채용절차법'이라고 한다.)'에 따라 공정하게 채용절차를 진행하는 것이 중요하다[2)].

1. 채용광고 전(前) 단계

(1) 채용 강요 등의 금지

채용절차법 제4조의2(채용강요 등의 금지) 누구든지 채용의 공정성을 침해하는 다음 각 호의 어느 하나에 해당하는 행위를 할 수 없다.
1. 법령을 위반하여 채용에 관한 부당한 청탁, 압력, 강요 등을 하는 행위
2. 채용과 관련하여 금전, 물품, 향응 또는 재산상의 이익을 제공하거나 수수하는 행위

2019년 7월 17일부터 시행되는 개정 채용절차법에 따라 누구든지 채용의 공정성을 침해하는 채용강요 행위 또는 금품 제공·수수 등의 행위를 할 수 없다. 규율대상이 되는 행위자는 청탁을 받은 사람이 아니라 「청탁을 한 행위자」를 의미하고 채용의 공정성을 침해하였는지는 「채용담당자의 직무상 독립성」을 침해했는지 여부를 기준으로 판단한다.

---

1) 「채용절차의 공정화에 관한 법률 업무 매뉴얼」, 고용노동부, 2019년 7월. 참고
2) 채용절차법은 최근 개정되어 2019년 7월 17일부터는 개정법이 시행되고 있다.

강반장의 질문 **A가 지인 B를 통해 기업의 인사담당자 C에게 법령을 위반하여 부당한 채용 청탁을 한 경우, 누가 채용절차법 적용 대상인가요?**

제4조의2에서는 누구든지 법령을 위반하여 채용에 관한 부당한 청탁, 압력, 강요 등의 행위를 하지 못하도록 규정하고 있으므로 최종적으로 청탁을 받은 C를 제외하고 A, B 모두 법령을 위반하였다고 볼 수 있습니다.

채용의 공정성 침해여부

◦ A는 지인 B가 인사담당자로 재직하는 기업에 본인의 아들이 응시하였음을 알리고 잘 부탁한다고 하였다. B는 예의상 알겠다고 대답하였으나 실제 채용은 내부 규정 상 절차와 기준을 준수하여 진행되었고 결과적으로 A의 아들은 최종 합격하였다.

- A가 부탁하고 아들이 채용된 결과가 나왔으나 채용 과정이 정해진 절차와 기준에 따른 것으로 A의 부탁이 인사담당자 B의 직무상 독립성을 침해하였다고 보기 어렵다.

누구든지 법령을 위반하여 채용에 관한 부당한 청탁, 압력, 강요 등의 행위를 하여서는 안 되며 이를 위반할 경우 3천만원 이하의 과태료를 부과한다.

1) 부당한 채용 청탁

부당한 채용 청탁이란 채용에 부당하게 개입하거나 영향을 미치도록 하는 행위를 말한다. 점수나 서류 등의 조작, 순위 변경, 인사규정 상 명백히 자격 없는 자 및 예정에 없는 자의 채용, 불합격자의 추가 채용 요구 등이 여기에 해당한다.

부당한 채용 청탁에 해당하는지 여부

◦ A는 친구 B가 운영하는 기업에 자신의 아들이 응시하였음을 알리고 잘 부탁한다는 말을 한 경우

- 사회상규나 신의성실의 원칙 등에 반하여 채용절차에 개입하려는 의도를 가지고 명백히 자격이 안 되는 자의 채용, 순위 변경 등을 요구한다면 채용 청탁으로 볼 수 있다.
  자격 없는 자의 채용, 순위 변경 등을 요구하거나 이후 진행되는 채용절차에 개입하는 등의 사실이 없고 단순한 추천이나 정보제공의 의미를 갖는 경우라면 채용 청탁으로 보기 어렵다.

2) 채용 압력

채용 압력이란 구인자의 자유의사(독립성)를 제압하기에 충분할 정도의 지위·직책·영향력 등을 바탕으로 채용에 관하여 부당한 요구를 하는 행위를 말하며 채용의 결과가 나타나지 않더라도 적용 가능하다.

채용압력에 해당하는지 여부

◦ A회사의 하청업체(또는 협력업체)인 B회사는 A회사로부터 퇴사자들을 채용해달라는 요구를 받았다. 채용 요구를 거절할 경우 불이익이 있을 것으로 압력을 느낀 B회사는 A회사의 요구를 수용하여 A회사의 퇴사자들을 내부규정과 절차를 무시하고 정규직으로 채용하였다.

- 원·하청 관계의 특성상 채용요구를 거절할 경우 불이익이 있을 것으로 충분히 예상되므로 A회사의 퇴사자들이 B회사에 채용되었는지 여부와 관계없이 채용요구 사실 자체로 채용압력 행위에 해당한다고 볼 수 있다.

3) 채용 강요

채용 강요란 구인자에게 폭행 또는 협박을 행사함으로써 구인자가 자유로운 의사에 반하여 특정 구직자를 채용하거나 추가 채용하게 하는 것을 말한다. 특정 구직자의 채용 또는 추가채용이라는 결과가 초래되면 채용강요에 해당하고 그러한 결과가 나타나지 않은 경우라도 채용과 관련하여 폭행 또는 협박을 행사하면 채용 강요 미수에 해당될 수 있다. 채용에 관하여 형법상 강요죄나 강요미수죄에 이르지 못하는 정도의 강요행위인 경우에도 채용압력에는 해당할 수 있다.

채용강요에 해당하는지 여부

◦ 공공기관의 기관장이 지인의 자녀를 채용하기 위해 인사 담당자에게 시험 성적 조작을 지시하고, 따르지 않을 경우 인사상 불이익을 주겠다고 협박하였다. 이에 인사 담당자는 시험 성적을 조작하였고 지인의 자녀는 최종 합격하였다.

- 시험성적을 조작하라고 지시하고 인사상 불이익을 주겠다고 협박하였으며 지인의 자녀가 최종합격까지 하는 결과가 발생하였으므로 채용강요에 해당한다.
  만약 채용이 안 되었다고 하더라도 성적조작 지시와 협박은 있었으므로 채용강요 미수로 볼 수 있다. 만약 협박도 없었고 채용도 안 되었다고 하더라도, 기관장의 지위를 이용한 성적 조작 지시는 있었으므로 채용압력에 해당하는지를 검토할 수 있다.

(2) 금품수수 등의 금지

누구든지 채용과 관련하여 금전, 물품, 향응 또는 재산상의 이익을 제공하거나 수수하는 행위를 하여서는 안 되며 이를 위반하는 경우 3천만원 이하의 과태료를 부과한다. 채용과 관련하여 금전 등을 제공·수수하는 행위가 모두 금지되므로 금품 등을 제공한 자와 수수한 자 모두에게 적용된다. 제4조의2 제1호의 부당한 채용청탁은 청탁 행위자에 대하여만 과태료를 부과하나 금품수수 등은 제공자와 수수자 모두에 대해 과태료가 부과된다.

(3) 기초심사자료 표준양식 권장

채용절차법 제5조(기초심사자료 표준양식의 사용 권장) 고용노동부장관은 기초심사자료의 표준양식을 정하여 구인자에게 그 사용을 권장할 수 있다.

기초심사자료는 구직자의 응시원서, 이력서, 자기소개서를 말하는 것으로 필수적인 요소를 간소화함으로써 구직자의 부담을 완화시키고, 개인정보를 보호할 수 있다.

♣ 기초심사자료(이력서, 자기소개서) 표준양식 (별첨 1-1)

2. 채용광고 단계

(1) 거짓 채용광고 등의 금지

채용절차법 제4조(거짓 채용광고 등의 금지) ①구인자는 채용을 가장하여 아이디어를 수집하거나 사업장을 홍보하기 위한 목적 등으로 거짓의 채용광고를 내서는 아니 된다.
②구인자는 정당한 사유 없이 채용광고의 내용을 구직자에게 불리하게 변경하여서는 아니 된다.
③구인자는 구직자를 채용한 후에 정당한 사유 없이 채용광고에서 제시한 근로조건을 구직자에게 불리하게 변경하여서는 아니 된다.
④구인자는 구직자에게 채용서류 및 이와 관련한 저작권 등의 지식재산권을 자신에게 귀속하도록 강요하여서는 아니 된다.

1) 거짓 채용광고의 금지

구인자는 채용을 가장하여 아이디어를 수집하거나 사업장을 홍보하기 위한 목적 등으로 거짓의 채용광고를 내서는 안 된다. 이를 위반하여 거짓의 채용광고를 낸 구인자에 대하여는 5년 이하의 징역 또는 2천만원 이하의 벌금을 부과한다.

거짓 채용광고 사례

- A기업은 채용서류로 자사 제품에 대한 개선 제안서를 제출하도록 하고 지원자의 아이디어만 수집하여 사업에 활용하고 구직자 중 누구도 채용하지 않았다.
- B기업은 채용 전형 과정에서 회사의 특정 제품을 지원자들에게 홍보하고 판매 하였다.

2) 채용광고의 내용 등 변경 금지

구인자는 정당한 사유 없이 채용광고의 내용을 구직자에게 불리하게 변경하여서는 안 되고, 구직자를 채용한 후에 정당한 사유 없이 채용광고에서 제시한 근로조건을 구직자에게 불리하게 변경하여서는 안 된다. 이를 위반한 경우 500만원 이하의 과태료를 부과한다.

사회통념상 채용광고의 내용 또는 채용광고에서 제시한 근로조건을 변경할 만한 합리적이고 타당한 이유가 있다고 인정되는 경우는 법 위반이 아니며 채용광고의 내용 또는 채용광고에서 제시한 근로조건을 구직자에게 유리하게 변경하는 것은 가능하다. 불리하게 변경되었는지는 취업규칙 불이익 변경 여부를 판단하는 기준을 동일하게 적용한다.

채용광고의 내용 등 변경 사례

- C기업은 구인공고에서 '과장'직급을 채용할 것임을 밝혔으나 채용과정에서 '주임'의 직급을 제시하여 구직자를 '주임'직급으로 채용하였다. 〈채용광고의 내용 변경에 해당〉
- D기업은 채용광고에서는 소정의 기본급이 있었으나 면접 과정에서 기본급은 전혀 없고 100% 성과급이라고 일방적으로 통보하는 등 구직자의 동의 없이 제시한 근로조건을 구직자에게 불리하게 변경하였다. 〈채용 후 근로조건의 변경에 해당〉

3) 채용서류 등의 귀속 강요 금지

구인자는 구직자에게 채용서류 및 이와 관련한 저작권 등의 지식재산권을 자신에게 귀속하도록 강요하여서는 안 된다. 이를 위반하여 지식재산권을 자신에게 귀속하도록 강요한 구직자는 500만원 이하의 과태료를 부과한다. 귀속을 강요하는 행위 자체를 금지하는 것이므로 실제로 구직자의 지식재산권이 구인자에게 귀속되지 않았더라도 과태료가 부과될 수 있다.

채용서류 등의 귀속 사례

E기업은 인테리어 디자인 업체 전형과정에서 디자인 포트폴리오(시안)을 채용 서류로 지원자들로부터 접수 받고 저작권 등 지식재산권 귀속을 강요하였다.

(2) 채용일정 고지

채용절차법 제8조(채용일정 및 채용과정의 고지) 구인자는 구직자에게 채용일정, 채용심사 지연의 사실, 채용과정의 변경 등 채용과정을 알려야 한다. 이 경우 고지방법은 제7조제2항을 준용한다.

구인자는 구직자의 알권리를 보장하고 취업활동이 원활하게 이루어질 수 있도록 채용일정을 홈페이지에 게시하거나 문자메시지 발송, 전자우편, 팩스, 전화 등의 방법으로 구직자에게 채용과정을 알려야 한다.

3. 응시·접수단계

(1) 개인정보 요구 금지

채용절차법 제4조의3(출신지역 등 개인정보 요구 금지) 구인자는 구직자에 대하여 그 직무의 수행에 필요하지 아니한 다음 각 호의 정보를 기초심사자료에 기재하도록 요구하거나 입증자료로 수집하여서는 아니 된다.

1. 구직자 본인의 용모 · 키 · 체중 등의 신체적 조건

2. 구직자 본인의 출신지역 · 혼인여부 · 재산
3. 구직자 본인의 직계 존비속 및 형제자매의 학력 · 직업 · 재산

2019년 7월 17일 부터 시행되는 개정 채용절차법에 따라 구인자는 구직자에 대하여 직무수행에 필요하지 않은 정보를 기초심사자료에 기재하도록 요구하거나 입증자료로 수집하여서는 안 된다. 이를 위반한 구인자에 대하여는 5백만원 이하의 과태료를 부과한다.

1) 구직자 본인의 개인정보 요구 금지

구인자는 구직자가 직무를 수행하는데 필요하지 아니한 구직자 본인의 용모·키· 체중 등 신체적 조건과 출신지역·혼인여부·재산에 대한 정보를 기초심사자료에 기재하도록 요구하거나 입증자료로 수집하여서는 안 된다.

◦ 사진의 경우 구직자의 동일성 확인을 위해 기초심사자료로 요구하거나 입증자료로 수집하는 것이 가능하다.
◦ 부채의 경우 자산에 포함되므로 원칙적으로 수집이 금지되나 직무수행을 위해 반드시 필요한 경우에는 예외적으로 수집이 허용될 수 있다(금융 관련 업무에 종사할 직원을 채용하는 경우 금융 관련 업무는 고도의 청렴성이 요구되는 것이므로 신용정보조회 등을 통해 부채 여부를 확인하는 것은 가능함).

2) 구직자의 직계존비속 등의 개인정보 요구 금지

구인자는 구직자의 직무수행에 필요하지 아니한 구직자 본인의 직계존비속 및 형제자매의 학력·직업·재산에 대한 정보를 기초심사자료에 기재하도록 요구하거나 입증자료로 수집하여서는 안 된다. 직계혈족인 직계존비속과 방계혈족 중 형제자매의 개인정보를 요구하는 것이 금지되므로 인척[3]의 개인정보는 원칙적으로 수집 금지 대상이 되는 정보에 해당하지 않는다.

3) 민법 제769조에 따라 인척은 혈족의 배우자, 배우자의 혈족, 배우자의 혈족의 배우자를 말한다.

강반장의 질문

구직자의 장모님의 재산에 관한 정보를 요구할 수 있나요?

장모는 배우자의 혈족에 해당하는 인척이므로 장모의 재산에 관한 정보는 제4조의3 제3호에서 수집을 금지하는 대상정보에 해당하지 않습니다. 그러나 해당 정보를 통하여 구직자 본인의 혼인여부를 추론할 수 있으므로 장모의 재산에 관한 정보를 요구하거나 수집하는 것은 허용되지 않는 것으로 보아야 할 것입니다.

(2) 채용서류 접수

채용절차법 제7조(전자우편 등을 통한 채용서류의 접수) ①구인자는 구직자의 채용서류를 사업장 또는 구인자로부터 위탁받아 채용업무에 종사하는 자의 홈페이지 또는 전자우편으로 받도록 노력하여야 한다.
②구인자는 채용서류를 전자우편 등으로 받은 경우에는 지체 없이 구직자에게 접수된 사실을 제1항에 따른 홈페이지 게시, 휴대전화에 의한 문자전송, 전자우편, 팩스, 전화 등으로 알려야 한다.

구인자는 채용관리와 운영의 효율을 높이고 서류 폐기 등에 대한 부담을 줄이기 위하여 구직자의 채용서류를 홈페이지 또는 전자우편으로 받도록 노력하여야 한다.

4. 채용과정 단계

(1) 광고내용 변경금지

채용절차법 제4조(거짓 채용광고 등의 금지) ②구인자는 정당한 사유 없이 채용광고의 내용을 구직자에게 불리하게 변경하여서는 아니 된다.

구인자는 정당한 사유 없이 채용광고를 구직자에게 불리하게 변경하여서는 아니된다. 이는 구직자의 권익을 보호하려는 것이므로 구직자에게 이익이 되거나 불리하지 않은 변경은 가능하다.

(2) 채용과정 고지

채용절차법 제8조(채용일정 및 채용과정의 고지) 구인자는 구직자에게 채용일정, 채용심사 지연의 사실, 채용과정의 변경 등 채용과정을 알려야 한다. 이 경우 고지방법은 제7조제2항을 준용한다.

구인자는 구직자의 알권리를 보장하고 취업활동이 원활하게 이루어질 수 있도록 채용심사 지연 사실 등 채용과정을 홈페이지에 게시하거나 문자메시지 발송, 전자우편, 팩스, 전화 등의 방법으로 구직자에게 채용과정을 알려야 한다.

(3) 채용심사비용의 부담금지

채용절차법 제9조(채용심사비용의 부담금지) 구인자는 채용심사를 목적으로 구직자에게 채용서류 제출에 드는 비용 이외의 일체의 금전적 비용을 부담시키지 못한다. 다만, 사업장 및 직종의 특수성으로 인하여 불가피한 사정이 있는 경우 고용노동부장관의 승인을 받아 구직자에게 채용심사비용의 일부를 부담하게 할 수 있다.

채용절차법 시행규칙 제2조(채용심사비용의 승인) ①구인자는 「채용절차의 공정화에 관한 법률」제9조 단서에 따라 구직자에게 채용심사비용의 일부를 부담하게 하려는 경우 별지 제1호서식의 채용심사비용 승인신청서에 다음 각 호의 서류를 첨부하여 관할 지방고용노동관서의 장에게 제출하여야 한다.
1. 채용심사비용 산정 내역서
2. 채용 공고문
②관할 지방고용노동관서의 장은 제1항에 따른 신청에 대하여 승인을 할 때에는 별지 제2호서식의 채용심사비용 승인서를 내주어야 한다.

1) 채용심사비용의 부담금지

구인자는 채용심사를 목적으로 구직자에게 채용서류 제출에 드는 비용 이외의 일체의 금전적 비용, 즉 채용심사비용을 부담시키지 못한다.

◦ 채용서류 제출에 드는 비용 : 채용서류준비비용 + 채용서류제출비용
 - 채용서류준비비용 : 각종 서류의 발급수수료 등 채용서류를 작성하거나

채용서류를 발급받을 때 발생되는 일체의 비용 (예 : 증명사진 등 촬영비, 졸업증명서·성적증명서 등 각종 증명서의 발급수수료, 포트폴리오 제작비, 제본비, 각종 자료의 출력·복사·스캔 등에 따른 비용 등)

- 채용서류제출비용 : 출력물 형태의 채용서류를 제출하는 경우 구직자가 준비한 채용서류를 구인자에게 제출할 때 드는 일체의 비용(예 : 오프라인의 경우 왕복교통비, 우편요금, 택배요금, 퀵서비스요금 등, 온라인의 경우 인터넷 사용 요금 등)

◦ 채용심사비용 : 구인자가 채용업무를 직접 수행하는 경우 내부 직원 인건비, 전문가 등 외부 면접관 위촉 시 해당 인건비, 채용광고료, 통신비, 채용사이트 구축비용 및 운영비, 외부 임시사이트 이용 시 그 이용료, 면접비, 필기시험 또는 실기시험 실시로 인해 발생되는 제반 비용, 구인자가 채용업무를 직접 수행하지 않고 채용대행업체나 헤드 헌팅업체 등을 이용할 경우에는 그 수수료 등

2) 구직자의 채용심사비용 일부부담

채용심사비용은 구인자가 전부 부담하는 것이 원칙이나, '사업장 및 직종의 특수성으로 인하여 불가피한 사정이 있어 고용노동부장관의 승인을 받은 경우'에는 예외적으로 구직자에게 일부 부담시킬 수 있다. 구직자에게 부담시켜도 되는지 여부와 그 부담범위는 개별적·구체적 사안에 따라 다음의 사항들을 종합적으로 고려하여 판단한다.

- 당해 채용에 있어 채용심사비용의 총금액 및 그 용도별 내역
- 해당 사업장의 특수성이나 직종의 특수성을 고려할 때 채용심사비용을 구직자의 이익 등을 감안하여 구직자가 부담해야 하는 이유 및 목적(예 : 병원 인턴 또는 레지던트 채용 시 의료 견습 목적이 있는 경우 인정됨)
- 채용심사비용의 일부를 구인자가 부담하지 않아야 하는 타당성 및 합리성 유무
- 실제로 구직자가 부담해야 할 금액과 그 부담의 정도(총금액 대비 부담금액의 비율)
- 전형(시험)유형 및 단계
- 구인자와 구직자간의 형평성
- 기타 구직자가 부담하여야 할 필요성

♣ 채용심사비용 승인신청서 (별첨 1-2)

5. 채용확정 단계

채용절차법 제10조(채용 여부의 고지) 구인자는 채용대상자를 확정한 경우에는 지체 없이 구직자에게 채용 여부를 알려야 한다. 이 경우 고지방법은 제7조제2항을 준용한다.

구인자는 채용대상자를 확정한 경우 지체없이 홈페이지 게시, 문자메시지 발송, 전자우편, 팩스, 전화 등의 방법으로 구직자에게 채용 여부를 알려야 한다. 이때 불합격자의 재취업활동을 위하여 불합격자를 대상으로 불합격사실도 알려줘야 한다.

6. 채용확정 후(後) 단계

(1) 근로조건 변경 금지

구직자를 채용한 후에는 정당한 사유 없이 채용광고에서 제시한 근로조건을 구직자에게 불리하게 변경하여서는 아니된다. 이는 현실적으로 열위에 있는 구직자의 권익을 보호하기 위한 것으로 구직자에게 유리하거나 불리하지 않은 변경은 가능하다.

(2) 채용서류 반환

채용절차법 제11조(채용서류의 반환 등) ①구인자는 구직자의 채용 여부가 확정된 이후 구직자(확정된 채용대상자는 제외한다)가 채용서류의 반환을 청구하는 경우에는 본인임을 확인한 후 대통령령으로 정하는 바에 따라 반환하여야 한다. 다만, 제7조제1항에 따라 홈페이지 또는 전자우편으로 제출된 경우나 구직자가 구인자의 요구 없이 자발적으로 제출한 경우에는 그러하지 아니하다.
②제1항에 따른 구직자의 채용서류 반환 청구는 서면 또는 전자적 방법 등 고용노동부령으로 정하는 바에 따라 하여야 한다.
③구인자는 제1항에 따른 구직자의 반환 청구에 대비하여 대통령령으로 정하는 기간 동안 채용서류를 보관하여야 한다. 다만, 천재지변이나 그 밖에 구인자에게 책임 없는 사유로 채용서류가 멸실된 경우 구인자는 제1항에 따른 채용서류의 반환 의무를 이행한 것으로 본다.

④구인자는 대통령령으로 정한 반환의 청구기간이 지난 경우 및 채용서류를 반환하지 아니한 경우에는 「개인정보 보호법」에 따라 채용서류를 파기하여야 한다.
⑤제1항에 따른 채용서류의 반환에 소요되는 비용은 원칙적으로 구인자가 부담한다. 다만, 구인자는 대통령령으로 정하는 범위에서 채용서류의 반환에 소요되는 비용을 구직자에게 부담하게 할 수 있다.
⑥구인자는 제1항부터 제5항까지의 규정을 채용 여부가 확정되기 전까지 구직자에게 알려야 한다.

1) 구직자의 반환청구

구직자는 채용여부가 확정된 이후 서면 또는 전자적 방법 등 고용노동부령으로 정하는 바에 따라 채용서류의 반환을 청구할 수 있다. 이 때 구직자는 채용서류반환청구서를 홈페이지, 전자우편 및 팩스 등으로 구인자에게 제출하여야 한다.

♣ 채용서류반환청구서(별첨 1-3)

그러나 채용서류가 '홈페이지 또는 전자우편으로 제출된 경우'나 '구직자가 구인자의 요구 없이 자발적으로 제출한 경우'에는 구직자가 반환청구 할 수 없으며, 구직자의 반환청구에 대해 구인자가 반환할 의무도 없다. 다만, 반환하지 아니한 채용서류는 제11조 제4항에 의거하여 「개인정보보호법」에 따라 파기해야 한다.

채용서류반환 관련 절차

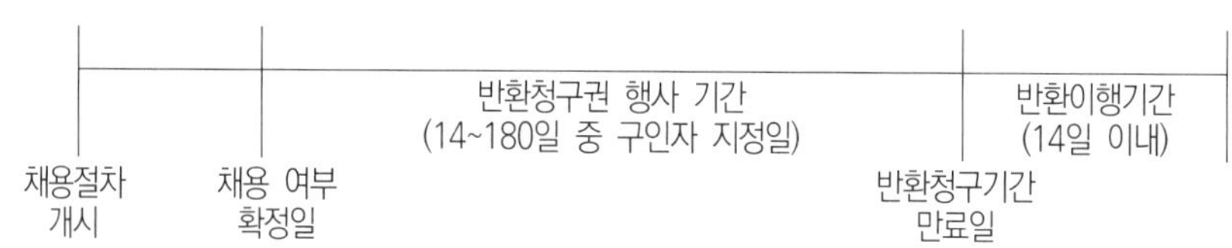

구인자는 '채용여부가 확정된 날부터 14일에서 180일 사이의 기간 중에 구직자가 채용서류의 반환을 청구할 수 있는 기간'을 정하여 채용여부가 확정되기 전까지 구직자에게 통보하여야 하는데 구직자는 채용여부가 확정된 날 이후 14일부터 구인자가 정한 기간에만 채용서류의 반환을 청구할 수 있다.

채용절차법 시행령 제4조(채용서류의 반환 청구 기간) 법 제11조제4항에 따른 채용서류의 반환 청구기간은 구직자의 채용 여부가 확정된 날 이후 14일부터 180일까지의 기간의 범위에서 구인자가 정한 기간으로 한다. 이 경우 구인자는 채용 여부가 확정되기 전까지 구인자가 정한 채용서류의 반환 청구기간을 구직자에게 알려야 한다.

2) 구인자의 반환의무

구인자는 구직자의 채용여부가 확정된 이후 구직자가 채용서류의 반환을 청구하는 경우에는 본인임을 확인한 후 반환하여야 할 의무가 있다. 다만, 채용서류가 홈페이지 또는 전자우편으로 제출된 경우나 구직자가 구인자의 요구 없이 자발적으로 제출한 경우에는 반환할 의무가 없다.

구인자가 구직자로부터 채용서류의 반환청구를 받은 경우에는 구직자가 반환청구를 한 날로부터 14일 이내에 구직자에게 반환대상 채용서류를 전달하여야 한다(채용서류반환 관련 절차 참고).

채용절차법 시행령 제2조(채용서류의 반환 이행기간 등) ①「채용절차의 공정화에 관한 법률」 제11조제1항 본문에 따라 구직자로부터 채용서류의 반환 청구를 받은 구인자는 구직자가 반환 청구를 한 날부터 14일 이내에 구직자에게 해당 채용서류를 발송하거나 전달하여야 한다.
②구인자가 제1항에 따라 채용서류를 반환하는 때에는 해당 채용서류를 「우편법」 제14조제2항제3호 또는 제15조제2항제3호에 따른 특수취급우편물을 이용하여야 한다. 다만, 구직자가 원하는 경우에는 구직자와 합의하는 방법으로 전달할 수 있다.
③제2항에 따라 채용서류를 특수취급우편물로 반환하는 경우 채용서류의 반환 장소는 채용서류에 기재된 구직자의 주소지로 한다. 다만, 구직자가 제1항에 따라 채용서류의 반환을 청구할 때 반환 장소를 지정한 경우에는 그 장소로 한다.

채용서류의 반환에 소요되는 비용은 원칙적으로 구인자가 부담해야 하나 구인자는 대통령령으로 정하는 범위에서 채용서류의 반환에 소요되는 비용을 구직자에게 부담하게 할 수 있다.

채용절차법 시행령 제5조(채용서류 반환의 비용부담) ①법 제11조제5항 단서에서 "대통령령으로 정하는 범위"란 채용서류를 특수취급우편물로 송달하는 경우에 드는 「우편법 시행령」 제12조에 따른 우편에 관한 요금 및 우편이용에 관한 수수료를 말한다.
②구인자가 법 제11조제5항 단서에 따라 채용서류의 반환에 소요되는 비용을 구직자에게 부담하게 하려는 경우에는 채용 여부가 확정되기 전까지 구직자에게 채용서류 반환에 필요한 비용을 입금할 수 있는 금융기관의 계좌를 지정하여 통지하여야 한다. 다만, 구직자의 신청에 따라 「우편법 시행령」 제29조에 따른 수취인 부담으로 발송하는 경우에는 그러하지 아니하다.

3) 구인자의 채용서류의 보관

구인자는 구직자의 채용서류 반환청구에 대비하여 대통령령으로 정하는 기간 동안 채용서류를 보관하여야 한다. 다만, '천재지변이나 그 밖에 구인자에게 책임 없는 사유로 채용서류가 멸실된 경우'에 구인자는 채용서류의 반환 의무를 이행한 것으로 본다.

채용서류 보관기간

- 채용서류의 반환을 청구하지 않은 경우 : 구직자가 채용서류의 반환을 청구할 수 있는 기간(채용 여부가 확정된 날부터 14일에서 180일 사이의 기간 중에 구인자가 정하여 구직자에게 통보한 기간
- 채용서류의 반환을 청구한 경우 : 특수취급우편물을 통하여 전달한 경우 그 발송일(직접 전달한 경우 그 전달일)

4) 미반환 채용서류의 파기

구인자는 대통령령으로 정한 반환의 청구기간이 지난 경우 및 채용서류를 반환하지 아니한 경우에는 개인정보보호법에 따라 채용서류를 파기하여야 한다. '반환의 청구기간'은 구인자가 채용여부가 확정된 날부터 14일에서 180일 사이의 기간 중에 일정기간을 정하여 구직자에게 통보한 경우 그 기간을 의미하고 '채용서류를 반환하지 아니한 경우'란 홈페이지 또는 전자우편으로 제출된 경우나 구직자가 구인자의 요구 없이 자발적으로 제출한 경우에 해당하여 구인자가 채용서류를 반환하지 아니한 경우를 말한다.

5) 반환 관련 고지 의무

구인자는 채용서류의 반환 등에 관한 사항(제11조 제1항부터 제5항까지의 규정)을 채용여부가 확정되기 전까지 구직자에게 알려야 한다. 구인자가 구직자에게 알려야 할 구체적인 사항은 다음과 같다.

- 채용서류의 반환을 청구할 수 있다는 사실
- 반환청구 대상 채용서류의 종류 및 범위
- 반환청구 제출 방법
- 반환 청구기간 및 이행기간
- 반환 방법 및 비용부담
- 채용서류의 보관기간 및 파기

〈채용서류 반환에 관한 고지 예시〉

1. 이 고지는 「채용절차의 공정화에 관한 법률」 제11조제5항에 따른 것으로, 최종합격자를 제외한 구직자를 대상으로 기 제출한 채용서류를 반환받을 수 있음
2. 당사 채용에 응시한 구직자 중 최종합격이 되지 못한 구직자는 0000년 00월 00일부터 0000년 00월 00일까지 제출한 채용서류의 반환을 청구할 수 있음을 알려드립니다. 다만, 홈페이지 또는 전자우편으로 제출된 경우나 구직자가 당사의 요구 없이 자발적으로 제출한 경우에는 그러하지 아니하며, 천재지변이나 그 밖에 당사에게 책임 없는 사유로 채용서류가 멸실된 경우에는 반환한 것으로 봅니다.
3. 채용서류 반환 청구를 하려는 구직자는 채용서류 반환청구서[채용절차의 공정화에 관한 법률 시행규칙 별지 제3호 서식]를 작성하여 당사로 팩스(00-0000-0000) 또는 이메일(00000@0000.00.00)로 제출하면, 제출이 확인된 날로부터 14일 이내에 지정한 주소지로 등기우편을 통하여 발송해 드립니다. 이 경우 등기우편요금은 수신자 부담으로 하게 되오니 유념하시기 바랍니다.

   * 수신자 부담을 하지 않을 경우 채용서류 반환 비용을 입금할 수 있는 금융기관 계좌 명시
4. 당사는 구직자의 반환 청구에 대비하여 0000년 00월 00일까지 채용서류를 보관하게 되며, 그때까지 채용서류의 반환을 청구하지 아니할 경우에는 「개인정보 보호법」에 따라 지체 없이 채용서류 일체를 파기할 예정입니다.

0000년 00월 00일

(주)○○○○

Ⅱ 근로계약

근로기준법(이하 '근기법'이라 한다.) 제2조(정의) ①이 법에서 사용하는 용어의 뜻은 다음과 같다.

4. "근로계약"이란 근로자가 사용자에게 근로를 제공하고 사용자는 이에 대하여 임금을 지급하는 것을 목적으로 체결된 계약을 말한다.

채용절차를 거쳐 채용을 완료한 이후에는 사용자와 근로자간에 계약을 체결하여야 한다. 근기법에서는 근로자와 사용자가 체결하는 이러한 계약을 근로계약으로 규정하고 있다. 아래에서는 근로계약을 체결하는 당사자인 근로자와 사용자의 개념에 대해 알아보기로 한다.

1. 근로자의 개념

'근로자'란 직업의 종류와 관계없이 임금을 목적으로 사업이나 사업장에 근로를 제공하는 자를 말한다. 현장에서 일하는 사람들은 다양한 근로형태를 지니고 있는데 이들 모두가 근로자에 해당하는지 판단하기 위해서는 우선 몇 가지 확인을 해봐야 한다. 즉, 근기법상 근로자에 해당하는지 여부는 그 계약이 민법상의 고용계약이든 또는 도급계약이든 그 형식에 관계없이 실질에 있어서 사업 또는 사업장에 임금을 목적으로 종속적인 관계에서 사용자에게 근로를 제공하였는지 여부에 따라 판단하는 것인데, 이를 판단함에 있어서 다음 사항들을 종합해 보아야 한다.

근로자여부 판단기준

- 업무의 내용이 사용자에 의하여 정하여지고 취업규칙·복무규정·인사규정 등의 적용을 받으며 업무수행 과정에 있어서도 사용자로부터 구체적이고 직접적인 지휘·감독을 받는지
- 사용자에 의하여 근무 시간과 근무 장소가 지정되고 이에 구속을 받는지 여부
- 근로자 스스로가 제3자를 고용하여 업무를 대행케 하는 등 업무의 대체성 유무
- 비품·원자재·작업 도구 등의 소유관계, 보수가 근로 자체의 대상적 성격을 갖고 있는지
- 기본급이나 고정급이 정하여져 있는지

- 근로소득세의 원천징수를 하는지
- 근로제공 관계의 계속성과 사용자에의 전속성의 유무와 정도
- 사회보장제도에 관한 법령 등 다른 법령에 의하여 근로자로서의 지위를 인정하여야 하는지
- 양 당사자의 경제·사회적 조건

강반장의 질문 1

'일용직'은 근로자인가요?

설비업체를 운영하는 피고인이 자신의 개인주택을 시공하면서 ○○○ 등 35명을 일용직으로 채용해 공사현장에서 작업을 시켰고 이들은 목공 등 특정한 부문에 대해 노무를 제공한 사실을 인정할 수 있습니다. 또 일용직으로 ○○○ 등은 피고인이 제시한 설계도면 및 건축일정이나 구체적인 작업지시에 따라 각 부문별로 작업을 진행한 것을 짐작할 수 있으므로 피고인과의 사이에 사용종속관계를 유지하면서 그 노무제공에 대해 근로일수에 따른 급여를 제공받기로 한 자로 근기법상 근로자에 해당한다고 봄이 타당하고 임금, 근무일수 등 근로조건에 관한 일부의 사정이 정규직 근로자와 다르므로 근기법상의 근로자가 아니라고 할 수 없습니다.
〈대법원 2001. 07. 13.선고, 2000도6086〉

❖ 건설달인의 TIP

일용근로자란 '1일 단위의 계약으로 채용되고 그 날의 근로가 종료함으로써 근로계약도 종료하여 계속근로관계가 유지되지 않는 자'를 말하는데, 많은 기업에서는 '일용'이라는 말을 급여의 계산을 일일 단위로 하여 지급하는 '일급제'의 의미로 이해하고 있다. 이와 더불어 적지 않은 사업주는 '일용'이라는 말을 당사자간 합의로 소득세를 공제하지 않고 4대 보험도 가입하지 않기로 약속한 근로자라는 의미로 이해하고 있고 일용근로자는 당사자간에 합의하면 퇴직금을 지급하지 않아도 문제가 발생하지 않을 것이라고 생각하고 있다. 그러나 일용근로자라고 하더라도 소득세납부·4대보험 가입·퇴직금 지급 등 그 요건에 해당되는 경우에는 이를 모두 적용하여야 하고 일용근로자란 이유만으로 이를 이행하지 않을 경우 추후 법적문제가 발생될 수 있으므로 유의하여야 한다.

〈법에서 규정하고 있는 일용근로자의 정의〉

① 근기법 : 정의규정 없음
② 고용보험법(이하 '고보법'이라 한다.) : 1개월 미만 동안 고용되는 자 (고보법 제2조 제6호)
③ 산업재해보상보험법(이하 '산재법'이라 한다.) : 1일단위로 고용되거나 근로일에 따라 일당 형식의

임금을 지급받는 근로자. 다만, 근로관계가 3개월 이상 계속되거나, 그 근로자 및 같은 사업에서 같은 직종에 종사하는 다른 일용근로자의 근로조건, 근로계약형식, 구체적 고용실태 등을 종합적으로 고려할 때 근로형태가 상용근로자와 비슷하다고 인정되는 경우에는 일용 근로자로 보지 않음.(산재법 시행령 제23조)

④ 국민건강보험법(이하 '건보법'이라 한다.) : 고용기간이 1개월 미만인 자 (건보법 제6조 제2항 제1호)

⑤ 대법원 판례 : 그때 그때의 필요에 의해 사용하는 근로자 (대판 1987.4.14, 87도153)

⑥ 행정해석 : 근로계약을 1일 단위로 체결하고 그 날의 근로가 끝나면 사용종속관계도 끝나 계속고용이 보장되지 않는 자, 고용기간이 1일로서 그날의 근로종료에 따라 사용종속관계가 일단 종료되고 필요에 따라 하루하루를 기간으로 하여 사용하는 근로자 (근기 1451-12200 1983.5.12.)

⑦ 소득세법 : 근로를 제공한 날 또는 시간에 따라 급여를 계산하는 자 중 동일한 고용주에게 3개월(건설공사는 1년) 이상 계속 고용되어 있지 아니한 자

강반장의 질문 2

'오야지'는 근로자인가요?

독립적으로 근로자를 채용하고 근로조건의 결정권을 가지며, 근로시간 조정을 포함한 작업진행계획을 수립하여 독립된 판단하에 작업을 진행하고 자재와 경비를 부담하며, 공사대금 중 인건비 등을 제외한 잉여금을 수급인이 자기 이윤으로 취득하는 등의 경우라면 당해 수급인을 도급인이 사용하는 근로자로 볼 수는 없을 것입니다.

그러나, 형식상 도급계약을 체결하였다 하더라도 도급인이 제공하거나 정한 작업 장소와 시간에 도급인의 계획에 따라 작업(또는 공사)를 진행하면서 그 지휘.감독을 받아 작업을 하고, 노무제공에 대해 근로일수에 따른 급여를 제공받기로 한 자에 불과하다면 당해 수급인(오야지)은 근기법상 근로자에 해당한다고 볼 수 있을 것입니다.

〈근로기준팀-2016, 2006-05-02〉

강반장의 질문 3

사업자등록을 한 '소사장'은 근로자인가요?

회사로부터 근로시간을 기준으로 계산한 시급을 매월 15일에 받았을 뿐만 아니라 야근수당도 근로시간으로 계산해 받은 점, 외출을 할 때에도 회사의 허락 또는 동의를 구하였으며 출퇴근 시간이 정해져 있어 항상 출퇴근카드를 작성한 점, 휴가 기간도 7월 말에서 8월 초로 정해져 있어 이 기간 동안에만 휴가를 사용할 수 있었던 점, 이 사건 회사가 G, H 등을 대신해 부가가치세와 종합소득세의 신고·납부의무를 대행해준 점 등에 비추어 보면, G, H는 이 사건 회사와 사이에 체결한 계약의 형식에 관계없이 실질적으로는 임금을 목적으로 종속적인 관계에서 이 사건 회사에 근로를 제공한 근로자에 해당한다고 봄이 상당하고, G, H가 소사장으로 근무하는 기간 동안 사업자등록을 한 사실이 있다거나, 이른바 4대 보험에 가입한 사실이 없다는 사정만으로 이와 달리 볼 것은 아닙니다.

〈대법원 2016. 5. 26.선고, 2014도12141〉

〈관련 판례〉

이 사건 공사현장에서 ○○건설 또는 ○○○의 지시에 따라 단열재 시공 업무를 수행하고 일정한 보수를 지급받기로 하였다. 원고와 그 팀원들이 지급받기로 한 보수는 그 산정 경위 등에 비추어 시공면적보다는 공사에 투입될 인력을 기준으로 산정된 것으로 보여 근로제공 자체에 대한 대가로서의 성격이 커 보인다.
이 사건 공사 이전에 원고가 사업자등록을 하고 부가가치세를 신고·납부한 적이 있으나 그러한 사정만으로 근로자성이 부정된다고 단정할 수 없다.
〈대법원 2018. 08. 30.선고, 2018두43330〉

❖ 건설달인의 TIP

다수 판례 및 행정해석은 “오야지(반장, 팀장, 소장)가 본인이 소지한 사업자등록증으로 물량계약을 체결하되, 건설회사가 오야지 소속 일용근로자에게 임금을 직불하고, 그 외 계약의 잔액만을 세금계산서를 통해 오야지에게 지급하였다하더라도, 오야지가 현장에서 직접 일을 하고, 형식적으로라도 일용직근로계약서를 작성했다면 산재보험법상의 보호를 받는 근로자”로 판단하고 있다.
건설산업기본법(이하 ‘건산법’이라 한다.)은 시공참여자(오야지)와의 계약을 통한 하도급 업무를 금지하고 있으나, 현실적으로 모든 건설현장에서 시공참여자와 그 소속 일용근로자를 사용하고 있으므로 퇴직금, 해고, 근로시간, 재해보상 등의 노동관계와 관련한 분쟁발생시 오야지의 근로자성 여부가 주된 쟁점의 대상이 되고 있다.

❖ 건설달인의 TIP

건설현장에서 일하는 사람들의 명칭을 불문하고 임금을 목적으로 사용자의 지휘·감독을 받는 사람이라고 하면 누구든지 근로자에 해당한다. 다만, 요즘 대두되고 있는 특수형태근로종사자, 시장참여자가 각자 원하는 재화 및 서비스를 거래할 수 있도록 사이버에서 공간을 조성하는 산업(플랫폼 산업)에 종사하는 근로자의 경우, 사업자등록증 소지, 사용자의 불명확성, 사용종속관계의 불투명성 등으로 인해 근로를 제공하고 그에 대한 대가를 지불 받는 형태라 하더라도 근로자성 인정 여부 판단에 어려움이 있다.

2. 사용자의 개념

사용자는 '사업주 또는 사업 경영 담당자, 그 밖에 근로자에 관한 사항에 대하여 사업주를 위하여 행위하는 자'를 말하는 것으로 다음과 같은 기준으로 사용자 여부를 판단해 볼 수 있다.

사용자여부 판단기준

- 사업주 : 개인기업의 경우 사업주 개인, 법인인 경우 법인 그 자체
- 사업경영담당자 : 사업경영일반에 관하여 책임을 지는 자로서 사업주로부터 사업경영의 전부 또는 일부에 대하여 포괄적인 위임을 받고 대외적으로 사업을 대표하거나 대리하는 자[4]

강반장의 질문

'현장소장'을 사용자로 볼 수 있나요?

건설회사의 현장소장에 지나지 아니하더라도 자신의 책임하에 이 사건 피해자들을 선발. 고용하고 작업을 지휘. 감독하면서 회사로부터 임금명목의 돈을 지급받아 이를 위 피해자들에게 지급하는 업무를 행하여 왔다면, '근로자에 관한 사항에 대하여 사업주를 위하여 행위하는 자'에 해당한다고 봄이 상당합니다.
〈대법원 1983. 11. 8.선고, 83도2505〉

3. 근로계약의 효력

(1) 근로자 의무

1) 근로제공의무

근로자는 근로계약이 체결되면 사용자에게 근로를 제공할 의무를 진다. 따라서, 만일 근로자가 본인의 책임 있는 사유로 근로제공의무를 이행하지 않은 경우에는 사용자로부터 임금지급을 주장할 수 없으며, 징계를 받을 수 있다. 다만, 근로자 본인이 아니라 사용자의 책임 있는 사유에 의하여 근로를 제공하지 못한 경우에는 근로제공의무가 면제되고 더불어 사용자로부터 휴업수당을 지급받게 된다.

4) 대법원 2007.09.06.선고, 2007도4904판결

2) 영업비밀 유지 의무

영업비밀이란 공공연히 알려져 있지 아니하고 독립된 경제적 가치를 가지는 것으로서, 비밀로 관리된 생산방법, 판매방법, 그 밖에 영업활동에 유용한 기술상 또는 경영상의 정보를 말하는 것[5]으로 근로자는 근로를 제공하면서 알게 된 영업비밀을 재직기간이나 퇴직 후에 제3자에게 누설하지 않을 의무를 진다. 영업비밀 유지 의무를 위반한 경우에는 업무상배임죄 및 「부정경쟁방지 및 영업비밀보호에 관한 법률」 위반에 따른 손해배상책임 및 형사처벌, 「산업기술의 유출방지 및 보호에 관한 법률」 위반에 따른 형사처벌을 받게 된다.

♣ 비밀유지서약서 (별첨 1-4)

3) 경업금지

근로계약 당사자는 영업비밀준수약정과 함께 경업금지약정을 체결할 수 있는데, 경업금지는 경쟁업체에 취업하거나 경쟁업체를 설립·운영을 금지하는 것을 말한다. 일반적으로 퇴직 후 일정기간 동안 재직기간 중 알게 된 비밀이 사용되는 경쟁업체에 근무할 수 없으며, 이를 위반한 경우 손해배상을 하기로 하는 약정으로 체결되는데 이러한 약정이 유효한가에 대하여 대법원은 보호할 가치있는 사용자의 이익인가의 여부, 근로자의 퇴직 전 지위와 직무내용, 전직 금지기간, 지역 및 대상직종, 근로자에 대한 대가 제공 유무, 근로자의 퇴직경위, 공공의 이익 및 기타 사정 등을 종합적으로 고려하여 판단하고 있다.

4) 신의성실의무

근로자는 사용자의 이익을 배려하며 신의를 바탕으로 성실하게 근로할 의무를 진다.

(2) 사용자 의무

1) 임금지급의무

사용자는 근로자가 제공한 근로에 대한 대가로 임금을 지급해야 하는 주된 의무를 진다. 다만 근로자의 책임 있는 사유로 근로제공을 받지 못한 경우에

---

5) 부정경쟁방지 및 영업비밀보호에 관한 법률 제2조 제2호

는 그 부분에 대한 임금을 지급할 의무가 없다.

2) 근로계약 이행의무

사용자는 근로계약 등에 규정된 내용을 이행할 의무를 지며, 이를 위반한 경우에는 형사처벌을 받게 된다.

3) 배려의무

사용자는 생산시설 등의 위험으로부터 근로자의 생명·신체·건강을 보호할 배려의무를 지며, 이는 근로자를 업무상의 위험·위해로부터 보호하여야 하는 안전배려의무와 사업장 내에서 근로자의 소지품이 도난·훼손되지 않도록 하는 보관의무도 포함한다.

4. 근로계약 체결시 유의사항

(1) 위약예정의 금지

근기법 제20조(위약 예정의 금지) 사용자는 근로계약 불이행에 대한 위약금 또는 손해배상액을 예정하는 계약을 체결하지 못한다.

'위약금'이란 근로계약상의 의무를 불이행한 경우 근로자가 사용자에게 지불할 것을 미리 약정하는 금액을 말하고, 근로계약의 내용을 이행하지 않을 때 배상해야 할 손해액을 실제 손해와 무관하게 미리 정하는 것을 '손해배상액의 예정'이라고 하는데 근기법은 이러한 위약금 또는 손해배상액을 예정하는 계약을 체결할 수 없도록 하고 있다.

〈관련 행정해석〉

근기법 제20조에 의해 사용자는 근로계약 불이행에 대한 위약금 또는 손해배상액을 예정하는 계약을 체결할 수 없습니다. 귀 질의의 경업금지에 대한 약정이 근로계약 불이행에 따른 위약금 또는 손해배상액을 예정한 것이 아니라 퇴직 후에 유사업종에 종사함으로써 영업비밀 유출에 대한 위약금 또는 손해배상액을 예정한 것이라면 근기법 제20조 위반으로 보기는 어려울 것으로 사료됩니다.
다만, 경업금지의 약정이 과도하다면 민법상 계약의 신의성실원칙에 위반될 소지가 있음을 알려드립니다.
〈근로개선정책과-2396, 2013.04.18.〉

(2) 전차금 상계의 금지

근기법 제21조(전차금 상계의 금지) 사용자는 전차금이나 그 밖에 근로할 것을 조건으로 하는 전대채권과 임금을 상계하지 못한다.

사용자는 근로계약을 체결할 때나 그 후에 근로를 제공할 것을 조건으로 사용자로부터 빌린 후 추후 임금에서 변제할 것을 약정하는 금전인 전차금과 전대채권 즉, 전차금 외에 근로할 것을 조건으로 사용자가 근로자 또는 친권자 등에게 지급하는 금전을 임금과 상계하지 못한다.

〈관련 판례〉

기업체에서 비용을 부담 지출하여 직원을 해외에 파견하여 위탁교육을 시키고 이를 이수한 직원이 교육 수료일자로부터 일정한 의무재직기간이상 근무하지 아니할 때에는 기업체가 부담한 해당 교육비용의 전부 또는 일부를 상환하도록 하되 위 의무재직기간동안 근무하는 경우에는 이를 면제하기로 한 기업체의 교육훈련규정 및 위탁교육 관리세칙의 규정은 근기법 제24조에서 금지된 위약금 또는 손해배상예정의 약정은 아니라 할 것이고, 또한 위 의무재직기간은 근기법 제21조에서 말하는 근로계약기간이 아니라 교육비용 반환채무의 면제기간을 정한 것으로 봄이 상당하므로 위 규정 등이 같은 법 제21조, 제24조에 위배된다고 할 수 없는 것으로서 이는 기업체의 규정 등이 근기법 제6조가 금지하는 사용자가 정신 또는 신체상의 자유를 부당하게 구속하는 수단으로써 근로자의 자유의사에 반하는 근로를 강요하는 것이거나 같은 법 제25조가 금지하는 전차금 기타 근로할 것을 조건으로 하는 전대채권과 임금을 상계하기로 하는 내용의 것이 아니다.
〈대법원 1992.02.25.선고, 91다 26232〉

강반장의 질문

현장에서 일용직 근로자가 사정상 돈이 필요하다고 월급에서 가불을 해달라고 하는데 가불금을 추후 임금과 상계하는 것이 가능한가요?

가불금은 이미 제공한 근로에 대해 임금지급일이 도래하기 전에 미리 지급한 임금이므로, 이를 제외한 나머지 임금만을 지급하더라도 법 위반에 해당되지 않습니다.

♣ 가불신청서 (별첨 1-5)

(3) 강제저금의 금지

근기법 제22조(강제 저금의 금지) ①사용자는 근로계약에 덧붙여 강제 저축 또는 저축금의 관리를 규정하는 계약을 체결하지 못한다.
②사용자가 근로자의 위탁으로 저축을 관리하는 경우에는 다음 각 호의 사항을 지켜야 한다.
1. 저축의 종류·기간 및 금융기관을 근로자가 결정하고, 근로자 본인의 이름으로 저축할 것
2. 근로자가 저축증서 등 관련 자료의 열람 또는 반환을 요구할 때에는 즉시 이에 따를 것

사용자가 근로자로 하여금 근로계약의 체결 또는 존속의 조건으로 임금의 일정액을 강제로 저축하게 하고 그 반환을 어렵게 해서 근로자로 하여금 강제적으로 근로를 하게 하는 것을 금지하고 있다.

강반장의 질문

공사현장에서 일하고 있는데, 회사에서 저축을 하라고 하는데 회사를 통해서 저축을 해도 되는 건가요?

근로자가 자유의사로 저축을 회사에 위탁하는 것은 법에 위반되지 않습니다. 다만, 이러한 경우에도 반드시 근로자가 저축의 종류, 기간, 금융기관 등을 결정하고 근로자 본인의 이름으로 저축해야 하며, 언제든지 저축증서 등 자료의 열람·반환을 요구할 수 있으며, 회사는 이 요구에 대해 관련 자료를 열람하게 하고 반환해주어야 합니다.

5. 근로조건 명시

근기법 제17조(근로조건의 명시) ①사용자는 근로계약을 체결할 때에 근로자에게 다음 각 호의 사항을 명시하여야 한다. 근로계약 체결 후 다음 각 호의 사항을 변경하는 경우에도 또한 같다.
1. 임금
2. 소정근로시간
3. 제55조에 따른 휴일
4. 제60조에 따른 연차 유급휴가
5. 그 밖에 대통령령으로 정하는 근로조건

②사용자는 제1항제1호와 관련한 임금의 구성항목 · 계산방법 · 지급방법 및 제2호부터 제4호까지의 사항이 명시된 서면을 근로자에게 교부하여야 한다. 다만, 본문에 따른 사항이 단체협약 또는 취업규칙의 변경 등 대통령령으로 정하는 사유로 인하여 변경되는 경우에는 근로자의 요구가 있으면 그 근로자에게 교부하여야 한다.

현장에서 근로자와 근로계약을 체결한 후에는 반드시 근로조건을 명시한 근로계약서를 교부하여야 한다. 그렇지 않을 경우 500만원 이하의 벌금이 부과될 수 있다.

근로계약서 작성 시에는 반드시 임금(구성항목, 계산방법, 지급방법), 소정근로시간, 휴일, 연차유급휴가, 취업 장소와 종사할 업무, 취업규칙에서 정한 사항, 기숙사 규칙에서 정한 사항이 기재되어야 한다. 만일 해당 근로자가 기간제근로자 또는 단시간근로자일 경우에는 근로계약기간, 근로시간, 휴게, 임금 구성항목·계산방법 및 지불방법, 휴일·휴가에 관한 사항, 취업의 장소와 종사하여야 할 업무에 관한 사항, 근로일 및 근로일별 근로시간에 대한 내용을 반드시 기재하여야 한다.

강반장의 질문 1

건설일용직도 근로계약서를 써야 하는 건가요?

네, 일용직이라고 하더라도 반드시 근로계약서를 작성해야 합니다. 하루하루 채용되는 사람이라면 원칙적으로 매일 계약서를 작성해야 할 것이나, 상용직으로 보여질 수 있는 정도라면 일정기간을 정한 근로계약서를 작성해도 무방할 것입니다.

강반장의 질문 2

임금이 오른 경우, 근로계약서를 새로 작성해야 하는 건가요?

네, 근로계약 체결 후 임금 등에 변동사항이 있는 경우도 반드시 이를 변경하는 계약서를 작성하여 교부하여야 합니다.

강반장의 질문 3

이메일로 계약서를 전달해도 될까요?

법 제17조 제2항의 '서면'이란 종이로 된 문서를 의미하고, 전자문서는 회사가 전자결재체계를 완비하여 전자문서로 모든 업무를 기안, 결재, 시행과정을 관리하는 경우 예외적으로 가능하다고 볼 수 있습니다. 따라서 개인 이메일을 통한 서면 명시는 이메일 외에는 서면명시를 이행하기 어려운 특별한 사정이 없는 한 법 제17조 제2항의 의무를 이행하였다고 보기는 어려울 것으로 사료됩니다.
〈근로개선정책과-1128, 2012. 2. 7.〉

❖ 건설달인의 TIP

근로계약서를 작성하고 근로자에게 서면으로 교부했는데 근로자가 이를 잃어버리고 추후에 계약서를 못 받았다고 하는 경우가 간혹 있다. 이럴 경우를 대비하여 근로계약서를 교부하면서 교부확인서를 받아두는 것이 좋다[6].
노동부에서 건설현장 근로감독 시 TBM(안전교육) 일지 상에 있는 일용직근로자, 각 공정별 투입된 일용직근로자들의 근로계약서 작성 여부를 조사한다. 이 때 근로계약서 미작성 또는 미교부에 대해 벌금을 부과하고 있으며, 근로계약서를 작성 및 교부하였다 하더라도 근기법에서 명시하고 있는 필요적 기재사항이 미비한 경우에는 기간제 및 단시간근로자 보호 등에 관항 법률에 따라 미비된 각 항목 당 과태료 50만원 또는 30만원을 부과한다. 따라서 근로계약서의 필요적 기재사항을 기재하고 근로계약서 작성 및 교부를 반드시 실시해야 한다.

♣ 근로계약서 서면교부 확인서 (별첨 1-6)

♣ 근로계약서(상용직) 샘플 (별첨 1-7)

♣ 근로계약서(일용직) 샘플 (별첨 1-8)

6) 근로계약서 미작성 및 미교부시 500만원 이하의 벌금 부과

6. 근로계약기간

근기법상으로 근로계약기간을 정하고 있는 규정은 없으므로 당사자 간 결정으로 자유롭게 정할 수 있다. 다만, 「기간제 및 단시간근로자 보호 등에 관한 법률(이하 '기단법'이라 한다.)」은 계속근로기간이 2년을 초과하면 그 계약을 '기간의 정함이 없는 근로계약'으로 본다.

(1) 일용직근로자의 근로계약기간

일용직근로자의 근로계약 기간은 1일이나 통상 그 현장 종료 시까지 근로계약 기간을 정하고 현장이 바뀔 때 마다 새로 계약서를 작성하는 것이 일반적이다. 철콘, 미장, 토건, 설비처럼 그 공정이 긴 현장의 경우 계약기간을 '현장 종료 시까지'로 하여 근로계약을 체결하는데 무리가 없으나, 공사기간이 짧은 공정(실내인테리어, 욕실, 타일, 도배, 소방 기타)의 경우 매 공정 시마다 근로계약을 새로 작성하는데 어려움이 있다. 그렇다 하더라도 고용노동부가 현장점검 시 하도급업체의 일용직근로자 근로계약서 작성여부를 확인하기 때문에, 반드시 근로계약서를 작성하여야 한다는 점에 유의하여야 한다.

강반장의 질문 시공참여자가 일용직근로자를 채용하는 경우 그 계약관계는 어떻게 되나요?

건설업은 프로젝트 단위로 사업이 이루어지고 있으므로 현장근로자들의 고용형태를 정규직으로만 운영하기 어려운 특징을 가지고 있습니다. 그래서 노무도급을 전문으로 하는 시공참여자[7]가 그 밑에 기능직근로자를 두고 팀을 이루어 일을 하고 있습니다. 그러나 건산법은 시공참여자를 두지 못하게 하고 있어 통상 관례상 시공참여자의 근로자라 하더라도 근로계약서는 하수급인(전문건설)과 체결하고 있습니다. 간혹 시공참여자와 근로계약을 체결하는 경우도 있으나 근로계약의 사용자 의무인 임금지급의 의무는 시공참여자가 아닌 면허소지 업체인 하수급인이 지도록 근기법[8]으로 규정하고 있다.

---

7) 2008년 1월 1일 건산법 개정으로 불법으로 간주

8) 근기법 제44조의2(건설업에서의 임금 지급 연대책임) ① 건설업에서 사업이 2차례 이상 「건설산업기본법」 제2조제11호에 따른 도급이 이루어진 경우에 같은 법 제2조제7호에 따른 건설업자가 아닌 하수급인이 그가 사용한 근로자에게 임금(해당 건설공사에서 발생한 임금으로 한정한다)을 지급하지 못한 경우에는 그 직상 수급인은 하수급인과 연대하여 하수급인이 사용한 근로자의 임금을 지급할 책임을 진다.

(2) 시공참여자와 체결하는 도급계약의 계약기간

시공참여자와 체결하는 계약은 그 형태와 형식이 다양하나 통상 물량 당 단가를 정하고 정산에 관한 구체적 사실관계를 기록하는 도급계약의 형태를 띠며, 계약기간은 보통 '공사종료시'까지로 규정하여 공사가 끝나면 계약이 종료된다.

건설회사와 시공참여자 간 체결한 계약 및 계약기간이 근기법에서 규정하고 있는 근로계약과 기간으로 인정되는지 여부는 "계약 형식을 불문하고, 시공참여자의 임금이 정해져 있는지 여부, 일용직현장 근로계약서를 작성하였는지 여부, 시공참여자가 실제로 현장에서 건설회사의 업무 지시를 받아 근로를 제공하였는지 여부 등 여러 사정을 종합적으로 고려하여 판단"한다. 상기 요인들의 종합적 판단에 의해 양 자 간 근로관계가 형성된 것으로 볼 수 있는 경우, 시공참여자는 근기법 상 근로자로서 법의 보호를 받을 수 있으므로, 건설회사와 시공참여자 간 체결한 계약 및 계약기간이 근기법에서 규정하고 있는 근로계약과 기간으로 인정될 수 있을 것이다.

(3) 기간제·현장채용직·프로젝트직 근로계약기간

기단법 제4조(기간제근로자의 사용) ①사용자는 2년을 초과하지 아니하는 범위 안에서(기간제근로계약의 반복갱신 등의 경우에는 그 계속근로한 총기간이 2년을 초과하지 아니하는 범위 안에서) 기간제근로자를 사용할 수 있다. 다만, 다음 각 호의 어느 하나에 해당하는 경우에는 2년을 초과하여 기간제근로자로 사용할 수 있다.

1. 사업의 완료 또는 특정한 업무의 완성에 필요한 기간을 정한 경우
2. 휴직 · 파견 등으로 결원이 발생하여 당해 근로자가 복귀할 때까지 그 업무를 대신할 필요가 있는 경우
3. 근로자가 학업, 직업훈련 등을 이수함에 따라 그 이수에 필요한 기간을 정한 경우
4. 「고령자고용촉진법」 제2조제1호의 고령자와 근로계약을 체결하는 경우
5. 전문적 지식 · 기술의 활용이 필요한 경우와 정부의 복지정책 · 실업대책 등에 따라 일자리를 제공하는 경우로서 대통령령이 정하는 경우
6. 그 밖에 제1호 내지 제5호에 준하는 합리적인 사유가 있는 경우로서 대통령령이 정하는 경우

②사용자가 제1항 단서의 사유가 없거나 소멸되었음에도 불구하고 2년을 초과하여 기간제근로자로 사용하는 경우에는 그 기간제근로자는 기간의 정함이 없는 근로계약을 체결한 근로자로 본다.

건설현장은 그 현장단위로 인원, 장비, 물자, 자본이 투입되므로 정규직, 현장 일용직근로자 뿐 아니라 공사, 공무, 관리, 안전, 품질, 환경파트의 인력을 기간이 정해져 있는 기간제로 채용하는 경우가 일반적이므로 현장에 근무하는 근로자가 모두 정규직은 아니다. 그 중 현장채용직, 프로젝트직(PJT)의 기간제 근로자에 대한 근로계약 기간이 중요한 이슈가 되고 있다.

건설현장의 직무는 다른 산업에 비해 전문성 뿐 아니라 다양한 경험을 요구하므로 필요에 의해 기간제로 채용한 근로자에 대해 통상 그 현장이 종료되면 근로관계를 종료하는 것이 아니라 일정기간을 두고 다른 현장에서 재채용하는 형태를 반복하고 있다.[9] 그러나 현장채용직, 프로젝트직 근로자에 대해 현장 종료시 근로자의 의사에 반하여 사용자가 근로관계 단절을 목적으로 근로관계 종료 후 일정기간을 두고(길게는 1~2개월까지) 다시 고용하였다 하더라도 이는 진정한 근로관계 단절로 볼 수 없으며 이를 이유로 근속기간, 승진, 호봉, 기타 근로조건에 대해 불이익을 주어서는 아니된다. 더욱이 기간제법이 기간제 근로자의 근로계약기간을 2년이 초과하지 못하게 하고 있으므로, 재채용을 반복하여 그 계속근로기간이 2년을 초과하면 기간의 정함이 없는 계약, 즉 무기계약직으로 전환되어 근로계약 기간 도래를 이유로 근로계약을 해지 할 수 없게 된다.

(4) 외국인근로자 근로계약기간

건설업 취업이 가능한 비자는 비전문취업(E-9), 방문취업(H-2), 국내거주(F-2), 영주(F-5), 결혼(F-6)이 있으며 조건부로 재외동포(F-4), 유학(D-2), 기타(G-1)도 건설업에 취업이 가능하다[10]. 현재 건설현장에서 일하는 외국인은 각 현장별로 약 40% 혹은 그 이상의 비중을 차지하고 있으며 외국인근로자의 비중이 계속 늘어나고 있으므로 작업지시, 산업안전 및 기타 현장관리를 위하여 중국, 베트남, 몽골, 기타 외국어가 가능한 외국인을 고용하여 현장 외국인 근로자와 소통을 할 필요가 있다.

외국인근로자의 근로계약 및 근로계약 기간은 비자의 종류에 따라 달리 판단하여야 하며, 외국인근로자도 근기법에 제반 규정을 적용받는다.

9) 건설회사에서는 지방 출신 기능직근로자를 현채직, 프로젝트직으로 고용함으로써 경비절감, 지방현장근로자 채용 및 지역 민원업무에 효과를 기대하고 있다.
10) 외국인 고용실무에 대해서는 제4장 건설현장 외국인 근로자 고용실무에서 자세히 다룬다.

7. 근로계약 가능연령

근기법 제64조(최저 연령과 취직인허증) ①15세 미만인 자(「초·중등교육법」에 따른 중학교에 재학 중인 18세 미만인 자를 포함한다)는 근로자로 사용하지 못한다. 다만, 대통령령으로 정하는 기준에 따라 고용노동부장관이 발급한 취직인허증을 지닌 자는 근로자로 사용할 수 있다.

근기법은 15세 미만자의 근로를 원칙적으로 금지하고 있다. 다만 취직인허증을 교부받은 13세 이상 15세 미만자의 경우는 예외적으로 근로가 가능하다. 따라서 15세 이상자는 근로를 하는 것이 금지되지 않으나 18세 미만자인 경우에는 그 연령을 증명하는 가족관계기록사항에 관한 증명서와 친권자 또는 후견인의 동의서를 사업장에 갖추어 두어야 한다[11]. 그러나 이러한 경우에도 친권자나 후견인이 미성년자의 근로계약을 대리할 수는 없다.

♣ 친권자(후견인) 동의서 (별첨 1-9)

❖ 건설달인의 TIP

친권자 또는 후견인 동의서를 작성할 경우 18세 미만인 자가 임의로 작성할 수 있고, 만일 그러한 경우에는 해당 동의서의 효력을 인정받기 어려우므로 친권자(후견인)의 인감도장을 날인하고 인감증명서를 같이 첨부해두는 것이 바람직할 것이다.

연소근로자 보호규정

◦ 18세 미만자는 도덕상 또는 보건상 유해 · 위험한 사업에 사용하지 못함
◦ 15세 이상 18세 미만인 자의 근로시간은 1일에 7시간, 1주에 35시간을 초과하지 못함
다만, 당사자 사이의 합의에 따라 1일에 1시간, 1주에 5시간을 한도로 연장은 가능함
◦ 18세 미만자는 오후 10시부터 오전 6시까지의 시간 및 휴일에 근로시키지 못함. 다만, 동의를 받고 노동부장관의 인가를 받으면 가능함
◦ 18세 미만인 자를 갱내에서 근로시키지 못함

11) 위반시 500만원 이하의 과태료 부과

III 임금

근기법 2조(정의) ①이 법에서 사용하는 용어의 뜻은 다음과 같다.
5. "임금"이란 사용자가 근로의 대가로 근로자에게 임금, 봉급, 그 밖에 어떠한 명칭으로든지 지급하는 일체의 금품을 말한다.

사용자가 근로의 대가로 근로자에게 지불하는 일체의 금품은 임금에 해당된다.

1. 임금지급의 원칙

- 직접불 원칙 : 임금은 근로자에게 직접 지급하여야 한다.
- 전액불 원칙 : 임금은 법령 또는 단체협약에 특별한 규정이 있는 경우를 제외하고 그 전액을 지급하여야 한다.
- 통화불 원칙 : 임금은 통용되고 있는 화폐로 지급하여야 한다.
- 정기불 원칙 : 임금은 매월 1회 이상, 일정한 기일을 정하여 지급하여야 한다.

강반장의 질문 1

신용불량자인 현장 일용직 근로자가 노임을 다른 사람 통장으로 지급해달라고 하는데 그렇게 해도 괜찮은 건가요?

아니요. 현장에서 이런 일들이 비일비재한데, 노임은 반드시 근로자 본인에게 지급해야 하기 때문에 다른 사람에게 대리 수령하도록 하는 것은 편법에 해당됩니다. 만일 통장으로 지급이 어려운 경우에는 현금으로 지급하고 노임수령확인서를 받아두세요.

❖ 건설달인의 TIP

신용불량자, 불법체류 외국인의 경우 본인 통장으로 임금을 받지 못하는 사정으로 대리인의 통장으로 임금을 지급하여 줄 것을 요청을 하는 사례가 다수 발생한다. 그러나 제3자에게 임금지급시 고용보험의 근로내역신고, 국세청 일용지급조서신고, 건강, 국민연금, 퇴직공제부금 납부 등 허위신고를 하여야 하는 위법 사항이 발생할 수 있으며, 실제로 이렇게 등록된 제3자가 실업급여를 신청하다가 적발이 되어 사업주 및 근로자가 처벌을 받는 경우가 많으므로 유의하여야 한다.

♣ 노임수령 확인서 (별첨 1-10)

강반장의 질문 2

이번 달 임금을 다음 달 25일에 지급해도 되나요?

근기법 제43조제2항 정기지급일 원칙은 임금지급기일의 간격이 지나치게 길고 지급일이 일정하지 않음으로써 야기되는 근로자의 생활불안을 방지하려는 규정이므로 매월 1일부터 말일까지 임금을 계산하여 다음달 25일에 지급하는 것은 임금산정기간과 임금지급일의 간격이 길어 합리적이지 못하고 법 취지에도 맞지 않다고 사료됩니다.
〈근로기준과-506, 2010. 01. 28.〉

강반장의 질문 3

일용직소개업체에서 일용직에게 지급할 노임을 업체로 지급해 달라고 하는데 이렇게 해도 되는 건가요?

아니요, 일반적으로 편의를 위해 이러한 방식으로 임금을 지급하고 있는데, 소개소는 파견·도급 회사가 아니고 직업안정법에 따라 인력을 소개해주는 곳일 뿐이기 때문에, 소개소에 지급해야 할 수수료가 있다면 그 금액만 세금계산서를 발행하여 지급하고, 나머지는 일용직에게 직접 지급하고 일용근로내역신고를 하여야 합니다.

2. 평균임금

근기법 제2조(정의) ①이 법에서 사용하는 용어의 뜻은 다음과 같다.
6. "평균임금"이란 이를 산정하여야 할 사유가 발생한 날 이전 3개월 동안에 그 근로자에게 지급된 임금의 총액을 그 기간의 총일수로 나눈 금액을 말한다. 근로자가 취업한 후 3개월 미만인 경우도 이에 준한다.

평균임금은 산정사유 발생일로부터 이전 3개월 동안 해당 근로자에게 지급된 임금의 총액을 그 기간의 총 일수로 나눈 금액을 말하는 것으로[12] 퇴직금, 휴업수당, 각종 재해보상, 감급제한, 실업급여 등을 산정할 때 사용한다.

〈평균임금 신정〉

$$\text{평균임금} = \frac{\text{사유가 발생한 날 이전 3개월 동안의 임금총액}}{\text{사유가 발생한 날 이전 3개월 동안의 총 일수}}$$

(1) 평균임금에 산입되는 임금의 범위

평균임금을 산정할 때에는 근로자에게 실제로 지급된 것뿐만 아니라, 평균임금 산정사유가 발생한 날을 기준으로 하여 당연히 지급되었어야 하는 임금 중 지급되지 않은 임금을 포함하여 근로자에게 지급된 임금총액을 기초로 산정하여야 한다. 다만 이때 임시로 지급된 임금(예: 해외근무수당, 출장비, 재해수당, 축의금, 조의금), 통화이외의 것으로 지급된 임금(예: 통화로 환가할 수 없는 현물급여)은 제외된다.

(2) 평균임금 산정 시 제외되는 기간 및 임금

평균임금이 부당하게 낮아지는 것을 피하기 위하여 평균임금을 산정할 때 일부기간에 대해 그 기간과 그 기간 중에 지급된 임금은 평균임금산정기준이 되는 기간과 임금의 총액에서 각각 빼고 산정한다.

평균임금 산정시 제외되는 기간

- 수습 사용 중인 기간
- 사용자의 귀책사유로 휴업한 기간
- 출산전후휴가기간
- 업무상 부상 또는 질병으로 요양하기 위하여 휴업한 기간
- 육아휴직기간
- 적법한 쟁의행위기간

12) 즉, 평균임금이라는 임금의 항목이 있는 것이 아니라 퇴직금, 연차수당 등 노동법에서 정하고 있는 법정임금을 산정하기 위한 단위임금을 말하는 것이다.

◦ 병역법, 예비군법, 민방위기본법에 따른 의무를 이행하기 위하여 휴직하거나 근로하지 못한 기간(임금을 지급받은 경우는 제외)
◦ 업무 외 부상이나 질병, 그 밖의 사유로 사용자의 승인을 받아 휴업한 기간
◦ 육아기근로시간단축기간
◦ 가족돌봄휴직기간

강반장의 질문 1

직원이 대기발령을 받은 기간은 평균임금 산정 시 제외되나요?

대기발령의 정당성 여부에 따라 달리 보아야 할 것인 바, 대기발령이 정당한 처분이라면 그 기간과 그 기간 중에 지불된 임금은 평균임금 산정기준이 되는 기간과 임금의 총액에 각각 포함하여 평균임금을 산정하고(단, 평균임금이 통상임금보다 저액일 경우에는 그 통상임금액을 평균임금으로 보아야 함), 부당한 처분이라면 이를 근기법 시행령 제2조 제1항 제8호에 준하는 것으로 보아 그 기간과 그 기간 동안에 지급 받은 임금을 평균임금 산정기준이 되는 기간과 임금의 총액에서 각각 공제하는 것이 타당하다고 사료됩니다.
〈임금 68207-562, 2003. 7. 16〉

강반장의 질문 2

무단결근 후 퇴사한 직원에 대한 퇴직금 산정 시 평균임금은 어떻게 산정해야 하나요?

「근로자퇴직급여보장법」 제2조제4호 및 「근기법」 제2조제6호에 따라 퇴직금 산정을 위한 '평균임금'은 퇴직일 이전 3개월 동안에 그 근로자에게 지급된 임금의 총액을 그 기간의 총일수로 나누어 계산하며, 무단결근기간도 평균임금 산정 기간에 포함하여 산정하여야 합니다. 다만, 위 절차에 따라 산출된 평균임금이 그 근로자의 통상임금보다 적으면 그 통상임금액을 평균임금으로 하여 퇴직금을 산정하여야 함을 알려드립니다.
〈임금복지과-2531, 2010. 12. 27〉

3. 통상임금

근기법 시행령 제6조(통상임금) ①법과 이 영에서 "통상임금"이란 근로자에게 정기적이고 일률적으로 소정근로 또는 총 근로에 대하여 지급하기로 정한 시간급 금액, 일급 금액, 주급 금액, 월급 금액 또는 도급 금액을 말한다.

통상임금은 소정근로 또는 총 근로에 대하여 정기적·일률적·고정적으로 지급하기로 정하여진 시간급, 일급, 주급, 월급 또는 도급금액을 말하는 것으로 해고예고수당, 연장·휴일·야간근로가산수당, 연차유급휴가수당, 산전후·유사산휴가급여 등을 산정할 때 사용한다.

통상임금 산정- 시간급 산정 원칙

- 시간급 금액으로 정한 임금 : 그 금액
- 일급 금액으로 정한 임금 : 그 금액을 1일의 소정근로시간 수로 나눈 금액
- 주급 금액으로 정한 임금 : 그 금액을 1주의 통상임금 산정 기준시간 수*로 나눈 금액
- 월급 금액으로 정한 임금 : 그 금액을 월의 통상임금 산정 기준시간 수**로 나눈 금액

* 1주의 통상임금 산정 기준시간 수 (주 40시간 사업장의 경우)
48시간 = 40시간 + 8시간(유급주휴시간)

** 월의 통상임금 산정 기준시간 수 (주 40시간 사업장의 경우)
209시간 = (40시간 + 8시간(유급주휴시간)) × (365일÷7주) ÷ 12개월

〈통상임금에 속하는지 여부[13]〉

임금명목	임금의 특징	통상임금 해당여부
기술수당	기술이나 자격보유자에게 지급되는 수당 (자격수당, 면허수당 등)	통상임금○
근속수당	근속기간에 따라 지급여부나 지급액이 달라지는 임금	통상임금○
가족수당	부양가족 수에 따라 달라지는 가족수당	통상임금× (근로와 무관한 조건)
	부양가족 수와 관계없이 모든 근로자에게 지급되는 가족수당 분	통상임금 ○ (명목만 가족수당, 일률성 인정)

13) 「통상임금 노사지도 지침」, 고용노동부, 2014. 1. 23.

임금명목	임금의 특징	통상임금 해당여부
성과급	근무실적을 평가하여 지급여부나 지급액이 결정되는 임금	통상임금× (조건에 좌우됨, 고정성 인정×)
	최소한도가 보장되는 성과급	그 최소한도만큼만 통상임금○ (그 만큼은 일률적, 고정적 지급)
상여금	정기적인 지급이 확정되어 있는 상여금(정기상여금)	통상임금○
	기업실적에 따라 일시적, 부정기적, 사용자 재량에 따른 상여금 (경영성과분배금, 격려금, 인센티브)	통상임금× (사전 미확정, 고정성 인정×)
특정시점 재직 시 에만 지급되는 금품	특정시점에 재직 중인 근로자만 지급받는 금품 (명절귀향비나 휴가비의 경우 그러한 경우가 많음)	통상임금× (근로의 대가×, 고정성×)
	특정시점이 되기 전 퇴직 시에는 근무일수에 비례하여 지급되는 금품	통상임금○ (근무일수 비례하여 지급되는 한도에서는 고정성○)

강반장의 질문

재직자 지급 조건이 있으면 통상임금에서 빠지는 건가요?

그동안 대법원 전원합의체 판결을 통해 지급일 기타 특정시점에 재직 중인 근로자에게만 지급하는 임금은 고정성이 결여되어 통상임금에 해당하지 않는다고 판단해왔으나, 최근 '고정급 형태의 정기상여금에 부가된 재직자 조건은 지급일 전에 퇴직한 노동자가 이미 제공한 노동에 대가를 지급하지 않는다는 취지로 해석되므로 무효'라고 판결을 한 경우가 있는 등 통상임금에 대한 판결에 변화를 보이고 있는 상황이기 때문에 재직자 지급 조건에 신중을 기해야 할 것으로 보입니다.

4. 최저임금

최저임금법 제6조(최저임금의 효력) ① 사용자는 최저임금의 적용을 받는 근로자에게 최저임금액 이상의 임금을 지급하여야 한다. 〈위반 시 3년 이하의 징역 또는 2천만원 이하의 벌금〉

최저임금은 저임금 근로자를 보호하기 위하여 국가가 노·사간의 임금결정과정에 개입하여 임금의 최저수준을 정하고, 사용자에게 이 수준 이상으로 지급하도록 법으로 강제하고 있는 임금을 말하는 것으로, 매년 계속해서 인상되고 있으며 최근에는 그 인상률이 높아지고 있다.

〈연도별 최저임금액〉

(단위: 원, %)

적용년도	시간급	일급 (8시간 기준)	월급 (209시간 기준)	인상률
2020년	8,590	68,720	1,795,310	2.8
2019년	8,350	66,800	1,745,150	10.9
2018년	7,530	60,240	1,573,770	16.4
2017년	6,470	51,760	1,352,230	7.3
2016년	6,030	48,240	1,260,270	8.1

(1) 최저임금 산입범위[14]

<table>
<tr><th colspan="3">구분</th><th>산입여부</th></tr>
<tr><td rowspan="4">매월 지급</td><td>소정근로외의 임금</td><td>① 연장·휴일근로에 대한 임금 및 연장·야간·휴일가산수당
② 연차 유급휴가 미사용수당
③ 법정 주휴일을 제외한 유급휴일에 대한 임금
④ 기타 ①,②,③에 준하는 임금
*월차휴가 미사용수당 등</td><td>미 산입</td></tr>
<tr><td>상여금, 그 밖에 이에 준하는 임금</td><td>① 산정단위가 1개월을 초과하는 상여금, 장려가급, 능률수당, 근속수당
② 1개월을 초과하는 기간의 출근성적에 따라 지급하는 정근수당</td><td>월 환산액의 25% 초과분 산입*</td></tr>
<tr><td rowspan="2">생활보조·복리후생성 임금</td><td>· 통화 이외의 것으로 지급</td><td>미산입</td></tr>
<tr><td>· 통화로 지급</td><td>월 환산액의 7% 초과분 산입**</td></tr>
<tr><td colspan="3">상기 임금을 제외한 나머지 임금</td><td>산입</td></tr>
<tr><td colspan="3">1개월을 초과하여 지급하는 임금</td><td>미산입</td></tr>
</table>

* 상여금, 그 밖에 이에 준하는 임금의 월 환산액 미 산입 비율

연도	19년	20년	21년	22년	23년	24년
미 산입 비율	25%	20%	15%	10%	5%	0%

** 복리후생비의 월 환산액 미 산입 비율

연도	19년	20년	21년	22년	23년	24년
미 산입 비율	7%	5%	3%	2%	1%	0%

14) 「개정 최저임금법령 설명자료」, 고용노동부, 2019. 1. p.31

〈‘상여금’등의 최저임금 산입여부[15]〉

임금항목	지급주기	산정단위	최저임금 산입여부
정기상여금 장려가급 능률수당 근속수당	매월	1개월 (예: 월 3만원, 월 기본급의 20%)	전부 산입
		1개월 초과 (예: 기본급의 연 500%)	최저시급 월 환산액의 25% 초과분만 산입
	1월 초과	무관	미 산입

(2) 최저임금법 위반여부 판단(월급근로자, 2019년 기준)

[소정근로시간 1일 8시간, 1주 40시간 근로자, 월급 2,500,000원]

- 월급 구성항목
  - ◦ 기본급 : 1,800,000원
  - ◦ 정기상여금 : 기본급의 연 300%를 매월 분할하여 지급
  - ◦ 식비 : 매월 100,000원
  - ◦ 연장근로수당 : 150,000원

1) 월급 중 최저임금에 산입되는 임금 → 1,813,712원

◦ 기본급 : 1,800,000원

◦ 정기상여금 : 450,000원 - {(8,350원 × 209시간) × 25%} = 13,712원

◦ 복리후생비 : 100,000원 - {(8,350원 × 209시간) × 7%} = -22,160원 (미산입)

◦ 연장근로수당 : 미산입

2) 시간당 임금으로 환산

1,813,712원 ÷ 209시간[(48시간 × (365일 ÷ 7일) ÷ 12월)] = 8,678원

3) 해당연도 최저임금과 비교 → 최저임금액을 상회

8,678원 〉 8,350원 (2019년 최저임금)

15) 위 설명자료 p.38

5. 일당

일당이란 법률용어가 아니라 일반적으로 건설현장에서 일용근로자의 임금을 일컫는 용어를 말한다. 건설현장의 일용직은 그 특성상 현장에서 일을 하는 일수가 달라 보통 [일당 × 출역일수]로 임금을 산정하여 지급하고 있다.

(1) 일당구성항목 표기방법

현장에 공정기간동안 근로자를 고용되어 매일 일당을 정산하지 않고 월단위로 정산하여 임금을 지급하는 경우에는 원칙적으로 주휴수당과 연장근로 및 휴일근로가 발생한 경우 가산수당 등을 별도로 지급하여야 하나, 이 모든 것을 일당에 포함시켜 포괄일당을 산정한 후 출역일수만큼 지급하는 방식을 대부분 채택하고 있다.

이러할 경우, 근로계약서를 통해 일당에 포괄되는 임금항목에 대해 명확하게 그 기준을 두고 있어야 향후 발생 가능한 법적분쟁에 대응할 수 있다.

(2) 포괄일당 구성방법

일당에 포함 될 각종 수당들을 확인한다 → 월 근로시간을 산정한다 → 산정된 시간을 각 항목별 비율로 나눈다 → 포괄일당을 항목별로 나누어 기재한다

〈구성방법 예시〉

근로시간 : (월~금) 07:00 ~ 17:00 (점심시간 1시간) / 포괄일당 150,000원

◦ (월) 근로시간 계산 / 월 총 근로시간 231시간

· 소정근로시간 : 1일 8시간, 1주 40시간
40시간 × {(365일÷7일)÷12월} = 약 174시간 (총 근로시간 대비 71.9%)

· 유급주휴시간 : 1주 8시간
8시간 × {(365일÷7일)÷12월} = 약 35시간 (총 근로시간 대비 14.5%)

· 연장근로시간 : 1일 1시간, 1주 5시간

5시간 × {(365일÷7일)÷12월} = 약 22시간

연장가산수당 반영 시간 : 22시간 × 150% = 33시간 (총 근로시간 대비 13.6%)

◦ 포괄일당 구성시간 계산

· 기본급 : 150,000원 × 71.9% = 107,850원

* 시급 = 107,850원 ÷ 8시간 = 13,481원

· 주휴수당 : 150,000원 × 14.5% = 21,750원

· 연장근로수당 : 150,000원 × 13.6% = 20,400원

◦ 근로계약서 작성

구성 항목	기본급1주	40시간	월 환산 174시간	71.9%	107,850원
	유급주휴수당 1주	8시간	월 환산 35시간	14.5%	21,750원
	연장근로수당 1일	5시간	월 환산 33시간 (가산반영)	13.6%	20,400원

① "근로자"의 월급은 포괄일당(　　　)원, 시간급 (　　　　)원으로 하고, 월 급여는 포괄일당×출역일수로 산정한다.

② "근로자"의 월급은 매월(　　)일에 정기지급하며, 월급여에는 제반 법정 수당이 포함된 금액으로 정하며(그 세부내역은 하기 표 참조), "근로자"는 이와 같은 포괄임금 산정방식에 대하여 충분히 설명을 듣고 이에 동의한다. *동의자 성명 :　　　　　　　(인)

㉠ 연장근로수당: 시간급(=기본급/8시간)×연장근로시간×150%

㉡ 휴일근로수당: 시간급(=기본급/8시간)×휴일근로시간×150%

㉢ 휴일가산수당: 시간급(=기본급/8시간)×휴일연장근로시간×200%

㉣ 유급주휴수당: 전 주간(월~금)만근한 경우 시간급 × 8시간

구성 항목	기본급 1주	40시간,	월 환산　시간,	%	원
	유급주휴수당 1주	시간,	월 환산　시간,	%	원
	연장근로수당 1일	시간,	월 환산　시간,	%	원
	휴일근로수당(1월)	시간,	월 환산　시간,	%	원
	휴일가산수당(1월)	시간,	월 환산　시간,	%	원

❖ 건설달인의 TIP

포괄일당을 기준으로 산정된 시급이 최저임금법 위반에 해당하는지 여부를 반드시 확인하여야 하며, 최종 산정된 시급이 최저임금보다 낮을 경우는 다시 조정하여야 한다.

❖ 건설달인의 TIP

현장에서는 공수를 기준으로 최종 일당을 지급하는 경우가 대부분인데, 그런 경우라 하더라도 만일 노동청 등을 통한 분쟁이 발생하였을 때에는 「총 근로시간 × 시급」으로 계산된 금액을 확인한다는 점에 유의하여야 한다.

강반장의 질문

연차수당을 포괄일당에 넣어서 지급해도 되나요?

아니요, 연차유급휴가미사용수당을 미리 일당에 포괄하여 지급하는 계약은 연차휴가 사용을 박탈하는 문제가 될 수 있으므로 인정되지 않습니다.

※ 기타 제수당의 포괄일당 포함 가능여부

가. 매일매일 근로관계가 단절되어 계속 고용이 보장되지 않는 순수 일용근로자
- 1일 단위로 발생되는 수당은 포괄임금에 포함 가능하나 1일단위를 넘는 기간 근로해야 발생하는 수당은 포함할 수 없음
  - * 포함가능 : 연장·야간근로수당
  - * 포함불가 : 유급주휴수당, 휴일근로수당, 연차유급휴가수당, 연차유급휴가미사용수당
- 매일매일 근로관계가 이루어져 결과적으로 포괄임금에 포함할수 없는 수당의 지급요건이 충족하게 된 경우에도 포함불가. 수당을 포괄임금에 포함할 수 없음

나. 일정기간 이상 사용이 예정되어 있는 일당제 일용근로자
- 예정되어 있는 근로기간 동안 근로할 경우 지급요건을 충족하는 수당은 포함 가능하나 그렇지 않은 수당은 포함 불가
- 다만, 연차유급휴가수당 및 연차유급휴가미사용수당은 이를포괄임금에 포함할 경우 휴가권 박탈의 문제가 있으므로 포함할 수 없음

〈건설일용근로자 포괄임금 업무처리 지침, 근로개선정책과, '11.8.8〉

6. 건설업에서의 임금지급 특례

근기법 제44조의2(건설업에서의 임금 지급 연대책임) ①건설업에서 사업이 2차례 이상 「건설산업기본법」 제2조제11호에 따른 도급이 이루어진 경우에 같은 법 제2조제7호에 따른 건설사업자가 아닌 하수급인이 그가 사용한 근로자에게 임금(해당 건설공사에서 발생한 임금으로 한정한다)을 지급하지 못한 경우에는 그 직상 수급인은 하수급인과 연대하여 하수급인이 사용한 근로자의 임금을 지급할 책임을 진다.
②제1항의 직상 수급인이 「건설산업기본법」 제2조제7호에 따른 건설사업자가 아닌 때에는 그 상위 수급인 중에서 최하위의 같은 호에 따른 건설사업자를 직상 수급인으로 본다.

근기법 제44조의3(건설업의 공사도급에 있어서의 임금에 관한 특례) ①공사도급이 이루어진 경우로서 다음 각 호의 어느 하나에 해당하는 때에는 직상 수급인은 하수급인에게 지급하여야 하는 하도급 대금 채무의 부담 범위에서 그 하수급인이 사용한 근로자가 청구하면 하수급인이 지급하여야 하는 임금(해당 건설공사에서 발생한 임금으로 한정한다)에 해당하는 금액을 근로자에게 직접 지급하여야 한다.

1. 직상 수급인이 하수급인을 대신하여 하수급인이 사용한 근로자에게 지급하여야 하는 임금을 직접 지급할 수 있다는 뜻과 그 지급방법 및 절차에 관하여 직상 수급인과 하수급인이 합의한 경우
2. 「민사집행법」 제56조제3호에 따른 확정된 지급명령, 하수급인의 근로자에게 하수급인에 대하여 임금채권이 있음을 증명하는 같은 법 제56조제4호에 따른 집행증서,「소액사건심판법」 제5조의7에 따라 확정된 이행권고결정, 그 밖에 이에 준하는 집행권원이 있는 경우
3. 하수급인이 그가 사용한 근로자에 대하여 지급하여야 할 임금채무가 있음을 직상 수급인에게 알려주고, 직상 수급인이 파산 등의 사유로 하수급인이 임금을 지급할 수 없는 명백한 사유가 있다고 인정하는 경우

②「건설산업기본법」 제2조제10호에 따른 발주자의 수급인으로부터 공사도급이 2차례 이상 이루어진 경우로서 하수급인(도급받은 하수급인으로부터 재하도급 받은 하수급인을 포함한다. 이하 이 항에서 같다)이 사용한 근로자에게 그 하수급인에 대한 제1항제2호에 따른 집행권원이 있는 경우에는 근로자는 하수급인이 지급하여야 하는 임금(해당 건설공사에서 발생한 임금으로 한정한다)에 해당하는 금액을 원수급인에게 직접 지급할 것을 요구할 수 있다. 원수급인은 근로자가 자신에 대하여 「민법」 제404조에 따른 채권자대위권을 행사할 수 있는 금액의 범위에서 이에 따라야 한다.
③직상 수급인 또는 원수급인이 제1항 및 제2항에 따라 하수급인이 사용한 근로자에게 임금에 해당하는 금액을 지급한 경우에는 하수급인에 대한 하도급 대금 채무는 그 범위에서 소멸한 것으로 본다.

수차례의 도급으로 이루어진 건설업의 특성상 현장근로자에 대한 임금지급과 관련하여 다양한 문제가 발생하고 있다. 특히 법 개정으로 2008년 1월 1일 시행

된 건산법에 따라 시공참여자제도가 폐지된 이후 불법하도급으로 인해 발생하는 임금체불문제 등이 빈번히 발생되고 있는데 이를 해결하기 위하여 근기법에서는 건설업 임금지급 특례를 규정하고 있다.

(1) 직상수급인의 임금지급 연대책임

오야지·십장 등 「건산법」상 건설업자가 아닌 하수급인이 근로자를 채용하고 사용한 후 임금을 지급하지 못한 경우, 직상수급인 즉 그 하수급인에게 도급을 준 바로 위 수급인은 하수급인과 연대하여 임금을 지급할 책임이 있다.

〈사례1〉

발주자
↓
원청 (종합건설) A
↓
하청 (전문건설) B
↓
오야지 C

〈사례2〉

발주자
↓
원청 (종합건설) A
↓
하청 (전문건설) B
↓
오야지 C
↓
오야지 D

C가 본인의 팀원에게 임금을 지급하지 못할 경우, 바로 위 수급인인 B가 C와 연대하여 임금을 지급할 책임이 있다.

만일, 〈사례2〉와 같이 D가 임금을 지급하지 못한 경우에는 바로 위 수급인인 C도 건설면허 무등록자이기 때문에 정당한 건설업자인 B와 연대하여 임금을 지급할 책임이 있다.

이때, B에게 귀책사유가 있는지, 즉 B가 기성금을 모두 지급했는지 여부와는 상관없이 B는 연대책임을 져야 한다.(연대책임을 지지 않을 때 B에게는 3년 이하의 징역 또는 3천만원 이하의 벌금이 부과될 수 있다.)

B가 연대책임을 졌을 경우, B는 C 혹은 D에게 구상권을 행사할 수 있다.

❖ 건설달인의 TIP

시공참여자에 대한 공사대금 완납과 관계없이 직상수급인(건설면허소유)은 민법상 최고항변을 할 수 없다. 또한 시공참여자와 관련된 임금체불 문제는 건산법상 하도급계약 위반 뿐 아니라 근기법 제44조의2에 위반될 수 있으며, 지연이자까지 근로자에게 지급하여야 하는 법적 리스크가 존재한다.

강반장의 질문

오야지가 임금체불을 해서 직상수급인인 연대책임을 질 때, 직상수급인은 건산법 위반으로 처벌을 받게 되나요?

네, 임금체불로 노동청에 신고가 되면 진정조사 진행 후 직상수급인의 불법하도급에 대해서 노동청이 관할청으로 통보를 하게 되므로 관할청을 통하여 처벌을 받게 됩니다.

〈건산법 위반 사실 통보 예시〉

「근로기준법」제44조의2의 위반관련 신고사건을 처리하는 과정에서 아래인이 「건설산업기본법」 제96조 및 제29조 등을 위반하여 하도급한 사실이 확인되어 아래와 같이 통보한다.

〈직상수급인〉

건설업체명 :	건설업등록번호 :
대표자 :	주민등록번호 :
소재지 :	연락처 :

위반내용 : 6하 원칙에 따라 위반사실을 기술

〈하수급인〉

대표자 :	주민등록번호 :
소재지 :	연락처 :

위반내용 : 6하 원칙에 따라 위반사실을 기술

20 . .

○○ 지방노동청(○○지청)장 (직인)

(2) 공사도급에 있어서의 임금지급

직상수급인은 하수급인에게 지급해야 하는 기성금 범위에서 그 하수급인의 근로자가 청구하면 근로자에게 직접 임금을 지급하여야 하는 경우가 있는데,

다음과 같은 경우가 그에 해당한다.

- 직상수급인과 하수급인 사이에 합의가 있는 경우
- 확정된 지급명령, 임금채권증명 집행증서, 확정된 이행권고결정 등 집행권원이 있는 경우
- 하수급인이 임금채무에 대해 직상수급인에게 알려주고, 하수급인이 파산등의 사유로 하수급인이 임금을 지급할 수 없는 명백한 사유가 있다는 것을 직상수급인이 인정하는 경우

♣ 직상수급인과 하수급인간 합의서 샘플 (별첨 1-11)

〈법원 집행권원 예시〉

지방법원 지원

지 급 명 령

사 건

채 권 자

소송대리인

채 무 자 | 20 . . 송달, 20 . . 확정 |

청구취지와 원인 별지와 같다.

채무자는 채권자에게 별지 청구취지 기재의 금액을 지급하라.
별지 독촉절차비용은 채무자가 부담한다.
채무자는 이 명령이 송달된 날부터 2주일 이내에 이의신청을 할 수 있다.

2016.

사법보좌관

정본입니다.
(채무자 주식회사 에 대한 강제집행을 실시하기 위한 것입니다.)

(3) 건설근로자 임금보호 제도

1) 건산법상 임금보호 제도

① 발주자의 하도급대금 직불제도

건산법 35조(하도급대금의 직접 지급) ①발주자는 다음 각 호의 어느 하나에 해당하는 경우에는 하수급인이 시공한 부분에 해당하는 하도급대금을 하수급인에게 직접 지급할 수 있다. 이 경우 발주자의 수급인에 대한 대금 지급채무는 하수급인에게 지급한 한도에서

소멸한 것으로 본다.

2. 수급인의 파산 등 수급인이 하도급대금을 지급할 수 없는 명백한 사유가 있다고 발주자가 인정하는 경우

②발주자는 다음 각 호의 어느 하나에 해당하는 경우에는 하수급인이 시공한 부분에 해당하는 하도급대금을 하수급인에게 직접 지급하여야 한다.

4. 수급인의 지급정지, 파산, 그 밖에 이와 유사한 사유가 있거나 건설업 등록 등이 취소되어 수급인이 하도급대금을 지급할 수 없게 된 경우로서 하수급인이 발주자에게 하도급대금의 직접 지급을 요청한 경우

건산법은 수급인의 파산 등 수급인이 관계수급인에게 하도급대금을 지급할 수 없는 명백한 사유가 있다고 발주자가 인정하는 경우 및 그 밖에 이와 유사한 사유가 있는 경우 발주자가 직접 하도급대금을 지급함으로써, 하도급 근로자의 임금을 보호하는 제도를 두고 있다.

② 임금 압류금지

건산법 제88조(임금에 대한 압류의 금지) ①건설업자가 도급받은 건설공사의 도급금액 중 그 공사(하도급한 공사를 포함한다)의 근로자에게 지급하여야 할 임금에 상당하는 금액은 압류할 수 없다.

②제1항의 임금에 상당하는 금액의 범위와 산정방법은 대통령령으로 정한다.

건산법 시행령 제84조(압류대상에서 제외되는 노임의 산정방법등) ①법 제88조제2항의 규정에 의한 노임에 상당하는 금액은 당해 건설공사의 도급금액중 산출내역서에 기재된 노임을 합산하여 이를 산정한다.

②건설공사의 발주자(하도급의 경우에는 수급인을 포함한다)는 제1항의 규정에 의한 노임을 도급계약서 또는 하도급계약서에 명시하여야 한다.

건산법은 도급,하도급산출내역서상의 기재된 임금에 대해서는 압류할 수 없도록 하여 건설근로자 임금을 보호하는 제도를 두고 있다. 다만, 이는 건설업자가 도산한 경우에만 적용되며, 정상적으로 운영되는 경우에는 적용이 제외된다.

예를 들어, 공사대금이 1억원이고 도급금액산출내역서상 재료비 5천만원, 노무비 4천만원, 경비 1천만원인 경우 수급인에게 가지고 있는 채권을 확

보하기 위해 공사대금 압류를 통한 채권전부명령을 받았다 하더라도 압류 및 전부명령을 받은 공사대금 중 건산법 제88조에 따라 노무비 4천만원을 제외한 나머지 6천만원에 대해서만 변제를 받을 수 있다.

또한 건산법 제88조와는 별도로 정부, 지방자치단체가 발주하는 공사인 경우 도급계약서상에 발주처, 원도급사, 하도급사 간에 건산법 또는 하도급법상의 [직불동의서, 노임직접지급합의서]를 부합계약으로 체결하는 것이 일반적이므로 발주처는 이 조항을 근거로 전부명령권자에게 대항 할 수 있다.[16] 다만, 이러한 직불은 「채권압류 및 추심명령」이 송달되기 전까지 투입분에 대해서만 가능하고 그 이후에 투입된 분에 대해서는 직불이 불가능하다.

2) 임금채권보장법(이하 '임채법'이라 한다.)상 임금보호 제도

임금채권보장제도는 기업이 사업을 계속하는 것이 불가능하거나 기업경영이 불안정하여 근로자가 임금을 받지 못하는 경우를 방지하기 위하여, 정부에서 보험성격으로 사전에 기업으로부터 임금채권부담금을 징수·운영하는 제도로서 이를 통하여 국가가 사업주를 대신해 지급해 주는 임금을 '체당금'이라고 한다.

① 체당금 지급 요건

가. 지급사유

회사가 법원으로부터 파산의 선고, 회생절차 개시의 결정 등 재판상 도산을 받거나 고용노동부 지방노동관서의 장으로부터 도산등사실인정(사실상 도산)을 인정받은 경우에 체당금을 지급받을 수 있다.

사실상 도산 요건

- 상시근로자수가 300명 이하일 것
- 사업이 폐지되거나 또는 폐지과정에 있을 것
- 사업주가 임금을 지급할 능력이 없거나 임금지급 자체가 현저히 곤란한 경우일 것

16) 서울중앙지법 2011가합14089, 포항지법 2012가소40242

나. 사업주 요건

임채법의 적용을 받는 사업주로 법의 적용대상이 된 후 6개월 이상 당해 사업을 행하여야 하며, 법원으로부터 재판상 도산을 받거나 지방노동관서의 장으로부터 사실상 도산을 인정받아야 한다.

다. 근로자요건

도산·파산신청일의 1년전이 되는 날부터 3년이내에 당해 사업 또는 사업장에서 퇴직한 근로자이어야 한다.

② 체당금 지급범위

최종 3월분의 임금, 휴업수당 및 최종 3년간의 퇴직금 중 체불액을 체당금으로 지급받을 수 있으며, 고용노동부 고시로 체당금으로 지급받을 수 있는 금액의 상한액을 정하고 있다.

〈체당금 상한액[17]〉

(단위: 만원)

퇴직당시 연령 / 항목	30세 미만	30세 이상 40세 미만	40세 이상 50세 미만	50세 이상 60세 미만	60세 이상
임금·퇴직급여등	180	260	300	280	210
휴업수당	126	182	210	196	147

③ 체당금 지급절차

체불임금확정	→	체당금 확인신청 및 청구서 제출	→	체당금 지급 요건 및 금액 확인	→	지급의뢰	→	체당금 지급 및 사업주 대위권 행사
지방노동관서		근로자		지방노동관서		지방노동관서→ 근로복지공단		근로복지공단

④ 소액체당금

건설사의 부도는 예고 없이 발생하므로 임금채권을 확보하기가 어렵고 지급을 받기까지 많은 시간이 소요되기도 하는데 임채법 상의 소액체당금 지급을 통하면 보다 신속히 임금보전을 받을 수 있다.

17)「체당금 상한액 고시」, 고용노동부고시 제2019-31호

가. 사업주 요건

임채법의 적용을 받는 사업주로 법의 적용대상이 된 후 6개월 이상 당해 사업을 행하여야 한다.

나. 근로자 요건

퇴직일로부터 2년 이내에 체불임금에 대해 판결, 명령, 조정 또는 결정 등에 관한 소를 제기하고 확정판결 등을 받은 근로자이어야 한다.

다. 소액체당금 지급범위

최종 3월분의 임금, 휴업수당 및 최종 3년간의 퇴직금 중 체불액을 체당금으로 지급받을 수 있으며, 고용노동부 고시로 소액체당금으로 지급받을 수 있는 금액의 상한액을 정하고 있다.

〈소액체당금 상한액18)〉

(단위: 만원)

항목	상한액
임금(휴업수당)	700
퇴직급여등	700

* 총 상한액은 1,000만원

라. 소액체당금 지급절차

임금체불소송 제기(법원)	→	소액체당금 신청	→	체당금 지급 요건 및 금액 확인	→	체당금 지급 및 사업주 대위권 행사
근로자		근로자		근로복지공단		근로복지공단

3) 민사집행법상 임금보호 제도

민사집행법 제246조 제1항에서는 급료, 연금, 봉급, 상여금, 퇴직금, 그 밖에 이와 비슷한 성질을 가진 급여 채권의 2분의 1에 해당하는 금액은 압류할 수 없도록 하고 있다. 다만, 다음의 경우에는 별도로 규정하고 있다.

18) 「체당금 상한액 고시」, 고용노동부고시 제2019-31호

① 월급여가 185만원 이하인 경우 : 전액 압류금지

② 급여 채권의 2분의 1에 해당하는 금액이 월 185만 원에 미치지 못하는 경우 : 월 급여 - 185만원 까지 압류가능

③ 급여 채권의 2분의 1에 해당하는 금액이 월 300만 원을 초과하는 경우 : 300만 원 + {(급여 채권액의 1/2 - 300만 원) × 1/2} 까지 압류가능

〈압류가능금액〉

월급여	압류가능금액
월 185만원 이하	0원
월 185만원 초과 ~ 월 370만원	급여 - 185만원
월 370만원 초과 ~ 월 600만원	급여 × 1/2
월 600만원 초과	300만 원 + {(급여 1/2 - 300만 원) × 1/2}

〈예시〉

(단위: 만원)

급여액	100	185	250	300	370	400	500	600	700
압류가능금액	0	0	65	115	185	200	250	300	375

4) 소액사건심판법상 임금보호 제도

소액사건심판에서는 청구금액이 3천만원을 초과하지 아니하는 금전 지급을 목적으로 하는 청구와 같이 비교적 단순한 사건에 대해서는 보통 재판보다 훨씬 신속·간편하며 경제적으로 재판을 받을 수 있도록 하고 있다.

건설현장에서 발생한 체불임금을 받기까지 노동부 진정, 고소, 고발 및 민사소송을 통해 지급받아야 하는데 이 때 체불금액이 3천만원 미만일 경우 소액심판제도를 통해 신속히 받을 수 있다.

5) 지방자치단체 입찰 및 계약 집행기준[19)]상 임금보호 제도

「지방자치단체 입찰 및 계약 집행기준」은 지방자치단체에서 발주하는 공사에 대해 건설현장 근로자의 노임을 보호하기 위하여 노무비 구분관리 및 지급확인제를 시행하고 있다. 노무비 구분관리제란 발주기관, 계약상대자 및 하수급인이 노무비를 노무비 이외의 대가와 구분하여 관리하고 계약상대자의 노무

19) 행정안전부예규 제47호

비 전용계좌로 노무비를 지급하도록 하는 제도이고, 노무비 지급확인제란 발주기관에서 매달 근로자별 노무비 지급여부를 확인하는 제도이다.

〈업무처리 절차〉

합의서 및 통장사본 등 제출	→	노무비 청구	→	노무비 지급 (발주기관)	→	노무비 지급 (계약상대자)	→
착공계 제출시		지급일-7		합의서상 지급일		지급일+2	
노무비 지급 (하수급인)	→	노무비 지급결과 보고 (계약상대자 →사업부서)	→	노무비 지급 확인 및 보완 (사업부서)	→	다음 달 노무비 청구 및 전월 지급내역 제출	→
지급일+4		지급일+9		익월 청구전까지		다음 달 지급일-7	
최종월 노무비 청구	→	최종월 노무비 지급	→	최종월 지급결과 보고			
최종월 지급일-7		최종월 지급일		최종월 지급일+9			

♣ 공사계약에서 노무비의 구분관리 및 지급확인 (별첨 1-12)

6) 최저임금법상 임금보호 제도

최저임금제란 노·사간의 임금결정과정에 국가가 개입하여 임금의 최저수준을 정하고, 사용자가 그 이상의 임금을 지급하도록 법으로 강제하는 제도를 말하는 것으로 '국가는 법률이 정하는 바에 의하여 최저임금제를 시행하여야 한다.'는 헌법 제32조 제1항에 따라 제정된 「최저임금법」에 의해 1988년 1월 1일부터 시행되고 있다.

최저임금법 제6조(최저임금의 효력) ①사용자는 최저임금의 적용을 받는 근로자에게 최저임금액 이상의 임금을 지급하여야 한다.
②사용자는 이 법에 따른 최저임금을 이유로 종전의 임금수준을 낮추어서는 아니 된다.
③최저임금의 적용을 받는 근로자와 사용자 사이의 근로계약 중 최저임금액에 미치지 못하는 금액을 임금으로 정한 부분은 무효로 하며, 이 경우 무효로 된 부분은 이 법으로 정한 최저임금액과 동일한 임금을 지급하기로 한 것으로 본다.

최저임금법에 따라 사용자는 근로자에게 최저임금액 이상의 임금을 지급하여야 하고, 최저임금을 이유로 종전의 임금액을 낮출 수 없으며, 근로계약 중 최저임금에 미달하는 금액을 정한 부분은 무효로 되어 최저임금액을 지급하도록 강제된다.

최저임금은 최저임금위원회의 심의를 거쳐 매년 8월 5일까지 고용노동부장관이 결정하고 고시함으로써 정해지고 다음 연도 1월 1일부터 1년간 효력이 발생한다. 매년 정해진 최저임금액보다 적은 임금을 지급하거나 최저임금을 이유로 종전의 임금을 낮춘 경우에는 3년 이하의 징역 또는 2천만원 이하의 벌금에 처해지며, 징역과 벌금은 병과될 수 있다.

강반장의 질문

포괄일당을 적용받고 있는 건설 일용직의 경우 최저임금위반 여부를 어떻게 판단하나요?

연장근로시간에 대한 임금 및 가산임금 등 최저임금에 산입되지 아니하는 임금을 월 임금총액에서 제외한 뒤 월 소정근로시간수로 나누어 시간당 임금으로 환산한 후 법정 시간급 최저임금과 비교하는 것이 합당합니다.[20]
〈근로기준과-532, 2010.02.01.〉

20) 최저임금 위반여부에 대한 내용은 앞부분 4.최저임금에서 자세히 다룬다.

Ⅳ 근로시간

1. 법정근로시간

근기법 제50조(근로시간) ①1주 간의 근로시간은 휴게시간을 제외하고 40시간을 초과할 수 없다.
②1일의 근로시간은 휴게시간을 제외하고 8시간을 초과할 수 없다.
③제1항 및 제2항에 따른 근로시간을 산정함에 있어 작업을 위하여 근로자가 사용자의 지휘·감독 아래에 있는 대기시간 등은 근로시간으로 본다.

근로자가 사용자의 지휘·감독 아래 근로계약상의 근로를 제공하는 시간을 근로시간이라고 하며 휴게시간을 제외한 1일 8시간, 1주 40시간을 원칙으로 하고 있다.

강반장의 질문 1 **현장에서 일을 시작하기 전 아침체조시간은 근로시간에 포함되나요?**

근기법상 근로시간이라 함은 사용자의 지휘·감독 아래 있는 시간 즉, 경제적 목적에 사용했느냐와 관계없이 노동력을 사용자의 처분 아래 둔 실구속시간을 의미한다. 아침체조시간이 근로자에게 자율성이 부여되어 불참으로 인한 불이익이 없고, 실제로 오전 8시를 넘겨 20~30분 정도 지각을 하여도 8시 출근으로 인정해주고 있는 경우라면 달리 볼 사정이 없는 한 오전 7시 45분부터 시작되는 아침체조시간을 사용자의 지휘·감독 아래 있는 시간으로 볼 수는 없다고 사료됩니다.
〈근로개선정책과-994. 2011.4.26.〉

강반장의 질문 2 **연소근로자의 경우에도 근로시간은 동일한가요?**

연소근로자의 경우 심신 및 성장을 보호하기 위하여 성인근로자보다 적은 시간을 소정근로시간으로 규정하고 있습니다. 따라서 연소근로자의 소정근로시간은 1일에 7시간, 1주에 35시간을 초과하지 못 합니다.

(1) 1일의 의미

일반적으로 0시부터 24시까지를 의미하지만 근로가 계속되어 24시를 넘는 익일에 미치는 경우, 이를 2일로 보지 않고 1일근무로 취급한다.

취업규칙 등에 1일 근로시간에 대한 시업 및 종업시간이 규정되어 있더라도, 1일의 법정기준 근로시간을 초과하여 철야로 근로함으로써 근로가 역일을 달리하여 익일에 미치는 경우에는 이를 1근무로 취급하여 시업시간이 속하는 날의 근로의 연속으로 보아야 합니다.
〈근기 01254-14333, 1991.10.05〉

(2) 1주의 의미

근기법 제2조(정의) ①이 법에서 사용하는 용어의 뜻은 다음과 같다.
7. "1주"란 휴일을 포함한 7일을 말한다.

1주는 휴일을 포함한 7일을 의미한다. 이 법이 개정되어 시행되기 전에는 1주의 정의규정이 없었기 때문에 1주를 어떻게 볼 것인가에 대해 견해가 다양했고 1주를 월요일~금요일까지 5일로 보는 것이 일반적이었다. 그로 인해 1주에 근로할 수 있는 법정시간이 많아 장시간근로에 많이 노출되어 왔기에 이러한 장시간 근로를 줄이기 위한 노력의 일환으로 근기법이 개정되었다.

❖ 건설달인의 TIP

1주의 기산은 반드시 일요일로 보고 일요일~토요일을 1주간으로 보지는 않는다. 사업장의 형편에 맞게 일요일~토요일로 하거나 수요일~화요일로 운용할 수 있다.

※ 1주 52시간제 시행

근기법의 개정으로 1주 68시간까지 가능했던 근로시간이 대폭 축소되어 1주 52시간까지만 가능하도록 변경되었다.

〈개정 前 1주 가능 근로시간〉

	월	화	수	목	금	토	일	합계	
소정근로	8	8	8	8	8	-	-	40	68
연장근로	2	2	2	3	3	8	8	28	

평일 연장근로(12시간) 휴일근로(16시간)

〈개정 後 1주 가능 근로시간〉

	월	화	수	목	금	토	일	합계	
소정근로	8	8	8	8	8	-	-	40	52
연장근로	-	-	1	1	1	3	6	12	

연장근로 (12시간)

사업장 규모별 52시간제 도입시기

- 상시 근로자 300인 이상 : 2018. 7. 1.
- 상시 근로자 50인 ~ 299인 : 2020. 1. 1.
- 상시 근로자 5인 ~ 49인 : 2021. 7. 1.

〈상시근로자 수 산정식〉

$$상시\ 근로자\ 수 = \frac{일정사업기간내\ 사용\ 근로자\ 연인원\ 수}{일정사업기간내\ 사업장\ 가동일수}$$

강반장의 질문 1

현장에서 상시 근로자수를 계산할 때 일용직도 포함해야 하나요?

근기법은 임시·일용·상용직 여부 등에 관계없이 적용되므로 상시 근로자수 산정 시 임시·일용·상용직 여부 등에 관계없이 사용자가 직접 고용하고 있는 모든 근로자를 포함하며, 단, 사용자가 직접 고용하지 않은 하청업체 근로자나 파견근로자는 제외됩니다.

강반장의 질문 2

현장에는 원청근로자와 하청근로자가 함께 일하고 있는데, 이런 경우에는 상시 근로자수를 어떻게 계산해야 하나요?

상시 근로자는 직접 고용한 근로자로 산정하므로, 원청의 상시 근로자수는 원청근로자를, 하청의 상시 근로자수는 하청근로자를 기준으로 각각 산정하여야 합니다.

❖ 건설달인의 TIP

같은 현장에서 같은 공사를 진행하는데도 원청근로자와 하청근로자의 인원수 차이로 인해 52시간제 도입시기가 서로 달라지는 경우가 있는데, 그렇다고 하더라도 공기(工期)가 달라지지는 않으므로 일정은 같이 맞추어야 한다. 이런 경우에 만일 원청이 52시간제 도입 사업장이라고 하면 하청도 이에 맞추어 같이 52시간제를 도입하는 것이 일반적이다.

강반장의 질문 3

상시 근로자수는 현장 근로자만 산정해도 되나요?

상시 근로자는 본사 근로자와 현장 근로자를 모두 포함하여 산정하여야 합니다.

〈상시 근로자수 산정 예시〉

	월	화	수	목	금	토	일	합계
	1	2	3	4	5	6	7	
본사 근로자	30	30	30	30	30	10	-	1,840
전체 현장 근로자	280	280	280	280	280	280	-	
	8	9	10	11	12	13	14	
본사 근로자	30	30	30	30	30	10	-	1,840
전체 현장 근로자	280	280	280	280	280	280	-	
	15	16	17	18	19	20	21	
본사 근로자	30	30	30	30	30	10	-	1,840
전체 현장 근로자	280	280	280	280	280	280	-	
	22	23	24	25	26	27	28	
본사 근로자	30	30	30	30	30	10	-	1,840
전체 현장 근로자	280	280	280	280	280	280	-	
	29	30	31					
본사근로자	30	30	30					930
전체 현장 근로자	280	280	280					

◦ 1개월 동안 사용한 근로자 연인원 = 8,290명
◦ 1개월 동안 가동일 수 = 27일

$$\Rightarrow \text{ 상시 근로자 수 } = \frac{8{,}290\text{명}}{27\text{일}} = 307\text{명}$$

❖ 건설달인의 TIP

법정근로시간이 52시간으로 단축되면서 촉박한 공기(工期)를 맞춰야 하는 건설현장에는 큰 타격을 가져올 수 있다. 법정근로시간이 단축되었다고 하더라도 공기가 연장되는 경우는 많지 않아 근로자를 추가 고용하여야 하는 문제가 발생할 수 있기 때문이다. 이에 따라 추가 채용된 근로자 수만큼 노무비가 증가될 것으로 예상되므로 탄력적근로시간제 등 적절한 방법을 활용하여 비용 증가의 폭을 줄여 나가는 방안을 고려해 볼 필요가 있다.

(3) 건설현장 주 52시간제 적용 실무

건설업은 수주, 기후 및 현장상황 등의 영향을 받는 특수성을 지니고 있으나, 업종의 특수성에 대한 고려 없이, 근기법은 연장근로시간을 1주 12시간으로 엄격히 제한하고 있다. 이에 대부분의 공사현장에서 공사기간의 지연 및 공사업무 효율성 저하, 인력충원의 어려움, 인건비 상승 및 총공사비 증가 등의 어려움을 겪고 있는 실정이다.

특히, 다가오는 2020년 1월 1일부터 50인 이상 ~ 300인 미만 사업장도 개정법 적용 대상에 해당하게 되어 건설현장의 혼란이 적지 않을 것으로 예상된다.

따라서 건설업에서는 1주 52시간 적용 문제를 타개하기 위하여 회사 운영에 맞는 대응방안들을 강구할 필요가 있는바, 건설업에서는 다음과 같은 사항을 고려하여 주 52시간제에 대응해볼 수 있을 것이다.

① 시차출퇴근제 활용

'시차출퇴근제'란 1일 8시간 주 40시간(연장 12시간)의 법정근무시간 하에서 시간에 따른 업무량의 차이에 따라 인원을 조정하여 효율적으로 공사를 진행하는 것으로 제도를 통하여 인력을 몇 그룹으로 나누어 출근시간과 퇴근시간을 차등화 할 수 있다.

현장에서는 공사 및 작업대기 시간을 최대한으로 줄이고 만일 길어지는 경우에는 휴게시간을 부여하여 합리적으로 근로시간을 관리하는 방안이 필요하다.

② 공정관리의 체계화

공사 착공 전 실행력 있는 공사일정계획을 수립하고 인력과 장비를 효율적으로 활용하기 위한 공정관리가 필요하다. 또한 건설현장에는 다양한 규모의 원하수급업체와 협력업체가 공존하면서 작업을 수행하므로 협력업체와 통합된 작업관리체계의 점검이 필요하다.

③ 동종업체 협력체제 구축

공기가 임박하여 1주 52시간을 넘어 토요일이나 일요일에 작업을 해야 하는 상황에서는 전문 인력으로 한시적 도급운영을 할 필요가 있고, 이러한 경우 적합한 인력을 적기에 확보하기 어려우므로 동종업체와 협력관계를 유지해 동종업체의 숙련인력을 활용하는 방안도 모색할 필요가 있다.

④ 연차사용촉진제도의 활용

현재 많은 기업에서 관공서의 공휴일을 연차휴가로 대체하여 별도의 연차휴가나 연차휴가 미사용 수당을 지급하지 않고 있다. 그러나 개정 근기법에서 관공서의 공휴일이 유급휴일로 됨으로써 더 이상 연차휴가일로 대체할 수 없게 되어 미사용 연차수당을 지급하든지 아니면 연가휴가를 부여해야 하므로 공사 비수기에 연차휴가를 사용하도록 유도하고, 연차휴가를 사용하지 않는 근로자에 대해서는 연차휴가 사용촉진제도를 활용해 미사용한 휴가에 대해서 보상할 의무를 면하는 방안도 모색이 필요하다.

〈건설사별 주 52시간제 대응방안〉

건설사	대응방안
A사	현 연장/휴일 69H에서 17H 시간 단축 필요 일연장근로시간 0.5H or 1H 단축 및 휴일근로시간 1H 단축 조정(안)
B사	현 기준은 일 1H 연장, 격주 토요일 7H 근무로 52H으로 구성 근로시간 단축을 통해 신규 고용창출 유도 or 업무 재분배로 기존 인력 유지
C사	연봉총액은 동일하게 유지하되 동/하절기 상이한 근무시간 탄력적 조정(안) 월 4회 → 6회 휴무 검토 중으로 일요일 실제 근무 가능성 낮아 휴무 검토
D사	급여 구성상 근로시간은 52H 기준으로 설계 가능, 실 현장근로시간은 52H 초과하여 현장근로자의 체감(반응) 우려 (급여인상 명분, 휴일(일) 근무는 발주처로 인해 휴무할 수 없음)

건설사	대응방안
E사	현장소장 회의를 통해 근로시간 단축에 관해 1H 단축 조정(안), 그러나 협력업체 직원 근로시간이 문제 근로시간 단축으로 생성된 제원은 기본급으로 편입
F사	근로시간은 현재 52H으로 구성하여 문제없음 포괄임금제 어디까지 시행(전면시행 혹은 부분시행)할지에 따라 대응 구상 중
G사	동/하절기 근무시간 상이하게 적용하여 근로시간 단축 검토 중
H사	4주 4회 → 6회 휴무 검토 중, 기존 현장은 설계변경으로 공기 연장, 신규 현장은 4주 6회 휴무 기준 방향으로 검토
I사	일근로시간 1H 단축, 월 5회 휴무 + 연차 1일 = 월 6회 휴무

2. 소정근로시간

근기법 제2조(정의) ①이 법에서 사용하는 용어의 뜻은 다음과 같다.
8. "소정근로시간"이란 제50조, 제69조 본문 또는 「산업안전보건법」 제46조에 따른 근로시간의 범위에서 근로자와 사용자 사이에 정한 근로시간을 말한다.

법정근로시간 내에서 근로자와 사용자가 근로하기로 정한 근로시간을 소정근로시간이라고 하며 임금산정을 위한 기초시간이 된다.

〈월근로시간 및 월급여 산정 예시〉

근로시간 : (월~금) 07:00 ~ 16:00 (점심시간 1시간) / 시급 12,000원

◦ (월근로시간) 209시간

· 소정근로시간 : 1일 8시간, 1주 40시간

40시간 × {(365일÷7일)÷12월} = 약 174시간

· 유급주휴시간 : 1주 8시간

8시간 × {(365일÷7일)÷12월} = 약 35시간

◦ (월급여) 2,508,000원

· 월근로시간 209시간 × 시급 12,000원 = 2,508,000원

〈월근로시간 및 시급 산정 예시〉

근로시간 : (월~금) 09:00 ~ 15:00 (점심시간 1시간) / 월급 1,703,000원

◦ (월근로시간) 131시간

· 소정근로시간 : 1일 5시간, 1주 25시간
25시간 × {(365일÷7일)÷12월} = 약 109시간

· 유급주휴시간 : 1주 5시간
5시간 × {(365일÷7일)÷12월} = 약 22시간

◦ (시급) 13,000원

· 월급 1,703,000원 ÷ 월근로시간 131시간 = 13,000원

3. 연장근로

근기법 제53조(연장 근로의 제한) ①당사자 간에 합의하면 1주 간에 12시간을 한도로 제50조의 근로시간을 연장할 수 있다.
②당사자 간에 합의하면 1주 간에 12시간을 한도로 제51조의 근로시간을 연장할 수 있고, 제52조제2호의 정산기간을 평균하여 1주 간에 12시간을 초과하지 아니하는 범위에서 제52조의 근로시간을 연장할 수 있다.

법률로 정한 기준을 초과하여 근로하는 것을 연장근로라고 하며, 당사자 간에 합의하여 연장근로를 할 수 있으나, 그 한도는 1주 12시간을 넘지 못한다. 다만 다음과 같은 특정 대상 근로자에 대하여는 특별규정을 두어 연장근로시간을 엄격히 제한하고 있다.

◦ 임신중인 여성 : 연장근로 불가
◦ 15세 이상 18세 미만인 자 : 1일 1시간, 1주 5시간 한도
◦ 산후 1년이 지나지 아니한 여성 : 1일 2시간, 1주에 6시간, 1년에 150시간 한도

〈연장근로시간을 포함한 총 1주 간 근로가능 시간〉

법정근로시간 1주 40시간 + 연장근로시간 1주 12시간 = 1주 52시간

(1) 연장근로 합의

연장근로를 위해서는 반드시 당사자 간에 합의가 있어야 하며, 여기서 합의는 원칙적으로 사용자와 근로자 간 개별적 합의를 의미한다.

❖ 건설달인의 TIP

연장근로 합의는 연장근로가 발생할 때마다 할 필요는 없고 근로계약 체결시에 미리 약정하여 근로계약서에 기재하는 것도 무방하다.

〈근로계약서 기재 예시〉

제○조 소정근로시간 소정근로시간은 1일 8시간, 1주 40시간으로 하되 "근로자"는 근로기준법이 정하는 바에 따라 연장근로를 실시하는 데 동의한다. (근로자) ________________ (서명/인)

(2) 연장근로 수당

근기법 제56조(연장·야간 및 휴일 근로) ①사용자는 연장근로(제53조·제59조 및 제69조 단서에 따라 연장된 시간의 근로를 말한다)에 대하여는 통상임금의 100분의 50 이상을 가산하여 근로자에게 지급하여야 한다.

근로자가 1일 8시간을 넘어 연장근로 한 경우, 그 연장근로에 대하여 사용자는 통상임금의 100분의 50이상을 가산하여 지급하여야 한다.

〈연장근로수당 산정 예시〉

연장시간 : 3시간 / 시급 12,000원

◦ (연장근로수당) 54,000원
  · 근로시간보상 : 36,000원
    3시간 × 12,000원 = 36,000원
  · 연장가산수당 : 18,000원
    (3시간 × 12,000원) × 50/100 = 18,000원

강반장의 질문

근로자가 임의로 연장근로를 한 경우에도 가산수당을 지급해야 하나요?

사용자의 근무지시 없이 근로자가 자발적으로 소정근로시간 이외에 근무한 경우에는 근기법상 가산임금을 지급하지 않더라도 법위반으로 볼 수는 없습니다.
〈근기 68207-1036, 1999.05.07.〉
그러나, 현실적으로 연장근로가 필요함에도 불구하고 사용자측이 싫어하기 때문에 사실상 연장근로신청을 포기하는 분위기에 있는 직장이라면 연장근로에 대한 사용자의 승인을 얻지 않았다거나 연장근로신청을 하지 않았다고 하더라도 실제로 연장근로한 시간에 대하여는 그에 상당한 임금을 지급하여야 합니다.
〈서울중앙지법 2014.01.07.선고, 2013가소5258885〉

4. 야간·휴일근로

(1) 야간·휴일근로 제한

근기법 제70조(야간근로와 휴일근로의 제한) ①사용자는 18세 이상의 여성을 오후 10시부터 오전 6시까지의 시간 및 휴일에 근로시키려면 그 근로자의 동의를 받아야 한다.
②사용자는 임산부와 18세 미만자를 오후 10시부터 오전 6시까지의 시간 및 휴일에 근로시키지 못한다. 다만, 다음 각 호의 어느 하나에 해당하는 경우로서 고용노동부장관의 인가를 받으면 그러하지 아니하다.
1. 18세 미만자의 동의가 있는 경우
2. 산후 1년이 지나지 아니한 여성의 동의가 있는 경우
3. 임신 중의 여성이 명시적으로 청구하는 경우

다음과 같은 경우, 야간근로 및 휴일근로가 제한된다.
- 18세 이상 여성 : 근로자 동의가 있어야 가능
- 산후 1년이 지나지 아니한 여성, 18세 미만자 : 근로자 동의+노동부 인가가 있는 경우 가능
- 임신중의 여성 : 명시적 청구+노동부 인가가 있는 경우 가능

♣ 여성 및 연소자 야간·휴일근로 동의서 (별첨 1-13)

♣ 임신부 야간·휴일근로 청구서 (별첨 1-14)

♣ 야간·휴일근로 인가 신청서 (별첨 1-15)

(2) 야간·휴일근로 수당

근기법 제56조(연장·야간 및 휴일 근로) ②제1항에도 불구하고 사용자는 휴일근로에 대하여는 다음 각 호의 기준에 따른 금액 이상을 가산하여 근로자에게 지급하여야 한다.
1. 8시간 이내의 휴일근로: 통상임금의 100분의 50
2. 8시간을 초과한 휴일근로: 통상임금의 100분의 100
③사용자는 야간근로(오후 10시부터 다음 날 오전 6시 사이의 근로를 말한다)에 대하여는 통상임금의 100분의 50 이상을 가산하여 근로자에게 지급하여야 한다.

근로자가 야간근로(저녁 10시~익일 아침 6시) 및 휴일근로를 한 경우에는, 그 야간근로 및 휴일근로에 대하여 통상임금의 100분의 50이상을 가산하여 지급하여야 한다(단, 8시간을 초과하는 휴일근로의 경우에는 통상임금의 100분의 100이상).

〈야간근로수당 산정 예시〉

야간근로시간 : 2시간 / 시급 10,000원

◦ (야간근로수당) 30,000원
 · 근로시간보상 : 20,000원
  2시간 × 10,000원 = 20,000원
 · 연장가산수당 : 10,000원
  (2시간 × 10,000원) × 50/100 = 10,000원

강반장의 질문

근로자가 저녁 7시부터 저녁 11시까지 야근했는데 야간근로수당을 어떻게 지급해야 하나요?

야간근로수당은 저녁 10시부터 다음날 아침 6시까지의 시간 중에 일하는 경우에 지급되는 것입니다. 그렇기 때문에 근로자가 야근을 했다고 하여 모두 야간근로수당이 지급되는 것은 아닙니다. 질문처럼 저녁 7시부터 저녁 11시까지 야근했다면, 저녁 7시~저녁 10시까지의 3시간 근로는 야간수당이 지급되지 않고, 저녁 10시~저녁 11시의 1시간 근로에 대해서만 야간수당을 지급하면 됩니다.

〈가산수당 산정 예시〉

일요일(주휴일)근로 : 12시~23시 (휴게시간 18시~19시) / 시급 10,000원

◦ (근로시간보상) 245,000원

· 근로시간보상 : 100,000원

10시간 × 10,000원 = 100,000원

· 휴일근로가산수당(8시간 이내) : 40,000원

(8시간 × 10,000원) × 50/100 = 40,000원

· 휴일근로가산수당(8시간 초과) : 20,000원

(2시간 × 10,000원) × 100/100 = 20,000원

· 야간근로가산수당 : 5,000원

(1시간(22시~23시) × 10,000원) × 50/100 = 5,000원

· 주휴수당 : 80,000원

8시간(소정근로시간) × 10,000원 = 80,000원

5. 유연근로시간제

근로시간은 1일 8시간, 1주 40시간을 초과할 수 없고, 연장근로를 포함하여 1주 총 52시간까지만 근로를 할 수 있다. 이러한 근로시간의 규제를 업무량의 많고 적음과 근로자의 선택을 통해 유연하게 운영하고자 하는 제도를 유연근로시간제라고 한다.

(1) 탄력적 근로시간제

업무 특성상 시기에 따라 업무량의 많고 적은 정도가 심하게 차이가 나는 경우, 일정한 기간 동안의 평균 근로시간 내에서 소정근로시간을 탄력적으로 운영하는 제도를 탄력적 근로시간제라고 하며, 평균 근로시간 내에서 특정주, 특정일에 법정근로시간을 초과하는 경우에도 가산수당(연장근로수당)이 발생하지 않는다(단, 평균 근로시간을 넘어 당사자 간 합의에 의해 추가로 발생하는 연장근로에 대해서는 가산수당을 지급한다).

1) 운영방식 1. 2주 이내 단위

근기법 제51조(탄력적 근로시간제) ①사용자는 취업규칙(취업규칙에 준하는 것을 포함한다)에서 정하는 바에 따라 2주 이내의 일정한 단위기간을 평균하여 1주 간의 근로시간이 제50조제1항의 근로시간을 초과하지 아니하는 범위에서 특정한 주에 제50조제1항의 근로시간을, 특정한 날에 제50조제2항의 근로시간을 초과하여 근로하게 할 수 있다. 다만, 특정한 주의 근로시간은 48시간을 초과할 수 없다.

◦ 탄력적근로시간 : 1주 평균 40시간 (단, 특정주 48시간 초과 불가)
◦ 연장근로시간 : 당사자 간 합의로 1주 12시간까지 가능
　* 1주 최대 근로가능시간 : 48시간 + 연장근로 12시간 = 60시간

〈운영예시 1. 2주 단위로 연장근로 없는 경우〉

대상기간	월	화	수	목	금	토	일	합계
1주	6	6	7	7	7	-	-	33
2주	9	9	9	10	10	-	-	47

〈운영예시 2. 2주 단위로 연장근로 있는 경우〉

대상기간		월	화	수	목	금	토	일	합계	
1주	일정	6	6	7	7	7	-	-	33	35
	연장	1	1	-	-	-	-	-	2ⓐ	
2주	일정	9	9	9	10	10	-	-	47	59
	연장	2	2	2	2	2	2	-	12ⓑ	

* ⓐ와 ⓑ는 가산수당(연장근로수당) 지급
◦ 도입요건 : 취업규칙 또는 이에 준하는 것에 규정

〈취업규칙 규정 도입 예시[21]〉

제○○조(탄력적 근로시간제)
① 회사는 ○월부터 ○월까지 ○개월 동안 생산직 사원에 대하여 다음 각 호에 정하는 바에 따라 2주 단위의 탄력적 근로시간제를 시행한다.
1. 주당 근무시간 : 첫째 주 ○○시간, 둘째 주 ○○시간
2. 첫째 주의 1일 근무시간 : ○요일부터 ○요일까지 ○○시간(○○:○○부터 ○○:

21) 「유연근로시간제 가이드」, 고용노동부, 2018.6. p.24

○○까지)

3. 둘째 주의 1일 근무시간 : ○요일부터 ○요일까지 ○○시간(○○:○○부터 ○○:○○까지)

② 회사는 제1항에 따라 사원이 첫째 주에 ○○시간을 근무한 경우 8시간을 초과한 시간에 대하여는 가산수당을 지급하지 아니한다.

③ 15세 이상 18세 미만의 사원과 임신 중인 여성사원은 탄력적 근로시간제를 적용하지 아니한다.

④ 본 제도의 유효기간은 제도 적용 시점부터 1년으로 한다.

❖ 건설달인의 TIP

취업규칙에 보통 "탄력적 근로시간제를 도입할 수 있다" 정도의 내용만 규정하는 경우가 있는데, 이러한 경우는 탄력적 근로시간제를 도입한 것으로 인정되지 않는다. 반드시 위 예시와 같이 내용을 명확하게 규정하여 두어야 한다.

2) 운영방식 2. 3개월 이내 단위

근기법 제51조(탄력적 근로시간제) ②사용자는 근로자대표와의 서면 합의에 따라 다음 각 호의 사항을 정하면 3개월 이내의 단위기간을 평균하여 1주 간의 근로시간이 제50조제1항의 근로시간을 초과하지 아니하는 범위에서 특정한 주에 제50조제1항의 근로시간을, 특정한 날에 제50조제2항의 근로시간을 초과하여 근로하게 할 수 있다. 다만, 특정한 주의 근로시간은 52시간을, 특정한 날의 근로시간은 12시간을 초과할 수 없다.

1. 대상 근로자의 범위
2. 단위기간(3개월 이내의 일정한 기간으로 정하여야 한다)
3. 단위기간의 근로일과 그 근로일별 근로시간
4. 그 밖에 대통령령으로 정하는 사항

◦ 탄력적근로시간 : 1주 평균 40시간 (단, 특정주 52시간, 특정일 12시간 초과 불가)

◦ 연장근로시간 : 당사자 간 합의로 1주 12시간까지 가능
  * 1주 최대 근로가능시간 : 52시간 + 연장근로 12시간 = 64시간

◦ 합의해야 할 내용 : 대상 근로자 범위, 단위기간, 단위기간의 근로일 및 근로일별 근로시간, 서면합의 유효기간

〈운영예시 1. 4주 단위로 연장근로 없는 경우〉

대상기간	월	화	수	목	금	토	일	합계
1주	6	6	7	7	7	-	-	33
2주	6	6	7	7	7	-	-	33
3주	7	7	7	7	8	-	-	36
4주	10	12	12	12	12	-	-	58

〈운영예시 2. 4주 단위로 연장근로 있는 경우〉

대상기간		월	화	수	목	금	토	일	합계	
1주	일정	7	7	7	7	7	-	-	35	35
	연장	-	-	-	-	-	-	-	-	
2주	일정	7	7	7	7	7	-	-	35	47
	연장	2	2	2	2	2	2	-	12ⓐ	
3주	일정	8	8	9	9	9	-	-	43	46
	연장	3		-	-	-	-	-	3ⓑ	
4주	일정	9	9	9	12	12	-	-	47	59
	연장	2	2	2	2	2	2	-	12ⓒ	

* ⓐ와 ⓑ와 ⓒ는 가산수당(연장근로수당) 지급

◦ 도입요건 : 근로자대표와의 서면합의

〈근로자대표와의 서면합의서 작성 예시[22]〉

주식회사 ○○ 대표이사 ______와 근로자대표 ______는 3월 단위 탄력적 근로시간제에 관하여 다음과 같이 합의한다.

제1조(목적) 이 합의서는 근로기준법 제51조제2항에 따라 3월 단위 탄력적 근로시간제를 실시하는데 필요한 사항을 정하는 것을 목적으로 한다.

제2조(적용대상자) 이 합의서의 내용은 전체 생산직 근로자에 적용한다.

제3조(단위기간) 이 합의서의 단위기간은 매분기 초일부터 매분기 말일까지로 한다.

제4조(근로시간) 3월 단위 탄력적 근로시간제 단위기간에 있어서 1일의 근로시간, 시업시간, 종업시간 및 휴게시간은 다음과 같다.

구분		1일 근로시간	시업시간	종업시간	휴게시간
○월	1일~말일	7시간(월~금)	09:00	17:00	12:00~13:00
○월	1일~말일	8시간(월~금)	09:00	18:00	12:00~13:00
○월	1일~말일	9시간(월~금)	09:00	19:00	12:00~13:00

22) 「유연근로시간제 가이드」, 고용노동부, 2018.6, p.25

제5조(휴일) 단위기간 중 주 2일(토·일요일)은 휴무하되, 휴일은 일요일로 한다.
제6조(적용제외) 연소근로자(15세 이상 18세 미만)와 임신 중인 여성근로자에게는 본 합의를 적용하지 아니한다.
제7조(연장근로 가산임금) 근로일별 근로하기로 정한 시간을 초과한 경우 통상임금의 50%를 가산임금으로 지급한다.
제8조(연장·야간·휴일근로) 연장·야간·휴일근로에 대해서는 근로기준법 제56조 및 취업규칙 제○○조에 따라 가산하여 지급한다.
제9조(유효기간) 이 합의서의 유효기간은 ○○○○년 ○월 ○일부터 1년간으로 한다.

20○○. . .

주식회사 ○○ 대표이사 ______(인) 근로자대표 ______(인)

♣ 근로자대표 선임서 (별첨 1-16)

강반장의 질문 1

탄력적 근로를 할 때, 근로자별로 개별합의를 해도 되나요?

근로자대표와의 서면합의 없이 대상 근로자 과반수의 개별적 서면동의를 받은 경우에는 법적요건을 충족하지 못한 것으로 보아 탄력적 근로시간제를 도입할 수 없습니다. 〈근로조건지도과-1167, 2008.4.29.〉

(2) 선택적 근로시간제

일정한 기간단위로 정해진 총 근로시간 범위 내에서 근로자가 자율적으로 근로제공시간을 결정할 수 있는 제도를 선택적 근로시간제라고 하며, 평균 근로시간 내에서 특정주, 특정일에 법정근로시간을 초과하는 경우에도 가산수당(연장근로수당)이 발생하지 않는다(단, 평균 근로시간을 넘어 당사자 간 합의에 의해 추가로 발생하는 연장근로에 대해서는 가산수당을 지급한다).

1) 운영방식. 1개월 이내 정산단위

근기법 제52조(선택적 근로시간제) 사용자는 취업규칙(취업규칙에 준하는 것을 포함한다)에 따라 업무의 시작 및 종료 시각을 근로자의 결정에 맡기기로 한 근로자에 대하여 근로자대표와의 서면 합의에 따라 다음 각 호의 사항을 정하면 1개월 이내의 정산기간을 평균하여 1주간의 근로시간이 제50조제1항의 근로시간을 초과하지 아니하는 범위에서 1주 간에 제50조제1항의 근로시간을, 1일에 제50조제2항의 근로시간을 초과하여 근로하게 할 수 있다.

1. 대상 근로자의 범위(15세 이상 18세 미만의 근로자는 제외한다)
2. 정산기간(1개월 이내의 일정한 기간으로 정하여야 한다)
3. 정산기간의 총 근로시간
4. 반드시 근로하여야 할 시간대를 정하는 경우에는 그 시작 및 종료 시각
5. 근로자가 그의 결정에 따라 근로할 수 있는 시간대를 정하는 경우에는 그 시작 및 종료 시각
6. 그 밖에 대통령령으로 정하는 사항

◦ 선택적근로시간 : 1주 평균 40시간
◦ 연장근로시간 : 당사자 간 합의로 1주 12시간까지 가능
◦ 합의해야 할 내용 : 대상 근로자 범위, 정산기간, 정산기간 총 근로시간, 의무근로시간대, 선택근로시간대, 표준근로시간

〈운영예시〉

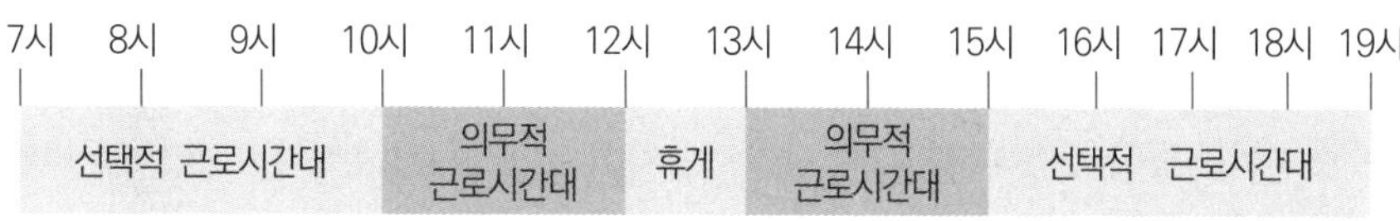

◦ 도입요건 : 취업규칙 또는 이에 준하는 것에 규정에 따른 근로자대표와의 서면합의

〈근로자대표와의 서면합의서 작성 예시[23]〉

주식회사 ○○ 대표이사 ____와 근로자대표 ____는 선택적 근로시간제에 관하여 다음과 같이 합의한다. 제1조(목적) 이 합의서는 근로기준법 제52조와 취업규칙 제○조에 의해 선택적 근로시간제에 필요한 사항을 정하는 것을 목적으로 한다. 제2조(적용범위) 선택적 근로시간제는 과장급 이상의 기획 및 관리 · 감독 업무에 종사하는 자를 대상으로 한다. 제3조(정산기간) 근로시간의 정산기간은 매월 초일부터 말일까지로 한다. 제4조(총 근로시간) '1일 8시간 × 해당 월의 소정근로일수(휴일 · 휴무일은 제외)'로 계산한다.

23) 「유연근로시간제 가이드」, 고용노동부, 2018.6, p.51

제5조(표준근로시간) 1일의 표준근로시간은 8시간으로 한다.
제6조(의무시간대) 의무시간대는 오전 10시부터 오후 4시까지로 한다. 다만, 정오부터 오후 1시까지는 휴게시간으로 한다.
제7조(선택시간대) 선택시간대는 시작시간대 오전 8시부터 10시, 종료시간대 오후 4시부터 7시로 한다.
제8조(가산수당) 업무상 부득이한 경우에 사용자의 지시 또는 승인을 받고 휴일 또는 야간시간대에 근무하거나, 제4조의 근무시간을 초과하여 근무한 시간에 대해 가산수당을 지급한다.
제9조(임금공제) 의무시간대에 근무하지 않은 경우 근무하지 않은 시간만큼 임금을 공제하며, 의무시간 시작시간을 지나 출근하거나 의무시간 종료 전에 퇴근한 경우에는 지각, 조퇴로 처리한다.
제10조(유효기간) 이 합의서의 유효기간은 ○○○○년 ○월 ○일부터 1년간으로 한다.

20○○.　.　.

주식회사 ○○ 대표이사 ____(인) 근로자대표 ____(인)

(3) 간주 근로시간제

근로자가 출장이나 기타의 사유로 근로시간의 전부 또는 일부를 사업장 밖에서 근로하여 실제 근로시간을 측정하기 어려운 경우에 소정근로시간, 업무수행에 통상적으로 필요한 시간, 노사가 서면으로 합의한 시간 중 어느 하나를 근로한 것으로 인정하는 제도를 간주 근로시간제라고 한다.

1) 대상업무

근로시간 산정이 어려운 업무로 영업직, 택시운송업, 재택근무, 출장 등이 있다.

2) 요건

◦ 사업장 밖 근로일 것 : 장소적으로 사업장에서 이탈하여 근로하는 측면과 행태적으로 구체적인 지휘·감독을 받지 않고 근로하는 측면을 종합적으로 고려하여 판단
◦ 근로시간 산정이 곤란할 것 : 사업장 밖 근로의 시업·종업시각이 해당 근로자의 자유에 맡겨져 있고, 근로자의 조건이나 업무 상태에 따라 근로시간이 결정되는 경우

근기법 제58조(근로시간 계산의 특례) ①근로자가 출장이나 그 밖의 사유로 근로시간의 전부 또는 일부를 사업장 밖에서 근로하여 근로시간을 산정하기 어려운 경우에는 소정근로시간을 근로한 것으로 본다. 다만, 그 업무를 수행하기 위하여 통상적으로 소정근로시간을 초과하여 근로할 필요가 있는 경우에는 그 업무의 수행에 통상 필요한 시간을 근로한 것으로 본다.
②제1항 단서에도 불구하고 그 업무에 관하여 근로자대표와의 서면 합의를 한 경우에는 그 합의에서 정하는 시간을 그 업무의 수행에 통상 필요한 시간으로 본다.

3) 운영방식

◦ 운영방식 1. 소정근로로 산정
- 법정근로시간의 범위 내에서 근무하기로 정할 근로시간을 정함
- 별도의 연장근로가 발생하지 않음

◦ 운영방식 2. 통상 필요한 시간으로 산정
- 그 업무를 수행하기 위하여 통상적으로 소정근로시간을 초과하여 근로할 필요가 있는 경우 해당 업무 수행에 통상 필요한 시간으로 인정
- 법정근로시간을 초과하는 시간은 연장근로 발생
- 취업규칙으로 근로시간 산정방법을 구체적으로 정하는 것이 좋음

◦ 운영방식 3. 노사 간 서면 합의로 근로시간으로 산정
- 노사 간 서면합의한 시간을 해당 업무를 수행하기 위해 통상 필요한 시간으로 인정
- 법정근로시간을 초과하는 시간은 연장근로 발생
- 근로자대표와 서면합의로 결정

〈근로자대표와의 서면합의서 작성 예시[24]〉

주식회사 ○○ 대표이사 ____와 근로자대표 ____는 취업규칙 제○○조에 따라, 근로자에 대하여 사업장 밖 근로를 시키는 경우의 근로시간 산정에 관하여 다음과 같이 합의한다. 제1조(대상의 범위) 이 합의서는 영업부 및 판매부에 속하는 사업으로 주로 사업장 밖의 업무에 종사하는 자에게 적용한다.

24) 「유연근로시간제 가이드」, 고용노동부, 2018.6, p.66

제2조(인정근로시간) 제1조에 정한 직원이 통상근로시간의 전부 또는 일부를 사업장 밖에 있어서의 업무에 종사하고, 근로시간을 산정하기 어려운 경우에는 휴게시간을 제외하고 1일 9시간을 근로한 것으로 본다.
제3조(휴게시간) 제1조에 정한 직원에 대해 취업규칙 제○○조에 정한 휴게시간을 적용한다. 다만, 업무에 따라서는 정해진 휴게시간에 휴게할 수 없는 경우는 별도의 시간대에 소정의 휴게를 부여하는 것으로 한다.
제4조(휴일근로) 제1조에 정한 직원이 특별한 지시에 따라 취업규칙 제○○조에 정한 휴일에 근무한 경우에는 회사는 취업규칙 제○○조에 기초하여 휴일근로가산수당을 지급한다.
제5조(야간근로) 제1조에 정한 직원이 특별한 지시에 따라 야간(22:00~06:00)에 근무한 경우에는 취업규칙 제○○조에 기초하여 야간근로 가산수당을 지급한다.
제6조(연장근로) 제2조에 따라 근무로 인정된 시간 중 소정근로시간을 넘는 시간에 대해서는 취업규칙 제○○조에서 정한 연장근로 가산수당을 지급한다.
제7조(유효기간) 이 합의서의 유효기간은 ○○○○년 ○월 ○일부터 1년간으로 한다.

20○○.　.　.

주식회사 ○○ 대표이사 ____(인) 근로자대표 ____(인)

(4) 재량 근로시간제

근로시간배분, 업무수행방법을 근로자의 재량에 맡기고, 실제 근로시간과 관계없이 노사가 서면합의한 시간을 근로시간으로 보는 제도를 재량근로시간제라고 한다.

1) 대상업무 : 근기법 시행령으로 규정

- ◦ 신상품 또는 신기술의 연구개발이나 인문사회과학 또는 자연과학분야의 연구 업무
- ◦ 정보처리시스템의 설계 또는 분석 업무
- ◦ 신문, 방송 또는 출판 사업에서의 기사의 취재, 편성 또는 편집 업무
- ◦ 의복·실내장식·공업제품·광고 등의 디자인 또는 고안 업무
- ◦ 방송 프로그램·영화 등의 제작 사업에서의 프로듀서나 감독 업무
- ◦ 회계·법률사건·납세·법무·노무관리·특허·감정평가 등의 사무에 있어 타인의 위임·위촉을 받아 상담·조언·감정 또는 대행을 하는 업무

2) 요건

◦ 대상업무에 해당될 것
◦ 업무 수행에 재량성이 인정될 것 : 업무수행수단과 근로시간 배분에 재량이 있어야 함
◦ 근로자대표와 서면합의가 있을 것 : 대상업무 및 업무의 수행 수단, 시간 배분 등을 재량에 맡긴다는 내용을 명시

〈근로자대표와의 서면합의서 작성 예시[25]〉

주식회사 ○○ 대표이사 ____와 근로자대표 ____는 근로기준법 제58조 제3항에 기반하여 재량근로시간제에 관하여 다음과 같이 합의한다.

제1조(적용 대상업무 및 근로자) 본 합의는 각 호에서 제시하는 업무에 종사하는 근로자에게 적용한다.
1. 본사 연구소에서 신상품 또는 신기술의 연구개발 업무에 종사하는 근로자
2. 본사 부속 정보처리센터에서 정보처리시스템의 설계 또는 분석의 업무에 종사하는 근로자

제2조(업무의 수행방법) ① 제1조에서 정한 근로자에 대해서는 원칙적으로 그 업무수행의 방법 및 시간 배분의 결정 등을 본인에 위임하고 회사 측은 구체적 지시를 하지 않는다. 다만, 연구과제의 선택 등 종사할 기본적인 업무 내용을 지시하거나 일정 단계에서 보고할 의무를 지울 수 있다.
② 이 조 제1항에도 불구하고, 업무 수행과 직접 관련이 없는 직장 질서 또는 회사 내 시설 관리 상의 지시는 할 수 있다.

제3조(근로시간의 산정) 제1조에서 정한 근로자는 취업규칙 제○조에서 정하는 근로시간에 관계 없이 1일 9시간(간주근로시간) 근로한 것으로 본다.

제4조(연장근로수당) 제3조의 간주근로시간이 취업규칙 제○조에서 정한 소정 근로시간을 초과하는 부분에 대해서는 연장근로로 취급하여 가산수당을 지급한다.

제5조(휴일 및 야간근로) ① 제1조에서 정한 근로자가 회사에 출근하는 날에는 입· 퇴실 시에 ID카드에 의한 시간을 기록해야 한다.
② 제1조에서 정한 근로자가 휴일 또는 야간(22:00~06:00)에 업무를 행하는 경우에는 미리 소속 부서장의 허가를 얻어야 한다.
③ 전항에 따른 허가를 받고서 휴일 또는 야간에 업무를 행한 경우 회사는 취업규칙 제○조의 정한 바에 따라 가산수당을 지급한다.

제6조(휴게, 휴일 및 휴가) 제1조에서 정한 근로자의 휴게, 휴일 및 휴가는 취업규칙에서 정하는 바에 따른다.

25) 「유연근로시간제 가이드」, 고용노동부, 2018.6, p.84

제7조(재량근로의 적용 중지) 제1조에서 정한 근로자에 대하여 사용자는 다음 각 호의 어느 하나에 해당하는 경우 해당 근로자에게 재량근로제를 적용하지 않을 수 있다.

1. 업무의 변경 등으로 인해 재량근로시간제를 적용하는 것이 적정하지 않다고 판단된 경우
2. 근로자가 재량근로제의 적용 중지를 신청한 경우

제8조(유효기간) 이 합의서의 유효기간은 ○○○○년 ○월 ○일부터 1년간으로 한다.

20○○. . .

주식회사 ○○ 대표이사 ____(인) 근로자대표 ____(인)

❖ 건설달인의 TIP

여러 가지 유형의 유연근로시간제 중에서도 건설현장에서는 탄력적 근로시간제를 활용하면 근로시간 단축에 유용할 것으로 보인다. 52시간제 도입으로 근로시간을 많이 줄여야 하는 상황 속에서 장마철이나 기타 업무량이 적은 시기에는 근로시간을 단축하고 다른 시기에 근로시간을 연장시키면 평균 근로시간을 맞추면서 작업을 진행할 수 있을 것이다.

V 휴게 및 휴일

1. 휴게

근기법 제54조(휴게) ①사용자는 근로시간이 4시간인 경우에는 30분 이상, 8시간인 경우에는 1시간 이상의 휴게시간을 근로시간 도중에 주어야 한다.
②휴게시간은 근로자가 자유롭게 이용할 수 있다.

근로자가 근로시간 중 사용자의 지휘명령으로부터 벗어나 자유롭게 이용할 수 있는 시간을 휴게시간이라고 한다.

휴게시간은 근로시간 도중에 부여하여야 하며, 4시간에 30분이상, 8시간에 1시간 이상을 주어야 한다.

강반장의 질문 1 현장에서 작업 중 잠시 쉬는 시간을 가지는 것을 휴게시간으로 볼 수 있나요?

휴게는 근로자의 건강보호·작업능률 증진 및 재해방지에 목적이 있는 것으로 일시에 부여하는 것이 원칙이며, 휴게의 목적을 달성할 수 없을 정도로 짧은 5분, 10분 단위의 분할은 휴게로 인정되지 않습니다.

> 근로시간 중에 다음 업무 처리를 위해 대기하는 시간, 노무제공을 위하여 대기하는 상태에서 공백시간에 틈틈이 이루어지는 개인 휴식 등은 근로자가 사용자의 지휘·감독으로부터 벗어나 자유로이 이용할 수 있는 휴게시간으로 보기는 어려울 것입니다.
> 〈근로기준정책과-2915, 2017.04.28.〉

강반장의 질문 2 4시간만 일하고 퇴근하는 직원의 경우에 일을 다 끝내고 나서 휴게를 부여해도 되나요?

휴게는 근로시간 도중에 주어야 하므로 근로시간 도중이 아닌 업무의 시작 전 또는 업무가 끝난 후에 부여하는 것은 근기법에 위반될 소지가 있습니다.
〈근로개선정책과-1773, 2013.03.19.〉

2. 휴일

근로자가 근로를 제공할 의무가 없는 날로 소정근로일에서 제외되는 날을 휴일이라고 한다.

법정휴일에는 「근기법」에 따른 '주휴일'과 「근로자의 날 제정에 관한 법률」에 따른 '근로자의 날'이 있으며 이 날은 유급으로 처리된다.

(1) 주휴일

근기법 제55조(휴일) ①사용자는 근로자에게 1주에 평균 1회 이상의 유급휴일을 보장하여야 한다.

근기법 시행령 제30조(휴일) ①법 제55조제1항에 따른 유급휴일은 1주 동안의 소정근로일을 개근한 자에게 주어야 한다.

1주 동안 소정근로일을 개근한 근로자에게는 1주에 평균 1회 이상의 유급휴일을 주어야 하며, 정규직, 계약직, 일용직 등 계약형태를 불문하고 요건에 충족하면 주휴일을 보장해야 한다.(단, 1주 소정근로시간 15시간 미만 근로자 및 감시단속적 근로자 등 근로시간·휴게·휴일규정 적용제외자는 제외) 또한, 주휴일에 근무하는 경우에는 통상임금의 50%를 가산하여 지급하여야 한다.

〈주휴수당 산정식〉

$$주휴수당 = \frac{1주\ 총\ 소정근로시간}{40시간(통상근로자\ 1일\ 소정근로시간)} \times 8 \times 시급$$

〈주휴수당 산정 예시〉

근로시간 : 월~금 7시~14시 (휴게시간 12~13시) / 시급 9,000원

◦ $주휴수당 = \frac{30시간}{40시간} \times 8시간 \times 9,000원 = 54,000원$

〈주휴일 근무시 휴일근무수당 산정 예시 1.〉

소정근로시간 : 월~금 9시~18시 (휴게시간 12~13시) / 시급 10,000원 주휴일근무 : 9시~18시 (휴게시간 12~13시) / 휴일근로 8시간 (휴일근로 8시간 이내)

◦ (주휴일근무수당) 200,000원

· 주휴수당 : 80,000원

(40시간/40시간) × 8시간 × 10,000원 = 80,000원

· 휴일근로대가 : 80,000원

8시간 × 10,000원 = 80,000원

· 휴일근로가산수당 : 40,000원

8시간 × 10,000원 × 50/100 = 40,000원

〈주휴일 근무시 휴일근무수당 산정 예시 2.〉

소정근로시간 : 월~금 9시~18시 (휴게시간 12~13시) / 시급 10,000원 주휴일근무 : 9시~20시 (휴게시간 12~13시) / 휴일근로 10시간 (휴일근로 8시간 초과)

◦ (주휴일근무수당) 240,000원

· 주휴수당* : 80,000원

(40시간/40시간) × 8시간 × 10,000원 = 80,000원

· 휴일근로대가 : 100,000원

10시간 × 10,000원 =100,000원

· 휴일근로가산수당 : 40,000원(8시간 이내)

8시간 × 10,000원 × 50/100 = 40,000원

· 휴일연장근로가산수당 : 20,000원(8시간 초과)

2시간 × 10,000원 × 100/100 = 20,000원

❖ 건설달인의 TIP

예시사례는 주휴일 당일 임금을 계산한 것으로, 만일 월급제 근로자로 주휴수당이 이미 월급에 포함되어 있는 경우에는 주휴수당*은 별도로 다시 계산하지 않아도 된다.

강반장의 질문 1

연장근로를 계속하는 경우, 주휴수당 계산은 어떻게 해야 하나요?

주휴수당은 소정근로시간 수를 기준으로 산정되는 것이기 때문에, 연장근로가 계속된다고 하더라도 소정근로시간분에 해당하는 주휴수당을 지급하면 됩니다.

> 주 40시간의 범위 내에서 근로형태가 통상적이고 규칙적인 경우에는 정상근로일의 소정근로시간 수를 기준으로 산정하여 지급하되, 4인 이하 사업장에서 1일 8시간, 주 40시간을 초과하여 근로하기로 약정한 경우에도 1일 8시간분에 해당하는 주휴수당을 지급하면 될 것이며, 근로형태 및 일별 근로시간이 통상적이지 않은 경우에는 주40시간에 비례 산정한 주휴수당을 부여하면 될 것입니다.
> 〈근로기준정책과-5106, 2016.08.17.〉

강반장의 질문 2

주휴일은 반드시 일요일로 정해야 하나요?

주휴일은 1주에 평균 1회 이상 부여하면 될 뿐, 특정한 요일로 지정되어 있는 것은 아니므로, 반드시 일요일일 필요는 없으나, 단체협약이나 취업규칙 등을 통하여 근로자의 주휴일이 언제인지는 명확하게 밝혀 근로자가 사전에 예측할 수 있도록 할 필요가 있습니다.

> 근기법상 유급휴일은 근기법 제45조의 주휴일과 근로자의 날 제정에 관한 법률에 의한 근로자의 날이며, 주휴일은 1주일에 소정의 근로일수를 개근한 자에 대하여 1주 평균 1회 이상 유급휴일을 부여할 수 있는 제도로서 일요일이 아니라도 무방함.
> 〈근기01254-7449, 1988.05.20.〉
> 근기법 제45조는 사용자가 1주간의 소정근로일수를 개근한 근로자에 대하여 1주일에 평균 1회 이상의 유급휴일을 주도록 규정하고 있으며, 이 경우 주휴일은 반드시 일요일이어야 하는 것은 아니나, 매주 특정요일로 정하는 것이 바람직할 것임.
> 〈근기68207-761, 1994.05.09〉

강반장의 질문 3

주휴일과 다른 휴일이 겹칠 경우에 각각 부여해야 하나요?

휴일이 중복되는 경우에는 근로자에게 유리한 하나의 휴일만 부여하면 됩니다.

> 유급휴일과 주휴일이 중복될 경우 취업규칙 또는 단체협약 등에 별도의 정함이 없는 한 근로자에게 유리한 하나의 휴일만 인정하면 될 것이며, 근로자의 날은 「근로자의 날 제정에 관한 법률」에 의하여 소정 근로일의 개근여부와 관계없이 부여되는 유급휴일이므로 근로자의 날과 주휴가 중복될 경우 1주간의 소정 근로일을 개근하지 못한 근로자에 대해서는 근로자의 날인 유급휴일이 부여되어야 할 것입니다.
> 〈근로기준과-4267, 2005.08.17〉

강반장의 질문 4

금요일까지 근무하고 퇴사하는 경우, 주휴수당을 부여해야 하나요?

주휴일은 다음주 근로를 위한 휴식을 제공하기 위한 것으로 계속적인 근로를 전제로 부여하는 것이므로, 다음주 근로가 예정되어 있지 않다면, 마지막주 1주간 개근을 하였더라도 주휴일이 발생되지 않습니다.

강반장의 질문 5

연차휴가를 사용한 주는 주휴일을 부여하지 않아도 되나요?

근기법에 의한 연차 유급 휴가를 사용한 날은 근로 의무가 면제돼 소정 근로 일에 해당하지 않으므로 주휴일 산정은 연차 휴가를 사용한 날을 제외한 나머지 소정 근로 일을 개근한 경우 부여하되, 다만 해당 주의 전부를 쉬었을 경우는 부여할 필요가 없다 할 것입니다.
〈근로조건지도과-3102, 2008.08.08.〉

강반장의 질문 6

일용직에게도 주휴일을 부여해야 하나요?

주휴일은 소정근로일을 개근한 자에게 주어지는 것이므로, 일용직이라고 하더라도 소정근로일이 사전에 정해지고 계속 근로가 예정되어 있다면, 주휴일을 부여해야 하나, 만일 소정근로일을 정할 수 없이 1일 단위로 계약을 체결하는 경우라고 한다면 주휴일 부여의무는 없습니다.

(2) 근로자의 날

근로자의 날 제정에 관한 법률
5월 1일을 근로자의 날로 하고, 이 날을 「근로기준법」에 따른 유급휴일로 한다.

5월 1일은 근로자의 날로 유급휴일을 부여해야 하며 정규직, 계약직, 일용직 등 계약형태를 불문하고 요건에 충족하면 유급휴일을 보장해야 한다.(1주 소정근로시간 15시간 미만 근로자 및 감시단속적 근로자 등 근로시간·휴게·휴일규정 적용제외자의 경우에도 적용) 또한, 근로자의 날에 근무하는 경우에는 휴일근로에 대한 가산수당으로 통상임금의 50%를 가산하여 지급하여야 한다.

강반장의 질문 1

일용직도 '근로자의 날'을 유급휴일로 부여해야 하나요?

근로자의 날이 근로계약 기간내에 있어야 유급휴일로 될 수 있는 바, 일일단위로 근로계약이 체결되는 일용근로자의 경우 원칙적으로 유급휴일 부여문제가 발생하지 않습니다. 다만, 근로계약을 반복갱신하여 일정기간을 계속근로해 온 경우라면 그 기간내에 포함된 근로자의 날에 대해서는 유급휴일을 부여해야 합니다.
〈근기68207-2508, 2001.08.06.〉

강반장의 질문 2

'근로자의 날'에도 공사를 멈출 수는 없는데, '근로자의 날'을 일이 없는 다른 날로 바꿀 수 있나요?

'근로자의 날'은 특정일인 5월 1일로 지정되어 있는 것이기 때문에 다른 날로 대체를 할 수 없습니다. 따라서, 만일 '근로자의 날'에 부득이 일을 해야 한다면, 휴일근로수당을 지급하여야 합니다.

> '근로자의 날'은 법률로서 특정한 날을 유급휴일로 정하고 있으므로 다른 날로 대체할 수 없으며, 다른 날로 대체하였더라도 근로자의 날에 근로한 경우에는 근기법 제55조에 의한 휴일근로수당을 지급하여야 한다고 사료됩니다.
> 〈근로기준과-829, 2004.02.19.〉

〈근로자의 날 근무시 휴일근무수당 산정 예시〉

소정근로시간 : 월~금 9시~18시 (휴게시간 12~13시) / 시급 10,000원 근로자의 날 근무 : 9시~18시 (휴게시간 12~13시)

◦ (근로자의 날 근무수당) 200,000원 (통상임금 250%)
 · 근로자의 날 수당* : 80,000원 (통상임금 100%)
  8시간 × 10,000원 = 80,000원
 · 근로자의 날 근로대가 : 80,000원 (통상임금 100%)
  8시간 × 10,000원 = 80,000원

· 휴일근로가산수당 : 40,000원 (통상임금 50%)
8시간 × 10,000원 × 50/100 = 40,000원

❖ 건설달인의 TIP

예시사례는 '근로자의 날' 당일 임금을 계산한 것으로, 만일 월급제 근로자로 5월 급여에 근로자의 날 수당이 이미 월급에 포함되어 있는 경우에는 근로자의 날 수당*은 별도로 다시 계산하지 않아도 된다.

(3) 공휴일

「관공서의 공휴일에 관한 규정」에 의해 규정된 휴일을 공휴일이라 하며, 관공서가 쉬는 날을 말한다.

관공서의 공휴일에 관한 규정 제2조(공휴일) 관공서의 공휴일은 다음 각 호와 같다. 다만, 재외공관의 공휴일은 우리나라의 국경일 중 공휴일과 주재국의 공휴일로 한다.
1. 일요일
2. 국경일 중 3 · 1절, 광복절, 개천절 및 한글날
3. 1월 1일
4. 설날 전날, 설날, 설날 다음날 (음력 12월 말일, 1월 1일, 2일)
5. 삭제
6. 부처님오신날 (음력 4월 8일)
7. 5월 5일 (어린이날)
8. 6월 6일 (현충일)
9. 추석 전날, 추석, 추석 다음날 (음력 8월 14일, 15일, 16일)
10. 12월 25일 (기독탄신일)
10의2. 「공직선거법」 제34조에 따른 임기만료에 의한 선거의 선거일
11. 기타 정부에서 수시 지정하는 날

공휴일은 원칙적으로 사기업에 적용되지는 않아 사기업에서는 취업규칙 등을 통하여 공휴일의 휴일 지정 여부 및 휴일로 지정할 경우 유급 또는 무급휴일 등을 자율적으로 정할 수 있다.

다만, 최근 근기법 개정에 따라 향후에는 공휴일이 5인 이상 근로자를 사용하는 사업 또는 사업장에 적용이 될 예정이다.

〈사업장 규모에 따른 공휴일 적용일〉

상시 300명 이상의 근로자를 사용하는 사업 또는 사업장, 공공기관, 지방공사 및 지방공단, 국가 · 지방자치단체 또는 정부투자기관이 자본금의 2분의 1 이상을 출자하거나 기본재산의 2분의 1 이상을 출연한 기관 · 단체와 그 기관 · 단체가 자본금의 2분의 1 이상을 출자하거나 기본재산의 2분의 1 이상을 출연한 기관 · 단체, 국가 및 지방자치단체의 기관	2020년 1월 1일
상시 30명 이상 300명 미만의 근로자를 사용하는 사업 또는 사업장	2021년 1월 1일
상시 5인 이상 30명 미만의 근로자를 사용하는 사업 또는 사업장	2022년 1월 1일

강반장의 질문 1

공휴일에 일을 하면 휴일근로수당을 지급해야 하나요?

관공서가 아닌 일반 사기업의 경우에는 공휴일이 의무휴일이 아니므로, 공휴일에 일을 하더라도 휴일근로수당을 지급하지 않아도 되지만, 만일 취업규칙이나 단체협약 등을 통하여 휴일로 지정하였다면, 휴일근로수당을 지급해야 합니다.

> 국경일에관한법률에 의한 국경일과 정부에서 지정한 임시 공휴일은 회사의 취업규칙이나 단체협약 등에 유 · 무급휴일로 정하여지지 아니한 경우에는 동 국경일이나 임시공휴일에 근로를 제공한 경우라 할지라도 별도의 휴일근로수당을 지급하지 아니하여도 무방한 것입니다.
> 〈근기 1451-16619, 1984.08.01.〉

강반장의 질문 2

대체공휴일에 쉬어야 하나요?

대체공휴일은 「관공서의 공휴일에 관한 규정」에 의한 관공서의 공휴일이어서 일반 근로자에게는 원칙적으로 적용되지 않으므로, 반드시 쉬어야 하는 것은 아닙니다. 다만, 근기법 개정으로 인하여 향후에는 유급휴일로 지정되므로 반드시 쉬어야 합니다.(사업장 규모에 따른 공휴일 적용일 참조)

(4) 휴일의 대체

취업규칙·단체협약 등을 통하여 특정한 휴일을 근로일로 하는 대신 통상의 근로일을 휴일로 대체할 수 있는 규정을 두거나 또는 근로자와의 합의를 통하여 특정한 휴일과 통상의 근로일을 대체하는 제도를 '휴일의 대체'라고 한다[26].

〈휴일의 대체 요건〉

◦ 취업규칙 또는 단체협약으로 규정

◦ 근로자동의

◦ 최소 24시간 전 사전고지

노천작업장에서 근로일의 강우로 인하여 취업규칙에서 정한 주휴일을 비오는 날로 대체키 위하여는 취업규칙으로 주휴일 대체방법을 미리 규정하고 사전에 예측할 수 있는 강우로 인하여 주휴일을 비오는 날로 대체한다는 것을 미리(적어도 비오는 날의 전일) 근로자에게 통지하면 이를 대체할 수 있으며, 이와 같이 대체한 경우라면 그날의 근무한데 대한 소정의 임금을 지급하면 되는 것임. 〈법무 811-16173, 1979.07.06.〉 지정된 휴일을 변경하고자 할 때에는 적어도 24시간 전에 근로자에게 통지하여야 함. 〈근기 68207-806, 1994.05.16.〉

예를 들어, 6월 16일 일요일(주휴일)을 6월 20일 목요일(통상의 근로일)로 대체하는 경우, 원칙적으로 6월 16일에 근무하면 휴일근로가산수당을 지급하여야 하지만, 휴일대체를 하였기 때문에 6월 16일은 통상의 근로일이 되고 6월 20일이 주휴일로 변경되어 원래의 주휴일인 6월 16일에 근무한다고 하더라도 휴일근로가산수당을 지급하지 않고 통상임금만 지급하면 된다.

〈휴일대체시 임금 예시〉

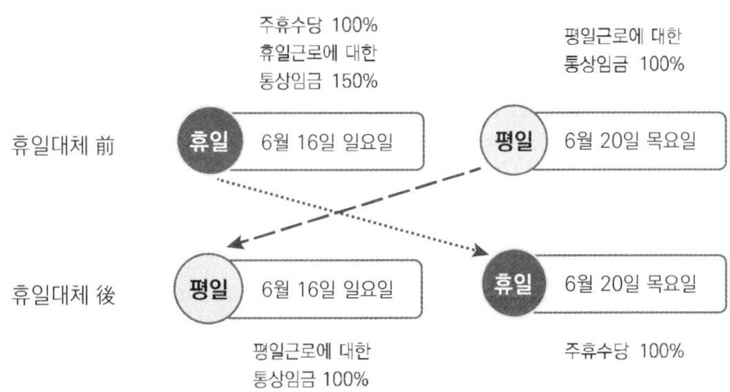

♣ 휴일대체 동의서 양식 샘플 (별첨 1-17)

---

26) '휴일의 대체'는 법에서 규정하고 있는 제도는 아니며, 법에서 규정하고 있는 '유급휴가의 대체'제도와 유사하게 실무상 운영되고 있는 제도입니다. 다만, 근기법 개정으로 향후 공휴일의 대체는 법상 제도로 운영될 예정입니다.

VI 휴가

휴가는 크게 법정휴가와 약정휴가로 나누어진다. 이 중 법정휴가에는 연차유급휴가, 보상휴가, 생리휴가, 출산전후휴가, 배우자출산휴가, 육아휴직 등이 있으며, 약정휴가에는 회사가 자율적으로 정할 수 있는 병가, 경조사 휴가, 하계휴가 등이 이에 해당된다.

1. 법정휴가

(1) 연차유급휴가

> **근기법 제60조(연차 유급휴가)** ①사용자는 1년간 80퍼센트 이상 출근한 근로자에게 15일의 유급휴가를 주어야 한다.
> ②사용자는 계속하여 근로한 기간이 1년 미만인 근로자 또는 1년간 80퍼센트 미만 출근한 근로자에게 1개월 개근 시 1일의 유급휴가를 주어야 한다.

1) 의의

1년간 계속 근로한 근로자에게 정신적·육체적 휴양을 제공하기 위하여 유급으로 부여하는 휴가를 연차유급휴가라고 한다. 연차유급휴가는 정규직·계약직·일용직 여부를 불문하고 요건에 해당되는 근로자는 모두 부여해야 하지만, 상시근로자 4명 이하인 사업 또는 사업장의 근로자와 1주간 소정근로시간이 15시간 미만인 근로자의 경우에는 부여하지 않아도 된다.

연차유급휴가는 계속근로기간과 출근율에 따라 다음과 같이 다르게 부여된다.

◦ 계속근로 1년 이상인 자 중 ⓐ 80퍼센트 이상 출근한 근로자 : 15일
ⓑ 80퍼센트 미만 출근한 근로자
: 1개월 개근 시 1일

❖ 건설달인의 TIP

1년 동안의 출근율을 계산하는 것이기 때문에 1년 동안 근로를 하지 않고 중간에 퇴사하는 경우에는 연차휴가가 전혀 발생하지 않는다.

〈예시 1.〉

〈예시 2.〉

◦ 계속근로 1년 미만인 자 : 1개월 개근 시 1일

〈예시〉

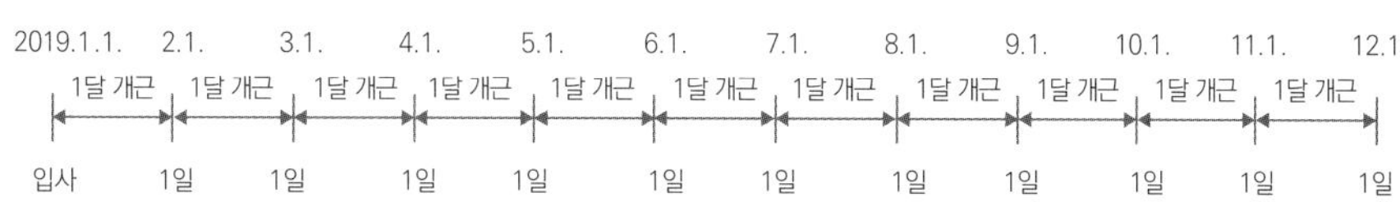

❖ 건설달인의 TIP

연차유급휴가는 입사일을 기준으로 산정하는 것이 원칙이나 사업장의 편의에 따라 회계연도를 기준으로 산정하는 것도 가능하다. 다만, 이러한 경우에는 근로자의 퇴사시 해당 근로자의 입사일을 기준으로 산정한 연차유급휴가일수와 회계연도 기준으로 산정하여 부여한 연차유급휴가일수를 비교하여 부족한 경우에는 추가로 부여하는 등 근로자에게 불이익하지 않게 하여야 한다.

◦ 연도 중 입사자의 경우 다음 회계연도까지 발생하는 휴가일수[27)]

ⓐ 다음 회계연도에 발생하는 연차휴가일수(15일 × 근속기간 총일수 / 365) + ⓑ 입사일부터 1년간 1개월 개근시 1일씩 발생한 휴가일수
〈17.7.1. 입사자 산정 예시〉

	17.8	17.9	17.10	17.11	17.12	18.1	18.2	18.3	18.4	18.5	18.6	18.7
60조 1항						7.5일						
60조 2항	1일	1일	1일	1일	1일	1일	1일	1일	1일	1일	1일	1일
누계	1일	2일	3일	4일	5일	13.5일						18.5일

강반장의 질문 1

1년 근무하고 퇴사하는 근로자의 경우, 발생한 연차휴가일수는 얼마나 되나요?

구(舊)법에 의하면 1년 근무 후 퇴사할 경우 1년 근로의 대가인 15일만 부여하면 되었지만, 근기법의 개정에 따라 1년 미만 근무자의 경우에 1개월 개근시 1일씩 부여하여야 하므로 1개월 개근시 1일 부여한 11일과 1년 근로의 대가인 15일을 합산한 총 26개를 부여하여야 합니다.

강반장의 질문 2

조퇴한 경우 결근으로 보고 연차휴가 부여계산을 해도 되나요?

근기법 제47조의 규정에 의한 월차유급휴가는 1개월간의 소정근로일수를 개근한 근로자에 대하여 이를 주는 것인 바, 법령·단체협약·취업규칙 등에서 정한 근로일을 단위로 하여 그 근로일의 전부를 출근하여 근로를 제공하면 개근으로 되는 것이고, 1근로일의 소정근로시간수의 전부를 개근할 것을 그 지급여건으로 한 것은 아니므로, 지각, 조퇴, 외출 등의 사유로 인하여 1근로일을 소정근로시간수의 전부를 근로하지 못하였더라도 소정근로일을 단위로 하여 그날그날에 출근하여 근로를 제공하였다면 소정근로일수를 개근한 것으로 해석한다. 따라서 월간 지각, 조퇴를 몇 회 이상 하면 결근 1일로 취급한다고 규정한 단체협약·취업규칙의 부분은 근기법에 위반되는 것입니다.
〈법무 811-11416, 1979.05.15.〉

27) 「1년 미만 근로자 등에 대한 연차휴가 보장 확대 관련 개정 근로기준법 설명자료」, 2018.5., 고용노동부, P.6

강반장의 질문 3

일용직도 연차휴가를 부여해야 하나요?

일용직이라고 하더라도 계속적인 사용종속관계로 인하여 계속근로가 인정된다고 하면 연차유급휴가를 부여해야 합니다.

❖ 건설달인의 TIP

일용직의 경우, 계속근로여부를 어떻게 판단하는가가 큰 문제일 것이다. 일용직의 계속근로를 판단하는 구체적 기준(며칠동안 일하지 않으면 계속근로가 단절되는지)이 없어 현장에서 개별적으로 판단해야 할 수 밖에 없다. 최소한 1개월에 4, 5일 내지 15일 계속적으로 근로하면 계속근로가 인정된다는 판례가 있으니 참고하기 바란다.

> 원래 근로자가 반드시 월 평균 25일 이상 근무하여야만 근기법상 퇴직금지급의 전제가 되는 근로자의 상근성·계속성·종속성의 요건을 충족시키는 것은 아니고, 최소한 1개월에 4,5일 내지 15일 정도 계속해서 근무하였다면 위 요건을 충족한다 할 것이다.
> 〈대법원 1995. 7. 11.선고, 93다26168, 전원합의체판결〉

연차유급휴가 등의 부여시 소정근로일수 및 출근여부 판단기준[28]

1. 소정근로일수 및 출근여부 판단에 관한 해석기준

(1) 법령 또는 약정에 의한 휴일 : 소정근로일수 계산에서 제외
- 주휴일
- 근로자의 날
- 취업규칙 또는 단체협약 등에 의한 약정휴일
- 기타 이상의 날에 준하여 해석할 수 있는 날 또는 기간

(2) 특별한 사유로 근로제공의무가 정지되는 날 또는 기간 : 소정근로일수 계산에서 제외
- 사용자의 귀책사유로 인한 휴업기간
- 적법한 쟁의행위기간
- 남녀고용평등법에 의한 육아휴직기간
- 기타 이상의 기간에 준하여 해석할 수 있는 날 또는 기간

(3) 법령상 또는 그 성질상 출근한 것으로 보아야 하는 날 또는 기간 : 소정근로일수 계산에는 포함하되 출근한 것으로 봄
- 업무상재해로 인한 휴업기간, 산전후휴가, 육아휴직
- 예비군훈련기간
- 민방위훈련 또는 동원기간
- 공민권행사를 위한 휴무일
- 연 · 월차유급휴가, 생리휴가
- 기타 이상의 날 또는 기간에 준하여 해석할 수 있는 날 또는 기간

2) 가산휴가

근기법 제60조(연차 유급휴가) ④사용자는 3년 이상 계속하여 근로한 근로자에게는 제1항에 따른 휴가에 최초 1년을 초과하는 계속 근로 연수 매 2년에 대하여 1일을 가산한 유급휴가를 주어야 한다. 이 경우 가산휴가를 포함한 총 휴가 일수는 25일을 한도로 한다.

3년이상 계속 근로한 근로자에게는 1년을 초과하는 계속 근로 연수 매 2년마다 1일을 가산하여 유급휴가를 주어야 하며 그 한도는 25일로 한다.

〈계속근로연수에 따른 연차유급휴가일수〉

1년	2년	3년	4년	5년	6년	7년	8년	9년	10년	11년
15일	15일	16일	16일	17일	17일	18일	18일	19일	19일	20일
12년	13년	14년	15년	16년	17년	18년	19년	20년	21년이상	~
20일	21일	21일	22일	22일	23일	23일	24일	24일	25일	25일

3) 연차유급휴가미사용수당

사용자는 근로자가 연차유급휴가를 1년간 사용하지 못한 경우에는 미사용한 연차유급휴가일수에 해당하는 연차유급휴가미사용수당을 지급하여야 한다.

① 미사용수당 청구권 발생 : 연차휴가를 청구할 수 있는 권리가 소멸한 날(연차유급휴가 발생 후 1년)의 다음날 발생하며, 미사용수당 청구권 발생일로부터 3년간 청구할 수 있다.

❖ 건설달인의 TIP

1년 미만자의 경우 1개월 개근시 1일의 연차휴가가 발생하는데 이 유급휴가는 각 발생월로부터 1년간 사용이 가능하므로 미사용수당 청구권도 매월 발생된다.

28) 임금근로시간정책팀-3228, 2007.10.25

〈1년 미만자 연차미사용수당 청구권 발생 시기 예시〉

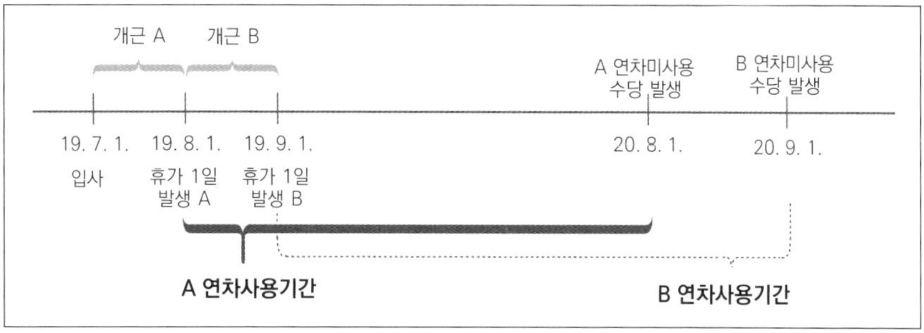

❖ 건설달인의 TIP

1년 미만자의 경우 매월 1일씩 발생하는 유급휴가를 노사 합의로 2년차 종료 시점까지 사용할 수 있도록 한 경우라면, 1년미만 때 발생한 휴가의 미사용수당 지급시점은 2년차가 종료된 다음날에 일괄하여 발생된다.

〈노사간 합의로 인한 연차미사용수당 청구권 일괄발생 예시〉

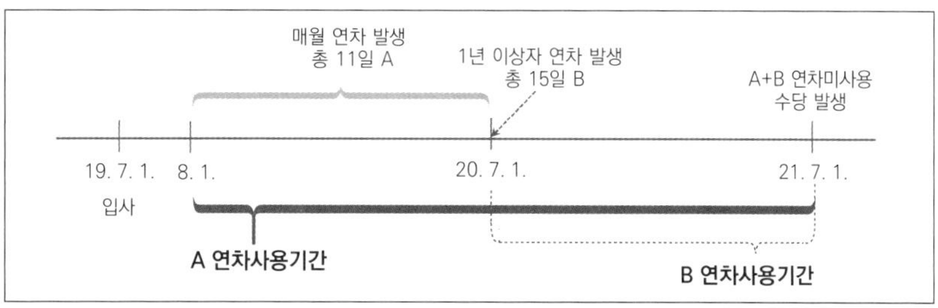

② 미사용수당 지급액 산정 : 통상임금 또는 평균임금

〈지급액 산정식〉

연차유급휴가미사용수당 = 1일 통상임금[29] × 사용하지 못한 휴가일수

③ 미사용수당 지급액 산정기준시점 : 휴가청구권이 있는 마지막 달의 임금지급일 임금기준

29) 취업규칙 등을 통하여 평균임금으로 산정한다고 규정하지 않는 한 일반적으로 통상임금으로 산정함.

근기법 제47조 및 제48조의 규정에 의한 연·월차유급휴가를 1년간 사용하지 아니하여 휴가청구권이 소멸한 경우 미사용휴가일수에 대하여 수당으로 대체지급하고자 하는 때에 그 수당(임금)은 최종휴가청구권이 있는 달의 임금지급일의 임금을 기준으로 산정·지급되어야 할 것임.
〈근기01254-3999, 1990.03.19〉

❖ 건설달인의 TIP

미사용수당은 휴가청구권이 있는 마지막 달의 임금지급일의 임금을 기준으로 산정하기 때문에 연도 중 임금이 상승되었을 경우, 상승된 임금을 기준으로 지급하여야 한다. 만일, 미사용수당을 미리 지급한 경우라 하더라도 원래 산정기준시점에 임금이 상승되었다면, 상승된 금액만큼 추가지급 하여야 한다.

4) 연차유급휴가 사용촉진

근기법 제61조(연차 유급휴가의 사용 촉진) 사용자가 제60조제1항 및 제4항에 따른 유급휴가의 사용을 촉진하기 위하여 다음 각 호의 조치를 하였음에도 불구하고 근로자가 휴가를 사용하지 아니하여 제60조제7항 본문에 따라 소멸된 경우에는 사용자는 그 사용하지 아니한 휴가에 대하여 보상할 의무가 없고, 제60조제7항 단서에 따른 사용자의 귀책사유에 해당하지 아니하는 것으로 본다.

1. 제60조제7항 본문에 따른 기간이 끝나기 6개월 전을 기준으로 10일 이내에 사용자가 근로자별로 사용하지 아니한 휴가 일수를 알려주고, 근로자가 그 사용 시기를 정하여 사용자에게 통보하도록 서면으로 촉구할 것
2. 제1호에 따른 촉구에도 불구하고 근로자가 촉구를 받은 때부터 10일 이내에 사용하지 아니한 휴가의 전부 또는 일부의 사용 시기를 정하여 사용자에게 통보하지 아니하면 제60조제7항 본문에 따른 기간이 끝나기 2개월 전까지 사용자가 사용하지 아니한 휴가의 사용 시기를 정하여 근로자에게 서면으로 통보할 것

사용자는 근로자가 미사용한 연차유급휴가에 대하여 수당으로 지급하여야 하는 것이 원칙이지만, 법이 정하고 있는 일련의 조치를 취하는 경우에는 사용자의 미사용수당 지급의무가 없어지는데 이를 연차유급휴가 사용촉진제도라고 한다.

① 사용촉진조치 시행시기

- 연차휴가사용기간이 끝나기 6개월 전을 기준으로 10일 이내에 근로자별 미사용 일수 고지 및 근로자가 휴가 사용시기를 정하여 통보하도록 서면으로 촉구
- 근로자가 촉구받은 때로부터 10일 이내에 휴가 사용시기를 정하여 사용자에게 통보
- (근로자가 사용자에게 휴가 사용시기 통보하지 않는 경우) 연차휴가사용기간이 끝나기 2개월 전까지 사용자가 근로자의 휴가 사용시기를 정하여 근로자에게 서면으로 통보

〈연차유급휴가 사용촉진 시기(1.1~12.31 기준)〉

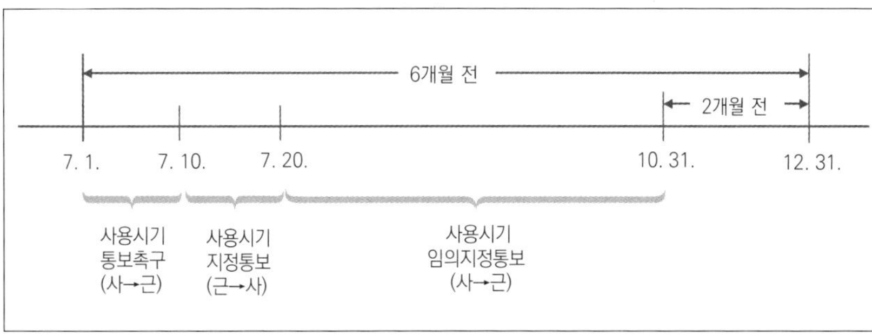

② 사용촉진조치 시행방법 : 서면

❖ 건설달인의 TIP

사용촉진은 반드시 서면으로 통보하여야 하므로 단순한 이메일이나 사내게시판을 통하여 통보하는 것은 촉진조치를 한 것으로 인정되지 않는다. 다만, 사내 전자결재시스템이 완비되어 있고, 이를 통하여 기안, 결재, 시행 등이 이루어지고 있는 경우에는 이러한 전자결재시스템을 통한 촉구 및 통지가 예외적으로 가능하다.

'서면'이란 종이로 된 문서를 의미하고, 전자문서는 회사가 전자결재체계를 완비하여 전자문서로 모든 업무를 기안, 결재, 시행과정을 관리하는 경우 예외적으로 가능하다고 볼 수 있다.
〈근로개선정책과-1128, 2012.02.07.〉

❖ 건설달인의 TIP

사용촉진조치 시행 이후, 근로자가 지정된 휴가일에 출근하여 근무한 경우에는 연차를 사용한 것으로 볼 수 없어 해당 일에 대한 연차휴가 미사용수당을 지급하여야 한다. 따라서 사용자는 노무수령 거부의사를 명확히 표시해야 하며, 명확한 노무수령 거부의사에도 불구하고 근로를 제공한 경우에는 연차유급휴가 미사용수당을 지급할 의무가 없다.

연차휴가일에 해당 근로자의 책상위에 '노무수령 거부의사 통지서'를 올려놓거나, 컴퓨터를 켜면 '노무수령 거부의사 통지' 화면이 나타나도록 하여 해당 근로자가 사용자의 노무수령 거부의사를 인지할 수 있는 정도라면 달리 볼 사정이 없는 한 노무수령 거부의사를 표시한 것으로 볼 수 있다고 사료됨.
〈근로기준과-351, 2010.03.22.〉

♣ 휴가사용 시기지정 통보 서식 샘플 (별첨 1-18)

♣ 연차유급휴가 사용시기 임의지정 통보[30] 서식 샘플 (별첨 1-19)

♣ 연차유급휴가 사용시기 지정 통보[31] 서식 샘플 (별첨 1-20)

5) 연차유급휴가 대체

근기법 제62조(유급휴가의 대체) 사용자는 근로자대표와의 서면 합의에 따라 제60조에 따른 연차 유급휴가일을 갈음하여 특정한 근로일에 근로자를 휴무시킬 수 있다.

사용자는 근로자대표와의 서면 합의 요건을 갖추어 특정한 근로일을 연차유급휴가일로 대체하여 휴무시킬 수 있고, 개별근로자는 본인의 전체 연차유급휴가일수에서 대체된 휴가일수를 빼고 남은 휴가일수를 자유롭게 사용할 수 있다. 즉, 연차유급휴가 대체의 경우, 근로자의 전체 연차유급휴가 일수 중 일부만 대체하는 것이 가능하다.

〈연차유급휴가대체 요건〉
근로자대표와의 서면 합의

♣ 연차유급휴가 대체 합의서 샘플 (별첨 1-21)

30) 근로자가 사용자에게 통보
31) 사용자가 근로자에게 통보

강반장의 질문 1

근로계약서에 연차유급휴가 대체에 관한 내용을 규정하는 것도 가능한가요?

연차유급휴가 대체는 반드시 근로자대표와의 서면합의가 있어야 가능합니다.

> 개별 근로자의 의사와 관계없이 근로자집단에 대하여 근로일 중 특정일에 연차휴가를 사용하는 것으로 보기 위해서는 근로계약서에 그에 관하여 규정하여 실시할 것이 아니라 「근기법」 제62조에 따라 연차휴가 대체제도를 활용하여야 하며, 이를 위해서는 근로자대표와의 서면합의가 있어야 할 것임.
> 〈근로기준정책과-2694, 2015.06.23.〉

강반장의 질문 2

법정공휴일을 연차유급휴가 대체할 수 있나요?

연차유급휴가 대체를 할 수 있는 특정일은 근로의무가 있는 소정근로일이어야 합니다. 따라서 소정근로일이 아니라 원래부터 휴일인 날은 대체를 할 수 없습니다. 만일 사업장에서 법정공휴일을 휴일(약정휴일)로 지정해두고 있다면 그 날은 대체를 할 수 없지만, 법정공휴일을 휴일로 지정하지 않은 경우에는 그 날을 대체할 수 있습니다. 그러나, 근기법 개정으로 사업장 규모[32]에 따라 점차 법정공휴일도 일반 기업에서 휴일이 되기 때문에 법 적용 사업장에서는 법정공휴일을 연차유급휴가로 대체할 수 없습니다.

(2) 보상휴가

> **근기법 제57조(보상 휴가제)** 사용자는 근로자대표와의 서면 합의에 따라 제56조에 따른 연장근로 · 야간근로 및 휴일근로에 대하여 임금을 지급하는 것을 갈음하여 휴가를 줄 수 있다.

사용자는 근로자가 연장·야간·휴일근로를 하는 경우 가산임금을 지급하여야 하나, 근로자대표와의 서면 합의에 따라 이러한 임금을 지급하는 것에 갈음하

32)

상시 300명 이상의 근로자를 사용하는 사업 또는 사업장, 공공기관, 지방공사 및 지방공단, 국가 · 지방자치단체 또는 정부투자기관이 자본금의 2분의 1 이상을 출자하거나 기본재산의 2분의 1 이상을 출연한 기관 · 단체와 그 기관 · 단체가 자본금의 2분의 1 이상을 출자하거나 기본재산의 2분의 1 이상을 출연한 기관 · 단체, 국가 및 지방자치단체의 기관	2020년 1월 1일
상시 30명 이상 300명 미만의 근로자를 사용하는 사업 또는 사업장	2021년 1월 1일
상시 5인 이상 30명 미만의 근로자를 사용하는 사업 또는 사업장	2022년 1월 1일

여 휴가로 줄 수 있다.

〈보상휴가제 요건〉
근로자대표와의 서면 합의

서면 합의에 포함되어야 할 사항

- 전체 근로자에게 일률적용할 것인지, 희망 근로자에 한하여 적용할 것인지
- 휴가청구권과 임금청구권을 선택적으로 인정할 것인지, 휴가청구권만 인정할 것인지
- 보상휴가 부여기준을 연장·야간·휴일근로에 대한 가산임금을 포함한 전체 임금으로 할 것인지, 가산임금만으로 할 것인지

♣ 보상 휴가제 서면 합의서[33] 샘플 (별첨 1-22)

〈보상 휴가 산정 예시〉

	월	화	수	목	금	토	일	**합계**
연장근로	2	2	2	-	-	-		**6**
휴일근로	-	-	-	-	-	-	4	**4**

- 연장·야간·휴일근로시간 및 가산시간 전체에 대해 보상휴가제를 실시하는 경우
  - 연장근로 6시간 + 연장근로가산시간 3시간(6시간×50%) + 휴일근로 4시간 + 휴일근로가산시간 2시간(4시간×50%) = 15시간을 유급휴가로 보상

- 연장·야간·휴일근로시간 가산시간에 대해서만 보상휴가제를 실시하는 경우
  - 연장근로 6시간 + 휴일근로 4시간 = 10시간은 임금으로 보상
  - 연장근로가산시간 3시간(6시간×50%) + 휴일근로가산시간 2시간(4시간×50%) = 5시간을 유급휴가로 보상

강반장의 질문 1

근로자가 보상 휴가를 사용하지 않으면 임금을 지급해야 하나요?

보상 휴가제는 임금 지급 대신 휴가를 부여하는 제도이므로, 만일 근로자가 휴가를 사용하지 않으면 그에 대한 임금을 지급하여야 하며, 보상 휴가제는 휴가사용촉진조치를 통해 임금지급의무를 면제받을 수 없습니다.

33) 「유연근로시간제 가이드」, 2018.6., 고용노동부, p.94

강반장의 질문 2

보상 휴가는 언제까지 부여해야 하나요?

보상 휴가 부여 기간에 대해서는 근로자대표와의 서면 합의로 자유롭게 정할 수 있습니다. 연장·야간·휴일근로가 발생할 때마다 바로 부여할지, 1년간 발생한 연장·야간·휴일근로를 적치하여 다음 연도에 부여할지 등을 정하여 시행하면 됩니다.

(3) 생리휴가

근기법 제73조(생리휴가) 사용자는 여성 근로자가 청구하면 월 1일의 생리휴가를 주어야 한다.

사용자는 여성 근로자가 청구하는 경우 월 1일의 생리휴가를 주어야 하며, 이때 생리휴가는 무급휴가[34]이다. 여성 근로자가 직접 청구하는 경우 1월간 소정근로일수 만근여부와 관계없이 부여하며, 사용자는 시기변경권을 행사할 수 없다.

강반장의 질문 1

여러 달의 생리휴가를 적치하여 한꺼번에 사용할 수 있나요?

생리휴가는 사용자가 사실상의 생리현상에 따라 월 1일의 유급휴가를 주도록 규정하고 있으므로 적치하여 사용할 수 없을 것입니다.
〈부소 68240-300, 1998.12.29.〉

강반장의 질문 2

일용직에게도 생리휴가를 주어야 하나요?

근로계약을 1일단위로 체결하고 그 날의 근로가 끝남에 따라 사용종속관계가 종료되는 실질적인 의미의 일용직 근로자라면 현실적으로 생리휴가를 사용하기가 불가능할 것이나 사실상 상시 근로하면서 임금만을 일일단위로 산정한다는 의미의 일용직 근로자는 법에 의한 생리휴가를 사용할 수 있습니다.
〈여원 68240-494, 2001.11.12.〉

34) 따라서, 생리휴가 사용시 1일의 통상임금을 공제할 수 있다.

(4) 출산전후휴가

근기법 제74조(임산부의 보호) ①사용자는 임신 중의 여성에게 출산 전과 출산 후를 통하여 90일(한 번에 둘 이상 자녀를 임신한 경우에는 120일)의 출산전후휴가를 주어야 한다. 이 경우 휴가 기간의 배정은 출산 후에 45일(한 번에 둘 이상 자녀를 임신한 경우에는 60일) 이상이 되어야 한다.

사용자는 산모·태아·출생아의 건강을 보호하기 위하여 임신 중의 여성에게 출산 전과 출산후를 통하여 90일(다태아의 경우 120일)의 출산전후휴가를 주어야 한다. 임신 중의 여성 근로자의 청구가 출산전후휴가 부여 요건은 아니므로 사후 통보도 인정되며, 출산 후에 45일 이상(다태아의 경우 60일)이 되도록 부여하여야 한다.

강반장의 질문 1

휴일은 제외하고 90일을 주어야 하나요?

휴가기간 90일은 역일상의 기간을 말하므로 각 사업장의 단체협약이나 취업규칙 등에 별도의 규정이 없는 한 동 휴가기간중에 법정휴일, 기타 회사의 약정휴일 등이 포함되어 있다 하더라도 역일상 90일을 부여하면 될 것입니다.
〈여성고용팀-333, 2006.01.24.〉

강반장의 질문 2

임신 중의 여성 근로자 출산전후휴가를 신청한 경우, 사용자가 이를 거부할 수 있나요?

출산전후휴가는 반드시 부여해야 하는 강행제도로 사용자의 거부권이나 시기변경권이 인정되지 않습니다. 또한 출산전후휴가의 경우 근로자의 청구가 없더라도 임신과 출산이라는 사실관계가 있으면 사업주가 부여해야 하는 것이므로, 사업주의 승낙의 의사표시 여부와 상관없이 근로자가 출산 후 45일을 확보하여 휴가를 신청하였다면 출산전후휴가 개시일에 당연히 휴가가 개시된다고 할 것입니다.
〈여성고용정책과-4044, 2017.10.30〉

근기법 제74조(임산부의 보호) ④제1항부터 제3항까지의 규정에 따른 휴가 중 최초 60일(한 번에 둘 이상 자녀를 임신한 경우에는 75일)은 유급으로 한다. 다만, 「남녀고용평등과 일·가정 양립 지원에 관한 법률」 제18조에 따라 출산전후휴가급여 등이 지급된 경우에는 그 금액의 한도에서 지급의 책임을 면한다.

사용자는 출산전후휴가 90일(다태아의 경우 120일) 중 최초 60일분(다태아의 경우 75일분)을 유급으로 부여하여야 한다. 다만, 「남녀고용평등과 일·가정 양립 지원에 관한 법률」에 의해 지급된 한도에서 그 지급책임을 면하게 되는데, 우선지원 대상기업[35]의 경우 90일(다태아의 경우 120일)의 급여가 고용보험에서 지급되고, 대규모 기업의 경우 최초 60일(다태아의 경우 75일)은 사용자가, 그 이후 30일(다태아의 경우 45일)은 고용보험에서 지급된다.

강반장의 질문

고용보험에서 출산전후휴가급여를 받은 금액이 근로자의 월 통상임금보다 적은 경우, 사용자는 차액을 지급해야 하나요?

사업주는 60일까지는 유급으로 부여해야 하므로 고용보험에서 받는 출산전후휴가급여가 근로자의 월 통상임금보다 적다면 나머지 차액은 사용자가 부담해야 합니다.

〈출산전후휴가급여 지급 예시〉

30일 통상임금 200만원일 경우

		30일	60일	90일
우선지원대상기업	사용자 부담	20	20	-
	고용보험 급여	180	180	180
그 외 기업	사용자 부담	200	200	-
	고용보험 급여	-	-	180

35) 고보법 시행령 별표1. 우선지원 대상기업의 상시 사용하는 근로자 기준
① 제조업 500인이하 사업장, ② 광업, 건설업, 운수 및 창고업, 출판, 영상, 방송통신 및 정보 서비스업, 사업시설관리 및 사업지원 서비스업, 전문, 과학 및 기술 서비스업, 보건업 및 사회복지 서비스업 300인 이하 사업장, ③ 도매 및 소매업, 숙박 및 음식점업, 금융 및 보험업, 예술, 스포츠 및 여가관련 서비스업 200인 이하 사업장, ④ 그 밖의 업종 100인이하 사업장

(5) 유·사산휴가

근기법 제74조(임산부의 보호) ③사용자는 임신 중인 여성이 유산 또는 사산한 경우로서 그 근로자가 청구하면 대통령령으로 정하는 바에 따라 유산·사산 휴가를 주어야 한다. 다만, 인공 임신중절 수술(「모자보건법」 제14조제1항에 따른 경우는 제외한다)에 따른 유산의 경우는 그러하지 아니하다.

사용자는 임신 중인 여성이 유·사산한 경우로 임신한 근로자가 청구하면 유·사산휴가를 주어야 하며 유·사산휴가 신청서[36]와 의료기관의 진단서를 제출하여야 한다.

〈유·사산휴가 기간〉

임신기간	11주 이내	12~15주	16~21주	22~27주	28주 이상
유·사산한 날로부터	5일까지	10일까지	30일까지	60일까지	90일까지

♣ 유·사산휴가 신청서 샘플 (별첨 1-23)

(6) 배우자 출산휴가

남녀고용평등과 일가정 양립 지원에 관한 법률 제18조의2(배우자 출산휴가) ① 사업주는 근로자가 배우자의 출산을 이유로 휴가를 청구하는 경우에 10일의 휴가를 주어야 한다. 이 경우 사용한 휴가기간은 유급으로 한다.
② 제1항 후단에도 불구하고 출산전후휴가급여등이 지급된 경우에는 그 금액의 한도에서 지급의 책임을 면한다.
③ 배우자 출산휴가는 근로자의 배우자가 출산한 날부터 90일이 지나면 청구할 수 없다.
④ 배우자 출산휴가는 1회에 한정하여 나누어 사용할 수 있다.
⑤ 사업주는 배우자 출산휴가를 이유로 근로자를 해고하거나 그 밖의 불리한 처우를 하여서는 아니 된다.

사용자는 근로자가 배우자의 출산을 이유로 휴가를 청구하는 경우 10일의 휴가를 부여해야 하며 10일은 유급으로 해야 한다.

배우자 출산휴가는 배우자가 출산한 날부터 사용할 수 있으나, 출산일로부터 90일이 지나면 신청할 수 없다. 다만, 90일 이내의 기간 중에는 1회 분할하여 사용할 수 있다.

36) 휴가 청구 사유, 유산·사산 발생일 및 임신기간 등 기재

강반장의 질문 1

배우자출산휴가의 경우 휴일이 포함되나요?

이전의 행정해석과 매뉴얼에 따르면 배우자출산휴가를 휴일을 포함하여 월력상의 일수로 계산하였으나, 행정해석이 변경되어 배우자출산휴가기간 중 휴일 등 근로제공의무가 없는 날이 포함된 경우에는 배우자 출산휴가 일수에 산입하지 않습니다.

1. 배우자 출산휴가 및 육아기 근로시간 단축 제도에 대한 그 간 행정해석과 관련하여 다수의 민원이 지속되거나 재검토 요구 등이 있어서 검토 결과 다음과 같이 행정해석을 변경합니다.
   (1) 배우자 출산휴가
   〈이전〉 배우자 출산휴가를 월력상의 일수로 계산(휴일 포함)
   〈변경〉 배우자 출산휴가기간 중 근로제공 의무가 없는 날(휴일 등)이 포함된 경우에는 당해 휴가 일수에 산입하지 않음
2. 이 행정해석 시달 이전 관련 행정해석(매뉴얼 포함)은 모두 폐기합니다.
   * 관련 행정해석 : 여성고용정책과-3512('12.10.16.), 여성고용정책과-1082('18.3.12.)
   * 관련 매뉴얼 : 「임신, 출산, 육아기 근로자의 궁금한 77가지」

〈여성고용정책과-843, 2019.06.14〉

강반장의 질문 2

근로자가 배우자 출산휴가를 10일 미만으로 청구하면 청구일수만큼만 부여하면 되나요?

배우자 출산휴가는 10일을 부여해야 하며, 근로자가 10일 미만으로 청구한다고 하더라도 10일을 부여해야 합니다. 만일 이때 근로자가 분할 사용을 원할 경우에는 분할 사용할 수 있도록 부여하면 됩니다.
즉, 근로자에게 배우자 출산휴가는 10일을 청구하도록 요청하고, 만일 휴가기간을 청구기간 내에 사용하지 않는 경우에는 배우자 출산휴가를 사용하도록 지도해야 합니다.

(7) 육아휴직

남녀고용평등과 일가정 양립 지원에 관한 법률 제19조(육아휴직) ①사업주는 근로자가 만 8세 이하 또는 초등학교 2학년 이하의 자녀(입양한 자녀를 포함한다)를 양육하기 위하여 휴직을 신청하는 경우에 이를 허용하여야 한다. 다만, 대통령령으로 정하는 경우에는 그러하지 아니하다.
②육아휴직의 기간은 1년 이내로 한다.

사용자는 만 8세이하 또는 초등학교 2학년 이하의 자녀를 둔 근로자가 해당 자녀를 양육하기 위하여 1년 이내의 휴직을 신청하는 경우 이를 허용하여야 하는데, 이를 육아휴직이라고 한다[37]. 다만, 대통령령이 정하는 다음의 경우에는 휴직신청을 허용하지 아니할 수 있다.

- 육아휴직을 시작하려는 날의 전날까지 해당 사업에서 계속 근로한 기간이 6개월 미만인 근로자
- 같은 영유아에 대하여 배우자가 육아휴직을 하고 있는 근로자

1) 신청 방법

휴직개시예정일의 30일 전까지 육아휴직 신청서 제출[38][39]하여야 하나 출산예정일 이전에 자녀가 출생한 경우 또는 배우자의 사망, 부상, 질병, 신체적·정신적 장애나 배우자와의 이혼 등으로 해당 영유아를 양육하기 곤란한 경우에는 휴직개시예정일의 7일 전까지 신청서 제출이 가능하다.

2) 육아기 근로시간 단축

육아휴직 대신 근로시간의 단축을 신청하는 경우, 사용자는 이를 허용하여야 하고, 단축 후 근로시간은 주당 15시간~35시간 이내이어야 한다[40]. 육아휴직을 사용하였다고 하더라도 육아기 근로시간 단축은 1년이 보장되며, 만일 근로자가 육아기 근로시간 단축만 사용할 경우에는 최대 2년까지 사용이 가능하다.

〈사용예시〉

<table>
<tr><td colspan="2">육아휴직 12개월</td><td>육아기 근로시간 단축 12개월</td></tr>
<tr><td>육아휴직 6개월</td><td colspan="2">육아기 근로시간 단축 1년 6개월</td></tr>
<tr><td colspan="3">육아기 근로시간 단축 24개월</td></tr>
</table>

37) 육아휴직기간에는 사용자의 임금지급의무가 없다.
38) 육아휴직 대상인 영유아의 성명, 생년월일, 휴직개시예정일, 육아휴직을 종료하려는 날, 육아휴직 신청 연월일, 신청인 등에 대한 사항 기재
39) 사용자가 해당 자녀의 출생 등을 증명할 수 있는 서류제출을 요구하는 경우 해당 서류 추가제출
40) 육아기 근로시간 단축 근무자에 대해서는 단축된 시간에 비례하여 임금을 삭감할 수 있다.

강반장의 질문 1

육아휴직신청자가 신청서 제출기한을 지난 후에 신청한 경우에는 육아휴직을 허용하지 않아도 되나요?

근로자가 신청서 제출기한을 지난 후에 신청한 경우에는 사용자는 육아휴직 개시일을 다시 지정하여 허용하여야 하며, 육아휴직을 허용하지 않거나 휴직기간을 단축하여 부여할 수 없습니다.

강반장의 질문 2

육아휴직과 육아기 근로시간 단축을 분할하여 사용할 수 있나요?

육아휴직은 1회에 한정하여 나누어 사용할 수 있으며, 육아기 근로시간 단축은 분할 횟수 제한 없이 분할 사용이 가능합니다. 다만, 육아기 근로시간 단축은 최소 3개월 이상 단위로 사용하여야 합니다.

강반장의 질문 3

기간제근로자도 육아휴직을 부여해야 하나요?

만 8세이하 또는 초등학교 2학년 이하의 자녀를 둔 근로자라면 기간제 여부를 불문하고 육아휴직을 부여해야 합니다.

❖ 건설달인의 TIP

기간제 근로자가 근로계약기간 중에 육아휴직을 사용하는 경우, 계약이 만료되는 시점에는 육아휴직 사용 여부와 상관없이 계약이 종료되며, 사용자가 재계약을 하지 않을 경우 계약만료 시점에 육아휴직은 자동 종료된다.

3) 육아휴직자 보호

사용자는 육아휴직(육아기 근로시간 단축)을 이유로 근로자를 해고하거나 그 밖의 불리한 처우를 할 수 없으며, 육아휴직(육아기 근로시간 단축) 종료 후에는 휴직 전과 같은 업무 또는 같은 수준의 임금을 지급하는 직무로 복귀시켜야 한다.

육아휴직을 사용하는 근로자의 보직을 공석으로 두었다가 육아휴직 종료 후에 동일한 보직으로 복귀시키는 것이 쉽지는 않으나, 사업주가 육아휴직을 마치고 복귀하는 근로자에게 보직을 부여하면서 전보·전직 등의 인사발령을 하는 경우에는 그러한 전보·전직 등의 처분이 불가피하였는지 여부, 육아휴직 복귀 근로자에게 새로 부여한 보직의 직종과 육아휴직 전에 수행하던 보직의 직종이 상이한지 여부, 육아휴직 복귀 근로자의 경력·직급 등을 기준으로 육아휴직 전에 수행하던 업무와 동일·유사한 수준의 업무를 부여받았는지 여부, 육아휴직 복귀 근로자가 육아휴직 전에 받던 임금과 동일한 수준의 임금을 받고 있는지 여부 등을 종합적으로 고려하여, 이러한 전보·전직 등의 업무상 필요성 여부를 판단할 필요가 있다.
육아휴직 전 광고 팀장으로 근무하던 원고가 육아휴직을 마치고 복귀하자, 참가인은 원고를 광고팀장으로 재보임하기 어려운 불가피한 사정이 있었다고 보기 어려움에도 일주일가량 원고에게 아무런 보직도 부여하지 아니하였고, 원고가 결국 광고팀원으로 부임하게 되자 주로 신입사원들이 담당하는 업무를 부여하였는바, 원고가 육아휴직 전 업무에 비해 그 업무 수준이 현저히 떨어지는 이 사건 육아휴직 복귀 후 업무를 부여받게 된 경위에, 참가인이 광고팀 책상이 아닌 홍보전략실 책상으로 원고의 사무실 좌석을 배치한 점, 참가인 사옥을 이전한 이후에도 동일하게 사무실 좌석을 배치한 점, 원고가 광고팀 회의에도 참석하지 못한 점 등을 더하여 보면, 결국 참가인은 정당한 이유 없이 육아휴직에서 복귀한 원고를 광고팀 업무에서 배제할 의도를 가지고 인사상 불이익을 주었다고 봄이 상당하다. 따라서 원고에 대한 이 사건 인사발령은 정당한 이유 없는 부당한 인사발령에 해당한다.
〈서울행법 2018.08.31.선고, 2017구합74337〉

2. 약정휴가

경조사휴가, 개인질병에 의한 병가, 하계휴가 등은 그 부여조건이나 부여방법에 대해 법으로 규정해 두고 있지 않으며, 취업규칙·단체협약 등을 통하여 당사자 간 자유롭게 정할 수 있다.

♣ 취업규칙 약정휴가 규정 샘플

제○○조(경조사 휴가) ① 회사는 다음 각 호의 어느 하나에 해당하는 범위에서 직원의 신청에 따라 유급의 경조사휴가를 부여한다.
1. 본인의 결혼: 5일
2. 배우자의 출산: 10일[41)]
3. 본인·배우자의 부모 또는 배우자의 사망: 5일
4. 본인·배우자의 조부모 또는 외조부모의 사망: 2일
5. 자녀 또는 그 자녀의 배우자의 사망: 2일

6. 본인·배우자의 형제자매 사망 : 1일
② 제1항에 따른 경조사 휴가기간 중 휴일 또는 휴무일이 포함되어 있는 경우에는 이를 포함하여 휴가기간을 계산한다.
제○○조(병가) ① 회사는 직원이 업무 외 질병·부상 등으로 병가를 신청하는 경우에는 연간 60일을 초과하지 않는 범위 내에서 병가를 허가할 수 있다. 이 경우 병가기간은 무급으로 한다.
② 상해나 질병 등으로 1주 이상 계속 결근 시에는 검진의사의 진단서를 첨부하여야 한다.
제○○조(하기휴가) 직원은 00월00일부터 00월00일까지 사이에 하기휴가를 사용할 수 있다. 이 경우 휴가 개시일 3일 전에 부서의 장에게 승인을 받아야 한다.

강반장의 질문 1

근로자가 개인사유로 부상을 당해 병가를 달라고 하는데 반드시 병가를 부여해야 하나요?

병가는 약정휴가이므로 취업규칙·단체협약 등을 통해 정해진 범위 내에서 부여하면 되며, 만일 취업규칙·단체협약에서 병가를 부여한다는 규정을 두고 있지 않는 경우에는 부여하지 않아도 무방합니다.

❖ 건설달인의 TIP

개인질병으로 병가를 사용한 기간도 근로자가 계속 그 직을 보유하고 근로관계를 유지하고 있는 기간이기 때문에 퇴직금산정을 할 때 계속근로연수에 포함하여야 한다.

강반장의 질문 2

여름휴가를 연차로 사용하게 할 수 있나요?

취업규칙·단체협약 등을 통하여 여름휴가를 사용할 수 있는 기간과 방법 등을 자유롭게 정할 수 있으며, 이때 여름휴가를 연차휴가로 사용하게 하거나 혹은 연차휴가와 별개로 추가 사용할 수 있게 하는 것도 무방합니다.

41) 배우자출산 휴가는 법정휴가이므로 반드시 부여하여야 한다.

Ⅶ 징계 및 징계해고

근기법 제23조(해고 등의 제한) ①사용자는 근로자에게 정당한 이유 없이 해고, 휴직, 정직, 전직, 감봉, 그 밖의 징벌을 하지 못한다.

근기법은 근로자에 대한 정당한 이유 없는 징계, 즉 징계해고, 휴직, 정직, 감봉, 그 밖의 징벌을 하지 못하도록 규정하고 있다. '징계'는 사용자가 기업질서 유지를 위하여 근로자의 기업질서 문란, 불성실 근로 등을 행하는 근로자에게 불이익을 주는 인사 조치로 사용자의 고유권한이지만 그 권한남용을 못하도록 규제하고 있는 것이다.

1. 징계

(1) 징계의 종류

- 징계해고 : 사용자의 일방적 의사표시에 의한 근로관계종료
- 정직 : 일정기간 출근 또는 근로제공 금지
- 감봉(감급) : 임금공제(1회의 금액이 평균임금의 1일분의 2분의 1을, 총액이 1임금지급기의 임금 총액의 10분의 1을 초과하지 못함)

근기법 제95조(제재 규정의 제한) 취업규칙에서 근로자에 대하여 감급(減給)의 제재를 정할 경우에 그 감액은 1회의 금액이 평균임금의 1일분의 2분의 1을, 총액이 1임금지급기의 임금 총액의 10분의 1을 초과하지 못한다.

감봉 예시

1일 평균임금 10만원, 1임금지급기 임금 총액 300만원일 경우
→ 1회 5만원(평균임금의 2분의 1), 총액 30만원(1임금지급기 임금 총액의 10분의 1) 한도 내에서 수회에 걸쳐 감봉가능

◦ 견책 : 경위서 징구 및 엄중히 훈계
◦ 경고 : 구두 또는 서면으로 위반행위를 지적하고 장래 재발방지 촉구

(2) 징계의 정당성

근기법은 징계에 대해서 정당한 이유가 있을 것을 요구하고 있는데 정당성 요건을 충족하기 위해서는 사유의 정당성, 양정의 적정성, 절차의 정당성이 모두 충족되어야 한다.

1) 사유의 정당성

징계사유가 정당하기 위해서는 근로자의 비위사실이 취업규칙, 단체협약 등에서 정한 징계사유에 해당하여야 한다.

택시운전직에 종사하는 근로자가 회사의 상사에 대한 폭언과 위계 및 사내질서를 문란시키고 여러번의 교통사고를 발생하였다는 사유 등으로 징계해고된 사안에 있어 그 비위사실이 인정되고, 이러한 비위사실이 단체협약 및 취업규칙에 징계해고 사유로 규정되어 있는한 단체협약 및 취업규칙의 절차에 따라 이루어진 징계해고 처분은 정당한 징계권의 행사라고 판정한 사건 〈중노위 98부해460, 1998.11.23.〉

원고(현장소장)가 이 사건 공사현장에서 발주처의 협력업체 직원을 폭행하였고 그 이전에 근무하던 다른 공사현장에서도 현장 근로자들과 여러 차례 마찰을 일으킨 전력이 있는 점, 원고가 수차례에 걸쳐 본사 복귀명령에 따르지 않은 점, 원고가 복귀명령을 거부하는 과정에서 참가인의 대표이사에게 욕설이 담긴 음성메시지를 보내는 등 원고의 태도에 비추어 근로관계를 계속 유지할 경우 반복하여 위계질서를 문란케 할 가능성이 큰 점, 원고가 복귀명령에 따를 바에는 차라리 사직하겠다는 취지의 의사를 표시한 이후에도 다시 이 사건 공사현장에 출근하여 참가인의 제지에도 현장소장으로서의 업무를 수행하려고 한 점, 이에 따라 참가인으로서는 이 사건 공사현장으로 출근하는 원고를 해고함으로써 근로관계를 종료하는 외에 달리 공사현장에서 원고를 배제할 만한 뚜렷한 방법을 찾기가 어려웠던 것으로 보이는 점 등을 종합하면, 원고가 주장하는 여러 사정을 고려하더라도 원고와 참가인 사이에서는 근로관계를 계속 유지할 수 없을 정도로 신뢰관계가 손상되어 사회통념상 근로관계를 지속하기 어렵다고 봄이 타당하고, 그 책임은 원고에게 있으므로 이 사건 해고에는 정당한 사유가 있다. 〈서울행법 2013.10.08.선고, 2013구합2136〉

다만, 취업규칙, 단체협약 등에서 정하고 있는 징계사유에 해당한다고 하면 당연히 정당성이 인정되는 것이 아니라, 사회통념상 고용관계를 계속할 수 없을 정도로 근로자에게 책임있는 사유[42]가 있어야 정당성이 인정된다.

2) 양정의 적정성

징계양정은 징계권자의 재량에 맡겨져 있지만, 그 재량권을 행사하여 한 징계처분이 사회통념상 현저하게 타당성을 잃은 경우에는 재량권을 남용한 것으로 징계의 정당성이 인정되지 않는다. 따라서 징계양정은 비위사실의 내용·정도, 직무특성, 징계목적, 근무태토 등 여러 사정을 종합적으로 참작하여 객관적으로 적정하여야 한다.

〈관련판례- 징계양정이 적정하다고 본 사례〉

참가인은 중요 내부 자료를 유출함으로써 비밀엄수의무를 위반하였는바, 이는 중대한 비위행위에 해당하고, 특히 참가인이 사내 대기발령이 예정되어 있어 근신·자숙하고 업무복귀를 위해 노력해야 하는 상황에서 원고가 이 사건 사업으로 인하여 대외적으로 큰 비판에 직면하고 있던 사정을 인지하고 향후 면직될 경우 원고에게 타격을 주고자 이 사건 사업과 관련된 내부자료를 개인 메일로 전송한 것으로서 그 비위의 중대성 및 고의성에 비추어 보면, 참가인의 비위행위로 인해 원고와 참가인 사이에서는 더 이상 근로관계를 유지할 신뢰가 상실된 것으로 보이므로, 참가인에 대한 '공사 주요 내부자료 유출'을 사유로 한 해임처분의 징계양정이 과하다고 볼 수는 없다. 〈서울행법 2013.05.03.선고, 2012구합31472〉

〈관련판례- 징계양정이 적정하지 않다고 본 사례〉

이 사건 근로자의 징계 사유 중 두 가지의 골프접대 건은 검찰로부터 '혐의 없음' 처분을 받아 위 사실을 징계 사유로 삼을 수 없다고 보이나, 나머지 두 가지의 골프 접대 건과 ○○○○사업단에 파견 근무시 알게 된 용역업체로부터 나중에 20만원권 기프트카드를 건네받은 건, ○○○팀장으로 재직시 당해 용역업체로부터 50만원권 2매의 기프트카드를 수수한 건은 인사규정을 위반한 사실이 인정되고 이를 사유로 하여 징계조치한 것은 정당하다. 그러나 100만원의 키프트카드를 수수한 건을 제외하면 접대나 수수 당시 제공한 업체와 직접적으로 업무와 관련이 없어 청탁을 받았다고 보기 어려운 점, 골프접대 및 기프트카드 등으로 얻은 이익금은 당초 징계 시에 비해 2분의 1에 지나지 않고, 위 이익금 또한 이 사건 근로자가 징계위원회 개최 전 모두 반환하였던 점, 검찰에서도 이와 같은 사정을 고려하여 이 사건 근로자에게 '기소유예' 처분을 한 점 등을 고려하여 볼 때, 이 사건 근로자를 파면 처분한 것은 그 양정이 지나치다고 판단된다. 〈중노위 2009부해277, 2009.05.26〉

42) 무단결근, 업무명령거부, 직장규율문란, 범법행위, 경력사칭 등

강반장의 질문

무단결근한 경우 해고를 하는 것도 정당성이 인정되나요?

반복적인 무단결근[43], 장기간의 무단결근[44]의 경우 해고처분을 정당하다고 인정한 경우가 있으나, 1일간 무단결근[45]을 이유로 해고하는 것은 부당해고라고 판단한 사례도 있습니다. 다만, 해고처분이 가능한 무단결근일수가 정해져 있는 것은 아니므로 여러 사정을 종합적으로 판단하여 결정하여야 합니다.

3) 절차의 정당성

취업규칙, 단체협약 등에서 징계의 절차[46]를 규정하고 있는 경우에 이를 따르지 않으면 절차의 정당성이 부정된다.

> 회사의 징계절차를 규정한 인사규정에서 근로자를 징계하고자 할 때에는 징계대상자에게 필요적으로 변명의 기회를 부여할 것을 명하고 있는 경우에는 징계 통보의 시기와 방법에 대하여 특별한 규정이 없더라도 징계대상자에게 변명과 소명자료를 준비할 만한 상당한 기간을 두고 징계위원회의 개최일시와 장소를 통보하여야 하고, 이는 징계처분의 객관성과 공정성을 확보하기 위한 것으로서 이러한 절차를 거치지 아니하고 한 징계처분은 원칙적으로 효력을 인정할 수 없다.
> 〈대법원 1995.11.14.선고, 95누 1422〉

강반장의 질문

징계절차 중 반드시 징계대상자에 소명기회를 부여하여야 하나요?

취업규칙, 단체협약 등에서 징계과정에서 소명기회를 부여하도록 하고 있다면 반드시 이를 부여하여야 하고, 소명기회를 부여하지 않은 경우에는 해당 징계의 효력은 인정되지 않습니다.

43) 서울행법 2003.11.06.선고, 2002구합 39576판결
44) 서울행법 2011.09.01.선고, 2010구합45477판결
45) 중노위 98부해314, 1998.09.25
46) 일반적으로 징계위원회 구성 → 징계사실 통보 → 소명자료 제출 → 징계위원회 개최 → 징계결과 통보 → 재심 순으로 진행된다.

2. 징계해고

징계해고는 최고단계 중징계로 근로자의 의사에 반하여 사용자의 의사표시에 의해 근로관계를 종료시키는 징벌이다. 근로자의 의사에 반하여 일방적인 사용자의 의사표시로 인한 것이기 때문에 근기법은 해고를 하는 절차를 엄격하게 제한하고 있다.

(1) 해고의 예고

근기법 제26조(해고의 예고) 사용자는 근로자를 해고(경영상 이유에 의한 해고를 포함한다)하려면 적어도 30일 전에 예고를 하여야 하고, 30일 전에 예고를 하지 아니하였을 때에는 30일분 이상의 통상임금을 지급하여야 한다. 다만, 다음 각 호의 어느 하나에 해당하는 경우에는 그러하지 아니하다.

1. 근로자가 계속 근로한 기간이 3개월 미만인 경우
2. 천재·사변, 그 밖의 부득이한 사유로 사업을 계속하는 것이 불가능한 경우
3. 근로자가 고의로 사업에 막대한 지장을 초래하거나 재산상 손해를 끼친 경우로서 고용노동부령으로 정하는 사유에 해당하는 경우

사용자는 근로자를 해고하기 적어도 30일 전에 해고에 대한 예고를 하여야 하며, 만일 30일 전에 예고를 하지 않은 경우에는 30일분 이상의 통상임금을 지급하여야 한다.

1) 해고예고기간

해고예고는 휴일, 휴무일을 모두 포함하여 상대방에게 도달한 날부터 역일로 30일전에 해야 한다.

해고예고 예외

- 근로자가 계속 근로한 기간이 3개월 미만인 경우
- 천재·사변, 그 밖의 부득이한 사유로 사업을 계속하는 것이 불가능한 경우
- 납품업체로부터 금품이나 향응을 제공받고 불량품을 납품받아 생산에 차질을 가져온 경우
- 영업용 차량을 임의로 타인에게 대리운전하게 하여 교통사고를 일으킨 경우

- 사업의 기밀이나 그 밖의 정보를 경쟁관계에 있는 다른 사업자 등에게 제공하여 사업에 지장을 가져온 경우
- 허위 사실을 날조하여 유포하거나 불법 집단행동을 주도하여 사업에 막대한 지장을 가져온 경우
- 영업용 차량 운송 수입금을 부당하게 착복하는 등 직책을 이용하여 공금을 착복, 장기유용, 횡령 또는 배임한 경우
- 제품 또는 원료 등을 몰래 훔치거나 불법 반출한 경우
- 인사·경리·회계담당 직원이 근로자의 근무상황 실적을 조작하거나 허위 서류 등을 작성하여 사업에 손해를 끼친 경우
- 사업장의 기물을 고의로 파손하여 생산에 막대한 지장을 가져온 경우
- 그 밖에 사회통념상 고의로 사업에 막대한 지장을 가져오거나 재산상 손해를 끼쳤다고 인정되는 경우

강반장의 질문 1

일용직도 해고예고를 해야 하나요?

1일단위로 계약이 체결되고 매일 근로관계가 종료되는 일반적인 일용직의 경우에는 해고예고는 적용되지 않으나, 일정기간(공사)동안 근로하기로 정하고 임금을 일당단위로 지급하는 일용직을 해고할 경우 해고예고를 하여야 합니다. 다만, 계속 근로기간이 3개월 미만인 경우에는 해고예고를 하지 않아도 됩니다.

❖ 건설달인의 TIP

현장에서 현장관리자가 일용근로자에게 당장 내일부터 출근하지 말라고 통보하는 것은 위법적인 사항으로 추후 일용근로자가 부당해고구제신청 및 해고예고수당청구 등을 할 수 있으니, 일용근로자(3개월이상 계속근로자)에게도 반드시 해고예고절차를 진행하여야 한다.

강반장의 질문 2

해고예고기간이 하루 모자라는 경우도 인정되나요?

해고예고는 반드시 30일 전에 하여야 하므로 30일에서 일부라도 부족하게 되는 경우에는 30일 전에 예고를 하지 아니한 것으로 해석되며, 그 경우에는 30일분 이상의 통상임금을 지급하여야 하는 것입니다.
〈근기 68207-1346, 2003.10.20.〉

❖ 건설달인의 TIP

해고예고기간은 엄격하게 보기 때문에 기간을 맞추기 힘든 경우에는 30일보다 더 이전에 해고예고를 하는 등 기간을 충분히 두고 해야 한다.

2) 해고예고방식

반드시 서면으로 할 필요는 없고 구두 등의 방법을 하더라도 그 효력이 인정된다[47].

❖ 건설달인의 TIP

해고예고의 방식에 제한은 없고 구두도 가능하나, 추후 입증의 문제가 필요할 경우를 대비해서 서면으로 하는 것이 일반적이다.

3) 해고예고수당

통상임금 30일분 이상 (1일 부족한 경우에도 해고예고수당 전액 지급)

〈해고예고수당 산정예시〉

해고일 : 2019년 10월 1일 / 1일 통상임금 : 100,000원

해고예고일	해고예고수당
8월 31일	미지급
9월 1일	3,000,000원
9월 20일	3,000,000원

47) 「해고예고 관련 민원처리지침」, 근로기준팀-8048, 2007.11.29.

❖ 건설달인의 TIP

해고예고는 적어도 30일 전에 해야 하기 때문에 소급해서 30일째가 되는 전날까지는 예고를 해야 한다. 행정해석에 따르면 계산에 있어 첫날은 산입되지 않고 그 익일부터 계산한다.

근기법 제27조의2 제1항에 의거 사용자는 근로자를 해고하고자 할 때에는 적어도 30일전에 그 예고를 하여야 하나 해고예고의 효력발생시기 및 기간의 계산방법에 대하여는 근기법에 특별히 규정한 바 없으므로 민법의 일반원칙에 따라야 할 것인 바,

가. 의사의 표시는 민법 제111조에 의거 그 통지가 상대방에게 도달한 때로부터 효력이 발생하며,

나. 해고의 예고는 민법 제157조 및 제159조에 의거 당일은 계산하지 않고 그 익일부터 계산하며 기간의 말일의 종료로 기간이 만료될 것이므로 87.4.1 해고하고자 하면 늦어도 87.3.1에 해고의 예고를 하여야 할 것임.

〈근기 01254-2186, 1987.2.11.〉

강반장의 질문 1

해고예고를 하고 해고예고수당을 지급하면 해고가 정당한 것으로 인정되나요?

해고예고절차는 해고의 정당성 판단에 있어서 절차가 제대로 지켜졌는가를 판단하는 일부분에 해당하는 것으로, 해고예고를 하고 해고예고수당을 지급했다는 사실만으로 정당한 해고로 판단되는 것은 아닙니다. 따라서, 해고예고절차를 지켰다고 하더라도 해고사유의 정당성 및 양정의 적정성이 인정되어야 해고가 정당한 것으로 인정됩니다.

강반장의 질문 2

권고사직을 하는 경우에도 해고예고를 하여야 하나요?

권고사직은 사용자의 사직 권고에 대해 근로자가 이를 승인하여 당사자간 합의로 근로관계를 종료시키는 것이기 때문에 원칙적으로 사용자의 일방적인 의사표시인 해고와는 다릅니다. 따라서 권고사직을 하는 경우에는 당사자간 합의에 의해 사직일을 정하고 그 날로 사직을 하면 될 뿐 별도로 예고를 하지 않더라도 무방합니다. 다만, 사직의 의사가 없는 근로자에게 사용자가 일방적으로 권고사직 통보를 하고 사직처리 하는 것은 부당해고에 해당됩니다.

(2) 해고의 서면통지

> **근기법 제27조(해고사유 등의 서면통지)** ①사용자는 근로자를 해고하려면 해고사유와 해고시기를 서면으로 통지하여야 한다.
> ②근로자에 대한 해고는 제1항에 따라 서면으로 통지하여야 효력이 있다.
> ③사용자가 제26조에 따른 해고의 예고를 해고사유와 해고시기를 명시하여 서면으로 한 경우에는 제1항에 따른 통지를 한 것으로 본다.

해고는 그 사유와 시기를 서면으로 통지하여야 효력이 발생한다. 만일, 해고예고를 할 때 서면으로 해고사유와 해고시기를 명시하여 통보하였다면 해고의 서면통지를 한 것으로 본다.

1) 서면통지방법

종이로 된 문서로 하는 것이 원칙으로 단순한 이메일 통지는 서면통지로 인정되지 않는다. 단, 전자결재체계를 완비하여 전자적으로 모든 업무의 기안, 결재, 시행이 이루어지는 경우에 한하여 전자적 방법으로의 통지가 허용된다.

강반장의 질문

문자 메시지로 해고통보를 하는 것도 효력이 있나요?

해고의 서면통지는 해고사유, 해고시기 등에 관한 입증을 용이하게 하고, 사용자의 일시적인 감정에 의한 해고를 방지하기 위한 것인 점, 사용자의 부당한 해고로부터 근로자의 권익을 보호하기 위한 것이라는 점에서 엄격하게 해석하여야 하는 점, 휴대전화 문자메세지는 해고자의 서명·날인 등이 존재하지 않아 진정한 의사를 확인하기 어려운 점 등에 비추어 휴대전화 문자메세지로 해고통보를 하는 것은 해고의 서면통지로 인정되지 않습니다.
〈서울행법 2010.04.16.선고, 2009구합31878〉

2) 서면통지내용

해고사유 및 해고시기를 기재한다. 해고사유를 기재할 때에는 구체적 사실 또는 비위내용을 기재하여야 하며[48], 해고시기를 구체적인 날짜로 기재하여야 한다.

❖ 건설달인의 TIP

해고시기를 해고효력이 발생되는 날짜로 특정하여 기재하여야 하므로, '공사종료일', '준공일' 등과 같이 기재할 수 없다.

♣ 해고통지서 샘플 (별첨 1-24)

(3) 해고금지기간

근기법 제23조(해고 등의 제한) ②사용자는 근로자가 업무상 부상 또는 질병의 요양을 위하여 휴업한 기간과 그 후 30일 동안 또는 산전 · 산후의 여성이 이 법에 따라 휴업한 기간과 그 후 30일 동안은 해고하지 못한다. 다만, 사용자가 제84조에 따라 일시보상을 하였을 경우 또는 사업을 계속할 수 없게 된 경우에는 그러하지 아니하다.

남녀고용평등과 일가정 양립 지원에 관한 법률 제19조(육아휴직) ③사업주는 육아휴직을 이유로 해고나 그 밖의 불리한 처우를 하여서는 아니 되며, 육아휴직 기간에는 그 근로자를 해고하지 못한다. 다만, 사업을 계속할 수 없는 경우에는 그러하지 아니하다.

법에서 규정하고 있는 특정한 기간 동안은 근로자에 대한 해고가 절대적으로 금지되는데 그 기간은 다음과 같다.

- 업무상 부상·질병의 요양을 위한 휴업기간과 그 후 30일간
- 출산전후휴가기간과 그 후 30일간
- 육아휴직기간

강반장의 질문

근로자가 산재승인을 받아 요양중인 경우에는 해고를 할 수 없나요?

업무상 부상 또는 질병의 요양을 위하여 휴업한 기간과 그 후 30일 동안은 해고가 금지되는 기간이기 때문에 산재로 요양중인 경우에는 해고를 할 수 없습니다.

해고에 대하여 사용자는 근로자의 회사 비방, 직장상사에게 욕설, 성희롱 등을 이유로 해고한 것은 정당하다고 주장하나, 근로자가 해고일 1개월여 전에 사용자에게 산재요양을 요청한 사실이 확인되고, 해고일은 근로복지공단이 소급하여 승인한 산재요양기간 중이므로, 「근기법」상 해고가 금지되는 산재요양기간 중의 해고에 해당하여 부당해고이다.
〈중노위 2014부해1141, 2015.01.13.〉

48) 대법원 2011.10.27.선고, 2011다42324판결 근로자가 위반한 취업규칙이나 단체협약의 조문을 나열하는 것으로는 충분하지 않다.

VIII 해고외의 근로관계 종료

1. 임의사직

근로자의 자발적인 의사표시로 인하여 근로관계를 종료시키는 것을 임의사직이라고 하며 근로자의 일방적인 사직 의사표시는 사용자의 승인과 관계없이 일정기간 경과 후 자동적으로 근로계약 해지의 효력이 발생한다.

강반장의 질문

사직서는 언제까지 제출해야 하나요?

근로자의 사직서 제출기한은 법으로 규정하고 있지 않습니다. 다만 일반적으로 취업규칙 등에서 퇴직희망일 1개월 전에 사직서를 제출하라는 등의 규정을 두고 있을 뿐입니다. 만일, 근로자가 제출한 사직서를 사용자가 수리하기 전까지는 근로자에 출근의무가 있으므로 근로자가 출근하지 않는 경우에는 사직서 수리일 전 출근하지 않은 기간은 무단결근으로 처리될 수 있으며, 이 경우 평균임금이 감소하게 되어 결과적으로 퇴직금이 감액될 수 있습니다.

❖ 건설달인의 TIP

사직서를 제출하고 임의로 출근하지 않아 사업장에 막대한 손해가 발생하는 경우에는 그로 인한 손해배상책임을 근로자에게 물을 수 있다. 다만, 이 경우에도 사업장의 손해를 객관적으로 입증할 수 있어야만 손해배상청구가 가능하다.

◦ 사직의 효력발생
- 근로자가 퇴직일을 지정해서 사직의 의사표시를 한 경우 : 사용자가 그 퇴직일을 근로관계종료일로 하여 사직서를 수리하게 되면 그 퇴직일에 효력 발생
- 근로자가 퇴직일을 지정하지 않고 사직의 의사표시를 한 경우 : 사용자가 수리하는 때 퇴직의 효력 발생

❖ 건설달인의 TIP

사용자가 사직서를 수리하지 않고 있더라도 사용자가 사직서를 제출받은 날로부터 1월이 경과하면 근로관계해지의 효력이 생기며, 기간으로 임금을 정한 때에는 사용자가 사직서를 제출받은 당기 후 1기(期)가 경과하면 근로관계해지의 효력이 생긴다.

민법 제660조(기간의 약정이 없는 고용의 해지통고) ①고용기간의 약정이 없는 때에는 당사자는 언제든지 계약해지의 통고를 할 수 있다.
②전항의 경우에는 상대방이 해지의 통고를 받은 날로부터 1월이 경과하면 해지의 효력이 생긴다.
③기간으로 보수를 정한 때에는 상대방이 해지의 통고를 받은 당기후의 일기를 경과함으로써 해지의 효력이 생긴다.

〈기간으로 임금을 정한 경우 사직효력 발생일 예시〉

임금산정기간 : 매월 1일 ~ 매월 말일 / 사직서 제출일 : 5월 16일

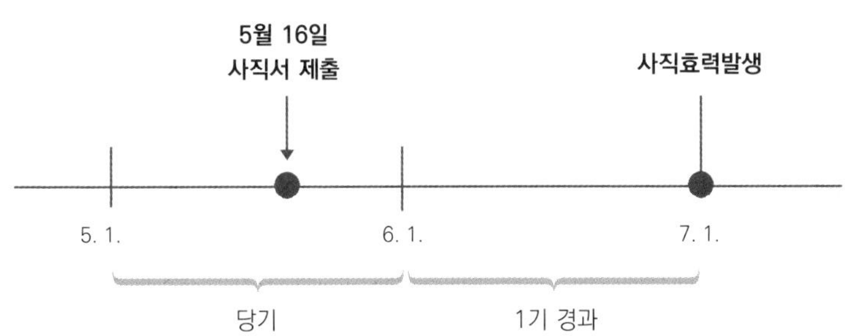

♣ 사직서 샘플 (별첨 1-25)

2. 권고사직

사용자의 사직권유에 대해 근로자가 자유로운 의사로 이를 승인하여 합의로 근로관계를 종료시키는 것을 권고사직 이라고 하며 권고사직의 절차, 방법 등은 당사자 간 자유롭게 정할 수 있다.

❖ 건설달인의 TIP

권고사직은 근로자가 자유로운 의사로 사직권유를 받아들임으로써 성립되는 것이므로 사용자의 강요에 의한 경우에는 권고사직으로 인정되지 않고 부당해고로 인정될 수 있다.

강반장의 질문 1

권고사직시 위로금을 주어야 하나요?

권고사직의 방법은 당사자 간 합의로 정하면 되는 것이므로 반드시 위로금을 지급해야 할 의무가 있는 것은 아닙니다. 다만, 1개월~3개월 급여를 위로금으로 지급하고 있는 것이 일반적입니다.

강반장의 질문 2

사직을 권고했는데 근로자가 받아들이지 않으면 어떻게 하나요?

권고사직은 당사자 간 합의로 의해 이루어져야 하므로 만일 근로자가 사직권고를 받아들이지 않으면 권고사직처리를 할 수 없습니다. 또한 근로자가 받아들이지 않는데도 계속 강요하는 경우 근로자는 해고로 받아들여 부당해고구제신청을 하게 될 수도 있습니다.

♣ 권고사직서 샘플 (별첨 1-26)

3. 계약기간 만료

근로자와 사용자 간 일정기간을 정하여 근로계약을 체결한 경우 그 근로계약이 끝나는 날이 도래한 것을 계약기간만료 라고 하며, 계약기간이 만료되면 별도의 조치 없이 근로관계가 종료된다.

❖ 건설달인의 TIP

계약기간이 정해진 근로계약이 계약기간 만료로 종료되는 것이기 때문에 사용자의 일방적인 해고와는 다른 개념이지만, 정해진 계약기간 중간에 사용자가 일방적으로 계약을 종료시키는 것은 해고가 되므로 해고예고 등 절차를 진행하고 해고사유의 정당성이 인정되어야 할 것이다.

〈기간제 근로계약서 예시〉

제○○조 (계약기간) ① 근로계약기간은 년 월 일 부터 년 월 일 까지로 한다. ② 계약만료일이 도래하면 사용자와 근로자의 근로계약관계는 당연 종료된다.

❖ 건설달인의 TIP

현장별로 채용한 일용근로자의 경우 계약기간을 명확하게 하지 않으면 추후 법정 분쟁이 생길 수 있으므로 계약기간을 명확하게 명시하여야 한다. 현장에서는 일반적으로 계약기간 란을 공란으로 두고 있는 경우가 있는데 이럴 경우 기간의 정함이 없는 근로계약으로 본다. 따라서, 현장별로 채용한 일용근로자의 계약기간은 현장종료일을 특정하여 기재하여야 한다.

〈현장별 일용근로자 근로계약서 예시〉

제○○조 (계약기간) 근로계약기간은 년 월 일 부터 년 월 일 까지로 한다. 다만, 천재지변, 발주처의 공사중단, 설계변경 등의 사유로 공사를 계속할 수 없는 경우 및 근로자가 담당하던 작업공정이 종료된 경우에는 그 때를 계약만료일로 한다.

강반장의 질문

계약기간이 만료되기 전에 기간만료통보를 해야 하나요?

기간을 정한 근로계약은 정해진 기간의 도래로 근로관계가 자동적으로 종료되므로 별도의 해고예고가 필요하지 않습니다. 다만, 근로계약 갱신기대권 등 계속근로 기대법리에 따라 해고의 문제가 제기될 수 있으므로 근로계약기간이 만료되기 전에 계약 갱신 여부를 근로자에게 알려주는 것이 바람직할 것입니다.
〈근로개선정책과-3232, 2013.05.31.〉

♣ 근로계약기간 만료 통보서 샘플 (별첨 1-27)

〈관련 판례〉

사용자가 어떤 사유의 발생을 당연퇴직 또는 면직사유로 규정하고 그 절차를 통상의 해고나 징계해고와 달리한 경우에 그 당연퇴직사유가 근로자의 사망이나 정년, 근로계약기간의 만료 등 근로관계의 자동소멸사유로 보이는 경우를 제외하고는 이에 따른 당연퇴직처분은 근기법의 제한을 받는 해고라고 할 것이다. 따라서 사용자가 아파트의 위탁관리업무를 주요 사업으로 하는 회사로서 그 근로자와 사이에, 근로자가 근무하는 아파트의 관리주체 등과 사용자 사이의 위탁관리계약이 해지

될 때에 그 근로자와 사용자 사이의 근로계약도 자동 종료되는 것으로 한다고 약정하였다고 하여 그와 같은 해지사유를 근로관계의 자동소멸사유라고 할 수는 없다.
〈대법원 2017.10.31.선고, 2017다22315〉

◦ 무기계약직으로의 전환

기단법 4조(기간제근로자의 사용) ①사용자는 2년을 초과하지 아니하는 범위 안에서(기간제근로계약의 반복갱신 등의 경우에는 그 계속근로한 총기간이 2년을 초과하지 아니하는 범위 안에서) 기간제근로자를 사용할 수 있다. 다만, 다음 각 호의 어느 하나에 해당하는 경우에는 2년을 초과하여 기간제근로자로 사용할 수 있다.
②사용자가 제1항 단서의 사유가 없거나 소멸되었음에도 불구하고 2년을 초과하여 기간제근로자로 사용하는 경우에는 그 기간제근로자는 기간의 정함이 없는 근로계약을 체결한 근로자로 본다.

계약기간이 정해진 기간제 근로자는 기간제법에 의하여 2년을 초과하여 사용하지 못하며, 만일 2년을 초과하여 사용한 경우에는 기간의 정함이 없는 근로계약을 체결한 근로자로 본다.

◦ 반복 갱신된 근로계약

원칙적으로 근로계약기간의 만료는 해고에 해당하지 않지만, 계약이 반복적으로 갱신되어 그 정한 기간이 단지 형식에 불과하게 되거나 기간제법상 무기계약간주조항을 회피하기 위한 수단으로 인정되는 경우에는 기간의 만료 후 사용자의 갱신거절을 해고로 볼 수 있다.

각 근로관계의 계속성을 인정할 수 있는지는 각 근로계약이 반복갱신하여 체결된 동기와 경위, 각 근로계약의 내용, 담당 업무의 유사성, 공백기간의 길이와 발생이유, 공백기간 동안 근로자의 업무를 대체한 방식 등 관련 사정을 종합적으로 고려하여 판단하여야 한다.
〈대법원 2017.02.03.선고, 2016다255910〉

❖ 건설달인의 TIP

몇 차례 계약이 반복 갱신되어야 기간의 정함이 없는 근로계약으로 볼 수 있게 되는지는 일률적으로 규정할 수 없다. 근로계약을 특별히 유기계약으로 할 필요성, 기간을 정한 목적과 당사자 간의 진정한 의사, 반복갱신에 따라 계약갱신에 대한 합리적이고 상당한 기대가 형성되었는지 여부, 당해 사업장의 계약관행 등을 종합적으로 고려하여 판단된다.

Ⅸ 퇴직금

근로자퇴직급여 보장법 제9조(퇴직금의 지급) 사용자는 근로자가 퇴직한 경우에는 그 지급사유가 발생한 날부터 14일 이내에 퇴직금을 지급하여야 한다. 다만, 특별한 사정이 있는 경우에는 당사자 간의 합의에 따라 지급기일을 연장할 수 있다.

1. 퇴직금 지급요건

건설현장에서 채용된 근로자가 1년이상 근로하고 퇴사할 경우에는 1년에 30일분 이상의 평균임금을 퇴직금으로 지급하여야 한다.

(1) 적용대상사업장

사업장 규모 불문 모든 사업장에 적용

(2) 지급대상자

계속근로기간 1년이상인 근로자 (단, 4주평균 1주간 소정근로시간 15시간미만인 자 제외)

강반장의 질문 1

일용직도 퇴직금을 지급해야 하나요?

네, 일용직이라고 하더라도 계속근로기간이 1년이상이 될 경우에는 퇴직금을 지급해야 합니다. 퇴직금 지급 대상 근로자는 계약직·일용직·외국인 등을 불문하고 현장에서 지휘·감독을 받으며 일한 근로자는 모두 해당됩니다.

강반장의 질문 2

현장일용직은 현장별로 계속근로기간 1년을 계산해도 되나요?

건설일용근로자로서 공사현장이 바뀌더라도 계속근로로 인정이 되고, 그 기간이 1년 이상이라면 퇴직금은 근로자가 최종 공사현장에서 퇴직할 때 지급하는 것이 원칙입니다.
〈퇴직급여보장팀-977, 2005. 12. 07.〉

강반장의 질문 3

건설일용직은 1달에 며칠 일해야 계속근로가 인정되나요?

일용직근로자의 퇴직금 정산에 있어 가장 중요한 부분인 계속근로 1년을 판단하기 위한 것으로 1달에 며칠을 일해야 계속근로를 인정할 수 있느냐에 대해서는 명확한 규정이 없어서 노동부 근로감독관에 따라 그 해석을 달리 하고 있습니다. 다만 근로자퇴직급여보장법에서 4주간을 평균하여 1주간의 소정근로시간이 15시간 미만인 근로자에 대하여는 퇴직금 지급 예외 근로자로 분류하고 있으므로 월 기준으로 봤을 때 월 60시간 이상 근로자(1일 10시간 일하는 근로자의 경우 월 6일)에 대하여는 계속근로를 인정할 수 있을 것으로 보입니다.

강반장의 질문 4

시공참여자와 그의 팀원인 일용근로자에게도 퇴직금을 지급해야 하나요?

사업주간의 거래가 있었다 하더라도 시공참여자 및 일용근로자가 근기법상 근로자로 해석된다면 모두 퇴직금을 지급받을 수 있습니다.

강반장의 질문 5

시공참여자가 소속 일용근로자의 퇴직금을 높이기 위해 고의적으로 퇴직전 3개월간 임금을 과다 발생시키는 경우에도 평균 보다 높은 평균임금을 그대로 인정해야 하나요?

일부 시공참여자가 이전 현장이나 정산상 불이익을 이유로 소속 일용직근로자의 일당 및 공수를 허위로 기재한 후 이를 바탕으로 집단적으로 퇴직금 청구를 하는 사례가 많이 발생하고 있습니다. 비슷한 사례에서 이러한 경우 의도적 조작 전 3개월을 기준으로 평균임금을 산정해야 한다고 판결한 경우[49]가 있으나, 법에서는 이를 제한하거나 부정할 수 있는 법적 장치가 없고 의도적 조작임을 입증하는 것도 어렵다보니 발생한 임금을 기준으로 산정된 평균임금으로 퇴직금을 산정할 수 밖에 없습니다.

49) 대법원 2009.10.15.선고, 2007다72519판결 근로자가 의도적으로 현저하게 평균임금을 높이기 위한 행위를 함으로써 근기법에 의하여 그 평균임금을 산정하는 것이 부적당한 경우에 해당하게 된 때에는 근로자가

❖ 건설달인의 TIP

일용직은 상시적으로 계속 일을 하는 것이 아니기 때문에 계속근로기간 인정여부를 판단하는 것이 까다롭다고 할 수 있다. 하지만, 원칙적으로 일용직이라 하더라도 퇴직금 지급 대상이 된다는 사실을 인지하고, 며칠정도 현장일이 없어서 일을 쉰다고 하더라도 계속근로로 인정되어 1년이상 근무시 퇴직금을 지급한다고 보면 된다.

월평균 25일 이상 근무하여야만 소론 근로자의 상근성, 계속성, 종속성의 요건을 충족시킨다는 이치는 없다.
〈대법원 1979. 1. 30.선고, 78다2089〉

2. 퇴직금 산정방법

퇴직금은 근기법상 평균임금을 기초로 계산되며, 계속근로기간 1년에 30일분 이상의 평균임금을 지급하여야 한다.

〈퇴직금 산정〉

$$퇴직금 = 1일\ 평균임금 \times 30일 \times \frac{재직일수}{365일}$$

※ 퇴직금 산정시 평균임금에 산입되는 금액

퇴직금 산정시 월급만을 기초로 산정하는 경우가 대부분인데, 미사용연차수당(퇴직 전 전년도에 발생한 연차유급휴가의 미사용한 분에 대하여 지급한 미사용연차수당 중 3/12)과 상여금(퇴직전 1년간 지급된 상여금 총액 중 3/12) 또한 포함되어 계산되어야 한다.

그러한 의도적인 행위를 하지 않았더라면 산정될 수 있는 평균임금 상당액을 기준으로 하여 퇴직금을 산정하여야 한다. 이러한 경우 근로자에게 지급된 임금이 여러 항목으로 구성되어 있어 그러한 임금항목들 가운데 근로자의 의도적인 행위로 현저하게 많이 지급된 것과 그와 관계없이 지급된 임금항목이 혼재되어 있다면, 그 중 근로자의 의도적인 행위로 현저하게 많이 지급된 임금 항목에 대해서는 그러한 의도적인 행위를 하기 직전 3개월 동안의 임금을 기준으로 하여 근기법이 정하는 방식에 따라 평균임금을 산정하여야 할 것이지만, 그와 무관한 임금항목에 대해서는 근기법에 정한 원칙적인 산정방식에 따라 퇴직 이전 3개월 동안의 임금을 기준으로 평균임금을 산정하여야 할 것이다.

〈평균임금 산정〉

$$\text{퇴직금 산정 평균임금} = \frac{\text{퇴직직전 3개월 간 임금총액} + (\text{퇴직전 1년간 지급된 상여금 총액} \times \frac{\text{3개월}}{\text{12개월}}) + (\text{미사용연차수당 총액} \times \frac{\text{3개월}}{\text{12개월}})}{\text{퇴직일 이전 3개월간 총 일수}}$$

〈퇴직금 산정 예시〉

· 입사일자 : 2007. 07. 12.
· 퇴사일자 : 2019. 09. 16.
· 재직일수 : 4449일
· 직전 3개월간 임금 총액 : 6,270,000원
· 미사용연차수당 : 50,000원
· 1년간 지급된 상여금 총액 : 5,000,000원

◦ 1일 평균임금 산정

$$\frac{6,270,000\text{원} + 5,000,000\text{원} \times (3/12) + 50,000\text{원} \times (3/12)}{92\text{일}} = 81,875\text{원}$$

◦ 퇴직금 산정

$$81,875\text{원} \times 30\text{일} \times \frac{4449\text{일}}{365\text{일}} = 29,939,332\text{원}$$

3. 퇴직금중간정산

근로자퇴직급여 보장법 제8조(퇴직금제도의 설정 등) ②제1항에도 불구하고 사용자는 주택구입 등 대통령령으로 정하는 사유로 근로자가 요구하는 경우에는 근로자가 퇴직하기 전에 해당 근로자의 계속근로기간에 대한 퇴직금을 미리 정산하여 지급할 수 있다. 이 경우 미리 정산하여 지급한 후의 퇴직금 산정을 위한 계속근로기간은 정산시점부터 새로 계산한다.

회사는 일정한 경우 직원이 퇴직하기 전이라고 하더라도 해당 직원이 계속 근로한 기간에 대한 퇴직금을 미리 정산하여 지급할 수 있다. 다만, 일정한 요건에 해당되어야 중간정산이 가능한데 그 요건은 다음과 같다.

(1) 사유

- 무주택자인 근로자가 본인 명의로 주택을 구입하는 경우
- 무주택자인 근로자가 주거를 목적으로 전세금 임대차보증금을 부담하는 경우 (1회로 한정)
- 근로자 본인·배우자·근로자 또는 그 배우자의 부양가족이 6개월 이상 요양을 필요로 하여 근로자가 요양 비용을 부담하는 경우
- 퇴직금 중간정산을 신청하는 날부터 역산하여 5년 이내에 근로자가 파산선고·개인회생절차개시 결정을 받은 경우
- 정년 연장하거나 보장하는 조건으로 임금피크제를 시행하는 경우
- 소정근로시간을 1일 1시간 또는 1주 5시간 이상 변경하여 그 변경된 소정근로시간에 따라 근로자가 3개월 이상 계속 근로하기로 한 경우
- 주 52시간 시행으로 근로시간이 단축되어 근로자의 퇴직금이 감소되는 경우
- 그 밖에 천재지변 등으로 피해를 입는 등 고용노동부장관이 정하여 고시하는 사유와 요건에 해당하는 경우

(2) 절차

퇴직금중간정산은 명확한 근로자의 신청이 있어야 한다.

♣ 퇴직금중간정산 신청서 (별첨 1-28)

〈퇴직금중간정산 사유별 증빙서류[50]〉

구분		구비서류	비고
본인명의 주택구입	무주택자 여부 확인	· 현거주지 주민등록등본 · 현거주지 건물등기부등본 또는 건축물관리대장등본 · 재산세 (미)과세 증명서	
	주택구입 여부 확인	· 주택구입 - 부동산매매계약서(분양계약서) 사본 · 주택신축 - 건축설계서 및 공사계약서 등 · 구입주택 건물등기부등본 또는 건축물관리대장등본	등기후 신청시
전세금 (보증금) 부담	무주택자 여부 확인	· 현거주지 주민등록등본 · 현거주지 건물등기부등본 또는 건축물관리대장등본 · 재산세 (미)과세 증명서	
	전세금 (보증금) 필요여부 확인	· 전세 및 임대차계약서 사본 · 전세금(보증금) 지급한 경우, 지급영수증(잔금지급일로부터 1월 이내)	잔금지급 후 신청시

50) 「퇴직금 중간정산제도 업무처리지침 개정」, 2013.02.18., 고용노동부 근로복지과, p.21~22

구분		구비서류	비고
부양가족 요양	요양필요 여부 확인	· 의사 진단서(소견서) 또는 건강보험공단의 장기요양확인서 등 6개월 이상 요양필요여부를 확인할 수 있는 서류 · 요양종료일과 치료비를 부담했음을 확인할 수 있는 서류	병명, 요양기간 (6개월 이상) 확인 요양이 종료된 겨우
	부양가족 확인	가족관계증명서 등 배우자, 생계를 같이하는 부양가족 여부를 확인할 수 있는 서류	
파산선고		법원의 파산선고문	
개인회생절차 개시 결정		개인회생절차개시 결정문 또는 개인회생절차변제인가 확정증명원	
임금피크제 적용대상 확인		· 취업규칙, 단체협약 등 임금피크제 실시 여부를 확인할 수 있는 서류 · 근로계약서(연봉계약서), 급여명세서 등 임금피크제를 적용받는 근로자임을 확인할 수 있는 서류	사업장내 비치된 서류를 통해 확인
주52시간 시행으로 근로시간의 단축		중간정산신청서 이외에 별도의 서류를 받을 필요 없음	사용자가 보유한 자료(급여 감소수준등)로 판단
천재지변 등	물적 피해	피해사실확인서 또는 자연재난 피해신고서에 따른 행정기관의 피해조사(확인) 자료	피해정도가 50%이상
	인적 피해	· 자연재난 피해신고서에 따른 행정기관의 피해 조사(확인) 자료 · 15일 이상 입원사실 확인서 · 사망(실종)증명서, 사망(실종)이 정리된 가족관계증명서 등	

강반장의 질문 1

근로자의 요구가 있으면 반드시 퇴직금중간정산을 해줘야 하나요?

아니요, 반드시 의무적으로 해주어야 하는 것은 아닙니다.
퇴직금 중간정산은 근로자퇴직급여 보장법 제8조제2항에 따른 개별근로자의 요구와 사용자의 승낙에 의해서만 가능한 것이므로 근로자의 퇴직금 중간정산 요구에 대하여 사용자가 승낙하여 퇴직금을 중간정산하여 지급할 수도 있고, 사용자가 승낙하지 않아 지급하지 않을 수도 있습니다.
〈근로복지과-529, 2013. 02 .07〉

강반장의 질문 2

매월 급여에 퇴직금을 분할해서 지급해도 되나요?

아니요, 퇴직금은 퇴직을 인하여 비로소 발생되는 것이기 때문에, 근로기간 중에는 퇴직금이 발생하지 않습니다. 따라서 퇴직금을 지급한다고 하더라도 유효한 퇴직금 지급으로 인정되지 않습니다. 이 경우 근로자가 퇴사 후 퇴직금 지급요구 진정을 제기한다면 퇴사시점에 다시 산정한 퇴직금을 지급해야 하고 퇴직금중간정산분은 회사로 다시 반환받게 됩니다. 다만 실무적으로는 상계를 하고 차액분만 다시 정산하는 절차를 거치게 됩니다.

❖ 건설달인의 TIP

퇴직금중간정산 신청은 반드시 근로자의 적극적이고 명시적인 의사가 필요하다. 따라서, 회사에서 일괄적으로 퇴직금중간정산신청을 작성하도록 강제하여도 이는 무효가 된다는 점 유의해야 한다.

4. 건설근로자 퇴직공제제도[51]

건산법 제87조(건설근로자 퇴직공제제도의 시행) ①대통령령으로 정하는 건설공사를 하는 건설업자는 「건설근로자의 고용개선 등에 관한 법률」에 따른 건설근로자 퇴직공제제도에 가입하여야 한다.

건설근로자 퇴직공제제도는 건설근로자의 고용안정과 직업능력의 개발·향상을 지원·촉진하고 퇴직공제금을 지급하는 등의 복지사업을 실시함으로써 건설근로자의 고용개선과 복지증진을 도모하고 건설산업의 발전에 이바지하기 위하여 운영되고 있다. 퇴직공제제도에 가입한 건설사업주가 건설현장에 일용·임시직 근로자를 고용한 후 공제회에 근로일수를 신고하고 공제부금을 납부하면 해당 근로자가 건설업에서 퇴직할 때 공제회가 해당 근로자에게 적립된 공제부금에 소정의 이자를 더하여 지급하는 제도를 말한다.

「건산법」에서는 건설근로자퇴직공제제도에 가입을 촉진시키기 위하여 일정한

51) 퇴직공제제도 가입, 신고, 퇴직공제부금 납부 등에 관하여는 '제2장 건설업 사대보험자격관리 및 보험료 납부실무'에서 자세히 다룬다.

규모 또는 금액 이상의 공사를 시공하는 사업주에게 건설근로자퇴직공제제도에 가입을 의무화하고 있다.

(1) 의무가입 대상공사

건설근로자의 고용개선 등에 관한 법률(이하 '건설근로자법'이라 한다.) 제10조(퇴직공제의 가입) ①「건설산업기본법」 제87조제1항에 따른 건설공사와 대통령령으로 정하는 건설공사를 하는 사업주(사업이 여러 차례의 도급에 의하여 수행되는 경우에는 원수급인을 말한다)는 그 건설공사의 사업시작일부터 당연히 퇴직공제의 가입자가 된다. 이 경우 원수급인이 서면계약으로 하수급인에게 공제부금의 납부를 인수하게 하는 경우로서 원수급인의 신청에 따라 공제회의 승인을 받은 경우에는 그 하수급인을 사업주로 본다.

구분	적용대상
국가 또는 지자체가 발주하는 공사	공사예정금액* 3억원 이상
국가 또는 지자체가 출자 또는 출연한 법인이 발주하는 공사	
국가 또는 지자체가 출자 또는 출연한 법인으로 납입자본금의 5할 이상을 출자한 법인이 발주하는 공사	
민간투자사업으로 시행되는 공사	
공동주택의 건설공사	200호 이상
공동주택과 주거용 외의 용도가 복합된 건축물의 건설공사	
오피스텔의 건설공사	
민간이 발주하는 공사	공사예정금액* 100억원 이상

* 공사예정금액 : 설계금액 + 부가가치세 + 발주자가 제공하는 재료의 시장가격 및 운임

❖ 건설달인의 TIP

민간이 발주하는 공동주택, 주상복합, 오피스텔 공사의 경우 200호 미만이더라도 공사예정금액이 100억원 이상이면 당연가입대상이다[52].

52) 국토해양부 건경-2842, 2010.6.18.

강반장의 질문 1

주계약자관리방식 공동도급의 경우, 퇴직공제가입대상 여부 판단을 총공사금액을 기준으로 판단하나요, 아니면 공동수급체 구성원별 지분금액으로 판단하나요?

공사예정금액이란 1건 공사의 전체 공사예정금액을 의미하므로 주계약자관리방식 공동도급 발주공사의 경우에도 건설근로자퇴직공제 가입대상 여부는 '1건 공사의 전체 공사예정금액(총공사금액)'으로 판단하여야 합니다.
〈국토해양부 건설경제과-5588, 2010.12.29.〉

강반장의 질문 2

매건 작업지시 되는 연간단가계약 공사도 의무가입대상공사인가요?

연간단가계약 공사도 공사예정 금액이 일정금액 이상에 해당되는 경우에는 퇴직공제제도의무가입 대상공사에 해당됩니다.
〈국토해양부 건설경제담당관실-435, 2005.01.27.〉

강반장의 질문 3

발주당시에는 퇴직공제 의무가입대상이 아니었으나 시공 중 설계변경으로 공사예정금액이 증액되어 의무가입대상공사에 포함되는 경우, 퇴직공제제도에 가입해야 하나요?

건설근로자퇴직공제제도의 당연가입대상공사 해당여부는 설계변경으로 인하여 변경되는 공사예정금액과는 관계없이 발주 당시의 공사예정금액으로 판단하는 것이 타당합니다.
〈건설교통부 건경 58000-704, 99.4.16.〉

(2) 임의가입 대상공사

건설근로자법 제10조(퇴직공제의 가입) ②제1항에 따라 퇴직공제의 가입자가 된 사업주 외의 사업주로서 대통령령으로 정하는 요건을 갖춘 사업주는 공제회의 승인을 받아 퇴직공제에 가입할 수 있다. 이 경우 공제회가 가입을 승인한 날부터 가입의 효력이 발생한다.

의무가입 대상공사 이외의 공사의 경우에는 아래요건을 갖춘 사업자의 경우, 공제회의 승인을 받아 임의로 퇴직공제에 가입할 수 있으며, 임의가입 시

가입시점부터 퇴직공제 이행의무가 발생한다.

- 「건설산업기본법」에 따른 건설업자
- 「전기공사업법」에 따른 공사업자
- 「정보통신공사업법」에 따른 정보통신공사업자
- 「소방시설공사업법」에 따른 소방시설공사업자
- 「문화재수리 등에 관한 법률」에 따른 문화재수리업자

(3) 소요비용 공사원가 반영 및 정산

1) 공사원가 반영

건설근로자법 제10조의3(소요 비용의 원가계산) ①제10조제1항에 따라 퇴직공제에 가입하여야 하는 건설공사의 도급계약 당사자는 그 건설공사의 물량명세서 및 도급금액 산출명세서에 퇴직공제에 가입하는 데에 드는 금액을 밝혀야 한다. 다만, 발주자가 직접 시공하는 건설공사의 경우에는 공사원가 계산서에 퇴직공제에 가입하는 데에 드는 금액을 밝혀야 한다.
②제10조제1항 후단에 따라 하수급인이 퇴직공제에 가입한 경우에 원수급인은 그 하도급 부분에 해당하는 건설공사의 하도급금액 산출명세서에 퇴직공제에 가입하는 데에 드는 금액을 밝혀야 한다.

공제가입에 드는 금액을 물량명세서 및 도급금액 산출명세서에 명시하여야 하는데, 이때 공제가입 소요비용 산정기준은 다음과 같다.

〈산정기준〉 퇴직공제 가입 소요금액 = 직접노무비 × 2.30%

❖ 건설달인의 TIP

퇴직공제 가입 소요금액은 국토교통부가 고시하는 「건설근로자 퇴직공제 가입 소요금액 산정기준」에 따라 달라지므로, 변경된 고시를 확인하여야 한다.

강반장의 질문 1

퇴직공제제도 당연가입대상공사에 해당되나, 도급금액산출내역서에 퇴직공제부금비가 반영되지 않은 채로 계약이 체결된 경우 공사원가에 반영하기 위해 설계변경이 가능한가요?

국가기관이 내역입찰을 실시하여 체결한 공사계약에 있어 당해 공사의 이행을 위하여 필요한 비목 또는 품목이 발주기관에서 교부한 내역서에 빠져있는 경우에는 설계변경이 가능합니다.
〈기획재정부 회제41301-1966, 1999.6.28.〉

강반장의 질문 2

주계약자관리방식 공동도급의 경우, 퇴직공제 가입금액은 주계약자의 도급금액산출내역서에 일괄계상하여야 하나요 아니면 공동수급체 구성원별로 각각 계상하여야 하나요?

건설공사 공동도급운영규정(국토해양부 고시 제2009-723호) 제6조에 공동수급체의 구성원은 각 구성원의 책임과 권리·의무 등을 기재한 공동수급협정서를 공동으로 작성하여 발주자에게 제출하도록 규정하고 있는 바, 주계약자관리방식 공동도급 발주공사의 경우 건설근로자퇴직공제 가입 금액을 주계약자의 도급금액산출내역서에 일괄 계상할 것인지 아니면 공동수급체 구성원별로 각각 계상할 것인지에 대하여 공동수급체 구성원 상호간에 협의하여 공동수급협정서에 정하는 바에 따라야 할 것으로 판단됩니다.
〈국토해양부 건설경제과-5588. 2010.12.29.〉

건설근로자법 시행령 제9조(공제부금납부확인서의 제출 등) ②발주자등은 제1항에 따라 받은 공제부금납부확인서를 확인하여 법 제10조의3제1항에 따른 도급금액 산출명세서에 명시한 금액(도급금액 산출명세서에 명시한 금액이 발주자가 공제부금으로 산정한 금액과 다른 경우에는 발주자가 공제부금으로 산정한 금액을 말한다)이 퇴직공제에 가입한 사업주가 실제로 낸 공제부금을 초과하는 경우에는 그 초과하는 금액을 정산하여야 한다.

2) 공제부금 초과액 정산

공사원가에 반영된 퇴직공제부금비가 실제로 사업주가 납부한 공제부금을 초과하는 경우, 그 초과하는 금액을 정산하여야 한다.

강반장의 질문 1

퇴직공제가입사업주가 도급금액산출내역서에 반영된 퇴직공제부금비보다 초과하여 납부한 경우는 어떻게 되는 건가요?

퇴직공제사업주가 반영된 퇴직공제부금비보다 초과하여 납부한 경우 별도의 법령 규정이 없는 바, 도급계약 당사자 간 협의하여 처리할 사항으로 판단하고 있습니다.

강반장의 질문 2

건설근로자 퇴직공제부금의 경우 이번에 사후정산 대상에 포함한다는 내용으로 개정되었다고 하는데 어떠한 점에서 변화가 있는 건가요?

퇴직공제부금의 경우에는 기존에도 사후정산제도 방식을 따르고 있었으나 이와 관련한 명확한 규정 대상에는 포함되지 않아 공사입찰 낙찰률에 영향을 받는 부작용이 발생해 왔습니다. 하지만 이번에 '지방자치단체 입찰 및 계약집행기준' 및 '지방자치단체 입찰 시 낙찰자 결정기준'이 개정되어 이러한 영향을 받지 않게 되었습니다.
즉, 현행의 경우 "계약금액(10억 발주금액×낙찰률 88%)×노무비율(27%)×부담율(2.30%)= 5,464,800원"이었다면 "발주금액(10억)×노무비율(27%)×부담률(2.30%)= 6,210,000원"으로 개선이 됩니다. 퇴직공제부금을 계산하는 요율인 2.30%가 오랜기간 동안 변동없이 고정적으로 유지되고 있고 공제부금적립액이 일 5,000원으로 인상된 상황에서 이러한 개선안이 어느 정도 갈등의 해소방안으로 기대되고 있습니다.

(4) 적용대상 근로자

근로계약기간 1년 미만의 일용·임시직 건설근로자로, 국적·연령·소속 및 직종에 관계없이 적용대상이 된다.

적용제외 근로자

- 기간의 정함이 없이 고용된 상용근로자
- 1년 이상의 기간을 정하여 고용된 근로자
- 1일 고정근로시간이 4시간 미만이고 1주 소정근로시간이 15시간 미만인 근로자

강반장의 질문 1

외국인도 퇴직공제제도 적용대상자인가요?

건설근로자퇴직공제제도의 피공제자가 될 수 있는 자의 범위는 "건설근로자의고용개선등에관한법률" 제2조제2호의 규정에 의하여 근기법 제14조의 규정에 의한 근로자로서 건설업에 종사하는 자를 말하며, 국적에 의하여 피공제자의 자격을 배제하지 않고 있습니다. 따라서 출입국관리법 제18조(외국인 고용의 제한) 등의 규정에 의하여 취업활동을 할 수 있는 체류자격을 얻고, 외국인근로자의고용등에관한법률에 의하여 취업활동이 허용된 외국인근로자가 건설근로자의고용개선등에관한법률에 의한 피공제자의 범위에 포함되는 경우에는 퇴직공제제도를 적용하여야 할 것입니다. (불법체류자 적용배제)
〈임금 68207-1063, 03.12.24〉

강반장의 질문 2

일용근로자가 동일 퇴직공제가입사업장에서 1년 이상 연속 근무한 경우, 퇴직공제제도 적용대상이 되나요?

일용근로자 또는 1년 미만의 기간을 정하여 고용된 피공제자가 동일사업장에서 근로한 기간이 1년을 경과하여 법정퇴직금 지급대상이 된 때에는 그 이후의 기간(1년이 경과한 날의 다음날)부터 퇴직공제부금을 납부할 의무가 없습니다.
〈노동시장정책과-1148, 2010.6.9.〉

강반장의 질문 3

퇴직공제 적용대상 일용근로자가 동일 퇴직공제가입사업장에서 1년 이상 연속 근무한 경우에는 퇴직금을 지급하지 않아도 되나요?

사업장에서 1년 이상 계속근로하고 퇴직하는 근로자에게 퇴직금을 지급 하여야 하므로, 1년 이상 계속 근무 하였다면 건설근로자 퇴직공제부금 납부여부와 상관없이 별도로 퇴직금을 지급 받을 수 있습니다.
〈임금복지과-3538, 2009.12.24.〉

(5) 퇴직공제제도 가입

1) 원수급인 가입절차

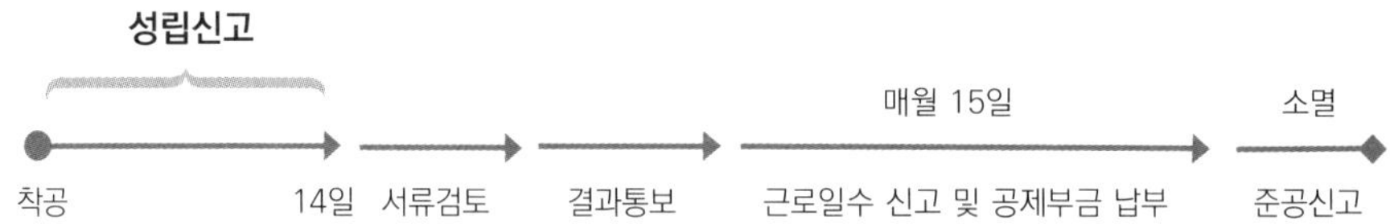

※ 일용·임시직이 없는 현장이라도 의무가입대상공사는 반드시 성립신고를 해야 하고, 의무가입대상공사인데 성립신고를 안하는 경우에는 300만원 이하의 과태료가 부과된다.

원수급인 가입시 제출서류

◦ 건설근로자 퇴직공제 관계 성립신고서 1부
◦ 도급계약서 사본 1부(발주처 자체시공 공사는 사업계획승인서 또는 건축허가서 1부)
◦ 도급금액산출명세서(원가계산서) 중 공제부금의 금액이 명시된 부분의 사본 1부
※ 공동주택, 오피스텔, 주상복합 사업장의 경우에는 사업계획승인서 또는 건축허가서와 착공신고필증을 같이 제출

♣ 건설근로자 퇴직공제 관계 성립신고서 (별첨 1-29)

2) 하수급인 가입절차

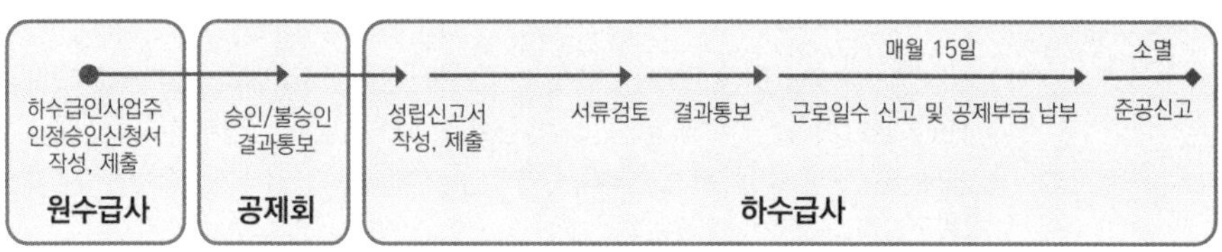

① 하수급인 가입요건

◦ 하수급인이 건설, 전기, 정보통신, 소방시설, 문화재수리 등 관련법령에 따른 공사업자로 등록되어 있을 것
◦ 하도급공사의 공사금액이 10억원이상일 것(부가가치세 포함)
◦ 원수급인과 하수급인 간 공제부금의 납부에 관한 사항을 하도급계약서에 밝힐 것

◦ 퇴직공제 가입에 드는 비용을 하도급금액 산출명세서에 밝힐 것

② 하수급인 가입시 제출서류

◦ 하수급인 사업주인정 승인신청서 1부
◦ 건설근로자 퇴직공제 관계 성립신고서 1부
◦ 하도급계약서 사본 1부(납부에 관한 사항이 명시된 부분 포함)
◦ 하도급금액 산출명세서(원가계산서) 중 공제부금의 금액이 명시된 부분의 사본 1부

♣ 하수급인 사업주인정 승인신청서 (별첨 1-30)

(6) 근로일수 신고 및 공제부금 납부

근로일수 신고와 공제부금 납부에 대해서는 [제2장 Ⅲ. 3. 퇴직공제 자격 신고 및 퇴직공제부금 납부]에서 자세히 다룬다.

(7) 근로자에 대한 고지

건설근로자법 시행규칙 제24조(근로자에 대한 고지의무) ①공제가입사업주는 법 제19조제1항 및 제2항에 따라 사업장의 입구나 건설근로자의 출입이 잦은 현장사무실 등에 다음 각 호의 사항을 서면으로 게시하여야 한다.

1. 피공제자의 범위
2. 건설근로자별 공제부금 납부명세
3. 퇴직공제금의 지급방법
4. 퇴직공제의 탈퇴 사실(퇴직공제를 탈퇴한 경우에만 해당한다)

②공제가입사업주는 공제회의 규정에서 정하는 바에 따라 "퇴직공제가입사업장"이라는 문구가 표시된 표지를 부착하여야 한다.

③공제회는 법 제19조제3항에 따라 제1호 및 제2호의 사항은 서면 또는 전자적 방법으로, 제3호의 사항은 서면으로 각각 피공제자에게 알려야 한다. 이 경우 제2호의 사항은 매년 1회 이상 알려야 한다.

1. 건설근로자가 처음 퇴직공제 피공제자가 된 경우 그 사실
2. 법 제13조에 따른 피공제자의 연간 공제부금 적립일수 및 적립금액
3. 공제부금의 납부 월수가 12개월 이상인 피공제자가 60세에 도달하여 법 제14조에 따라 퇴직공제금을 지급받을 수 있게 된 경우 그 사실

공제가입사업주는 사업장의 입구나 근로자의 출입이 잦은 현장사무실, 근로자숙박시설 등 근로자들이 잘 볼 수 있는 곳에 퇴직공제와 관련된 다음 사항을 고지하여야 한다.

◦ 피공제자의 범위
◦ 건설근로자별 공제부금 납부명세
◦ 퇴직공제금의 지급방법
◦ 퇴직공제의 탈퇴 사실(퇴직공제를 탈퇴한 경우)

❖ 건설달인의 TIP

공제회에서 제공(공제회 홈페이지에서 다운로드도 가능)하는 가입사업장 스티커를 게시하면 근로자에게 고지해야 할 사항 중 '가입사업장 표지', '피공제자의 범위', '퇴직공제금의 지급방법'을 고지한 것으로 본다.

X 직장 내 괴롭힘 금지

근기법 제76조의2(직장 내 괴롭힘의 금지) 사용자 또는 근로자는 직장에서의 지위 또는 관계 등의 우위를 이용하여 업무상 적정범위를 넘어 다른 근로자에게 신체적 · 정신적 고통을 주거나 근무환경을 악화시키는 행위를 하여서는 아니 된다.

제76조의3(직장 내 괴롭힘 발생 시 조치) ①누구든지 직장 내 괴롭힘 발생 사실을 알게 된 경우 그 사실을 사용자에게 신고할 수 있다.
②사용자는 제1항에 따른 신고를 접수하거나 직장 내 괴롭힘 발생 사실을 인지한 경우에는 지체 없이 그 사실 확인을 위한 조사를 실시하여야 한다.
③사용자는 제2항에 따른 조사 기간 동안 직장 내 괴롭힘과 관련하여 피해를 입은 근로자 또는 피해를 입었다고 주장하는 근로자를 보호하기 위하여 필요한 경우 해당 피해근로자등에 대하여 근무장소의 변경, 유급휴가 명령 등 적절한 조치를 하여야 한다. 이 경우 사용자는 피해근로자등의 의사에 반하는 조치를 하여서는 아니 된다.
④사용자는 제2항에 따른 조사 결과 직장 내 괴롭힘 발생 사실이 확인된 때에는 피해근로자가 요청하면 근무장소의 변경, 배치전환, 유급휴가 명령 등 적절한 조치를 하여야 한다.
⑤사용자는 제2항에 따른 조사 결과 직장 내 괴롭힘 발생 사실이 확인된 때에는 지체 없이 행위자에 대하여 징계, 근무장소의 변경 등 필요한 조치를 하여야 한다. 이 경우 사용자는 징계 등의 조치를 하기 전에 그 조치에 대하여 피해근로자의 의견을 들어야 한다.
⑥사용자는 직장 내 괴롭힘 발생 사실을 신고한 근로자 및 피해근로자등에게 해고나 그 밖의 불리한 처우를 하여서는 아니 된다.

1. 의의

직장 내에서의 괴롭힘으로 동료를 사망에 이르게 하는 사고가 발생하는 등 직장 내 괴롭힘으로 인한 문제가 심각해지고 있고, 직장 내 괴롭힘은 근로자의 정신적·신체적 건강에 악영향을 끼칠 뿐만 아니라 기업에도 막대한 비용부담을 초래하고 있다. 이에 직장 내 괴롭힘 예방 및 피해근로자 보호를 위한 근로기준법 제6장의 "직장 내 괴롭힘의 금지"가 2019년 1월 15일 제정되어 2019년 7월 15일부터 시행되었다.

(1) 직장 내 괴롭힘의 의미

'직장 내 괴롭힘'이란 사용자 또는 근로자가 직장에서의 지위 또는 관계 등의 우위를 이용하여 업무상 적정범위를 넘어 다른 근로자에게 신체적·정신적 고통을 주거나 근무환경을 악화시키는 행위를 말한다. '직장 내'는 업무수행 과정 및 업무의 내용상 불가분한 관계에 있는 행위를 의미하는 것으로, 외근·출장지 등 업무수행 과정 등의 장소, 사내 메신저·SNS 등 온라인상에서 발생한 경우도 직장 내 괴롭힘에 해당 될 수 있다.

(2) 직장 내 괴롭힘의 성립요건

◦ 행위자가 사용자 또는 근로자일 것

행위자에는 근로기준법 제2조에 따른 사용자뿐만 아니라 상급자·동료근로자 모두 포함되고, 사용사업주도 파견근로자에 대하여 직장 내 괴롭힘 행위자로 인정될 수 있다.

◦ 직장에서의 지위 또는 관계 등의 우위를 이용할 것

'지위의 우위'는 기본적 지휘명령 관계에서 상위에 있는 경우를 말하나 직접적인 지휘명령 관계에 놓여있지 않더라도 회사 내 직위·직급 체계상 상위에 있음을 이용하는 경우라면 성립될 수 있다. '관계의 우위'는 연령·학벌·성별·출신 지역·인종 등 인적 속성, 근속연수·전문지식 등 업무역량, 노조·직장협의회 등 근로자 조직 구성원 여부 등 관계에서 사실상 우위를 이용하여 행위를 한 것이라면 직장 내 괴롭힘에 해당할 수 있다.

◦ 업무상 적정범위를 넘을 것

'업무상 적정범위를 넘을 것'이라 함은 문제된 행위가 사회 통념에 비추어 볼 때 업무상 필요성이 인정되지 않거나 업무상 필요성은 인정되더라도 그 행위 양태가 사회 통념에 비추어 볼 때 상당하지 않다고 인정되는 경우를 말한다. 따라서 업무상 지시, 주위·명령에 불만을 느끼는 경우라도 그 행위가 사회 통념상 업무상 필요성이 있다고 인정될 경우에는 직장 내 괴롭힘으로 인정되기 어렵다.

◦ 신체적·정신적 고통을 주거나 근무환경을 악화시키는 행위일 것

'근무환경을 악화시키는 행위'란 그 행위로 인하여 피해자가 능력을 발휘하는 데 간과할 수 없을 정도의 지장이 발생하는 것을 의미한다. 신체적·정신적 고통 또는 근무환경 악화를 유발하였는지 여부의 판단은 당사자의 관계, 행위가 행해진 장소 및 상황, 행위에 대한 피해자의 명시적 또는 추정적인 반응의 내용, 행위의 내용 및 정도, 행위가 계속적인 것인지 여부 등의 구체적인 사정을 참작하여 종합적으로 판단하되, 객관적으로 피해자와 같은 처지에 있는 일반적이고도 평균적인 사람이라면 그 행동에 대하여 어떻게 판단하였는지를 함께 고려해야 한다. 가령 행위자에게 괴롭힘 행위를 할 의도가 없었더라도 상대방이 신체적·정신적 고통을 느꼈거나 근무환경 악화의 결과가 발생하였다면 직장 내 괴롭힘이 될 수 있다.

직장 내 괴롭힘 행위의 구체적 예시

◦ 정당한 이유 없이 업무 능력이나 성과를 인정하지 않거나 조롱하는 행위
◦ 정당한 이유 없이 훈련, 승진, 보상, 일상적인 대우 등에서 차별하는 행위
◦ 다른 근로자들과는 달리 특정 근로자에 대하여만 근로계약서 등에 명시되어 있지 않는 모두가 꺼리는 힘든 업무를 반복적으로 부여하는 행위
◦ 근로계약서 등에 명시되어 있지 않는 허드렛일만 시키거나 일을 거의 주지 않는 행위
◦ 정당한 이유 없이 업무와 관련된 중요한 정보제공이나 의사결정 과정에서 배제시키는 행위
◦ 정당한 이유 없이 휴가나 병가, 각종 복지혜택 등을 쓰지 못하도록 압력 행사하는 행위
◦ 의사와 상관없이 음주·흡연·회식 참여를 강요하는 행위
◦ 집단 따돌림

(3) 관련 사례

① 인정사례 : 육아휴직 후 복직한 직원에게 전에 담당하던 업무(창구 수신업무)가 아닌 창구 안내 및 총무 보조업무를 주고, 직원을 퇴출시키기 위한 따돌림을 지시하고, 피해자를 제외한 다른 직원들만 참석한 회의에서 피해자를 내쫓기 위하여 따돌림을 할 것을 지시하는 취지의 내용을 전달하였으며 이후 책상을 치우고 창구에 앉지 못하게 할 것을 지시, 그를 직원으로 생각하지 않는다는 취지의 발언을 하는 등 행위를 하여 피해자가 우울증을 앓고, 결국 퇴사한 경우

판단

행위자 : 회사 임원(전무)
피해자 : 육아휴직 후 복직한 직원
행위장소 : 사업장 내
행위요건

◦ 직장에서의 지위 또는 관계 등의 우위 이용 여부
  - 회사 임원이라는 지위를 이용하여 다른 직원들에게 따돌림을 지시하는 등의 행위
◦ 업무상 적정범위를 넘었는지 여부
  - 육아휴직 후 복귀한 직원에게는 휴직 전과 같은 업무 또는 같은 수준의 임금을 지급하는 직무에 복귀시켜야 하는 법적 의무가 있음에도 이를 무시하고 오히려 육아휴직 후 복귀한 직원을 퇴출시킬 목적으로 보조업무를 부여하고 책상을 치우는 등의 행위를 한 것으로 업무상 필요성이 없는 행위에 해당
  - 육아휴직 후 복귀한 직원을 상대로 다른 직원들에게 따돌림을 지시하거나 직접 나서 책상을 치우거나 비하·모욕하는 발언을 하는 등의 행위는 사회통념상 상당하지 않는 행위
◦ 신체적·정신적 고통을 주거나 근무환경을 악화시켰는지 여부
  - 피해자는 극심한 정신적 스트레스로 인한 우울증을 앓았으며, 결국 퇴사함

→ 종합적 판단 : 직장 내 괴롭힘에 해당되는 것으로 판단
(실제 사안에서는 남녀고용평등법 위반으로 인한 처벌을 받음)

② 불인정사례 : 의류회사 디자인팀장은 조만간 있을 하계 신상품 발표회를 앞두고, 소속팀원에게 새로운 제품 디자인 보고를 지시하였고, 디자인 담당자가 수차례 사안을 보고하였으나, 팀장은 회사의 이번 시즌 신제품 콘셉트와 맞지 않는다는 이유로 보완을 계속 요구하여, 이로 인해 디자인 담당자는 업무량이 늘어나고 스트레스를 받은 경우

판단

행위자 : 디자인팀장
피해자 : 디자인 담당자
행위장소 : 사업장 내
행위요건

◦ 직장에서의 지위 또는 관계 등의 우위 이용 여부
  - 직속 관리자라는 지위의 우위를 이용
◦ 업무상 적정범위를 넘었는지 여부
  - 신제품의 디자인 향상을 위해 부서원에 대해 업무 독려 및 평가, 지시 등을 수차례

실시하는 정도의 행위는 업무상 필요성이 있으며, 그 양태가 사회통념상 상당하지 않다고도 보기 어려운 상황

◦ 신체적·정신적 고통을 주거나 근무환경을 악화시켰는지 여부
  - 해당 근로자로서는 업무상 스트레스를 받음

→ 종합적 판단 : 직장 내 괴롭힘에 해당되지 않는 것으로 판단
'업무상 적정범위를 넘었는지 여부'와 관련하여 행위자인 팀장은 회사의 디자인을 총괄하는 담당자로서 새로운 제품 발표회를 앞두고 성과 향상을 위하여 부서원의 업무에 대해 독려 및 지시를 할 수 있는 업무상 권한이 존재하며, 이를 수행하기 위해 다른 부적절한 행위를 한 바도 없으므로 일부 업무상 부서원이 스트레스를 받았다 하더라도 이는 근로기준법 상 직장 내 괴롭힘에 해당한다고 볼 수 없음

2. 직장 내 괴롭힘의 금지

사용자는 직장 내 괴롭힘 행위로 인해 피해를 입은 근로자 또는 피해를 입었다고 주장하는 근로자가 그로부터 보호를 요청하는 경우 근무장소의 변경, 유급휴가 명령 등 적절한 조치를 하여야 한다(근기법 제76조의3 제3항). 사용자는 직장 내 괴롭힘 발생 사실을 신고한 근로자 및 피해자에게 해고나 그 밖의 불리한 처우를 하여서는 아니 된다(근기법 제76조의3 제6항).

3. 직장 내 괴롭힘 행위자에 대한 징계

사용자는 직장 내 괴롭힘에 따른 신고를 접수하거나 발생 사실을 인지한 경우 지체없이 그 사실 확인을 위한 조사를 실시하여야 하고 조사 결과에 따라 행위자에 대하여 배치전환, 징계 등 적절한 조치를 취해야 한다(근기법 제76조의3 제5항).

4. 취업규칙 필수 기재의무

사용자는 '직장 내 괴롭힘의 예방 및 발생 시 조치 등에 관한 사항'에 대하여 취업규칙에 포함하여 작성하여야 하며, 이를 고용노동부장관에게 신고하여야 한다(근기법 제93조).

취업규칙에 규정할 수 있는 내용으로는 금지되는 직장 내 괴롭힘 행위, 사건처리절차, 피해자 보호조치, 가해자 제재 등이 고려될 수 있다. 직장 내 괴롭힘 행위자에 대한 사내 징계 규정을 신설 또는 강화하는 내용은 근로조건의 불이익한 변경으로 근로자 과반수의 동의를 얻어야 하나, 직장 내 괴롭힘 예방과 발생 시 조치절차 관련 내용은 근로자 과반수의 의견을 들어 정하면 된다.

♣ 직장 내 괴롭힘 예방·대응규정 샘플 (별첨 1-31)

5. 직장 내 괴롭힘 예방교육

직장 내 괴롭힘 예방교육은 근기법에서 정하고 있는 필수교육은 아니다. 다만, 고용노동부는 매뉴얼 등을 통하여 예방교육을 필수적으로 실시하는 것을 고려할 것을 권고하고 있다. 실시 권고에 따라 예방교육을 진행하는 경우는 1년에 1회 이상 주기적으로, 관리자 교육과 직원 교육을 분리하여, 기업의 필요에 따라 유연한 방식과 내용을 토대로 진행하면 될 것이다[53].

53) 기존의 법정교육을 진행할 때 시간을 확보하여 함께 진행하는 방식도 가능할 것이다.

XI 건설업 법정교육

사업주는 근로자에 대하여 법에 따라 정해진 교육을 하여야 하고, 만일 교육을 하지 아니한 경우에는 과태료 부과 등 제재를 받게 된다.

1. 직장 내 성희롱 예방 교육

남녀고용평등과 일·가정 양립 지원에 관한 법률 제13조(직장 내 성희롱 예방 교육 등) ①사업주는 직장 내 성희롱을 예방하고 근로자가 안전한 근로환경에서 일할 수 있는 여건을 조성하기 위하여 직장 내 성희롱의 예방을 위한 교육을 매년 실시하여야 한다.

남녀고용평등과 일·가정 양립 지원에 관한 법률 시행령 제3조(직장 내 성희롱 예방 교육) ①사업주는 법 제13조에 따라 직장 내 성희롱 예방을 위한 교육을 연 1회 이상 하여야 한다.

사업주는 직장 내 성희롱을 예방하고 근로자가 안전한 근로환경에서 일할 수 있는 여건을 조성하기 위하여 연 1회 이상 직장 내 성희롱 예방 교육을 하여야 하며, 해당 교육을 하지 아니한 경우에는 500만원 이하의 과태료가 부과된다.

(1) 교육주체

직장 내 성희롱 예방교육 실시의무자는 사업주이다.

(2) 교육횟수

연 1회 이상 실시하여야 하며, 이 때 '연'이라 함은 1월 1일부터 12월 31일까지를 말한다.

(3) 교육방법

◦ 전 근로자를 대상으로 하여야 하며, 만일 일부 부서가 참석하지 않거나 교

육당일 출장 등으로 인해 참석이 불가능한 자에 대하여 별도의 교육을 진행하지 않으면 교육을 실시하지 않은 것으로 판단한다.

◦ 교육은 사업주가 직접 실시함이 원칙이나, 사업장 소속 근로자54) 혹은 외부강사55)에 의해 실시하는 것도 무방하다.

◦ 교육을 실시하고 참석자 명단 작성 및 사진 촬영을 한 후 해당 자료를 보관해둔다.

❖ 건설달인의 TIP

교육자료를 단순 회람하거나, 게시판에 게재, 배포 등의 방식은 교육으로 인정되지 않으니, 회의, 워크숍, 연수 등을 할 때 함께 실시하는 것이 좋은 방안이 된다.

교육자료 또는 홍보물 게시, 배포가 가능한 경우

◦ 상시 10명 미만의 근로자를 고용하는 사업일 경우

◦ 사업주 및 근로자 모두가 남성 또는 여성 중 어느 한 성으로 구성된 사업일 경우

(4) 교육내용

교육을 실시할 때에는 성희롱에 관한 법령, 당해 사업장의 직장 내 성희롱 발생시 처리절차 및 조치기준, 직장 내 성희롱 피해근로자의 고충상담 및 구제절차, 그 밖에 직장 내 성희롱 예방에 필요한 사항에 대한 내용을 필수적으로 포함해야 한다.

♣ 직장 내 성희롱 예방교육 일지 샘플 (별첨 1-32)

♣ 직장 내 성희롱 예방교육 참석자 명단 샘플 (별첨 1-33)

54) 가능한 한 부서장급 이상이 교육을 실시하도록 한다.
55) 외부강사의 자격은 규정된 바 없다.

2. 직장 내 장애인 인식개선 교육

장애인고용촉진 및 직업재활법 제5조의2(직장 내 장애인 인식개선 교육) ①사업주는 장애인에 대한 직장 내 편견을 제거함으로써 장애인 근로자의 안정적인 근무여건을 조성하고 장애인 근로자 채용이 확대될 수 있도록 장애인 인식개선 교육을 실시하여야 한다.

장애인고용촉진 및 직업재활법 시행령 제5조의2(직장 내 장애인 인식개선 교육) ①사업주는 법 제5조의2에 따라 직장 내 장애인 인식개선 교육을 연 1회, 1시간 이상 실시하여야 한다.

사업주는 장애인에 대한 직장 내 편견을 제거하여 장애인 근로자의 안정적인 근무여건을 조성하고 장애인 근로자 채용이 확대될 수 있도록 연 1회, 1시간 이상 직장 내 장애인 인식개선 교육을 하여야 하며, 해당 교육을 하지 아니한 경우에는 300만원 이하의 과태료가 부과된다.

(1) 교육주체

직장 내 장애인 인식개선 교육 실시의무자는 사업주이다.

(2) 교육횟수

연 1회, 1시간 이상 실시하여야 하며, 이 때 '연'이라 함은 1월 1일부터 12월 31일까지를 말한다.

(3) 교육방법

◦ 전 근로자를 대상으로 하여야 하며, 만일 일부 부서가 참석하지 않거나 교육당일 출장 등으로 인해 참석이 불가능한 자에 대하여 별도의 교육을 진행하지 않으면 교육을 실시하지 않은 것으로 판단한다.

◦ 교육은 사업주 및 내부 직원이 직접 실시, 고용노동부장관으로부터 지정 받은 직장 내 장애인 인식개선 교육기관에 위탁, 한국장애인고용공단의 강사 양성 과정을 수료한 전문 강사 초빙[56] 등의 방법으로 실시할 수 있다.

---

56) 지정 교육기관 및 전문 강사 리스트는 한국장애인고용공단 홈페이지(www.kead.or.kr)에서 확인할 수 있다.

◦ 교육을 실시하고 참석자 명단 작성 및 사진 촬영을 한 후 해당 자료를 3년간 보관해두어야 한다.

❖ 건설달인의 TIP

한국장애인고용공단으로부터 지정되지 않은 교육기관에서 교육을 받는 경우 교육이 인정되지 않으므로 유의하여야 한다.

❖ 건설달인의 TIP

사업의 규모나 특성을 고려하여 회의, 워크숍, 연수 등의 집합교육, 인터넷 등 정보통신망을 이용한 원격교육 또는 체험교육 등을 통하여 교육을 실시할 수 있다.

간이교육자료의 배포, 게시 등이 가능한 경우

상시 50인 미만 사업체의 경우

(4) 교육내용

교육을 실시할 때에는 장애의 정의 및 장애유형에 대한 이해, 직장 내 장애인의 인권, 장애인에 대한 차별금지 및 정당한 편의 제공, 장애인고용촉진 및 직업재활과 관련된 법과 제도, 그 밖에 직장 내 장애인 인식개선에 필요한 사항에 대한 내용을 필수적으로 포함해야 한다.

♣ 직장 내 장애인 인식개선 교육 일지_50인 이상 사업체용 (별첨 1-34)

♣ 직장 내 장애인 인식개선 교육 일지_50인 미만 사업체용 (별첨 1-35)

3. 개인정보보호교육

개인정보보호법 제28조(개인정보취급자에 대한 감독) ②개인정보처리자는 개인정보의 적정한 취급을 보장하기 위하여 개인정보취급자에게 정기적으로 필요한 교육을 실시하여야 한다.

개인정보처리자는 개인정보의 적정한 취급을 보장하기 위하여 개인정보취급자에게 정기적으로 필요한 교육을 실시하여야 한다.

(1) 교육주체

개인정보보호교육 실시의무자는 개인정보처리자[57]이다.

(2) 교육횟수

연간교육 횟수 및 교육시간은 법적으로 규정되어 있지 않지만 연간 1~2회의 교육을 수행하는 것을 권고하고 있다.

(3) 교육방법

사업장 전체 근로자를 대상으로 하는 것이 아니라 사업장내에서 개인정보를 처리하는 개인정보취급자를 교육대상으로 하며,[58] 교육은 해당 사업장의 상황을 고려하여 사내 자체교육, 온라인교육, 위탁교육, 외부강사 초빙교육 등의 방법으로 실시할 수 있다.

❖ 건설달인의 TIP

행정안전부는 각 사업장에서의 개인정보보호교육을 위하여 온라인교육을 무료로 운영하고 있으며, 자체적으로 운영할 수 있도록 개인정보보호교육 자료도 제공하고 있다. 뿐만 아니라 외부강사를 초빙하여 교육할 수 있도록 전문강사단을 운영하고 있으며, 사전교육신청을 받아 실시하는 현장교육도 운영하고 있다[59].

57) 업무를 목적으로 개인정보파일을 운용하기 위하여 스스로 또는 다른 사람을 통하여 개인정보를 처리하는 공공기관, 법인, 단체 및 개인 등을 말한다.
58) 만일 사업장 전체 근로자가 개인정보취급자라면 당연히 전체 근로자가 교육대상이 된다.
59) 개인정보보호 종합포털(www.privacy.go.kr)에서 확인할 수 있다.

제 1 장

별첨 서식자료

[별첨 1-1] 기초심사자료(이력서, 자기소개서) 표준양식

표준 이력서(안) 및 자기소개서

〈필수항목〉

지원자 성명	한글			
	영문			
주소 (우편번호) (현거주지)				
연락처	전화번호	전화	휴대전화	
	전자우편			

주요 경력사항	회사명	담당 업무(직무내용)	근무기간(연, 월)
			년 월 ~ 년 월
			년 월 ~ 년 월

자격증 및 특기사항	관련 자격증			(년 월 취득)	
				(년 월 취득)	
자기소개 등 활동사항					

취업지원 대상자 여부	보훈번호		
장애인 여부	장애종별	등급	장애인 등록번호
저소득층 여부	구분	「국민기초생활보장법」 상 수급자	「한부모가족지원법」상 보호대상자
	해당여부		

[별첨 1-2] 채용심사비용 승인신청서

■ 채용절차의 공정화에 관한 법률 시행규칙 [별지 제1호서식]

채용심사비용 승인 신청서

※ [ ]에는 해당되는 곳에 √ 표시를 합니다.

접수번호	접수일	처리기간 7일

신청인	사업장명	
	대표자 성명	생년월일
	소재지 (전화번호 :)	

신청내용	채용예정인원	명	상시근로자수	명
	채용심사내용			
	채용심사기간			
	채용심사비용	원	구직자 부담금액	원

심사비용 청구 사유(구체적으로 적으시기 바랍니다.)

「채용절차의 공정화에 관한 법률」 제9조제2항과 같은 법 시행규칙 제2조제1항에 따라 위와 같이 채용심사비용 승인을 신청합니다.

년 월 일

신청인 (서명 또는 인)

대리인 (서명 또는 인)

○○지방고용노동청(지청)장 귀하

첨부서류	1. 채용사비용 산정 내역서 1부. 2. 채용(예정)공고문 1부.	수수료 없음

처 리 절 차

신청서 제출	→	접 수	→	내용검토	→	결 재	→	통 보
신청인		지방고용노동청(지청)장(민원실)		지방고용노동청(지청)장(고용센터)		지방고용노동청(지청)장(청장 · 지청장)		

210mm×297mm[일반용지 60g/㎡(재활용품)]

[별첨 1-3] 채용서류반환청구서

■ 채용절차 공정화에 관한 법률 시행규칙 [별지 제3호서식]

채용서류 반환 청구서

접수번호	접수일

청 구 인	성명	수험번호
주 소		
반 환 장 소 (주소와 다른 경우 기재)		

반 환 요 구 서 류	

「채용절차의 공정화에 관한 법률」 제11조 및 같은 법 시행령 제2조, 제3조, 제4조에 따라 위와 같이 채용서류의 반환을 청구합니다.

년 월 일

신청인 (서명 또는 인)

oo 사업장 귀하

공지사항
1. 「채용절차의 공정화에 관한 법률 시행령」 제3조에 따라 신청인은 채용서류의 반환을 요청한 이후 10일 이내에 해당 사업장으로부터 반환요구서류를 전달받을 수 있습니다. 2. 「채용절차의 공정화에 관한 법률 시행령」 제4조에 따라 반환요구서류는 특수취급우편물을 통해서 전달받거나, 사업장으로부터 직접 전달받을 수 있습니다. 3. 「채용절차의 공정화에 관한 법률」 제11조 제5항 및 같은 법 시행령 제6조에 따라 채용서류의 반환에 드는 비용을 신청인이 부담할 수 있습니다.

[별첨 1-4] 비밀유지서약서

비밀유지 서약서

성 명		입사일	
부 서		연락처	
주 소			

본인은 주식회사 0000(이하 '회사'라 함)의 임직원으로서 영업비밀 등의 보호와 관련하여 다음과 같이 서약합니다.

1. 본인은 회사 재직 중, 공공연히 알려져 있지 아니하고 독립된 경제적 가치를 가지는 것으로서, 상당한 노력에 의하여 비밀로 유지된 회사의 제품 개발, 생산방법, 판매방법 기타 영업활동에 유용한 기술상 또는 경영상의 정보(이하 '영업비밀'이라 함), 지적재산권 등의 보호와 관련된 회사의 각종 규정을 철저히 준수하며, 보안관련 사고가 발생하지 않도록 예방 및 주의에 최선을 다하겠습니다.

2. 본인은 재직 중은 물론 퇴사 후에도 업무수행 중 또는 업무와 관련 없이 취득하게 되는 다음 각 호 및 '서약인 업무와 관련된 영업비밀 LIST(별첨)'에서 정하는 사항을 포함한 기타 영업 비밀을 회사 내외의 제3자에게 어떠한 형태 · 방법으로든 사용 · 공개 · 누설 · 유출하지 않겠습니다(다만 회사가 지정한 업무에 사용하는 경우 및 회사의 사전 서면동의가 있거나 영업 비밀 보호 관련 규정에 의해 허용된 경우는 예외로 하며, 재직 중 직속상관은 제3자에 해당하지 아니함).

(1) 인사, 조직 및 재무현황, 제품 개발, 생산·판매 현황, 마케팅 기법 등 경영상의 정보
(2) 제품의 설계방법, 설계도면, 개발 · 제조공정, 개발 · 제조장치, 개발 · 제조와 관련된 기술상의 정보
(3) 제품의 연구개발(R&D) 계획, 작업보고서 및 일지의 내용, 실험데이터, 연구성과 분석자료 등 연구개발에 관한 정보
(4) 투자유치, 영업전략, 마케팅플랜 및 주요 개발에 관한 정보
(5) 회사의 사업진행 정보 및 정책 자료
(6) 회사의 파트너사 및 고객사들의 영업, 경영, 개발상의 정보 및 기밀 자료

3. 본인은 허가 받지 않은 정보나 시설 등에는 절대로 접근하지 않고 회사의 보안규정 및 지침, 정책을 반드시 준수할 것이며, 특히 E-mail 사용과 관련하여 회사에 손해를 끼칠 수 있는 기술 및 경영정보의 유출을 방지하기 위한 회사의 메일통제 및 검열에 대하여 동의합니다.

4. 본인은 업무수행 중 또는 업무 관련 없이 취득한 영업비밀에 대하여, 지정된 업무에 사용하기 위한 목적 외의 복사·녹음·촬영 및 기타 방법에 의한 복제를 일체 하지 않겠습니다.

5. 본인은 업무상 작업물을 외부에서 열람이 불가능하도록 최대한 보안조치 하겠습니다.

6. 본인이 재직 중에 직무와 관련하여 독자적으로 또는 다른 사람과 공동으로 발명·발견·개발·설계·고안한 기술과 정보 기타 이에 준하는 산출물에 관한 소유·사용·처분 등의 일체의 권리는 회사에 있음을 인정하며, 재직 중 또는 퇴직 이후라도 본인 또는 제3자의 이익을 위하여 이를 이용하지 않겠습니다.

7. 본인은 재직 중은 물론이고 퇴직 이후에도, 회사가 본인의 담당업무와 관련하여 영업비밀을 권리화(특허출원 등)하는 경우 및 영업비밀에 법적 보호조치를 취하거나 영업비밀을 타에 양도하는 경우, 회사 요청에 따라 도면·명세서·확인서 등 그에 필요한 제반 문서나 서류를 직접 작성하거나, 회사 또는 그 대리인의 작성업무를 지원하는 등 적극 협조하겠습니다.

8. 본인은 재직 중 영업비밀이 누설될 수 있는 동종·유사업체의 임직원을 겸직하거나 자문·고문 기타 방법으로 해당 업체에 협력하지 않겠으며, 퇴직 이후에도 영업비밀을 제3자에게 누설하거나 공개하지 않겠습니다.

9. 본인은 본인의 퇴직시, 본인이 관리하고 있던 도표, 설계도, 명세서, 메모, 보고서, 노트, 자기테이프, 디스크, 파일, 기타 기록매체 등 영업비밀과 관련된 사항이 들어 있는 일체의 자료를 회사에 반납하고, 이에 관해 어떠한 형태의 사본도 개인적으로 보유하지 않겠습니다.

10. 본인은 회사의 영업비밀 보호를 위하여, 적어도 퇴직일로부터 1년 동안은 회사의 사전 서면동의 없이 퇴직일 현재 회사가 생산하고 있는 제품 · 서비스와 동일하거나 유사한 제품 · 서비스를 생산하는 업체를 스스로 창업하거나, 국 · 내외 경쟁업체에 취업하지 않겠습니다.

11. 본인은 위 각 서약사항 위반시, [취업규칙]에 의한 징계책임 및 [부정경쟁방지 및 영업비밀보호에 관한 법률]에 규정된 민·형사상 책임, 민법상의 채무불이행 또는 불법행위로 인한 손해 배상 책임, 형법상의 업무상 배임 등의 책임, 기타 제반 민·형사상의 책임을 부담하겠으며, 이와 관련한 관할은 본사 소재지 관할 법원으로 하는 것에 동의합니다.

서명에 앞서 위 서약사항을 세심히 확인하였으며, 본인의 자유로운 의사에 기해 본 서약서를 작성함을 확인합니다.

년 월 일

위 서약인 (서명 또는 인)

(주)0000 귀중

서약인은 본인의 업무와 관련된 영업비밀을 구체적으로 기술해 주시기 바랍니다.
확인자는 기재 내용 중 누락된 사항이 없는지 확인하신 후 서명해 주시기 바랍니다.

영업비밀 LIST

NO	영업비밀 내용	비고
1		
2		
3		
4		
5		
6		
7		
8		

서약인 (인)
확인자 (인)

[별첨 1-5] 가불신청서

가불신청서

성명		소속	

개인적인 사정에 의해 아래와 같이 가불을 신청하고자 하니 허락하여 주시기 바랍니다.

요청금액 :

신청사유 :

상 환 일 :

○○년 ○○월 ○○일

신청자 : ____________________ (서명/인)

[별첨 1-6] 근로계약서 서면교부 확인서

근로계약서 서면교부 확인서

1. 근거법령

근로기준법 제17조(근로조건의 명시) ② 사용자는 제1항제1호와 관련한 임금의 구성항목·계산방법·지급방법 및 제2호부터 제4호까지의 사항이 명시된 서면을 근로자에게 교부하여야 한다. 다만, 본문에 따른 사항이 단체협약 또는 취업규칙의 변경 등 대통령령으로 정하는 사유로 인하여 변경되는 경우에는 근로자의 요구가 있으면 그 근로자에게 교부하여야 한다.

2. 하기 서명한 본인은 근로기준법 제17조 제2항에 따라 회사로부터 근로계약서 1부를 정히 교부받았음을 확인하며 이에 아래와 같이 서명한다.

근로자 : ______________ (서명/인)

[별첨 1-7] 근로계약서(상용직) 샘플

근로계약서

0000 주식회사(이하 "사용자"라고 한다)와 홍길동 (이하 "근로자"라 한다)은 다음과 같이 근로계약을 체결하고 상호 성실히 이행한다.

제1조(근로계약기간)
① 근로계약기간은 20 년 월 일부터 20 년 월 일까지로 한다.
② 본 계약은 근로계약기간의 만료로 자동 종료된다. 다만 근로계약기간이 만료되기 전에 "사용자"와 "근로자"의 합의에 의하여 제1항에서 정한 기간을 연장할 수 있다.

제2조 (근로장소 및 담당업무의 내용)
① "근로자"의 근로장소는 ________________________________ 로 한다.
② "근로자"의 담당업무는 ________________________________ 및 그와 관련된 업무로 한다.
③ "사용자"는 필요한 경우 "근로자"의 의견을 들어 제1항 및 제2항에서 정한 근로장소 및 업무의 내용을 변경할 수 있다.

제3조 (수습)
① 수습기간은 3개월로 한다.
② 수습기간 중 또는 만료 시 "근로자"가 직원으로서 계속근로가 부적당 또는 부적합하다고 인정될 때에는 본채용을 거부할 수 있다.
③ 수습기간은 근속년수에 포함한다.
④ 수습기간 중의 급여는 제7조의 규정에 의한다.

제4조 (근로시간 및 휴게시간)
① 소정근로시간 : 1일 8시간, 1주 40시간으로 하되, "근로자"는 근로기준법이 정하는 바에 따라 연장근로를 실시하는 데 동의한다. (근로자) 홍길동 (서명)
② 시업 및 종업시간 : 09:00 ~ 18:00 로 한다.
③ 휴게시간 : 12 : 00 ~ 13: 00 로 한다.
④ 전 3항에서 정한 근로시간, 시업·종업시간 및 휴게시간은 "사용자"의 사정에 따라 필요한 경우 이를 변경하여 운영할 수 있다.

제5조 (휴일)
① 다음 각 호의 1에 정하는 날은 유급휴일로 한다. 다만, "근로자"가 1주 동안에 소정근로일을 개근하지 아니한 경우 주휴일은 무급으로 한다.
1. 주휴일
2. 근로자의 날(매년 5월 1일)
3. 기타 회사에서 정한 날

② 토요일은 무급휴무일로 한다.
③ 제1항 각 호의 휴일이 중복될 경우에는 하나의 휴일로 취급한다.

제6조 (연차유급휴가)
연차유급휴가에 관하여는 근로기준법 및 노동관계법령이 정하는 바에 따른다.

제7조 (월급액 및 월급액의 구성항목)
① 월지급액 : 월지급액은 연봉총액 ________원의 12분의 1을 임금지급일에 근로자의 급여계좌로 이체한다.
② 상여금 : 상여금은 통상임금의 ______%를 분기별로 분할하여 지급하되, 해당월 급여에 포함하여 지급한다.
③ "사용자"는 "근로자"의 연장근로와 야간근로 또는 휴일근로에 대하여는 통상임금의 100분의 50 이상을 가산하여 지급한다.

구분	금액	구분	금액
기본급	원	식대	원
연장수당	원	차량유지비	원
휴일수당	원	현장수당	원
야간수당	원	상여금	원
월지급액		원	

제8조 (임금의 계산방법 및 지급방법)
① 월지급액의 산정기간은 매월 1일부터 해당 월 말일까지로 한다.
② 실지급액은 제7조의 월지급액에서 세금 및 사회보험료 등을 공제한 금액으로 한다.
③ 임금의 지급시기는 매월 ____일로 하며, 전항에 따른 실지급액 전액을 "근로자"가 지정하는 본인계좌에 입금하는 방법으로 지급한다.
④ 임금지급일이 토요일, 일요일 또는 공휴일인 경우 임금지급일 전일 임금을 지급한다.

제9조 (퇴사통보 및 손해배상)
"근로자"는 퇴사일 30일 전에 "사용자"에게 통보하고 성실히 인수인계하여야 하며, 이를 위반하여 무단퇴사하거나 불성실한 인수인계로 인하여 "사용자"에게 손해가 발생한 경우 이를 배상하여야 한다.

제10조 (비밀준수의무)
"사용자"와 "근로자"는 위 임금내역을 타인에게 누설하지 아니하며, 본인이나 타인의 임금내역을 고의·과실로 공개한 경우 취업규칙에 따라 징계한다.

제11조 (기타)
① "근로자"는 "사용자"가 정한 취업규칙을 성실히 준수할 의무를 부담한다.
② 이 계약에 정함이 없는 사항은 근로기준법 등 노동관계법령 및 취업규칙에 의한다.

20 년 월 일

(사용자) 0000 주식회사 대표이사 ____________(인 또는 서명)

(근로자) ____________(인 또는 서명)

[별첨 1-8] 근로계약서(일용직) 샘플

근로계약서

<table>
<tr><td rowspan="2">사업주</td><td>상호</td><td></td><td>대표자</td><td></td></tr>
<tr><td>주소</td><td colspan="3"></td></tr>
<tr><td rowspan="2">근로자</td><td>성명</td><td></td><td>주민등록번호</td><td></td></tr>
<tr><td>주소</td><td></td><td>전화번호</td><td></td></tr>
</table>

사업주와 근로자는 아래의 근로조건을 성실히 이행할 것을 약정하고 근로계약을 체결한다.

- 아 래 -

<table>
<tr><td>계약기간</td><td>. . . ~ . . . 까지로 한다.
다만, 근로계약 기간 중이라도 천재지변, 동절기 공사중단, 발주처의 공사중단·설계변경·공사도급계약 중도해지 등 불가피한 사유로 공사를 계속할 수 없거나 "근로자"가 수행하던 공종이 중단된 경우에는 그 때를 계약만료일로 하여 근로계약을 합의해지하는 것에 대하여 "근로자"는 사전에 충분히 설명듣고 숙지하였음을 확인한다.
* 동의자 성명 : ______________ (인)</td></tr>
<tr><td>임금</td><td>① “근로자”의 월급은 포괄일당 원, 시간급 원으로 하고, 월 급여는 포괄일당 × 출역일수로 산정한다.
② "근로자"의 월급은 매월 ( )일에 정기지급하며, 월급여에는 제반 법정 수당이 포함된 금액으로 정하며(그 세부내역은 하기 표참조), "근로자"는 이와 같은 포괄임금 산정방식에 대하여 충분히 설명을 듣고 이에 동의한다.
㉠ 연장근로수당: 시간급(=기본급/8시간) × 연장근로시간 × 150%
㉡ 휴일근로수당: 시간급(=기본급/8시간) × 휴일근로시간 × 150%
㉢ 휴일가산수당: 시간급(=기본급/8시간) × 휴일연장근로시간 × 200%
㉣ 유급주휴수당: 전 주간(월~금)만근한 경우 시간급 × 8시간
<table>
<tr><td rowspan="5">구성항목</td><td>기본급 1주</td><td>__시간</td><td>월 환산 __시간</td><td>__%</td><td>__________원</td></tr>
<tr><td>유급주휴수당 1주</td><td>__시간</td><td>월 환산 __시간</td><td>__%</td><td>__________원</td></tr>
<tr><td>연장근로수당 1일</td><td>__시간</td><td>월 환산 __시간</td><td>__%</td><td>__________원</td></tr>
<tr><td>휴일근로수당(1월)</td><td>__시간</td><td>월 환산 __시간</td><td>__%</td><td>__________원</td></tr>
<tr><td>휴일가산수당(1월)</td><td>__시간</td><td>월 환산 __시간</td><td>__%</td><td>__________원</td></tr>
</table>
* 동의자 성명 : ______________ (인)
③ 월 급여 지급시 근로소득세 및 고용보험료, 건강보험료, 국민연금 등 제세공과금을 원천징수한 후 "근로자"명의의 온라인 통장계좌로 지급함에 동의한다.</td></tr>
</table>

근로시간 및 휴게시간	① 시업 및 종업시간: 09:00 ~ 18:00 ② 소정근로시간은 휴게시간을 제외하고 1일 8시간, 1주 40시간으로 하되 "근로자"는 근로기준법이 정하는 바에 따라 1주일에 12시간의 범위 내에서 연장근로를 수행함에 동의한다. * 동의자 성명 : ________________ (인) ③ 휴게시간(12:00~13:00)은 작업장 내에서 자유로이 사용할 수 있다. 다만, 현장상황에 따라 변경될 수 있다.
휴가	① 전월에 만근시 1일의 연차휴가를 부여하며, 사용하지 않을 경우 포괄역산하여 지급한다. ② 부여된 연차휴가는 하기/설날 및 추석휴가기간에 대체하여 사용할 수 있다.
휴일	① 전주간(월-금)만근한 경우 일요일 및 근로자의 날(5.1)은 유급주휴를 부여한다. ② 토요일은 무급휴무일로 하며 해당일 근무에 대한 임금은 포괄역산한다. 그 외의 휴일은 취업규칙에서 정한 바에 따른다.
근로계약해 지사유	① 월 합계 또는 계속하여 5일 이상 결근한 경우, 근로계약은 자동 해지된다. ② 안전수칙불이행, 근무태만, 근무지 무단이탈, 취업규칙불이행으로 3회 이상 경고처분 받은 경우 ③ 정당한 업무지시불이행 및 고의 또는 중대한 과실로 사고나 손실을 야기시킨 경우 ④ 신체(고혈압,디스크포함)·정신상장애로 해당업무를 수행할 수 없을 경우 ⑤ 불법집단행동업무방해를 주도하였거나 적극 참여한 경우 ⑥ "사업주"의 동의없이 타 작업장에 취업한 때 및 근로계약기간이 종료되었을 때 ⑦ 그 외 "사업주"의 취업규칙상의 징계기준에 해당될 때
채용 결격사유	불법체류자, 지명수배 중에 있는 자, 채용 시 고혈압 및 척추질환 등 업무수행에 곤란을 초래할 수 있는 자는 채용될 수 없으며, 위 사실이 추후 발견된 경우 본 근로계약은 취소된다.
기타 근로조건	① 본 계약서상에 명시되지 않은 사항은 당 사 취업규칙 및 근로기준법에 따른다. ② "근로자"가 계약기간 중 퇴직하고자 할 경우에는 5일 전에 통보하여야 한다. ③ 개인정보(성명, 주민등록번호, 주소, 급여, 전화번호)를 원청, 발주처의 안전, 노무, 현장 출입관련업무 담당에게 제공/활용하는 데 동의한다. * 개인정보 제공동의자 성명 : ________________ (인)

안전장구 지급확인	안전모	안전화	안전벨트	보호안경	안전교육이수여부	기타

근로자 ________은 상기 내용을 확인하고 본 근로계약서 1부를 교부받았음을 확인합니다.

* 수령 및 확인자 ________________ (인)

20 년 월 일

(사업주) 0000 주식회사 대표이사 ________ (인 또는 서명)

(근로자) ________ (인 또는 서명)

[별첨 1-9] 친권자(후견인) 동의서

친권자(후견인) 동의서

○ 친권자(후견인) 인적사항

성　　명 :

생년월일 :

주　　소 :

연 락 처 :

연소근로자와의 관계 :

○ 연소근로자 인적사항

성　　명 : (만 세)

생년월일 :

주　　소 :

연 락 처 :

○ 사업장 개요

회 사 명 :

회사주소 :

대 표 자 :

회사전화 :

본인은 위 연소근로자 __________가 위 사업장에서 근로를 하는 것에 대하여 동의합니다.

년 월 일

친권자(후견인) (인)

첨 부 : 가족관계증명서 1부

[별첨 1-10] 노임수령 확인서

노임수령 확인서

성　　명		소　　속	
근로기간			
지급받은 노임 총액	금　　　　　　　원 (₩　　　　　　　)		
노임 지급일			

위 본인은 위 기간에 대한 노임 전액을 수령하였음을 확인한다.

근로자 : ______________ (서명/인)

[별첨 1-11] 직상수급인과 하수급인간 합의서 샘플

근로자 임금 직접지급 합의서 및 신청서

공사내역	공 사 명	
	공사금액	
	계약기간	
도 급 인	상　　호	
	대 표 자	
	주　　소	
수 급 인	상　　호	
	대 표 자	
	주　　소	

1. 상기 계약에 따른 수급인 또는 하도급인과 근로자간의 근로계약에 대한 근로자 임금을 도급인이 직접 지급하는데 합의한다.

2. 수급인에 대한 하도급대금 지급채무 및 수급인의 근로자에 대한 임금 지급채무는 도급인이 직접지불시 그 금액만큼 소멸한 것으로 하며, 향후 어떠한 이의도 제기하지 않을 것을 확약한다.

년　　월　　일

도 급 인 : 상호　　　　대표자　　　(인)

수 급 인 : 상호　　　　대표자　　　(인)

지방자치단체 입찰 및 계약집행기준 제13장 공사계약 일반조건

제9절 검사와 대가지급

가. 계약상대자는 발주기관과 협의하여 정한 노무비 지급기일에 맞추어 매월 모든 근로자(직접노무비 대상에 한하며, 하수급인이 고용한 근로자를 포함)의 노무비 청구내역(근로자 개인별 성명, 임금 및 연락처 등)을 제출해야 한다. 이 경우 개인정보보호법상 동의를 구하여야 한다.

나. 계약담당자(사업담당자)는 현장인 명부 등을 통해 "가"에 따른 노무비 청구내역을 확인하고 청구를 받은 날부터 5일 이내에 계약상대자의 노무비 전용계좌로 그 노무비를 지급해야 한다.

다. 계약상대자는 "나"에 따라 노무비를 지급받은 날부터 5일(공휴일 및 토요일은 제외한다) 이내에 노무비 전용계좌에서 이체하는 방식으로 근로자에게 노무비를 지급해야 하며, 동일한 방식으로 하수급인의 노무비 전용계좌로 노무비를 지급해야 한다.

라. 계약상대자는 "가"에 따라 노무비 지급을 청구할 때 전월 노무비 지급내역(계약상대자 및 하수급인의 노무비 전용계좌 이체내역 등 증빙서류)을 제출해야 하며, 계약담당자(사업담당자)는 동 지급내역과 계약상대자가 이미 제출한 같은 달의 청구내역을 비교하여 임금 미지급이 확인된 경우 당해 사실을 지방 고용노동(지)청에 통보해야 한다.

마. "가"부터 "라"까지의 규정에도 불구하고 계약상대자는 근로자가 계좌를 개설할 수 없거나 다른 방식으로 지급을 원하는 경우, 근로자에게 노무비를 미리 지급하는 경우, 그밖의 사유로 동 제도를 적용할 수 없다고 인정되는 경우에는 발주기관의 승인을 받아 동 제도를 적용하지 아니할 수 있다.

[별첨 1-13] 여성 및 연소자 야간·휴일근로 동의서

여성 및 연소자 야간·휴일근로 동의서

㈜ ○○와 그 소속 직원은 근로기준법 및 취업규칙 제 __조에 근거하여 다음과 같이 업무상 근로기준법에 규정된 야간근로 및 휴일근로를 수행할 것에 동의한다.

- 다 음 -

1. 관련 법규정

> 근로기준법 제70조 제1항(야간근로와 휴일근로의 제한)
> ① 사용자는 18세 이상의 여성을 오후 10시부터 오전 6시까지의 시간 및 휴일에 근로시키려면 그 근로자의 동의를 받아야 한다.
> ② 사용자는 임산부와 18세 미만자를 오후 10시부터 오전 6시까지의 시간 및 휴일에 근로시키지 못한다. 다만, 다음 각 호의 어느 하나에 해당하는 경우로서 고용노동부장관의 인가를 받으면 그러하지 아니하다.
> 1. 18세 미만자의 동의가 있는 경우
> 2. 산후 1년이 지나지 아니한 여성의 동의가 있는 경우

2. 해당 업종
   야간 및 휴일근로를 수행하는 일체의 업종

3. 적용 대상 범위 : 18세 미만의 자, 18세 이상의 여성, 산후 1년이 지나지 아니한 여성

년 월 일

연번	성 명	동의여부	날인 (서명)	연번	성 명	동의여부	날인 (서명)
1				11			
2				12			
3				13			
4				14			
5				15			
6				16			
7				17			
8				18			
9				19			
10				20			

[별첨 1-14] 임신부 야간·휴일근로 청구서

임신부 야간·휴일근로 청구서

성 명		소 속	
직 위		주민번호	
전화번호		직 무 명	
기 간	20 년 월 일부터 ~ 20 년 월 일까지		

본인은 임신부이나, 현재 본인과 태아가 모두 건강하여 야간 및 휴일에 근로함에 문제가 없다고 판단되는 바, 근로기준법 제70조 제2항에 따라, 본인의 자유로운 의사에 의하여 아래와 같이 야간근로 또는 휴일근로를 청구 한다.

기타사항	

□ 야간근로

상기 본인은 자의에 따라 를 청구한다.

□ 휴일근로

20 년 월 일

청구인 : (인)

㈜ OO 귀중

[별첨 1-15] 야간·휴일근로 인가 신청서

■ 근로기준법 시행규칙 [별지 제11호서식]

[ ]임산부 / [ ]18세미만인 자 의 [ ]야간 / [ ]휴일 근로 인가 신청서

※ [ ]에는 해당되는 곳에 √ 표시를 한다.

접수번호	접수일	처리기간 **3일**

신청인	사업장명		사업의 종류	
	대표자 성명		생년월일	
	소재지 (전화번호 :)			

신청내용	신청이유			
	사유발생일		종사업무	
	인가기간		근로형태	
	인가대상 근로자수	야간근로	명 (남 명, 여 명)	
		휴일근로	명 (남 명, 여 명)	

「근로기준법」제70조제2항 단서와 같은 법 시행규칙 제12조제1항에 따라 위와 같이 [[ ] 임산부, [ ] 18세 미만인 자]의 [[ ] 야간, [ ] 휴일]근로에 대한 인가를 신청한다.

년 월 일

신청인 (서명 또는 인)

대리인 (서명 또는 인)

○○지방고용노동청(지청)장 귀하

첨부서류	1. 해당 근로자의 동의서나 청구서 사본 2. 법 제70조 제3항에 따른 근로자 대표와의 협의 결과 사본	수수료 없음

처 리 절 차

신청서 제출	→	접 수	→	내용검토	→	결 재	→	통 보
신청인		지방고용노동청(지청)장 (민원실)		지방고용노동청(지청)장 (근로개선지도과)		지방고용노동청(지청)장 (청장 · 지청장)		

[별첨 1-16] 근로자대표 선임서

근로자대표 선임서

□ 근로자대표
○ 성 명 :
○ 소 속 부 서 :
○ 직위 / 직책 :

상기인을 근로기준법상 근로자의 과반수를 대표하는 자(근로자대표)로 선임하여 근로기준법상 사용자와의 각종 합의에 있어 본인을 대리함에 동의합니다.

20 년 월 일

※ 선임 동의자 서명

No	성 명	생년월일	소 속 부 서	직위 및 직책	서명
1					
2					
3					
4					
5					
6					
7					
8					
9					
10					
11					
12					
13					
14					
15					

[별첨 1-17] 휴일대체 동의서 양식 샘플

휴일대체 동의서

아래와 같이 휴일을 변경하여 원래 휴일인 월 일(요일) 근로하는 대신 월 일(요일)을 휴일로 변경하는 것에 동의한다.

변경 전 휴일		변경 전 근무일	
변경 후 휴일		변경 후 근무일	

년 월 일

근로자 : (인 또는 서명)

[별첨 1-18] 휴가사용 시기지정 통보 서식 샘플

☑ 미사용 연차유급휴가일수 통지
☑ 휴가사용 시기지정 통보 촉구

성 명		소 속	

연차휴가 발생대상 기간	연차휴가 사용대상 기간	발생연차 (A)	사용연차 (B)	미사용 (A-B)
20 . 1. 1 ~ 20 . 12. 31	20 . 1. 1 ~ 20 . 12. 31.			

_______님의 통지일 현재 사용가능한 미사용 연차유급휴가일수는 ____일임을 알려드립니다. 20 . . 일까지 미사용 연차유급휴가일수의 사용시기를 지정하여 붙임서식을 작성하여 서면통보 하여 주실 것을 촉구드리는 바입니다.

동 기한 내에 붙임 서식에 의한 "미사용 연차유급휴가 사용시기 지정통보"가 제출되지 않는 경우, 관련 규정에 의해 추후 회사가 임의 지정할 예정이며, 그럼에도 불구하고 사용하지 아니한 연차유급휴가일수에 대하여는 향후 연차유급휴가수당이 지급되지 않음을 알려드리니 유념하시기 바랍니다.

20 . . .

㈜ ○○

[별첨 1-19] 연차유급휴가 사용시기 임의지정 통보 서식 샘플

연차유급휴가 사용시기 임의지정 통보

성 명		소 속	

20 . . 일 통지받은 "미사용 연차유급휴가일수" 및 "휴가사용 시기지정 통보 촉구"에 의거하여 아래와 같이 본인의 미사용 연차유급휴가 사용시기를 지정하여 통보드립니다.

- 아 래 -

1. 통지받은 내역

연차휴가 발생대상 기간	연차휴가 사용대상 기간	발생연차 (A)	사용연차 (B)	미사용 (A-B)
20 . 1. 1 ~ 20 . 12. 31	20 . 1. 1 ~ 20 . 12. 31.			

2. 연차유급휴가 사용시기 임의지정 통보내역 (월별 날짜 기재)

구 분	사용시기 지정일
7월	
8월	
9월	
10월	
11월	
12월	

20 . . .

상기본인 (인)

㈜ ○○ 귀중

[별첨 1-20] 연차유급휴가 사용시기 지정 통보 서식 샘플

연차유급휴가 사용시기 지정 통보

성 명		소 속	

20　　년　　월　　일 휴가사용계획을 요청하였음에도 지정된 날짜에 답변이 없는 관계로 연차유급휴가일를 지정 통보하여 드리오니 필히 해당일에 휴가를 사용하시기 바랍니다.
지정된 휴가일 외에는 시기변경이 불가하며 해당일의 경과로 휴가는 자동 소멸한다. 사용하지 않은 연차유급휴가일수에 대하여는 향후 연차유급휴가수당이 지급되지 않습니다.

- 아　　　　래 -

1. 잔여연차유급휴가

연차휴가 발생대상 기간	연차휴가 사용대상 기간	발생연차 (A)	사용연차 (B)	미사용 (A-B)
20　. 1. 1 ~ 20　. 12. 31	20　.　1. 1 ~ 20　.　12. 31.			

2. 연차유급휴가 사용시기 지정내역

구 분	사용시기 지정일
10월	
11월	
12월	

20　.　.　.

㈜ ○○

[별첨 1-21] 연차유급휴가 대체 합의서 샘플

연차유급휴가 대체 합의서

㈜ ○○ 대표 _______과 근로자대표 _______은 근로기준법에 근거하여 다음과 같이 연차 유급 휴가일에 갈음하여 특정일에 휴무하는 것에 대해 합의한다.

- 다　　음 -

1. 관련 법규정

근로기준법 제62조(유급휴가의 대체) 사용자는 근로자대표와의 서면 합의에 따라 제60조에 따른 연차 유급휴가일을 갈음하여 특정한 근로일에 근로자를 휴무시킬 수 있다.

2. 대체일 : (예. 3.1절, 광복절 등)

3. 대체되는 연차유급휴가일의 총 일 수 :

4. 적용 대상 : 전 사업장 소속 직원

20　　년　　월　　일

㈜ ○○ 대표　　　　(인)　　　　근로자대표　　　　(인)

[별첨 1-22] 보상 휴가제 서면 합의서 샘플

보상 휴가제 합의서

㈜ ○○ 대표 ________과 근로자대표 ________는 근로기준법에 따른 보상휴가에 대하여 다음과 같이 합의한다.

제1조 보상휴가의 기준이 되는 연장·야간·휴일근로의 기준일은 매월 1일부터 말일까지로 하고 보상휴가는 익월에 실시함을 원칙으로 하되, 그 시기는 근로자의 자유의사에 따른다. 단, 근로자가 지정한 시기가 사업운영에 막대한 지장을 줄 경우 사용자는 그 시기를 변경할 수 있다.

제2조 가산수당 외에 모든 연장·야간·휴일근로분에 대해서도 적용함을 원칙으로 하고, 개별근로자가 명시적으로 청구하는 경우 휴가 대신 임금으로 지급할 수 있다.

제3조 만약 근로자가 익월에 보상휴가를 일부라도 사용치 않을 경우에는 미사용분에 대해 금전보상을 실시해야 한다.

제4조 이 합의서의 유효기간은 ○○○○년 ○월 ○일부터 1년간으로 한다.

20　　년　　월　　일

㈜ ○○ 대표　　　　(인)　　　　근로자대표　　　　(인)

[별첨 1-23] 유·사산휴가 신청서 샘플

유산·사산휴가 신청서

신청인	성　　명	
	직위(직급)	
휴가 청구 사유		
임신기간		
유산·사산 발생일	년　　월　　일	
유산·사산 휴가 사용기간	년　　월　　일부터　　년　　월　　일까지　　(　　)일간	

위와 같이 유산·사산휴가를 신청한다.

20　　년　　월　　일

신청인　　　　　　　　(서명 또는 인)

※ 첨부1. 의료기관 진단서

[별첨 1-24] 해고통지서 샘플

해고(예고)통지서

그간 귀하의 노고에 감사드립니다.
다름이 아니오라 당사는 귀하를 부득이 해고하며, 근로기준법에 따라 아래와 같이 통지합니다.

- 아 래 -

1. 인적사항

소 속	직 급	성 명	입사일

2. 해고사유 및 근거규정

3. 해고시기

년 월 일

년 월 일

㈜ ○○ 대표 (인 또는 서명)

-------------------------------절-------취-------선-------------------------------

해 고 통 지 서 수 령 증
본인 은 20 . . . 회사로부터 근로기준법 제26조에 따른 해고예고를 서면으로 통지받아 수령하였음을 확인한다. 본인 (인)

[별첨 1-25] 사직서 샘플

사 직 서

소 속		직 위	
성 명		주 소	
입사일자		퇴사예정일자	
퇴사후 연락처			
아래와 같은 이유로 사직서를 제출한다.			
사 유			

본인은 년 월 일자로 퇴직함에 있어 아래 조항에 동의한다.

1. 본인은 퇴직에 따른 사무인수·인계의 절차로 최종퇴사시까지 책임과 임무를 완수하고, 재직 시 업무상 제반 비밀사항을 타인에게 일체 누설하지 않겠습니다.

2. 기타 회사와 관련된 제반사항을 회사규정에 의거 퇴직일 전일까지 처리하겠습니다.

년 월 일

위 본인 (인)

㈜○○ 귀중

[별첨 1-26] 권고사직서 샘플

권고사직서

소 속 : 직 책 :

성 명 : 주민등록번호 :

1. 본인은 회사의 사직 권고에 응하여 자발적인 동의로 사직하고자 한다.

2. 본인은 이러한 권고사직이 자유의사에 따라 행해진 것임을 확인하고 추후 회사에 근로관계에 관한 일체의 민사, 형사상의 이의를 제기치 않을 것을 서약한다.

년 월 일

근 로 자 (인)

㈜○○ 귀중

[별첨 1-27] 근로계약기간 만료 통보서 샘플

근로계약기간 만료 통보서

소 속	직 급	성 명	근로계약기간

귀하와 체결한 근로계약의 기간이 만료됨에 따라 　　년 　　월 　　일을 기하여 근로계약관계가 자동 종료됨을 알려드립니다.

그동안의 귀하의 노고에 진심으로 감사드립니다.

년 　　월 　　일

㈜ ○○ 대표 　　　　　　(인 또는 서명)

[별첨 1-28] 퇴직금중간정산 신청서

퇴직금 중간정산서

성 명		직 위	
부 서		제출일자	년 월 일
상기 본인은 아래와 같은 사유로 퇴직금 중간정산을 신청하오니 허락하여 주시기 바랍니다.			
정산기간	년 월 일부터 년 월 일까지		
입 사 일	년 월 일		

신청사유
☐ 무주택자인 근로자가 본인 명의로 주택을 구입하는 경우
☐ 무주택자인 근로자가 주거목적으로 전세금 또는 보증금을 부담하는 경우
(당해 사업장 1회로 한정)
☐ 본인, 배우자 또는 부양가족의 질병·부상으로 6개월 이상 요양을 하는 경우
☐ 최근 5년 이내 파산선고를 받거나 개인회생절차 개시 결정을 받은 경우
☐ 임금피크제를 실시하여 임금이 줄어드는 경우
☐ 소정근로시간이 1일 1시간 또는 1주 5시간 이상 변경된 경우
☐ 법률개정으로 인한 근로시간 단축으로 근로자의 퇴직금이 감소되는 경우
☐ 태풍, 홍수 등 천재지변으로 고용노동부장관이 정한 사유와 요건에 해당하는 경우

1. 중간정산 이후 퇴직금 산정은 중간정산기간 이후 근무기간을 대상으로 함을 확인한다.
2. 본 신청서 내 신청사유 및 이에 따른 증빙서류는 일체의 거짓이 없음을 확인한다.

년 월 일

_______________ (인)

첨부서류 및 비고

[별첨 1-29] 건설근로자 퇴직공제 관계 성립신고서

■ 건설근로자의 고용개선 등에 관한 법률 시행규칙 [별지 제5호서식]

건설근로자 퇴직공제 관계 성립신고서

※ [ ]에는 해당하는 곳에 √표시를 하시기 바라며, 바탕색이 어두운 난은 신고인이 적지 않습니다.

접수번호	접수일	처리기간: 7일

신고인 (사업주)	상호(법인 명칭)	대표자 성명	
	주된 사무소의 소재지 (전화번호:)		
	법인등록번호(생년월일)	사업자등록번호	
	가입범위	사업장별 [ ] 사업의 전부 [ ]	

사업장						
사업장	사업주 구분	원수급 [ ] 하수급 [ ] 자체시공 [ ]				
	공사명					
	소재지	(전화번호:)				
	총공사금액	천원	공제부금액	천원	건설호(실)수	호(실)
	사업기간		착공일		주된 공사종류	
	발주자	구분	국가 [ ] 지자체 [ ] 정부출자 · 출연기관 [ ] 정부재출자기관 [ ] 민간 [ ] 기타 [ ]			
		주소 및 성명(명칭)				

원수급인 (하수급인 성립 신고인인 경우에만 작성)	원도급공사명	상호	법인등록번호
	공제가입번호 - -		
※ 공제가입번호 - -		※ 공제가입일	

「건설근로자의 고용개선 등에 관한 법률」 제10조의4 및 같은 법 시행규칙 제9조제1항에 따라 위와 같이 신고한다.

년 월 일

신고인(사업주) (서명 또는 인)

건설근로자공제회 귀중

첨부서류	1. 도급계약서(발주자가 직접 시공하는 경우에는 사업계획승인서 또는 건축허가서를 말한다)나 하도급계약서 사본 1부 2. 도급금액 산출명세서(발주자가 직접 시공하는 경우에는 공사원가계산서를 말한다)나 하도급금액 산출명세서 중 공제부금의 금액이 명시된 부분의 사본 1부	수수료 없음

처리절차

신고서 작성	→	접수	→	확인검토	→	결재	→	전산입력	→	결과 통보
신고인		건설근로자 공제회		건설근로자 공제회		건설근로자 공제회		건설근로자 공제회		

210mm×297mm(백상지 80g/㎡)

[별첨 1-30] 하수급인 사업주인정 승인신청서

■ 건설근로자의 고용개선 등에 관한 법률 시행규칙 [별지 제1호의4서식]

하수급인 사업주인정 승인신청서

※ [ ]에는 해당하는 곳에 √표시를 한다.

접수번호	접수일자	처리기간 7일

<table>
<tr><td rowspan="8">신청인(원수급인)</td><td rowspan="3">사업주</td><td colspan="2">상호 또는 법인 명칭</td><td>대표자 성명</td></tr>
<tr><td colspan="3">주된 사무소의 소재지
(전화번호:)</td></tr>
<tr><td colspan="3">법인등록번호(생년월일)</td></tr>
<tr><td rowspan="4">사업장</td><td colspan="3">공사명</td></tr>
<tr><td colspan="3">소재지
(전화번호:)</td></tr>
<tr><td colspan="2">총 공사금액 원</td><td>공제부금의 금액</td></tr>
<tr><td>사업기간</td><td>공제가입번호</td><td>공제가입일</td></tr>
</table>

<table>
<tr><td rowspan="7">하수급인</td><td rowspan="3">사업주</td><td>상호 또는 법인 명칭</td><td>⑬ 대표자</td></tr>
<tr><td colspan="2">주된 사무소의 소재지
(전화번호:)</td></tr>
<tr><td>법인등록번호(생년월일)</td><td>사업자등록번호</td></tr>
<tr><td rowspan="4">사업장</td><td colspan="2">공사명</td></tr>
<tr><td colspan="2">소재지
(전화번호:)</td></tr>
<tr><td>총 공사금액 원</td><td>공제부금의 금액</td></tr>
<tr><td colspan="2">사업기간</td></tr>
</table>

「건설근로자의 고용개선 등에 관한 법률」 제10조제1항 후단 및 같은 법 시행규칙 제6조제1항에 따라 위와 같이 신청한다.

년 월 일

신청인(원수급인) (서명 또는 인)

건설근로자공제회 귀중

첨부서류	1. 하도급계약서 사본 1부 2. 하도급금액 산출명세서 중 공제부금의 금액이 명시된 부분의 사본 1부	수수료 없음

처리절차

신청서 작성	→	접수	→	확인검토	→	결재	→	전산입력	→	통보
신청인		건설근로자 공제회		건설근로자 공제회		건설 근로자 공제회		건설근로자 공제회		

210mm×297mm(백상지 80g/㎡)

[별첨 1-31] 직장 내 괴롭힘 예방·대응규정 샘플

직장 내 괴롭힘 예방·대응규정

제1조 (목적) 회사는 직장 내에서 괴롭힘 행위를 예방하여 직원들이 안전하게 근로할 수 있도록 이 규정을 시행한다.

제2조 (적용범위) 이 규정은 임·직원과 협력사 직원 및 특수형태근로종사자로서 회사와 계약을 맺고 있는 자(이하 "직원"이라 한다)에 대하여 적용한다.

제3조 (회사의 책무) 회사는 직장 내 괴롭힘을 예방하고 직장 내 괴롭힘이 발생하였을 때 적절히 대응할 수 있도록 정책을 수립·시행하여야 한다.

제4조 (직장 내 괴롭힘 행위의 금지) ① 직장 내 괴롭힘 행위란 임·직원이 직장에서의 지위 또는 관계 등의 우위를 이용하여 업무상 적정범위를 넘어 다른 직원에게 신체적·정신적 고통을 주거나 근무환경을 악화시키는 행위를 말한다.
② 누구든지 직장 내 괴롭힘 행위를 하여서는 아니 된다.

제5조 (금지되는 직장 내 괴롭힘 행위) 회사에서 금지되는 직장 내 괴롭힘 행위는 다음 각 호와 같다.

1. 신체에 대하여 폭행하거나 협박하는 행위
2. 지속·반복적인 욕설이나 폭언
3. 다른 직원들 앞에서 또는 온라인상에서 모욕감을 주거나 개인사에 대한 소문을 퍼뜨리는 등 명예를 훼손하는 행위
4. 합리적 이유 없이 반복적으로 개인 심부름 등 사적인 용무를 지시하는 행위
5. 합리적 이유 없이 업무능력이나 성과를 인정하지 않거나 조롱하는 행위
7. 집단적으로 따돌리거나, 정당한 이유 없이 업무와 관련된 중요한 정보 또는 의사결정 과정에서 배제하거나 무시하는 행위
8. 정당한 이유 없이 상당기간 동안 근로계약서 등에 명시되어 있는 업무와 무관한 일을 지시하거나 근로계약서 등에 명시되어 있는 업무와 무관한 허드렛일만 시키는 행위
9. 정당한 이유 없이 상당기간 동안 일을 거의 주지 않는 행위
10. 그밖에 업무의 적정범위를 넘어 직원에게 신체적·정신적 고통을 주거나 근무환경을 악화시키는 행위

제6조(직장 내 괴롭힘 예방·대응 조직) 회사 내 인사부서에 직장 내 괴롭힘의 예방·대응 업무를 총괄하여 담당하는 직원(이하 "예방·대응 업무담당자"라 한다)을 1명 이상 둔다.

제7조(직장 내 괴롭힘 상담원) ① 회사는 제8조제2호에 따른 상담업무를 담당하는 직원(이하 "상담원"이라 한다)을 둔다. 이 경우 직장 내 성희롱 사건에 관한 업무를 담당하는 고충상담원이 있는 경우 그를 상담원으로 할 수 있다.
② 상담원은 성을 고려하여 남성과 여성을 고루 배치하며, 직원들 사이에 신망이 높은 직원 중에서 선임한다.

③ 상담원은 직장 내 괴롭힘 사건에 관한 상담을 하면서 알게 된 내용을 누설하여서는 아니 된다. 다만, 사건의 처리를 위하여 결재권자 및 사업주에게 보고하는 경우는 그러하지 아니하다.
④ 상담원의 임기는 2년으로 하며, 연임할 수 있다.

제8조 (직장 내 괴롭힘 예방교육) ① 회사는 직장 내 괴롭힘 예방을 위한 교육(이하 "직장 내 괴롭힘 예방교육"이라 한다)을 1년에 1회 이상 실시한다.
② 직장 내 괴롭힘 예방교육은 1시간으로 한다.
③ 직장 내 괴롭힘 예방교육의 내용은 다음 각 호와 같다.
1. 직장 내 괴롭힘 행위의 정의
2. 금지되는 직장 내 괴롭힘 행위
3. 직장 내 괴롭힘 상담절차
4. 직장 내 괴롭힘 사건처리절차
5. 직장 내 괴롭힘 피해자 보호를 위한 조치
6. 직장 내 괴롭힘 행위자에 대한 조치
7. 그밖에 직장 내 괴롭힘 예방을 위한 내용
④ 회사는 직장 내 괴롭힘 예방교육의 주요 내용을 직원들이 쉽게 확인할 수 있도록 조치한다.

제9조(직장 내 괴롭힘 발생 시 처리절차) 회사는 직장 내 괴롭힘 사건을 처리하기 위하여 다음 각 호의 절차에 따른다.
1. 사건의 접수
2. 상담을 통한 피해자의 의사 확인
3. 피해자의 의사에 기초한 당사자 간 해결 또는 정식 조사의 실시
4. 정식 조사의 결과를 토대로 한 직장 내 괴롭힘의 확인
5. 행위자에 대한 징계 조치, 피해자 보호조치 등의 결정

제10조(사건의 접수) ① 누구든지 직장 내 괴롭힘 발생 사실을 알게 된 경우 그 사실을 예방·대응 담당자에게 신고할 수 있다.
② 예방·대응 담당자는 제1항에 따른 신고가 있는 경우 또는 그 밖의 방법으로 직장 내 괴롭힘 발생 사실을 인지한 경우 사건을 접수한다.

제11조(상담) ① 제9조에 따라 사건이 접수된 경우 상담원은 지체 없이 신고인을 대면하여 상담한다.
② 신고인이 피해자가 아닌 제3자인 경우 상담원은 신고인을 먼저 상담한 후 피해자를 상담한다.
③ 상담원은 피해자에게 직장 내 괴롭힘에 관한 구제방법 및 회사 내 처리절차에 대하여 충분히 설명하고, 피해자가 사건의 해결을 위하여 선택하는 처리방향에 대하여 청취한다.
④ 상담원은 상담이 종료하면 그 결과를 예방·대응 담당자에게 보고하여야 한다.
⑤ 상담원은 상담 시 신고인 또는 피해자 등에게도 상담 내용에 대한 비밀유지 의무가 있음을 고지하여야 한다.

제12조(당사자 간 해결) ① 상담원은 피해자가 직장 내 괴롭힘 피해를 입었다고 판단하고, 피해자가 그 행위의 중단을 위하여 행위자와 분리되기만을 요구하는 경우, 그 내용을 예방·대응 담당자를 통하여 사업주에게 보고하여 상응하는 조치가 취해질 수 있도록 한다.
② 상담원은 피해자가 행위자의 괴롭힘 행위 중단 및 사과 등 직접적인 합의를 원하는 경우에는 피해 사실에 대하여 피해자와 피해자가 추천한 참고인 등에 관한 조사를 실시하고, 그 결과 직장 내 괴롭힘이 확인되면 피해자의 요구안을 정리하여 행위자에게 전달하여 합의를 진행한다.

③ 제2항에 따른 합의가 이루어진 경우에는 모든 관련 서류는 비공개처리하고 사건을 종결한다.
④ 제2항에 따른 합의가 이루어지지 않은 경우에는 상담원은 피해자를 다시 상담한 후 정식 조사 의사 등을 확인하여 그에 따라 조치한다.

제13조(정식 조사) ① 회사는 피해자가 직장 내 괴롭힘에 관하여 정식 조사를 요구하는 경우 지체 없이 제14조에 따라 조사위원회를 구성하고, 조사위원회가 구성되면 즉시 조사에 착수한다.
② 조사위원회는 조사가 개시된 날부터 20일 이내에 완료하여야 한다. 다만 특별한 사정이 있는 경우 10일의 범위에서 조사 기간을 연장할 수 있다.
③ 피해자 및 행위자에 대하여 조사하는 경우 2명 이내의 조사위원이 참여하여야 한다. 이 경우 외부 전문가가 위원으로 선임되어 있으면 그 위원이 참여하도록 노력하여야 한다.
④ 조사위원회는 조사가 종료되면 조사보고서를 작성하여 사업주에게 보고하고 인사위원회로 보고서를 이관한다.
⑤ 조사위원회는 제4항에 따른 조사보고서 작성 시 행위자에 대한 조치와 관련한 피해자의 의견을 듣고 그 내용을 기재하여야 한다.
⑥ 조사위원회와 조사를 받은 사람들은 비밀유지 서약을 하여야 하며, 조사 내용 및 조사과정에서 알게 된 사실을 다른 사람에게 누설하여서는 아니 된다.
⑦ 상담원은 직장 내 괴롭힘 조사 진행상황을 피해자에게 서면, 온라인, 전화 등의 방법을 통해 알려주어야 한다.

제14조(조사위원회) ① 직장 내 괴롭힘 사건의 공정하고 전문적인 조사를 위하여 조사위원회를 구성한다.
② 조사위원회는 노동조합에서 추천하는 사람 또는 노사협의회 근로자위원을 포함하여 5명 이내로 구성한다. 이 경우 조사의 전문성을 위하여 외부 전문가를 위원으로 선임할 수 있다.
③ 조사위원회 위원장은 위원 중에서 대표이사가 임명하는 사람으로 한다.
④ 제2항 및 제3항에도 불구하고 대표자가 행위자로 신고된 경우에는 회사의 감사가 조사위원회를 구성한다. 이 경우 감사는 회사의 비용으로 외부 전문가를 위원으로 선임할 수 있다.

제15조(조사기간 중 피해자 보호) 회사는 제13조에 따른 정식조사기간 동안 피해자가 요청하는 경우에는 근무장소의 변경, 유급휴가 명령 등 피해자의 요청을 고려하여 적절한 조치를 한다.

제16조(직장 내 괴롭힘 사실의 확인 및 조치) ① 제13조제4항에 따라 조사위원회의 조사보고서가 이관되면 취업규칙 제00조에 따른 인사위원회 위원장은 지체 없이 인사위원회를 소집한다.
② 인사위원회는 조사위원회의 조사보고서를 토대로 직장 내 괴롭힘 인정 여부, 직장 내 괴롭힘 인정 시 행위자에 대한 징계 양정에 관한 사항을 의결한다.
③ 대표이사가 행위자로 신고된 경우 감사는 지체 없이 이사회 소집을 청구하고 소집된 이사회에 출석하여 조사 결과에 따라 직장 내 괴롭힘 인정 여부, 직장 내 괴롭힘 인정 시 대표이사에 대한 징계 등 조치에 관한 내용을 보고한다.
④ 이사회는 감사의 보고를 받으면 대표이사에 대한 조치를 의결한다. 다만, 인사위원회에서 통지한 대표이사에 대한 조치가 주주총회의 의결사항인 경우 지체 없이 임시총회를 소집한다.

제17조(사건의 종결) ① 회사는 인사위원회의 의결 결과를 당사자에게 서면으로 통지하고 사건을 종결한다. 다만, 대표이사가 행위자인 경우에는 그러하지 아니하다.
② 인사위원회에서 직장 내 괴롭힘으로 인정하지 않은 경우 상담원은 피해자를 다시 상담하여 피해자의 고충을 해소할 수 있는 방법을 찾도록 노력하여야 한다.

제18조(직장 내 괴롭힘 피해자의 보호) ① 회사는 제16조에 따라 직장 내 괴롭힘이 인정된 경우 피해자가 요청하면 근무장소의 변경, 배치전환, 유급휴가의 명령 등 적절한 조치를 한다.
② 회사는 피해자의 피해복구를 위해 심리상담 등 필요한 지원을 한다.
③ 회사는 사건이 종결된 때부터 2년 간 반기별로 해당 사건의 행위자에 의한 직장 내 괴롭힘 재발 여부, 피해자에 대한 불이익 처우 등이 발생하지 않는지 모니터링하고 피해자를 지원한다.

제19조(징계) ① 회사는 직장 내 괴롭힘 행위자에 대하여는 취업규칙 제00조에 따른 징계사유 등에 따르되, 무관용 원칙에 따라 징계 등이 이루어지도록 한다.
② 회사는 직장 내 괴롭힘 사건을 은폐하거나 피해자, 신고자 또는 사건 관련 진술자 등에게 신고 등을 이유로 또 다른 직장 내 괴롭힘 행위를 한 경우 관련자를 엄중 징계한다.

제20조(재발방지조치 등) ① 회사는 사건이 종결하면 직장 내 괴롭힘 행위의 재발 방지를 위하여 필요한 대책을 수립·시행한다.
② 회사는 직장 내 괴롭힘 행위의 재발 방지를 위하여 필요하다고 인정되는 경우 직장 내 괴롭힘 행위자에 대하여 상담 또는 교육 등을 실시하거나 받을 것을 명할 수 있다.

[별첨 1-32] 직장 내 성희롱 예방교육 일지 샘플

<table>
<tr><td colspan="4" rowspan="2">직장내 성희롱 예방교육 일지</td><td rowspan="2">결
재</td><td>담당</td><td colspan="2">팀장</td><td>대표이사</td></tr>
<tr><td></td><td colspan="2"></td><td></td></tr>
<tr><td>일 시</td><td></td><td>장 소</td><td colspan="2"></td><td>교육방법</td><td colspan="3"></td></tr>
<tr><td>주 제</td><td colspan="8">20 년도 직장내 성희롱 예방교육 (1 차)</td></tr>
<tr><td>강 사</td><td colspan="3">소속 :
성명 :</td><td>교재</td><td colspan="4"></td></tr>
<tr><td>교육참석</td><td>교육대상 인원</td><td colspan="3">명</td><td>참석인원</td><td colspan="3">명</td></tr>
<tr><td colspan="9">〈 주요 교육내용 〉

1. 직장 내 성희롱의 의미 및 예방교육의 필요성
2. 직장 내 성희롱에 관한 법령 교육
: 남녀고용평등법, 국가인권위원회법, 여성발전기본법, 관련 민·형법 및 성폭력범죄의처벌및피해자보호등에관한법률(성폭력특별법) 중 관련법률 소개
3. 직장 내 성희롱 발생 시 처리절차 및 조치기준 소개
: 직장 내 성희롱 판단기준 소개 및 처리절차 교육
4. 직장 내 성희롱 피해근로자의 고충상담 및 구제절차에 대한 소개
: 구체적인 회사 내 고충처리절차 및 구제절차 소개 및 방향 제시
5. 그 외 직장 내 성희롱 예방을 위해 필요한 사항에 대한 교육
: 기타 주의사항 및 고려사항 제시
6. 직장 내 성희롱 인정·불인정 사례 소개

붙임 1. 교육교재
2, 참석자 명단
3. 교육실시 사진</td></tr>
</table>

[별첨 1-33] 직장 내 성희롱 예방교육 참석자 명단 샘플

직장 내 성희롱 예방교육 참석자명단

▶ 교육일시 :   .   .   .

연번	부서명	성 명	서명날인	비 고

※ 불참자에 대하여는 2차 교육 실시

[별첨 1-34] 직장 내 장애인 인식개선 교육 일지_50인 이상 사업체용

<table>
<tr><td colspan="3" rowspan="2">교육일지(예시)</td><td rowspan="2">결
재</td><td>담당</td><td>팀장</td><td>대표이사</td></tr>
<tr><td></td><td></td><td></td></tr>
<tr><td>교육구분</td><td colspan="6">직장 내 장애인 인식개선 교육</td></tr>
<tr><td rowspan="4">참석인원</td><td colspan="3">구분</td><td colspan="3">비고(미실시 사유)</td></tr>
<tr><td>대상인원</td><td colspan="2"></td><td colspan="3" rowspan="3">특휴: 연가:

교육: 출장:</td></tr>
<tr><td>실시인원</td><td colspan="2"></td></tr>
<tr><td>미실시인원</td><td colspan="2"></td></tr>
<tr><td>교육일시</td><td colspan="6">20 년 월 일(요일) : ~ :</td></tr>
<tr><td>교육장소</td><td colspan="6"></td></tr>
<tr><td>강사</td><td colspan="6"></td></tr>
<tr><td rowspan="2">교육내용</td><td>교육방법</td><td colspan="3">집합( ), 원격( ), 체험( )</td><td>교재</td><td>별첨</td></tr>
<tr><td colspan="6">(예시)
1. 장애의 정의 및 장애유형에 대한 이해
-
-
2. 직장 내 장애인의 인권, 장애인에 대한 차별금지 및 정당한 편의 제공
-
-
3. 장애인고용촉진 및 직업재활과 관련된 법과 제도
-
-
4. 기타 직장 내 장애인 인식개선에 필요한 사항
-
-
5. 질의응답
-
-
붙임 1. 참석자 명단
2. 교육 진행 사진</td></tr>
</table>

[별첨 1-35] 직장 내 장애인 인식개선 교육 일지_50인 미만 사업체용

<table>
<tr><td colspan="3" rowspan="2">교육일지(예시)</td><td rowspan="2">결재</td><td>담당</td><td>팀장</td><td>대표이사</td></tr>
<tr><td></td><td></td><td></td></tr>
<tr><td>교육구분</td><td colspan="6">직장 내 장애인 인식개선 교육</td></tr>
<tr><td rowspan="4">참석인원</td><td colspan="3">구분</td><td colspan="3">비고(미실시 사유)</td></tr>
<tr><td>대상인원</td><td colspan="2"></td><td colspan="3" rowspan="3">특휴: 연가:
교육: 출장:</td></tr>
<tr><td>실시인원</td><td colspan="2"></td></tr>
<tr><td>미실시인원</td><td colspan="2"></td></tr>
<tr><td>교육일시</td><td colspan="6">20 년 월 일(요일) : ~ :</td></tr>
<tr><td>교육장소</td><td colspan="6"></td></tr>
<tr><td>강사</td><td colspan="6"></td></tr>
<tr><td rowspan="2">교육내용</td><td>교육방법</td><td colspan="5">집합( ), 원격( ), 체험( ), 간이( )</td></tr>
<tr><td colspan="6">※ 간이 교육을 실시한 경우 교육 내용 생략이 가능하며, 이 경우에는 고용노동부 장관이 보급한 교육자료 등을 배포·게시했다는 사진 자료 등을 보관하여야 함

붙임 1. 참석자 명단
2. 교육 진행 사진</td></tr>
</table>

제 2 장

건설업 사대보험자격관리 및 보험료 납부실무

건보법 제5조(적용 대상 등) ①국내에 거주하는 국민은 건강보험의 가입자 또는 피부양자가 된다.

국민연금법 제6조(가입 대상) 국내에 거주하는 국민으로서 18세 이상 60세 미만인 자는 국민연금 가입 대상이 된다.

고용보험 및 산업재해보상보험의 보험료징수 등에 관한 법률(이하 '보험료징수법'이라 한다.) 제5조(보험가입자) ①「고용보험법」을 적용받는 사업의 사업주와 근로자(「고용보험법」 제10조 및 제10조의2에 따른 적용 제외 근로자는 제외한다.)는 당연히 「고용보험법」에 따른 고용보험의 보험가입자가 된다.

건설근로자법 시행령 제6조(퇴직공제의 당연 가입 대상) 법 제10조제1항 전단에서 "대통령령으로 정하는 건설공사"란 「전기공사업법」에 따른 전기공사, 「정보통신공사업법」에 따른 정보통신공사, 「소방시설공사업법」에 따른 소방시설공사, 「문화재수리 등에 관한 법률」에 따른 문화재수리공사로서 다음 각 호의 어느 하나에 해당하는 공사를 말한다.

건설근로자법 시행령 제11조(피공제자가 될 수 없는 자의 범위) 법 제11조제2호에서 "대통령령으로 정하는 자"란 다음 각 호의 어느 하나에 해당하는 자를 말한다.
1. 기간을 정하지 아니하고 고용된 상용근로자
2. 1년 이상의 기간을 정하여 고용된 근로자

사업주는 건설현장 및 본사에서 근로자를 채용하면 위의 법령에 따라 국민건강보험, 국민연금보험, 고용보험, 산재보험(이하 '4대 사회보험'이라 한다.), (해당하는 경우) 건설근로자 퇴직공제(이하 '퇴직공제'라 한다.)에 가입해야 할 의무가 발생한다. 이에 대한 자세한 사항을 살펴보도록 한다.

I 사회보험 사후정산 제도

건산법 시행령 제26조의2(보험료 등의 비용 명시 및 정산) ①건설공사의 도급계약 당사자는 법 제22조제7항에 따른 보험료 등의 비용을 국토교통부장관이 정하여 고시하는 기준에 따라 도급금액산출내역서(하도급금액산출내역서를 포함한다. 이하 제3항에서 같다)에 명시하여야 한다.
②발주자(하도급의 경우에는 수급인을 포함한다.)는 그 건설공사를 도급받은 건설업자가 보험료등을 부담하였는지 여부에 관하여 확인할 수 있다. 이 경우 발주자가 필요하다고 인정하는 경우에는 그 건설업자에게 보험료등을 납부한 확인서의 제출을 요구할 수 있다.
③발주자는 건설업자가 보험료등을 납부한 내역을 확인한 결과, 도급금액산출내역서에 명시된 「국민연금법」에 따른 국민연금보험료, 「국민건강보험법」에 따른 건강보험료 및 「노인장기요양보험법」에 따른 노인장기요양보험료가 실제로 지출된 보험료보다 많은 경우에는 그 초과하는 금액을 정산할 수 있다.

일반적으로 건설업체가 발주기관(또는 원도급 업체)에 공사 입찰을 진행할 때, 공사 금액에 대한 산출 내역서(공사 내역서, 예정 가격서 등)를 함께 작성한다. 산출 내역서에는 직접비(재료비, 직접 노무비, 경비 등)과 이에 따른 간접비(보험료 등)가 명시되며 이는 발주기관(또는 원도급 업체)에서 기성금을 지급하는데 있어 중요한 판단 기준이 된다. 작성된 산출 내역서를 토대로 공사 계약에 사후 정산을 명시하고 퇴직공제 특약조건을 명시하면 비로소 그에 따라 4대 사회보험 및 퇴직공제 업무가 시작된다고 볼 수 있다.

1. 국민연금 및 건강보험의 사후정산

(1) 사후정산제도의 의의

건설업체가 건설일용직에 대한 국민연금, 건강보험 납부 증명원을 발주기관(하도급 업체는 원도급 업체)에 제출하면 발주기관은 해당하는 기간에 대해 공사 내역서(산출내역서, 예정 가격서 등)중 간접비 항목으로 계상된 금액 내에서 기성금 지급시에 해당 금액을 지급하고, 추후 공사가 전체 완료되면 최종적으로 정산하는 제도를 사후정산제도라고 한다.

사후정산제도는 정부공사 및 지방자치단체, 공공기관의 공사와 민간건설공사에 적용되며, 공사 내역서에 계상된 국민건강보험료, 노인장기요양보험료, 국민연금보험료가 납부 증명원으로 확인한 실제 지출 금액보다 큰 경우에는 그 초과하는 금액을 정산한다.

강반장의 질문

사후 정산에서 '초과하는 금액을 정산'한다는 의미는 무엇인가요?

산출내역서 상에 계상된 국민건강보험료가 100만원, 국민연금보험료가 100만원이라고 가정할 때, 공사 완료 후 납부증명원을 통해 밝혀진 실제 지출금액이 각 80만원이라면 발주기관은 사후정산을 통해 차액인 각 20만원을 지급하지 않고 80만원으로 정산합니다. 즉, 실제지출금액에서 '초과'한 금액이 산출내역서에 계상되어 있으면 실제지출금액에 맞춰 사후정산한다는 의미입니다. 반대로, 실제 지출금액이 각 120만원이라면 발주기관은 사후정산을 통해 산출내역서에 계상된 금액보다 큰 각 20만원에 대해 지급하지 않습니다.

❖ 건설달인의 TIP

공공공사 등을 시공하는 하도급업체는 국민건강, 연금보험료 확보를 위하여 하도급금액산출내역서에 보험별로 실제 노무비수준의 적정한 보험료를 계상하여 사후정산하도록 하는 약정을 맺은 후 기성청구시에 전월 보험료 납부영수증(보험료납입증명서)를 첨부하여 보험료를 지급받을 수 있다.

〈사후정산 약정 예시〉

건설공사 하도급계약서 제○○조(보험료의 지급 및 정산)

① 원사업자 또는 수급사업자는 다음 각 호에서 정하는바에 따라 이 공사와 관련된 수급사업자의 근로자에 대한 보험을 가입한다.

1. 원사업자 : 「고용보험 및 산업재해보상보험의 보험료징수 등에 관한 법률」에 따른 보험(단, 공단의 승인을 받은 경우에는 수급사업자가 가입) 등 관련법령에 따라 가입하여야 하는 보험
2. 수급사업자 : 「국민연금법」에 따른 국민연금, 「국민건강보험법」에 따른 건강보험, 「노인장기요양보험법」에 따른 노인장기요양보험 등 관련법령에 따라 가입하여야 하는 보험

② 원사업자는 제1항에 따라 수급사업자가 가입하여야 하는 보험의 보험료에 해당하는 금액(하도급대금산출내역서에 기재된 금액)을 수급사업자에게 지급한다. 이 경우 원사업자는 수급사업자에게 지급한 금액이 실제로 보험자(공단, 보험회사 등)에게 납부된 금액보다 적거나 많은 경우에는 이를 정산한다.

(2) 산출 내역서에 적용되는 보험료율

(국토교통부) 사회보험의 보험료 적용기준 [시행 2016. 11. 24.]

다. 국민연금보험의 보험료
- o 보험료 비용 : 직접노무비(공사예정금액이 있는 경우에는 공사 예정금액상의 직접노무비를 말함)×율
- o 보험료 요율 : 2.49%
- o 적용대상
  - 공사기간이 1개월 이상인 모든 건설공사

라. 국민건강보험의 보험료
- o 보험료 비용 : 직접노무비(공사예정금액이 있는 경우에는 공사예정금액상의 직접노무비를 말함)×율
- o 보험료 요율 : 1.70%
- o 적용대상
  - 공사기간이 1개월 이상인 모든 건설공사

마. 노인장기요양보험의 보험료
- o 보험료 비용 : 국민건강보험의 보험료(라항) ×율
- o 보험료 요율 : 「노인장기요양보험법」제9조제1항 및 같은 법 시행령 제4조에 따른 요율
- o 적용대상
  - 공사기간이 1개월 이상인 모든 건설공사

(국토교통부) 사회보험의 보험료 적용기준 [시행 2018. 8. 1.]

다. 국민연금보험의 보험료
- o 보험료 비용 : 직접노무비(공사예정금액이 있는 경우에는 공사 예정금액상의 직접노무비를 말함)×율
- o 보험료 요율 : 「국민연금법」 제88조 제3항에 따른 사용자의 부담금 요율
- o 적용대상
  - 공사기간이 1개월 이상인 모든 건설공사

라. 국민건강보험의 보험료
- o 보험료 비용 : 직접노무비(공사예정금액이 있는 경우에는 공사예정금액상의 직접노무비를 말함)×율
- o 보험료 요율 : 「국민건강보험법」 제73조 제1항 및 같은 법 시행령 제44조 제1항에 따른 요율의 2분의 1
- o 적용대상
  - 공사기간이 1개월 이상인 모든 건설공사

마. 노인장기요양보험의 보험료
- o 보험료 비용 : 국민건강보험의 보험료(라항) ×율
- o 보험료 요율 : 「노인장기요양보험법」제9조제1항 및 같은 법 시행령 제4조에 따른 요율
- o 적용대상
  - 공사기간이 1개월 이상인 모든 건설공사

입찰 공고일 또는 원도급 계약 체결일이 2018년 8월 1일 이전과 이후에 따라 산출 내역서에 적용해야 하는 보험료율에 차이가 있다.

국토교통부고시 제2018-462호 '사회보험의 보험료 적용기준 일부 개정 고시안'에 따라 시행일인 2018년 8월 1일 전에 발주자가 수급인과 계약을 체결하였거나, 입찰공고를 시작한 공사의 건설현장 사업장을 '경과조치사업장'이라고 하며, 경과조치사업장은 2020년 7월 31일까지 종전 지침을 적용하여 보험료를 산출해야 한다.

하도급 공사의 경과조치사업장 적용 기준은 원도급 공사의 적용 기준을 따르며 적용 요율을 표로 정리하면 다음과 같다.

대상보험	2018년 8월 1일 이전	2018년 8월 1일 이후
국민건강보험	1.70% (고정)	체결일 기준 실제 요율
노인장기요양보험	체결일 기준 실제 요율	체결일 기준 실제 요율
국민연금보험	2.49%(고정)	체결일 기준 실제 요율

보험료 산출 예시

예시1) (공공기관 등) 원도급 공사의 입찰 공고일 또는 계약일이 2018년 8월 1일 이전인 경우, 즉 경과조치사업장인 경우

- 하도급 공사 계약이 2018년 8월 1일 이전인 경우 (ex : 2018년 7월 1일)
  건강보험 : 산출 내역서 상의 직접 노무비 × 1.70%
  장기요양 : 계산된 건강보험료 × 7.38%(2018년 장기요양보험요율)
  국민연금 : 산출 내역서 상의 직접 노무비 × 2.49%
- 하도급 공사 계약이 2018년 8월 1일 이후인 경우 (ex : 2019년 2월 1일)
  건강보험 : 산출 내역서 상의 직접 노무비 × 1.70%
  장기요양 : 계산된 건강보험료 × 8.51%(2019년 장기요양보험요율)
  국민연금 : 산출 내역서 상의 직접 노무비 × 2.49%

예시 2) (공공기관 등) 원도급 공사의 입찰 공고일 또는 계약일이 2018년 8월 1일 이후인 경우, 즉 경과조치사업장이 아닌 경우 (ex : 2019년 2월 1일)
건강보험 : 산출 내역서 상의 직접 노무비 × 3.23% (2019년 보험요율의 1/2)
장기요양 : 계산된 건강보험료 × 8.51%(2019년 보험요율)
국민연금 : 산출 내역서 상의 직접 노무비 × 4.5% (2019년 보험요율의 1/2)

- 하도급 공사 계약도 2018년 8월 1일 이후(ex : 2018년 9월 1일)
  건강보험 : 산출 내역서 상의 직접 노무비 × 3.23% (2019년 보험요율의 1/2)
  장기요양 : 계산된 건강보험료 × 8.51%(2019년 보험요율)
  국민연금 : 산출 내역서 상의 직접 노무비 × 4.5% (2019년 보험요율의 1/2)

➜ 하도급 공사는 원도급 공사의 경과조치사업장 여부에 따라 적용 기준이 결정된다.

❖ 건설달인의 TIP

사업장 적용신고에서도 경과조치사업장 여부는 건설일용근로자의 보험료 납부에 결정적인 영향을 끼치므로 적용기간인 2020년 7월 31일까지는 필히 입찰 공고일과 원도급 계약일을 살펴서 산출 내역서를 작성하고 입찰 진행해야 한다.

2. 고용,산재보험의 사후정산

고용,산재보험 또한 산출 내역서를 작성할 때 계상하는 항목이지만 국민건강,연금보험과 같은 사후 정산의 제도는 없다. 이는 건설업에서 고용,산재보험료 납부 방식이 국민건강,연금보험의 납부 방식과 완전히 다르기 때문이다. 고용,산재보험은 도급 관계에 따라서 보험료를 납부해야 하는 주체가 결정되고 가입자 각각에 대한 보험료가 월별로 부과되는 것이 아니라 매년 3월에 직전년도 회계 자료를 토대로 확정 및 개산보험료를 정산하여 노무비 전체에 대해 납부하므로 해당 공사에 대해 개별적으로 정확한 지출 금액(납부 금액)을 확인할 수 없다. 그러므로 일반적으로 건설업체는 발주기관(또는 원도급 업체)에 그 해에 고용,산재보험료를 완납한 증명원을 제출하고 '진행율'에 따라 산출 내역서에 계상된 금액 내에서 기성금을 지급 받게 된다.

(1) 산출 내역서에 적용되는 보험요율

(국토교통부) 사회보험의 보험료 적용기준 [시행 2018. 8. 1.]

가. 고용보험의 보험료

ㅇ 보험료 비용 : 노무비×율

ㅇ 보험료 요율

구분	1등급	2등급	3등급	4등급	5등급	6등급	7등급이하
요율(%)	1.39	1.17	0.97	0.92	0.89	0.88	0.87

※ 등급은 조달청의 유자격자명부기준에 따름

ㅇ 적용대상

- 모든 건설공사
- 다만, 총공사금액[(도급금액+관급재료)에서 부가세 제외] 2천만원 미만의 건설공사를

건설업자가 아닌 자가 시공 시 적용제외

ㅇ 적용기준

- 일반(등급)공사 : 해당등급 요율적용
- PQ, 실적대상공사 : 공사금액에 따라 해당등급(토목, 건축 구분) 요율 적용
- 수의계약 대상공사 : 해당업체 시공능력평가액의 등급요율 적용
- 그 밖의 공사 : 공사금액에 따라 해당등급 요율 적용

나. 산업재해보상보험의 보험료

ㅇ 보험료 비용 : 노무비×율

ㅇ 보험료 요율 : 「고용보험 및 산업재해보상보험의 보험료징수 등에 관한 법률」 제14조 제3항 및 제4항, 같은법 시행령 제13조 및 같은 법 시행규칙 제12조의 규정에 따라 노동부장관이 고시하는 요율

ㅇ 적용대상

- 모든 건설공사
- 다만, 총공사금액[(도급금액+관급재료)에서 부가세 제외] 2천만원 미만의 건설공사를 건설업자가 아닌 자가 시공 시 적용제외

고용,산재보험의 산출 내역서 계상 요율은 국민건강,연금보험과 달리 경과조치사업장의 구분이 없다. 또한, 국민건강,연금보험요율은 직접 노무비에 적용하는 것에 반해 고용,산재보험요율은 해당 공사에 산출되는 노무비 전체에 적용하여 계상한다. 고용,산재보험요율이 전체 노무비에 적용되는 이유는 앞서 언급한 바와 같이 고용,산재보험료는 직전년도 회계 자료를 근거로 한 전체 노무비에 대해 납부하기 때문이다. 적용기준을 표로 정리하면 다음과 같다.

(노무비 × 요율)	고용보험	산재보험
적용 요율	공사 종류 및 등급에 따라 0.87~1.39까지	계약이 체결된 해의 실제 산재보험료율
적용대상	모든 건설공사	
적용제외대상	건설업자가 아닌 자가 총 공사금액 2천만원(부가세 제외) 미만 공사를 시공하는 경우	

고용보험의 등급 기준은 조달청에서 매해 공고되는 '등급별 유자격자명부'를 따르며, 2019년 적용의 예는 다음과 같다.

(단위 : 미만~이상)

등급	시공능력평가액 (토건, 토목, 건축)	공사배정규모(추정금액기준)		비 고
		토목공사	건축공사	
1	6000억원 이상	1700억원 이상	1200억원 이상	
2	6000억원~1200억원	1700억원~950억원	1200억원~950억원	
3	1200억원~600억원	950억원~550억원	950억원~550억원	
4	600억원~330억원	550억원~400억원	550억원~400억원	
5	330억원~200억원	400억원~220억원	400억원~220억원	
6	200억원~120억원	220억원~140억원	220억원~130억원	
7	120억원~78억원	140억원~78억원	130억원~78억원	

※ 주) 입찰공고일 현재의 시공능력평가액기준임

산재보험의 실제 요율은 고용노동부에서 매년 고시하는 '사업종류별 산재보험료율'을 따른다. 2019년 건설업 일반 산재보험료율은 3.6%에 출퇴근재해 0.15%를 더하여 3.75%이므로 공사 계약이 2019년에 체결되었다면 해당 요율을 적용해야 한다. 아래는 2015년 이후로 변동된 건설업 일반 산재보험료율을 표로 정리한 내용이다.

(단위 : 천분율)

사업종류 \ 년 도	2015	2016	2017	2018	2019
일반건설공사(갑) 일반건설공사(을) 중건설공사 철도 또는 궤도신설공사	38	38	39	40.5	37.5

'건설업자'라는 의미는 종합·전문건설업종에 등록되어 면허증이 발부되었다는 것을 말한다. 건설업자가 아닌 경우에 공사금액은 해당 공사 건축 허가(신고)서에 기록된 연면적의 합계를 정해진 표준단가로 곱해서 산정한다. 다만 고용,산재보험을 산출 내역서 상에 계상했을 때의 금액이 '연면적 합 × 표준단가'보다 큰 경우에는 해당 금액으로 산정하는데 그 금액이 2천만원 미만일 경우에는 후자의 방식으로 산정한다.

건설업자가 아닌 자가 시공하는 건설공사의 총공사금액 산정방법에 관한 규정[60]

제5조(건설공사 용도별·구조별 표준단가)

① 건설공사에 적용되는 용도별·구조별 표준단가(이하 "표준단가"라 한다)는 별표 3*과 같다.

② 표준단가는 건축물의 건축 중 신축, 개축, 재축, 증축 및 대수선에 적용한다.
③ 벽이 없는 건축물의 건설공사는 표준단가의 30%를 적용한다.

제6조(총공사금액의 산정)
① 건설공사의 총공사금액은 표준단가에 「건축법 시행규칙」 제8조 및 제12조에 따른 건축허가(신고)서에 기록된 연면적의 합계를 곱하여 산정한다.
② 제1항에도 불구하고 「고용보험 및 산업재해보상보험의 보험료징수 등에 관한 법률」 제5조에 따른 보험가입자가 신고하는 총공사금액이 제1항에 따라 산정한 총공사금액보다 큰 경우에는 보험가입자가 신고하는 금액을 총공사금액으로 한다.
③ 구축물이나 이전을 하려는 건축물은 건축사가 작성한 공사비 내역서에 따라 총공사금액을 산정하되 건축사가 작성한 공사비 내역서를 제출하지 않은 경우에는 제1항에 따라 총공사금액을 산정하며, 증축·대수선을 하려는 건축물은 제1항에 따라 총공사금액을 산정하되 증축공사는 표준단가의 80%, 대수선공사는 표준단가의 30%를 적용한다. 다만, 증축·대수선공사에 대해 건축사가 작성한 공사비 내역서를 제출한 경우에는 그에 따라 산정한다.
④ 구조별 표준단가가 명시되지 않은 건축물은 건축사가 작성한 공사비 내역서에 따라 총공사금액을 산정한다. 다만, 건축사가 작성한 공사비 내역서를 제출하지 않은 경우에는 용도별 평균표준단가에 건축허가(신고)서에 기록된 연면적의 합계를 곱하여 산정한다.
⑤ 건축허가(신고)서상 용도가 둘 이상인 경우에는 각 용도별 표준단가에 해당 연면적을 곱하여 산정한 금액을 합산하여 총공사금액으로 한다. 이 경우 주차장, 기계실 등 공용부분은 용도별 비율에 해당하는 면적만큼 각 용도별 건축연면적에 합산한다.

*【별표 3】

건설공사의 용도별·구조별 표준단가

(단위: 원/㎡)

구조별 용도별	철골철근	철근콘크리트	철골조	연와조	시멘트벽돌조	목조	시멘트블럭조	통나무조	경량철골조	철파이프조	스틸하우스조	황토조
단독주택	1,001,000	897,000	768,000	779,000	745,000	719,000	499,000		456,000		998,000	1,090,000
통나무주택								1,083,000				
다가구주택	825,000	744,000	705,000	684,000	644,000				426,000		824,000	
다세대주택	835,000	809,000		730,000	682,000	616,000	459,000		439,000		850,000	
근린생활시설	744,000	668,000	581,000	627,000	642,000	533,000	427,000		382,000	213,000	727,000	
창고	375,000	374,000	353,000	381,000	326,000	209,000	254,000		252,000	108,000		
저장고		550,000	509,000									
작업장			170,000						120,000	70,000		
퇴비사			165,000						119,000	70,000		
축사			118,000				176,000		87,000	60,000		
공장	443,000	401,000	353,000	440,000	304,000		273,000		301,000	183,000		
노유자시설		754,000	623,000		623,000	574,000		1,000,000	382,000			
업무시설	714,000	642,000	610,000		520,000		413,000		319,000			
위험물 저장 및 처리시설	567,000	519,000	372,000									

60) 「건설업자가 아닌 자가 시공하는 건설공사의 총공사금액 산정방법에 관한 규정」, 고용노동부고시 제2016-75호

3. 퇴직공제의 사후정산

건설근로자법 시행령 제9조(공제부금납부확인서의 제출 등) ①법 제10조제1항에 따른 건설공사의 발주자 및 「주택법」 제15조제1항에 따른 사업계획의 승인을 한 자는 그 건설공사의 사업주에게 공제회가 발행하는 공제부금납부확인서의 제출을 요구할 수 있다.
②발주자등은 제1항에 따라 받은 공제부금납부확인서를 확인하여 법 제10조의3제1항에 따른 도급금액 산출명세서에 명시한 금액(도급금액 산출명세서에 명시한 금액이 발주자가 공제부금으로 산정한 금액과 다른 경우에는 발주자가 공제부금으로 산정한 금액을 말한다)이 퇴직공제에 가입한 사업주가 실제로 낸 공제부금을 초과하는 경우에는 그 초과하는 금액을 정산하여야 한다.

건설업체가 건설일용직에 대한 퇴직공제 납부 증명원을 발주기관(하도급 업체는 원도급 업체)에 제출하면 발주기관은 해당하는 기간에 대해 공사 내역서(산출내역서, 예정 가격서 등) 중 간접비 항목으로 계상된 금액 내에서 기성금에 포함하여 지급한다. 그리고 추후 공사가 모두 완료되면 최종적으로 정산하며 위 법령에 따라 공사 내역서에 계상된 퇴직공제부금비가 납부 증명원으로 확인한 실제 지출 금액보다 큰 경우에는 그 초과하는 금액을 정산하는 것으로, 국민건강,연금보험료의 사후정산 제도와 동일하다고 볼 수 있다.

(1) 산출 내역서에 적용되는 보험료율

건설근로자 퇴직공제 가입 소요금액 산정기준[61]
1. 산정기준
ㅇ 퇴직공제 가입 소요금액 = 직접노무비 × 2.30%

퇴직공제의 산출 내역서 계상 적용 요율은 국민건강,연금보험과 달리 경과조치사업장의 구분이 없다. 그렇지만 국민건강,연금보험료와 마찬가지로 직접노무비에 대해서 산정하며 요율은 2.3%로 고정된 요율로 명시되어 있다.

61) 국토교통부고시 제2015-610호

❖ 건설달인의 TIP

퇴직공제 사후정산은 경과조치사업장 적용 여부와 요율의 차이를 제외하면 국민건강, 연금보험료 사후정산 제도와 동일하다. 그러므로 자격신고와 보험료 납부 방식 또한 거의 비슷하다. 그러나 가입 조건에 크게 차이가 있어 최초 계약 혹은 변경 계약시에 퇴직공제 가입 여부를 제대로 확인하는 것이 가장 중요하다. 가입 여부만 정확히 판단되면 신고·납부·사후정산까지 모두 국민건강,연금보험과 함께 한다고 생각하면 편리하게 업무를 처리할 수 있다.

Ⅱ 4대 사회보험 및 퇴직공제 사업장 성립신고(개시신고)

공사 계약서에 국민건강,연금보험 사후 정산과 (가입 대상인 경우) 퇴직공제에 관한 특약조건이 명시된 상태에서 산출 내역서까지 도출되었다면, 이를 토대로 각 보험 담당 기관에 해당 공사를 건설현장 사업장으로 성립신고를 해야 한다. 건설현장 사업장 성립신고가 완료되면 국민건강,연금보험/고용,산재보험/퇴직공제 각각의 관리번호가 생성되며, 이를 통해 해당 현장 건설일용근로자의 자격 신고와 보험료 납부가 가능하다.

〈사업장 성립신고 업무 비교〉

구분	국민건강,연금보험	고용,산재보험	퇴직공제
담당기관	국민건강보험공단 / 국민연금공단	근로복지공단	건설근로자공제회
필요서류	사업장 성립 신고서 보험료일괄경정고지신청서 건설현장 공사계약서 건설현장 산출내역서 (경과조치사업장)증빙서류 (ex:입찰공고문 등)	(건설일괄 성립) 일괄적용 성립신고서 사업개시 신고서 보험료 신고서 건설현장 공사계약서 (일괄적용사업개시신고) 사업개시 신고서 건설현장 공사계약서 (개별공사 신고) 보험관계 성립신고서 보험료 신고서 건설현장 공사계약서	(원도급 공사) 퇴직공제 관계 성립신고서 건설현장 공사계약서 건설현장 산출내역서 (하도급 공사) 하수급인 사업주 인정승인 신청서 퇴직공제 관계 성립신고서 건설현장 공사계약서 건설현장 산출내역서
접수방법	팩스, 방문, 온라인(4대사회보험 정보연계센터)	팩스, 방문, 온라인 (고용산재토탈서비스)	팩스, 방문, 온라인 (퇴직공제 업무 시스템)
특이사항	1달 이상의 기간을 갖는 모든 공사 계약 상용직 현장으로 개설 가능 계약서 상의 준공일이 지나면 성립 불가	원도급 공사만, 공사기간과 금액 상관없이 일괄성립 및 개시 신고 가능. 건설일괄 여부에 따라 성립 방법이 다름.	가입 기준에 속하는 원도급 공사와 하도급 공사

1. 국민건강,연금보험 건설현장 성립신고

(1) 필요서류 및 작성법

1) (당연적용)사업장 적용신고서

- 국민건강,연금보험 동일 서식 사용
- 〈공통〉부분에 '사업장', '사용자(대표자)' 항목은 필수 기재. 명칭은 보통 "xx회사 공사명 oooo (일용)"이라고 적는다.
- 〈공통〉부분에 해당 현장에 대한 '보험료 자동이체신청'은 원할 경우에 작성하며, 건설일용근로자 관리를 위한 사업장은 모든 신고 업무가 EDI(전자문서교환시스템)로 하는 것이 원칙이므로 '전자고지 신청'칸은 작성하지 않아도 무방하다.
- 〈국민연금/건강보험〉란에 '건설현장사업장'에 해당 체크하고, 공사 계약서상에 명시된 공사 기간을 적는다.
- 〈국민연금〉 칸에 '적용 연월일'은 공사 착공일, '분리적용사업장'에 해당 체크, '본점사업장관리번호'는 본사의 사업장 관리번호를 적는다. 보통 "사업자번호+0"이다.
- 〈국민연금〉 칸에 '근로자 수'와 '가입대상자 수'는 건설일용근로자 관리를 위한 사업장 신고에서는 적지 않아도 무방하다. 건설일용현장으로 성립하는 경우에 한해서 선 성립신고 후 EDI로 가입 신고가 가능하기 때문이다.
- 〈건강보험〉 칸 또한 위의 〈국민연금〉칸의 항목과 동일하게 작성한다.

2) 보험료 일괄경정고지 신청서

- 국민연금,건강보험 공통 서식 사용
- 〈사업장〉부분에 '사업장 관리번호'를 제외한 부분을 1)에 작성한 내용과 동일하게 작성한다.
- 〈신청인〉에 신청인의 인적사항과 관계를 기재한다. 보통 사용주를 적는다.
- 〈건설현장 경과조치 사업장 확인〉에 해당하는 란에 체크한다. 현재 성립신고를 하는 건설현장의 (공공기관의 경우)입찰공고일 또는 원도급 계약일이 2018년 8월 1일 이전인 경우에는 '예'에 체크하고 증빙서류(입찰공

고문, 원도급계약서 등)의 종류에 따라 '최초 발주형태'를 체크한다. '해당 연원일'은 증빙서류가 입찰공고문일 경우에는 입찰일, 원도급 계약서일 경우에는 원도급 계약일을 작성한다. 만약 입찰공고일이나 원도급 계약일이 2018년 8월 1일 이후인 경우에는 '아니오'에 체크한다.

◦ 하도급 공사의 경우에는 원도급 공사 계약일에 따르며, 원도급 공사가 경과조치사업장이면 하도급 공사 또한 경과조치사업장으로 적용해야 한다.

❖ 건설달인의 TIP

하도급 공사의 경우 사후 정산을 위해 산출 내역서 작성 시 경과조치사업장 여부를 파악했다면 원도급 업체에 증빙서류를 미리 요청하여 구비해두는 것이 편리하다.

3) 건설현장 공사 계약서

성립하고자 하는 현장의 실제 계약서를 첨부한다. '공사명/공사기간/현장주소/공사금액'이 필수로 확인 가능한 부분만 첨부하면 되고 계약 본문에 사후 정산에 대한 조건을 명시한 경우에는 해당 부분도 첨부한다.

4) 건설현장 공사 계약 산출 내역서

성립하고자 하는 현장의 산출 내역서를 첨부한다. 산출 내역서에는 국민연금,건강,장기요양 보험료가 계상된 부분이 반드시 포함한 부분을 첨부한다.

❖ 건설달인의 TIP

공사 계약서에 사후 정산에 대해 명시되어 있는 부분을 첨부했다면 산출 내역서는 제출하지 않아도 무방하다. 다만, 실무적으로는 산출 내역서에 확실하게 보험료가 계상되어 있음을 보여주는 편이 훨씬 간단하므로 특별한 사유가 아니라면 산출 내역서도 첨부하여 신고한다.

5) (경과조치사업장의 경우) 경과조치사업장 증빙서류

◦ 2)에서 현재 성립신고 하는 건설현장이 경과조치사업장임을 밝혔다면 이

를 증빙하는 서류를 필수로 첨부해야 한다.

◦ 2)에서 '최초 발주형태'에 따라 증빙 서류는 다를 수 있다.

◦ 하도급 업체의 경우, 모종의 이유(원도급 업체의 비협조 등)로 증빙서류[62] 구비가 어려운 경우에는 다음의 서류를 추가로 작성하고 그에 따른 증빙 서류를 첨부한다.

① 추가 작성 서류 : 건설현장 경과조치 사업장 사실 확인서

◦ 〈사업장〉부분에 1)과 같은 내용으로 작성한다.

◦ 〈확인내용〉에 '발주자', '원수급인', '담당자(연락처)'를 기재하고 2)에 기재한 내용과 같은 내용을 적는다. 이 때, 필히 담당자의 연락처를 기재해야한다.

② 추가 증빙 서류[63] : 키스콘 화면 캡처

하도급 공사가 키스콘에 등록되면 해당하는 공사의 원도급 공사 정보가 확인 가능하다. 이 부분에서 원도급 공사 계약일과 발주일을 확인할 수 있는데 이 부분을 캡처하여 첨부한다.

❖ 건설달인의 TIP

추가작성서류만 작성하여 첨부하면 공단에서는 사실 확인을 위하여 작성된 연락처로 실제 연락을 취하고 추가 서류를 요청하는 경우가 많다. 불필요한 업무 혼선을 피하기 위하여 최대한 증빙서류를 첨부할 것을 권하며, 그러지 못할 경우에는 해당 담당자에게 연락이 올 수 있음을 알리는 것이 좋다.

(2) 신고 방법 및 신고기한

건강보험은 착공일로부터 14일, 연금보험은 착공일 익월 15일까지 신고 대상 건설현장의 소재지 관할 공단에 팩스발송 또는 방문하여 신고할 수 있으며, 4대사회보험 정보연계센터(http://www.4insure.or.kr)를 통하여 온라인 접수도 가능하다.

62) 원도급계약서(발주처와 원도급 업체와의)와 원도급 고용산재 가입증명원(해당 공사에 대한), 입찰공고문

63) 관할 지사마다 서류접수가능여부 및 접수방법이 다르므로 관할 지사 담당자를 통해 자세히 확인하는 것이 좋다.

❖ 건설달인의 TIP

- 팩스 접수시에 건강보험공단과 국민연금공단에 모두 접수할 필요 없이 한 군데만 접수하면 통합처리 된다. 보통 국민연금공단으로 접수하는 것이 편리한데 건설현장 당연적용 담당 부서가 별도로 있어 상대적으로 건강보험공단보다 처리 속도가 빠르다. 다만, 건설현장에서 근무하는 상용직을 위한 사업장 성립신고시에는 건강보험과 국민연금 각각 모두 접수해야 자동이체 신청이 수월하다.
- 신고기한이 정해져 있지만 굳이 따로 신고할 필요가 없으므로 보통은 공사 계약이 완료되자마자 성립신고하는 것이 간편하다. 실무적으로 공사가 준공되지 않았다면 공사기간 내에 성립신고를 해도 무방하다.
- 착공일 이전에 사업장 성립신고서를 접수하면 실제 착공일 이후부터 성립신고가 처리되거나 반려처리된다.
- 만약, 해당 건설현장에서 일용근로자를 전혀 사용하지 않는다고 하더라도 '반드시' 현장별로 국민연금,건강보험 건설현장 성립신고를 해두는 편이 유리하다. 이는 (국민연금) 분기별 일용근로자 가입안내, (건강보험) 지도점검의 경우에 의무가입대상자 여부를 현장별로 선별하기 때문이다.
- 당연적용신고를 해야 함에도 불구하고 이를 신고하지 아니한 경우에는 과태료 부과대상이 되지만(국민연금 50만원, 건강보험 300만원), 실무적으로는 신고를 늦게해도 무방하므로 실제로 과태료가 부과될 확률이 낮다.

♣ 사대보험 보험관계성립·가입신청서 (별첨 2-1)

♣ 보험료 일괄경정고지 신청서 (별첨 2-2)

♣ 건설현장 경과조치 사업장 사실 확인서 (별첨 2-3)

2. 고용,산재보험 건설현장 개시신고

보험료징수법 제9조(도급사업의 일괄적용) ①건설업 등 대통령령으로 정하는 사업이 여러 차례의 도급에 의하여 시행되는 경우에는 그 원수급인을 이 법을 적용받는 사업주로 본다. 다만, 대통령령으로 정하는 바에 따라 공단의 승인을 받은 경우에는 하수급인을 이 법을 적용받는 사업주로 본다.
②제1항에 따른 사업이 국내에 영업소를 두지 아니하는 외국의 사업주로부터 하도급을 받아 시행되는 경우에는 국내에 영업소를 둔 최초 하수급인을 이 법을 적용받는 사업주로 본다.

국민연금,건강보험은 도급 관계에 상관없이 사후 정산이 가능한 공사 계약에 대해서는 전부 사업장 성립신고가 가능하며, 자격 신고 및 보험료 납부 또한 성립신고를 한 사업장에서 직접 관장한다. 그러나 고용,산재보험은 관계 법령에 따라 '여러 차례의 도급에 의하여 시행되는' 공사의 경우에 원도급 사업장이 사업장 성립(개시신고), 자격 신고, 보험료 납부의 의무 일체를 지게 된다. 그러므로 하도급 공사를 진행하는 업체는 해당 공사에 대한 사업장 성립(개시신고)신고를 할 수 없으며, 원도급 업체와 보험료 납부인수 계약을 통한 하수급인 사업주 승인 신청을 받거나 하수급인 명세신고를 받지 않는 한 신고 및 납부 또는 신고의 의무도 일체 없다. 공사 도급에 따른 고용산재 업무 관계를 간략히 표현하면 아래와 같다.

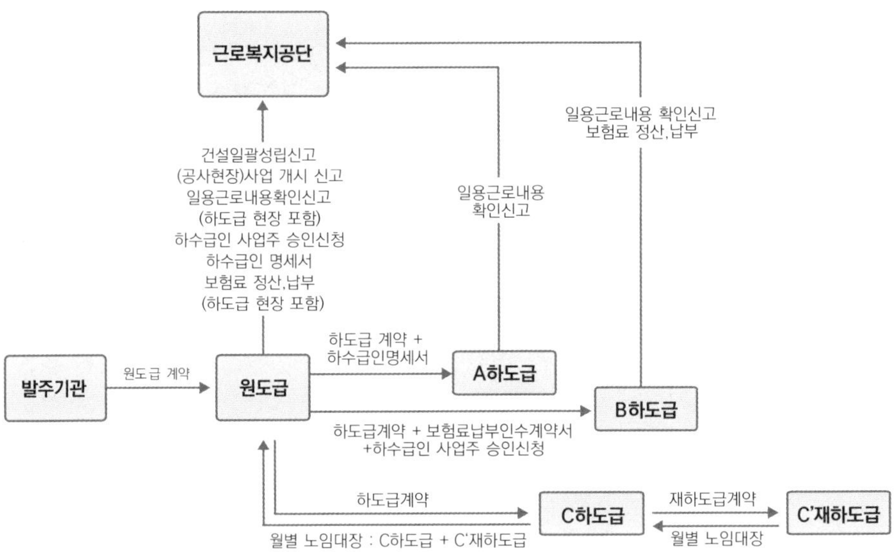

(1) 일괄적용 성립신고

고용,산재보험도 이전에는 국민연금,건강보험처럼 현장별로 각각 성립신고 후 자격신고 및 보험료 납부를 진행하였다. 하지만 건설업체의 경우 최소한 2건 이상의 공사현장을 가질 확률이 높고, 공사기간과 금액에 상관없이 모두 성립 대상이기 때문에 모든 현장에 대해 매번 성립·자격신고·보험료 납부에 어려움이 많았다. 이에 일정요건을 구비할 경우 2개 이상의 해당 사업 전부를 하나의 사업으로 보고 보험 관계를 일괄 적용할 수 있게 되었는데 이것을 '사업의 일괄적용'이라고 하며 건설업에서는 '도급사업의 일괄적용(이하 '건설일괄'이라고 한다.)'이라고 한다. 건설일괄을 성립하기 이전에 건설업의 고용,산재보험 의무가입 기준을 명확히 알아야 하는데, 이는 다음의 표와 같다.

구분	2018년 7월 1일 이후부터 착공하는 공사
산재보험	- 모든 건설공사
고용보험	- 건설업자가 시공하는 원도급공사 - 건설업자가 아닌 자가 시공하는 건설공사 중 1. 총공사금액 2천만원 이상 2. 건축(대수선) 연면적 100㎡(200㎡)초과하면서 총공사금액 2천만원 이상

2018년 7월 1일 이후부터 착공되는 모든 원도급 공사는 건설업자 여부에 상관없이 무조건 산재보험 의무가입이다. 그러므로 모든 사업자는 원도급 공사를 최초로 진행할 경우에 산재보험은 기본적으로 건설일괄에 가입해야 한다.

1) 필요서류 및 작성법

① 일괄적용 승인,성립신고서

- 〈대표자〉, 〈본사 사업장〉란에 필요한 정보를 모두 기입한다. '총상시근로자수'와 '총피보험자수'는 일괄 적용시에는 적지 않아도 무방하다.
- 〈건설업〉 부분에 필요한 내용을 적는다. 건설업자가 아닌 경우에는 '면허종류'와 '면허번호', '등록일자'는 적지 않는다. '공사금액'은 부가세를 제외한 공급가액으로 작성한다.

② 일괄적용사업의 사업개시(종료) 신고서

- 최초로 건설일괄을 가입할 때는, 그 최초의 공사에 대한 개시신고를 포함해야 한다.
- 〈일괄적용사업〉칸에 해당하는 내용을 적는다. '일괄적용관리번호'는 부여되지 않은 상태이므로 비워둔다.
- 〈건설공사개시〉칸에 공사 계약서 내용을 적는다.

③ 고용,산재보험 보험료신고서

- 최초로 건설일괄을 가입할 때에는 해당하는 연도에 대한 개산보험료를 납부하지 않은 상태이기 때문에 해당연도에 대한 보험료를 추정하여 산정해서 납부해야한다.
- 〈신고사업장〉칸에 해당하는 내용을 적는다. 관리번호가 부여되지 않고 현장별로 납부하는 것이 아니기 때문에 '사업장관리번호'와 '공사

명(건설공사)'는 비워둔다.

- 〈()년 확정보험료〉는 '확정보험료액' 부분에 0원으로 작성한다.
- 〈(해당연도)개산보험료〉부분에서 '산정기간'은 현재 공사의 착공일부터 해당연도의 말일자로 적는다. 보험료율은 산재보험은 해당연도의 건설업 일반보험료율[64]로 작성하고, 고용보험은 해당하는 연도의 실업급여보험료율(2019년 현재 1.6%)과 사업장의 상시근로자수에 따른 고용안정·직업능력개발보험료로 나누어 작성한다.
- 〈(해당연도)개산보험료〉부분에서 보수총액은 산출 내역서가 존재하면 산출 내역서에 따른 노무비, 산출 내역서가 없다면 공사계약서 상의 공급가액 × 원도급공사 노무비율 27%로 계산한 금액을 작성한다.
- 〈(해당연도)개산보험료〉부분에서 개산보험료액은 '보수총액'과 '보험료율'을 곱한 금액을 각각 작성한다.

④ 건설현장 공사 계약서

'공사명/공사기간/현장주소/공사금액'이 필수로 확인 가능한 부분만 첨부한다.

⑤ 건설현장 공사 계약 산출 내역서

미첨부하여도 무방하지만 정확한 개산보험료 산정의 근거가 되므로 첨부하는 편이 좋다.

⑥ (건설업자의 경우) 건설업면허 사본

❖ 건설달인의 TIP

- 관할지사에 따라 ③번의 경우는 작성하지 않더라도 공사 계약서와 산출 내역서 등으로 산정하여 직권 부과하는 경우도 있다. 또한, 개산보험료는 추정하는 보험료이기 때문에 추후 확정보험료를 계산할 때 차액분을 납부하면 되므로 관할지사에 따라 임의의 금액으로 작성하여 신고해도 우선 건설일괄 성립이 가능한 경우도 있다. ③번은 후술할 고용,산재보험료 납부 업무와 완전히 같은 내용이기 때문에 확인 후 작성하면 더욱 편리하다.
- 신고서가 접수되어 처리가 완료되면 작성한 보험료신고서에 따라 납부기한이 정해진 보험료 고지서가 발부된다. 보통 14일 이내에 납부할 수 있는 기한의 고지서가 발부되는데 이 기간안에 납부하지 못하면 연체금이 발생하므로 기간내에 납부하여야 한다.

64) 2019년 현재 3.6%(산재보험료율)+0.15%(출퇴근산재보험료율)+0.06%(임금채권부담금)+0.003%(석면피해구제분담금)=3.813%

2) 신고 방법 및 신고 기한

착공일로부터 14일 이내에 신고 대상 건설현장의 소재지 관할 공단에 팩스 발송 또는 방문하여 신고할 수 있으며, 고용산재 토탈서비스(http://total.kcomwel. or. kr)를 통하여 온라인 접수도 가능하다.

❖ 건설달인의 TIP

고용,산재업무는 거의 대부분이 온라인으로 하는 것이 훨씬 간편하나 유일하게 일괄적용신고만 팩스신고하는 것이 유리하다. 온라인에서는 해당 업무의 신고서를 유기적으로 합쳐서 신고할 수 없기 때문이다.
고용,산재보험에 관한 모든 업무는 지연,착오,허위신고에 대한 과태료가 있으며 국민연금,건강보험에 비해 매우 까다롭게 적용한다. 그러므로 모든 신고는 신중하면서도 그 즉시 하는 것이 좋다. 일괄적용 사업장임에도 불구하고 신고하지 아니한 경우에 300만원의 과태료가 부과되며, 실무적으로는 과태료가 부과되는 경우는 적지만 국민연금,건강보험에 비해 자주 발생하므로 주의해야 한다.

(2) (일괄적용사업의) 사업개시 신고

건설일괄에 가입되어 있다면, 그 이후 발생하는 모든 원도급 공사는 공사금액과 기간에 상관없이 모두 건설일괄 관리번호로 사업개시신고를 진행해야 한다.

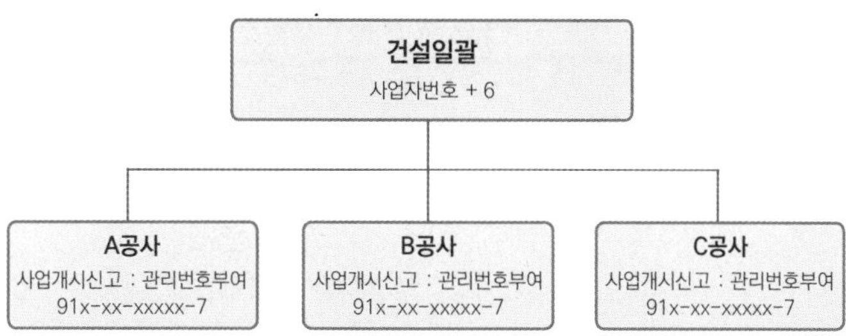

결론적으로, 최초의 원도급 공사가 발생하면 건설일괄을 가입하고, 그 뒤에 발생하는 원도급 공사들은 모두 사업개시신고를 통해 건설일괄 관리번호로 관리하면 된다.

1) 필요서류 및 작성법

① 일괄적용사업의 사업개시(종료) 신고서

일괄적용사업의 사업개시(종료)신고서로 작성하되 '일괄적용관리번호'를 반드시 작성해야 한다.

② 건설현장 공사 계약서

'공사명/공사기간/현장주소/공사금액'이 확인 가능한 부분만 첨부한다.

2) 신고 방법 및 신고 기한

착공일로부터 14일 이내에 신고 대상 건설현장의 소재지 관할 공단에 팩스 발송 또는 방문하여 신고할 수 있으며, 고용산재 토탈서비스(http://http://total.kcomwel.or.kr)를 통하여 온라인 접수도 가능하다.

강반장의 질문

총공사금액이 2천만원 이하인 공사의 고용,산재보험을 어떻게 가입해야 하나요?

건설업자가 아닌 자가 2018년 7월 1일 이후 총공사금액이 2천만원 미만인 공사를 진행한다고 가정할 때,(ex : 2019년 1월 1일 착공한 총공사금액 1천만원 공사) 해당 공사가 최초인 경우에는 산재보험 건설일괄 적용신고부터 진행해서 보험료 납부까지 완료해야하고, 고용보험의 경우에는 적용제외 공사이기 때문에 따로 일괄/개시 신고 등을 진행하지 않고 마찬가지로 보험료 또한 발생하지 않습니다. 다음 표는 건설업자가 아닌 자가 건설공사를 진행할 때 고용산재 보험관계 신고를 진행해야 하는 과정을 나타낸 것입니다.

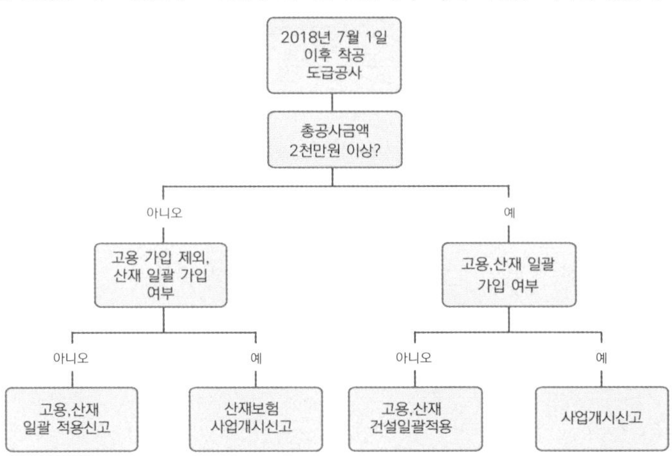

❖ 건설달인의 TIP

◦ 고용,산재보험 본사 사업장 성립신고 및 건설일괄 적용신고를 제외한 모든 신고는 고용산재토탈서비스(http://total.kcomwel.or.kr)에서 온라인 접수하는 것이 훨씬 편리하다.
◦ 사업개시신고 또한 지연신고 및 누락에 대한 과태료가 있으나, 실무적으로는 준공 이후에 신고해도 개시가 가능하다. 단, 해당현장이 아래와 같은 문제가 있을 때에는 늦지 않게 사업개시신고를 하는 것이 좋다.
 - 발주처에서 고용산재 완납증명원을 요구할 경우
 - 공종이 위험해서 산재사고 발생할 가능성이 높을 경우
 - 반드시 해당 현장으로 근로내역신고를 해야 할 필요성이 있을 경우
◦ 사업개시신고를 하지 않을 경우 300만원 이하의 과태료가 부과될 수 있다.

❖ 건설달인의 TIP

실무적으로는 준공 이후에 개시신고를 할 수 있는 경우도 있지만, 명백히 법적인 기한이 있기 때문에 이를 지키는 것을 권장한다.

♣ 고용, 산재보험 일괄적용 성립(승인)신고서 (별첨 2-4)

♣ 일괄적용사업의 고용, 산재보험 사업개시(종료) 신고서 (별첨 2-5)

(3) 하수급인 사업주 인정 승인신청

보험료징수법 시행령 제7조(도급사업의 일괄적용) ③법 제9조제1항 단서에 따라 하수급인을 사업주로 인정받으려는 경우 원수급인은 하수급인과 보험료 납부의 인계 · 인수에 관한 서면계약을 체결하고 하도급공사의 착공일부터 30일 이내에 하수급인의 사업주 인정 승인을 공단에 신청하여야 한다.
④공단은 원수급인이 제3항에 따라 하수급인의 사업주 인정 승인을 신청한 해당 하도급공사에서 다음 각 호의 어느 하나에 해당하는 사유가 발생한 경우에는 하수급인의 사업주 인정 승인을 하지 아니한다.
1. 하도급공사의 착공 후 15일부터 승인신청 전까지 「산업재해보상보험법」 제5조제1호에 따른 업무상의 재해가 발생한 경우
2. 하도급공사의 착공 후 승인신청 전까지 「산업재해보상보험법」 제5조제1호에 따른 업무상의 재해가 발생한 경우로서 해당 재해와 관련하여 법 제26조제1항제1호에 따라 원수급인으로부터 보험급여액을 징수해야 하는 경우

고용,산재보험의 가입·성립·자격관리·보험료납부의 의무는 기본적으로 원도급 공사를 수행하는 자에게 있는데, 관계 법령에 따라 하수급인을 고용,산재보험의 보험가입자로 인정하고 자격관리 및 보험료납부의 의무를 가지게 하는 것을 '하수급인 사업주 인정 승인신청'이라고 한다. 해당 신청은 원도급 공사를 수행하는 자가 해야 하며, 승인이 완료되면 하수급인은 해당 공사에 대하여 원도급 공사를 수행하는 경우와 같은 역할을 하게 된다(관리번호도 91x-xx-xxxxx-7과 같이 부여받는다). 하수급인 인정 승인 신청은 다음의 전제조건이 갖춰줘야 가능하다.

하수급인 인정 승인 요건

- 건설업에 한함
- 하수급인 사업주가 건설업자, 주택건설업자, 전기공사업자, 정보통신공사업자, 소방시설업자, 문화재수리업자인 경우(종목별 면허 필수)
- 원수급인이 하수급인과 보험료 납부의 인수에 관한 서면계약을 체결한 경우[65]
- 하수급인이 해당 보험종류에 맞는 건설일괄에 가입되어 있는 경우
- 하도급공사 착공 후 15일부터 승인신청 전까지 재해가 발생하거나 원수급인이 성립신고를 게을리한 기간 중에 재해가 발생하면 승인 불가

1) 필요서류 및 작성법

① 하수급인 사업주 보험가입 승인신청서

- 〈원수급인(신청인)〉부분에 원도급사의 정보와 원도급 공사에 관한 정보를 적는다.
- 〈하수급인〉부분에 하수급인의 본사 정보와 하도급 공사에 관한 정보를 적는다. 이때 건설업면허종류와 번호, 등록일자는 필수 기입해야 한다.

❖ 건설달인의 TIP

고용산재토탈서비스(http://total.kcomwel.or.kr)에서 신고하는 경우, 하수급인의 건설일괄관리번호를 필수 기입해야 하며 이때 해당 번호를 통해서 하수급인의 정보가 자동 기입된다. 수기로 작성하는 서식에는 하수급인의

65) 하수급인은 공사 계약을 진행할 때에 고용,산재보험료 납부인수계약을 체결하는 것에 대해 명확히 인지하고 있어야 해당 공사에 자격 신고 및 보험료 납부에 무리가 없다.

건설일괄관리번호를 적는 부분이 없으나 건설일괄 가입 여부는 필수사항이기 때문에 확인 후 작성해야 한다.

② 고용,산재보험료 납부 인수 계약서 사본

해당 양식은 따로 지정되어 있지 않으며, 계약 당시에 고용,산재보험료 납부 의무를 인수한다는 내용이 포함된 서면이어야 한다.

③ 건설현장 하도급 공사 계약서

❖ 건설달인의 TIP

하수급인 인정 승인 신청은 반드시 고용,산재보험 모두 해야 하는 것은 아니다. 고용보험만 승인 신청 접수할 수 있고 산재보험만 할 수도 있으며, 두 개 모두 할 수도 있다. 이는 계약 당시에 산출 내역서를 작성할 때 계상 여부와 계약자 간의 합의 내용에 따라 다르다. 일반적으로 산재보험만 하수급인 인정 승인을 받는 경우는 극히 드물다.

2) 신고 방법 및 신고 기한

하도급 공사 착공일로부터 30일 이내에 신고 대상 건설현장의 소재지 관할 공단에 팩스발송 또는 방문하여 신청할 수 있으며, 고용산재 토탈서비스(http://total.kcomwel.or.kr)를 통하여 온라인 신청도 가능하다.

❖ 건설달인의 TIP

하도급 공사 착공일이 30일이 넘은 경우에는 어떠한 경우에도 하수긍인 사업주 인정 승인신청이 불가능하므로 신고 기간에 유의해야 한다.

(4) 하수급인 명세서

하수급인 사업주 인정 승인신청을 하지 않은 하도급 공사에 대해서는 원도급 공사를 수행하는 자가 고용,산재보험에 대한 모든 것을 책임진다. 그러나 하나의 원도급 공사에 수 많은 하도급 공사가 발생하게 되면 실무적으로 고용보험 자격 신고 업무에 큰 어려움이 발생한다. 원수급인이 하수급인의 일용근로자 고용 내역을 전달받아서 대신 신고해주는 것부터가 복잡하기 때문이다. 또는 하수급인이 건설면허가 없는 경우와 같이 하수급인 사업주 승인신청이 불가능한 경우에는 자격 신고 업무만 가능한 관리번호를 부여해줄 수 있는데, 이를 '하수급인명세서'라고 한다. 하수급인명세서 신고가 승인되면 하수급인이 해당 공사에 고용한 근로자들에 대한 신고 책임을 지지만 보험료 납부에 대한 의무는 여전히 없다. 자격 신고에 대한 의무만 가지므로 산재보험은 하수급인 명세서 신고를 할 수 없다.

1) 필요서류 및 작성법

① 하수급인 명세서

- 〈원수급인〉부분에는 원수급인 본사에 대한 정보를 기입한다. '사업장(현장)관리번호'는 원수급인이 개시한 원도급 공사 관리번호를 적는다.
- 〈하수급인〉부분에 하수급인의 정보와 공사내용을 적는다. '사업장관리번호'는 하수급인의 본사 고용보험 관리번호(보통 사업자번호+0)을 적는다.

❖ 건설달인의 TIP

하수급인이 고용보험의 본사 사업장이 등록되어 있지 않다면 하수급인 명세서를 신청할 수 없다.

② 하도급 계약서 사본

2) 신고 방법 및 신고 기한

하도급 공사 착공일로부터 14일 이내에 신고 대상 건설현장의 소재지 관할 공단에 팩스발송 또는 방문하여 신청할 수 있으며, 고용산재 토탈서비스(http://total.kcomwel.or.kr)를 통하여 온라인 신청도 가능하다.

❖ 건설달인의 TIP

하수급인 명세서 신고의 경우 신고기한을 지나서 신고하더라도 승인 여부에는 크게 문제가 없다. 그러나 관할지사의 성격에 따라 원칙대로 불승인 처리 할 수도 있으니 최대한 신고기한 내에 신고하는 것이 좋다.

♣ 고용, 산재보험 하수급인 사업주 보험가입 승인신청서 (별첨 2-6)

♣ 하수급인 명세서 (별첨 2-7)

3. 건설근로자 퇴직공제 관계 성립신고서

건설근로자법 제10조(퇴직공제의 가입) ①「건설산업기본법」 제87조제1항에 따른 건설공사와 대통령령으로 정하는 건설공사를 하는 사업주(사업이 여러 차례의 도급에 의하여 수행되는 경우에는 원수급인을 말한다)는 그 건설공사의 사업시작일부터 당연히 퇴직공제의 가입자가 된다. 이 경우 원수급인이 서면계약으로 하수급인에게 공제부금의 납부를 인수(引受)하게 하는 경우로서 원수급인의 신청에 따라 공제회의 승인을 받은 경우에는 그 하수급인을 사업주로 본다.

퇴직공제는 고용,산재보험과 마찬가지로 원수급인이 가입·자격신고·납부의 의무를 모두 진다. 또 고용,산재보험과 마찬가지로 일정 조건이 갖춰지면 하수급인 승인 신청을 통해 신고 및 납부의 의무를 하수급인이 질 수 있다. 고용,산재보험과 차이라면 원수급인과 하수급인의 경우에 퇴직공제에 가입해야하는 공사의 범위가 구체적으로 정해져 있다는 것이다.

(1) 당연가입대상공사 퇴직공제 성립 신고

1) 필요서류 및 작성법

① 건설근로자 퇴직공제 관계 성립신고서

- 〈신고인〉에 관련 정보를 모두 작성한다. ‘가입범위’는 사업장별에 체크한다.
- 〈사업장〉에 관련 정보를 모두 작성한다. 당연가입공사는 원도급 공사에 한하므로 ‘사업주 구분’은 원수급에 체크한다. ‘공제부금액’은 산출 내역서에 계상된 금액을 적는다.

② 건설공사 도급 계약서

본문내용 중 퇴직공제에 관련되어 명시되어 있는 부분을 포함하여 첨부한다.

③ 건설공사 산출 내역서

퇴직공제부금이 계상된 내역이 명시되어 있는 부분을 포함하여 첨부한다.

❖ 건설달인의 TIP

반드시 공사 계약서의 공사금액과 산출 내역서의 항목별 합이 일치해야 승인 신청이 가능하다. 또한 산출 내역서에 계상된 퇴직공제부금비는 '건설근로자 퇴직공제 가입 소요금액 산정기준[66]'에 맞게 정확하게 산출된 것이어야 한다.

2) 신고 방법 및 신고 기한

건설공사 개시일(실제 착공일)로부터 14일 이내에 신고 대상 건설현장의 소재지 관할 공단에 팩스발송 또는 방문하여 신청할 수 있으며, 온라인 퇴직공제 업무 시스템(https://enomu.cwma.or.kr)를 통하여 온라인 신청도 가능하다.

(2) 퇴직공제 하수급인 사업주 인정승인

퇴직공제 하수급인 사업주 인정승인 요건

- 하수급인이 건설업자, 전기공사업자, 정보통신공사업자, 소방시설공사업자, 문화재수리업자 중 하나에 해당하는 경우
- 부가가치세를 포함한 하도급공사의 계약금액이 10억원 이상인 경우
- 원하수급인간 공제부금의 납부에 관한 사항이 하도급계약서에 명시된 경우
- 하도급금액 산출명세서에 퇴직공제 가입소요비용이 명시된 경우

퇴직공제 하수급인 사업주 인정승인 신청은 고용,산재 하수급인 사업주 승인신청과 비슷한데 부가세 포함 공사금액 10억이상이라는 조건이 있어 유의해야 한다. 따라서 공사금액이 10억 미만인 하도급 공사는 모두 하수급인 사업

66) 국토교통부고시 제2015-610호 (퇴직공제 가입 소요금액 = 직접노무비 × 2.30%)

주 인정승인을 받을 수 없다. 또한 고용,산재보험료 납부인수계약서와 비슷하게 하도급 계약서에 퇴직공제부금 납부에 관한 사항(특약조건)이 명시되어야 하며 사후 정산을 위하여 산출 내역서에 퇴직공제부금비가 계상되어 있어야 한다.

1) 필요서류 및 작성법

① (원수급인이 작성) 하수급인 사업주 인정 승인신청서

- 〈신청인(원수급인)〉에 해당하는 정보를 적는다. '공제부금의 금액'은 원도급 공사 산출내역서에 계상된 금액을 적고, '공제가입번호'를 적는다.
- 〈하수급인〉에 해당하는 정보를 적는다. '공제부금의 금액'은 하도급 공사 산출내역서에 계상된 금액을 적는다.

② (하수급인이 작성) 건설근로자 퇴직공제 관계 성립신고서

- 〈신고인〉에 관련 정보를 모두 작성한다. '가입범위'는 사업장별에 체크한다.
- 〈사업장〉에 관련 정보를 모두 작성한다. '사업주 구분'에 하수급을 체크하고 '공제부금액'은 산출 내역서에 계상된 금액을 적는다.
- 〈원수급인(하수급인 성립신고인인 경우에만 작성)〉부분에 해당 원도급 공사명과 그 공사의 공제가입번호를 필수로 기입한다.

③ 건설공사 하도급 계약서

본문내용 중 퇴직공제에 관련되어 명시되어 있는 부분(특약)을 포함하여 첨부한다.

④ 건설공사 산출 내역서

퇴직공제부금이 계상된 내역이 명시되어 있는 부분을 포함하여 첨부한다.

2) 신고 방법 및 신고 기한

건설공사 개시일(실제 착공일)로부터 14일 이내에 신고 대상 건설현장의 소재지 관할 공단에 팩스발송 또는 방문하여 신청할 수 있으며, 온라인 퇴직공제 업무 시스템(https://enomu.cwma.or.kr)를 통하여 온라인 신청도 가능하다.

❖ 건설달인의 TIP

온라인 퇴직공제 업무시스템을 이용하면 원수급·하수급 모두 가입해야하는 공사의 현황과 하수급인 사업주 인정승인이 완료된 현황까지 파악할 수 있다. 팩스로 접수하려면 원수급인이 한번 신고하고 후에 하수급인이 다시 신고해야 하는데 온라인신고는 이런 번거로움을 줄일 수 있다.

하수급인 사업주 인정 승인을 받은 하도급사의 퇴직공제 관계 성립 시, 하도급사가 건설공제회 EDI를 통해 신고가 가능한 최초 신고 가능일은 하도급공사의 착공일이 아니다. 퇴직공제관계성립이 완료되어 퇴직공제부금가입번호를 부여받은 월부터 EDI를 통한 신고가 가능하다.

즉, 예를 들어 착공일이 2019년 6월 22일인 하도급 공사의 퇴직공제성립신고서를 접수하여 퇴직공제부금가입번호를 부여 받은 날이 2019년 7월 3일이라고 할 때, 6월분에 대한 퇴직공제부금 신고는 하도급사가 진행 할 수 없게 되는 것이다. 결론적으로 성립이 이루어진 때에 건설공제 EDI가 사용가능함에 유의하여야 한다. (원도급은 퇴직공제가입시점과 상관없이 착공일에 맞춰 소급신고 가능)

퇴직공제부금 근로자 수급 요건

- (신고된 전체현장을 합쳐서) 신고일수(근무일수)가 252일 이상일 것
- 근로자가 60세 이상일 것(주민등록증 추가 제출)
- 근로자가 60세 미만인 경우에는 건설업을 그만둔다는 사유와 그에 따른 추가 증빙서류 제출할 것

❖ 건설달인의 TIP

수급신청은 근로자가 직접 건설근로자공제회에 해야 하는 것이므로 수급을 원하는 근로자로 하여금 직접 관할 건설근로자공제회에 연락하도록 하는 것이 편리하다.

♣ 건설근로자 퇴직공제 관계 성립신고서 (별첨 2-8)

♣ 하수급인 사업주인정 승인신청서 (별첨 2-9)

III 4대 사회보험 및 퇴직공제 건설일용근로자 자격 신고 및 보험료 납부

1. 국민연금 및 건강보험 자격 신고 및 보험료 납부

건설 현장 사업장의 국민연금 및 건강보험 성립신고가 완료되고 그에 따른 관리번호를 부여받았다면 해당 현장의 월별 노임대장을 기준으로 근로자 자격 신고를 진행해야 한다. 가입 기준은 경과조치사업장 여부에 따라 큰 차이가 있으며, 자격 취득·상실 기준일에 대한 적용도 원칙과 실무에 차이가 있는 편이다.

(1) 국민연금,건강보험 건설일용근로자 가입 기준

건보법 제6조(가입자의 종류) ②모든 사업장의 근로자 및 사용자와 공무원 및 교직원은 직장가입자가 된다. 다만, 다음 각 호의 어느 하나에 해당하는 사람은 제외한다.
1. 고용 기간이 1개월 미만인 일용근로자

국민연금법 시행령 제2조(근로자에서 제외되는 사람) 「국민연금법」제3조제1항제1호 단서에 따라 근로자에서 제외되는 사람은 다음과 같다.
1. 일용근로자나 1개월 미만의 기한을 정하여 사용되는 근로자. 다만, 1개월 이상 계속 사용되면서 다음 각 목의 어느 하나에 해당하는 사람은 근로자에 포함된다.
   가. 「건설산업기본법」 제2조제4호 각 목 외의 부분 본문에 따른 건설공사의 사업장 등 보건복지부장관이 정하여 고시하는 사업장에서 사용되는 경우: 1개월 동안의 근로일수가 8일 이상인 사람
   나. 가목 외의 사업장에서 사용되는 경우: 1개월 동안의 근로일수가 8일 이상이거나 1개월 동안의 근로시간이 60시간 이상인 사람
4. 1개월 동안의 소정근로시간이 60시간 미만인 단시간근로자. 다만, 해당 단시간근로자 중 다음 각 목의 어느 하나에 해당하는 사람은 근로자에 포함된다.
   가. 생업을 목적으로 3개월 이상 계속하여 근로를 제공하는 사람으로서 「고등교육법」 제14조제2항에 따른 강사
   나. 생업을 목적으로 3개월 이상 계속하여 근로를 제공하는 사람으로서 사용자의 동의를 받아 근로자로 적용되기를 희망하는 사람
   다. 둘 이상 사업장에 근로를 제공하면서 각 사업장의 1개월 소정근로시간의 합이 60시간 이상인 사람으로서 1개월 소정근로시간이 60시간 미만인 사업장에서 근로자로 적용되기를 희망하는 사람

관계 법령에 따라 일용근로자의 경우에는 1개월 미만으로 연속하여 근로하지 않는 경우에는 가입이 제외된다. 여기서 말하는 일용근로자는 건설현장에서 근로하는 일용근로자가 아닌 일반 일용근로자를 뜻한다. 건설일용근로자는 건설 현장을 사업장으로 성립신고하고 해당 건설 현장에서 근로한 일용근로자를 의미하며, 경과조치사업장으로 적용받은 현장에서 근로한 일용근로자의 가입 기준은 월 20일 이상 근로이며 경과조치사업장이 아닌 현장에서 근로한 일용근로자의 가입 기준은 월 8일 이상 근로이다.

〈일용근로자 가입기준〉

	국민연금	건강보험
건설일용근로자 적용 전제조건	건설현장을 사업장으로 분리적용하여 성립신고하고 해당 현장별로 1개월 이상 근로	건설 현장별로 사업장 적용신고하고 해당 현장별로 1개월 이상 근로
경과조치사업장	월 근로 일수 20일 이상	월 근로 일수 20일 이상
비 경과조치사업장	월 근로 일수가 8일 이상 근로	월 근로 일수가 8일 이상 근로

결론적으로 건설일용근로자의 정의가 국민연금, 건강보험 모두 같고 기준도 같으므로 같은 기준으로 자격 신고를 동시에 진행하면 된다.

(2) 자격 취득 및 상실 적용 기준(기산일, 월력제)

건보법 제8조(자격의 취득 시기 등) ①가입자는 국내에 거주하게 된 날에 직장가입자 또는 지역가입자의 자격을 얻는다. 다만, 다음 각 호의 어느 하나에 해당하는 사람은 그 해당되는 날에 각각 자격을 얻는다.

1. 수급권자이었던 사람은 그 대상자에서 제외된 날
2. 직장가입자의 피부양자이었던 사람은 그 자격을 잃은 날
3. 유공자등 의료보호대상자이었던 사람은 그 대상자에서 제외된 날
4. 제5조제1항제2호가목에 따라 보험자에게 건강보험의 적용을 신청한 유공자등 의료보호대상자는 그 신청한 날

②제1항에 따라 자격을 얻은 경우 그 직장가입자의 사용자 및 지역가입자의 세대주는 그 명세를 보건복지부령으로 정하는 바에 따라 자격을 취득한 날부터 14일 이내에 보험자에게 신고하여야 한다.

제10조(자격의 상실 시기 등) ①가입자는 다음 각 호의 어느 하나에 해당하게 된 날에 그 자격을 잃는다.

1. 사망한 날의 다음 날
2. 국적을 잃은 날의 다음 날
3. 국내에 거주하지 아니하게 된 날의 다음 날
4. 직장가입자의 피부양자가 된 날
5. 수급권자가 된 날
6. 건강보험을 적용받고 있던 사람이 유공자등 의료보호대상자가 되어 건강보험의 적용배제 신청을 한 날

②제1항에 따라 자격을 잃은 경우 직장가입자의 사용자와 지역가입자의 세대주는 그 명세를 보건복지부령으로 정하는 바에 따라 자격을 잃은 날부터 14일 이내에 보험자에게 신고하여야 한다.

국민연금법 제11조(가입자 자격의 취득 시기) ①사업장가입자는 다음 각 호의 어느 하나에 해당하게 된 날에 그 자격을 취득한다.

1. 제8조제1항 본문에 따른 사업장에 고용된 때 또는 그 사업장의 사용자가 된 때
2. 당연적용사업장으로 된 때

②지역가입자는 다음 각 호의 어느 하나에 해당하게 된 날에 그 자격을 취득한다. 제3호 또는 제4호의 경우 소득이 있게 된 때를 알 수 없는 경우에는 제21조제2항에 따른 신고를 한 날에 그 자격을 취득한다.

1. 사업장가입자의 자격을 상실한 때
2. 제6조 단서에 따른 국민연금 가입 대상 제외자에 해당하지 아니하게 된 때
3. 제9조제1호에 따른 배우자가 별도의 소득이 있게 된 때
4. 18세 이상 27세 미만인 자가 소득이 있게 된 때

③임의가입자는 가입 신청이 수리된 날에 자격을 취득한다.

제12조(가입자 자격의 상실 시기) ①사업장가입자는 다음 각 호의 어느 하나에 해당하게 된 날의 다음 날에 자격을 상실한다. 다만, 제5호의 경우에는 그에 해당하게 된 날에 자격을 상실한다.

1. 사망한 때
2. 국적을 상실하거나 국외로 이주한 때
3. 사용관계가 끝난 때
4. 60세가 된 때
5. 제6조 단서에 따른 국민연금 가입 대상 제외자에 해당하게 된 때

②지역가입자는 다음 각 호의 어느 하나에 해당하게 된 날의 다음 날에 자격을 상실한다. 다만, 제3호와 제4호의 경우에는 그에 해당하게 된 날에 그 자격을 상실한다.

1. 사망한 때
2. 국적을 상실하거나 국외로 이주한 때
3. 제6조 단서에 따른 국민연금 가입 대상 제외자에 해당하게 된 때
4. 사업장가입자의 자격을 취득한 때
5. 제9조제1호에 따른 배우자로서 별도의 소득이 없게 된 때

6. 60세가 된 때
③임의가입자는 다음 각 호의 어느 하나에 해당하게 된 날의 다음 날에 자격을 상실한다. 다만, 제6호와 제7호의 경우에는 그에 해당하게 된 날에 그 자격을 상실한다.
1. 사망한 때
2. 국적을 상실하거나 국외로 이주한 때
3. 제10조제2항에 따른 탈퇴 신청이 수리된 때
4. 60세가 된 때
5. 대통령령으로 정하는 기간 이상 계속하여 연금보험료를 체납한 때
6. 사업장가입자 또는 지역가입자의 자격을 취득한 때
7. 제6조 단서에 따른 국민연금 가입 대상 제외자에 해당하게 된 때

관계 법령에 따라 모든 국민연금,건강보험 가입 대상자의 자격 취득일은 가입 대상이 된 바로 그날이고, 상실일은 마지막 근로일의 다음날이 되어야 하는 것이 원칙이다. 즉 최초 출역일이 자격 취득의 기산일이 되어 최초로 출역이 발생한 날부터 최종적으로 완전히 퇴사하거나 연속월 근무 중 월 근로일이 8일(또는 20일) 미만이 된 날까지 사업장가입자로 자격이 유지되는 것이 원칙이다. 따라서 이러한 경우 최초 출역일로부터 30일을 기준으로 가입 기준이 충족되는지 확인한다. 그러나 대부분의 건설회사에서는 건설일용근로자의 근무기록(노임대장)을 매월 1일부터 매월 말일까지를 기준으로 작성하고 있어 통상적으로 국민연금,건강보험 취득·상실신고도 매월 1일을 기준으로 하고 있는데, 이런 방식을 월력제라고 한다.

국민연금,건강보험은 자격 취득일이 1일이 아닌 근로자는 해당월에 보험료를 부과하지 않기 때문에 어떤 근로자가 월력제 하에서 첫 달은 8일(또는 20일)이상, 다음달은 월 8일(또는 20일)미만으로 근로했다면 첫 달의 1일자로 자격 취득하고 다음달 1일자로 자격 상실 신고를 진행하면 실제 출역일을 기산일로 하여 보험료를 부과하는 경우와 동일하게 보험료가 부과될 수 있다. 그러나 경우에 따라서는 실제 출역일을 기산일로 한 경우에는 국민연금,건강보험 가입 대상이 되지만 월력제에서는 가입 대상이 되지 않을 수도 있는 문제가 발생한다.

〈예시. 기산일 적용방식에 따라 보험가입대상이 달라지는 경우〉

① 매월 20일 이상 근로자 연속 근무

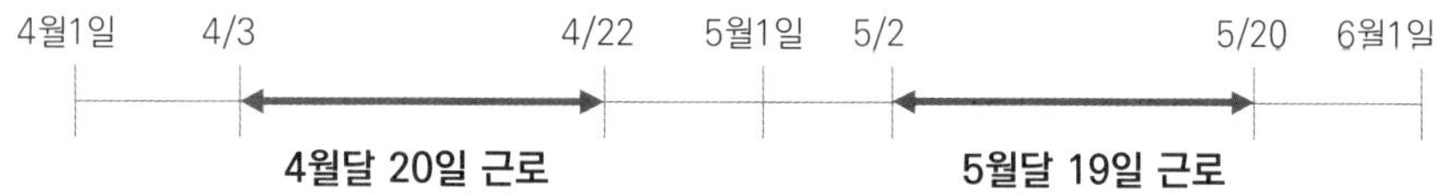

〈월력제〉 4월 1일자로 취득, 5월 1일자로 상실 (매월 1일 기준)
〈최초 출역일 기산[67]〉 4월 3일 취득, 5월 3일 또는 5월 21일 상실

② 매월 20일 미만 근로자 연속 근무

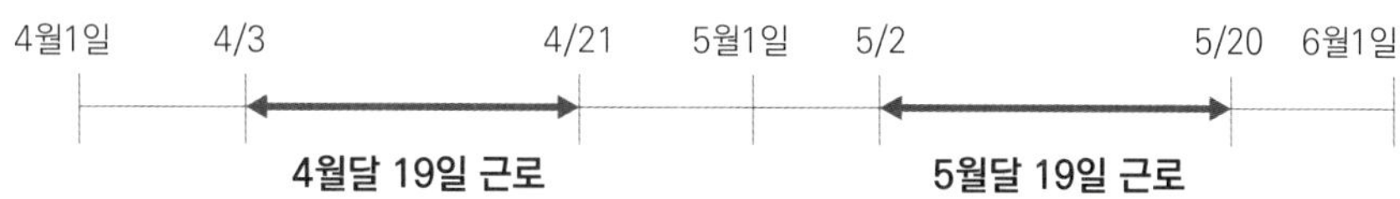

〈월력제〉 4월, 5월 모두 가입 대상 아님
〈최초 출역일 기산〉 4월 3일 취득, 5월 3일 또는 5월 21일 상실
: 4월 3일이 출역일이 될 경우 5월 3일까지 20일 이상 근로자가 됨

❖ 건설달인의 TIP

최초 출역일부터 기산하는 경우와 월력제를 적용하는 경우에 차이가 발생하는 이유는 자격 신고 기준과 보험료 부과 기준이 다르기 때문이다. 자격 신고(취득/상실)는 해당근로자의 실제 출역일을 기준으로 하지만 보험료 부과는 해당월 1일에 근로자가 가입되어 있는지 여부에 따라 결정된다. 예를 들면, 4월 17일이 취득일인 근로자는 4월분 보험료에 부과되지 않고, 4월 1일이 취득일인 근로자는 (신고 마감일을 지켰다는 가정하에) 4월분 보험료가 부과되는 것이다.

(3) 자격 신고 및 보험료 부과

건설현장 사업장의 건설일용근로자의 자격 신고는 반드시 각 공단의 EDI(전자문서교환시스템)에 해당 관리번호로 가입하고 이를 통해 신고해야 한다.

---

67) 원칙인 최초 출역일을 기산일로 적용하여 신고하는 것을 전제로 하여 자격 업무 신고에 대해 설명하도록 한다.

1) 신고 마감일

- 정기신고 마감일 : 매월 15일 (예시. 2019년 6월에 발생한 입퇴사 신고는 6월 15일까지)
- 일괄경정신고 마감일 : 익월 5일 (예시. 2019년 6월에 발생한 입퇴사 신고는 7월 5일까지)

강반장의 질문

일괄경정신고란 무엇인가요?

건설현장에서 근로하는 건설일용근로자는 그 직업의 특성상 입퇴사와 보수변동이 매우 잦기 때문에 고정된 금액으로 월급여를 산출하는 것이 매우 힘듭니다. 그러므로 해당 월 건설일용근로자의 출역일수와 급여는 최소한 해당 월 말일이 되어야 알 수 있는데 그러면 이미 해당월에 대한 자격 신고 마감일이 지났기 때문에 보험료 부과에 반영이 되지 않는 문제점이 있었습니다. 그래서 건설현장에 한해서 익월 5일까지 최종적으로 신고 마감을 연장하고 재정산하는데 이를 일괄경정신고라고 합니다. 이를 통해서 건설현장의 국민연금,건강보험 신고 업무의 과정을 정리하면 다음과 같습니다.

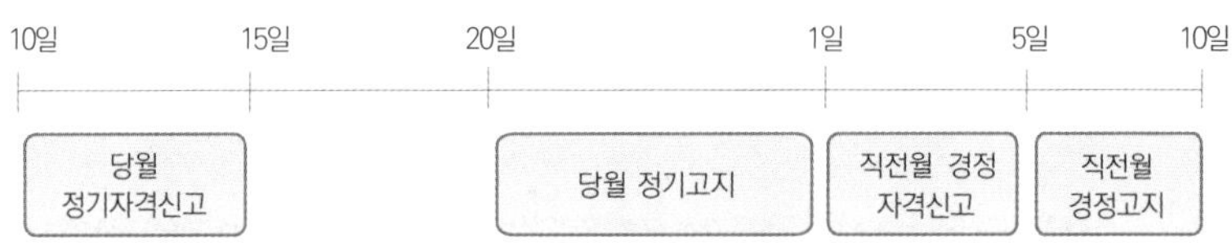

2) 기본적인 자격 신고

① 취득 : 해당 월에 최초로 출역한 날을 취득일로 하며, 보수월액/취득사유를 선택하여 신고한다. 국민연금은 '18세 이상 당연취득', 건강보험은 '기타'로 신고하는 것이 편리하며 취득 사유는 해당 근로자의 실제 사유에 따라 달라질 수 있다.

② 상실 : 마지막 근로일 다음날을 상실일로 하며, 상실사유는 해당 근로자의 실제 사유에 따라 달라질 수 있으나, 일반적인 경우에는 국민연금은 '근로관계 종료', 건강보험은 '퇴직'을 선택하는 것이 편리하다. 건강보험은 취득 기간 동안의 보수총액과 근무월수를 작성하여 신고한다.

③ 보수변경 : 매월 1일을 기준으로 연속 근로를 하는 건설일용근로자의 보수월액을 변경신고 한다.

❖ 건설달인의 TIP

- 취득신고시에 취득일이 해당월의 1일이 아니면 그 달의 보험료는 부과되지 않으며 이를 '취득월 미부과'라고 한다. 그러므로 이 경우 취득월의 급여에서 해당 보험료를 공제하면 안된다.
- 국민연금보험에 한해서 당월 1일 취득자가 아니여도 근로자가 원할 경우에는 부과 신청할 수 있다. 취득 신고시에 '취득월 납부여부'에 희망으로 기재하면 된다.
- 건설일용근로자에 한해서 상실신고시에 건강 보수총액을 0원, 근로월수를 0으로 기입하여 신고할 수 있다. 보수변경이 잦은 건설일용자의 특성상 매월 보수변경을 진행해서 실제 보수와 보험료 부과를 맞추는 것이 훨씬 간편하기 때문이다.
- 일반일용직이나 일반사업장의 경우에는 국민연금 보수변경이 제한적이지만 건설일용근로자에 한해서는 매월 보수변경이 가능하다.
- 취득신고와 상실신고는 국민연금이나 건강보험 EDI 어느쪽에서 해도 통합신고가 가능하지만 보수변경은 각각의 EDI에서 따로 신고해야한다.
- 국민연금,건강보험은 이중 가입이 가능하다.

3) 보험료 부과 및 납부

국민연금,건강보험료의 부과 및 납부는 자격 취득 또는 보수변경 신고 시에 기입한 근로자의 보수에서 각각의 보험료율을 곱한 금액으로 부과된다. 납부는 사업주가 먼저 전체 보험료를 납부하고 각각의 근로자에게서 부과된 보험료의 근로자분 만큼을 급여에서 원천공제한다. 사업주 부담과 근로자 부담의 보험료율과 납부총액, 상하한액을 정리[68]하면 다음과 같다.

종류	보험료율		납부총액	하한액	상한액
건강보험	사업주	3.23%	{가입자 전체의 보수총액 × 6.46%} + (건강보험액의 8.51%)	보수월액 278,950원	보수월액 98,537,462원
	근로자	3.23%			
	장기요양	(건강보험액의) 8.51%			
연금보험	사업주	4.5%	{가입자 전체의 보수총액 × 9%}	보수월액 310,000원	보수월액 4,860,000원
	근로자	4.5%			

68) 2019년 7월 1일 기준

① 보험료 고지서

매월 20일~25일 중에 EDI로 보험료 산출내역과 함께 일반고지서가 송부되며 익월 6일~9일 중에 EDI로 보험료 산출내역과 함께 경정고지서가 송부된다.

② 보험료 납부 마감일

일반고지서 및 경정고지서 모두 익월 10일까지 보험료를 납부해야 한다.

③ 미납시 연체금이 매일 계산되며, 10일 이후에 납부하려면 건강보험공단 징수파트에 연락해서 가상계좌를 발부 받은 후 기한내에 납부해야 한다.

④ 보험료 부과시 특이 사항

- 각 보험의 상하한액을 상회하거나 미달하는 경우에는 해당 상하한액에 따른 보험료가 부과된다.
- 국민연금 이중 가입자의 경우에 각 사업장에서 신고된 보수총액이 상한액 기준을 넘어서면 각 사업장별로 보험료를 조정하여 그 합이 상한액 보험료와 같도록 만든다.

❖ 건설달인의 TIP

- 일반고지서가 통보된 뒤에 아무런 자격 신고를 하지 않았다 하더라도 꼭 경정고지서를 확인해야 한다. 연금 이중가입자의 반영이 늦어져 경정고지에 반영되어 나타날 수도 있는 등 보험료가 공단 직권으로 변동되는 경우가 상당하기 때문이다.
- 국민연금은 매해 6월말까지 직전년도 가입 자료를 토대로 상하한액을 결정한다.

2. 고용,산재보험 자격 신고 및 보험료 납부

(1) 일용근로내용 확인신고

고보법 시행령 제7조(피보험자격의 취득 또는 상실 신고 등) ①사업주나 하수급인(下受給人)은 법 제15조에 따라 고용노동부장관에게 그 사업에 고용된 근로자의 피보험자격 취득 및 상실에 관한 사항을 신고하거나 법 제16조에 따라 고용노동부장관에게 피보험 단위기간, 이직 사유 및 이직 전에 지급한 임금·퇴직금 등의 명세를 증명하는 서류를 제출하려는 경우에는 그 사유가 발생한 날이 속하는 달의 다음 달 15일까지(근로자가 그 기일 이전에 신고하거나 제출할 것을 요구하는 경우에는 지체 없이) 신고하거나 제출하여야 한다. 이 경우 사업주나 하수급인이 해당하는 달에 고용한 일용근로자의 근로일수, 임금 등이 적힌 근로내용 확인신고서를 그 사유가 발생한 날의 다음 달 15일까지 고용노동부장관에게 제출한 경우에는 피보험자격의 취득 및 상실을 신고하거나 이직확인서를 제출한 것으로 본다.

관계 법령에 따라 건설현장에서 근로하는 건설일용근로자의 고용보험 자격 취득 및 상실신고는 일용근로내용확인신고서로 대체한다. 또한 건설업의 고용, 산재보험료 납부 방식은 자진신고라고 하는데 해당 업종의 근로내용 확인신고는 고용보험만 신고한다. 즉, 건설현장에서 일하는 근로자의 근로내용확인신고를 고용보험만 제출하면 자격관리 업무가 끝난다.

1) 일용근로내용 확인신고 수행 대상

① 원수급인 : 원수급인이 직접 고용한 일용근로자를 포함하여 해당 현장에 속한 하수급인이 고용한 일용근로자를 모두 포함하여 신고해야 한다. 만약, 하수급인이 하수승인 사업주 승인 신청이나 하수급인 명세서를 받은 경우에는 제외한다.

② 하수급인 : 하수승인 사업주 승인신청이나 하수급인 명세서를 받은 경우에 신고한다. 그렇지 아니한 경우에는 원수급인에게 고용한 일용근로자의 근로내용(노임대장)을 제출해서 원수급인이 신고하도록 한다.

2) 필요서류 및 작성법

① 근로내용 확인신고서

◦ 〈공통사업장〉에 해당하는 정보를 작성한다. 원도급 공사이거나 하수승인 사업주 승인신청 현장이면 사업장 관리번호에 해당 현장 관리번호를 기입한다. 하수급인 명세서를 받은 현장이면 '하수급인관리번호'에 하수급인 명세 관리번호를 적고 '사업장관리번호'에는 원도급 공사의 관리번호를 적는다.
◦ 〈공통사업장〉에서 고용관리책임자에 대한 내용을 반드시 적는다. 실제 고용관리책임자를 적는 것이 원칙이며 사용주를 제외한 해당 사업장 고용보험에 가입된 상용직원이여야 한다.
◦ 근로자의 성명, 주민번호, 국적, (외국인인 경우) 체류자격, 직종(건설 및채굴단순종사자, 706)을 작성하고 실제 출역일에 맞춰서 해당하는 일자에 체크한다.
◦ 근로일수와 일평균근로시간을 작성하고, 보수총액과 임금총액을 실제 근로자의 보수로 작성한다.

❖ 건설달인의 TIP

신고서에 〈국세청일용근로소득신고〉란을 함께 작성하거나 전산 신고시에 〈국세청지급조서대체〉란에 사업자등록번호를 기입하면 근로내용 확인신고로 국세청 지급조서 신고를 대체할 수 있다.

3) 신고기한 및 기타사항

익월 15일까지 팩스, 혹은 고용산재 토탈서비스(http://total.kcomwel.or.kr)에서 신고할 수 있으며, 하수급인 명세서인 경우에는 고용보험(https://www.ei.go.kr) 에서 신고가 가능하다.

강반장의 질문 1

외국인 근로자의 근로내용 확인신고는 어떻게 진행해야 하나요?

건설현장에서 고용이 허가되는 외국인 근로자의 체류 자격은 H-2(방문 취업), E-9(비전문 취업), F-2(거주), F-5(영주), F-6(결혼이민)이며 자격증 소지 여부에 따라 조건부로 F-4(재외동포)도 고용이 가능합니다. 이 중에 F-2, F-5, F-6는 국내 거주 및 영주권자에 속하므로 내국인처럼 고용보험 가입이 가능합니다. 그러므로 해당 체류 자격의 외국인은 내국인 근로자와 동일하게 근로내용 확인신고를 진행해야 합니다.

강반장의 질문 2 근로내용확인신고한 건설일용근로자의 실업급여 및 산재처리가 가능한가요?

근로내용 확인신고는 그 자체가 고용보험 자격 취득 신고와 동일한 효력을 가지고 있으므로 18개월 내에 180일 이상 근로내용이 신고된 건설일용근로자는 실업급여를 수령할 수 있습니다.
산재보험료를 자진신고하는 사업장(건설업)은 건설일용근로자의 산재보험 자격 신고가 따로 없기 때문에 산재보험으로 사업장이 성립(개시)된 경우에 재해자의 근로내용 확인신고가 확인되면 산재처리가 가능합니다.

❖ 건설달인의 TIP

- 근로내용 확인신고는 4대 사회보험과 관련해서 건설일용근로자의 근로내용을 증빙하는 서류로 자주 인용된다. 그러므로 건설일용근로자가 실제로 출역한 현장의 관리번호로 정확한 출역일수와 보수로 신고하는 것이 좋다.
- 신고 기한이 익월 15일까지이지만 추가로 그 다음달 15일까지를 유예기간으로 두고 있어 실제로는 약 45일 정도의 신고 기한을 갖는다.
- 미신고하거나 지연신고, 허위신고 시에는 과태료가 부과된다. 심지어 신고 기간 이후에 수정신고를 하는 경우에도 과태료가 부과된다. 실업급여 수급과 관련있는 모든 신고들은 처벌규정이 매우 엄격히 적용되므로 신고기한 내에 정확하게 신고하는 것이 중요하다.

건설업의 고용,산재보험료는 국민연금,건강보험과 달리 자격 신고된 근로자별로 매월 보험료를 산정해서 부과 및 납부하지 않는다. 관계법령에 따라 매년 3월에 직전년도 회계 자료를 기초로 한 직전년도의 보수총액을 확정하여 보험료를 산출해서 직전년도의 개산보험료와의 차액을 정산하고 확정된 보수총액으로 당해연도의 개산보험료를 산정하여 그 합을 납부하게 된다. 이를 고용산재보험료 자진신고라고 하며 건설업이 아닌 일반 사업장은 국민연금,건강보험과 마찬가지로 매월 보험료를 납부하는데 이를 고용산재 부과고지라고 한다.

〈건설업 고용산재보험 자진신고 방식〉

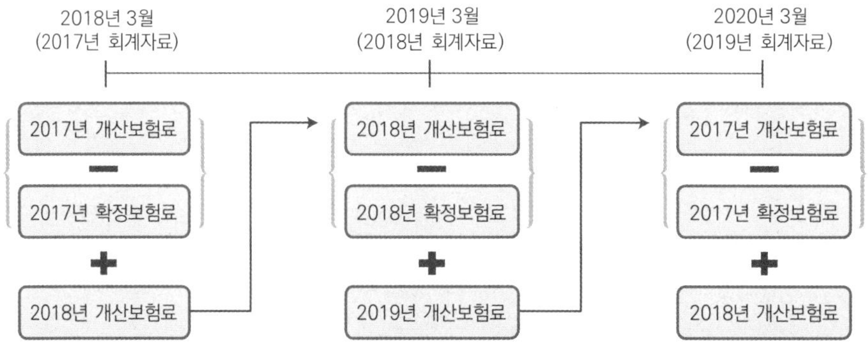

(2) 보험료 신고서 작성 및 접수 기한, 보험료 납부

일괄적용사업의 사업개시(종료)신고서로 작성하며, 위의 과정을 통해 산출된 보수총액을 〈(직전년도)확정보험료〉와 〈(당해년도)개산보험료〉에 기입한다. 그리고 고용 및 산재 각각의 보험료율을 적용하여 보험료를 도출하고, 확정보험료의 경우 직전년도에 산정한 개산보험료 금액을 〈기납부보험료〉에 기입하여 차액을 계산하여 추가납부 또는 과납부 금액을 정산한다.

- 정산된 확정보험료는 일시납만 가능하며, 개산보험료는 최대 4회까지 분할납부를 선택할 수 있다.
- 접수는 매년 3월 31일까지이며, 팩스 및 고용산재토탈서비스를 통한 온라인 접수가 가능하다.
- 접수 후에는 기한이 3월 31일까지인 보험료 고지서가 발부되며, 기한내에 납부하지 않으면 연체금과 확정보험료에 대한 가산금이 매일 붙게 되므로 기한내에 납부해야 한다.

❖ 건설달인의 TIP

- 보험료 신고서를 수기로 작성하여 팩스 접수하면 보험료 고지서도 팩스로 받아야 하는 번거로움이 있고 자진신고 관련하여 관할 공단에 연락이 매우 어려우므로 최대한 전산으로 접수하는 편이 좋다. 전산으로 접수하면 고지서가 그 즉시 발부되므로 납부까지 빠르게 진행하는 것이 좋다.
- 전산으로 보험료를 신고했는데 수정이 필요하다면 관할지사에 먼저 연락한 후에 서면으로 수정신고를 진행해야 한다. 위와 같은 이유로 매우 번거로우니 최초에

정확하게 보수총액을 산정하고 접수하도록 한다.

◦ 보험료 신고서를 서면으로 작성 시에 〈(직전년도)확정보험료 산정 기초보수총액〉이라고 해서 월별로 근로자의 수와 보수총액을 적어야 하는데, 산정된 보수총액을 12개월로 나눈 값을 월별 보수총액으로 적고 이를 건설업 평균임금으로 다시 나눈 값을 근로자의 수로 적으면 된다. 한마디로 꼭 정확한 월별 근로자수와 보수총액을 적을 필요는 없고 전산으로 신고할 때에는 자동으로 계산해준다. 해당 신고 당시에 근로자의 수를 상시근로자 수로 적용하여 이듬 해의 보험료율 결정에 인용하는 지사도 있으니 고용안정·직업능력개발 상시근로자수 기준 경계에 걸치는 사업장은 자동 계산하더라도 꼭 확인해둔다.

3. 퇴직공제 자격 신고 및 퇴직공제부금 납부

퇴직공제 자격 신고는 국민연금,건강보험과 마찬가지로 월별로 신고한 근로자에 대하여 부과되는 부금비를 납부하면 된다. 퇴직공제 근로내용 신고는 고용보험 근로내용 확인신고와 비슷해서 해당 현장에서 하수급인이 고용한 일용근로자에 대해서도 신고해야 한다. 신고 업무는 모두 퇴직공제 EDI로 진행해야 한다.

(1) 퇴직공제 가입 제외 대상

건설근로자법 시행령 제11조(피공제자가 될 수 없는 자의 범위) 법 제11조제2호에서 "대통령령으로 정하는 자"란 다음 각 호의 어느 하나에 해당하는 자를 말한다.
1. 기간을 정하지 아니하고 고용된 상용근로자
2. 1년 이상의 기간을 정하여 고용된 근로자

퇴직공제는 관계법령에 따라 가입이 제외되는 근로자를 제외하고는 모두 신고해야 한다. 고용보험의 경우에는 근로내용 확인신고를 할 수 있는 외국인의 체류자격이 정해져 있지만 퇴직공제는 불법체류가 아니면서 취업이 가능한 체류 자격인 경우에는 모두 신고한다.

강반장의 질문

1년 이상 근로한 일용근로자에게 퇴직금과 퇴직공제금을 지급해야 하나요?

사업장에서 1년 이상 계속근로하고 퇴직하는 근로자에게 퇴직금을 지급 하여야 하며 일용직과 상용직의 구분이 없습니다. 퇴직공제금은 일용근로자의 고용안정과 더불어 일종의 복지사업의 일환으로 1년 미만 근로자에 대하여 적용하는 것이기 때문에 퇴직금 지급 여부와는 완전히 별개입니다. 그러므로 1년 이상 근로한 일용근로자에게는 당연히 퇴직금을 지급해야 합니다.

(2) 퇴직공제부금 근로일수 신고

퇴직공제는 4대 사회보험의 자격 신고와 비슷하면서도 약간의 차이가 있다, 4대 사회보험은 출역일수와 보수월액이 신고의 기본인 반면에 퇴직공제는 '근로일수'를 기본으로 신고한다. 퇴직공제에서 말하는 근로일수는 출역일수 자체가 아니라 출역공수를 의미한다. 예를 들자면 A라는 근로자가 4월 1일부터 10일까지 매일 1.5공수씩 근로했을 경우에 출역일수는 10일이지만 출역공수는 15공수가 된다. A라는 근로자의 퇴직공제 근로일수는 출역공수인 15공수가 되는 것이며, 만약에 근로일수가 소수자리가 발생하면 버림하여 신고하되 다음 달 근로일수에 버림수를 더하여 정수가 되면 합산해서 신고해야 한다.

❖ 건설달인의 TIP

소수자리를 버리면 다음달에 해당 근로자의 다음달 공수에 버림수를 더해야하는 불편함이 있어 보통은 올려서 신고하는 경향이 있다.

(3) 퇴직공제부금 산정 및 납부

4대 사회보험은 보수월액 또는 보수총액에 보험료율을 곱하여 보험료를 산출하는데, 퇴직공제는 고정된 '공제부금 일액'을 근로일수에 곱하여 퇴직공제부금비를 산정한다. 즉, 퇴직공제부금 현장에서 월별로 납부해야 하는 공제부금은 '신고한 근로일수 총합 × 공제부금 일액(5,000원)'이 된다. 산정된 공제부금은 매월 15일까지 납부해야 한다.

〈퇴직공제부금 일액〉

적용기준	공제부금 일액	퇴직공제금	부가금	비고
'18.1.1.~현재	5,000원	4,800원	200원	입찰공고일 기준
'12.4.1.~'17년말까지	4,200원	4,000원	200원	최초착공일 기준
'08년~'12.3월말까지	4,100원	4,000원	100원	
'07년말까지	3,100원	3,000원	100원	
'06년말까지	2,100원	2,000원	100원	

강반장의 질문

성립시와 준공시의 공제부금 일액이 다를 경우 어떤 기준을 적용시켜야 하나요?

예를 들어, 최초착공일이 2017년 12월 31일로 공제부금 일액이 4,200원으로 적용받게 된 현장은 2018년 1월 1일부터 공제부금 일액이 변경되어도 영향을 받지 않고 준공할 때까지 계속 4,200원을 적용받습니다. 즉, 퇴직공제 현장이 성립될 때 적용받은 공제부금 일액 기준은 준공시 까지 유효하며 기간 중에 변경된다 하더라도 영향을 받지 않습니다.

❖ 건설달인의 TIP

퇴직공제에도 과태료 규정이 있지만 늦더라도 성립 및 퇴직공제부금 신고를 하면 과태료가 부과되지 않을 수 있다. 마찬가지로 납부 기한이 지나더라도 소급신고가 가능하다. 그러나 공사가 길어질수록 퇴직공제금을 신청하는 근로자가 많아지므로 지연신고할수록 누락 및 축소 민원이 발생할 수 있다는 점에 유의해야 한다.

Ⅳ 4대 사회보험 및 퇴직공제 추가 실무

1. 건강보험 보수총액 신고(연말정산)

건보법 제69조(보험료) ①공단은 건강보험사업에 드는 비용에 충당하기 위하여 제77조에 따른 보험료의 납부의무자로부터 보험료를 징수한다.
②제1항에 따른 보험료는 가입자의 자격을 취득한 날이 속하는 달의 다음 달부터 가입자의 자격을 잃은 날의 전날이 속하는 달까지 징수한다. 다만, 가입자의 자격을 매월 1일에 취득한 경우에는 그 달부터 징수한다.
③제1항 및 제2항에 따라 보험료를 징수할 때 가입자의 자격이 변동된 경우에는 변동된 날이 속하는 달의 보험료는 변동되기 전의 자격을 기준으로 징수한다. 다만, 가입자의 자격이 매월 1일에 변동된 경우에는 변동된 자격을 기준으로 징수한다.
④직장가입자의 월별 보험료액은 다음 각 호에 따라 산정한 금액으로 한다.
1. 보수월액보험료: 제70조에 따라 산정한 보수월액에 제73조제1항 또는 제2항에 따른 보험료율을 곱하여 얻은 금액
2. 소득월액보험료: 제71조에 따라 산정한 소득월액에 제73조제1항 또는 제2항에 따른 보험료율을 곱하여 얻은 금액

⑤지역가입자의 월별 보험료액은 세대 단위로 산정하되, 지역가입자가 속한 세대의 월별 보험료액은 제72조에 따라 산정한 보험료부과점수에 제73조제3항에 따른 보험료부과점수당 금액을 곱한 금액으로 한다.
⑥제4항 및 제5항에 따른 월별 보험료액은 가입자의 보험료 평균액의 일정비율에 해당하는 금액을 고려하여 대통령령으로 정하는 기준에 따라 상한 및 하한을 정한다.

제70조(보수월액) ①제69조제4항제1호에 따른 직장가입자의 보수월액은 직장가입자가 지급받는 보수를 기준으로 하여 산정한다.
②휴직이나 그 밖의 사유로 보수의 전부 또는 일부가 지급되지 아니하는 가입자의 보수월액보험료는 해당 사유가 생기기 전 달의 보수월액을 기준으로 산정한다.
③제1항에 따른 보수는 근로자등이 근로를 제공하고 사용자·국가 또는 지방자치단체로부터 지급받는 금품(실비변상적인 성격을 갖는 금품은 제외한다)으로서 대통령령으로 정하는 것을 말한다. 이 경우 보수 관련 자료가 없거나 불명확한 경우 등 대통령령으로 정하는 사유에 해당하면 보건복지부장관이 정하여 고시하는 금액을 보수로 본다.
④제1항에 따른 보수월액의 산정 및 보수가 지급되지 아니하는 사용자의 보수월액의 산정 등에 필요한 사항은 대통령령으로 정한다.

건보법 시행령 제34조(직장가입자에 대한 보수월액보험료 부과의 원칙) ①법 제70조제1항에 따라 직장가입자에 대한 보수월액보험료는 매년 다음 각 호의 구분에 따라 산정된 보수월액을 기준으로 하여 부과하고, 다음 해에 확정되는 해당 연도의 보수 총액을 기준으로 제39조에 따라 보수월액을 다시 산정하여 정산한다. 다만, 법 제70조제3항 후단에 따라 보건복지부장관이 고시하는 금액이 적용되는 직장가입자에 대해서는 그 고시하는 금액이 적용되는 기간 동안 부과한 보수월액보험료의 정산을 생략할 수 있다.

1. 직장가입자의 자격을 취득하거나, 다른 직장가입자로 자격이 변동되거나, 지역가입자에서 직장가입자로 자격이 변동된 사람: 제37조에 따른 자격 취득 또는 변동 시의 보수월액
2. 제1호에 해당하지 아니하는 직장가입자: 전년도에 받은 보수의 총액을 기준으로 제36조에 따라 산정한 보수월액

②제1항 각 호에 따른 보수월액의 적용기간은 다음 각 호와 같다.

1. 제1항제1호의 가입자: 자격 취득 또는 변동일이 속하는 달(매월 2일 이후에 자격이 변동된 경우에는 그 자격 변동일이 속한 달의 다음 달을 말한다)부터 다음 해 3월까지
2. 제1항제2호의 가입자: 매년 4월부터 다음 해 3월까지

제35조(보수월액 산정을 위한 보수 등의 통보) ①사용자는 법 제70조제1항에 따른 보수월액의 산정을 위하여 매년 3월 10일까지 전년도 직장가입자에게 지급한 보수의 총액(법 제70조 및 이 영 제33조에 따라 산정된 금액으로서 가입자별로 1월부터 12월까지 지급한 보수의 총액을 말한다. 이하 같다)과 직장가입자가 해당 사업장·국가·지방자치단체·사립학교 또는 그 학교경영기관에 종사한 기간 등 보수월액 산정에 필요한 사항을 공단에 통보하여야 한다. 이 경우 법 제70조제3항 후단의 적용을 받는 직장가입자에 대해서는 통보를 생략할 수 있다.

②사용자는 법 제70조제1항에 따른 보수월액 산정을 위하여 그 사업장이 다음 각 호의 어느 하나에 해당하면 그때까지 사용·임용 또는 채용한 모든 직장가입자(제3호의 경우에는 해당 직장가입자를 말한다)에게 지급한 보수의 총액 등 보수월액 산정에 필요한 사항을 공단에 통보하여야 한다.

1. 사업장이 폐업·도산하거나 이에 준하는 사유가 발생한 경우
2. 사립학교가 폐교된 경우
3. 일부 직장가입자가 퇴직한 경우

제36조(보수월액의 결정 등) ①공단은 제35조에 따라 통보받은 보수의 총액을 전년도 중 직장가입자가 그 사업장등에 종사한 기간의 개월수로 나눈 금액을 매년 보수월액으로 결정한다. 다만, 사용자가 그 사업장등의 해당 연도 보수의 평균 인상률 또는 인하율을 공단에 통보한 경우에는 본문에 따라 계산한 금액에 그 평균 인상률 또는 인하율을 반영하여 산정한 금액을 매년 보수월액으로 결정한다.

②사용자는 해당 직장가입자의 보수가 인상되거나 인하되었을 때에는 공단에 보수월액의 변경을 신청할 수 있다. 다만, 상시 100명 이상의 근로자가 소속되어 있는 사업장의 사용자는 다음 각 호에 따라 공단에 그 보수월액의 변경을 신청하여야 한다.

1. 해당 월의 보수가 14일 이전에 변경된 경우: 해당 월의 15일까지
2. 해당 월의 보수가 15일 이후에 변경된 경우: 해당 월의 다음 달 15일까지

③공단은 사용자가 제35조에 따른 통보를 하지 아니하거나 통보 내용이 사실과 다른 경우에는 법

제94조에 따라 그 사실을 조사하여 보수월액을 산정 · 변경할 수 있으며, 제2항에 따른 보수월액의 변경신청을 받은 경우에는 보수가 인상된 달 또는 인하된 달부터 보수월액을 변경할 수 있다.
④직장가입자가 둘 이상의 건강보험 적용 사업장에서 보수를 받고 있는 경우에는 각 사업장에서 받고 있는 보수를 기준으로 각각 보수월액을 결정한다.

제39조(보수월액보험료의 정산 및 분할납부) ①공단은 원래 산정 · 징수한 보수월액보험료의 금액이 제34조부터 제38조까지의 규정에 따라 다시 산정한 보수월액보험료의 금액을 초과하는 경우에는 그 초과액을 사용자에게 반환하여야 하며, 부족한 경우에는 그 부족액을 사용자로부터 추가로 징수하여야 한다.
②사용자는 직장가입자의 사용 · 임용 · 채용 관계가 끝난 경우에는 해당 직장가입자가 납부한 보수월액보험료를 다시 산정하여 근로자와 정산한 후 공단과 정산 절차를 거쳐야 한다. 다만, 법 제70조제3항 후단에 따라 보건복지부장관이 고시하는 금액이 적용되는 직장가입자에 대해서는 그 고시하는 금액이 적용되는 기간에 부과한 보수월액보험료의 정산을 생략할 수 있다.
③사용자는 제1항에 따라 반환받은 금액 또는 추가 납부한 금액 중 직장가입자가 반환받을 금액 및 부담하여야 할 금액에 대해서는 해당 직장가입자와 정산하여야 한다.
④공단은 제1항에 따라 추가로 징수하여야 할 금액 중 직장가입자가 부담하는 금액이 해당 직장가입자가 부담하는 보수월액보험료(추가징수금액을 고지하는 날이 속하는 달의 보수월액보험료를 말한다) 이상인 경우에는 다음 각 호의 구분에 따라 납부하게 할 수 있다.
1. 제34조제1항 본문에 따라 다음 해에 확정되는 해당 연도의 보수 총액을 기준으로 한 정산에 따른 추가징수금액: 5회로 분할하여 납부. 다만, 사용자의 신청에 따라 1회에 전액 납부하거나 10회 이내의 범위에서 분할하여 납부할 수 있다.
2. 연말정산을 제외한 정산에 따른 추가징수금액: 1회에 전액 납부. 다만, 사용자의 신청에 따라 10회 이내의 범위에서 분할하여 납부할 수 있다.

건보법 시행규칙 제40조(보수 총액 등의 통보) 사용자는 영 제35조에 따라 직장가입자의 보수 총액 및 종사기간 등을 공단에 통보할 때에는 다음 각 호의 구분에 따른 서류를 공단에 제출하여야 한다.
1. 사용관계가 계속되는 경우: 별지 제26호서식의 직장가입자 보수 총액 통보서
2. 연도 중 영 제35조제2항 각 호의 어느 하나에 해당하게 된 경우: 별지 제8호서식의 직장가입자 자격상실 신고서

건설업 본사에 가입되어 있는 상용근로자 및 일용근로자, 혹은 건설 현장을 상용 현장으로 분리적용하여 전입한 상용근로자에 대해서는 일반사업장으로 분류되어 연말정산을 시행한다. 일반사업장에 가입된 직장가입자의 건강보험료는 당해 연도 소득에 대하여 부과되어야 하는데 상용근로자의 경우 사업장에서 매월 보수 변경을 신고하지 않은 경우에는 우선적으로 직전의 소득월액으로 매월 부과한 후, 당해 연말정산을 통하여 기 납부 보험료와의 차액을 정산하여 당해 4월분 보험료에 부과한다.

정산 대상자는 직장가입자 중에 매년 12월 말일까지 자격이 유지된 경우이며 중도 퇴사자, 12월 1일이 포함되지 않은 12월 입사자, 휴직/군입대와 같은 사유로 보험료가 모든 기간 동안 부과되지 않은 자는 제외된다.

건강보험공단에서는 매년 1월 말일까지 EDI와 우편을 통해 사업장에 직장가입자보수총액통보서를 발송하고 사업장에서는 3월 10일까지 1차로 보수총액신고서에 대상자들의 전년도보수총액과 근로월수를 기재하여 제출해야한다. 최종적으로 3월 29일까지 접수 받은 후에 3월 30일 경에 신고된 내용을 토대로 연말정산 산출내역서를 통보한다. 해당 통보내용을 바탕으로 착오가 있거나 누락된 경우에는 4월 15일까지 변경신고가 가능하며 최종적으로 4월분 고지서(5월 10일 납부)부터 반영된다.

〈건강보험 보수총액신고(연말정산) 일정〉

<table>
<tr><th colspan="2">구분</th><th>일정</th></tr>
<tr><td rowspan="4">업무처리</td><td>직장가입자 보수총액통보서 사업장 발송</td><td>매년 1월 31일까지</td></tr>
<tr><td>직장가입자보수총액통보서 작성 및 접수</td><td>매년 3월 10일까지</td></tr>
<tr><td>직장가입자보수총액통보서 미접수 건 독촉</td><td>매년 3월 29일까지</td></tr>
<tr><td>연말정산 자료 확인</td><td>매년 3월 22일까지</td></tr>
<tr><td>산출내역 통보</td><td>직장가입자 보험료 연말정산 산출내역서 통보</td><td>매년 3월 30일까지</td></tr>
<tr><td>착오자 변경신청</td><td>직장가입자 보험료 정산내역 착오자 변경신고</td><td>매년 2월 1일부터
매년 4월 15일까지</td></tr>
<tr><td>보수월액 결정</td><td>당해연도 보수월액 결정</td><td>매년 4월 15일 기준</td></tr>
<tr><td>고지반영</td><td>매년 4월분 보험료 고지서에 정산분 반영</td><td>매년 4월 15일 기준</td></tr>
<tr><td>분할납부 신청</td><td>연말정산 정산보험료 고지서 반영 최초 납부</td><td>매년 5월 10일 까지</td></tr>
</table>

❖ 건설달인의 TIP

- 개인사업장의 사용자는 5월 말일까지 종합소득세 신고를 하기 때문에 5월 말일까지 보수총액신고를 하며 6월분 보험료부터 정산내역이 반영된다.
- 보수총액통보서에 알 수 없는 이유로 누락된 대상자가 있다면 관할 건강보험공단에 문의 후 새로운 보수총액통보서를 부여받아 신고 접수해야 한다.
- 일반사업장의 직장가입자는 건설 일용 현장 일용근로자의 퇴사신고처럼 보수총액을 0원으로 적어서 신고할 수 없다. 퇴사신고시에 정확한 보수총액과 근로월수를 기재하여 퇴사 시점에 건강보험료를 정산받아야 한다.
- 정산된 보험료가 당해연도에 결정된 보수월액에 따른 보험료보다 큰 경우에는 자동으로 5회 분할납부 처리된다. 근로자의 동의가 있는 경우에 일시납 혹은 최대 10회 이내로 분할차수 변경이 가능하다.

2. 건강보험 사업장 지도점검

건보법 제94조(신고 등) ①공단은 사용자, 직장가입자 및 세대주에게 다음 각 호의 사항을 신고하게 하거나 관계 서류를 제출하게 할 수 있다.
1. 가입자의 거주지 변경
2. 가입자의 보수·소득
3. 그 밖에 건강보험사업을 위하여 필요한 사항

제119조(과태료) ③다음 각 호의 어느 하나에 해당하는 자에게는 500만원 이하의 과태료를 부과한다.
2. 정당한 사유 없이 제94조제1항을 위반하여 신고·서류제출을 하지 아니하거나 거짓으로 신고·서류제출을 한 자

건강보험 공단은 정기적으로 혹은 특별히 사업장의 3년 전 자료부터 정확한 자격 및 보험료 정산이 이루어지고 있는지 확인하는 지도점검을 진행한다. 상용근로자로 이루어진 일반사업장의 경우에는 크게 어렵거나 부담이 되는 점검은 아니지만 건설업체의 경우에는 현장에서 근로하는 건설일용근로자 또한 점검 대상이기 때문에 3년 간의 신고가 정확한지를 쉽게 장담할 수 없으므로 까다로운 점검이 아닐 수 없다.

(1) 기본 준비 서류

기본적으로 요청하는 서류는 지난 3년치의 (퇴사자를 포함한) 소득자별근로소득원천징수부, 원천징수이행상황신고서, 일용근로소득 지급명세서, 급여대장, 재무제표 등이다.

지도점검 확인사항

- 사업장 및 대표자 변경 신고 적정 여부
- 자격취득, 상실의 적정성 여부
- 근무내역 변동자의 변동신고 적정성 여부
- 적정보험료 공제 여부
- 보험료 연말정산, 중간정산, 퇴직정산 적정성 여부
- 소득 축소·탈루 여부
- 건강보험제도의 전반적인 관련사항 지도 및 홍보, 건의사항 수렴

(2) 기본적인 대응

공단에서 요청하는 서류는 모두 준비해야하는데, 기본적으로 일용근로자에 대해 요청하는 자료가 세무신고 자료이기 때문에 건설현장별로 성립신고를 한 후 현장별로 근로자의 자격을 관리하고 있었다면 세무신고 자료와 실제 자격신고가 일치하지 않을 수 있다. 예를 들어, 건설현장으로 성립된 A, B, C 현장이 모두 8일 기준을 적용받는다고 할 때 A근로자가 세 개의 현장에서 각각 6일씩 2달을 일했다고 가정한다면 건강보험 자격 취득 대상자는 아니다. 하지만 세무신고는 해당 근로자의 해당월에 일한 모든 날짜와 총보수가 기입되어 신고되기 때문에 건강보험공단에서는 해당 대상자를 18일 근무자로 판단해서 부과 대상자로 선정할 수 있다. 그러므로 건설현장별로 사업장 성립신고를 한 후 부여받은 관리번호를 공문형식으로 작성하고 현장에서 일한 근로자를 확인할 수 있는 3년 치의 자료를 함께 준비하는 것이 좋다.

현장별로 근로자가 가입 기준에 적용받지 않는다는 것을 제일 명확하게 보여주는 자료는 고용보험 근로내용확인신고서이다. 해당 신고서는 현장명과 근로자별로 근로일수와 보수가 작성되어 있고 특히 공문서이기 때문에 건강보험공단에서 신뢰하는 편이다. 다만 해당 자료로 제출할 경우에 외국인 근로자가 문제될 수 있는데 그 이유는 고용보험 근로내용 확인신고서는 특정 체류자격의 외국인만 신고가 가능하기 때문이다. 이렇듯 외국인 근로자의 문제도 있기 때문에 고용보험 일용근로내용 확인신고서를 제출하더라도 실제 사업장에서 관리하는 3년 치의 월별 노임대장(일용노무비 지급명세서 등)을 같이 첨부하는 것이 좋다. 노임대장에는 필히 현장명이 기재되어 있어야 하며 외국인 근로자를 제외하고 일용근로내용 확인신고서와 일치해야 소명자료의 신뢰도가 높다. 또한 월별 노임대장이 세무신고 자료와도 일치하는지 확인하는 것도 필요하다.

자료제출이 완료되면 건강보험공단에서는 제출된 자료를 토대로 미신고자 혹은 가입대상자로 판단될 경우에는 사유와 함께 결과를 통보한다. 해당 내용에 추가적인 이의를 제기하지 않거나 소명이 불가능하면 건강보험공단에서 대상자를 직권 가입 및 보험료 부과하며 해당하는 내용에 대해서만 고지서를 발부하여 납부하거나 본사 고지서에 반영하여 함께 납부한다.

❖ 건설달인의 TIP

- 건설업의 기본적인 건강보험 지도점검 대응의 핵심은 ① 건설현장 성립신고를 했는지 ② 현장별로 근로자 관리가 정확히 이루어졌는지 라고 할 수 있다. 실제로 건설현장에서 일한 일용근로자라 하더라도 건설현장을 사업장 성립신고하지 않으면 건강보험공단에서는 해당 일용근로자를 건설일용근로자로 판단하지 않는다. 그러므로 도급 관계와 금액에 상관없이 1달 이상의 공사기간을 가지는 건설공사 계약서가 생기면 일용근로자를 사용하지 않더라도 무조건 사업장 성립신고를 하는 것이 추후 발생할 지도점검에 올바르게 대응할 수 있는 방법이다.
- 관할지사와 담당자의 성향에 따라 가입대상자의 선정 기준에 차이가 있다. 보통은 건설일용근로자의 경우 현장별로 15일 이상인 경우에 가입대상자로 선정하는데 2018년 8월 1일부터 변경된 가입기준에 의해서 8일로 적용하는 사례가 늘고 있다. 대응을 시작하기 전에 지도점검 담당자와 연락하여 업무 처리에 대해 자세히 상담할 것을 권한다.

3. 국민연금 사업장가입자 가입신고 안내

국민연금법 제21조(가입자 자격 및 소득 등에 관한 신고) ①사업장가입자의 사용자는 보건복지부령으로 정하는 바에 따라 당연적용사업장에 해당된 사실, 사업장의 내용 변경 및 휴업 · 폐업 등에 관한 사항과 가입자 자격의 취득 · 상실, 가입자의 소득월액 등에 관한 사항을 국민연금공단에 신고하여야 한다.

국민연금은 보험의 특성상 정산 개념에 점검은 없지만 국세청으로부터 분기별로 소득신고자료를 연계하여 가입대상자로 판단되는 근로자들에 대하여 사업장가입자로 가입신고할 것을 요구하는 서류를 발송한다. 이 서류의 명칭은 '국민연금 사업장가입자 가입신고 안내'이며 매 분기별 국세청 소득자료를 확인하면 발송된다.

(1) 기본적인 대응

국세청 세무 신고자료에는 현장별로 근로한 건설일용근로자들의 일수와 보수가 모두 합쳐져 있기 때문에 가입대상자로 판단되는 경우가 많다. 안내문에 기재된 대상자들 옆 비고란에 가입 제외자임을 밝히고 (ex : 건설일용현장 91x-xx-xxxxx-1, 8일 미만 건설일용근로자) 건강보험 지도점검과 마찬가지로 고용보험 근로내용 확인신고서와 현장별로 정리된 노임대장(일용노무비 지급명세서)를 해당 분기에 맞는 자료로 준비한다. 현장별 국민연금 사업장 관리번호도 공문 형식으로 작성하여 함께 제출하면 더욱 좋다.

❖ 건설달인의 TIP

- 월력제로 건설일용근로자의 자격을 관리하는 사업장은 해당 업무에 어려움이 발생할 수 있다. 건강보험은 보험료가 올바르게 부과 및 정산되는 것에 신경쓰는 반면 국민연금은 보험료를 정산하는 개념이 아니기 때문에 가입기준에 매우 민감하다. 따라서, 월력제로 신고하는 경우에는 관할지사에서 실제 출역일을 기산일로 재적용하여 가입대상자가 발생할 수 있다.
- 관할지사와 담당자의 성향에 따라 가입대상자 및 건설일용근로자 여부에 대한 판단이 달라질 수 있다.[69]

4. 고용산재 건설업 확정정산 조사

건설업체는 고용,산재보험료에 대하여 자체적으로 보수총액을 산정해서 보험료를 납부하는 자진신고이기 때문에 의도치 않더라도 정확하게 보수총액이 산정되지 않을 수 있다. 근로복지공단에는 6개 지역본부의 확정정산 전담부가 있으며 매년 다음연도의 확정보험료 정산 계획을 수립하여 선정된 사업장에 확정정산 조사 통보를 한다. 건강보험 지도점검과 마찬가지로 최대 직전 3개년의 확정정산 조사가 이루어진다.

69) 실례로, 건설현장을 국민연금 사업장 성립신고를 하고 경과조치사업장으로 인정까지 받았음에도 불구하고 실제 공사 계약서에 직접 노무비를 명시하지 않았다는 이유로 건설현장임을 인정하지 않는 경우도 있다.

(1) 기본 준비 서류

기본적으로 요청하는 서류는 다음과 같다.

◦ 재무제표증명원
◦ 건설공사 기성실적신고서
◦ 계정별 원장
◦ 전자 및 전자 외 세금계산서 매입처별 및 매출처별 합계표(관리용, 갑,을)
◦ 고용산재보험 보험료 공제액 증빙자료
(소득자별 근로소득 원천 징수부, 일용근로소득 지급명세서, 연말정산 현황 집계 자료 등)
◦ 현장별 공사원가 명세서 [부문별 원가 안분 명세서(전체)]
◦ (공동도급 공사가 있는 경우) 도급계약서, 공동도급 협정서, 원가배분(안분) 내역서(월별)
◦ 확정보험료신고시 산정에 사용한 자료 일체

❖ 건설달인의 TIP

근로복지공단의 정산 담당자와 현재 사업장의 확정정산 조사의 방향에 따라 위의 서류 중 일부는 필요하지 않을 수 있고, 이외의 자료가 필요할 수도 있다.

(2) 기본적인 대응

건설업의 고용산재보험료는 건설공사에 지급된 보수총액을 기준으로 하기 때문에 건설공사가 아닌 것에서는 보수가 발생하지 않는다. 즉, 확정 및 개산보험료 산정시에 만들어낸 보수총액이 어느 정도로 완벽하게 공사에 관한 보수로 산정했는지에 따라 대응의 수위가 달라진다.

우선은 확정정산 담당자와 연락하여 필수적으로 필요한 자료를 제출하면 근로복지공단에서 해당 자료를 토대로 보수조정내역서를 통보한다. 이 때, 공단에서 조정한 내역을 전부 살펴볼 수 있기 때문에 해당 내역을 확인하여 공사가 아닌 계정금액·보험료를 납부하지 않아도 되는 공사(하도급)·가입 제외자 등으로 제외할 수 있는 금액을 찾아 그에 대한 소명자료(공사계약서, 세금계산서 등)를 준비하여 소명한다.

❖ 건설달인의 TIP

확정정산 조사는 건강보험 지도점검과 함께 건설업에서 4대 사회보험 업무 중에 가장 복잡하고 시간이 많이 필요한 업무로 ① 자료 제출 ② 보수조정내역서 확인 ③ 소명의 과정으로 진행된다.

5. 퇴직공제 근로감독

건설근로자법 제23조(지도감독 등) ①고용노동부장관은 필요하다고 인정하면 사업주와 공제회에 대하여 대통령령으로 정하는 바에 따라 이 법의 시행에 필요한 보고, 자료의 제출, 그 밖에 필요한 지시를 할 수 있다.
②공제회는 피공제자를 고용하고 있거나 고용하였던 사업주 및 피공제자에게 공제사업에 관하여 필요한 보고나 관계 서류의 제출을 요구할 수 있다.

퇴직공제에 가입된 현장으로 직접 근로감독의 형태로 점검이 나오는데 최근에는 고용노동부의 근로감독과 동시에 진행되는 추세이다.

(1) 기본 준비 서류

- 서면근로계약(임금,근로시간,휴일,휴가)
- 임금대장(퇴사자 명단 포함)
- 퇴직공제 관계 성립신고 여부
- 퇴직공제부금 납부내역

(2) 기본적인 대응

원수급인의 현장으로 오기 때문에 해당 현장의 하수급인 모두 대상이 되며 하수급인 승인 신청 여부와 원수급인이 하수급인이 고용한 근로자의 퇴직공제 가입 여부 또한 판단한다.

❖ 건설달인의 TIP

해당 점검으로 인하여 미성립 했거나 가입신고가 미진하다고 판단되어 그 즉시 미신고건에 대해 신고하면 과태료가 부과되지 않을 수 있다.

제 2 장

별첨 서식자료

[별첨 2-1] 사대보험 보험관계성립·가입신청서

국민연금 [ ]당연적용사업장 해당신고서
건강보험 [ ]사업장(기관) 적용신고서
고용보험 ([ ]보험관계성립신고서 [ ]보험가입신청서)
산재보험 ([ ]보험관계성립신고서 [ ]보험가입신청서)

※ 유의사항 및 작성방법은 제1쪽 뒷면을 참고하여 주시기 바라며, 색상이 어두운 난은 신고인(신청인)이 적지 않습니다. (제1쪽 앞면)

접수번호	접수일	처리기간 국민연금 · 건강보험 3일, 고용 · 산재보험 5일

공통	사업장	사업장관리번호	명칭	사업장 형태	[ ]법인 [ ]개인
		소재지 우편번호( )			
		우편물 수령지 우편번호( )		전자우편주소	
		전화번호	(휴대전화)	팩스번호	
		업태	종목 (주생산품)	업종코드	
		사업자등록번호	법인등록번호		
		주거래 은행 (은행명)	(예금주명)	(계좌번호)	
	사용자(대표자)	성명	주민(외국인)등록번호	전화번호	
		주소			
	보험료 자동이체 신청	은행명	계좌번호		
		예금주명	예금주 주민등록번호(사업자 등록번호)		
	전자고지 신청	고지 방법	[ ]전자우편 [ ]전자문서교환시스템	[ ]휴대전화 [ ]인터넷 홈페이지(사회보험통합징수포털)	4대 사회보험 합산고지 [ ] 신청 [ ] 미신청
		수신처 (전자우편주소, 휴대전화번호 또는 인터넷 홈페이지에 가입한 아이디)			
		수신자 성명	수신자 주민등록번호		
국민연금/건강보험		건설현장사업장 [ ]해당 [ ]비해당	건설현장 사업기간		
연금(고용) 보험료 지원 신청		「국민연금법」 제100조의3 또는 「고용보험 및 산업재해보상보험의 보험료징수 등에 관한 법률」 제21조에 따라 아래와 같이 연금(고용)보험료 지원을 신청한다[근로자 수가 10명 미만인 사업(장)만 해당한다]. 국민연금 [ ] 고용보험 [ ]			
국민연금		근로자 수	가입대상자 수	적용 연월일	
		분리적용사업장 [ ]해당 [ ]비해당	본점사업장관리번호 xxx-xx-xxxxx-0		
건강보험		적용대상자 수	본점사업장관리번호 xxx-xx-xxxxx-0	적용 연월일	
		사업장 특성부호	회계종목(공무원 및 교직원기관만 작성)	1 2 3	
고용보험		상시근로자 수	피보험자 수	성립일	
		보험사무대행기관 (명칭)		(번호)	
	주된 사업장	명 칭	사업자등록번호		
		우선지원 대상기업 [ ]해당 [ ]비해당	관리번호		
산재보험		상시근로자 수	성립일	사업종류코드	
		사업의 형태 [ ] 계속 [ ] 기간이 정하여져 있는 사업(사업기간: -)			
		성립신고(가입신청)일 현재 산업재해발생여부		[ ]있음 [ ]없음	
		주된 사업장 여부 [ ]해당 [ ]비해당	주된 사업장 관리번호		
		원사업주 사업장관리번호 또는 사업개시번호 (사내하도급 수급사업주인 경우만 기재)			

행정정보 공동이용 동의서

본인은 이 건 업무처리와 관련하여 담당 직원이 「전자정부법」 제36조제2항에 따른 행정정보의 공동이용을 통하여 담당 직원 확인사항의 행정정보를 확인하는 것에 동의한다. *동의하지 않는 경우에는 신고인(신청인)이 직접 관련 서류를 제출하여야 한다.

신고인(신청인) (서명 또는 인)

위와 같이 신고(신청)한다.

년 월 일

신고인 · 신청인(사용자 · 대표자) (서명 또는 인)

[ ]보험사무대행기관(고용 · 산재보험만 해당) (서명 또는 인)

국민연금공단 이사장/국민건강보험공단 이사장/근로복지공단 지역본부장(지사장) 귀하

210mm×297mm[백상지(80g/㎡) 또는 중질지(80g/㎡)]

[별첨 2-2] 보험료 일괄경정고지 신청서

보험료 일괄경정고지 신청서

<table>
<tr><td rowspan="4">사 업 장</td><td>명 칭</td><td colspan="5"></td></tr>
<tr><td rowspan="2">사업장
관리번호</td><td>건강보험</td><td colspan="4"></td></tr>
<tr><td>국민연금</td><td colspan="4"></td></tr>
<tr><td>주 소</td><td colspan="3"></td><td>전화번호</td><td></td></tr>
<tr><td>신 청 인</td><td>성 명</td><td></td><td>생년월일</td><td></td><td>사업장과의
관계</td><td></td></tr>
<tr><td rowspan="4">일괄
경정고지
신청내역</td><td>신청사유</td><td colspan="5"></td></tr>
<tr><td>해당기간</td><td colspan="5"></td></tr>
<tr><td rowspan="2">경정고지내역</td><td>경정일자</td><td colspan="4"></td></tr>
<tr><td>발송방법</td><td colspan="4">EDI(경정고지 내역서 및 전자납부번호 등)</td></tr>
<tr><td colspan="7">※ 사업장에서는 매월 6일 EDI시스템에서 일괄 경정고지 내역서 수신 후 경정고지금액으로 납부</td></tr>
</table>

〈 건설현장 경과조치 사업장 확인 〉

<table>
<tr><td rowspan="5">건설공사의 입찰공고
또는 원도급계약이
"2018. 8. 1." 전입니까?</td><td colspan="3">[ ]아니오</td></tr>
<tr><td rowspan="3">[ ] 예

(경과조치 사업장)</td><td>최초 발주형태</td><td>해당 연월일</td></tr>
<tr><td>[ ]입찰공고</td><td rowspan="2">년 월 일</td></tr>
<tr><td>[ ]원도급계약</td></tr>
<tr><td colspan="3">※ 해당되는 곳에 √표 하고 "해당 연월일자"를 작성 한다.
※ 경과조치 건설현장 사업장으로 인정받기 위해서는
증빙자료(입찰공고문, 원도급계약서 등)를 제출하여 주시기 바랍니다.</td></tr>
</table>

◈ 건설현장 경과조치 사업장이란?
- "2018. 8. 1. " 전에 발주자가 수급인과 계약을 체결하였거나 입찰공고를 시작한 공사현장 사업장으로 "2020.7.31." 까지는 종전 규정 (월 20일 이상 근로 시 사업장 가입대상)을 적용하는 사업장

위와 같이 보험료 일괄 경정고지·전자고지를 신청한다.

신 청 일 : 년 월 일

신청인(사용자) : (인)

국민건강보험공단 / 국민연금공단 지사장 귀하

공단이 수집·이용하고 있는 개인정보는 개인정보보호법에 따른 경우에만 제3자에게 제공됩니다.

[별첨 2-3] 건설현장 경과조치 사업장 사실 확인서

건설현장 경과조치 사업장 사실 확인서

<table>
<tr><td rowspan="3">사
업
장</td><td colspan="2">건설현장 사업장명</td><td colspan="2"></td><td>사업자등록번호
(고유번호)</td><td></td></tr>
<tr><td colspan="2">사업장 전화번호</td><td colspan="2"></td><td>본사(본점)
사업장관리번호</td><td></td></tr>
<tr><td colspan="2">대표자(사용자) 성명</td><td colspan="2"></td><td>연락처</td><td></td></tr>
</table>

<table>
<tr><td rowspan="4">확
인
내
용</td><td>발주자</td><td colspan="2">사업장명</td><td></td><td>담당자
(연락처)</td><td></td></tr>
<tr><td>원수급인</td><td colspan="2">사업장명</td><td></td><td>담당자
(연락처)</td><td></td></tr>
<tr><td colspan="2" rowspan="2">최초 발주형태</td><td colspan="2">□ 입찰공고</td><td rowspan="2">해당일자</td><td rowspan="2"></td></tr>
<tr><td colspan="2">□ 도급계약</td></tr>
</table>

본 사업장은 위 확인내용이 사실과 다를 경우 공단의 어떠한 처분에도 이의를 제기하지 않을 것을 확인한다.

. . .

신청인(사용자): (인)

국민건강보험공단 / 국민연금공단 지사장 귀하

[별첨 2-4] 고용, 산재보험 일괄적용 성립(승인)신고서

[ ]고용보험 [ ]산재보험	일괄적용	[ ]승인신청서 [ ]성립신고서

※ 유의사항 및 작성방법은 뒷면을 참고하여 주시기 바라며, 색상이 어두운 난은 신청인이 적지 않습니다. (앞면)

접수번호	접수일	처리기한: 7일

사업장관리번호(일괄적용)			
대표자	성 명	주민(외국인)등록번호	
	주 소		전화번호
본사 사업장	상호 · 법인명	대규모기업	[ ]해당 [ ]비해당
	소 재 지		전화번호
	우편물 수령지		전화번호
	E - mail	팩스번호	휴대전화
	사업자등록번호	법인등록번호	
	사업종류	(주생산품명 · 제공되는 서비스명:)	
	총상시근로자수	총피보험자수	
	주된(본사)사업우편물 수령지		

건설업	건설업면허관련	면허종류	면허번호	등록일자
	공사현장			
	공사기간	(실제착공일:)	공사금액	원
일반사업	사업장관리번호	지점 · 지사 · 공장명	소재지	사업종류
일괄적용 현황	총상시근로자수		총피보험자수	
고용보험 성립일(일괄적용)			고용업종코드	
산재보험 성립일(일괄적용)			산재업종코드	

「고용보험 및 산업재해보상보험의 보험료징수 등에 관한 법률 시행령」 제6조제2항 및 같은 법 시행규칙 제4조, 제7조제4항에 따라 위와 같이 신청(신고)한다.

년 월 일

신청 · 신고인(사업주) (서명 또는 인)

보험사무대행기관 (서명 또는 인)

근로복지공단 ○○○○지역본부(지사)장 귀하

개인정보 수집 및 이용 동의서

본인은 이 건 민원사무처리에 대한 처리결과 안내, 캠페인(이벤트), 사업홍보물, 고객만족도조사 및 관련 제도 개선에 필요한 의견조사를 위해 우편, 휴대전화 또는 이메일 등으로 수신 · 참여하는 것에 동의한다.

2019년 01월 17일 신고인(신청인) (서명 또는 인)

[별첨 2-5] 일괄적용사업의 고용, 산재보험 사업개시(종료) 신고서

일괄적용사업의 [ ]고용보험 [ ]산재보험 [ ]사업 개시 [ ]사업 종료 신고서

※ 뒷면의 유의사항과 작성방법을 읽고 작성하여 주시기 바라며, [ ]에는 해당되는 곳에 "√" 표를 한다. (앞면)

접수번호	접수일	처리기간 1일

일괄적용 사업	명칭		대표자	주용진
	일괄적용 사업 관리번호		전화번호	
건설공사 개시	공사명			
	총공사금액 (재료 시가환산액 포함)	0 원	발주공사총금액 (분리발주된 경우)	0 원
	공사기간			
	현장 소재지		현장 전화번호	
	건축허가사항		공동도급공사 [ ]해당 [ ]비해당	
	발주자명			
	발주자 주소		전화번호	
벌목작업 개시	벌목 현장명		전화번호	
	현장 소재지			
	벌목 재적량		벌목기간	
	인원		발주자명	
지점·지사·공장 등 개시	지점·지사·공장명		전화번호	
	소재지			
	사업종류		사업 개시일	
	사업자등록번호		인원	
사업 종료	개시번호			
	명칭			
	종료일			

「고용보험 및 산업재해보상보험의 보험료징수 등에 관한 법률」 제11조제3항 및 같은 법 시행규칙 제8조에 따라 위와 같이 신고한다.

년 월 일

신고인(사업주) (서명 또는 인)

[ ]보험사무대행기관 (서명 또는 인)

근로복지공단 ○○지역본부(지사)장 귀하

구분	내용	수수료
신고인 제출서류	1. 공사도급계약서 사본 1부(건설공사 개시신고의 경우에만 제출한다) 2. 벌목허가서 사본 1부(벌목작업 개시신고의 경우에만 제출한다)	수수료
담당직원 확인사항	사업자등록증(산재보험의 경우만 해당하며, 건설공사 및 벌목작업 외의 사업 개시신고의 경우만 해당한다)	없음

행정정보 공동이용 동의서

본인은 이 건 업무처리와 관련하여 「전자정부법」 제36조제2항에 따른 행정정보의 공동이용을 통하여 담당 직원이 위의 담당 직원 확인사항을 확인하는 것에 동의한다.

* 동의하지 않는 경우에는 신청인이 직접 사업자등록증 사본을 제출하여야 한다.

신청인(위임한 사람) (서명 또는 인)

[별첨 2-6] 고용, 산재보험 하수급인 사업주 보험가입 승인신청서

[ ]고용보험
[ ]산재보험
하수급인 사업주 보험가입 승인신청서

(앞면)

※ 유의사항 및 작성방법은 뒷면을 참고하여 주시기 바라며, 색상이 어두운 난은 신청인이 적지 않습니다.

접수번호	접수일	처리기간 5일

원수급인(신청인)	본사	상호 · 법인명칭		대 표 자	
		소재지			
		전화번호		팩스	전자우편주소
		우편물 수령지			수취인
	원수급 사업	관리번호(사업개시번호)		현장명	
		소재지			전화번호

하수급인	본사	상호 · 법인명칭		대 표 자	
		사업자등록번호		법인등록번호	
		소재지			
		전화번호		팩스	전자우편주소
		우편물 수령지			수취인
	하수급 사업	고용보험 업종코드			
		사업장명(현장명)			
		건설업면허관련	면허종류	면허번호	등록일자
		하수급(공사)금액(재료 시가환산액 포함)		공사기간	(실제착공일:)
		소재지			전화번호
		상시근로자수		총피보험자수	
		업무상 재해 발생 여부	[ ] 없음 [ ] 있음 ([ ] 착공 후 14일 이내, [ ] 착공 후 15일~신청일)		
		사업장관리번호(사업개시번호)			

「고용보험 및 산업재해보상보험의 보험료징수 등에 관한 법률 시행령」 제7조제3항 및 같은 법 시행규칙 제6조제1항에 따라 위와 같이 신청한다.

년 월 일

신청인(원수급인) (서명 또는 인)
보험사무대행기관 (서명 또는 인)

근로복지공단 OO 지역본부(지사)장 귀하

신청인 제출서류	1. 도급계약서 사본 1부 2. 보험료 납부인수에 관한 서면계약서 사본 1부	수수료 없음

※ 처리 사항(아래 사항은 민원인이 적지 않습니다)

결정사항	[ ]승인 [ ]불승인	하수급인 보험관계 성립일(사업 개시일)	년 월 일
불승인 사유			

[별첨 2-7] 하수급인 명세서

하수급인 명세서

(앞 쪽)

접수번호	접수일자	처리기간 : 5일

<table>
<tr><td rowspan="6">원수급인</td><td rowspan="3">사업주</td><td>①본사사업장관리번호</td><td></td><td>②상호 또는 법인명칭</td><td></td></tr>
<tr><td>③소재지</td><td colspan="3">(전화번호:)(휴대전화:)</td></tr>
<tr><td>④대표자</td><td colspan="3"></td></tr>
<tr><td rowspan="3">사업장</td><td>⑤사업장(현장)관리번호</td><td colspan="3"></td></tr>
<tr><td>⑥명칭(공사명)</td><td></td><td>⑦보험사무대행기관</td><td></td></tr>
<tr><td>⑧소재지</td><td colspan="3">(전화번호:)(휴대전화:)</td></tr>
<tr><td rowspan="6">하수급인(1)</td><td rowspan="4">사업주</td><td>⑨사업장관리번호</td><td colspan="3"></td></tr>
<tr><td>⑩상호 또는 법인명칭</td><td colspan="3">(사업자등록번호:)</td></tr>
<tr><td>⑪소재지</td><td colspan="3">(전화번호:)(휴대전화:)</td></tr>
<tr><td>⑫대표자</td><td colspan="3">(주민등록번호:)</td></tr>
<tr><td colspan="2">⑬하도급금액</td><td colspan="3"></td></tr>
<tr><td colspan="2">※ 하수급인관리번호</td><td colspan="3"></td></tr>
<tr><td rowspan="6">하수급인(2)</td><td rowspan="4">사업주</td><td>⑨사업장관리번호</td><td colspan="3"></td></tr>
<tr><td>⑩상호 또는 법인명칭</td><td colspan="3">(사업자등록번호:)</td></tr>
<tr><td>⑪소재지</td><td colspan="3">(전화번호:)(휴대전화:)</td></tr>
<tr><td>⑫대표자</td><td colspan="3">(주민등록번호:)</td></tr>
<tr><td colspan="2">⑬하도급금액</td><td colspan="3"></td></tr>
<tr><td colspan="2">※ 하수급인관리번호</td><td colspan="3"></td></tr>
</table>

「고용보험법」 제15조제2항 각 호 외의 부분 후단 및 같은 법 시행규칙 제4조제1항에 따라 위와 같이 제출한다.

년 월 일

사업장명

소재지

대표자 (서명 또는 인)

보험사무대행기관

소재지

대표자 (서명 또는 인)

근로복지공단 ○○지역본부(지사)장 귀하

※ 표시란은 적지 아니한다.

※ 처리	하수급인(1)	하수급인관리번호:
	하수급인(2)	하수급인관리번호:

[별첨 2-8] 건설근로자 퇴직공제 관계 성립신고서

건설근로자 퇴직공제 관계 성립신고서

※ [ ]에는 해당하는 곳에 √표시를 하시기 바라며, 바탕색이 어두운 난은 신고인이 적지 않습니다.

접수번호	접수일	처리기간: 7일

신고인 (사업주)	상호(법인 명칭)		대표자 성명
	주된 사무소의 소재지 (전화번호:)		
	법인등록번호(생년월일)		사업자등록번호
	가입범위	사업장별 [ ] 사업의 전부 [ ]	

사업장	사업주 구분	원수급 [ ] 하수급 [ ] 자체시공 [ ]				
	공사명					
	소재지	(전화번호:)				
	총공사금액	천원	공제부금액	천원	건설호(실)수	호(실)
	사업기간		착공일		주된 공사종류	
	발주자	구분	국가 [ ] 지자체 [ ] 정부출자·출연기관 [ ] 정부재출자기관 [ ] 민간 [ ] 기타 [ ]			
		주소 및 성명(명칭)				

원수급인 (하수급인 성립 신고인인 경우에만 작성)	원도급공사명	상호	법인등록번호
	공제가입번호 - -		
※ 공제가입번호 -		※ 공제가입일	

「건설근로자의 고용개선 등에 관한 법률」 제10조의4 및 같은 법 시행규칙 제9조제1항에 따라 위와 같이 신고한다.

년 월 일

신고인(사업주) (서명 또는 인)

건설근로자공제회 귀중

첨부서류	1. 도급계약서(발주자가 직접 시공하는 경우에는 사업계획승인서 또는 건축허가서를 말한다)나 하도급계약서 사본 1부 2. 도급금액 산출명세서(발주자가 직접 시공하는 경우에는 공사원가계산서를 말한다)나 하도급금액 산출명세서 중 공제부금의 금액이 명시된 부분의 사본 1부	수수료 없음

처리절차

신고서 작성	→	접수	→	확인검토	→	결재	→	전산입력	→	결과 통보
신고인		건설근로자공제회		건설근로자공제회		건설근로자공제회		건설근로자공제회		

[별첨 2-9] 하수급인 사업주인정 승인신청서

하수급인 사업주인정 승인신청서

※ [ ]에는 해당되는 곳에 √표를 한다.

접수번호	접수일자	처리기간 7일

신청인(원수급인)	사업주	상호 또는 법인 명칭	대표자 성명	
		주된 사무소의 소재지	(전화번호:)	
		법인(주민)등록번호		
	사업장	공사명		
		소재지	(전화번호:)	
		총공사금액 원	공제부금의 금액	
		사업기간	공제가입번호	공제가입일
하수급인	사업주	상호 또는 법인 명칭	⑬ 대표자	
		주된 사무소의 소재지	(전화번호:)	
		법인(주민)등록번호 또는 주민등록번호		
	사업장	공사명		
		소재지	(전화번호:)	
		총 공사금액 원	공제부금의 금액	
		사업기간		

「건설근로자의 고용개선 등에 관한 법률」 제10조제1항 후단과 같은 법 시행규칙 제6조제1항에 따라 위와 같이 신청한다.

년 월 일

신청인(원수급인) (서명 또는 인)

건설근로자공제회 이사(지부)장 귀하

첨부서류	1. 하도급계약서 사본 1부 2. 하도급금액 산출명세서 중 공제부금의 금액이 명시된 부분의 사본 1부	수수료 없 음

처 리 절 차

신청서 작성	→	접 수	→	확인검토	→	결 재	→	전산입력	→	통 보
신청인		건설근로자 공제회		건설 근로자 공제회		건설근로자 공제회		건설근로자 공제회		

제 3 장

건설업 고용산재확정정산 실무

I 고용·산재보험의 적용

1. 보험관계의 적용범위

(1) 당연가입사업

근로자를 사용(고용)하는 모든 사업 또는 사업장에 적용되나 고용보험은 산업별 특성 및 규모, 산재보험은 사업의 위험률, 규모 및 사업장소 등을 고려하여 대통령령이 정하는 사업은 적용이 제외된다.

구분		2018.7.1.부터
산재보험	제조업,도소매업, 음식업등 (계속사업)	근로자를 사용하는 모든 사업 - 다만, 개인이 운영하는 농·임(벌목업 제외)·어업의 상시 5명 미만 사업은 임의가입 가능
	건설공사	모든 건설공사 (2018.7.1. 이후 착공하는 공사)
고용보험	제조업, 도소매업, 음식업 등 (계속사업)	근로자를 사용하는 모든 사업 - 다만, 개인이 운영하는 농·임·어업의 상시 5명 미만 사업은 임의가입 가능
	건설공사	◦ 건설업자가 시공하는 원도급공사 ◦ 건설업자가 아닌 자가 시공하는 건설공사 중 ① 총공사금액 2천 만원 이상 ② 건축(대수선) 연면적 100㎡(200㎡)초과하면서 총공사금액 2천만원 이상

강반장의 질문 1 보험관계의 성립일과 성립신고는 어떻게 해야 하나요?

당연적용사업장에 해당되는 사업주는 '해당 사업이 시작된 날 또는 일정 규모 이상의 사업에 해당되게 된 날'에 사업장 또는 건설현장 관할 근로복지공단지사에 성립신고서를 제출해야 하며, 신고기한은 '일반사업(계속사업) : 근로자를 고용한 날로부터 14일 이내', '건설업 : 공사착공일로부터 14일 이내'에 신고해야 합니다.

❖ 건설달인의 TIP

성립신고가 정상 처리 되면 일반적으로 '사업자등록번호+0'의 11자릿수의 관리번호가 생성되며, 이를 본사 관리번호라 하며 근로자(상용 및 일용)의 취득·상실·변경 신고 및 보험료 납부를 위한 식별 번호로 사용된다.

첨부서류

- 일반사업(계속사업) : 사업자등록증, 임금대장, 근로자고용정보신고서등
- 건설업 또는 벌목업 : 공사도급계약서(공사비내역서), 건축 또는 벌목허가서 등

강반장의 질문 2

당연적용사업장에서 성립신고 전에 업무상 재해를 당한 근로자도 산재보상이 가능한가요?

네, 당연적용사업장에서 업무상재해를 당한 근로자는 사업주의 성립신고 여부와 관계없이 산재보상을 받을 수 있습니다.
다만, 보험관계성립신고를 게을리 한 기간중에 재해가 발생한 경우 사업주는 재해성립일로부터 보험료를 납부하여야 하며, 이 산재보험료의 5배 이내에서 재해자에게 지급된 보험급여액의 50%를 납부하는 불이익을 받을 수 있습니다.(사업주에게 별도 징수)

(2) 임의가입사업

산재법 및 고보법의 당연가입 대상 사업이 아닌 사업으로서 보험가입여부가 사업주의 자유의사에 일임되어 있는 사업을 말하는 것으로 고용보험의 경우는 근로자(적용제외 근로자 제외) 과반수이상의 동의를 얻어 임의 가입할 수 있고, 산재보험의 경우는 공단의 승인을 받아 임의가입 할 수 있다.

자영업자 임의가입요건

- 50명 이상의 근로자를 사용
- 사업자등록증을 보유하고 있을 것
- 사업주등록증상의 개업연월일로부터 6개월 이내인 자

(3) 의제 가입

의무가입사업이 사업규모의 변동 등으로 적용 제외 사업에 해당하게 되었을 때에는 그 날부터 임의 가입한 것으로 의제된다.

강반장의 질문 1

고용·산재보험의 가입범위는 어떻게 되나요?

근로자를 사용하는 모든 사업 또는 사업장에 적용되며, 사업의 종류, 영리성 여부 등에 관계없이 근로자를 사용하는 모든 사업 또는 사업장이 가입대상 사업입니다.

❖ 건설달인의 TIP

2018년 7월 1일 이후 착공하는 공사에 대해서 그간 법의 적용 제외 사업으로 규정하고 있던 [산재보험법 시행령] 제2조가 개정시행 되면서 산재보험의 가입대상이 근로자를 사용하는 모든 사업으로 확대되었다. 따라서 고용보험의 적용제외 대상은 변함없고, 산재보험의 적용대상은 2018년 7월 1일 이후 착공하는 경우에 공사금액, 연면적 관계없이 모두 의무가입대상이다.

강반장의 질문 2

편의점 운영중인 사업주가 아르바이트를 고용하여 사용한 경우 고용·산재보험의 가입여부는 어떻게 되나요?

고용·산재보험의 적용은 「산재법」제6조(적용 범위) 및 「고보법」 제8조(적용 범위)에 따라 근로자를 사용하는 '모든 사업 또는 사업장'이 적용대상입니다. 따라서 일시적으로 일용직 또는 아르바이트를 사용한 경우 당연히 고용 및 산재보험에 가입하여야 합니다.

강반장의 질문 3

건설업자가 아닌 개인이 직접 근로자를 고용하여 건축공사(인테리어 등)를 하려고 하는데, 이 경우 고용·산재보험 가입을 해야 하나요??

산재보험의 경우 건설사업자가 아닌 개인이 근로자를 고용하여 건축공사(인테리어 등)를 직영하는 경우라도 연면적 및 총공사금액 관계없이 산재보험에 의무적으로 가입하여야 합니다.(18.7.1 이후 착공하는 공사)
다만, 고용보험의 경우 건축 연면적이 100제곱미터(대수선은 연면적 200제곱미터) 이하이거나 총공사금액이 2천만원 미만인 경우 사업주의 의사에 따라(근로자 과반수의 동의를 받은 경우) 근로복지공단의 승인을 얻은 경우 고용보험에 가입하실 수 있습니다.

2. 보험관계의 적용기준

(1) 일반원칙

근로자를 사용하는 모든 사업 또는 사업장에 적용된다.

산재보험 - 사업장 단위	고용보험 - 사업단위
동일한 장소에 있는 경우 하나의 사업으로 보고, 장소적으로 분리된 경우 별개의 사업으로 적용함을 원칙으로 함	원칙적으로 사업 단위로 적용하되, 장소적으로 분리되고 인사·노무·회계의 독립성이 있는 경우 사업주 신청에 의해 분리 가능함

건설업 특성상 건설회사의 본사는 건설공사와는 별도의 독립된 사업으로 분류하여 적용하며, 건설업자 등에 의한 건설공사는 건설공사 현장 전체를 하나의 보험 가입 단위로 한다(일괄 적용).

(2) 동종 사업의 일괄적용

2개 이상의 해당 사업 전부를 하나의 사업으로 보아 보험관계를 일괄 적용함으로써 사업주의 업무편의를 도모하고 근로자를 적극적으로 보호하기 위한 제도를 말하는 것으로 ① 사업주가 동일인이고, ② 각각의 사업의 기간이 정하여져 있고, ③ 한국표준산업분류표의 대분류에 따른 건설업자[70]인 경우에는 이를 적용한다.

70) 도급·자영건설업자, 종합 또는 전문건설업자에 의해 지반공사, 각종 건물 및 구축물 신축 및 설치, 증축·개축, 수리 및 보수, 해체 등 건설활동 포함

당연일괄적용 사업주는 처음 행하는 사업의 시작일부터 14일 이내에 일괄적용관계의 성립신고를 하여야 하며, 일괄적용을 받고 있는 사업주는 사업의 폐지·종료 등으로 일괄적용관계가 소멸한 경우 소멸한 날부터 14일 이내에 일괄적용관계의 소멸신고를 하여야 한다.

건설업 일괄적용신고 및 각종 신고시 제출신고서 종류

- 최초 도급계약 체결 : 고용산재보험 일괄적용 성립신고서 제출
- 최초 도급계약에 대한 사업개시 신고 : 고용산재보험 사업개시신고서 제출
- 사업개시 공사에 대한 하수급인 인정승인 신청 시 : 고용산재보험 하수급인 사업주 승인신청서 제출
- 사업개시 신고내용 변경 시 신고 : 보험관계 변경신고서 제출
- 건설 면허의 취소·반납 등 해지하고자 하는 경우 : 고용산재보험 일괄적용 해지 신청서

강반장의 질문 1

건설일괄적용 신고란 무엇인가요?

건설일괄적용이란 사업주가 1년에 수십건 내지 수백건의 공사를 시공하고 있는 경우, 각각의 '개별공사'별로 보험관계 성립·소멸, 보험료 신고·납부·정산 절차를 반복하여야 하는 번잡함이 따르므로 일정 요건을 갖춘 경우 당해 사업전부를 하나의 사업으로 보아 보험관계를 일괄 적용하기 위한 제도입니다.

❖ 건설달인의 TIP

건설일괄적용 사업주가 그 각각의 사업 개시 또는 종료를 신고하는 경우 일괄적용사업개시(종료)신고서에 도급계약서(건설공사사업개시신고에 한함) 사본을 첨부하여 근로복지공단에 제출하면 된다. 적용신고가 정상처리 되면 일반적으로 '사업자등록번호+6'의 11자릿수의 관리번호가 생성되며, 이를 건설일괄(현장)관리번호라 한다. 계약형태에 따라 하수급명세서, 하수승인사업주인정승인 번호를 부여받아 현장근로자(상용 및 일용)의 취득·상실·변경 신고 및 보험료 납부를 위한 식별 번호로 사용된다.

강반장의 질문 2

하자보수공사의 보험관계 적용기준은 어떻게 되나요?

하자보수공사의 보험가입자는 발주자에게 본 공사의 완성물을 인도했던 원수급인입니다. 다만, 원수급인의 도산등으로 발주자가 제3자와 하자보수공사에 대한 별도의 도급계약을 하는 경우에는 별도 도급계약서상의 원수급이 보험가입자에 해당되게 됩니다.
하자보수공사를 본 공사의 부수공사로 보아 하자보수공사의 금액에 관계없이 본 공사가 산재보험 적용대상일 경우에는 당연히 하자보수공사도 산재보험이 적용됩니다.

♣ 고용·산재보험 일괄적용 신청서 (별첨 3-1)

강반장의 질문 3

건설공사 현장에 파견된 경비원도 적용이 되나요?

용역계약에 의하여 파견된 경비원의 경우 실제 건설공사 현장인부로 투입되지 않고 경비원의 고유 업무만을 수행한다면 「파견근로자 보호 등에 관한 법률」에 의한 일반 업체에의 파견으로 보아 건설공사 현장이 아닌 해당 용역업체 소속 근로자로 적용함이 타당하다고 판단됩니다.
〈적용 6402-558〉

(3) 소규모사업장의 산재보험 확대 적용

소규모 건설현장 및 상시 1인 미만의 근로자를 사용하는 사업장은 2018년 7월 1일부터 산재보험의 당연가입적용사업장에 해당된다[71].

〈사례1〉 총공사금액 500만원인 건설공사(공사기간 18.6.1.~7.31., '18.7.1이후 성립신고)를 18.6.1. 계약하였으나 18.7.1 실제 착공한 경우
- 실제 착공일(18.7.1)에 공사금액에 관계없이 당연적용

〈사례2〉 18.6.1. 착공한 총공사금액 1,500만원인 건설공사(공사기간 18.6.1 ~ 7.31 18.7.1이후 성립신고) 시공 중 18.7.5. 추가계약(1,000만원 추가)으로 총공사금액이 2,500만원이 된 경우
- 구(舊) 법에 따라 공사계약 변경일(18.7.5)부터 당연적용

71) 산재법 시행령 제2조 제1항 제3호 및 5호 삭제

〈사례3〉 건설사업자가 18.6.20. 에 3,000만원의 원도급공사(①)를 착공하였고 18.7.1 현재 공사를 진행하던 중 1,000만원의 다른 원도급공사를 18.7.2.(②)에 착공하는 경우

- ①번 공사는 개별 유기로 성립처리, ②번 공사는 18.7.2을 성립일로 하여 건설업 일괄가입적용

강반장의 질문 1

소규모 건설공사 산재보험이 확대 적용 시행되었다고 하는데 어떤 내용인가요?

2018년 7월 1일부터 산재법 시행령 제2조가 개정되어 건설공사는 규모 및 금액에 관계없이 모든 현장이 산재보험 의무 가입 대상으로 확대되었습니다.
기본적으로 고용 및 산재보험은 국가에서 법률로 시행하는 강제보험으로 사업주(회사)의 가입의사와 관계없이 일괄적, 강제적으로 적용되는 특징을 지니고 있습니다. 근로자가 하루라도 근무하면 가입 신고를 하고 이에 따른 보험료를 정산 및 납부해야 합니다. 그런데 건설업의 경우에 하나의 사업장(회사)에 수많은 현장을 거느리고 있을 수 있습니다. 이 많은 현장에 대해 각 현장별로 매번 신고하고 그 때마다 보험료를 정산 및 납부하는 것이 굉장히 번거롭기 때문에 일정한 요건을 갖출 경우 고용 및 산재보험에 한해서 모든 현장을 하나의 사업으로 간주해 보험관계를 일괄 적용하게 되는데 이를 보통 '건설일괄'이라고 칭합니다.

건설면허를 취득한 후 원도급 공사가 발생할 시에는 위에 언급한 건설일괄에 가입해야 합니다. 이 때 원도급 공사금액은 얼마여도 상관이 없고, 소정의 서류를 구비하여 신고하면 보통 '사업자번호+6'의 일괄 관리번호를 부여받게 됩니다. 일괄 관리번호를 부여받은 사업장(회사)은 추후 발생하는 원도급 공사를 일괄 관리번호 밑으로 개시 신고하거나 원도급사로부터 하수급인 승인을 받게 됩니다.

2018년 7월 1일부터 적용받게 되는 산재보험 확대 적용에 관한 개정은 일괄 관리번호를 부여받을 수 없는 사업주(회사)에 영향을 끼칩니다. 기존의 고보법 시행령 제2조 1항과 산재보험법 시행령 제2조 3항에서는 각 보험의 적용 범위를 규정할 때 2천만원 미만 공사에 대해서는 적용 제외한다고 규정되어 있었습니다. 그래서 건설면허가 없어 일괄 관리번호를 적용받을 수 없었던 사업장(회사)에서는 2천만원 미만의 공사의 경우에는 원도급 공사라 하더라도 가입 신고를 진행하지 않아도 무방했습니다.

그러나 개정된 산재법 시행령 제 2조에서는 모든 건설 공사라고 못 박았기 때문에 일괄 관리번호를 부여받지 않은 사업장(회사)에서 발생하는 모든 공사는 이제 전부 개시 신고를 진행하고 이에 따른 보험료를 정산 및 납부해야 합니다.

❖ 건설달인의 TIP

그 동안 건설면허 없이 소규모로 공사를 진행하던 업체에 매우 민감한 사항으로 부각될 것으로 예상한다. 가구 설치, 인테리어 공사, 욕실공사, 붙박이 가구 설치, 방수공사, 타일 공사, 창호 공사 등 소규모 혹은 다수의 개인 고객 등과 계약 후 진행하였던 건설 공사가 모두 가입 대상이라는 것이다.

강반장의 질문 2

면허 없이 인테리어공사를 하는 회사입니다. 이번 소규모 건설공사에 대해서 산재보상보험법 시행령 제2조가 개정되어 산재보험 적용기준이 달라졌다고 하는데, 저희 회사도 영향이 있을까요?

종전에는 건설무면허업자의 경우, 산재보상보험법 시행령 제2조 제1항 제3호의 공사를 시공하는 경우에만 산재보험 가입 대상이 되었으나, 이제는 사업자등록 상 등록된 업태가 무엇이든 건설무면허업자라 하더라도 지속적으로 건설업을 행하는 경우에는 공사 규모 및 금액에 관계없이 산재보험 가입대상에 해당하게 됩니다.

1) 사업자등록증 상 건설업으로 등록된 업체 (건설 면허 보유)
   건설면허를 보유하고 사업자등록증 상 건설업으로 등록된 업체는 고용산재보험료징수법 제8조가 적용되어 공사 규모나 금액에 관계없이 고용 · 산재보험 당연일괄 적용을 받게 됩니다.

2) 건설업 등록여부와 관계없이 시공하는 업체 (건설 무면허)
   종전에는 건설업 기타 서비스업 등 업태를 불문하고 건설무면허 업체는 각 공사현장 별 개별성립신고를 했어야 하나, 고용산재보험료징수법 제8조 제2항에 따라 임의일괄적용을 받을 수 있었습니다. 이에 대부분의 업체들이 공사금액을 불문하고 모든 현장을 신고해야 하는 임의일괄신고보다는 2000만원 이상의 공사에 대해서만 신고의무가 발생하는 개별성립신고를 선호하였습니다.
   그러나 이번 산재보험법 개정 및 공단의 내부 지침으로 사업자등록증 상 건설업으로 등록되어있는지 여부를 불문하고, 건설무면허 업체라도 지속적으로 설치 등 건설공사를 행하는 업체는 공사금액과 무관하게 일괄적용 대상에 해당하게 됩니다.

❖ 건설달인의 TIP

2018년 7월 1일 법개정으로 건설일괄 당연적용을 받은 사업장은 2018년 7월 1일 이후 최초 원도급공사가 착공되는 시점부터 일괄 적용을 받으며, 착공일부터 70일 이내에 개산보험료를 납부하여야 한다.
건설 무면허업체 욕실, 변기, 창문, 마루, 창, 가구, 에어컨 등 도소매업을 행하는 업자가 자기소속 근로자를 사용하여 설치까지 한 경우에는 도소매업으로 보아 건설업에서 제외되나, 해당 업자가 판매만 할 뿐, 설치는 외주를 준 경우에는 건설업에 해당하여 산재보험 일괄적용 대상이 된다.

강반장의 질문 3

건설업자가 아닌 발주자가(개인 등) 직영으로 소규모 공사를 하는 경우, 산재보험 가입을 해야 하나요?

산재법 제6조(적용 범위) 이 법은 근로자를 사용하는 모든 사업 또는 사업장에 적용한다. 다만, 위험률·규모 및 장소 등을 고려하여 대통령령으로 정하는 사업에 대하여는 이 법을 적용하지 아니한다.

보험 적용범위인 '사업'에 해당하는지 여부를 확인해야 합니다.
개인 직영공사가 산재보험 적용 대상 '사업 또는 사업장'인지 명확한 법률해석 등은 없지만, 여러 판례 및 행정해석을 통해서 그 판단은 유추해 볼 수 있습니다.

건물을 신축하는 건축주가 자신이 직접 공사를 하지 아니하고 공사 전부를 수급인에게 도급을 준 경우에는 근로자를 사용하여 공사를 수행한 자는 수급인이므로 원칙적으로 수급인이 위 공사에 관한 고보법 및 산재법상 사업주로서 위 각 보험료를 납부할 의무를 부담하고, 건축주가 근로자를 사용하여 공사의 전부 또는 일부를 직접 한 경우에는 그 부분에 한하여 건축주가 고보법 및 산재법상 사업주가 되어 이에 해당하는 보험료의 납부의무를 부담한다.
〈대법원 2016.10.13.선고, 2016다221658〉

금번 소규모사업 산재보험 적용확대가 시행된 2018.07.01. 이전, 개인이 직영하는 공사라고 하더라도 총공사금액이 2천만원 이상인 경우에는 산재보험 당연적용에 해당한다는 판결(대전고등법원 2012.4.19. 선고 2011누1953 판결)도 있습니다. 이는 결국 개인이 직영하는 건축공사의 경우에도 일정 규모 이상이라면 산재보험 당연적용 사업장으로 보아야 할 것이고, 2018.07.01. 법 개정으로 인하여 이제는 개인이 직영하는 '모든' 공사가 산재보험 당연적용(의무가입) 사업장이 되는 것이라고 볼 수 있습니다.

강반장의 질문 4

소규모 건설공사 산재보험 당연적용시 소규모 건설업 사업주에게 미치는 혜택과 영향은 어떻게 되나요?

산재보험 제도가 사업주 및 노동자를 보호하고자 하는 취지로 시행되었음에도 불구하고, 수시로 성립·소멸하는 수많은 영세 사업장에 대한 관리가 사실상 불가하다는 보험 행정력 한계의 현실적 측면을 고려하여, 고용노동부가 산재보험 적용의 사각지대에 있던 사업주 및 근로자들에게 실질적 혜택을 주기 위해 4대보험 요건을 대폭 확대하였습니다. 위와 같은 취지로 산재보험 적용대상이 확대되면서 모든 건설현장이 이제까지 소규모 건설사업장(2천만원 미만 사업장 등) 및 상시 1인 미만 사업장은 산재보험 적용

대상이 아니었기 때문에 일을 하다 재해가 발생하면 「근기법」 제8장에 따른 재해보상 규정들이 적용되어 영세 사업주에게 갑작스러운 큰 재정 부담을 주었습니다.
또한 이를 지급하지 못할 경우 민사소송에 휘말리거나 공상처리 협의 문제가 발생하는 등 다양한 경우에서 애로사항이 있었습니다.
이번 개정을 통해 모든 건설공사(2018년 7월 1일 이후 착공공사)가 산재보험 가입대상 공사에 해당하여 매달 산재보험료를 납부하면 이후 해당 공사 현장에서 산재 발생 시, 산재보험 혜택을 받을 수 있어 소규모 사업주에게 예상치 못하게 발생했던 큰 재정적 부담을 덜 수 있게 됨과 동시에 근로자도 안전하게 산재보험 혜택을 수급할 수 있게 되었습니다.

❖ 건설달인의 TIP

산재보험에 가입하여야 함에도 신고를 하지 않고 있던 사업장들도 이번 개정법으로 모두 가입을 하여야 한다. 이에 따라 종전에는 산재보험 신고를 하지 않은 상태에서 재해가 발생한 경우, 재해자에게 지급된 보험급여의 50%를 사업주에게 징수하여 영세 사업주에게 재정 부담으로 작용하거나 그로인한 폐업 또는 산재은폐 등의 부작용이 많이 발생하였는데 이번 개정법에서는 징수액이 납부하였어야 할 보험료의 5배를 넘지 못하도록 상한선을 설정함으로써, 이러한 영세 사업주의 재정부담 및 부작용을 대폭 줄일 수 있게 되었다.

강반장의 질문 5

2018년 6월 1일에 1000만원인 원도급공사를 8월 1일까지 준공하도록 계약했습니다. 실제 공사를 6월 1일부터 진행하던 중 7월 3일에 산업재해가 발생하게 되었고, 7월 3일 기준으로 잔여 공사금액이 480만원인 상태입니다. 이럴 경우에 7월 3일을 기준으로 산재보험 당연적용신고를 해야 하나요?

산재보험법 시행령 부칙 제2조 적용제외 공사에 관한 적용례에서 '시행일 이후 착공하는 공사부터 적용한다'라고 명시되어 있습니다. 그러므로 7월 1일 이전에 착공한 공사는 예전처럼 2천만원의 기준으로 판단해서 적용제외에 해당합니다.

강반장의 질문 6

2018년 6월 1일에 1000만원인 원도급공사를 8월 1일까지 준공하도록 계약했습니다. 하지만 현장의 사정으로 인하여 실제 착공을 7월 1일에 진행하였습니다. 이런 와중에 7월 3일에 산업재해가 발생하게 되었는데 이런 경우에 7월 3일을 기준으로 산재보험 당연적용 신고를 해야 하나요?

산재보험법 시행령 부칙 제2조 적용제외 공사에 관한 적용례에서 '시행일 이후 착공하는 공사부터 적용한다'라고 명시되어 있습니다. 그렇지만 위의 경우 계약을 6월 1일에 성사하더라도 실제 착공일은 7월 1일 이후에 해당하게 되므로 해당 공사는 7월 1일로 건설일괄 산재에 가입 후 산재는 개시신고하고 고용은 개별 유기 신고를 진행 후 고용보험료를 납부해야 합니다.

강반장의 질문 7

건설업자가 아닌 자가 자신의 건물 옥상에 화단을 직접 공사하였습니다. 6월 1일에 공사를 시작했는데 직접 시공하느라 총공사금액을 명확히 알 수 없는 와중에 7월 3일에 재해가 발생했습니다. 재해발생일까지 공사금액을 따져보니 2500만원이 나왔는데 이런 경우에 산재보험 당연적용 신고를 해야 하나요?

건설업자가 아닌 발주자가 직영으로 소규모 공사를 하는 경우에도 7월 1일 이후에는 모두 산재보험에 가입해야 합니다. 그러나 이 경우에는 착공일이 6월 1일이기 때문에 구법에 적용받게 되는데, 재해 발생일 기준으로 공사금액이 2천만원 이상이기 때문에 당연적용 대상이고 고용과 산재보험을 모두 개별 유기 신고하고 보험료를 납부해야 합니다.

강반장의 질문 8

2018년 6월 20일에 공사금액 5천만원의 원도급 공사를 계약 및 착공했으며 준공일은 2018년 12월 31일입니다. 해당 공사가 진행중인 상황에서 7월 2일에 공사금액 1500만원의 다른 원도급공사를 계약 및 착공한 경우에 어떻게 적용 신고를 해야 하나요?

최초의 원도급 공사는 착공일이 7월 1일 이전이므로 고용 및 산재보험을 유기 신고하여 보험료 납부하고, 후자의 공사는 착공일이 7월 1일 이후이기 때문에 착공일인 7월 2일을 성립일로 해서 산재보험은 건설일괄 가입 후 개시신고를 진행하고, 고용보험은 유기 신고 후에 보험료 납부를 진행하면 됩니다.

강반장의 질문 9

2018년 6월 1일에 공사금액 6천만원의 원도급 공사를 계약 및 착공했으며 준공일은 2019년 2월 28일 입니다. 해당 공사가 진행중인 상황에서 7월 2일에 공사금액 1500만원의 다른 원도급 공사를 계약 및 착공한 경우에 어떻게 적용 신고를 해야 하나요?

위의 질문과 같은 방향으로 생각하면 되는데 전자의 공사기간이 2019년이 넘는 경우에는 고려해야 하는 사항이 있습니다. 사업주는 2018년도에 한해서 유기 신고한 전자의 공사를 7월 2일에 성립한 건설일괄적용일로 사업개시 전환을 선택할 수 있습니다. 만약 건설일괄로 사업개시 전환을 선택하지 않더라도 2019년도에는 개별 유기 신고된 전자의 공사가 이월되지 않기 때문에 해당 공사를 2019년 1월 1일로 다시 건설일괄로 사업개시신고를 진행해야 합니다. 또한, 위의 질문의 경우에도 전자의 공사를 7월 2일에 성립한 건설일괄적용일로 사업개시 전환을 선택할 수 있습니다. 최초의 원도급 공사는 착공일이 7월 1일 이전이므로 고용 및 산재보험을 유기 신고하여 보험료 납부하고, 후자의 공사는 착공일이 7월 1일 이후이기 때문에 착공일인 7월 2일을 성립일로 해서 산재보험은 건설일괄 가입 후 개시신고를 진행하고, 고용보험은 유기 신고 후에 보험료 납부를 진행하면 됩니다.

(4) 건설공사의 고용보험 의무가입 여부판단

건설업자[72] 등에 의한 건설공사의 경우는 총공사금액·연면적을 고려하지 않고 의무 적용대상이나 건설업자 등이 아닌 자에 의한 건설공사의 경우에는 연면적 또는 총공사금액[73]을 기준으로 적용여부를 판단한다.

건설업자 등이 아닌 자가 행하는 고용보험 의무가입대상인 공사

- 총공사금액이 2천만원 이상인 공사
- 연면적이 100제곱미터 초과한 건축물의 건축
- 연면적이 200제곱미터 초과한 건축물의 대수선에 관한 공사

건축 또는 대수선공사는 총공사금액과 연면적이 적용대상에 모두 해당하는 경우 적용대상에 해당되는데, 연면적이 100제곱미터를 초과하는 건축물의 건축 또는 연면적이 200제곱미터를 초과하는 건축물의 대수선공사가 총공사금액

72) 「주택법」에 따른 건설사업자, 「건설산업기본법」에 따른 건설업자, 「전기공사업법」에 따른 공사업자, 「정보통신공사업법」에 따른 정보통신공사업자, 「소방시설공사업법」에 의한 소방시설업자 또는 「문화재수리등에관한법률」에 따른 문화재수리업자

73) 계약상의 도급금액 + 발주자로부터 따로 제공받은 재료의 시가환산액 (단, 부가가치세는 제외)

2천만원 이상의 요건을 충족하여야 의무적용 대상에 해당된다.

총공사금액을 산정함에 있어서 위탁, 그 밖의 명칭여하를 불문하고 최종 목적물의 완성을 위하여 행하는 동일한 건설공사를 2 이상으로 분할하여 도급하는 경우에는 각 도급금액을 합산하여 산정하고, 도급단위별 공사가 시간적 또는 장소적으로 분리되고 독립적으로 행하여지는 경우에는 도급단위별로 분리 적용한다.

(5) 고용보험의 당연일괄적용 확대[74)]

보험료징수법 시행령 개정에 따라 6대 건설면허업자가 아닌 건설사업자도 ① 총공사금액 2천만원 이상, ② 연면적 100㎡ 초과하는 건축을 하거나 연면적 200㎡을 초과하는 대수선이면서 총공사금액이 2천만원 이상 공사일 경우에 착공일부터 당연 일괄적용 대상이 된다.

6대 건설면허업자가 아닌 고용보험 당연가입자인 건설사업자의 성립일

- 2천만원 이상 연도이월 공사가 있는 경우 : 2019.01.01.
- 2천만원 이상 연도이월 공사가 없는 경우 : 2019.01.01 이후 당연 적용 공사를 처음 행하는 사업이 시작된 달

〈사례〉

	A건설사	B건설사	C건설사	D건설사
착공일	2018.10.01	2018.12.01	2019.01.07	2019.01.10
공사기간	2018.10.01 ~ 2019.05.01	2018.12.01 ~ 2019.04.01	2019.01.07 ~ 2019.03.01	2019.01.10 ~ 2019.05.01
공사금액	2,500만	1,900만원	1,500만원	3,000만원
고용보험 당연가입	해당	비해당	비해당	해당
일괄적용 성립일	2019.01.01			2019.01.10

74) 2019.1.1.부터 시행

강반장의 질문

저희 사업장은 건설면허가 없는데 고용보험 일괄적용 대상인가요?

2019년 1월 1일 보험료징수법 시행령의 개정, 시행으로 건설업에 있어서 고용보험도 일괄 가입하여야 하는 의무가 생겼습니다.
보험료징수법 시행령의 개정으로 고용보험 및 산업재해보상보험에 관하여 건설업에 있어 일괄가입 대상이 되는 사업장은 건설면허가 있는 건설업자 뿐 아니라, 건설면허가 없더라도 한국표준산업분류표의 대분류에 따른 건설업에 해당할 경우 일괄 적용 대상이 됩니다.

❖ 건설달인의 TIP

2019년 1월 1일 이후 2천만원 이상 원도급공사가 있는 경우에는 그 착공일부터 일괄가입 적용이 되며, 2천만원 미만 공사가 그 이후 생긴다고 하더라도 모두 개시신고를 진행해야 한다. 또한, 2천만원 이상 원도급공사가 2019년 1월 1일 이전 발생했더라도 2019년 1월 1일 이후에도 계속되고 있는 경우에는 1월 1일자로 성립이 이루어져야 한다. 그러나, 2천만원 미만의 원도급 공사만을 진행하는 건설면허 없는 건설업자에 대하여는 일괄적용이 되지 않는다(고보법 시행령 개정을 통해 2천만원 미만 공사는 적용 제외임을 규정한 조항이 삭제되면, 가장 명확하게 공사금액에 관계없이 일괄적용이 된다.)

(6) 생산제품 설치특례 적용 기준[75)]

일반적으로 제조업체에서 설치공사를 하게 되면 설치공사에 대하여는 건설공사로서 별도로 적용하여야 하나 일정한 요건을 충족하는 경우 그 설치공사를 당해 제품의 제조업에 포함하는 특례 규정을 두고 있다.

1) 상시적으로 고유제품을 생산하는 사업주가 그 제품 구매자와의 계약에 따라 직접 설치하는 경우 : 수차의 도급사업의 보험가입자 규정과 상관없이 제조업으로 흡수 적용
2) 생산제품을 제조업체에서 직접 설치하지 않고 별도의 전문업체에 하도급을

75) 산재보험법 시행규칙 제4조(생산제품의 설치공사에 대한 적용 특례) 사업주가 상시적으로 고유제품을 생산하여 그 제품 구매자와의 계약에 따라 직접 설치하는 경우 그 설치공사는 그 제품의 제조업에 포함되는 것으로 본다. 다만, 도급단위별로 고유 생산제품의 설치공사 외에 다른 공사가 포함된 경우에는 그 제품의 제조업에 포함되는 것으로 보지 않는다.

주어 설치하게 하는 경우 : 설치공사 특례요건을 충족시키지 못하므로 건설공사의 원수급이 보험가입자가 됨

생산제품 설치특례 적용기준

◦ 사업주가 상시적으로 고유제품을 생산할 것
당해 고유제품 생산업체의 사업주가 일정한 장소에서 일정규모의 생산시설과 인원 등을 갖추고 당해 사업의 주된 제품을 생산하는 것을 의미

◦ 그 제품 구매자와의 계약에 따라 직접 설치할 것
설치부분을 다른 업자에게 도급을 주지 않고 당해 제조업 사업주의 근로자(상용·일용 불문)를 사용하여 직접 행하는 것을 의미

◦ 도급단위별로 자가생산제품의 설치공사 외에 다른 건설공사가 포함되어 있지 아니할 것
도급받은 금액에 자가생산제품의 설치공사 외에 다른 건설공사금액이 포함되어 있지 않은 것을 의미(하나의 건설공사 현장에 설치공사 외에 여러 개의 다른 업체가 시공 중인 것을 뜻하는 것은 아님)

강반장의 질문 1

사내 협력업체가 모든 제조공정을 수행하고 있는 경우 특례가 적용되나요?

직접 실질적인 생산 활동을 하지 않으며, 제조관련 직영근로자 없이 사내 협력업체가 모든 제조공정을 수행하고 있는 업체라 하더라도 사업장이 보유한 제조공장에서 생산제품을 자기명의로 제조해 판매하고 사내 협력업체의 작업과정에 대해 관리·감독업무를 행한다면 해당 제조업체가 고유제품을 생산하는 것으로 사료됩니다.
〈보험가입부-1588, 2014.05.26.〉

강반장의 질문 2

생산제품설치공사 중 설치 현장에만 국한해 사용할 목적으로 공사현장과 분리된 장소를 임차해 제품을 제작하는 경우 특례가 적용되나요?

사업장이 일정한 장소와 시설을 보유하고 상시적으로 제조 활동을 영위하면서 고유 생산제품의 납품장소인 건설 현장이 원거리에 소재하는 특수한 사유로 일시적으로 건설현장 인근 장소를 임차해 제품제작을 한 경우라면 생산제품의 설치공사에 대한 특례를 적용해 제조업에 흡수 적용함이 타당합니다.
〈가입지원팀-3742, 2008.10.02.〉

강반장의 질문 3

사업주가 직접 고용한 근로자와 파견계약에 따라 파견된 근로자가 혼재되어 설치작업을 행한 경우 특례가 적용되나요?

동 기계장비 설치작업을 시행함에 있어 직접 고용한 근로자와 파견계약에 따라 파견된 근로자가 혼재되어 기계장비 설치작업을 행하였다면 생산제품 설치공사의 적용특례에 해당하지 않는다고 판단합니다.
〈보험적용부-820, 2012.01.31.〉

강반장의 질문 4

사업주가 고유 생산제품인 판매 및 직접 설치하던 중 설치공사 중 안전망 설치에 대해 다른 건설사에 하도급을 주는 경우 특례대상에 해당되나요?

고유 생산제품인 철구조물을 제작 후 설치하면서 철구조물 설치를 위한 안전망을 다른 건설사에 하도급을 주어 설치했다면 생산제품 설치공사에 대한 적용특례에 해당하지 않는다고 판단합니다.
〈보험가입부-1588, 2014.05.26.〉

(7) 공동도급공사의 적용기준

하나의 공사를 2이상의 업체가 같이 도급 받아 시공에 참여하는 공동도급공사의 경우, 도급공사의 권리와 의무 모두 구성원에게 있으므로 고용 및 산재보험의 보험가입자 및 하도급공사에 대한 일부 하수급사업주 인정승인 시 하도급공사의 해당 보험가입자 귀속여부와 출자비율에 따른 반영 및 보험료 납부주체의 명확한 판단이 필요하다.

〈공동도급공사의 유형〉

◦ 공동이행방식 - 한 회사의 시공능력평가액으로는 공사를 수주할 수 없는 경우 다른 업체와의 시공능력평가액을 합하여 공사를 수주하는 방식으로 각 공동수급체가 해당 건설공사의 출자비율에 해당하는 공사의 원수급인으로서 보험가입자가 된다. 다만 공동수급체가 대표사를 고용산재보험의 보험가입자로 하기로 합의한 경우에는 대표사를 전체 건설공사의 보험가입자로 한다.

◦ 분담이행방식 - 하나의 업체가 가지고 있지 않은 면허상의 공정이 있는 경우 그 면허를 소지하고 있는 업체와 공동으로 입찰에 응하는 방식으로 공동수급체 구성원 각 사가 분담내용에 따른 해당 공사의 보험가입자가 된다.
◦ 주계약자관리방식 - 하나의 공사에 대하여 주계약자가 전체 건설공사에 대한 관리 책임을 지나 시공은 참여사별로 각자 맡은 공징에 대해서만 시공하는 방식으로 공동수급체 구성원 각 사가 분담내용에 따른 해당공사의 보험가입자가 된다. 다만, 공동수급체가 주계약자를 고용·산재보험의 보험가입자로 합의한 경우에는 주계약자를 전체 건설공사의 보험가입자로 인정한다.

	공동이행방식	분담이행방식	주계약자관리방식
이행책임	연대책임	분담부분에 대한 책임	주계약자-연대책임 이외 - 분담부분에 대한 책임
보험료 납부책임	각 사가 출자비율 부담	각 사가 부담부분 부담	각 사가 분담부분 부담 단, 특약으로 부담자 지정가능

강반장의 질문 1

공동시공방식에 의한 건설공사의 고용보험 적용관계는 어떻게 되나요?

하나의 건설공사를 2이상의 사업주가 공동시공방식으로 도급 받은 경우 각각 도급공사에 대하여 보험관계성립신고서를 제출함이 원칙이나 지분이 가장 많은 건설회사가 주관사가 되어 보험가입 할 수 있으며, 지분이 적은 회사는 공동도급공사에서 주관사가 될 수 없습니다.
〈보관 58430-414, 1999.7.13.〉

강반장의 질문 2

지분율에 따라 성립신고서를 제출한 이후에 보험가입자를 변경할 수 있나요?

공동시공방식으로 수행하는 공사현장에 대하여 각 사가 보험관계 성립신고 또는 사업개시신고서를 공단에 제출한 이후에 참여업체 전체가 대표사를 보험가입자로 하기로 합의하여 대표사(주관사)로 변경 신청한 경우에는 산재보험의 보험가입자를 변경할 수 없습니다.
〈적용 5402-511, 2002.7.22.〉

강반장의 질문 3

공동도급방식에 의한 건설공사를 주로 하는 건설회사입니다. 3월 고용·산재보험료 확정 및 개산 신고시 준비 자료와 유의해야할 사항이 어떤 것이 있을까요?

보통의 도급공사는 하나의 도급사가 고용 및 산재보험 가입 및 보험료 납부의 주체로 명확하게 정할 수 있습니다. 그러나 공동도급공사의 경우에는 도급공사의 권리와 의무 모두 구성원에게 있으므로 고용 및 산재보험 가입자, 하도급공사의 하수급 사업주 인정 승인 시 보험가입자 귀속여부와 출자비율에 따른 반영, 보험료 납부 주체의 판단 기준 등에서 명확한 구분과 판단이 필요합니다.
공동도급공사의 고용·산재보험료 확정 및 개산 신고를 위해서는 공동도급협약서, 공동도급 원가안분(배분)내역서, 하수급인 사업주 승인 내역 자료를 사전에 준비하여 대표사/참여사 여부, 보험료 납부주체, 출자비율(지분율), 하수급인승인내역자료 등에 대한 검토(가산, 공제)를 반드시 하여 적정한 금액의 보수총액을 산정하여 신고 및 납부해야 합니다.

- ◦ 보험료 납부주체 적용오류
  - 공동도급 협약서 상의 보험료납부주체 반영 없이 각사납부로 신고
  - 대표사 납부시 참여사의 직접인건비+외주비×하도급비율 반영 없이 대표사지분율 반영공제
- ◦ 각사 납부시 지분율 적용오류
  - 하수급인 사업주인정 승인 공제시 지분율 반영 없이 전체금액 공제
- ◦ 하수급인 사업주 인정승인업체 과다 제외
  - 공단신고 개시번호신고 내역 확인하지 않고 임의로 과다공제
- ◦ 공동원가안분(배분)내역과 상이한 계정처리 오류
  - 원가안분(배분)내역서의 노무비 및 외주공사비를 보수총액에 포함하지 않고, 대표사의 매입계산서 비용을 타 계정(재료비, 지급수수료 등)으로 처리하여 보수총액 산입에서 누락

많은 회사들이 공동도급의 고용·산재보험료 확정 및 개산 신고시 가산누락 또는 과다공제 하여 근로복지공단 확정정산 조사시 많은 금액을 추징당하고 있습니다. 위의 내용을 확인하시어 추후 발생할 수 있는 고용 및 산재보험 확정정산 조사시에 큰 문제가 없도록 유의하시기 바랍니다.

❖ 건설달인의 TIP

공동도급 각 구성사가 정한 협약서에는 대표사/참여사 여부, 보험료납부주체, 출자비율(지분율) 등에 대해 정한 내용이 담겨있고, 원가안분(배분)내역서에는 각 계정별 원가 구성 세부내역을 확인할 수 있는바, 원가안분(배분)된 내역이 결산자료의 각 계정에 제대로 반영이 되었는지 확인이 필요하다.

3. 보험가입자

(1) 보험가입자의 범위

산재 및 고용보험의 적용을 받는 보험가입자란 법인의 경우 법인 그 자체를, 개인인 경우는 자연인인 대표자를 의미하며[76], 건설업의 경우 보험가입자는 다음과 같다.

건설업에서의 보험가입자

- 도급계약 형식으로 여러 차례의 도급에 의하여 시행되는 경우 : 발주자와 직접 계약한 최초 원수급인
- 국내 건설사가 국내에 소재하지 않는 외국 건설사로부터 하도급을 받아 시행하는 경우 : 국내의 그 최초 하수급인
- 원수급인의 신청에 의하여 하수급인을 보험가입자로 인정해 달라는 신청에 대하여 공단이 승인하는 경우 : 그 하수급인

강반장의 질문 1

사회보험 신고 및 납부와 관련해서 한정된 인력으로 변경되는 법기준과 복잡한 신고업무를 하기 어려워 전문가인 대리인을 선임하려고 하는데 가능한가요?

네, 대리인을 선임할 수 있습니다. 대리인은 '보험료징수법 시행령 제5조'에 규정하고 있으며, 보험관계 성립사업장 단위별로 1명 이상의 대리인을 선임하여 보험사무를 대리할 수 있습니다.

- 법인의 경우 : 임직원, 변호사, 노무사
- 개인의 경우 : 임직원, 변호사, 노무사, 배우자, 직계 존·비속, 형제자매

강반장의 질문 2

당사는 해외에 본사가 있으며 본사에서 출자한 국내 소재 건설사로 발주자와 본사 간 공사도급계약을 하고 본사가 다시 당사에 하도급 주어 시공하고 있습니다. 이 경우 보험가입자는 누가 되나요?

일반적인 계약형태로 보면 귀사는 발주자와 직접 계약한 최초의 원수급인이 아닌 하도급계약으로 보험가입자가 아닌 듯 하나 '국내에 소재하지 않는 외국소재 회사로 부터 하도급을 받아 시공하는 경우'로 하수급인이라 하더라도 국내의 최초 하수급인인 귀사가 해당 공사건의 보험가입자가 됩니다.

76) 산재보험은 사업주만 보험가입자가 되고, 고용보험은 사업주와 근로자 모두 보험가입자가 된다.

❖ 건설달인의 TIP

고용·산재보험 확정, 개산 신고시 위 경우 하도급으로 분류하여 신고·납부하여 근로복지공단의 확정 정산시 많은 금액을 추징당하고 있으므로 계약관계를 명확히 확인하여야 한다.

(2) 하수급인 사업주 보험가입 승인

수차의 도급공사의 보험가입자는 원수급인이 원칙이나, 원수급인과 하수급인간 보험료 납부 인수에 관한 서면계약을 체결하고, 근로복지공단에 하수급인 사업주 보험가입 승인 신청을 하여 승인 받은 경우에는 그 하수급인이 법의 적용을 받는 보험가입자에 해당된다.

① 수차의 도급사업이 건설업이고, ② 하수급인이 건설업 등록업자이며, ③ 원수급인과 하수급인간 보험료 납부의 인수에 관한 서면계약을 체결한 경우에는 하도급공사 착공일부터 30일이내에 원수급인이 건설현장 소재지 관할 근로복지공단에 서류(하수급인 사업주 승인신청서, 도급계약서 사본, 보험료 납부인수에 관한 서면계약서 사본)를 제출해야 한다.

♣ 하수급인 사업주 보험가입 승인신청서 (별첨 3-2)

♣ 보험료 납부 인수 계약서 (별첨 3-3)

〈고용보험 하수급인 사업주 보험가입 승인과 하수급인 내역 신고 비교〉

구분	하수급인 사업주 보험가입승인	하수급인 내역신고 (미승인)
보험료 신고 및 납부의무	하수급인	원수급인 (근로내용확인신고를 위한 하수급인관리번호를 부여)
하수급인 명세서		원수급인
근로내용확인 신고서 제출 주체	하수급인	하수급인
신청기관	근로복지공단	근로복지공단
사업장관리번호	'9'로 시작하는 11자리 코드	'1'로 시작하는 15자리 코드

강반장의 질문 1

타워크레인 설치·해체부분만 별도로 도급을 주는 경우 사업주는 누가 되나요?

타워크레인 임대사업주가 건설공사 원수급인과 타워크레인 임대계약을 체결하고 타워크레인 설치 해체 부분만을 다시 도급 준 경우라면 타워크레인 설치 해체 업무는 여러 차례의 도급에 의하여 행하여지는 건설업에 해당하는 것으로 보험료징수법 제9조(도급사업의 일괄적용)의 규정에 따라 원수급인을 사업주로 판단하여야 합니다.
〈가입지원팀-2886, 09.7.13〉

강반장의 질문 2

건설현장의 준공청소 시 보험가입자는 누가 되나요?

청소용역업체가 건설공사가 진행되는 상태에서 건설업체로부터 하도급 받아 원수급인의 건설현장과 동일 위험권내에서 행하였다면 수차의 도급관계에 해당되므로 원수급인 건설업체가 보험가입자가 되어야 할 것이나, 건설공사가 종료, 중단된 상태에서 시간적 또는 장소적으로 분리되어 청소작업을 수행하였다면 건설공사와 동일위험권내에서 이루어지는 수차의 도급관계로 보기 어려우므로 청소용역업체가 보험가입자로서 산재보험에 별도 가입하여야 할 것으로 판단됩니다.
〈적용 6402-481, 2003.7.3.〉

강반장의 질문 3

건설현장의 빌트인 가전제품 설치 시 보험가입자는 누가 되나요?

빌트인(built-in, 붙박이) 주방가전제품 설치 전문업체로 계약에 따라 최종목적물인 아파트의 준공 이전에 빌트인 주방가전제품의 설치작업을 수행하고 있다면 「보험료징수법」 제9조에 따라 원수급자를 사업주로 판단함이 타당합니다.
〈가입지원팀-4200, 2009.09.29.〉

강반장의 질문 4

개인 건축공사를 도급 준 경우 보험가입자는 누가 되나요?

건설업이 여러 차례 도급에 의하여 시행되는 경우에는 그 원수급인이 고용·산재보험의 보험가입자가 됩니다.
예시) 건축주 A가 3억에 건설사업자인 B에게 전부 도급을 주고 건설사업자 B는 전문건설업자인 C에게 1억원에 일부 도급을 준 경우 보험가입자는 건설사업자인 B가 보험가입자 및 보험료납부 의무자가 됩니다.
다만, 같은 법 제2조제4호 단서에 따라 발주자가 사업의 전부 또는 일부를 직접 하는 경우에는 발주자가 직접 하는 부분(발주자가 직접 하다가 사업의 진행경과에 따라 도급하는 경우에는 발주자가 직접 하는 것으로 봅니다)에 대하여 발주자를 원수급인으로 판단합니다.

4. 가입근로자의 범위

「근기법」에 규정된 근로자로 직업의 종류를 불문하고 사업 또는 사업장에서 임금을 목적으로 근로를 제공하는 자는 모두 해당된다. 다만, 다음의 근로자는 보험적용에서 제외된다.

고용보험 적용제외 근로자

- 65세 이후에 고용되거나 자영업을 개시한 자(실업급여 적용 제외되나 고용안정·직업능력개발 적용)
- 소정근로시간이 대통령령으로 정하는 시간 미만인 자(월간 소정근로시간이 60시간 미만인 자. 단, 3개월 미만 계속하여 근로를 제공한 자와 1개월 이상 일용근로자 제외)
- 국가공무원법과 지방공무원법에 따른 공무원(단, 대통령령으로 정하는 바에 따라 별정직 및 임기제 공무원의 경우는 본인의 의사에 따라 고용보험에 가입할 수 있음)
- 사립학교교직원연금법의 적용을 받는 자
- 별정우체국법에 따른 별정우체국 직원
- 외국인 근로자(체류자격[77]에 따라 고용보험 적용)

77)

고용보험 적용여부	체류자격
강제가입	F-2, F-5, F-6
임의가입	C-4, E-1, E-2, E-3, E-4, E-5, E-6, E-7, E-9, E-10, F-4, H-2
상호주의	D-7, D-8, D-9
적용제외	그 외 체류자격

산재보험 적용제외 근로자

- 공무원연금법 또는 국민연금법에 따라 재해보상이 되는 자
- 선원법 또는 어선원 및 어선재해보상보험법에 따라 재해보상이 되는 자
- 사립학교교직원연금법에 따라 재해보상이 되는 자

〈보험적용사례 1.〉 해외파견근로자

- 고용보험 - 국내사업장과의 고용관계가 유지된다면 출장이나 주재근무에 관계없이 적용되나 해외현지법인 또는 독립채산제로 운영되고 있는 해외지점에서 직접 채용되어 근무하는 해외근로자의 경우에는 적용제외
- 산재보험 - 해외파견자 특례, 즉 근로복지공단에 보험가입신청에 대한 승인을 얻은 경우에 한하여 적용

〈보험적용사례 2.〉 친족[78)]

- 사업주와 동거하고 있는 친족의 경우, 임금 및 고용상태가 불분명하는 등 근로자로 보기 어려우므로, 원칙적으로 고용 및 산재는 적용하지 않음. 단, 그 친족이 일반 근로자와 동일하게 사업주의 지휘·감독하에서 상시 근로를 제공하고 그 대가로 임금을 지급받는 경우 예외적으로 고용 및 산재보험 적용
- 사업주와 동거하지 않는 친족의 경우, 일반적인 근로자 판단기준에 따라 판단

〈보험적용사례 3.〉 사외이사 및 비상근고문

간헐적으로 회사의 이사회 등에 참석하거나 자문에 응하는 사외이사 및 고문의 경우 사용자의 지휘·감독하에 근로를 제공하고 임금을 지급받는 근로자로 볼 수 없음. 다만, 사외이사라 하더라도 일반적인 근로자와 같이 출·퇴근하고 대표이사의 지휘감독에 따라 근로를 제공하고 그 대가로서 임금을 지급받는 경우에 근로자에 해당할 수 있음

78) 민법 제777조 친족을 의미함(8촌 이내의 혈족, 4촌 이내의 인척, 배우자)

〈보험적용사례 4.〉 기타

대상근로자	부과범위		
	산재보험	고용보험	
		실업	고안·직능
고용보험 미가입 외국인 근로자	○	×	×
월 60시간 미만 근로자 (계속 근로기간이 3개월 미만인 자)	○	×	×
해외파견자(산재보험법 적용제외자)	×	○	○
별정직·임기제공무원	×	○	×
노동조합 등으로부터 금품을 지급받는 노조전임자[79]	×	○	×
만 65세 이후 고용된 자	○	×	○

❖ 해외출장자와 해외파견자의 차이

근무장소가 해외일지라도 근로자가 국내사업장에 소속되어 국내사업장 사용자의 직접적인 지배아래 있다면 해외출장으로 보아 국내사업장에 흡수 적용되며, 해외사업장에 소속되어 해외사업장 사용자의 직접적 지휘·감독을 받아 근무하는 경우에는 해외파견으로 보아 적용이 배제된다[80].

해외출장으로 보여지는 경우

- 상담, 회의, 시찰, 업무연락, 기술교섭, 기술취득, 기술서비스(애프터서비스) 등 때문에 사명에 의하여 국외에 나가는 경우
- 시장조사 등의 목적으로 해외의 각지를 이동하는 경우
- 건설관계사의 식전참가 및 업무연락을 위하여 국외에 나가는 경우
- 건설사업에 관한 기술지도, 작업지도, 기계장치의 운전, 개조 및 수리지도 등을 위하여 사명에 의하여 국외에 나가는 경우
- 기타 사명에 의해 특정의 업무를 수행하기 위하여 국내에 소재하는 통상의 근무지를 떠나 해외의 용무지에 도착하여 용무를 끝내고 근무지로 돌아오는 경우로서 그 과정 전반에 걸쳐서 국내사업주의 지배하에 있다고 인정되는 경우

79) 단체협약 등에 의해 근로계약에 따른 소정의 근로를 제공하지 않고 노동조합의 업무에만 종사하는 자로서 노조전임자로 활동하는 기간 동안 고용관계는 유지되나 휴직중인 상태에 준하므로, 산재보험은 원칙적으로 적용 제외하나 고용보험은 적용대상에 해당한다.

80) 보상 68697-215

5. 보험관계 성립·변경·소멸

(1) 보험관계의 성립

산재·고보법상 권리·의무관계가 발생하며, 보험관계의 성립으로 사업주는 보험료 신고·납부의무를 부담한다. 따라서 당연 가입대상 사업주는 보험관계가 성립한 날부터 14일 이내에 사업장 소재지 관할 공단에 보험관계의 성립신고를 하여야 한다(초일 불산입의 원칙 적용).

(2) 건설업 일괄적용 사업장의 보험관계 성립

동종사업 일괄적용사업의 사업주는 각각의 사업에 대하여 사업개시신고서를 사업개시일로부터 14일 이내에 보험관계성립신고서, 도급계약서(공사비명세서 포함), 건축 또는 용도변경 등에 관한 허가서를 공사현장 관할 근로복지공단에 신고하여야 한다.

♣ 일괄적용사업의 고용·산재보험 사업개시 신고서 (별첨 3-4)

(3) 보험관계의 변경

보험에 가입한 사업주는 사업에 변경이 있는 경우에는 변경된 날부터 14일 이내에 보험관계 변경신고서를 공단에 제출하여야 한다.

변경신고해야 할 사항

- 사업주(법인인 경우에는 대표자)의 이름 및 주민등록번호
- 사업의 명칭 및 소재지
- 사업의 종류
- 사업자등록번호(법인인 경우에는 법인등록번호 포함)
- 건설공사 또는 벌목업 등 기간의 정함이 있는 사업의 경우 사업의 기간
- 상시 근로자 수(우선지원대상기업의 해당 여부에 변경이 있는 경우)

(4) 보험관계의 소멸

사업주, 근로자 및 공단 간에 산재·고보법상의 권리·의무관계가 소멸하는 것으로 사업주의 보험료 신고·납부 의무가 소멸한다[81].

6. 고용·산재보험 적용 특례

(1) 자영업자 고용보험 가입 특례

근로자를 사용하지 아니하거나 50명 미만의 근로자를 사용하는 사업주 중 일정한 요건에 모두 해당하는 사람은 누구나 가입이 가능하다.

가입요건

- 고용보험 가입신청일이 소득세법 또는 부가가치세법에 따른 사업자등록증상 개업연월일로부터 5년 이내인 자영업자일 것
  - 특례가입 후 구직급여를 지급받고 고용보험에 재가입하려는 경우로 사업자등록증의 개업연월일이 구직급여 지급종료일부터 2년이내인 경우 : 구직급여 지급종료일부터 2년이 지난 후 그 지난 날부터 6개월 이내일 것
  - 특례가입 후 다른 사업의 근로자로 피보험자격을 취득하게 되어 특례가입자격을 상실한 후 고용보험에 재가입하려는 경우 : 다른 사업의 근로자로서 취득한 피보험자격을 상실한 후 그 상실한 날부터 6개월 이내일 것
- 5인 미만 근로자를 사용하는 농업·임업·어업, 부동산임대업에 종사하지 않을 것

♣ 자영업자 고용보험가입신청서 (별첨 3-5)

폐업 또는 3개월 연속 보험료를 미납한 경우, 임금근로자로 고용보험 피보험자격을 취득한 경우, 고용보험 적용제외 사업장의 보험관계 해지를 신청한 경우에는 고용보험 적용이 당연 소멸된다.

(2) 해외파견자에 대한 산재보험 가입 특례

해외파견자[82]는 산재보험의 보험가입자가 대한민국 밖의 지역에서 하는 사업에 근로시키기 위해 파견하는 자로서 산재보험이 적용되지 않으나, 보험가입자가 공단에 보험 가입신청을 하여 승인을 받으면 산재보험의 적용을 받는다.

---

81) 보험관계의 성립기간 중에 발생한 보험급여 청구권과 이미 발생한 보험료 징수권은 소멸시효가 완성되지 않는 한 계속 유지된다.

82) 해외 파견근무자는 국내 사업장 소속 근로자이나 해외 사업장에 파견되어 현지 사용자의 직접적인 지휘·감독을 받는 경우를 의미하고, 해외 출장근무자는 비록 근무장소가 해외일지라도 국내 사업장에 소속되어 국내 사업장 사용자의 직접적인 지배관리 하에 있는 경우를 의미한다.

1) 가입신청단위

해외파견 사업장, 고용주체, 계약단위별로 산재보험 가입신청을 하여야 하며, 해외파견사업이 건설업 및 벌목업인 경우와 그 외 사업인 경우 보험료 신고 및 납부방식을 달리하므로 각각 구분하여 보험가입 신청이 필요하다.

2) 가입신청

해외파견자를 고용한 하수급인이 필요 사항[83]을 기재한 해외파견자 산재보험 가입신청서를 공단에 제출하여야 하고 산재보험 가입신청서를 접수한 날의 다음날에 보험관계가 성립한다[84].

해외파견 건설업의 경우 국내 건설업의 적용과 달리 원수급인과 하수급인이 각각 보험가입을 신청함이 원칙이나 원수급인이 하수급인 소속 해외파견자를 포함하여 보험 가입을 신청할 수 있다.

보험료산정

연간 보험료 = 연간 보수총액(국내 사업장에서 지급하는 보수) × 해외파견자 산재보험료율 (16.5/1000)[85]

(3) 현장실습생[86]에 대한 산재보험 가입 특례

현장실습생을 사용하는 보험가입자는 해당 사업장 근로자의 보수총액에 현장실습생에게 지급되는 훈련 수당 등 모든 금품을 합산하여 공단에 신고하여야 한다.

보험가입자가 현장실습생에게 지급하는 훈련수당 등 모든 금품이 고용노동부 장관이 고시하는 최저임금 수준에 미달되거나 없을 경우 최저임금법에 의하여 매년 고용노동부장관이 고시하는 최저임금액을 훈련수당으로 본다.

---

83) 해외파견자의 명단, 해외파견 사업장의 명칭 및 소재지, 해외파견기간, 해외파견자의 업무 내용, 보수 지급액 등

84) 해외파견자 보험가입 승인 이후 보험계약을 해지하고자 하는 경우에는 보험관계 해지신청을 하여 승인을 받아야 한다.

85) 출퇴근재해 산재보험료율 1.5/1000포함

86) 산재보험 적용사업장에서 직업교육훈련촉진법 제7조의 규정에 따라 직업교육 훈련과정을 이수하는 중 산업체에서 현장실습을 받는 자

(4) 특수형태근로종사자에 대한 산재보험 가입 특례

근로자와 유사하게 노무를 제공함에도 근기법 등이 적용되지 아니하여 업무상 재해로부터 보호할 필요가 있는 사람으로 주로 하나의 사업에서 그 운영에 필요한 노무를 상시적으로 제공하고 보수를 받아 생활하거나, 노무를 제공함에 있어서 타인을 사용하지 아니하는 사람에 대하여 산재보험을 적용하는 제도이다.

특수형태근로종사자의 범위

- 보험설계사, 우체국보험의 모집을 전업으로 하는 사람 등 보험을 모집하는 사람
- 건설기계관리법 제3조제1항에 따라 등록된 건설기계를 직접 운전하는 사람*
- 학습지교사
- 골프장 캐디
- 택배사업에서 집화 또는 배송업무를 하는 사람
- 퀵서비스업자로부터 업무를 의뢰 받아 배송 업무를 하는 사람
- 대출모집인
- 신용카드회원 모집인
- 대리운전업자로부터 업무를 의뢰 받아 대리운전 업무를 하는 사람

* 종래 27개 건설기계 중 직종의 특성상 특정 사업장 전속성이 높은 콘크리트믹서트럭 1개 직종만 특수형태근로종사자로서 산재보험이 적용되었으나 건설기계종사자에 대한 산재발생의 위험이 높아지자 2018.12.11. 산재법 시행령 개정을 통해 27개 직종의 건설기계 전체에 대해 특수형태근로종사자로서 산재보험을 확대 적용시켰다.

1) 전속성 및 보험가입자 판단기준

① 전속성

노무를 제공하는 사업장(건설현장)에 대하여 전속성을 인정하며, 여러 사업(건설현장)에 종사하는 특수형태근로종사자의 경우, 노무를 제공하는 현장별/일자별로 전속성을 판단한다.

② 가입자

보험료징수법 제9조에 따른 원수급인이 가입자가 되며, 출·퇴근, 대기, 도로 주행 등에 발생한 업무상 재해는 주된 노무 제공과 관련한 건설현장 원수급인의 산재보험 관계로 적용된다.

2) 보험관계 성립신고

일반근로자의 고용 없이 특수형태근로종사자만 근무하는 사업장의 경우에는 특수형태근로종사자로부터 최초로 노무를 제공받게 된 날부터 14일 이내에 보험관계 성립 신고를 하여야 한다[87]. 또한 특수형태근로자의 입직 및 이직시 이를 신고하여야 한다.

♣ 특수형태근로종사자 입직신고서(별첨 3-6)

♣ 특수형태근로종사자 이직신고서(별첨 3-7)

♣ 특수형태근로종사자(건설기계) 입·이직신고서(별첨 3-8)

3) 특수형태근로자의 입직 및 이직 신고시기

특수형태근로종사자로부터 최초로 노무를 제공받거나 제공받지 않게 된 경우에는 그 사유가 발생한 날이 속하는 달의 다음 달 15일까지 공단(관할지사)에 입·이직신고를 하여야 합니다.

사유발생일

- 입직일 : 최초로 노무를 제공 한 날
- 법 시행일 이전부터 노무를 제공하는 경우 : 법 시행일
- 둘 이상의 사업에 종사하는 특수형태근로종사자가 이직으로 주된 사업장이 변경 된 경우 : 이직일의 다음날
- 이직일 : 이직 또는 사망한 날
- 산재보험의 보험관계가 소멸하는 경우 : 해당사업이 폐지 또는 끝난 날
- 둘 이상의 사업장에 노무를 제공하게 되는 특수형태근로종사자의 주된 사업장이 나중에 노무를 제공받는 사업장으로 변경되는 경우 : 나중에 노무를 제공받은 사업장 입직일의 전날

4) 보험료산정

월 보험료 = 월 보수액(실제 소득과 관계없이 고용노동부 장관이 고시한 직종별 보수액을 적용) × 산재보험료율(종사자가 소속된 사업장의 산재보험료율 적용)

87) 다만, 일반근로자의 고용으로 산재보험관계가 이미 성립된 사업장은 특수형태근로종사자에 대한 별도의 보험관계 성립신고는 불필요하다.

5) 산재보험 적용제외 신청

특수형태근로종사자는 종사자 본인이 산재보험 적용을 원하지 않는 경우 공단에 적용제외 신청(반드시 종사자 본인의 의사에 따른 신청)을 할 수 있다. 다만, 특수형태근로종사자는 의무적용 대상이므로 입직신고 이후에 적용제외 신청이 가능하다.

특수형태근로종사자가 적용제외 신청을 하는 경우에 신청한 날의 다음 날부터 산재보험 적용을 받지 않게 되나, 입직일로부터 70일 이내에 적용제외를 신청하는 경우에는 입직일 부터 소급하여 적용 제외된다.

6) 산재보험 재적용 신청

산재보험 적용제외를 신청했던 특수형태근로종사자가 다시 산재보험 적용을 원하는 경우, 종사자 본인이 공단에 재적용 신청을 할 수 있고, 재적용 신청을 하는 경우 신청하는 해의 다음 보험 연도 1월 1일부터 재적용된다.

(예시) '19. 1. 1.부터 재적용을 원하는 경우 '18. 12. 31.까지 공단에 재적용 신청서 제출

〈특수형태근로종사자에 대한 산재보험료 및 보험급여 산정의 기초가 되는 보수액 및 평균임금[88]〉

특수형태근로종사자 직종	보수액(월)	평균임금(일)
생명보험회사가 주된 사업장인 보험설계사	2,623,000	87,433
손해보험회사가 주된 사업장인 보험설계사	2,183,000	72,766
보험대리점 또는 보험중개사가 주된 사업장인 보험설계사		
우체국보험의 모집을 전업으로 하는 사람		
「건설기계관리법」에 등록된 건설기계를 직접 운전하는 사람	2,254,040	75,134
학습지 교사	1,684,000	56,133
골프장 캐디	2,454,540	81,818
소화물을 집화·수송과정을 거쳐 배송하는 택배사업에서 집화 또는 배송업무를 하는 사람	2,200,000	73,333
소화물을 집화·수송과정을 거치지 않고 배송하는 퀵서비스사업에서 주로 하나의 퀵서비업자로부터 업무를 의뢰받아 배송 업무를 하는 사람	1,454,000	48,466
대출모집인으로 여신금융기관과 위탁계약을 맺은 사람	1,944,000	64,800
대출모집인으로 대부중개업을 하는 법인과 직접 위탁계약을 맺은 사람	2,638,000	87,933
신용카드 회원 모집인	1,756,000	58,533
주로 하나의 대리운전업자로부터 업무를 의뢰받아 대리운전 업무를 하는 사람	1,750,000	58,333

88) 「특수형태근로종사자에 대한 산재보험료 및 보험급여 산정의 기초가 되는 보수액 및 평균임금」, 고용노동부 고시 제2018-101호

강반장의 질문 1

2019.1.1.부터 시행되는 건설기계의 종류는 무엇인가요?

건설기계관리법 제3조제1항에 따라 적법하게 등록된 건설기계를 의미합니다.

1. 불도저	8. 모터그레이더	15. 콘크리트펌프	22. 천공기
2. 굴삭기	9. 롤러	16. 아스팔트믹싱플랜트	23. 항타 및 항발기
3. 로더	10. 노상안정기	17. 아스팔트피니셔	24. 자갈채취기
4. 지게차	11. 콘크리트뱃칭플렌트	18.아스팔트살포기	25. 준설선
5. 스크레이퍼	12. 콘크리트피니셔	19. 골재살포기	26. 특수건설기계
6. 덤프트럭	13. 콘크리트살포기	20. 쇄석기	27. 타워크레인
7. 기중기	14. 콘크리트믹서트럭	21. 공기압축기	

강반장의 질문 2

건설기계 특수형태근로종사자 산재보험과 관련된 사항이 궁금합니다.

1. 건설기계 소유와 관계없이 혹 배우자가 소유자라 하더라도 실제 노무를 제공한 사람이면 누구나 특고에 적용됩니다.
2. 2018.1.1.일자 고용노동부지침 변경에 따라 건설기계 운전원은 원도급자가 보험가입자가 되었습니다.
3. 본인 소유의 건설기계를 직접 운전하였더라도, 운전보조등 업무 수행을 위해 타인을 사용하였다면 특고에 해당하지 않습니다.(산재보험법 제125조제1항제2호)
4. 여러 건설현장을 옮겨 다닌 경우 현장근무일 별로 특고직 적용이 됩니다.
5. 건설업이 아닌 사업의 종류를 불문하고 특정 사업에 노무를 제공한 건설기계조종사는 모두 특고로 적용 가능합니다

Ⅱ 보험료율

1. 보험료율의 적용기준

(1) 산재보험료율의 결정

산재보험료율은 '사업종류별 산재보험료율'과 '출퇴근재해 산재보험료율'로 구성되며 매년 6월 30일 현재 과거 3년 동안의 보수총액에 대한 산재보험급여총액의 비율을 기초로 하여 고용노동부장관이 사업의 종류별로 매년 고시한다.

보험료율 적용방법

◦ 하나의 적용사업장에 대하여는 하나의 보험료율을 적용
◦ 하나의 사업장에서 보험료율이 다른 2종 이상의 사업이 행하여지는 경우 다음 순서에 따라 주된 사업을 결정하여 적용
  - 근로자 수가 많은 사업
  - 근로자 수가 동일하거나 그 수를 파악할 수 없는 경우, 보수총액이 많은 사업
  - 상기 방법에 의하여 주된 사업을 결정할 수 없는 경우에는 매출액이 많은 제품을 제조하거나 서비스를 제공하는 사업을 주된 사업으로 결정

사업장내에서 건설공사를 직영할 경우에는 산재 보험 적용 사업장 내에서 사업주가 공장, 기숙사 등의 신축·증축수리 등 건설공사를 직영하는 경우에는 그 사업장에 흡수 적용한다. 단, 건설업 일괄적용 사업주가 적용 사업장 내에서 직영하는 건설공사는 건설업으로 적용한다.

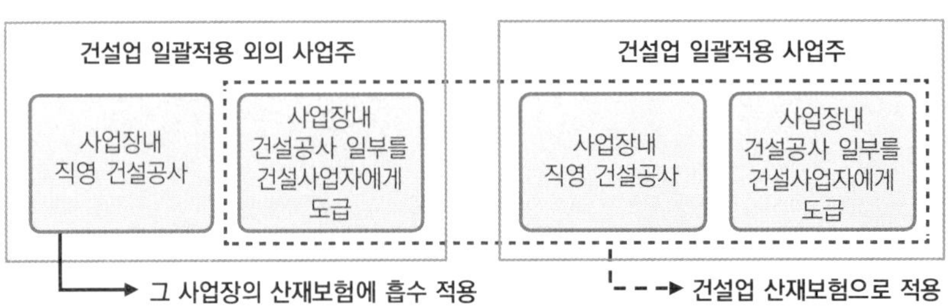

〈예시 1〉 제조업체에서 공장건물 보수공사를 직접 또는 직영하는 경우, 별도 산재보험 가입 없이 이미 가입된 산재보험관계(제조업)에 흡수

〈예시 2〉 건설업체에서 사무실 보수공사를 직접 또는 직영하는 경우 또는 제조업체에서 사업장 내 건설공사를 건설사업자에게 도급주는 경우, 건설업 산재보험으로 적용

(2) 고용보험료율의 결정

보험수지의 추이와 경제상황 등을 고려하여 1000분의 30범위 내에서 고용안정·직업능력개발사업의 보험료율 및 실업급여의 보험료율로 구분, 결정한다.

강반장의 질문

3월말에 고용산재 자진신고를 했는데 고용보험요율이 왜 17.5/1,000인가요?

고용보험 사업은 크게 두가지로 구분되고 요율 또한 두 개의 요율로 구성됩니다.
1. 실업급여사업 16/1,000
2. 고용안정 및 직업능력개발사업은 규모에 따라 2.5~8.5/1,000로 차등 적용
귀사의 고용보험요율이 20.5/1,000이 되는 이유는 실업급여 부분의 요율 16/1,000과 고용안정 및 직업능력개발사업요율 4.5/1,000을 합하여 20.5/1,000 구성되어있기 때문입니다. 실업급여사업의 고용보험료는 근로자와 사업주가 50%씩 부담하게 되고, 고용안정 및 직업능력개발사업의 고용보험료는 사업주가 100% 부담하게 됩니다.
고용안정 및 직업능력개발사업요율이 4.5/1,000의 경우 우선지원대상기업에 해당될 것으로 판단되며, 우선지원대상기업 해당여부는 전년도를 기준으로 1년단위로 판단하므로, 연도 중에 상시근로자수가 변동되더라도 우선지원대상기업 여부는 변동되지 않는다.

(3) 고용안정·직업능력개발사업의 보험료율

사업단위로 결정되는 것이므로 해당 사업주가 행하는 모든 사업의 규모, 즉 우선지원대상기업[89] 여부 및 총 상시근로자수에 따라 결정된다.

89) 고보법 시행령 별표1. 우선지원 대상기업의 상시 사용하는 근로자 기준
① 제조업 500인이하 사업장, ② 광업, 건설업, 운수 및 창고업, 출판, 영상, 방송통신 및 정보 서비스업, 사업시설관리 및 사업지원 서비스업, 전문, 과학 및 기술 서비스업, 보건업 및 사회복지 서비스업 300인 이하 사업장, ③ 도매 및 소매업, 숙박 및 음식점업, 금융 및 보험업, 예술, 스포츠 및 여가관련 서비스업 200인 이하 사업장, ④ 그 밖의 업종 100인이하 사업장

상시근로자 수 산정방법

◦ 일반적 산정기준 : 전년도 매월 말일 현재의 근로자수의 합계를 전년도의 조업월수로 나누어 산정하며, 당해 보험연도 중에 사업이 개시되어 보험관계가 성립된 경우에는 보험관계 성립일 현재 사용하는 근로자의 수를 상시 사용하는 근로자의 수로 함
◦ 건설업 산정기준 : 상시근로자수 산정이 가능한 경우 일반적 산정기준과 동일하게 산정함. 다만, 상시근로자수 산정이 곤란한 경우 다음의 산식에 의하여 산정함

$$\frac{\text{전년도 공사실적액(a) X 전년도 노무비율}}{\text{전년도 건설업 월평균보수(b) X 조업 개월수}}$$

(a) 총공사실적액(해당 보험연도 총기성공사금액)에서 「건설산업기본법」 그 밖의 관계법령에 따라 적법하게 하도급된 부분의 공사금액을 제외한 금액
(b) 건설업의 임금을 기준으로 하여 고용노동부 장관이 산정고시하는 평균보수

건설업의 고용안정·직업능력개발사업의 보험료율은 하수급인이 공단의 사업주승인을 얻은 경우 사업주가 되는 하수급인에 대하여 원수급인에게 적용하는 보험료율을 적용한다. 다만, 일괄적용을 받게 되는 사업주의 개별사업이 「보험료징수법」 제9조 단서[90]의 규정에 따라 승인을 얻은 경우에는 당해 하수급인인 사업주에게 적용하는 고용안정·직업능력개발사업의 보험료율을 적용한다.

(4) 산재보험료율의 결정 특례(개별실적요율)

매년 6월 30일 현재 산재보험의 보험관계가 성립한 후 3년이 지난 사업에 있어서 그 해 6월 30일 이전 3년 동안의 산재보험료에 대한 산재보험급여 금액의 비율이 85%를 넘거나 75%이하인 경우에는 그 사업에 적용되는 산재보험료율의 100분의 50의 범위에서 사업 규모와 무관하게 최대 20%까지 인상 또는 인하하여 다음 보험 연도의 산재보험료율로 할 수 있다[91].

90) 제9조(도급사업의 일괄적용) ① 건설업 등 대통령령으로 정하는 사업이 여러 차례의 도급에 의하여 시행되는 경우에는 그 원수급인을 이 법을 적용받는 사업주로 본다. 다만, 대통령령으로 정하는 바에 따라 공단의 승인을 받은 경우에는 하수급인을 이 법을 적용받는 사업주로 본다.

91) 보험료징수법 제15조(보험료율의 특례) ② 대통령령으로 정하는 사업으로서 매년 6월 30일 현재 산재보험의 보험관계가 성립한 후 3년이 지난 사업의 경우에 그 해 6월 30일 이전 3년 동안의 산재보험료(제13조제5항제2호에 따른 산재보험료율을 곱한 금액은 제외한다)에 대한 산재보험급여 금액(「산재법」 제37조제1항제3호나목에 따른 업무상의 재해를 이유로 지급된 보험급여는 제외한다)의 비율이 대통령령으로 정하는 비율에 해당하는 경우에는 제14조제3항 및 제4항에도 불구하고 그 사업에 적용되는 제13조제5항제1호에 따른 산재보험료율의 100분의 50의 범위에서 사업 규모를 고려하여 대통령령으로 정하는 바에 따라 인상하거나 인하한 비율을 제13조제5항제2호에 따른 산재보험료율과 합하여 그 사업에 대한 다음 보험연도의 산재보험료율로 할 수 있다.

개별실적요율 적용대상

- 건설업 중 일괄적용을 받는 사업으로서 매년 해당 보험 연도의 2년 전 보험 연도의 총 공사 금액이 60억원 이상인 사업
- 건설업 및 벌목업을 제외한 사업으로서 상시근로자 수가 30명 이상인 사업

〈개별실적요율 산정식〉

개별실적요율 = 해당 사업종류의 일반요율 ± [해당 사업종류의 일반요율 × 보험수지율*에 의한 증감비율]

*보험수지율 = (3년간의 보험급여 총액/3년간의 보험료 총액) × 100

- 3년간의 보험급여 총액 : 기준 보험 연도 3년 전 보험연도 7월 1일부터 기준 보험 연도 6월 30일까지의 사이에 지급 결정된 산재보험급여의 합산액
- 3년간의 보험료 총액 : 기준 보험연도의 6월 30일 현재를 기준으로 다음 금액을 합산한 금액
  ① 기준 보험 연도 개산보험료액의 2분의 1에 상당하는 금액(또는 1월부터 6월까지의 월별 보험료액)
  ② 기준 보험 연도 직전 2개 보험 연도의 확정보험료액(정산보험료액)의 합계액
  ③ 기준 보험 연도 3년 전 보험 연도의 확정보험료액 × 6 / (기준 보험 연도의 3년 전 보험 연도에서 보험관계가 지속된 기간의 총월수)

❖ 건설달인의 TIP

'3년간의 산재보험급여 총액'을 산정할 때 제외되는 보험급여액이 2019년 1월 1일 개정·시행되었다. 개정법을 통해 진폐, 소음성난청, 석면으로 인한 질병외에 모든 업무상 질병에 대해 지급 결정된 보험급여액이 수지율 산정시 제외된다. 이로 인하여 업무상 질병에 대한 사업주의 산재보험료율 할증부담이 사라지게 되었으므로 업무상 질병에 따른 산재신청이 늘어날 것으로 전망된다.

〈산재보험료율 증감비율[92]〉

산재보험료에 대한 산재보험급여 금액의 백분율(보험수지율)	산재보험료율에 대한 증감비율
5%까지의 것	20.0%를 인하한다
5%를 넘어 10%까지의 것	18.4%를 인하한다
10%를 넘어 20%까지의 것	16.1%를 인하한다
20%를 넘어 30%까지의 것	13.8%를 인하한다
30%를 넘어 40%까지의 것	11.5%를 인하한다
40%를 넘어 50%까지의 것	9.2%를 인하한다
50%를 넘어 60%까지의 것	6.9%를 인하한다
60%를 넘어 70%까지의 것	4.6%를 인하한다
70%를 넘어 75%까지의 것	2.3%를 인하한다
75%를 넘어 85%까지의 것	0
85%를 넘어 90%까지의 것	2.3%를 인상한다
90%를 넘어 100%까지의 것	4.6%를 인상한다
100%를 넘어 110%까지의 것	6.9%를 인상한다
110%를 넘어 120%까지의 것	9.2%를 인상한다
120%를 넘어 130%까지의 것	11.5%를 인상한다
130%를 넘어 140%까지의 것	13.8%를 인상한다
140%를 넘어 150%까지의 것	16.1%를 인상한다
150%를 넘어 160%까지의 것	18.4%를 인상한다
160%를 넘는 것	20.0%를 인상한다

〈개별실적요율 산정 사례 - A사의 2019년도 산재보험 개별실적요율〉

◦ A사의 보험료 납부 및 보험급여 지급현황

보험료 납부현황		보험급여 지급현황	
해당 연도	보험료	해당기간	보험급여 지급내역
2015년	288,000,000원 /확정	2015. 7~12월	총 80,000,000원 (요양급여: 70,000,000원, 휴업급여: 10,000,000원)
2016년	240,000,000원 /확정	2016년	총 200,000,000원 (유족보상일시금: 140,000,000원, 장의비: 6,000,000원)
2017년	240,000,000원 /확정	2017년	총 120,000,000원 (요양급여: 60,000,000원, 휴업급여: 60,000,000원)
2018년	180,000,000원 /개산	2018. 1~6월	총 160,000,000원 (지급액 중 2016. 2. 제3자 행위에 의한 재해로 지급된 보험급여 80,000,000원, 요양급여: 100,000,000원, 휴업급여: 60,000,000원)

92) 보험료징수법 시행령 별표1

◦ A사 개별실적요율 산정방법

구분	보험료 산정	보험급여 산정	수지율 산정	개별실적요율 산정
2015년	288,000,000원/12개월X6월 =144,000,000원	80,000,000원	(480,000,000원/ 714,000,000원)X 100 =67.22%	수지율이 67.22%이므로 산재보험료율에 대한 증감비율은 4.6%인하 ⇒ A사 개별실적요율 =일반요율X4.6%
2016년	240,000,000원	200,000,000원		
2017년	240,000,000원	120,000,000원		
2018년	180,000,000원/12개월X6월 =90,000,000원	160,000,000원- 80,000,000원 =80,000,000원		
계	714,000,000원	480,000,000원		

강반장의 질문

작은 건설회사에서 관리직으로 있는데 금번 근로복지공단에서 공문을 받아 건설공사 개별실적요율 조사서 작성시 궁금하여 질의 드립니다. 근로복지공단의 산재보험 개별실적요율 조사서에 현장일괄관리번호 6번으로 왔는데 이 경우 아래 조사서에 2번, 본사 상시근로자수를 기재해야 하나요?

2번 상시근로자수 현황(건설업본사)에 본사 근로자수를 적으시면 되고, 본사소속으로 현장근무하시는 상용직 분들은 각 월분에서 제하시면 됩니다. 이때 본사에서 내근하시는 관리직, 설계직등 단순히 내근직분들을 적으면 됩니다.

2. 보수의 판단기준

(1) 보수의 정의

「소득세법」에 따른 근로소득에서 비과세 근로소득을 공제한 총급여액의 개념과 동일하며, 「소득세법」에 따른 근로소득은 「근기법」에 의한 임금보다 광의의 개념이다.

근로소득의 범위

◦ 근로의 제공으로 인하여 받는 봉급·급료·보수·세비·임금·상여·수당과 이와 유사한 성질의 급여
◦ 법인의 주주총회·사원총회 또는 이에 준하는 의결기관의 결의에 의하여 상여로 받는 소득
◦ 법인세법에 의하여 상여로 처분된 금액
◦ 퇴직으로 인하여 받는 소득으로서 퇴직소득에 속하지 아니하는 소득

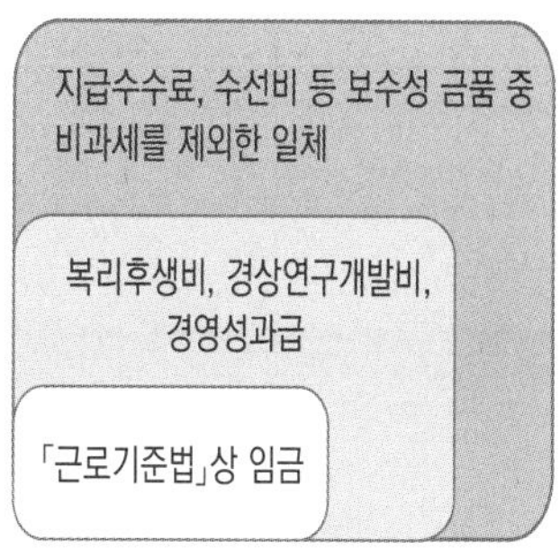

(2) 보수의 판단

「소득세법」에 따라 신고된 근로소득에서 비과세 근로소득을 제외한 금액을 보수로 판단한다. 다만, 「근기법」상 근로자에게 지급한 금품이 「소득세법」상 근로소득이라고 명확하게 판단되는 금품은 「소득세법」에 따른 근로소득으로 신고되지 않았다 하여도(미신고 또는 사업소득·기타소득으로 신고) 보수로 판단한다.

〈근로소득의 범위 및 제외되는 금품의 예〉

근로 소득의 범위	세부내용	총 급여액 제외금품(비과세 금품)
급여 등	봉급·급료·보수·세비·임금·상여·수당 및 이와 유사한 성질의 급여	
	법인의 주주총회·사원총회 또는 이에 준하는 의결기관의 결의에 의하여 상여로 받는 금액(잉여금 처분에 의한 상여)	
	법인세법에 의하여 상여로 처분된 금액(인정상여)	
	근로수당·가족수당·전시수당·물가수당·출납수당·직무수당 기타 이와 유사한 성질의 급여 - 근속수당·명절휴가비·연월차수당·승무수당·공무원의 연가보상비·정근수당 등	
	보험회사, 투자매매업자, 투자중개업자 등 금융기관이 내근사원에게 지급하는 집금수당과 보험가입자의 모집, 증권매매의 권유 또는 저축의 권장으로 인한 대가 기타 이와 유사한 성질의 급여	※ 종속적인 고용관계 없이 보험가입자의 모집, 증권매매의 권유 또는 저축의 권장으로 인하여 받는 대가 기타 이와 유사한 성질의 급여는 사업소득 또는 기타소득으로 구별
	급식수당·주택수당·피복수당 기타 이와 유사한 성질의 급여	다만, 아래의 금액은 총급여액에 포함하지 않는다. • 월 10만원 한도내의 식대(식사 기타 음식물을 제공받지 않는 경우에 한함) • 근로소득에서 제외되는 주택보조금(조특법 100) • 법령·조례에 의하여 착용하여야 할 자가 지급 받은 제복, 제모, 제화 • 특수작업 또는 그 직장 내에서만 착용하는 피복(병원, 시험실, 금융기관, 공장, 광산 등)
	기술수당·보건수당·연구수당 기타 이와 유사한 성질의 급여	

근로 소득의 범위	세부내용	총 급여액 제외금품(비과세 금품)
급여 등	시간외 근무수당·통근수당·개근수당·특별공로금 기타 이와 유사한 성질의 급여 (출퇴근 교통비 명목 및 체력단련비 명목으로 지급하는 금액 포함)	
	벽지수당·해외근무수당 기타 이와 유사한 성질의 급여	• 공무원의 특수지근무수당 지급지역, 광구로 등록된 지역, 의료취약지구(의료인) 등에 근무함으로써 받는 월 20만원 이내 • 국외 또는 북한지역에서 근로를 제공하고 받은 급여 중 월 100만원 이내 금액(원양어업 선박, 국외 등을 항행하는 선박에서 근로를 제공하고 받는 보수의 경우에는 월 200만원, 국외 등의 건설현장 등에서 근로를 제공하고 받는 보수의 경우에는 월 300만원)
급여성 대 가	기밀비·판공비·교제비 기타 이와 유사한 명목으로 받은 것으로서 업무를 위하여 사용된 것이 분명하지 아니한 급여	
	공로금·위로금·개업축하금·학자금·장학금 기타 이와 유사한 성질의 급여 (종업원의 수학중인 자녀가 사용자로부터 받는 학자금장학금 포함)	• 사내근로복지기금으로부터 받은 장학금은 근로소득에서 제외 • 일정한 요건을 갖춘 근로자 본인의 학자금은 기타비과세소득에 해당
	여비의 명목으로 지급되는 연액 또는 월액의 급여	• 실제소요 경비인 여비는 실비변상적 급여에 해당하는 비과세소득 • 종업원 소유차량을 업무에 이용하고 시내출장 등에 소요된 실제여비를 지급받지 않는 자가 지급기준에 따라 받는 자가운전보조금(월20만원 한도)
	퇴직으로 받는 소득으로서 퇴직소득에 속하지 아니하는 퇴직위로금·퇴직공로금 기타 이와 유사한 성질의 급여	정관이나 퇴직급여지급규정 등에 의한 퇴직위로금은 퇴직소득에 해당
	휴가비 기타 이와 유사한 성질의 급여	
기타 경제적 이익	교직원의 자녀에 대한 등록금 면제액	
	근로자가 부담할 소득세 등을 사용자가 부담한 경우 그 소득세액	
	주택을 제공받음으로써 받는 이익	다만, 근로소득으로 보지 아니하는 사택 제공이익은 제외
	종업원이 주택(부수토지 포함)의 구입 또는 임차에 소요되는 자금을 저리 또는 무상으로 대여받음으로써 얻는 이익	

근로 소득의 범위	세부내용	총 급여액 제외금품(비과세 금품)
기타 경제적 이익	종업원이 계약자이거나 종업원 또는 그 배우자와 기타의 가족을 수익자로 하는 보험·신탁 또는 공제와 관련하여 사용자가 부담하는 보험료·신탁부금 또는 공제부금	연 70만원 이하의 단체순수보장성보험료 등은 근로소득에서 제외
	퇴직보험·퇴직일시금신탁·「근로자퇴직급여보장법」 제16조 제2항의 규정에 따른 보험 또는 신탁이 해지되는 경우 종업원에게 귀속되는 환급금	다만, 환급금을 지급받는 때에 근로자퇴직급여보장법에 의해 퇴직금을 중간정산하여 지급받는 경우 제외
	계약기간 만료전 또는 만기에 종업원에게 귀속되는 단체환급부 보장성보험의 환급금	
	법인의 임원 또는 종업원이 당해 법인 또는 당해 법인과 특수관계에 있는 법인으로부터 부여받은 주식매수선택권을 당해 법인 등에서 근무하는 기간 중 행사함으로써 얻은 이익(주식매수선택권 행사 당시의 시가와 실제 매수가액과의 차액을 말하며, 주식에는 신주인수권을 포함한다)	퇴직 전에 부여받은 주식매수선택권을 퇴직후에 행사하거나 고용관계 없이 주식매수선택권을 부여받아 이를 행사함으로써 얻는 이익은 기타소득임(법21)
	우리사주조합 관련 근로소득 과세 (조특법제88의 4)	

3. 보험료의 산정

(1) 고용보험료

2012년 8월 이후 산정방식이 근로자 '개인' 단위 보험료 산정방식으로 변경되어 개인별 실업급여 근로자부담 보험료, 실업급여 사업주부담 보험료, 고용안정·직업능력개발사업 보험료를 각각 산정하여 합산한 금액으로 산정한다.

고용보험료 산정방식

[개인별 보험료 = ①+②+③]

- 개인별 실업급여 보험료 : ①+②
  - ① (근로자 보험료) 개인별 월평균보수 × 실업급여보험료율의 1/2
  - ② (사업주 보험료) 개인별 월평균보수 × 실업급여보험료율의 1/2
- 개인별 고용안정·직업능력개발사업 보험료 : ③
  - ③ 개인별 월평균보수 × 고용안정·직업능력개발사업 보험료

〈고용보험료 산정기준〉

사업별	보험료율	산정기준
실업급여 (공동부담)	16/1,000 (1.6%)	사용자 부담 8/1,000 (0.8%) 근로자 부담 8/1,000 (0.8%)
고용안정사업· 직업능력개발사업 (사용자 부담)	2.5/1,000 (0.25%)	상시근로자 150인 미만
	4.5/1,000 (0.45%)	상시근로자 150인 이상으로 우선지원 대상기업
	6.5/1,000 (0.65%)	상시근로자 1,000인 미만으로 우선지원 대상기업 제외 업체
	8.5/1,000 (0.85%)	상시근로자 1,000인 이상

(2) 산재보험료

사업종류별 산재보험료율과 출퇴근재해 산재보험료율로 구성된다.

〈산재보험료 산정기준〉

사업장	부과/신고·납부	정산
부과고지 사업장93)	◦ 월별보험료 (개인별 월평균보수×보험료율)의 합산액	◦ 정산보험료 (개인별 연간보수총액×보험료율)의 합산액
자진신고 사업장94)	◦ 개산보험료 - 일반적 산정 : 당해연도 추정 보수총액×보험료율 - 노무비율에 의한 산정 : 총공사금액(벌목재적량)×노무비율×보험료율	◦ 확정보험료 - 일반적 산정 : 실지급된 보수총액×보험료율 - 노무비율에 의한 산정 : {직영 보수총액+(외주비×하도급노무비율)} × 보험료율

강반장의 질문 1

고용산재보험료의 산정방식 중 부과고지와 자진진고가 무엇인가요?

보험료징수법 제13조(보험료) ①보험사업에 드는 비용에 충당하기 위하여 보험가입자로부터 다음 각 호의 보험료를 징수한다.
1. 고용안정·직업능력개발사업 및 실업급여의 보험료
2. 산재보험의 보험료

근로복지공단은 보험사업에 드는 비용에 충당하기 위하여 보험가입자로부터 고용보험료

93) 건설업·벌목업 제외 전 사업, 건설업 중 건설장비운영업, 중소기업사업주, 특수형태근로종사자, 건설업외 해외파견사업, 2012.1.22. 이후 신규가입한 고용보험 자영업자
94) 건설업(건설본사 포함), 임업 중 벌목업, 해외파견사업(건설업), 2012.1.21.이전 기존가입자 고용보험 자영업자

와 산재보험료를 징수합니다. 그런데 바로 이 보험료를 징수하는 방식부터 건설업(벌목업)과 그 외 사업은 중요한 차이점이 존재합니다.

먼저 2011. 1. 1. 고용산재보험료징수법이 개정 시행되기 이전까지는 모든 사업의 보험료 징수 방식이 '자진신고방식'이었습니다. 즉, 사업장에서 판단하여 산정한 자료를 기준으로 보험료를 자진 신고(개산신고 및 확정신고)하는 방식으로 지금 건설업체들의 신고 방식이었습니다. 그러나, 2011.1.1. 보험료징수법이 개정 시행되면서 큰 변화가 생겼습니다. 바로 '일반사업'과 '건설업 및 벌목업' 의 신고방식을 다음과 같이 달리 정한 것입니다.

◦ 일반 사업(건설업과 벌목업을 제외한 모든 사업)은 기존의 자진신고 방식에서 매월 보수총액 기준, 공단이 월별보험료를 산정 사업장에 부과고지하는 방식으로 변경

◦ 건설업과 벌목업은 매년 사업장에서 보험료를 자진신고 하는 기존 방식을 그대로 유지

〈이유〉

① 본사와 현장이 구분되고

② 현장의 경우 현장 간 인력 이동이 빈번하고 그 이동을 일일이 체크할 수 없으며

③ 해외파견근로자/공동도급/수 차례의 도급(원도급사가 보험료 부담)/하수승인 등 건설업 특유의 복잡한 보험관계 발생으로 인하여 고용현황 및 보수총액 등의 파악이 어렵고

④ 수십 여개의 현장에서 발생하는 보수를 공단이 매월마다 추정하여 부과한다는 것이 사실상 불가능하기 때문

강반장의 질문 2

왜 건설업만 매년 수 차례씩 실사하는 것인가요?

건설업(벌목업)의 경우 보험료를 ①산정→②신고→③납부하는 모든 과정이 사업장에서 직접 이루어지고, 특히 연간 보험료를 개략 산정하는 개산보험료 뿐 아니라 이를 확정하는 확정보험료까지도 각 사업장에서 자진 신고하는 방식이다 보니 공단 입장에서는 "과연 사업장에서 산정, 신고한 보험료가 적정한가?"에 대한 검증이 더욱 중요해질 수밖에 없습니다. 하지만 더욱 중요한 이유는 일반 사업장은 보수(인건비)가 명확히 구분되고 계정 관리가 단순한 데 비해 건설업은 순수 실인건비 외에도 외주비, 원재료비, 지급수수료 등 기타 수많은 계정 안에 인건비가 숨어 있거나 인건비가 포함되어 있는 경우가 너무 빈번하다 보니 공단은 기본적으로 "건설업은 고용산재보험료를 과소신고한다"는 일종의 색안경을 낀 상태로 자꾸 건설업에 돋보기를 들이대게 되는 것입니다(이를 '확정정산'이라고 합니다.)

4. 보험료의 종류

(1) 개산보험료

1) 일반적 산정원칙

적용대상 사업주는 1년 동안 사용할 근로자에게 지급할 보수총액을 추정하여 그 보수총액의 추정액에 당해 연도, 당해 사업에 적용되는 보험료율을 곱하여 산정한다.

〈산정식〉

개산보험료 = 당해 연도 보수총액의 추정액95) × 보험료율

2) 노무비율에 의한 산정

건설공사 및 벌목업 등의 경우 보수총액의 추정액을 결정하기 곤란한 경우에는 고용노동부장관이 고시하는 노무비율을 사용하여 보수총액의 추정액을 결정하여 보험료를 산정할 수 있다.

〈산정식〉

개산보험료 = (총공사금액 × 노무비율) × 보험료율

노무비율에 따라 산정된 보수총액의 추정액(총공사금액 × 노무비율)이 도급금액의 100분의 90을 초과하는 경우에는 도급금액의 100분의 90을 보수총액의 추정액으로 한다.

〈산정사례〉

2019년 시공되는 공사의 도급금액이 200,000,000원(부가세 제외), 발주자 제공 재료대가 600,000,000원(공사비 내역 없음)인 경우 임금추정총액 산정

95) 보수총액의 추정액이 전년도에 사용한 근로자에게 지급한 보수총액의 30%(전년도 보수총액의 100분의 70 이상 100분의 130 이하인)의 범위 내에서 증감이 있는 경우에는 전년도 보수총액을 보수총액의 추정액으로 한다.

총공사금액 8억원에 2019년 노무비율 27%를 곱한 216,000,000원이 도급금액(200,000,000원)의 90%인 180,000,000원을 초과하므로 도급금액의 90%인 180,000,000원을 임금추정총액으로 결정한다.

3) 개산보험료의 신고 및 납부

적용대상 사업주는 보험연도마다 당해 보험연도의 3월 31일까지 공단에 신고·납부하여야 한다. 다만, 보험연도 중에 보험관계가 성립한 경우에는 그 보험관계의 성립일로부터 70일, 건설공사 등 기간이 정하여져 있는 사업으로서 70일 이내에 끝나는 사업의 경우에는 그 사업이 끝나는 날의 전날까지 신고·납부하여야 한다.

개산보험료 분할납부

계속사업장 또는 6월말 이전 성립된 사업장의 경우 개산보험료 신고시 사업주의 신청에 의해 분할납부가 가능하다[96].

구분	납기일
제1기분(1/4분기) 1. 1 ~ 3. 31	당해 보험연도 3월31까지
제2기분(2/4분기) 4. 1 ~ 6. 30	5월 15일
제3기분(3/4분기) 7. 1 ~ 9. 30	8월 15일
제4기분(4/4분기) 10. 1 ~ 12. 31	11월 15일

(2) 확정보험료

1) 일반적 산정원칙

당해 보험연도 보험료 산정기간 동안 근로자에게 실제로 지급된 보수총액(지급하기로 결정된 미지급 보수액 포함)에 당해 보험연도, 당해 사업에 적용되는 보험료율을 곱하여 산정한다.

〈산정식〉

확정보험료 = 실제 지급된 보수총액(지급하기로 결정된 금액 포함) × 보험료율

96) 분할납부를 하지 않고 법정납부기한내 전액을 일시납부하는 경우에는 개산보험료의 3%를 경감한다.

2) 노무비율에 의한 산정

하도급공사 등으로 보수총액을 파악하기 곤란한 공사의 경우에는 고용노동부장관이 고시하는 노무비율을 적용하여 보수총액을 산출한 후 보험료율을 곱하여 확정보험료를 산정한다.

〈산정식〉

확정보험료 = [직영근로자에게 지급된 보수총액 + (외주공사비×하도급노무비율)] × 보험료율

건설공사의 경우 공단의 승인을 얻은 하수급인의 하도급공사금액은 제외한다.

3) 확정보험료의 신고 및 납부

사업주는 확정보험료를 다음 보험연도의 3월31일까지 공단에 신고·납부하여야 한다. 다만, 보험연도 중에 보험관계가 소멸한 사업에 있어서는 그 소멸한 날부터 30일까지 신고·납부해야 한다.

만약, 개산보험료로 기납부한 금액이 확정보험료를 초과하는 경우에는 공단은 그 초과액을 사업주에게 반환한다.

5. 보험료 과납액 및 징수금 등

(1) 보험료 과납액의 충당 및 반환

공단은 사업주가 잘못 낸 금액을 반환할 때에는 보험료징수법이 정하는 순위에 따라 보험료 등에 우선 충당하고 나머지 금액이 있으면 사업주에게 반환결정을 한 후 그 금액을 지급한다[97].

충당 및 반환 순서

체납처분비 → 연체금 → 가산금 → 보험급여액의 징수금 → 월별보험료, 개산보험료, 확정보험료

97) 사업주는 보험료 그 밖의 징수금을 잘못 냈을 경우에는 이를 다음 연도의 보험료 그 밖의 징수금에 충당시켜 줄 것을 공단에 신청할 수 있으나 산재보험과 고용보험 간에는 상호 충당할 수 없습니다.

(2) 보험료 등의 소멸시효

보험료 및 그 밖의 징수금을 징수하거나 그 반환을 받을 권리는 3년간 행사하지 아니하면 시효로 인하여 소멸한다. 이때 확정보험료의 소멸시효는 다음 보험연도의 첫 날(보험연도 중에 보험관계가 소멸한 사업에 있어서는 보험관계가 소멸한 날)부터 진행된다.

(3) 가산금

사업주가 확정보험료를 법정기한 내에 신고·납부하지 않거나 그 신고가 사실과 다른 경우에는 징수하여야 할 보험료액의 100분의 10에 상당하는 금액을 가산금으로 징수한다.

(4) 연체금

사업주가 보험료 또는 그 밖의 징수금을 내지 아니한 경우에는 그 납부기한이 지난날부터 매 1일이 경과할 때마다 체납된 보험료, 그 밖의 징수금의 1,000분의 1에 해당하는 연체금을 징수한다. 납부기한 후 30일이 지난날부터는 매 1일이 경과할 때마다 3,000분의 1에 해당하는 연체금을 더하여 징수한다[98].

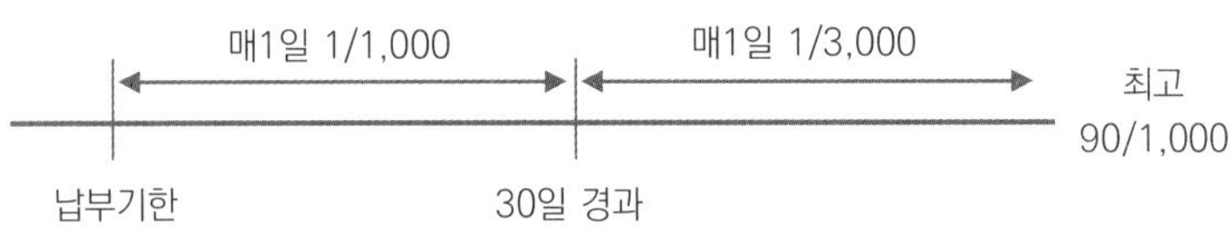

6. 임금채권부담금 및 석면피해구제분담금

(1) 임금채권부담금

1) 의의 및 징수

임금채권보장제도는 근로자가 기업의 도산으로 임금·휴업수당 또는 퇴직금을 지급받지 못하고 퇴직한 경우 임금채권보장기금에서 사업주를 대신하여 일정범위의 임금·휴업수당 및 퇴직금을 지급함으로써 근로자와 그 가족의 기본

98) 연체금은 체납된 보험료, 그 밖의 징수금의 1,000분의 90을 넘지 못한다.

적인 생활안정을 도모하는 제도로 체당금의 지급에 소요되는 비용을 충당하기 위해 사업주로부터 당해 사업에 종사하는 '근로자의 보수총액 × 부담금비율'에 해당하는 금액을 부담금으로 징수한다.

〈사업주 부담금 비율〉 0.6/1,000[99)]

2) 임금채권부담금 경감기준

직전년도 말 기준, 부담금의 100분의 50에 해당하는 금액에 전체 근로자의 최종 3년간의 퇴직금 중 미리 정산하여 지급한 비율 또는 퇴직연금제도의 설정 등으로 지급이 보장되는 비율을 곱하여 산정한 금액으로 한다[100)].

3) 부담금 경감사유 및 과거 경감분 환급

퇴직금을 미리 정산하여 지급하거나 퇴직보험 가입 또는 퇴직연금 제도 설정, 외국인근로자 출국만기보험 신탁 가입한 사업주가 신청한 경우 해당되며 소급하여 3년 분까지 환급 신청을 함으로써 과거 경감분에 대한 환급도 가능하다.

(2) 석면피해구제분담금

1) 의의 및 징수

석면피해의 구체적 원인을 밝히는 것에 어려움이 있어 국가와 지자체 및 산업계가 분담하여 석면피해구제기금을 마련하여 환경부 장관이 사업주에게 부과 징수하는 것으로 2011년 1월 1일부터 산재보험료와 통합 징수하고 있다.

2) 부과대상

상시근로자 수 20인 이상인 사업주(건설본사는 상시인원과 관계없이 부과), 건설업사업주(사업의 일괄적용을 받지 않는 건설공사는 제외)에 부과한다.

〈석면피해구제분담금률〉
환경부고시로 공시 (2019년 기준 10만분의 3[101)])

---

99) 「임금채권보장기금 사업주 부담금비율」, 고용노동부고시 제2018-79호, 업종에 관계없이 보수총액의 2/1,000 범위 내에서 고용노동부장관이 임금채권보장기금 심의위원회의 심의를 거쳐 결정 및 고시한다.
100) 「임금채권보장제도 사업주부담금 경감기준」, 고용노동부고시 제2018-50호
101) 「2019년도 석면피해구제분담금률」, 환경부고시 제2018-225호

III 건설업의 확정정산 실무

1. 확정정산 조사 강화 배경

(1) 2011년

1) 4대보험 통합징수

3개의 사회보험공단(건강보험공단, 국민연금공단, 근로복지공단)에서 따로 수행하던 업무 중 유사·중복성이 높은 보험료 징수업무를 2011. 1. 1.부터 국민건강보험공단이 통합 징수하게 됨으로써, 일원화된 전산관리를 할 수 있게 되어 사업장의 모든 현황 파악이 가능하게 되었고, 징수업무의 효율화를 통해 행정비용도 절감하게 되었다. 이로 인하여 절감된 인력과 비용을 사회보험서비스 확대에 활용하게 된 결과 건설업정산팀을 신설하는 등 신규서비스를 도입·재배치하게 되었다.

2) 보험료 산정기준 관련법 개정

현행 '임금'에서 다른 사회보험과 같이 「소득세법」에 따른 '보수'로 보험료 산정기준을 변경하도록 「고용보험 및 산업재해보상보험의 보험료 징수등에 관한 법률」이 개정되었다.

기존에는 모든 사업장의 고용·산재보험료 징수방식이 '자진신고'였으나, 법 개정으로 사업종류에 따라 징수방식을 구분하게 되었고[102], 건설업과 벌목업의 신고방식은 '자진신고'로, 건설업과 벌목업을 제외한 모든 사업의 신고방식은 '부과고지'로 변경되었다. 이에 건설업의 경우 "자진신고를 통해 고용·산재보험료를 과소 신고한다." 는 공단의 선입견이 생기며 보험료 확정정산에 따른 추징위험이 증가하게 되었다.

102) 표준산업분류표에 의한 고용보험 업종기준

(2) 2012년 하반기

기존 근로복지공단 사업장 관할 지사에서 수행하던 건설업 확정정산업무를 2012년 하반기부터 근로복지공단 6개 지역본부의 '확정정산 건설업정산팀'이 집중조사 하게 되었다.

(3) 2016년 6월

도급순위 100위 건설사를 대상으로 근로복지공단 서울지역본부 및 경인지역본부에서 100대 건설사 보험료 정산 전담팀의 집중조사가 시작되었다.

2. 확정정산 대상 사업장 선정 기준

근로복지공단은 국세청과 건설업종별협회의 협조를 받아 회사의 재무제표증명원과 건설공사실적자료 등을 수집하여 이를 바탕으로 확정정산 대상 사업장을 선정하는데 그 기준[103]은 다음과 같다.

- 보험료 신고서의 확정임금총액과 국세청 등으로부터 수집한 자료의 임금총액이 일치하지 않는 사업장
- 확정보험료신고서의 전년도 개산보험료 신고액 대비 반환 또는 충당금액의 비율이 높은 사업장
- 건설공사 일괄적용사업장 중 매출액이 많은 사업장
- 보험요율결정의 특례적용사업장
- 세무비리 등 각종 신고에 있어서 잡음이 많은 사업장
- 최근 3년 동안 조사대상사업장에 선정되지 아니한 사업장
- 그 밖에 임금총액이 불명확하거나 조사·정산이 필요하다고 인정되는 사업장

사업장 대상 선정 후 제출자료 목록

◦ 재무제표 증명원 (세무사 날인본) - 표지/재무상태표/손익계산서/매출원가명세서[공사(국내+해외), 분양, 제조 등 부속명세서 포함]
◦ 계정별원장(각 매출원장 전체자료)[104]

103) 근로복지공단 적용징수관리규정 제65조

- 재무상태표 매출원장 : 선급공사, 미완성공사, 건설중인자산, 하자보수충당부채 등
- 손익계산서 매출원장 : 급여, 상여금, 임금, 잡급, 복리후생비, 여비교통비, 교육훈련비, 차량유지비, 지급수수료, 경상연구개발비, 수주개발비, 소모품비, 하자보수비 등
- 원가명세서 매출원장 : 급여, 상여금, 임금, 잡급, 복리후생비, 여비교통비, 교육훈련비, 차량유지비, 지급수수료, 장비사용료, 안전관리비, 분양관리비, 환경관리비, 수주개발(실패)비, 원재료비, 외주비, 외주용역비, 광고선전비, 하자보수비, 타계정대체 등

◦ 현장별 공사원가명세서 - 각 공사 현장별로 구분된 공사원가명세서 / 국내, 해외 구분
◦ 건설공사 기성실적신고서[총괄표 / 세부내역서]
◦ 보수총액 자료
  - 대표자·비상근임원·정규직원 현황 및 근로소득 원천징수부, 법인등기부등본
  - 정규직원 원천징수부 엑셀파일변환(본사, 국내현장, 해외현장, 해외지사 등 구분) : 과세/비과세 구분
◦ 보수총액에서 공제되는 보수의 근거자료
  - 노조전임자, 65세이후에 신규로 취업한자, 외국인, 비과세 자료
◦ 일용근로자 근로소득지급명세신고자료
◦ 연도별 공사 현황
  - 현장명, 공사기간, 단독/공동도급(대표사/참여사), 보험료납부주체, 지분율 등
◦ 공동도급현황자료
  - 공동도급협약서(약정서), 공동도급 안분내역서
◦ 하수급인 승인내역
  - 현장명, 공사명, 당해년도 기성금액, 하수승인개시번호
◦ 사업장에서 계산한 보수총액 기 신고자료
  - 보수 구분내역, 기타 계정에서 발췌하여 가산한 보수내역과 공제한 보수내역
◦ 기타 필요시 추가자료

강반장의 질문 1

근로복지공단으로부터 산재, 고용 확정정산 대상 사업장으로 선정되었다는 공문을 받았습니다. 공문을 보면 요구하는 서류가 많이 있는데, 근로복지공단에서 요구하는 서류를 요구된 시기까지 제출해야 하나요? 월말이라 현장 비용청구 및 경비처리 업무로 바빠서 공단에서 요구하는 시간까지 제출하기 곤란할 것 같은데 기일을 지키지 않을 경우 불이익이 있는지 있나요?

통상적으로 근로복지공단의 서류제출공문 1차 발송된 후 서류가 미제출되면 2차 통지가 발송됩니다. 근로복지공단의 확정정산 서류 제출기간은 절대적인 것이 아니므로 담당자에게 전화를 주시어 일정 연기를 요청하시면 연기가 가능합니다.

---

104) 각 계정별원장은 현장명, 거래처명, 거래처 사업자등록번호가 표시되게 하여 엑셀파일로 변환제출하여야 한다.

강반장의 질문 2

근로복지공단의 고용산재보험 확정정산 실사를 앞두고 있는 건설회사입니다. 보험료 산정시 가장 먼저 무엇을 확인해야 하나요?

고용산재보험료는 보험을 가입하고 납부하는 주체가 누구인지를 구분하는 것이 기본일 것입니다. 따라서 보험료 산정시 원도급공사, 하도급공사, 하수승인공사 여부를 구분한 뒤 보수를 발췌하여야 하고 공사수입금계정, 매출장, 건설실적신고자료, 근로복지공단 사업개시신고현황자료를 확인하여 보험료 납부주체를 확인하여야 합니다.

강반장의 질문 3

보수총액은 무엇을 말하는 것이고, 어떤 경우에 노무비율을 반영하여 보수총액을 산정하게 되나요?

보수총액은 공사에 투입된 인건비 총액을 의미합니다.(단 비과세 제외) 다만, 이 때 전년도 확정보험료 보수총액은 '전년도에 투입된' 인건비 총액을 말하는 것이고, 당해년도 개산보험료 보수총액은 '올해 투입될' 인건비 총액을 말하는 것입니다. 원칙적으로는 우리 회사에서 지급한(지급할) 인건비 총액을 정확히 확인하여 보수총액을 신고하는 것이 맞습니다. 하지만, 건설업 특성 상 공사 일부를 하도급주면 해당 공사 인력계획이나 인건비는 하도업체가 관리하기 때문에 인건비 총액을 아예 알 수 없거나, 외주공사 도급금액은 소위 '전체금액'으로 '재료비, 노무비, 경비'가 모두 혼재되기 때문에 정확한 보수 즉 인건비의 구분이 불가능하여 보수총액을 산정하는 것 또한 사실상 매우 어려운 것이 현실입니다.

그래서 보험료징수법에서는 건설업의 이러한 특성을 반영하여 보수총액 산정에 관한 별도의 기준을 두고 있으며[105], 이것이 바로 매년 고용노동부 장관이 정하여 고시하는 '건설공사의 노무비율'이라는 것입니다. 고용노동부 장관은 매년 건설공사의 노무비율을 정해서 고시하고 있으며, 일반건설공사와 하도급공사로 나누어 정하고 있습니다. 이 때 일반건설공사는 하도급이 아닌 공사, 즉 원도급공사로 이해하시면 됩니다.

즉 건설업 및 벌목업의 경우, 사업장별·공종별·현장별 특성에 따라 공사금액 대비 투입되는 인건비 비율은 모두 제각각일 것인데, 만약 인건비를 구분하는 것이 정확하다면 이를 보수총액으로 볼 수 있으나 사업장에서 정확한 보수총액을 추정 또는 결정하기 곤란한 경우 노무비율을 반영하여 보험료를 결정 하게 됩니다. 즉, 사업장에서 정확한 보수총액을 추정 또는 결정하기 곤란한 경우 총공사금액을 기준으로 간이하게 보수를 산정하기 위해 만들어진 비율을 노무비율이라고 합니다. 2019년 현재 원도급 공사는 공사금액의 27%를, 하도급 공사는 공사금액의 30%를 건설공사의 노무비율로 보고 있습니다[106].

105) 보험료징수법 제13조 제6항, 동법 시행령 제11조 제1항 제1호
106) 「건설공사의 노무비율」, 고용노동부고시 제2018-83호,

❖ 건설달인의 TIP

근로복지공단은 건설일괄의 확정보험료를 정산함에 있어서 전체 하도급 공사현장 중 일부 하도급 공사현장(수차례 하도급 공사 중 일부 도급에서만 실 보수가 파악되는 경우도 포함)의 보수만 파악되는 경우에도 전체 하도급공사금액에 하도급공사노무비율을 곱하여 보수총액을 산정하는 바, 일부 하도급 공사현장에서 실제 지급된 보수가 확인된다 하더라도 전체 하도급현장 실제 보수가 파악되는 경우가 아니라면 외주공사의 총액에 하도급노무비율을 곱하여 보수를 산정하고 있다. 이는 여러 차례의 도급에 의하여 시행되는 건설업에 대하여 실 보수의 파악이 어렵다는 점을 근거로 한다[107].

일부 사업장의 하도급 노임이 밝혀졌다면 그 일부 사업장에 한하여 밝혀진 실제 노임을 적용하고 나머지 사업장에 대하여 노무비율을 적용하여 산출할 수 없다.
〈서울행정법원 2005.05.17.선고, 2004구합2752〉

임금총액을 결정하기 곤란한 경우에는 노동부장관이 정하여 고시하는 노무비율에 의하여 임금총액을 결정한 후 이를 기초로 보험료를 산정할 수 있다.
〈징수 6506-283, 1995.12.14.〉

강반장의 질문 4

고용산재확정정산 실사시 보험료 추징의 원인이 되는 것은 어떤 것들이 있나요?

확정정산 공문을 받은 많은 건설회사로부터 산재,고용보험 확정정산에 관한 문의가 있습니다. 그 중에서도 가장 궁금한 부분은 역시 보험료 추징 부분일 것이며 확정정산 보험료 추징 원인에 대한 사례에 대해 다음과 같이 알려드립니다.

① 2011년 보험료 산정단위가 임금에서 세법상 보수로 변경되었음에도 불구하고 기존의 방식으로 복리후생적 성격의 보수를 누락함으로써 추징되는 사례
② 공동도급의 경우 해당 지분율만큼 반영하여 각 계정에서 보수를 발췌하여야 하나 담당자의 실수로 자체사업으로 인식하고 100%공제함으로 추징되는 사례
③ 원재료계정 중 외주공사비 성격의 계정이 있는 경우(모든 건설사가 해당) 공사로 인식하여 보수가 발췌되는 사례
④ 엘리베이터, 창호, 철구조물, 가구, 시스템에어컨 외의 항목을 재료로 인식하였는데 근로복지공단에서는 제조특례 예외조항을 들어 공사로 인식한 사례
⑤ 플랜트 공사의 경우 모든 공정이 '물품납품 및 제조물납품계약'으로 진행하고 산재법 시행규칙 제4조의 제조특례조항으로 인식하였으나 근로복지공단은 제조특례로

107) 2019년 기준 노무비율 일반건설공사 27/100, 하도급공사 30/100

불인정한 사례

⑥ 재료비 계정이 총공사금액 대비 현저히 높은데 건설원가명세상에 노무비 비중이 낮은 경우, 원도급사가 공사를 하지 않고 전체의 공정을 하도급으로 간주하여 원재료비 계정 중에 철근, 콘크리트, 모래, 기타 건설잡자재를 공사로 인정한 사례

⑦ 거래업체가 원재료비, 외주비계정에 동시에 있는 경우 외주비로 인정한 사례

⑧ 분양원가, 하자보수계정 중 누락된 인건비 발췌 사례

⑨ 해외공사계정 중 복리후생 성격의 보수 발췌(항공료, 현지수당, 물값) 사례

⑩ 안전관리비계정 중 인건비 및 안전시설물 설치공사비 발췌 사례

⑪ 원재료비계정에 있는 업체 중 업태가 건설업인 경우 원재료성을 부인하고, 외주비로 인정하여 하도급노무비율을 곱한 보수로 인식한 사례

⑫ 지급수수료 계정 중 용역업체 보수 발췌, 인력사무소 거래대금 보수 발췌 사례

⑬ 인력파견 및 준공청소, 경비를 도급계약형식으로 체결했다 하더라도 거래회사가 해당 인력에 대해 보험가입을 하지 않았을 경우 원도급 보수로 인식한 사례

⑭ 타워크레인을 하도급 공사로 인식하여 보수 발췌한 사례.

⑮ 본사 소속 현장근무자의 산재보험료 : 현장소장 등 본사 소속 현장 근무자 보수를 건설현장(건설일괄)이 아닌 건설 본사로 잘못 신고한 사례

⑯ 본사 소속 현장근무자의 고용보험료 : 원수급인의 현장소장 등 본사 소속 현장근무자 보수를 건설 본사가 아닌 건설현장(건설일괄)으로 잘못 신고한 사례

⑰ 하수급인 사업주 인정 승인 하도급공사임에도 하수급인이 보험료 신고를 누락한 사례

❖ 건설달인의 TIP

건설업은 자진신고 사업장으로 보험료에 대한 과소 신고가 일어날 수 있다. 근로복지공단의 확정정산대상사업장에 선정되지 않으려면, 위 사례를 참조하여 각 계정의 항목을 미리 정리 파악한 후 적정 고용, 산재보험료를 신고 납부하여야 한다.

강반장의 질문 5

전기공사업체인 저희 회사는 특성상 주로 원도급 공사가 많으며, 50%는 상품매출이 차지하고 있습니다. 제조 공장이 있어 생산품을 납품하는 계약을 체결하고, 단순 납품하는 업무와 공사 계약을 체결하여 공사를 진행하는 업무로 구성되어 있는데 이번에 대상 사업장으로 선정되었다는 통보를 받았습니다. 저희 같이 제조 납품회사는 제조업으로 분류되었는데 건설업 확정정산 대상 사업장에서 제외받을 수 있는 방법이 있나요?

근로복지공단은 고용,산재 확정정산 대상 사업장을 선정할 때 부과고지 사업장과 일괄사업장을 구분하여 선정하는 것이 아니라 해당 업체의 결산서만 가지고 선정하기 때문

에 귀사와 같은 사항은 고려하지 않았을 확률이 높습니다. 그러나 제조(건설)원가명세서가 정상적으로 구분되어 있고, 상품매출 계정상 공사성 매출이 없다면 큰 걱정은 하지 않으셔도 됩니다. 결국 계정상 공사성격의 매출이나 인건비가 올바로 계정된 경우라면 이번 실사로 큰 금액을 추징당할 염려는 없을 것입니다.
다만, 결산서상 제조원가명세서와 공사원가명세서가 구분되어 있지 않은 경우라면 원가명세서 분리작업 또는 공사와 제조가 구분되는 자료를 준비하여 소명하여야 합니다.

강반장의 질문 6

고용산재확정정산 실사중 착오로 공사실적신고서에 하도급이 원도급으로 신고되어 있는 것을 발견했습니다. 이 경우 어떻게 하여야 하도급으로 인정받을 수 있을까요?

하도급 공사실적을 원도급으로 착오 신고한 경우 근로복지공단에 원도급사의 사업개시 신고의 확인을 부탁하면 원·하도급 공사 여부를 명확히 확인 받을 수 있습니다.

강반장의 질문 7

근로복지공단으로부터 고용,산재보험 확정정산 대상 공문을 받은 후 관련 자료를 모두 제출하였는데 한달뒤 추가 납부 금액이 적힌 조사징수통지서를 받았습니다. 이의를 제기할 수 있는 방법이 있나요?

확정정산 결과 이의제기 할 수 있는 방법으로는 다음과 같이 크게 세가지 절차가 있습니다.

◦ 이의신청 : 근로복지공단으로부터 조사징수통지서를 받은 경우 통지일로부터 10일 이내에 소명자료를 제출하여 이의제기 하실 수 있습니다.
◦ 행정심판절차 : 근로복지공단의 조사징수통지서 수령일로부터 90일 이내에 관할 지역본부를 경유하여 행정심판위원회에 행정심판을 제기하실 수 있습니다.
◦ 행정소송 : 근로복지공단의 조사징수통지서 수령일로부터 90일 이내에 관할행정법원에 행정소송 소장을 접수하여 제기하실 수 있습니다.

3. 확정정산 절차 및 보험료 산정실무

결산자료 확인
- 손익, 매출원가 명세서와 계정별 원장 금액 일치

↓

기본 보수 발췌
- 결산보수 자료와 인사급여자료 일치조정
- 본사/현장/해외/외국인 적정구분 반영 및 적용 제외자와 비과세 적정공제

↓

부수적 보수 발췌
- 각 계정과목별로 보험료 대상여부 확인[재료비/외주비/경비/하자보수]

↓

공동도급현장 확인
- 단독/주간/비주간 원가분담방식 및 지분율, 보험료납부주체 확인

↓

최종 보험료 산정

(1) 결산자료 확인

1) 재무상태표

일정시점 기업의 재무상태를 나타내는 재무제표를 말하는 것이며, '재무상태'란 경제적 자원인 자산과 경제적 의무인 부채, 그리고 자본을 의미한다.
- 선급공사, 미완성공사, 건설중인자산, 하자보수충당부채 등

2) 손익계산서

일정기간 기업의 경영성과를 나타내는 재무제표를 말하는 것이며, '경영성과'란 수익(또는 차익), 비용(또는 차손)을 말한다.
- 공사수입금, 매출원가, 판매비와 관리비(급여, 복리후생비, 지급수수료 등)

3) 매출 원가명세서

매출액의 원가를 상세히 분류하여 기재한 명세서를 말한다.
- 재료비, 노무비(급여, 임금), 외주비, 경비(복리후생비, 지급수수료 등)

4) 계정별 원장

기업의 모든 거래를 시산표라는 하나의 장부로 관리하기에는 효율성측면에서 적합하지 않을 수 있어 시산표를 더욱 효율적으로 완성하기 위해 시산표를 계정별로 찢어서 부분화하는 것을 말한다.

근로복지공단에서 확정정산 실사시 가장 중요하게 생각하고 정산의 기본이 되는 자료인 회사가 제출한 결산 자료와 각 계정의 계정별 원장 금액은 서로 일치해야 하며, 일치 하지 않을 경우 자료에 대해서 신뢰를 하지 않는다. 따라서, 확정정산의 근거자료인 결산자료(재무상태표, 손익계산서, 매출원가명세서)와 각 계정의 계정별원장의 금액이 일치되는지 확인하여 제출하여야 한다.

(2) 보수발췌

1) 기본적 보수 산입 계정 발췌

기본적 보수 산입 계정의 종류

노무비, 외주비

① 노무비(급여)계정의 보수 발췌

노무비계정의 자료 즉 급여·상여금·제수당·임금 등은 전액 보험료 산정대상이 된다. 이때 본사·국내현장·해외현장·해외지사 등 직원의 보수는 필수적으로 명확하게 구분해야 하며, 부과고지와 자진신고를 병행하고 있는 사업장이라면 기신고자료(보수총액)와 자진신고대상근로자자료도 구분해야 한다.

예외사유

◦ 적용제외자[108] : 대표이사, 비상근임원, 사외이사, 휴업·휴직자, 산전후휴가자, 외국인, 노조전임자
◦ 비과세[109] : 식대보조비, 차량유지비, 자녀양육비, 해외비과세 등

〈보수총액 산정시 참고사항(보험료 납부여부)〉

구 분	고용	산재	비 고
대표이사 임금	제외	제외	· 대표이사는 근로자가 아니므로 제외 · 상근임원 보수는 납부 / 비상근임원 보수는 제외 · 직책의 명칭 등 형식이 중요한 것이 아니라 실제 사실관계에 초점을 맞춰 판단했을 때 근로자 성격이 부정될 경우는 제외
만65세 이상 근로자	(△)	납부	만65세 이후 고용 : 실업급여 부분(1.3%)만 제외 고용안정·직능개발(0.25%~0.85%)은 납부
월 60시간 미만 단시간 근로자	제외	납부	· 단, 생업을 목적으로 근로를 제공하는 자중 3개월 이상 근로한자는 고용보험 적용대상 · 단시간근로자와 일용직근로자는 별개의 개념임에 유의
현장근무 상용직	(△)	(△)	· 당사가 원도급으로 시공하는 현장에서 근무하는 상용직들에 대한 보수 : 고용, 산재 모두 납부 · 당사가 하도급으로 시공하는 현장에서 근무하는 상용직들에 대한 보수 : 고용, 산재 모두 제외 · 하수급인 사업주 승인 받은 경우 : 승인 받은 부분에 한하여 원도급처럼 간주하여 판단 예) 실제 하도급 현장이지만 고용보험 하수급인 사업주 승인 받은 현장에서 근무하는 정규직 : 고용은 납부, 산재는 제외
외국인 일용근로자	(△)	(△)	· 원도급 공사 현장으로 근로내용 확인신고가 된 F-2, F-5, F-6에 대해서만 납부 · 하수급인 사업주 승인을 받은 경우에는 승인 받은 부분에 한하여 원도급 공사처럼 간주

※ 이 외에도 계정별 원장을 면밀히 살펴 타 계정에 묻어있는 금액을 발췌해야 한다.

강반장의 질문

저희는 토목회사로 매출액은 500억 정도이고, 회사의 신용상 적자가 예상 되어, 2017년 결산시 매출을 과다 계상하고 이에 상응하는 노무비를 국세청에 신고한 사실이 있습니다. 결산서상의 적자는 면했으나 실제보다 과다한 일용근로자의 노무비가 결산서상에 계상되어 있는데 이번에 근로복지공단으로부터 고용, 산재 보험 실사대상 사업장으로 선정되었습니다. 결산서상 있는 임금대로라면 약 1억 원이상의 보험료를 추가로 납부하여야 하는데 어떻게 해야 하나요?

아주 드문 경우이나 회사의 대출금 회수 및 신용유지를 위하여 이런 방법을 사용하는 회사가 간혹 있는 것 같습니다. 그러나 회사의 생존을 위하여 선택한 비정상적인 업무

108) 법인등기부등본, 근로소득원천징수부, 외국인등록증, 기타 자격 확인할 수 있는 서류로 확인
109) 근로소득원천징수부로 확인

처리에 대해 근로복지공단은 예외를 인정하고 있지 않습니다. 따라서 이 경우 국세청의 2017년 결산신고를 다시 수정 신고하셔야 억울한 보험료를 납부하지 않을 수 있습니다. 그러나 현실적으로 불법적 사항에 대한 가산세 등 불이익이 만만치 않으므로 실익을 판단하여 결정하여야 합니다.

❖ 건설달인의 TIP

고용산재보험료 신고 및 확정정산 시 근로복지공단은 가장 기본적으로 결산서 제출을 요구하며, 결산서를 기준으로 해당 업체의 회계를 분석한다. 회사가 무턱대고 결산서가 잘못되었다고 주장하는 것은 근로복지공단에서 받아주지 않는 논리일 뿐더러 오히려 잘못된 세무 신고까지 인정하는 리스크를 안게 될 수 있다. 따라서 이러한 방법보다는 근로복지공단 담당자가 인정할 수 있는 증빙자료를 제출하는 것이 보험료 절감에 효과적이다.

② 외주비(외주공사비, 외주가공비)계정의 보수 발췌

건설공사 여부 판단

- 건산법상 건설업자가 건물 또는 기타 공작물의 완성을 위해 건설현장에서 건설공사와 설계·측량·감리업무 등을 일괄계약하거나 각각 별도 계약하여 건설공사와 병행하여 시공할 경우에는 도급으로 보아 건설공사로 적용
- 건산법상 건설업자나 건설업자가 아닌 자가 서비스 자체를 목적으로 건설공사의 기획, 조사, 측량, 설계, 감리, 감독만을 별도의 계약으로 행한다면 위임으로 보아 기타의 각종사업(사업서비스업)으로 적용
- 보링-그라우팅공법에 의해 지반보강을 위한 시추공사 등 건설공사를 위한 시추공사를 하거나 공사의 설계부터 시공까지 수행하는 등 건설공사로 일괄도급에 의하여 행하여지는 지질조사의 경우에는 계속하여 건설업으로 분류(기존 행정해석상 지질조사에 대해 시추작업이 포함되어 있는 경우에는 건설공사로 적용)

외주비 계정의 자료는 전액 노무비율을 적용하여 보수로 발췌하는 것이 원칙이다. 실제 지급된 보수총액에 보험료율을 곱하여 산정함이 원칙이나 수차의 하도급으로 업체의 보수총액을 확인하기 어렵기 때문에 고시된 하도급 노무비율을 반영하는 것이다.

외주비 계정의 상세내역을 확인하여 외주비 계정에 포함되어 있더라도 비외주비로 볼 수 있는 내역은 보험료산정대상에서 제외한다(예시: 계측용역, 감리비, 설계비, 인·허가비용, 준공도서작성, 설계용역, 측량용역, 비파괴검사비, 폐기물처리비, 감리비, 00가공비, 각종시험용역 등).

또한, 외주비 중 '하수급인 사업주 인정승인'을 받은 업체[110]의 외주비는 공제한다(단, 공동도급의 경우 승인 받은 외주비에 보험료 '납부주체(주관사/비주관사 여부)'를 확인 후 '지분율'을 반영하여 공제).

생산제품 설치공사에 대한 특례적용이 가능한지 여부도 파악한다[111].

〈노무비율〉

(단위 : 백분율)

	2014년	2015년	2016년	2017년	2018년	2019년
일반건설공사(갑) 일반건설공사(을) 중건설공사 철도 또는 궤도신설공사	28 (32)	27 (31)	27 (31)	27 (30)	27 (30)	27 (30)

( ) : 하도급공사 노무비율

강반장의 질문

외주성격의 금액을 재료비 계정으로 회계처리하였습니다. 확정정산 실사시 문제가 되나요?

재료비 계정이란 공사 시공시 필요한 자재 및 재료 구입비를 계상한 계정을 말합니다. 따라서, 원칙적으로 재료비 계정에는 인건비성 항목이 제외되어야 합니다. 만일 재료비 계정에 물품 설치 등 공사성이 포함된 항목을 계상한 경우에는 근로복지공단은 외주공사비로 판단하여 노무비율을 곱하여 보수로 발췌합니다.

또한, 재료비 계정에 포함된 사업자가 건설업으로 신고된 경우 해당 내역은 외주비로 판단 받을 수 있습니다. '집진기 제조 및 설치업체'와 같이 하나의 업체가 재료 뿐 아니라 설치공사도 제공하는 경우 근로복지공단에 특별한 소명을 하지 않는 한, 외주비로 판단 받을 수 있습니다.

110) 현장명, 하수급공사명, 하수급승인개시번호 확인

111) 플랜트 공사의 경우 모든 공정을 '물품납품 및 제조물납품계약'으로 진행하고 생산제품 설치공사 적용특례로 인식하나 근로복지공단은 이를 불인정한다.

❖ 건설달인의 TIP

재료비 항목을 계상시 순수한 형태의 재료비인지 설치공사를 포함하는 재료비인지 여부, 생산제품 설치 특례 적용이 가능한지 여부 등 항목의 성격을 명확히 파악하여야 한다. 또한 도급계약서 작성시 재료(물품공급)와 설치공사의 부분을 구분하여 작성하여야 향후 근로복지공단의 실사시 소명이 용이하다.

2) 부수적 보수 산입 계정 발췌

부수적 보수 산입 계정의 종류

재료비, 복리후생비, 지급수수료, 폐기물처리비, 기술개발비, 장비사용료, 안전관리비, 하자보수비, 선급공사원가, 미완성공사, 건설중인 자산, 수주실패비, Man-Hour인건비, 해외 Joint-Venture[112] 현장의 보수 등

① 재료비 계정 중 보수 발췌

근로복지공단은 다음과 같은 경우 재료비 계정이라고 하더라도 공사성으로 파악한다[113].

- 재료비 계정과 외주비 계정에 중복되어 있는 업체
- 사업자등록번호를 조회한 결과 업태 및 업종이 건설업으로 등록되어 보험가입이 되어 있거나 건설면허가 있는 업체
- 제조, 도·소매, 서비스 업체와의 거래내역에 실제 '공사, 설치, 시공, 보수 등[114]'이 기재되어 있는 경우
- 재료비 비중이 높은 철구조물공사의 경우(제품을 납품받고 설치나 시공은 별로도 외주를 주는 경우에는 총공사금액에 산입하여 보험료를 부과하며, 제품을 납품받아 직접 설치하는 경우(직영)는 직영 인건비만 보험료에 부과한다.)

---

112) 공동 도급, 2인 이상의 업자간에 단일특정의 일을 행하게 하는 출자계약 또는 공동계약, Joint-Venture의 특징은 영리를 목적으로 공통된 사업목적을 가지고 공동계산을 통해 손익을 분담하는 것이다.

113) 근로복지공단은 기본적으로 '시멘트, 철근, 원료성 자재 외에 순수재료비는 없다'고 보고 있다.

114) 자재하도급계약, 물품공급계약, 구매계약 등 계약 형식은 불문한다.

강반장의 질문 1

저희 회사는 태양광 제조 및 설치업체로 지방에 제조공장이 있으며 수출 30%, 국내판매 70%로 운영되고 있습니다. 주로 나라장터를 통해 입찰에 참여하고 있으며 학교, 관공서, 병원 등에 납품하고 있습니다. 단순 상품만 판매하는 경우도 있지만 상품을 설치까지 하는 업무도 수행하다 보니 건설업 면허를 취득하였고 실제로 설치 업무까지 담당하고 있습니다. 2016년부터 2018년 회계자료 일체를 준비하고 있는데 세부자료 안에는 거래 회사 정보도 자세히 나와 있는데 고용산재보험확정정산 대상사업장 선정되어 서류를 제출할 때 이 자료를 그대로 제출해도 되나요?

귀사는 생산제품 설치특례업체로 보여집니다. 실상은 제조업이나 제조 물품을 판매하기 위해 설치행위를 하다 보니 건설업체가 아닌 건설업으로 분류된 회사입니다.
시스템에어컨 판매업체의 경우 실제로는 천장에 부착되는 에어컨을 팔기 위해 법상 자격요건인 건설업 면허를 취득하는 것과 동일한 경우로 보여집니다[115]. 제조된 물품을 판매하기 위해 부득이 공사가 이루어지는 경우이므로 결산서상 제조원가명세서와 공사원가명세서가 분류되어 있다면 공사원가명세서상의 보수를 발췌하여 귀사가 보고한 보험료와 차액이 있는지 검토해 보시면 좋을 것 같습니다. 이런 경우 상품매출에서 공사매출이 있는지와 하자보수계정에 보수 누락이 없는지 사전에 검토해 보셔야 합니다. 자료는 모두 제출하여야 하며, 거래처의 주요정보는 지우고 제출하셔도 무방합니다.

❖ 건설달인의 TIP

생산제품 설치특례를 인정받기 위해서는 '상시적으로 고유의 제품을 생산할 것', '그 제품 구매자와의 계약에 따라 직접 설치할 것', '도급단위별로 자가생산제품의 설치공사 외에 다른 건설공사가 포함되어 있지 아니할 것' 등의 3가지 요건을 충족하여야 한다[116].

강반장의 질문 2

고용산재확정정산 실사시 재료비 계정 중 물품납품계약에 따른 순수 물품공급에 해당하는 금액이 보수로 발췌되었습니다. 이런 경우 어떻게 소명하여야 순수재료로 인정받을 수 있을까요?

순수 물품납품이라면 세금계산서나 거래명세서 등을 통해 충분히 소명이 가능하나, 물품을 납품하면서 설치, 시공 업무가 이루어졌다면 보수로 발췌될 가능성이 높습니다.

115) 2008년 1월 1일 건산법 개정
116) 산재법 시행규칙 제4조(생산제품의 설치공사에 대한 적용 특례) 사업주가 상시적으로 고유제품을 생산하여 그 제품 구매자와의 계약에 따라 직접 설치하는 경우 그 설치공사는 그 제품의 제조업에 포함되는 것으로 본다. 다만, 도급단위별로 고유 생산제품의 설치공사 외에 다른 공사가 포함된 경우에는 그 제품의 제조업에 포함되는 것으로 보지 않는다.

강반장의 질문 3

재료비 계정상의 물품납품계약 업체에 해당하는 금액을 보수로 발췌하여야 하나요? 물품납품업체에서 이미 본인들 산재, 고용보험을 신고하였는데 여기서 다시 신고하면 이중 과세의 문제가 발생하지 않나요?

이중 과세의 문제는 발생하지 않습니다. 제조물을 제작하기 위해 투입된 근로자, 이를 설치하기 위해 제조사에서 직접고용한 설치근로자 모두 생산제품제조특례가 적용되어 제조회사 산재,고용보험으로 납부하여야 합니다. 그러나 제조물을 직접 설치하지 않고 타업체에 하도급을 주었다면 이는 제조가 아니라 설치공사이므로 건설업의 요율로 산재보험을 납부하셔야 합니다.
건설업 산재보험료는 원도급자가 총공사금액에 해당하는 보험료율을 납부하도록 법이 규정하고 있기 때문입니다.
엘리베이터, 강구조물, 보일러, 가구, 전기제품 등 이외의 건설현장에 설치되는 모든 건자재는 이미 제조회사에서 완제품에 투입된 근로자의 보험료율을 납부한 상태에서 건설현장에 투입되면 공사성 도급계약인 외주공사로 인식되어 제조사와 체결한 물품내역에 상응한 보험료를 원도급사가 납부 합니다. 결론적 보험료 부과방식의 차이 때문에 발생한 것이므로 사회보장제도로 운영되는 산재보험의 입법취지에 벗어나지 않습니다.

② 가설재 계정 중 보수 발췌

'가설재'는 도급공사를 위하여 보조적 또는 임시적으로 설치·사용되고, 당해 공사완료 후 해체 또는 철거되는 모든 자재를 의미하는데 일반적으로 근로복지공단은 건설업의 특성상 가설재를 필수불가결한 부수공사로 해석하고 있다.

가설재 종류

- 직접공사성 가설재 - 단관파이프 비계, 조립식 비계, 안전발판, 이동식호스트, 브라켓, 안전난간대, 보양재, 가설전기시설재
- 간접공사성 가설재 - 가설사무실, 공사안전 시설재, 안전장구

강반장의 질문

가설재의 설치 해체 등을 공사성으로 판단할 수 있나요?

근로복지공단은 확정정산 실사 시, 가설재 납품, 설치, 해체를 외주공사로 간주하고 보수를 발췌하고 있습니다.
따라서, 가설재 계약 시, 공사도급계약이 아닌 가설자재납품계약을 작성하여야 하고, 자재납품계약서 상 하도급금지조항을 산입하여 비공사성 계약임을 명확히 하여 확정정산 실사에서 근로복지공단의 불필요한 오해를 사전에 예방하는 것이 바람직합니다.

③ 복리후생비 계정 중 보수 발췌

보수산정 과정에서 빠지는 경우가 많은 항목으로 환가 가능한 보수성117) 은 모두 보험료 대상 보수에 산입하여야 한다.

항목	대상여부
현물식사	×
차량유지비	월 20만원 비과세
출장여비	업무상 필요시 × 업무상 불필요시 ○
피복비	○
주택수당, 주택임차취득보조금, 주택취득, 임차관련 대여금	○
법률에 의한 사망, 상해보상금	×
복지포인트	○
의료비보조금	○ 산안법상 정기건강검진비 ×
통신비지원	○ (일정액 지급) 업무관련 입증시 ×
생일, 출산 축하금	○
보험료지원	○ 단체보장성보험료, 4대보험 회사부담분, 퇴직보험, 퇴직공제부금 ×
식대	월10만원 비과세
출퇴근보조금	○
귀국휴가여비	×
사택제공	×

117) 건강검진비, 학자금, 포상금, 피복비, 사이버머니, 관계사시설이용료, 차량구입지원금 등

항목	대상여부
금전대여금	○
회사사규에 의해 지급되는 재해보상비	○ 천재지변기타 재해로 인한 경우 ×
자녀학자금	○ 사내복지기금지원 학자금 ×
경조금	×
명절, 근로자의날 등 특정일 제공 금품	○

강반장의 질문

근로복지공단의 확정정산 산정방식 중 '복리후생비 계정'에서 발췌해야 하는 보수는 어떤 금품이 문제되나요?

종업원들에게 지급한 급여 이외에도 회사 취업규칙이나 기타 사규에 규정되어 지급근거가 마련된 금품들이 문제될 수 있습니다. 학자금(직원 자녀 교복비, 급식비 지원, 대학교 등록금 지원 등)이나 사이버머니, 종업원에 대한 회사 부담의 건강검진료(배우자 건강검진 포함), 근속 포상금이나 회사 공헌 포상, 휴가 또는 명절 교통비 등이 이에 해당됩니다.

종업원이 종사하는 업무와 관련 있는 교육 등에 해당되는 경우에만 비과세 근로소득으로 보기 때문에, 보통 사업장에서 종업원의 자녀들에 대한 학자금 명목으로 지원하는 금품들은 보험료 산정의 근거가 되는 근로소득 즉 '보수'의 범위에 포함됩니다.

〈관련 행정해석〉

> 사내근로복지기금이 [근로자복지기본법(구, 사내근로복지기금법)]에 의한 사업을 사내근로복지기금의 용도사업으로 규정한 정관을 노동부장관으로부터 인가받아 시행하는 경우 당해 근로자가 동 기금에서 보조받은 금액은 근로소득으로 보지 아니한다.
> 〈소득 46011-3280, 1995.08.18.〉

④ 지급수수료 계정 중 보수 발췌

지급수수료계정 중 보수성과 공사성을 확인하여 이에 해당한다면 보수로 산입하여야 한다.

가. 보수성

준공청소, 미화, 보안, 안전감시단, 분양대행, 전기안전대행, 경비 등

용역업체 소속 일용근로자의 직접고용여부, 4대보험 가입신고여부, 고용산재보험 가입납부여부 및 고유 업무만을 수행하는지에 따라 적용여부를 판단한다118).

인력회사, 직업소개소 일용인력에 대한 노무비를 세금계산서 발행 후 잡급 계정에 계상하지 않고 수수료나 용역비로 계정에 산입하는 경우에는 보수성으로 본다.

나. 공사성

지급수수료 계정상의 내역이 시공, 공사, 설치, 해체 등 실제 공사성격이 있는 경우나 계정분리를 잘못하였거나, 철거비, 모델하우스비 등 잡급 및 외주비 등이 포함 되어있는 경우에는 공사성이 있는 것으로 본다.

강반장의 질문 1

지급수수료 계정에서 용역회사에 지급한 용역비를 인건비로 발췌하여 보수총액에 합산하여야 하나요?

지급수수료 계정상 용역비는 귀사가 용역회사에 세금계산서로 지급한 것이라도 임금에 해당하므로 귀사의 보수총액에 산입이 되어야 합니다. 다만, 이때 원도급 현장분만 산입하면 되고, 또한 고용보험 하수승인 현장의 고용보험 보수총액에 산입하여야 합니다.

강반장의 질문 2

근로복지공단의 고용산재보험 확정정산 실사 시 지급수수료 계정이 문제되는 이유는 무엇인가요? 또한 준공청소와 인력사무소에 지급한 수수료의 보험료 산정은 어떻게 하나요?

건설업체들이 공사수행과 관련하여 인력사무소나 청소업체 등 타 업체에 지급한 용역수수료 등을 지급수수료 계정에 분개하는 사례를 많이 볼 수 있는데, 인력사무소에 대한 비용처리나 준공청소 업체와 계약한 경우, 철거가 수반되는 폐기물수리비 등이 근로복지공단의 실사 시 가장 문제되는 부분입니다.

공동주택을 짓고 준공 전에 청소를 하거나, 인테리어 공사 후 청소를 하는 경우에는 대부분 청소인력이 필요하기 때문에 건설업체들은 준공청소 전문업체와 계약을 하고 청소를 시행하게 되는데 이 경우에는 공사로 보고 노무비율(2019년기준, 30%)을 곱하여 보수로 발췌해야 합니다.

118) 4대보험 피보험자 가입확인서, 고용산재보험 가입증명원 및 납부 확인서 등으로 확인

확정정산 시 근로복지공단은 용역업체의 사업자 등록번호를 가지고 산재보험 및 고용보험 가입여부를 확인하고 있으며, 미가입 확인 시 해당금액을 공사비가 아닌 100% 노무비로 보아 전체 금액을 보수총액에 포함하여 보험료를 추징하게 됩니다.

⑤ 폐기물처리비 중 보수 발췌

폐기물처리과정 중 공사성 여부를 확인[119]하여 공사성이 있다면 보수로 산입하여야 한다.

건설업 면허와 건설폐기물 중간 처리업 허가증을 보유하고, 건축물 및 기타 구조물의 해체 공사와 건설폐기물 수집, 처리하여 부수적으로 얻어지는 재생물을 판매하는 사업장으로 건축물 해체공사와 건설폐기물의 수집 및 처리를 병행하여 행하는 경우는 공사성으로 판단되나, 건축물 해체공사 후 발생하는 건설폐기물 잔해만을 수집 운반하여 수차례의 선별과 파쇄과정을 거쳐 부수적으로 재생골재를 생산(기타 재료를 혼합하여 특정 제품을 생산하는 경우 제외)하는 업무를 하는 경우에는 공사성으로 판단되지 않는다.

⑥ 기술개발비 중 보수 발췌

기술개발비 계정 중 기술개발을 위해 투입된 인력에 대한 인건비가 있는지 확인하여 이를 보수로 산입하여야 한다. 이때 노무비 외 별도 계정(급여, 상여, 보수, 잡급 등)이 있다면 반드시 함께 검토하여야 한다.

⑦ 장비사용료 중 보수 발췌

건설기계의 공사성 여부를 검토[120]하여 건설기계(타워크레인, 호이스트) 임대업자가 장비만 소유하고 설치, 해체는 도급을 주는 경우, 공사성으로 보고 보수에 산입하여야 한다.

◦ 건설도급계약을 체결하고 건설기계를 현장에 투입한 경우 – 건설공사에 흡수하여 건설 일괄로 산재 처리
◦ 건설기계(조종사 포함)에 대하여 임대차계약을 체결하고 현장투입한 경우 – 별도의 건설기계관리사업으로 보아 건설기계관리업자의 산재로 처리

119) 운송원장, 폐기물처리내역 등으로 확인
120) 임대업체 소속근로자가 직접 설치, 해체 및 소속 근로자 보험료 납부증명서 확인

❖ 건설달인의 TIP

타워크레인과 호이스트의 임대방식에 대한 근로복지공단의 실사 결과, 타워크레인과 호이스트의 임대업체의 90%가 업체 소속 근로자가 직접 타워크레인, 호이스트를 설치, 해체하지 않고, 다시 도급을 주는 것으로 파악되었다.

〈건설기계장비 산재 발생시 보험가입자 등 근로복지공단 판단 기준 변경〉

보험가입자 판단	기존	변경	시행일
건설현장 내 임대차 계약에 따라 건설기계를 포함한 근로자(운전원, 수리공, 기술자 등)를 파견하는 경우	건설기계관리사의 사업주	해당 건설공사의 원수급인	2018. 11.

※ '임대, 도급'등 계약 형태에 상관없이 실질에 따라 판단하여, 건설현장에서 건설기계와 건설기계조종사를 임대계약 형식으로 사용하였다 하더라도 '도급'에 해당하므로 『보험료징수법』제9조에 따라 원수급인에게 보험가입 및 보험료 납부의무를 부과함.

강반장의 질문

타워크레인, 호이스트에 대해 장비임차료로 계정 처리하였는데 근로복지공단에서는 공사성으로 인정하여 보험료를 부과했습니다. 타워크레인, 호이스트 사업주가 별도로 산재보험에 가입하였는데, 동일 건설기계에 대한 보험료 부과가 정당한가요?

결론적으로 이중부과에 해당되지 않습니다. 타워크레인 임대사업주가 건설공사 원수급인과 타워크레인 임대계약을 체결하고, 타워크레인 설치, 해체부분만을 다시 도급 준 경우라면 타워크레인 설치,해체 업무는 여러 차례의 도급에 의하여 행하여지는 건설업에 해당하는 것으로 보험료징수법 제9조의 규정에 따라 원수급인을 사업주로 판단합니다.
〈가입지원팀-2836, 09.07.13〉

❖ 건설달인의 TIP

근로복지공단 실사 시, 보수로 발췌되는 리스크를 예방하기 위해서는 호이스트, 타워크레인 등 장비에 대하여 임대차계약서를 작성하고 임대차계약서 상 하도급금지조항을 명확히 명시하는 것이 바람직하나. 또한 건설기계 및 조작 근로자에 대하여 건설기계관리사업으로 산재·고용보험이 가입되었는지 확인하고 이에 대한 가입증명원을 받아 보관하는 것이 바람직하다.

⑧ 안전관리비 계정 중 보수 발췌

안전관리비중 인건비, 복리후생비(건강검진비), 안전시설물설치해체(납품+설치)가 포함되는 경우가 있는데 이런 경우 인건비 및 공사성으로 판단하여 보수에 산입하여야 하며, 이때 안전관리에 필요한 부수적인 설치, 인건비등의 금액도 함께 발췌하여야 한다.

강반장의 질문

안전감시단의 인건비도 보험료산정시 포함되어야 하나요?

건설공사 현장의 재해예방을 목적으로 근로자 안전작업유도, 개인보호구 착용상태 점검, 음주 등 건강상태점검, 작업자 안전교육 등 안전관리(감독)업무만을 행한다면 건설공사와는 별도의 보험관계로 적용함이 타당하다 사료됩니다.
〈보험적용부-3606, 2011.8.10.〉

⑨ 하자보수비 계정 중 보수 발췌

건설공사완공 후 발생한 공사의 하자에 대한 보수 등에 소요된 비용으로 직영근로자 임금 및 외주비, 재료비, 기타경비 등이 하자보수비 계정에 포함되어 있으므로 이를 보수에 산입하여야 한다.

하자보수비 중에 보수를 발췌할 때에는 해당 비용이 이미 공사원가에 반영되어 있는지에 대한 확인이 필요하다. 만일 당해년도 하자보수충당액이 설정되어 있고, 당해년도 공사원가에 투입되는 제계정과는 별도로 하자보수충당금 관련 계정이 관리되고 있다면, 이미 관련 비용이 공사원가에 이미 반영되어 있어 보수로 발췌되어 있을 것이나, 손익계산서, 공사원가명세서, 부채계정에 하자보수비 또는 하자보수충당부채로 계상되어 있다면 당해년도 공사원가에 반영되지 않았으므로 보수 누락에 문제가 발생한다.

강반장의 질문

하자보수공사의 경우 산재고용보험 적용여부를 판단하는 기준과 가입주체는 어떻게 되나요?

종래에는 하자보수공사에 대하여 본 공사와 별도의 공사로 보아 하자보수공사의 금액에 따라 산재고용보험 적용여부를 판단하였으나, 2008.04.11 행정해석의 변경에 의하여 하자보수공사를 본 공사의 부수적 공사로 보아 본 공사가 산재보험의 적용대상일 경우 하자보수공사에도 산재보험을 적용하고 있습니다[121].

하자보수공사의 경우 발주자에게 본 공사의 완성물을 인도했던 원수급인이 산재고용보험의 가입자에 해당합니다(공단의 승인을 받은 하수급인 및 발주자 포함).

〈건산법상의 수급인 하자담보책임기간[122]〉
- 건설공사의 목적물이 벽돌쌓기식구조, 철근콘크리트구조, 철골구조, 철골철근콘크리트구조, 그 밖에 이와 유사한 구조로 된 것인 경우 : 건설공사의 완공일과 목적물의 관리·사용을 개시한 날 중에서 먼저 도래한 날로부터 10년
- 이외의 구조로 된 것인 경우 : 건설공사 완공일과 목적물의 관리·사용을 개시한 날 중에서 먼저 도래한 날로부터 5년

〈민법상의 수급인 담보책임기간[123]〉
- 토지, 건물 기타 공작물의 경우 : 인도후 5년간
- 목적물이 석조, 석회조, 연와조, 금속 기타 이와 유사한 재료로 조성된 경우 : 10년

❖ 건설달인의 TIP

발주자가 원수급인의 도산 또는 하자담보책임기간 만료 등으로 제3자와 별도 계약을 체결한 경우에는 별도의 도급계약서상 원수급인이 보험가입자가 되며, 보험료 또한 별도 계약한 원도급사가 납부한다. 또한 하자담보책임기간 안에 발생한 하자보수는 이미 공사계약금액 안에 반영되어 하수급인 사에게 지급한 외주비로 기 납부하였기 때문에 별도 보험료 납부를 하지 않아도 된다.

⑩ 선급공사원가 계정 중 보수 발췌

공사계약 체결 전에 취득한 각종 비용(자재, 건설장비, 외주비, 재료비) 등은 선급공사원가(수주비, 이주비대여금사용료, 모델하우스건립비, 주택분양보증료 등이 포함)에 계상한 후 공사가 개시되면 해당 공사원가계정으로 일괄 대체한다. 따라서 공사원가 계정으로 대체되기 전 선급공사원가 계정이 있으면 계정별 원장에 임금, 외주비 등이 포함되어 있는지 확인하여 보수총액에 산입하여야 한다.

121) 하자보수공사를 본 공사의 부수공사로 보아 하자보수공사의 금액에 관계없이 본 공사가 산재보험 적용대상일 경우에는 당연히 하자보수공사도 산재보험을 적용한다(지침시행일 : 2008. 04. 11).
122) 건산법 제28조
123) 민법 제671조

❖ 건설달인의 TIP

회계기준에 따라 미완성공사의 공사원가 반영 시점이 다를 수 있으나 근로복지공단에서는 당해연도 발생분에 대해서는 반드시 당해연도 보험료에 반영하였는지를 확인한다. 따라서 이전 회계연도에 미완성공사 완성 시점에 공사원가 대체 후 보험료 납부 사실을 확인하여 적극 소명하여야 한다.

⑪ 미완성공사 계정 중 보수 발췌

건설공사가 다음 연도로 이월되는 경우 해당연도 공사실적이 해당연도 결산서의 공사원가에 반영되지 아니하고 재무상태표(대차대조표)상의 재고자산 또는 건설가계정 등으로 계상된 후 공사의 준공 또는 분양시점에서 공사원가로 반영되는 경우가 있다. 그러나 공사원가로 반영되지 않은 미완성공사 계정 중 보수는 발췌하여 보수총액에 산입하여야 한다.

❖ 건설달인의 TIP

건설중인 자산(사업에 필요한 건축물, 사옥, 기숙사, 공장 등)은 완공시 유형자산으로 대체되며, 그 전까지는 건설중인 자산으로 분류를 하나 근로복지공단은 완공 시 공사원가 대체를 인정하지 않고 매년 보험료 납부기한에 해당하는 공사원가상의 보수를 발췌하고 있다. 확정정산 실사 연도 이전 건설중인 자산이 유형자산 대체 시점에서 공사원가로 대체된 사실과 이에 상응하는 보험료 납부자료를 제출하여 보험료 추징을 적극 소명하여야 한다.

⑫ 건설중인 자산 계정 중 보수 발췌

건설중인 자산 계정은 현재 건설중인 건물 또는 설치가 완료되지 않은 기계 등을 추후에 건물의 완성과 기계설치 완료시 해당 유형자산으로 대체하기 위하여 일시적으로 처리하는 계정으로 건축물 등의 공사가 완성되고 당해 공사원가가 확정되면 건설 또는 구축물계정으로 대체한다. 만일 공사원가로 대체되지 않은 경우에는 건설중인 자산 계정에 계상되어 있는 보수를 발췌해야 한다.

(3) 공동도급현장 확인

공동도급공사란 규모가 큰 하나의 공사를 2이상의 업체가 같이 도급 받아 시공에 참여하게 되는 공사의 한 형태로 고용산재보험의 보험가입자 및 하도급공사에 대한 일부 하수급사업주 인정 승인시 하두급공사의 해당 부험가입자 귀속여부 판단 및 납부주체의 명확한 판단이 필요하다.

	내용	보험가입자	하수급인 사업주인정에 따른 원수급인
공동이행방식	다른 업체와의 시공능력 평가액 합하여 공사수주, 각자 맡은 공정 같이 시공	각 사 출자비율 * 대표사로 합의지정한 경우 - 대표사	a. 각 사가 독립적으로 하도급계약 체결, 하수승인 받은 경우 - 각 사 b. 대표사가 각 사의 동의 받아 하도급 계약체결,하수승인 받은 경우 - 각 사 출자비율 안분 * 대표사를 보험가입자로 인정하는 경우 - 대표사+α〈비주관〉 : 직접인건비+외주비
분담이행방식	면허상 공정이 필요한 경우, 면허 소지업체와 공동입찰 방식, 각자 맡은 공정 따로 시공	각 사	각 사
주계약자관리방식	주계약자가 전체 건설공사의 관리책임, 참여사별 각자 맡은 공정만 시공	각 사 * 주계약자로 합의지정한 경우 - 주계약자	각 사 * 주계약자를 보험가입자로 인정하는 경우 - 주계약자+α〈비주관〉 : 직접인건비+외주비

① 사전준비자료

- 단독/대표사/참여사 구분자료
- 공동도급협약서 (지분율 확인, 산재고용보험료 납부주체 확인)
- 현장별 하수급인 사업주인정 승인 업체 리스트 (공단신고 개시번호 확인)
- 공동원가안분내역서

② 정산시 유의사항

가. 보험료 납부주체 오류

공동도급협약서에 의한 보험료를 납부하기로 한 납부주체에 대한 약정을 확인하고 보험료를 신고하여야 하는데, 이를 확인하지 않고 각사가 모두 납부하는 것으로 신고하는 경우가 있으니 유의하여야 한다. 그런데 이때 만일 대표사(주관사)만 납부하기로 약정한 경우에는 비대표사(비주관사)의 직접인건비와 외주비에 노무비율을 적용한 비용을 반영하여야 한다.

나. 보수공제 오류

보험료를 각사가 납부하기로 약정하고 하수급인 사업주 인정승인업체의 공사에 대한 보수를 공제해야 하는 경우에 보험료를 납부하기로 한 비율 즉, 지분율을 반영한 금액만 공제하여야 하는데 이에 대한 반영 없이 전체금액을 공제하는 경우가 많으니 유의하여야 한다. 그런데 이때 근로복지공단에 하수급인 사업주 인정승인내역을 확인하지 않고 하수급인 사업주 인정승인내역을 임의로 과다 책정하여 그에 해당하는 보수를 모두 공제하는 경우가 있어 추후 보험료가 추징될 수 있으니 하수급인 사업주 인정승인내역을 반드시 참고하여 해당 업체에 대한 내역만 공제하여야 한다.

다. 공동원가 안분내역 처리 오류

공동원가에 대한 원가안분내역서상의 노무비와 외주공사비를 보수총액에 포함하여야 함에도 불구하고 대표사(주관사)의 매입계산서 비용을 재료비 또는 지급수수료 등으로 처리하고 이를 보수에 반영하지 않는 경우가 있으니 유의하여야 한다.

4. 고용·산재보험료 확정정산 ISSUE POINT

(1) Man-Hour(M/H) 인건비

1) 개념

건설회사 본사에 근무하며 특정 프로젝트에 직·간접적으로 관련된 설계 및 기술지원(구매/견적/Proposal등) 프로젝트를 수행하는 인력의 업무투입 시간을 산출하여 판매관리비에서 각 매출원가로 배분[124]하는 인건비를 말한다.

2) M/H 계정

계정명	비고
급료_M/H인건비	급여
제수당 및 상여_M/H인건비	상여
퇴직급여_M/H인건비	퇴직금
복리후생비_M/H인건비	복리후생비/보험료

3) 기준

판매관리비로 급여 배분된 계정을 매월 사업부문/본부별 근무시간 입력 후 공사원가로 대체[125]

(예시) 본사 00사업팀 소속 직원이 A현장 업무를 2시간 할 경우, 업무 수행한 2시간에 해당하는 급여원가는 공사원가(M/H)로 대체

4) 대상부서

설계(Eng 본부), 기술지원(CM팀, 견적/입찰, 사업관리, 품질/안전팀) 등

5) 대상자[126]

인사발령 없이 본사에서 근무하면서 현장업무를 수행한 자 (업무 : 설계/공사, 기술지원/견적, 입찰/사업관리/품질, 안전 등)

6) 관리방법

시간단위로 입력하여 매월 관리 → 부서장 승인(매월)

7) 해당 M/H인건비의 근무시간 비율 배분 자료 유무

시간단위로 입력하여 매월 관리 → 부서장 승인(매월)

124) 인사, 법무, 재무 등 Staff 성격의 업무는 원가 배분 불가
125) 건설회사 회계처리 기준이 다르므로 모든 회사가 이 방식을 취하는 것은 아니다.
126) 근로복지공단에서 확정정산 실사 시 인사발령장을 요청하는 경우도 있다.

☞ 공사계약원가에는 직원의 실제 본사근무여부와 관계없이 현장 투입 시간분에 대해서 원가에 반영하고 있다. 따라서, 고용·산재 정산시 근로자의 실제 근무위치(본사와 현장 근무여부)에 따라 구분하여 신고하여야 한다.

(2) 수주비

분양, 도급공사 또는 재개발, 재건축아파트 등의 건설공사 수주와 관련하여 지출하는 홍보비용, 설계비용 등 수주를 추진할 때 썼던 비용으로 수주성공시에는 수주비용을 자산화(선급공사원가) 하다가 공사원가에 나눠서 반영시키고 수주실패시[127]에는 공사수주여부 확정일이 속하는 사업연도의 판관비에 반영시킨다.

❖ 건설달인의 TIP

2018년부터 새 회계기준(IFRS15)이 도입됨에 따라 수익을 인식하는 방법이 변경되어 그동안 자산으로 처리했던 선급공사 원가의 인정범위가 축소되었으므로 수주비 모두를 손익계산서상의 판매관리비로 반영하여야 한다.

(3) 해외공사

1) 해외파견자의 보험가입 의무

해외파견자는 산재보험 임의가입[128] 대상이지만 고용보험은 가입하여야 한다. 즉. 본사와 고용관계가 유지된다면 출장이나 파견에 관계없이 적용된다.

2) 해외파견자 고용보험료 산정시 보수 산입

해외파견자의 제3국 해외여행 경비, 물값, 현지수당 등은 복리후생비 성격으로 보수에 산입하여야 하나 해외부임 항공료, 귀국 항공료 등은 실비변상적 금액으로 보수에서 제외시킨다.

127) 수주실패비가 공사원가에 반영되어 있는 경우 정산시 본사로 신고하여야 한다.
128) 미가입 원칙, 별도 산재보험 가입신청 승인을 받은 경우에는 적용

(4) 해외공동도급현장의 노무비

1) 해외공동도급현장의 노무비

해외공동도급은 ① 해외건설사 + 00건설, ② 해외건설사 + 국내건설사 + 00건설, ③ 국내건설사 + 00건설 등의 방식으로 진행되는데, 이때 공사원가상 지분율에 따른 안분내역을 반영시켜서 해외공동도급 현장의 공사원가 노무비를 산정하고 안분 된 내역은 해외공사원가명세서상 해외 JV현장 급여에 그대로 반영(대부분)시킨다.

〈해외공동도급 원가 정산 후 노무비 반영시 문제점〉

◦ 계정의 구분이 명확하지 않음(급여, 임금, 외주비, 재료비, 경비 등 구분할 수 있는 자료 없음) - 통상 해외공사매출원가에서 구체항목으로 분계되는 원장의 구체적 상세내역을 확인하기 어렵고 국내 직원 보수 외에 외국인, 삼국인, 기타 경비가 포함되어 국내 보수 발췌에 어려움이 있다. 이는 해외현장에서 전표입력 시 현장의 특수상황을 고려한 안분내역은 있으나 산재,고용보험료 정산 때문에 그 구체적 사안을 기록하지 못하는 한계가 있기 때문이다. ◦ 해외공사원가 급여 계정으로 보수총액 산출시 정산금액 증액의 원인이 됨

2) 해외공동도급현장 고용산재정산시 확인사항

- ◦ 보험료 절감을 위한 명확한 기준과 증빙자료 준비
- ◦ 해외공동도급현장의 급료원장 반영 안함 → 실제 투입 급료 추출식을 마련하여 반영
- ◦ 해외공동도급현장에 실제 투입된 근로자의 급료와 계정원장의 금액 확인하여 차액분 공제후 신고

제 3 장

별첨 서식자료

[별첨 3-1] 고용·산재보험 일괄적용 신청서

[ ]고용보험 [ ]산재보험	일괄적용	[ ]승인신청서 [ ]성립신고서

※ 유의사항 및 작성방법은 뒷면을 참고하여 주시기 바라며, 색상이 어두운 난은 신청인이 적지 않습니다. (앞면)

접수번호	접수일	처리기한: 7일

사업장관리번호(일괄적용)				
대표자	성 명		주민(외국인)등록번호	
	주 소			전화번호
본사 사업장	상호 · 법인명		대규모기업	[ ]해당 [ ]비해당
	소 재 지			전화번호
	우편물 수령지			전화번호
	E - mail		팩스번호	휴대전화
	사업자등록번호		법인등록번호	
	사업종류		(주생산품명 · 제공되는 서비스명:)	
	총상시근로자수		총피보험자수	
	주된(본사)사업우편물 수령지			

건설업	건설업면허관련	면허종류	면허번호	등록일자
	공사현장			
	공사기간	(실제착공일:)	공사금액	
일반사업	사업장관리번호	지점 · 지사 · 공장명	소재지	사업종류
일괄적용 현황	총상시근로자수		총피보험자수	
고용보험 성립일(일괄적용)			고용업종코드	
산재보험 성립일(일괄적용)			산재업종코드	

「고용보험 및 산업재해보상보험의 보험료징수 등에 관한 법률 시행령」 제6조제2항 및 같은 법 시행규칙 제4조, 제7조제4항에 따라 위와 같이 신청(신고)한다.

년 월 일

신청 · 신고인(사업주) (서명 또는 인)

보험사무대행기관 (서명 또는 인)

근로복지공단 OOOO지역본부(지사)장 귀하

개인정보 수집 및 이용 동의서
본인은 이 건 민원사무처리에 대한 처리결과 안내, 캠페인(이벤트), 사업홍보물, 고객만족도조사 및 관련 제도 개선에 필요한 의견조사를 위해 우편, 휴대전화 또는 이메일 등으로 수신 · 참여하는 것에 동의한다.
년 월 일 신고인(신청인) (서명 또는 인)

210mm×297mm[일반용지 60g/㎡(재활용품)]

[별첨 3-2] 하수급인 사업주 보험가입 승인신청서

[ ]고용보험
[ ]산재보험

하수급인 사업주 보험가입 승인신청서

(앞면)

※ 유의사항 및 작성방법은 뒷면을 참고하여 주시기 바라며, 색상이 어두운 난은 신청인이 적지 않습니다.

접수번호	접수일	처리기간 5일

<table>
<tr><td rowspan="6">원수
급인
(신청인)</td><td rowspan="3">본사</td><td>상호·법인명칭</td><td colspan="2">대 표 자</td></tr>
<tr><td colspan="3">소재지</td></tr>
<tr><td>전화번호</td><td>팩스</td><td>전자우편주소</td></tr>
<tr><td rowspan="3">원수급
사업</td><td colspan="2">우편물 수령지</td><td>수취인</td></tr>
<tr><td>관리번호
(사업개시번호)</td><td colspan="2">현장명</td></tr>
<tr><td colspan="2">소재지</td><td>전화번호</td></tr>
</table>

<table>
<tr><td rowspan="14">하수
급인</td><td rowspan="6">본사</td><td colspan="2">상호·법인명칭</td><td colspan="2">대 표 자</td></tr>
<tr><td colspan="2">사업자등록번호</td><td colspan="2">법인등록번호</td></tr>
<tr><td colspan="4">소재지</td></tr>
<tr><td colspan="2">전화번호</td><td>팩스</td><td>전자우편주소</td></tr>
<tr><td colspan="3">우편물 수령지</td><td>수취인</td></tr>
<tr><td colspan="4">고용보험 업종코드</td></tr>
<tr><td rowspan="8">하수급
사업</td><td colspan="4">사업장명(현장명)</td></tr>
<tr><td>건설업면허관련</td><td>면허종류</td><td>면허번호</td><td>등록일자</td></tr>
<tr><td colspan="2">하수급(공사)금액
(재료 시가환산액 포함)</td><td>공사기간</td><td>(실제착공일:)</td></tr>
<tr><td colspan="3">소재지</td><td>전화번호</td></tr>
<tr><td colspan="2">상시근로자수</td><td colspan="2">총피보험자수</td></tr>
<tr><td>업무상 재해
발생 여부</td><td colspan="3">[ ] 없음
[ ] 있음 ([ ] 착공 후 14일 이내, [ ] 착공 후 15일~신청일)</td></tr>
<tr><td>사업장관리번호
(사업개시번호)</td><td colspan="3"></td></tr>
</table>

「고용보험 및 산업재해보상보험의 보험료징수 등에 관한 법률 시행령」 제7조제3항 및 같은 법 시행규칙 제6조제1항에 따라 위와 같이 신청한다.

년 월 일

신청인(원수급인) (서명 또는 인)

보험사무대행기관 (서명 또는 인)

근로복지공단 OO 지역본부(지사)장 귀하

신청인 제출서류	1. 도급계약서 사본 1부 2. 보험료 납부인수에 관한 서면계약서 사본 1부

※ 처리 사항(아래 사항은 민원인이 적지 않습니다)

결정사항	[ ]승인 [ ]불승인	하수급인 보험관계 성립일(사업 개시일)	년 월 일
불승인 사유			

[별첨 3-3] 보험료 납부 인수 계약서

보험료 납부 인수 계약서

1. 현 장 명 :
2. 공 사 명 :
3. 계약금액 :
4. 공사기간 :

하수급인 ____________은 원수급인 ____________ 로부터 ____________________에 대해 첨부한 도급계약서와 같이 하도급 받은 공사에 대하여 『고용보험및산업재해보상보험의보험료징수등에관한 법률』 규정에 따라 하수급인 사업주 승인을 신청하고, 공사의 사업주로서 보험료 납부를 책임질 것을 확약하며 이에 납부 인수 계약서를 제출한다.(공사기간 및 하도급 계약금액 변경시 자동적으로 포함.)

원수급인 ____________과 하수급인 ____________은 보험료 납부 등 관련법령이 정한 절차, 의무를 상호 성실히 이행할 것을 약정한다.

년 월 일

1. 원수급인
   사업의 명칭 :
   소 재 지 :
   대 표 자 :

2. 하수급인
   사업의 명칭 :
   소 재 지 :
   대 표 자 :

[별첨 3-4] 일괄적용사업의 고용·산재보험 사업개시 신고서

일괄적용사업의 [ ]고용보험 [ ]산재보험 [ ]사업개시 [ ]사업종료 신고서

※ 뒷면의 유의사항과 작성방법을 읽고 작성하여 주시기 바라며, [ ]에는 해당되는 곳에 "√" 표를 한다. (앞면)

접수번호	접수일	처리기간 1일

일괄적용 사업	명칭		대표자	
	일괄적용 사업 관리번호		전화번호	
건설공사 개시	공사명			
	총공사금액 (재료 시가환산액 포함)	원	발주공사총금액 (분리발주된경우)	원
	공사기간			
	현장 소재지		현장 전화번호	
	건축허가사항		공동도급공사 [ ]해당 [ ]비해당	
	발주자명			
	발주자 주소		전화번호	
벌목작업 개시	벌목 현장명		전화번호	
	현장 소재지			
	벌목 재적량		벌목기간	
	인원		발주자명	
지점 · 지사 · 공장 등 개시	지점 · 지사 · 공장명		전화번호	
	소재지			
	사업종류		사업 개시일	
	사업자등록번호		인원	
사업 종료	개시번호			
	명칭			
	종료일			

「고용보험 및 산업재해보상보험의 보험료징수 등에 관한 법률」 제11조제3항 및 같은 법 시행규칙 제8조에 따라 위와 같이 신고한다.

년 월 일

신고인(사업주) (서명 또는 인)

[ ]보험사무대행기관 (서명 또는 인)

근로복지공단 ○○지역본부(지사)장 귀하

구분	내용	수수료
신고인 제출서류	1. 공사도급계약서 사본 1부(건설공사 개시신고의 경우에만 제출한다) 2. 벌목허가서 사본 1부(벌목작업 개시신고의 경우에만 제출한다)	수수료 없음
담당직원 확인사항	사업자등록증(산재보험의 경우만 해당하며, 건설공사 및 벌목작업 외의 사업 개시신고의 경우만 해당한다)	

행정정보 공동이용 동의서

본인은 이 건 업무처리와 관련하여 「전자정부법」 제36조제2항에 따른 행정정보의 공동이용을 통하여 담당 직원이 위의 담당 직원 확인사항을 확인하는 것에 동의한다.

* 동의하지 않는 경우에는 신청인이 직접 사업자등록증 사본을 제출하여야 한다.

신청인(위임한 사람) (서명 또는 인)

[별첨 3-5] 자영업자 고용보험가입신청서

자영업자 고용보험가입신청서

(앞쪽)

※ 뒤쪽의 유의사항과 작성방법을 읽고 작성해 주시기 바라며, 색상이 어두운 난은 신청인이 적지 않습니다.
※ [ ]에는 해당되는 곳에 "√" 표시를 한다.

접수번호	접수일	처리기간: 7일

신청인	상호(법인명)	
	소재지	전화번호
	근로자수	전자우편주소
	대표자	주민등록번호
	사업자등록번호	법인등록번호
	사업 개시일(개업연월일)	
	업태 종목 (주생산품)	업종코드

보험가입 신청내용	보험료산정 기준보수액	등급(원)
	사업의 내용	

신청일 현재 임금근로자(일용근로자 포함) 피보험자격 취득 여부	예 [ ] 아니오 [ ]

「고용보험 및 산업재해보상보험의 보험료징수 등에 관한 법률」 제49조의2제1항, 제4항 및 같은 법 시행규칙 제44조의2 제1항에 따라 위와 같이 신청한다.

년 월 일

신청인(보험가입자) (서명 또는 인)

[ ]보험사무대행기관 (서명 또는 인)

근로복지공단 ○○지역본부(지사)장 귀하

※ 처리 사항

보험관계 성립일		승인 여부	[ ]승인 [ ]불승인
보험관리번호			

[별첨 3-6] 특수형태근로종사자 입직신고서

특수형태근로종사자 입직신고서

※ 색상이 어두운 칸은 신청인이 적지 않습니다.
※ [ ]에는 해당되는 곳에 '√' 표시를 합니다. (제1쪽)

접수번호	접수일	처리기간 5일

구분	항목	내용	항목	내용
사업장관리번호				
사업장	상호·법인 명칭		지점명	
	소재지		전화번호	
	대표자			
	종사자 유형	[ ]보험설계사 [ ]콘크리트믹서트럭운전자 [ ]학습지교사 [ ]골프장 캐디 [ ]택배업무 종사자 [ ]퀵서비스업무 종사자(전속성 있는 사람) [ ]대출모집인 [ ]신용카드모집인 [ ]대리운전기사(전속성 있는 사람)		
종사자 (1)	성명		주민등록번호	
	주소지		전화번호	
	입직일		휴대전화	
	배송수단 (택배, 퀵만 기재)	[ ]화물자동차(1톤 이하), [ ]화물자동차(1톤 초과), [ ]승용·승합자동차, [ ]이륜자동차, [ ]도보, [ ]자전거, [ ]지하철, [ ]기타 ( )		
종사자 (2)	성명		주민등록번호	
	주소지		전화번호	
	입직일		휴대전화	
	배송수단 (택배, 퀵만 기재)	[ ]화물자동차(1톤 이하), [ ]화물자동차(1톤 초과), [ ]승용·승합자동차, [ ]이륜자동차, [ ]도보, [ ]자전거, [ ]지하철, [ ]기타 ( )		

「산업재해보상보험법」 제125조제3항에 따라 위와 같이 신고합니다.

년 월 일

신고인(사업주) (서명 또는 인)
[ ]보험사무대행기관 (서명 또는 인)

근로복지공단 ○○지역본부(지사)장 귀하

※ 입직자가 많은 경우 제2쪽에 계속 적기 바랍니다.

첨부서류	없음	수수료 없음

[별첨 3-7] 특수형태근로종사자 이직신고서

특수형태근로종사자 이직신고서

※ 색상이 어두운 칸은 신청인이 적지 않습니다.
※ [ ]에는 해당되는 곳에 '√' 표시를 합니다. (제1쪽)

접수번호	접수일	처리기간 5일

사업장관리번호			
사업장	상호·법인명칭		지점명
	소재지		전화번호
	대표자		

종사자 (1)	성명		주민등록번호
	주소지		전화번호
	이직일		휴대전화
	이직사유	[ ]계약종료 [ ]사업의 폐업/휴업 [ ]전속성 없음(퀵서비스 종사자, 대리운전기사에 한함) [ ]그 밖의 사유( )	
종사자 (2)	성명		주민등록번호
	주소지		전화번호
	이직일		휴대전화
	이직사유	[ ]계약종료 [ ]사업의 폐업/휴업 [ ]전속성 없음(퀵서비스 종사자, 대리운전기사에 한함) [ ]그 밖의 사유( )	

「산업재해보상보험법」 제125조제3항에 따라 위와 같이 신고합니다.

년 월 일

신고인(사업주) (서명 또는 인)
[ ]보험사무대행기관 (서명 또는 인)

근로복지공단 ○○지역본부(지사)장 귀하

※ 전속성이 인정되어 입직신고된 퀵서비스업무 종사자 또는 대리운전기사가 **전속성이 없게된** 경우 **이직신고 대상**에 해당합니다.
※ 이직자가 많은 경우 제2쪽에 계속 적기 바랍니다.

첨부서류	없음	수수료 없음

[별첨 3-8] 특수형태근로종사자(건설기계) 입·이직신고서

특수형태근로종사자(건설기계) 입·이직 신고서 (년   월분)

※ 작성방법을 읽고 작성하여 주시기 바라며, [ ]에는 해당되는 곳에 "√" 표시를 합니다.

접수번호	접수일	처리기간: 7일

신고 사업장	사업장관리번호	사업장명	사업자등록번호
	사업개시번호	현장명	
	소재지		
	전화번호 (유선)	(휴대전화)	FAX번호

	종사자(1)	종사자(2)	종사자(3)	종사자(4)
성명				
주민등록번호	-	-	-	-
사업자 등록번호				
전화번호				
휴대전화				
주소				
종사자 유형				

작업일수 ("o"표시)	1	2	3	4	5	1	2	3	4	5	1	2	3	4	5	1	2	3	4	5
	6	7	8	9	10	6	7	8	9	10	6	7	8	9	10	6	7	8	9	10
	11	12	13	14	15	11	12	13	14	15	11	12	13	14	15	11	12	13	14	15
	16	17	18	19	20	16	17	18	19	20	16	17	18	19	20	16	17	18	19	20
	21	22	23	24	25	21	22	23	24	25	21	22	23	24	25	21	22	23	24	25
	26	27	28	29	30	26	27	28	29	30	26	27	28	29	30	26	27	28	29	30
	31					31					31					31				

「산업재해보상보험법」 125조제3항 따라 위와 같이 신고합니다.

년 월 일

신고인(사용자 · 대표자) (서명 또는 인)

근로복지공단○○지역본부(지사)장 귀하

작성방법

※ 타인을 사용하지 않고 건설기계를 직접 운전하는 건설기계사업주의 경우만 신청이 가능합니다.

1. "종사자 유형"란에 종사자가 사용하는 건설기계의 번호를 적습니다. 건설기계 종류 및 번호는 아래와 같습니다.

번호	건설기계명	번호	건설기계명	번호	건설기계명	번호	건설기계명
1	불도저	8	모터그레이더	15	아스팔트믹싱플랜트	22	항타 및 항발기
2	굴삭기	9	롤러	16	아스팔트피니셔	23	자갈채취기
3	로더	10	노상안정기	17	아스팔트살포기	24	준설선
4	지게차	11	콘크리트뱃칭플랜트	18	골재살포기	25	특수건설기계
5	스크레이퍼	12	콘크리트피니셔	19	쇄석기	26	타워크레인
6	덤프트럭	13	콘크리트살포기	20	공기압축기	27	콘크리트믹서트럭
7	기중기	14	콘크리트 펌프	21	천공기		

제 4 장

건설현장 외국인 근로자 고용실무

외국인근로자의 고용 등에 관한 법률(이하 '외국인고용법'이라 한다.) 제1조(목적) 이 법은 외국인근로자를 체계적으로 도입 · 관리함으로써 원활한 인력수급 및 국민경제의 균형 있는 발전을 도모함을 목적으로 한다.

제12조(외국인근로자 고용의 특례) ①다음 각 호의 어느 하나에 해당하는 사업 또는 사업장의 사용자는 제3항에 따른 특례고용가능확인을 받은 후 대통령령으로 정하는 사증을 발급받고 입국한 외국인으로서 국내에서 취업하려는 사람을 고용할 수 있다. 이 경우 근로계약의 체결에 관하여는 제9조를 준용한다.

1. 건설업으로서 정책위원회가 일용근로자 노동시장의 현황, 내국인근로자 고용기회의 침해 여부 및 사업장 규모 등을 고려하여 정하는 사업 또는 사업장

외국인근로자 고용특례(이하 '고용허가제'라 한다.)는 내국인을 구하기 어렵거나 기피하는 업종에 종사하는 사업장에서 일정한 요건을 구비하면 외국인근로자를 합법적으로 고용할 수 있는 제도를 뜻한다. 외국인근로자를 고용할 수 있는 업종과 도입 규모, 고용가능한 국적(송출 국가)은 규정되어 있으며, 그렇기 때문에 건설업종에서 외국인 근로자를 채용하기 위해서는 해당 제도에 따라 적법한 외국인근로자만을 채용할 수 있다.

I 건설현장의 고용허가 기준

1. 허용업종

고용 산재 보험에 신고된 모든 건설공사에서 외국인근로자 고용이 가능하나, 발전소·제철소·석유화학건설현장의 건설업체 중 건설면허가 산업환경설비인 경우는 적용 제외한다.

2. 고용허가 가능한 건설사업장의 판단기준

외국인 근로자를 채용할 수 있는 사업장인지 여부는 원수급인을 기준으로 판단한다. 원수급인이 외국인 고용허가 기준에 해당하지 않으면 해당 건설현장 전체(하수급인 포함)에서 외국인 근로자 고용이 불가능하다.

3. 건설현장 외국인력 고용허용 인원

연평균 공사금액 (원도급자 총 공사금액기준)	고용허용인원	신규 고용허용인원
15억 미만	5명(계수 미적용)	3명(계수 미적용)
15억 이상	공사금액 × 0.4	공사금액 × 0.3 (최대 30명)

※ 고용허용인원: 공사금액 1억원 당 0.4명, 신규고용한도 : 공사금액 1억원 당 0.3명(소수점 이하는 내림)

※ 연평균 공사금액 : 총사금액 ÷ 총공사기간(월) × 12

외국인력 고용허용 인원은 원도급 공사금액 기준으로 산정되며, 원도급, 하도급사 전체에서 고용할 수 있는 인원을 뜻한다.

강반장의 질문

고용허가제로 채용 가능한 외국인의 체류 자격은 무엇인가요?

고용허가제를 통해서 채용할 수 있는 외국인근로자의 종류는 크게 두가지로, 비전문취업(E-9)과 외국국적 동포 방문취업(H-2)입니다. 본 장에서 고용허가제에 따른 E-9과 H-2를 각각의 '체류 자격'으로 통칭하고 해당 체류자격에 따라 채용 및 세부내용이 다르므로 각각 나누어서 설명하도록 하겠습니다. 참고로, 건설업에서 고용허가제를 포함하여 취업이 가능한 비자는 비전문취업(E-9), 방문취업(H-2), 국내거주(F-2), 영주(F-5), 결혼(F-6)이며 조건부로 재외동포(F-4), 유학(D-2), 기타(G-1)도 가능합니다.

Ⅱ 외국인근로자 신청 절차 및 채용

외국인고용법 제6조(내국인 구인 노력) ①외국인근로자를 고용하려는 자는 「직업안정법」 제2조의2제1호에 따른 직업안정기관에 우선 내국인 구인 신청을 하여야 한다.
②직업안정기관의 장은 제1항에 따른 내국인 구인 신청을 받은 경우에는 사용자가 적절한 구인 조건을 제시할 수 있도록 상담·지원하여야 하며, 구인 조건을 갖춘 내국인이 우선적으로 채용될 수 있도록 직업소개를 적극적으로 하여야 한다.

외국인 근로자를 채용하는 절차는 1) 내국인 구인노력 → 2) 고용허가서 신청 및 발급 → 3) 근로계약 체결 및 사증발급인정서 발급 → 4) 외국인근로자 취업교육 → 5) 사업장 채용으로 이어진다.

1. 일반외국인 비전문취업(E-9)

(1) 내국인 구인노력

고용노동부 워크넷(www.work.go.kr)을 통해 14일간 내국인을 구인하기 위한 노력을 해야 한다. 예외적으로 신문, 방송, 생활정보지 등 매체를 통해 구인노력을 한 경우에는 7일간 노력해야 한다.

워크넷을 통해 구인 노력중에는 고용센터에서 내국인을 적극 알선하게 되는데 50인 이상 사업장에서 정당한 이유 없이 알선한 내국인을 2회 이상 거부할 경우 외국인 고용을 불허할 수 있다.

신규외국인력 배정을 위한 점수제에서도 내국인 구인실적이 있으면 가점된다.

건설업은 모든 건설공사에서 외국인근로자 채용이 가능하나 발전소, 제철소, 석유화학건설현장의 건설업체 중 건설면허가 산업환경설비인 경우는 적용 제외한다. 건설업에 포함되지는 않지만 서비스업에 포함되는 건설폐기물처리업 또한 외국인근로자 채용이 가능하다.

강반장의 질문 1

정당한 이유 없는 채용거부란 무엇인가요?

① 고용센터의 알선 자체를 거부, ② 알선을 받고도 채용절차(면접 등)를 진행하지 않는 경우, ③ 사업장에서 제시하는 구인조건을 만족하고 근로조건에 동의한 내국인을 합리적 이유없이 채용하지 않는 경우를 말합니다.

강반장의 질문 2

외국인을 고용하는 사업장이 갖춰야 하는 자격요건은 무엇인가요?

- 외국인근로자 허용업종 및 고용 가능한 사업/사업장이어야 한다.
- 14일 이상 내국인 구인노력을 하였음에도 구인 신청한 내국인근로자를 채용하지 못한다.
- 내국인 구인신청을 한 날의 2개월 전부터 고용허가서 발급일까지 고용조정으로 내국인근로자를 이직시키지 않아야 한다.
- 구인신청을 한 날의 5개월 전부터 고용허가서 발급일까지 임금체불을 하지 않았어야 한다.
- 고용제한 기간중에 있지 않아야 한다.
- 고용보험 및 산업재해보상보험 적용대상 사업장일 경우 고용보험 및 산업재해보상보험에 가입하고 있어야 한다.
- 외국인근로자를 고용하고 있는 사업장일 경우 외국인근로자 전용보험에 가입하고 있어야 한다.

(2) 고용허가서 신청 및 발급

외국인고용법 제8조(외국인근로자 고용허가) ①제6조제1항에 따라 내국인 구인 신청을 한 사용자는 같은 조 제2항에 따른 직업소개를 받고도 인력을 채용하지 못한 경우에는 고용노동부령으로 정하는 바에 따라 직업안정기관의 장에게 외국인근로자 고용허가를 신청하여야 한다.
②제1항에 따른 고용허가 신청의 유효기간은 3개월로 하되, 일시적인 경영악화 등으로 신규 근로자를 채용할 수 없는 경우 등에는 대통령령으로 정하는 바에 따라 1회에 한정하여 고용허가 신청의 효력을 연장할 수 있다.
③직업안정기관의 장은 제1항에 따른 신청을 받으면 외국인근로자 도입 업종 및 규모 등 대통령령으로 정하는 요건을 갖춘 사용자에게 제7조제1항에 따른 외국인구직자 명부에 등록된 사람 중에서 적격자를 추천하여야 한다.

④직업안정기관의 장은 제3항에 따라 추천된 적격자를 선정한 사용자에게는 지체 없이 고용허가를 하고, 선정된 외국인근로자의 성명 등을 적은 외국인근로자 고용허가서를 발급하여야 한다.
⑤제4항에 따른 외국인근로자 고용허가서의 발급 및 관리 등에 필요한 사항은 대통령령으로 정한다.
⑥직업안정기관이 아닌 자는 외국인근로자의 선발, 알선, 그 밖의 채용에 개입하여서는 아니 된다.

제19조(외국인근로자 고용허가 또는 특례고용가능확인의 취소) ①직업안정기관의 장은 다음 각 호의 어느 하나에 해당하는 사용자에 대하여 대통령령으로 정하는 바에 따라 제8조제4항에 따른 고용허가나 제12조제3항에 따른 특례고용가능확인을 취소할 수 있다.
1. 거짓이나 그 밖의 부정한 방법으로 고용허가나 특례고용가능확인을 받은 경우
2. 사용자가 입국 전에 계약한 임금 또는 그 밖의 근로조건을 위반하는 경우
3. 사용자의 임금체불 또는 그 밖의 노동관계법 위반 등으로 근로계약을 유지하기 어렵다고 인정되는 경우

②제1항에 따라 외국인근로자 고용허가나 특례고용가능확인이 취소된 사용자는 취소된 날부터 15일 이내에 그 외국인근로자와의 근로계약을 종료하여야 한다.

제20조(외국인근로자 고용의 제한) ①직업안정기관의 장은 다음 각 호의 어느 하나에 해당하는 사용자에 대하여 그 사실이 발생한 날부터 3년간 외국인근로자의 고용을 제한할 수 있다.
1. 제8조제4항에 따른 고용허가 또는 제12조제3항에 따른 특례고용가능확인을 받지 아니하고 외국인근로자를 고용한 자
2. 제19조제1항에 따라 외국인근로자의 고용허가나 특례고용가능확인이 취소된 자
3. 이 법 또는 「출입국관리법」을 위반하여 처벌을 받은 자
4. 그 밖에 대통령령으로 정하는 사유에 해당하는 자

내국인 구인노력에도 불구하고 근로자 고용에 어려움이 있다면 미채용된 인원에 대해서 고용허가 신청을 해야 하며 다음의 서류를 작성 및 첨부하여 관할 고용센터에 팩스, 방문, 온라인(www.eps.go.kr)으로 접수한다.

필요서류

◦ 외국인근로자 고용허가서
  - 〈주된사업장(사업주)〉란에 반드시 본사의 고용보험사업장 관리번호를 적고, 나머지를 모두 기입한다.
  - 〈사업장〉란에 정보를 기입한다. 상시근로자수는 최대한 현황에 대해서 적는다.
  - 〈발급 요건〉에 고용센터 알선자 면접이력이 없으면 적지 않아도 되며, 발급요건 충족여부는 정확히 확인 후 체크한다.

- 〈근로조건〉은 내국인 근로자의 근로 계약서와 같은 내용으로 작성한다.

◦ 사업자등록증

◦ 건설업등록증(면허증, 또는 수첩)

◦ 해당 현장 (하)도급계약서 (건설현장의 경우)

접수 후에는 요건 검토 및 허가 대상 사업장을 확정하는데 이는 신규 외국인력 배정 점수제를 따른다. 그리고 구직자 명부에 있는 외국인 근로자를 추천받게 되며 외국인근로자를 선택하면 고용센터에서 고용허가서를 발급받게 된다.

만약에 고용허가가 취소되었거나 고용허가서를 발급받은 날 또는 외국인근로자의 근로가 시작된 날로부터 6개월 이내에 내국인근로자를 고용조정으로 이직시킨 경우와 같이 고용허가를 받지 않고 외국인근로자를 채용하면 최대 3년동안 외국인 근로자를 채용할 수 없다.

강반장의 질문

신규 외국인력 배정 점수제를 어떻게 구성되어 있나요?

외국인근로자 고용허가 사업장이 되기 위해서는 점수제에 따라 받은 점수가 높은 순서의 사업장부터 우선배정됩니다. 점수항목은 기본 4항목, 가점 8항목, 감점 8항목이 있고 다음과 같습니다. 가점과 감점은 업종에 따라 적용이 상이할 수 있습니다.

- 기본항목(4개): ① 사업장별 외국인고용 허용인원 대비 실제 고용하고 있는 외국인이 적을수록(22.4~30점) ② 외국인(E-9) 고용인원 대비 재고용만료자(고용허가 신청 접수 마감 익월부터 6개월까지 기간 동안)가 많을수록(22.4~30점) ③ 신규고용을 적게 신청할수록(19~20점 제조업, 15~20 소수업종) ④ 내국인구인노력 기간 중 고용센터 알선자(내국인)를 많이 고용할수록(14~20점 제조업, 18~20점 소수업종) 높은 점수 부여
  * 외국인고용 허용인원 등 산정 기준일: 고용허가 신청 접수마감일 익일
- 가점항목(8개): ① 귀국비용보험 및 상해보험 전원 가입 및 보험료 완납 사업장(1점) ② SOC 건설현장(건설업)(2점) ③ 친환경 농축수산물 인증사업장(농축산·어업)(0.2점) ④ 고용센터에서 사업장 지도·점검시 우수 기숙사 설치 사업장으로 인정한 사업장(2점 제조업, 5점 소수업종) ⑤ 고용허가 신청 전년도에 산업인력공단에서 실시한 사업주교육을 이수한 사업장(1점 제조업, 2점 소수업종), ⑥ 위험성평가 인정 또는 안전보건경영시스템 인증(각 1점), ⑦ 농축산 · 어업분야 표준근로계약서 작성가이드라인 적용사업장(1건당 0.1점 최대 0.5점), ⑧ 농축산업 주거환경개선사

업장(3점) ⑨ 노동시간단축사업장(2점)

- 감점항목(8개): ① 고용허가 신청 전년도에 실시한 외국인고용 사업장 지도·점검 결과 지적 건수가 많을수록(건당 -0.1~-3점) ② 출국만기보험료를 많이 연체할수록(연체횟수에 따라 1인당 -0.5~-5점) ③ 사업주 귀책사유*로 사업장을 변경한 근로사가 많을수록 감섬
  * 폭행, 폭언, 성희롱 등 2년간 - 5점 / 성폭행 5년간 -10점 / 임금체불 기타 근로조건 위반 2년간 -3점

  ④ 산재은폐 또는 보고의무 위반사업장(각 -1점), ⑤ 사망재해 발생사업장(-1점~-2점), ⑥ 농축산 · 어업표준근로계약서 가이드라인 미준수사업장(건당 -0.2점, 최대 -1점), ⑦ 농축산업 주거환경 가점을 허위로 받은 사업장(항목당 -1.5점, 확인 후 1년간), ⑧ 숙소 시설기준 미달사업장(항목당 -1점, 최대 -5점) ⑨ 숙소시설기준 허위 제출사업장(농축산업, 항목당 -1.5점, 최대 -7.5) ⑩ 숙소기준에 미달하면서 숙소 비용을 부담시킨 사업장(-1점~-3점) ⑪ AI발생사업장(-0.5~2점, 농축산업)
- 동점 사업장 우선 배정 기준: 같은 점수의 사업장이 다수인 경우에 ① 외국인 고용인원 대비 재고용만료자가 많은 사업장 ② 외국인 고용허용인원 대비 실제 고용인원이 적은 사업장 ③ 내국인 구인노력 점수가 높은 사업장 ④ 신규고용을 적게 신청하는 기업 ⑤ 전산추첨의 순으로 발급대상 및 우선발급 대상사업장을 선별

♣ 외국인근로자 고용허가 신청서 (별첨 4-1)

(3) 근로계약 체결 및 사증발급인정서 신청

외국인고용법 제9조(근로계약) ①사용자가 제8조제4항에 따라 선정한 외국인근로자를 고용하려면 고용노동부령으로 정하는 표준근로계약서를 사용하여 근로계약을 체결하여야 한다.

제10조(사증발급인정서) 제9조제1항에 따라 외국인근로자와 근로계약을 체결한 사용자는 「출입국관리법」 제9조제2항에 따라 그 외국인근로자를 대리하여 법무부장관에게 사증발급인정서를 신청할 수 있다.

고용허가서가 반급되면 사업주는 표준근로계약서를 작성해서 고용센터에 제출하며 한국산업인력공단을 통해 외국인근로자에게 연락해서 확인 후 서명한다. 근로계약서가 체결되면 다시 산업인력공단을 통해 사용주에게 전달된다.(이 때, 근로계약서 체결 및 도입 대행 신청으로 인한 비용 지불됨) 체결된 근로계약서를 첨부하여 법무부에 사증발급인증서를 신청하고, 사증발급인증서가

발급되면 산업인력공단에서 입국계획을 수립하여 외국인근로자가 국내 입국한다.

외국인근로자가 국내 입국하면 취업교육장으로 이동하여 2박3일의 취업 교육을 수료하고 건강 검진을 받는 것으로 최종 채용절차가 마무리 된다. 또한 근로계약의 효력은 입국일부터 발생한다.

(4) 외국인근로자 취업교육

1) 입국 전 취업교육

각 송출국에서 지정한 교육기관에서 출국전 45시간동안 한국어 38시간, 한국문화 4시간, 근기법 및 고충처리(성희롱 예방 포함) 2시간, 산업안전 1시간 이상 교육 실시 및 수료해야 한다.

2) 입국 후 취업교육

2박 3일간 16시간동안 한국어 및 한국문화 이해, 고용허가제, 노동관계법령 등에 대하여 교육 실시 및 수료해야 한다. 건설업의 경우 취업교육기관은 대한건설협회이며 기간 중에 실시하는 건강진단에서 문제가 있으면 귀국조치된다.

취업교육 마지막 날에는 외국인근로자는 귀국비용보험과 상해보험에 가입하고, 사용자는 취업교육기관(대한건설협회)을 방문하여 출국만기보험 및 보증보험을 가입한 후에 외국인근로자를 직접 인수하고 인수확인서에 서명해야한다. 보험관련 세부사항은 후술하며, 외국인근로자 인수시에는 법인인감, 방문자의 신분증, 위임장(대리인의 경우), 통장사본을 준비해야한다.

2. 외국국적 동포 방문취업(H-2)

외국인고용법 제12조(외국인근로자 고용의 특례) ①다음 각 호의 어느 하나에 해당하는 사업 또는 사업장의 사용자는 제3항에 따른 특례고용가능확인을 받은 후 대통령령으로 정하는 사증을 발급받고 입국한 외국인으로서 국내에서 취업하려는 사람을 고용할 수 있다. 이 경우 근로계약의 체결에 관하여는 제9조를 준용한다.

1. 건설업으로서 정책위원회가 일용근로자 노동시장의 현황, 내국인근로자 고용기회의 침해 여부 및 사업장 규모 등을 고려하여 정하는 사업 또는 사업장
2. 서비스업, 제조업, 농업 또는 어업으로서 정책위원회가 산업별 특성을 고려하여 정하는 사업 또는 사업장

②제1항에 따른 외국인으로서 제1항 각 호의 어느 하나에 해당하는 사업 또는 사업장에 취업하려는 사람은 외국인 취업교육을 받은 후에 직업안정기관의 장에게 구직 신청을 하여야 하고, 고용노동부장관은 이에 대하여 외국인구직자 명부를 작성·관리하여야 한다.

③제6조제1항에 따라 내국인 구인 신청을 한 사용자는 같은 조 제2항에 따라 직업안정기관의 장의 직업소개를 받고도 인력을 채용하지 못한 경우에는 고용노동부령으로 정하는 바에 따라 직업안정기관의 장에게 특례고용가능확인을 신청할 수 있다. 이 경우 직업안정기관의 장은 외국인근로자의 도입 업종 및 규모 등 대통령령으로 정하는 요건을 갖춘 사용자에게 특례고용가능확인을 하여야 한다.

④제3항에 따라 특례고용가능확인을 받은 사용자는 제2항에 따른 외국인구직자 명부에 등록된 사람 중에서 채용하여야 하고, 외국인근로자가 근로를 시작하면 고용노동부령으로 정하는 바에 따라 직업안정기관의 장에게 신고하여야 한다.

⑤특례고용가능확인의 유효기간은 3년으로 한다. 다만, 제1항제1호에 해당하는 사업 또는 사업장으로서 공사기간이 3년보다 짧은 경우에는 그 기간으로 한다.

⑥직업안정기관의 장이 제3항에 따라 특례고용가능확인을 한 경우에는 대통령령으로 정하는 바에 따라 해당 사용자에게 특례고용가능확인서를 발급하여야 한다.

⑦제1항에 따른 외국인근로자에 대하여는 「출입국관리법」 제21조를 적용하지 아니한다.

⑧고용노동부장관은 제1항에 따른 외국인이 취업을 희망하는 경우에는 입국 전에 고용정보를 제공할 수 있다.

E-9의 채용과 절차적으로는 같으며 아래 내용과 같이 약간의 차이가 있다.

(1) 사증발급, 입국

요건을 갖추면 외국국적 동포에게 3년간 취업활동이 가능한 H-2 사증이 발급된다. 신규 발급자면 입국일로부터 3년간이며 국내 체류중에 H-2로 체류자격이 변경되면 변경일로부터 3년간 취업활동이 가능하다. 결론적으로, 외국인근로자가 H-2로 체류 자격이 인정받은 상태여야 한다.

H-2 체류자격자가 입국 후에 취업을 하고자 하면 한국산업인력공단에서 실시하는 취업교육 16시간을 수료해야한다. 건설업은 특별히 8시간의 추가 교육이 더 있으며 만약 재입국자라면 교육시간이 총 7시간으로 단축된다. 취업교육을 수료하면 외국인근로자가 한국산업인력공단이나 관할 고용센터에 구직신

청을 한다.

(2) 특례고용가능확인서 발급 및 근로개시

H-2 체류자격은 특례외국인근로자라고 하며, 이를 고용하고자 하는 사용자는 관할 고용센터를 통해 특례고용가능확인서를 작성 후 이를 발급받아야 한다. 이는 서식만 다를 뿐 '외국인근로자 고용허가서'의 작성법, 신고법이 같다. 단, 내국인 구인노력기간(7~14일) 이후 3개월 이내에 신청해야 하고 한번 발급된 특례고용가능확인서의 유효기간은 3년이다.

특례고용확인서를 발급받은 사용자는 고용센터 구직명부에 등록된 사람 중에서 채용해야 하고 외국인근로자가 근로를 시작하면 근로개시신고를 해야 한다. 아래의 서류를 작성하여 팩스, 방문, 온라인(www.eps.go.kr) 으로 접수한다.

필요서류

◦ 특례고용 외국인근로자(외국국적동포) 근로개시 신고서
  - 〈주된사업장(사업주)〉란에 반드시 본사의 고용보험사업장 관리번호를 적는다.
  - 〈특례자 고용사업장〉에 정보를 기입한다. 고용보험사업장 관리번호는 건설현장의 경우에는 현장 개시신고한 관리번호를 적는다.
  - 〈신고대상 특례자 인적사항〉에 고용한 H-2 근로자의 인적사항을 적는다.

◦ (고용한 근로자의) 표준근로계약서 사본

◦ (고용한 근로자의) 외국인등록증 사본

◦ (고용한 근로자의) 여권 사본

❖ 건설달인의 TIP

근로개시신고는 근로개시 후 14일 이내로 해야 하고 미 신고시에는 500만원 이하의 과태료가 있다. 그러므로 많은 수의 H-2 체류자격(특례외국인)을 사용한다면 온라인으로 근로개시신고를 접수하는 것이 매우 편리하다.

♣ 특례(외국국적동포) 고용가능확인서 발급 신청서 (별첨 4-2)

♣ 특례고용 외국인근로자(외국국적동포) 근로개시 신고서 (별첨 4-3)

(3) 건설업 취업등록제

건설업에 H-2 체류자격의 외국인근로자로 근로하려면 8시간의 건설업 취업교육을 이수해야한다. 이를 이수하면 '건설업 취업 인정증'이 근로자에게 발급되는데, 건설사업장에서 H-2 외국인근로자를 고용할 때에는 반드시 해당 인정증 소지자인지를 확인해야 한다.

❖ 건설달인의 TIP

'건설업 취업 인정증'과 '건설업 기초안전보건교육 이수증'은 서로 다른 것이므로 H-2 근로자를 채용할 때 이를 혼동하지 않도록 주의해야 한다.

〈건설업 취업 인정증〉

특례외국인근로자 건설업 취업인정증

사진

성 명 :
국 적 :
외국인등록번호 :
입국일 : 체류자격 :
증명서 번호 :
증명서 유효기간 :

본 증명서를 소지한 특례외국인근로자(H-2 비자 소지자)는 특례고용가능확인서를 발급받은 건설현장에 취업할 수 있음을 증명합니다.

○○지방고용노동청 ○○지청장

〈건설업 기초안전보건교육 이수증〉

건설업 기초안전보건교육이수증
(Certificate of Basic OSH Training in Construction)

사진

이 름 :
생년월일 :
등록번호 :
이수일자 :

20 . . .
주식회사 ○○안전교육원장
02-123-4567

Ⅲ 외국인근로자 채용 후 퇴직

1. 비전문취업(E-9)

(1) 고용허가기간 연장

외국인고용허가기간 만료 60일전부터 만료일까지 외국인근로자의 취업기간 범위내에서 당사자 합의에 따라 기간을 설정하여 연장할 수 있다. 아래의 서류를 작성하여 팩스, 방문, 온라인(www.eps.go.kr) 으로 접수한다.

필요서류

◦ 외국인근로자 고용허가기간 연장신청서
 - 〈주된사업장(사업주)〉에 반드시 본사의 고용보험 사업장 관리번호를 적는다.
 - 〈고용허가기간연장사업장〉에 고용보험 사업장 관리번호를 건설현장의 경우 개시신고한 관리번호를 적는다.
 - 〈외국인 근로자 인적사항〉에 연장하고자 하는 외국인 근로자의 인적사항을 적는다.

나. 첨부서류
◦ 갱신된 근로계약서 사본
◦ 외국인등록증 사본(연장기간이 반드시 체류기간 내에 있어야 함)
◦ 여권 사본(연장기간이 여권만료일 내에 있어야 함)

(2) 체류기간(취업활동기간)만료 후 외국인근로자 재고용

E-9의 체류기간은 기본적으로 3년으로 이 기간이 만료된 외국인 근로자를 재고용하고자 하면 최대 1년 10개월 내에서 재고용허가를 신청할 수 있다. 사용자는 내국인 구인노력을 제외한 모든 고용허가 요건이 갖춰져야 하며 외국인근로자의 체류자격 만료일 1개월 전부터 7일전까지 사용자가 직접 신청해야 한다. 아래의 서류를 작성하여 팩스, 방문, 온라인(www.eps.go.kr) 으로 접수한다.

필요서류

- 취업기간 만료자 취업활동 기간 연장신청서
  - 〈사실관계 기재란〉에 해당하는 내용을 모두 체크한다. 하나라도 충족되지 않으면 신고할 수 없다.
  - 〈취업기간 만료 외국인 근로자 인적사항〉에 연장신청하고자 하는 외국인 근로자의 인적사항을 적는다.
- 외국인등록증 사본
- 여권 사본(연장기간이 여권만료일 내에 있어야 함)
- 표준근로계약서 사본(갱신 포함)

(3) 외국인근로자의 사업장 변경

외국인고용법 제25조(사업 또는 사업장 변경의 허용) ①외국인근로자(제12조제1항에 따른 외국인근로자는 제외한다)는 다음 각 호의 어느 하나에 해당하는 사유가 발생한 경우에는 고용노동부령으로 정하는 바에 따라 직업안정기관의 장에게 다른 사업 또는 사업장으로의 변경을 신청할 수 있다.

1. 사용자가 정당한 사유로 근로계약기간 중 근로계약을 해지하려고 하거나 근로계약이 만료된 후 갱신을 거절하려는 경우
2. 휴업, 폐업, 제19조제1항에 따른 고용허가의 취소, 제20조제1항에 따른 고용의 제한, 제22조의2를 위반한 기숙사의 제공, 사용자의 근로조건 위반 또는 부당한 처우 등 외국인근로자의 책임이 아닌 사유로 인하여 사회통념상 그 사업 또는 사업장에서 근로를 계속할 수 없게 되었다고 인정하여 고용노동부장관이 고시한 경우
3. 그 밖에 대통령령으로 정하는 사유가 발생한 경우

②사용자가 제1항에 따라 사업 또는 사업장 변경 신청을 한 후 재취업하려는 외국인근로자를 고용할 경우 그 절차 및 방법에 관하여는 제6조 · 제8조 및 제9조를 준용한다.

③제1항에 따른 다른 사업 또는 사업장으로의 변경을 신청한 날부터 3개월 이내에 「출입국관리법」 제21조에 따른 근무처 변경허가를 받지 못하거나 사용자와 근로계약이 종료된 날부터 1개월 이내에 다른 사업 또는 사업장으로의 변경을 신청하지 아니한 외국인근로자는 출국하여야 한다. 다만, 업무상 재해, 질병, 임신, 출산 등의 사유로 근무처 변경허가를 받을 수 없거나 근무처 변경신청을 할 수 없는 경우에는 그 사유가 없어진 날부터 각각 그 기간을 계산한다.

④제1항에 따른 외국인근로자의 사업 또는 사업장 변경은 제18조에 따른 기간 중에는 원칙적으로 3회를 초과할 수 없으며, 제18조의2제1항에 따라 연장된 기간 중에는 2회를 초과할 수 없다. 다만, 제1항제2호의 사유로 사업 또는 사업장을 변경한 경우는 포함하지 아니한다.

E-9 체류 자격은 고용된 사업장에서 근로하는 것을 원칙으로 입국 및 취업이 허락되었기 때문에 입국시에 근로계약을 체결한 사업장에서 근로를 지속하는 것이 원칙이다. 그러나 법에서 정한 사유로 해당 사업장에서 근로관계를 지속하기 곤란한 때에는 사업장 변경이 가능하다. 해당 신고는 외국인 근로자가 직접 신고하는 것이고, 사용자는 '외국인근로자 고용변동 등 신고서'를 작성해야 한다.

(4) 고용변동 신고

외국인고용법 제17조(외국인근로자의 고용관리) ①사용자는 외국인근로자와의 근로계약을 해지하거나 그 밖에 고용과 관련된 중요 사항을 변경하는 등 대통령령으로 정하는 사유가 발생하였을 때에는 고용노동부령으로 정하는 바에 따라 직업안정기관의 장에게 신고하여야 한다.
②사용자가 제1항에 따른 신고를 한 경우 그 신고사실이 「출입국관리법」 제19조제1항 각 호에 따른 신고사유에 해당하는 때에는 같은 항에 따른 신고를 한 것으로 본다.

외국인고용법 시행령 제23조(외국인근로자의 고용관리) ①법 제17조제1항에서 "외국인근로자와의 근로계약을 해지하거나 그 밖에 고용과 관련된 중요 사항을 변경하는 등 대통령령으로 정하는 사유"란 다음 각 호의 어느 하나에 해당하는 경우를 말한다.

1. 외국인근로자가 사망한 경우
2. 외국인근로자가 부상 등으로 해당 사업에서 계속 근무하는 것이 부적합한 경우
3. 외국인근로자가 사용자의 승인을 받는 등 정당한 절차 없이 5일 이상 결근하거나 그 소재를 알 수 없는 경우
5. 외국인근로자와의 근로계약을 해지하는 경우
8. 사용자 또는 근무처의 명칭이 변경된 경우
9. 사용자의 변경 없이 근무 장소를 변경한 경우

근로계약 중도 해지, 근로계약 만료, 이탈, 사망, 출국 등 외국인근로자의 고용과 관련한 각종 변동사항이 발생할 경우 이를 안 날부터 15일 이내에 신고해야 한다. 같은 내용을 법무부 출입국관리사무소에도 같은 기간 내에 신고해야 하며, 사용자 또는 근무처 명칭, 사용자의 변경, 근무 장소 변경(전보 등)을 한 경우도 고용센터에 신고해야 한다. 이를 어기면 500만원 이하의 과태료 처분을 받는다. 아래의 서류를 작성하여 팩스, 방문, 온라인(www.eps.go.kr)으로 접수한다.

필요서류

◦ 외국인근로자 고용변동 등 신고서
  - 〈외국인 고용 사업장〉에 고용보험사업장 관리번호는 반드시 본사의 고용보험사업장 관리번호를 적는다.
  - 〈신고대상 외국인의 인적사항 및 신고사항〉에 변동내역 대상자와 내용을 기입한다.

◦ 사업장 변경 사유 확인서
  - 외국인근로자와 고용관계를 종료 또는 고용변동 신청을 하는 경우에 작성하며, 해당하는 사유에 체크한다.

❖ 건설달인의 TIP

온라인으로 신고하면 법무부 출입국관리사무소에 동시에 신고할 수 있어 훨씬 편리하다.

2. 방문취업(H-2) 근로자

(1) 고용변동신고와 사업장 변경

E-9과 달리 H-2는 특례이기 때문에 사업장 변경의 횟수나 사유에 제한이 없고 자유롭다. 그러므로 따로 사업장 변경 신고서를 외국인근로자가 작성할 필요가 없고 마찬가지로 사용주도 사업장 변경 사유 확인서를 작성할 필요가 없다.

H-2의 체류기간은 E-9과 마찬가지로 3년으로, 사용주가 재고용을 원하는 경우에는 마찬가지로 취업활동기간 연장 신청을 하며 그 방법은 E-9과 같다. 기타 고용변동신고 또한 E-9과 같다.

❖ 건설달인의 TIP

H-2의 경우에는 근로개시신고를 기한 내에 정확하게 신고해야 하는 것이 주요 차이점이라는 것을 꼭 알아두어야 한다.

♣ 외국인근로자 고용허가기간 연장신청서 (별첨 4-4)

♣ 취업기간 만료자 취업활동 기간 연장신청서 (별첨 4-5)

♣ 외국인근로자 고용변동 등 신고서 (별첨 4-6)

♣ 사업장변경 사유 확인서 (별첨 4-7)

Ⅳ 사용자 주의사항

1. 불법체류자 고용금지

외국인고용법 제20조(외국인근로자 고용의 제한) ①직업안정기관의 장은 다음 각 호의 어느 하나에 해당하는 사용자에 대하여 그 사실이 발생한 날부터 3년간 외국인근로자의 고용을 제한할 수 있다.
1. 제8조제4항에 따른 고용허가 또는 제12조제3항에 따른 특례고용가능확인을 받지 아니하고 외국인근로자를 고용한 자
2. 제19조제1항에 따라 외국인근로자의 고용허가나 특례고용가능확인이 취소된 자
3. 이 법 또는 「출입국관리법」을 위반하여 처벌을 받은 자
4. 그 밖에 대통령령으로 정하는 사유에 해당하는 자

②고용노동부장관은 제1항에 따라 외국인근로자의 고용을 제한하는 경우에는 그 사용자에게 고용노동부령으로 정하는 바에 따라 알려야 한다.

외국인고용법에 따라 불법체류 외국인은 고용이 금지되며, 적발시에는 적발일로부터 3년간 외국인 고용이 제한되고 출입국관리법에 따라 3년 이하의 징역 또는 2천만원 이하의 벌금에 처해진다.

2. 외국인고용사업장 지도점검

외국인고용법 시행령 제23조(외국인근로자의 고용관리) ②법 제17조제2항에 따라 고용노동부장관은 매년 1회 이상 외국인근로자를 고용하고 있는 사업 또는 사업장에 대한 지도·점검계획을 수립하고, 그 계획에 따라 선정된 사업 또는 사업장에 대하여 외국인근로자의 근로조건, 산업안전보건조치 등의 이행실태, 그 밖에 관계 법령의 준수 여부 등을 파악하기 위한 지도·점검을 하여야 한다.

③고용노동부장관은 제2항에 따른 지도·점검을 실시한 결과 「근로기준법」·「출입국관리법」 등 관계 법령을 위반한 사실을 발견한 경우에는 관계 법령에 따라 필요한 조치를 하여야 한다. 다만, 소관 사항이 아닌 경우에는 소관 행정기관에 통지하여야 한다.

노동청 근로개선지도과와 고용센터는 상,하반기 두차례에 걸쳐 외국인근로자를 고용하고 있거나 불법고용 가능성이 있는 사업장을 대상으로 지도점검을 실시한다. 공문으로 사전에 통지하나 불법고용이 의심되는 경우에는 사전통지 없이 불시 점검 실시하는데, 이때 점검결과 위반 사항이 확인되면 출입국법 위반사실은 법무부에 통보되며 기타 고용관련 위반 사항은 노동관계법령에 따른다.

3. 외국인근로자 4대 사회보험 및 퇴직공제 신고

외국인근로자도 모두 내국인과 동등하게 4대보험을 가입하는 것을 원칙으로 한다. 그러나 보험별로 다음과 같이 약간의 상이한 점이 있다.

<table>
<tr><th>보험 종류</th><th>내용</th></tr>
<tr><td>건강보험</td><td>체류 자격에 상관없이 가입 조건에 따라 의무(당연)가입</td></tr>
<tr><td>국민연금</td><td>건설업에 취업이 가능한 외국인 체류자격의 경우에는 모두 의무(당연)가입
그러나 송출국(본국)의 법이 국민연금에 상응하는 연금보험 제도가 운용되지 않는 경우에는 국민연금의 가입대상에서 제외된다.
<table>
<tr><th>사업장가입 및 지역가입
당연적용(73개국)</th><th>사업장가입은 당연적용
지역가입은 적용제외(36개국)</th><th>사업장가입 및 지역가입
모두 적용제외(22개국)</th></tr>
<tr><td>중국, 필리핀,
우즈베키스탄 외</td><td>키르기즈공화국, 몽골,
스리랑카, 인도네시아, 태국,
라오스 외</td><td>베트남, 캄보디아, 파키스탄,
방글라데시, 네팔, 미얀마,
동티모르 외</td></tr>
</table>
체류자격이 외교(A-1), 공무((A-2), 사증면제(B-1), 관광통과(B-2), 일시취재(C-1), 단기상용(C-3), 단기취업(C-4), 문화예술(D-1), 유학(D-2), 기술연수(D-3), 일반연수(D-4), 종교(D-6), 방문동거(F-1), 동반(F-3), 기타(G-1)인 자는 사업장가입자 적용제외 대상이 된다.</td></tr>
<tr><td>고용보험</td><td>건설업에 취업이 가능한 외국인 체류 자격 중에 F-2, F-5, F-6은 의무(당연)가입 대상.
E-9, H-2는 임의가입 대상으로 근로자가 신청을 원하는 경우에 가입</td></tr>
<tr><td>산재보험</td><td>체류 자격에 상관없이 모두 의무가입 대상</td></tr>
<tr><td>퇴직공제</td><td>근로계약기간 1년 미만의 일용·임시직 건설근로자면 국적(체류 자격)에 관련 없이 가입.
단 E-9과 H-2는 1년 이상 기간을 정하여 근로계약을 체결하고 계속 근로하는 경우가 많은데 이럴 경우에는 가입 제외</td></tr>
</table>

❖ 건설달인의 TIP

국민연금의 경우에는 매번 국적을 확인하기 불편하므로 일단 가입신고를 넣고 처리내역을 통해 확인하는 것이 편리하다.
퇴직공제는 상용직이 아닌 근로자가 1년 미만 근로하는 경우에 가입한다는 점이 핵심포인트이다. 그러므로 체류 자격보다는 이 점을 중점으로 가입 업무를 진행하는 것이 좋다.

V 외국인근로자 전용보험

외국인근로자 전용보험은 4대 사회보험과는 다른 외국인근로자 전용이며, 보통 취업 교육 및 외국인근로자 인수 전에 외국인근로자 및 사용자가 각각 가입하게 된다.

1. 출국만기보험 (사용자 가입)

외국인근로자의 퇴직금을 확보하기 위한 보험이다. 근로계약 효력발생일로부터 15일 이내에 의무적으로 가입해야하며 이 보험에 가입하면 퇴직금제도를 설정한 것으로 간주된다.

건설업 사업장의 경우 외국국적 동포(H-2)를 고용하면 적용 제외된다.

취업교육기관(대한건설협회) 또는 보험사업자를 통해 가입하고, 납입보험료는 해당 외국인근로자의 월 통상임금의 8.3%이다.

외국인근로자가 출국만기보험금을 청구해서 보험사업자로부터 보험금 지급예상액이 통보되면 사용자는 반드시 해당 보험금과 법정퇴직금의 차액을 지급하고 퇴직소득세를 원천징수해야 한다.

2. 보증보험 (사용자 가입)

임금체불에 대비하여 가입하며 근로계약 효력발생일로부터 15일 이내에 의무적으로 가입해야 한다.

건설업 사업장의 경우 외국국적 동포(H-2)를 고용하면 적용 제외된다.

취업교육기관(대한건설협회) 또는 서울보증보험주식회사를 통해 가입하고 납입보험료는 1인당 연 15,000원[129]이다.

129) 2019년 기준

3. 귀국비용보험 (외국인근로자가입)

외국인근로자가 귀국경비를 확보할 수 있기 위하여 마련된 보험이며 고용허가제에 따라 취업하는 모든 외국인근로자가 근로계약 효력발생일로부터 90일 이내에 가입해야 한다.

납입보험료는 국적에 따라 다르며 40~60만원 사이이다.

4. 상해보험 (외국인근로자 가입)

외국인근로자가 업무상 재해 이외의 상해 또는 질병에 대응하기 위한 보험이다. 근로계약 효력발생일로부터 15일 이내에 가입해야 하며 고용허가제로 취업하는 모든 근로자가 가입 대상이다.

취업교육기관과 보험약정을 체결하고 보험료를 현금으로 납입해야하며 보험료는 성별과 연령에 따라 제각각이다.

VI 기타 건설업 취업 가능 체류자격

출입국관리법 시행령 제23조(외국인의 취업과 체류자격) ①법 제18조제1항에 따른 취업활동을 할 수 있는 체류자격은 별표 1 중 5. 단기취업(C-4), 별표 1의2 중 14. 교수(E-1)부터 22. 선원취업(E-10)까지 및 29. 방문취업(H-2) 체류자격으로 한다. 이 경우 "취업활동"은 해당 체류자격의 범위에 속하는 활동으로 한다.

②다음 각 호의 어느 하나에 해당하는 사람은 제1항에도 불구하고 별표 1 및 별표 1의2의 체류자격 구분에 따른 취업활동의 제한을 받지 아니한다.

1. 별표 1의2 중 24. 거주(F-2)의 가목부터 다목까지 및 자목부터 카목까지의 어느 하나에 해당하는 체류자격을 가지고 있는 사람
2. 별표 1의2 중 24. 거주(F-2)의 라목 · 바목 또는 사목의 체류자격을 가지고 있는 사람으로서 그의 종전 체류자격에 해당하는 분야에서 활동을 계속하고 있는 사람
3. 별표 1의2 중 27. 결혼이민(F-6)의 체류자격을 가지고 있는 사람

③별표 1의2 중 26. 재외동포(F-4) 체류자격을 가지고 있는 사람은 제1항에도 불구하고 다음 각 호의 어느 하나에 해당하는 경우를 제외하고는 별표 1 및 별표 1의2의 체류자격 구분에 따른 활동의 제한을 받지 아니한다. 다만, 허용되는 취업활동이라도 국내 법령에 따라 일정한 자격이 필요할 때에는 그 자격을 갖추어야 한다.

1. 단순노무행위를 하는 경우
2. 선량한 풍속이나 그 밖의 사회질서에 반하는 행위를 하는 경우
3. 그 밖에 공공의 이익이나 국내 취업질서 등을 유지하기 위하여 그 취업을 제한할 필요가 있다고 인정되는 경우

고용허가제를 통해 비전문 취업(E-9)과 방문취업(H-2) 체류자격의 외국인근로자를 채용하는 것 외에도 위 법령에 따라 전면 혹은 제한적으로 취업이 가능한 체류자격이 존재한다. 건설업 현장에서는 대표적으로 거주(F-2), 영주(F-5), 결혼이민(F-6), 재외동포(F-4), 유학(D-2), 기타(G-1)를 들 수 있다. 이 중에서 F-5는 영구적으로 국내에 체류가 가능한 자격으로 한 마디로 국내인과 동일하다. F-2와 F-6는 각각 1회당 5년과 3년이라는 기한이 있지만 취업과 채용에 있어서는 국내인과 동일한 조건을 가진다. 이 외에 나머지 체류 자격은 건설업에 취업 및 채용하기 위한 특수한 조건이 있다.

1. 재외동포(F-4)

재외동포(F-4) 체류 자격은 취업을 할 수 없는 경우가 정해져 있고 이를 제외하면 어떤 취업활동에도 제약이 없다. 다만, 허용되는 취업활동이라도 국내법령에 의하여 일정 자격 요건이 필요한 경우에는 당연히 그 자격을 갖추어야 한다.

건설업에서 재외동포(F-4) 체류자격 소지자는 '단순노무행위를 하는 경우'에는 취업 및 채용이 불가능하다. 즉, 건설일용근로자로 채용이 불가능한 것인데 이 점이 같은 동포 체류자격인 H-2와 차이를 보이는 지점이다. 반대로 기능공 혹은 특수공으로 국내 공인 국가기술자격증(기능사 이상) 취득자의 경우에는 해당 기술이 필요한 공종에 채용이 가능하다.

〈단순노무에 해당하는 세부직업[130]〉

구분	종류	상세설명
단순노무 종사자 (대분류 9)	1) 건설 단순 종사원 (91001)	건축 및 토목공사와 관련하여 육체적인 노동으로 단순하고 일상적인 업무에 종사하는 자를 말한다. [직업 예시] • 건물건축 운반인부 • 보석 단순노무원 • 해체작업 단순노무원 • 토목건설 단순노무원 • 수로정비 단순노무원 • 관정 단순노무자 • 댐건설 단순노무원 • 건물정비잡역부 [제외] • 전통건물 건축원(77241) • 조적공(77251) • 건물해체원(77293)

❖ 건설달인의 TIP

재외동포(F-4) 체류 자격을 채용하여 건설일용근로자와 같이 관리하면 아무리 단순노무행위를 하지 않았다고 하더라도 실무적인 모호함으로 인하여 단순노무행위를 하게 될 가능성이 높다. 실제로 건설현장으로 외국인근로자 지도점검이 나왔을 때 가장 쟁점이 되는 부분 중에 하나이기 때문에 채용시에 각별히 유의해야 한다.

130) 「재외동포(F-4) 자격의 취업활동 제한범위」, 법무부고시 제2018-70호

2. 유학(D-2)

유학(D-2) 체류 자격은 기본적으로 전문대학 이상의 교육기관 또는 학술연구기관에서 정규과정의 교육을 받거나 특정 연구를 하려는 사람이 받게 되는 자격으로 유학 온 외국인 유학생이 받는 자격이다.

유학(D-2)체류 자격 소지자가 방학기간을 맞이하거나 등의 이유로 시간제 취업(아르바이트)이 가능한데, 이런 경우에 관할 출입국관리사무소를 통하여 '건설업 시간제 취업확인'을 받으면 건설업종에 취업이 가능하다.

❖ 건설달인의 TIP

보통 대학교에 유학중인 D-2 체류 자격 소지자들이 시간제 취업을 하는 경우가 대부분이다. 이들은 출입국사무소를 통해 취업확인을 받기 전에 먼저 각 대학교에 유학생 담당 부서에서 '외국인 유학생 시간제 취업 확인서'를 받아야 한다. D-2 체류자격 특성상 입학이 허가된 학교에 정상적으로 학적이 부여되고 있는 상태여야 체류자격이 유지가 가능하고 학적은 교칙에 의거하기 때문에 학교별로 허가 기준이 상이하다. 그러므로 어떤 학교는 취업하는 업종에 제한을 두지 않지만 어느 학교는 건설업을 제한하는 경우가 있고 제조업은 대체로 전면 제한하고 있는 편이다.

3. 기타(G-1)

외교(A-1)부터 방문취업(H-2)에 이르는 모든 체류 자격에 해당하지 않지만 법무부 장관이 인정하는 사람의 경우에 얻게 되는 체류 자격이다. 이 중에서 난민신청자 등에 대한 체류자격의 취업활동 허가자들은 취업이 허용되는데 D-2와 비슷하게 출입국관리사무소에서 건설업 사업장 취업활동 허가를 받은 자에 한해서만 건설업종에 취업이 가능(예정자)하다.

난민신청자에 대한 정의

- 난민인정을 받지 못한 자 중 인도적 체류 허가자
- 난민인정의 신청 후 6개월이 경과한 자
- 난민인정 신청자 중 출입국관리사무소장이 필요하다고 인정하는 자

❖ 건설달인의 TIP

기타(G-1) 체류 자격인 자가 체류자격외 취업활동 허가를 받으면 '자격 외 활동허가인'을 대상자의 여권에 기입하게 되어 있다. 그러므로 해당 체류자격을 소지한 자를 채용하려면 최우선적으로 여권을 확인해서 해당 허가인이 기입되어 있는지 확인해야 하며, 그 허가가 건설업에 취업이 가능한 것인지 또한 반드시 확인해야 한다.

강반장의 질문

F-4, D-2. G-1의 4대보험 신고는 어떻게 해야 하나요?

해당 체류자격별로 4대 사회보험 신고는 다음과 같습니다.

체류자격	건강	연금	고용	산재
F-4	당연가입	당연가입 (단, 소지 국적의 국가가 연금 제도를 운용하는 경우)	임의가입	당연가입
D-2	당연가입	당연적용제외	적용제외	당연가입
G-1	당연가입	당연적용제외	적용제외	당연가입

* 퇴직공제부금은 1년 미만 근로시에는 모두 당연가입입니다.

제 4 장

별첨 서식자료

[별첨 4-1] 외국인근로자 고용허가 신청서(앞쪽)

외국인근로자 고용허가서 ([ ]발급[ ]재발급)신청서

※ [ ]에는 해당되는 곳에 √표를 합니다. (앞쪽)

접수번호	접수일	처리기간

주된 사업장 (사업주)	1-①고용보험사업장 관리번호	1-②사업자등록번호
	1-③사업장명	1-④대표자

사업장	2-①고용보험사업장 관리번호	2-②사업자등록번호 (주민등록번호)	
	2-③사업장명	2-④대표자	
	2-⑤소재지 □□□-□□□	2-⑥ 연락처	전화번호
			휴대전화번호
			팩스
			E-mail
	2-⑦업종	2-⑧사업내용	
	2-⑨상시 근로자 수 총 명 (내국인근로자: 명, 외국인근로자: 명)		
	2-⑩가입보험 [ ]고용 [ ]산재 [ ]건강 [ ]국민		

구분	항목	내용	
발급 요건	⑪내국인 구인노력	구인인원 명	
		구인직종 직종( ) 직무내용( ) *구체적으로 적을 것	
		구인기간 ( )일 (~)	
		고용센터 알 선 자 면접이력	면 접 일 시
			면접대상자
			채용하지 않은 사유
	⑫내국인 구인노력 외 발급요건 충족여부	[ ]외국인근로자 도입업종에 해당 [ ]내국인 구인신청일 2개월 전부터 고용허가서 발급일까지 내국인근로자를 고용조정으로 이직시키지 않았음 [ ]내국인 구인신청일 5개월 전부터 고용허가서 발급일까지 임금체불이 없음 [ ]고용보험 및 산업재해보상보험 가입 [ ]이미 고용한 외국인근로자에 대한 출국만기보험등 및 보증보험 가입	

구분	항목	내용	항목	내용
구인 사항	⑬모집 인원	명	⑭국 적	1) 2)
	⑮학 력	최저: 최고:	⑰자격면허	1)
	⑯전 공			2)
	⑱연 령	만 세 ~ 세		
	⑲한국어능력	[ ]상 [ ]중 [ ]하 [ ]관계없음		
	⑳모집 외국인 구분	[ ]신규입국자 [ ]사업장 변경자 [ ]재입국자([ ]지정알선 [ ]일반알선) [ ]관계없음		
	㉑기타(경력등)			

※ 고용허가서 발급신청인의 경우 뒤쪽의 '근로조건'을 적으십시오

210mm×297mm[백상지 80g/㎡]

[별첨 4-1] 외국인근로자 고용허가 신청서(뒤쪽)

〈 외국인근로자 구인 조건 〉

(뒤쪽)

<table>
<tr><td rowspan="12">근로
조건</td><td>㉒근로시간</td><td colspan="4">〈제조업, 건설업, 서비스업〉
시 분 ~ 시 분 (8시간 기준)
* 1일 평균 시간외 근로시간: 시간, 교대제([ ]2조2교대, [ ]3조3교대, [ ]4조3교대, [ ]기타)
〈농업 · 축산업〉
시 분 ~ 시 분, 월 ( )시간
* 농번기 (월 일~ 월 일) : 시 분 ~ 시 분, 월 ( )시간
〈어업〉
월 ( )시간</td></tr>
<tr><td>㉓근로계약 기간</td><td colspan="4">신규(또는 재)입국자: ( )개월, 사업장 변경자: 년 월 일 ~ 년 월 일
* 신규(또는 재)입국자의 근로계약기간은 입국일부터 기산함</td></tr>
<tr><td>㉔휴일 및 휴게시간</td><td colspan="4">휴일: [ ]일요일 [ ]공휴일([ ]유급 [ ]무급) [ ]매주 토요일 [ ]격주 토요일 [ ]기타( )
* 농업 · 축산업 농번기(월 일~ 월 일):
[ ]일요일 [ ]공휴일([ ]유급 [ ]무급) [ ]매주 토요일 [ ]격주 토요일 [ ]기타( )
휴게시간: 1일 (분)
* 농업 · 축산업: 근로시간 중 식사시간을 포함하여 1일 ( )시간 ( )분을 휴게시간으로 함</td></tr>
<tr><td rowspan="5">㉕임금 및 지급방법</td><td>기본급</td><td colspan="3">월(시간, 일, 주)급: ( )원
* 농업 · 축산업 농번기(월 일~ 월 일): 원</td></tr>
<tr><td>고정적 수당</td><td>(수당: 원),
(수당: 원)</td><td>상여금</td><td>(원)</td></tr>
<tr><td>수습기간 중 임금</td><td colspan="3">월(시간, 일, 주)급: ( )원,
(수습기간: [ ]1개월, [ ]2개월, [ ]3개월)</td></tr>
<tr><td>월 통상임금</td><td colspan="3">( )만원 (시간외 수당 등 제외)
* 매월 정기적으로 지급하는 기본급 및 고정적인 수당</td></tr>
<tr><td>지급방법</td><td>[ ]직접 지불, [ ]통장 입금</td><td>지급일</td><td>매월 일</td></tr>
<tr><td rowspan="2">㉖숙식 제공 여부</td><td colspan="2">숙박</td><td colspan="2">식사</td></tr>
<tr><td colspan="2">숙박시설 제공 여부: [ ]제공, [ ]미제공
* 제공 시, 숙박시설 유형([ ]아파트, [ ]단독주택, [ ]연립 · 다세대주택, [ ]아파트 또는 주택에 준하는 시설, [ ]그 밖의 임시 주거시설)
숙박비용 근로자 부담 여부: [ ]부담(부담금액: 원), [ ]미부담</td><td colspan="2">식사 제공 여부: 제공([ ]조식, [ ]중식, [ ]석식), [ ]미제공
식사비용 근로자 부담:
[ ]부담(부담금액: 원), [ ]미부담</td></tr>
<tr><td>㉗기타</td><td colspan="4"></td></tr>
</table>

「외국인근로자의 고용 등에 관한 법률」 제8조제1항 및 같은 법 시행규칙 제5조제1항(같은 법 시행령 제14조제2항 및 같은 법 시행규칙 제6조)에 따라 위와 같이 고용허가서의 발급(재발급)을 신청합니다.

년 월 일

신청인 (서명 또는 인)

OO지방고용노동청(OO지청)장 귀하

첨부서류	1. 외국인근로자 고용허가서 원본(외국인근로자 고용허가서 재발급 신청의 경우에만 제출함) 2. 외국인근로자의 도입 업종 및 외국인근로자를 고용할 수 있는 사업 또는 사업장에 해당함을 증명할 수 있는 서류(외국인근로자 고용허가서 재발급 신청의 경우 고용허가서 발급 시와 사업 또는 사업장의 업종 및 규모가 다른 경우에만 제출함)	수수료 없 음

유 의 사 항

1. 신청서 제출 후 내국인근로자 채용 또는 사정변경 등으로 신청내용을 취소하거나 변경하려는 경우에는 즉시 신청기관으로 통지하기 바랍니다.
2. 거짓이나 그 밖의 부정한 방법으로 고용허가서를 발급받아 외국인근로자를 고용하는 경우 「외국인근로자의 고용 등에 관한 법률」 제19조제1항제1호에 따라 외국인근로자 고용허가가 취소될 수 있으며, 같은 법 제20조제1항제2호에 따라 3년간 외국인근로자의 고용이 제한될 수 있습니다.
3. 모집직종이 2개 이상일 때에는 직종별로 고용허가서 발급신청서를 따로 작성하여야 합니다.

작 성 방 법

1-①~1-④는 사업장이 1 개인 경우에는 적지 않아도 됩니다.
⑪의 직종 및 직무내용은 내국인 구인노력 시 구인 조건의 내용을 적되, 외국인 구인조건 및 표준근로계약서에 동일하게 표기되므로 최대한 자세하게 적기 바랍니다.
⑪~⑫ 고용허가서 재발급 신청 시에는 적지 않아도 됩니다.
⑮~⑰ 직무수행상 필요한 사항을 적되, 특별한 요건이 필요 없는 경우에는 '관계없음"으로 적습니다.
㉒~㉗ 표준근로계약서상의 근로조건을 적습니다.

[별첨 4-2] 특례(외국국적동포) 고용가능확인서 발급 신청서(앞쪽)

■ 외국인근로자의 고용 등에 관한 법률 시행규칙 [별지 제10호서식]

EPS시스템(www.eps.go.kr)에서도 신청할 수 있습니다

특례(외국국적동포) 고용가능확인서([ ]발급 [ ]변경)신청서

※ 뒤쪽의 유의사항 및 작성방법을 읽고 작성하여 주시기 바라며, [ ]에는 해당되는 곳에 √표를 합니다. (앞쪽)

접수번호	접수일	처리기간 7일

주된 사업장 (사업주)	①고용보험사업장 관리번호	②사업자등록번호
	③사업장명	④대표자

사업장 개요	고용보험사업장 관리번호		⑤사업자등록번호(주민등록번호)	
	⑥사업장명		⑦대표자	
	소재지 □□□-□□□		연락처	전화번호
				휴대전화번호
				팩스
				전자우편
	⑧업종		사업내용	
	상시 근로자 수 총 명		내국인근로자 / 외국인근로자 명 / 명	
	가입 보험	[ ]고용 [ ]산재	[ ]건강 [ ]국민	

신청 내용 (최초 신청시)	내국인 구인노력	구인 인원	명
		구인 직종	직종( ) 직무내용( ) ※구체적으로 적을 것
		구인 기간	( )일 (~)
		고용센터 알선자 면접이력	면접 일시
			면접 대상자
			채용하지 않은 사유
	내국인 구인노력 외 발급요건 충족 여부	[ ]외국인근로자 도입 업종에 해당 [ ]내국인 구인신청일 2개월 전부터 고용허가서 발급일까지 내국인근로자를 고용조정으로 이직시키지 않았음 [ ]내국인 구인신청일 5개월 전부터 고용허가서 발급일까지 임금체불이 없음 [ ]고용보험 및 산업재해보상보험 가입 [ ]이미 고용한 외국인근로자에 대한 출국만기보험등 및 보증보험 가입	

구인 사항	모집 인원	명	국적	1) 2)
	학력	최저: 최고:	자격면허	1)
	전공			2)
	연령	만 세 ~ 세	한국어 능력	[ ]상 [ ]중 [ ]하 [ ]관계없음
	기타 (경력 등)			

210mm×297mm[백상지 80g/㎡(재활용품)]

[별첨 4-2] 특례(외국국적동포) 고용가능확인서 발급 신청서(뒤쪽)

(뒤쪽)

외국인근로자 구인 조건

<table>
<tr><td rowspan="14">근로 조건</td><td>근무 시간</td><td colspan="3">〈제조업, 건설업, 서비스업〉
시 분 ~ 시 분 (8시간 기준)
※ 교대제([ ]2조2교대, [ ]3조3교대, [ ]4조3교대, [ ]기타)

〈농업, 축산업, 어업〉
월 ( )시간</td><td>1일 평균 시간외근로 시간</td><td>시간</td></tr>
<tr><td>근로 계약 기간</td><td colspan="5">( ) 개월</td></tr>
<tr><td>휴일 및 휴게시간</td><td colspan="5">[ ]일요일 [ ]공휴일 [ ]매주 토요일 [ ]격주 토요일 기타( )
휴게시간: 1일 (분)</td></tr>
<tr><td rowspan="5">임금 및 지급 방법</td><td>기본급</td><td colspan="4">월(시간, 일, 주)급: ( )원</td></tr>
<tr><td>수습기간 중 임금</td><td colspan="4">월(시간, 일, 주)급: ( )원(수습기간: [ ]1개월, [ ]2개월, [ ]3개월)</td></tr>
<tr><td>고정적 수당</td><td colspan="4">(수당 : 원), (수당 : 원)</td></tr>
<tr><td>월 통상임금</td><td colspan="4">( )만원 (시간외 수당 등 제외)
※ 매월 정기적으로 지급하는 기본급 및 고정적인 수당</td></tr>
<tr><td>지급방법</td><td colspan="2">[ ]직접 지불 [ ]통장 입금</td><td>지급일</td><td>매월 일</td></tr>
<tr><td rowspan="2">숙식 제공 여부</td><td colspan="2">숙박</td><td colspan="3">식사</td></tr>
<tr><td colspan="2">숙박시설 제공 여부: [ ]제공 [ ]미제공
숙박비용 근로자 부담: [ ]부담 [ ]미부담</td><td colspan="3">식사 제공여부: [ ]제공([ ]조식 [ ]중식 [ ]석식), [ ]미제공
식사비용 근로자 부담: [ ]부담 [ ]미부담</td></tr>
<tr><td>기 타</td><td colspan="5"></td></tr>
</table>

「외국인근로자의 고용 등에 관한 법률」 제12조제3항 및 같은 법 시행규칙 제12조의2제1항(같은 법 시행령 제20조의2제1항 및 같은 법 시행규칙 제13조제2항)에 따라 위와 같이 특례고용가능확인서의 발급(변경)을 신청합니다.

년 월 일

신청인 (서명 또는 인)

○○지방고용노동청(○○지청)장 귀하

첨부 서류	1. 외국인근로자를 고용할 수 있는 사업 또는 사업장에 해당함을 증명할 수 있는 서류 2. 외국인근로자 특례고용가능확인서 원본(특례고용가능확인서 변경 신청의 경우에만 제출합니다) 3. 고용할 수 있는 외국인근로자 수, 사업 또는 사업장의 업종·규모 등을 변경할 필요가 있음을 증명하는 서류(특례고용가능확인서 변경 신청의 경우에만 제출합니다)	수수료 없 음

[별첨 4-3] 특례고용 외국인근로자(외국국적동포) 근로개시 신고서

■ 외국인근로자의 고용 등에 관한 법률 시행규칙 [별지 제11호서식]

EPS시스템(www.eps.go.kr)에서도 이용할 수 있습니다

특례고용 외국인근로자(외국국적동포) 근로개시 신고서

※ 뒤쪽의 유의사항을 읽고 작성하여 주시기 바랍니다. (앞쪽)

접수번호	접수일	처리기간

주된 사업장 (사업주)	고용보험사업장 관리번호	사업자등록번호
	사업장명	대표자

특례자 고용 사업장	고용보험사업장 관리번호	①사업자등록번호(주민등록번호)	
	②사업장명	③대표자	
	소재지 □□□-□□□	연락처	전화번호
			휴대전화번호
			팩스번호
			전자우편
	업종	사업내용	
	상시 근로자 수 총 명 (내국인근로자: 명, 외국인근로자: 명)		

신고대상 특례자 인적사항	일련번호	(1)	(2)	(3)
	성명(영어)			
	국적			
	외국인등록번호			
	여권번호			
	입국일			
	체류기간			
	근로계약기간			

「외국인근로자의 고용 등에 관한 법률」 제12조제4항 및 같은 법 시행규칙 제12조의3에 따라 위와 같이 특례고용외국인근로자 근로개시 신고서를 제출합니다.

년 월 일

신고인 (서명 또는 인)

○○지방고용노동청(○○지청)장 귀하

첨부서류	1. 표준근로계약서 사본, 2. 외국인등록증 사본, 3. 여권 사본	수수료 없 음

210mm×297mm[백상지 80g/㎡(재활용품)]

[별첨 4-4] 외국인근로자 고용허가기간 연장신청서

외국인근로자 고용허가기간 연장신청서

※ 뒤쪽의 작성방법을 읽고 작성하시기 바라며, [ ]에는 해당되는 곳에 √표를 합니다. (앞쪽)

고용허가서 발급번호	고용허가기간	처리기간 7일

주된 사업장 (사업주)	고용보험사업장 관리번호	사업자등록번호
	사업장명	대표자

구분	항목	연락처	항목
고용허가 기간연장 사업장	고용보험사업장 관리번호		사업자등록번호(주민등록번호)
	사업장명		대표자
	소재지 □□□-□□□	연락처	전화번호
			휴대전화번호
			전자우편
	업종		사업내용
	상시 근로자 수	총 명 (내국인근로자: 명, 외국인근로자(연수생 포함): 명)	
	가입 보험	[ ]고용 [ ]산재 [ ]건강 [ ]출국만기 [ ]보증	

외국인 근로자 인적사항	성명(영어)	국적
	한국 내 주소	한국 내 전화번호 (전자우편)
	입국일	외국인등록번호
	휴대전화번호	여권번호
	가입 보험 [ ]상해 [ ]귀국비용	

「외국인근로자의 고용 등에 관한 법률 시행령」 제17조제2항 및 같은 법 시행규칙 제9조제1항에 따라 위와 같이 외국인근로자 고용허가기간 연장을 신청합니다.

년 월 일

신청인 (서명 또는 인)

○○지방고용노동청(○○지청)장 귀하

구분	내용	수수료
신청인 제출서류	1. 갱신된 근로계약서 사본, 2. 외국인등록증 사본, 3. 여권 사본	수수료
담당 공무원 확인사항	사업자등록증	없음

행정정보 공동이용 동의서

본인은 이 건 업무처리와 관련하여 담당 공무원이 「전자정부법」제36조제1항에 따른 행정정보의 공동이용을 통하여 위의 담당 공무원 확인 사항을 확인하는 것에 동의합니다. *동의하지 아니하는 경우에는 신청인이 직접 관련 서류를 제출하여야 합니다.

신청인 (서명 또는 인)

210mm×297mm[백상지 80g/㎡(재활용품)]

[별첨 4-5] 취업기간 만료자 취업활동 기간 연장신청서

취업기간 만료자 취업활동 기간 연장신청서

※ 뒤쪽의 유의사항 및 작성방법을 읽고 작성하여 주시기 바라며, [ ]에는 해당되는 곳에 √표를 합니다. (앞쪽)

접수번호	접수일	처리기간 7일

사업장명	전화번호
소재지	대표자
사업의 종류	사업자등록번호(주민등록번호)

사실관계 기재란	· [ ]외국인근로자 도입 업종에 해당 · [ ]취업기간 만료자 재취업활동 기간 연장 신청일 2개월 전부터 고용허가서 발급일까지 내국인근로자를 고용조정으로 이직시키지 않았음 · [ ]취업기간 만료자 재취업활동 기간 연장 신청일 5개월 전부터 고용허가서 발급일까지 임금체불이 없음 · [ ]고용보험 및 산업재해보상보험 가입 · [ ]이미 고용한 외국인근로자에 대한 출국만기보험등 및 보증보험 가입

취업기간 만료 외국인근로자 인적사항

일련번호	성명	①외국인 등록번호	국적	여권번호	②체류기간 만료일	외국인근로자 서명 또는 날인

※ 취업기간 만료 외국인근로자가 많은 경우에는 별지에 적을 수 있습니다.

우리 사업장에서는 위 취업기간 만료 외국인근로자가 「외국인근로자의 고용 등에 관한 법률」 제18조의2 및 같은 법 시행규칙 제14조의2에 따라 취업활동 기간을 연장할 수 있도록 신청합니다.

년 월 일

신청인 (서명 또는 인)

○○지방고용노동청(○○지청)장 귀하

신청인 제출서류	1. 외국인등록증 사본, 2. 여권 사본, 3. 표준근로계약서 사본	수수료 없 음
담당 공무원 확인사항	사업자등록증	

행정정보 공동이용 동의서

본인은 이 건 업무처리와 관련하여 담당 공무원이 「전자정부법」제36조제1항에 따른 행정정보의 공동이용을 통하여 위의 담당 공무원 확인 사항을 확인하는 것에 동의합니다. *동의하지 아니하는 경우에는 신청인이 직접 관련 서류를 제출하여야 합니다.

신청인 (서명 또는 인)

210mm×297mm[백상지 80g/㎡(재활용품)]

[별첨 4-6] 외국인근로자 고용변동 등 신고서

외국인근로자 고용변동 등 신고서

[ ]이탈 [ ]사망 [ ]근로계약 중도 해지 [ ] 기타(부상 등)

※ 뒤쪽의 유의사항 및 작성방법을 읽고 작성하여 주시기 바랍니다. (앞쪽)

접수번호	접수일	처리기간

외국인 고용 사업장	①고용보험사업장 관리번호	②사업자등록번호(주민등록번호)	
	③사업장명	④대표자	
	⑤소재지 □□□-□□□	⑥연락처	전화번호
			휴대전화번호
			팩스번호
			전자우편
	⑦업종	⑧사업내용	

신고대상 외국인의 인적사항 및 신고사항	일련번호	(1)	(2)	(3)
	⑨성명(영어)			
	⑩국적			
	⑪여권번호			
	⑫외국인등록번호			
	⑬체류자격			
	⑭체류기간			
	⑮사유 발생일			
	⑯발생 사유			

「외국인근로자의 고용 등에 관한 법률」 제17조제1항 및 같은 법 시행규칙 제14조에 따라 위와 같이 외국인근로자 고용변동 등 신고서를 제출합니다.

년 월 일

신고인 (서명 또는 인)

○○지방고용노동청(○○지청)장 귀하

210mm×297mm[백상지 80g/㎡(재활용품)]

[별첨 4-7] 사업장변경 사유 확인서

동 자료는 외국인근로자의 사업장 변경 허용횟수 산정 시 근거가 되므로 반드시 사실대로 기재하여 주시기 바랍니다.

사업장변경 사유 확인서

(사업주용)

본인의 사업장 ______________에서 고용하던 외국인근로자 ____________을 아래 표시한 사유로 인해 고용관계를 종료하고 고용변동(근무처 변경) 신청을 하였음을 확인합니다.

*** 해당 사유에 √ 표시(대분류, 세분류 각각 체크)**

<table>
<tr><th>대분류</th><th>-</th><th>세분류</th></tr>
<tr><td rowspan="5">□ 근로계약 해지, 계약만료</td><td rowspan="5">-</td><td>□ 계약기간 만료</td></tr>
<tr><td>□ 당사자간 자율 합의로 근로계약 해지</td></tr>
<tr><td>□ 근로자 태업으로 인한 근로계약 해지</td></tr>
<tr><td>□ 근로자 무단결근으로 인한 근로계약 해지</td></tr>
<tr><td>□ 기타 근로자 귀책으로 인한 근로계약 해지</td></tr>
<tr><td rowspan="10">□ 외국인근로자의 책임이 아닌 사유</td><td rowspan="5">□ 휴업/폐업</td><td>□ 장기간 휴업/휴직, 폐업/도산의 확정</td></tr>
<tr><td>□ 경영상 필요에 의한 해고, 권고사직</td></tr>
<tr><td>□ 공사종료, 사업완료 등</td></tr>
<tr><td>□ 임금 체불 또는 지급 지연</td></tr>
<tr><td>□ 입국 후 최초 사업장 배치 전 사용자 귀책 미인도</td></tr>
<tr><td rowspan="3">□ 사용자의 근로조건 위반 또는 부당한 처우</td><td>□ 근로조건 위반</td></tr>
<tr><td>□ 임금 체불 또는 지급 지연</td></tr>
<tr><td>□ 폭행, 상습적 폭언, 성희롱, 성폭행, 불합리한 차별 등</td></tr>
<tr><td rowspan="2">□ 고용허가의 취소 또는 고용의 제한</td><td>□ 사업장의 고용허가 취소</td></tr>
<tr><td>□ 사업장의 외국인 고용 제한</td></tr>
<tr><td rowspan="2">□ 상해 등</td><td rowspan="2">-</td><td>□ 상해 등</td></tr>
<tr><td>□ 종교적 문화의 특수성</td></tr>
</table>

위에 기재한 사항은 사실과 틀림이 없음을 확인합니다.

(동 확인서상 사유는 추후 수정할 수 없습니다)

________ 년 _____ 월 _____ 일

사업주 ______________ (서명 또는 인)

제 5 장

건설업 산업안전 및 재해보상 실무

I 산업안전보건법상 사업주와 근로자의 의무

1. 산업안전보건법

산업안전보건법 제1조(목적) 이 법은 산업안전·보건에 관한 기준을 확립하고 그 책임의 소재를 명확하게 하여 산업재해를 예방하고 쾌적한 작업환경을 조성함으로써 근로자의 안전과 보건을 유지·증진함을 목적으로 한다.

산업안전보건법(이하 '산안법'이라 한다)은 그 목적을 실현하기 위해 하부규정으로 시행령, 시행규칙, 산업안전보건에 관한 규칙, 유해위험작업의 취업제한에 관한 규칙, 고시, 예규, 훈령을 두어 구체적 기준을 정하고 있고 사업주 및 산업안전보건업무 행위자의 위반행위에 대하여 형사처벌, 과태료, 영업정지 등을 부과할 수 있도록 규정하고 있다.

산안법은 사업주의 안전보건의무와 근로자의 준수의무를 법률로 정하고 근로자의 생명과 건강을 보호하는 것을 목적으로 산업안전보건책임을 주로 사업주에게 묻고 있으며 행위자를 벌하는 이외에 사업주에 대하여도 양벌규정(산안법 제71조[131])을 적용하는 특징을 가지고 있다.

특히 건설업은 수차례의 하도급 뿐 아니라 건설기계, 제조물 납품·설치, 용역업무, 파견업무, 정규직, 기간제(PJT), 현장채용직, 내국인 뿐 아니라 외국인 근로자, 시공참여자가 혼재되어 작업을 하는 특수성으로 인해 산안법상의 행위자와 그 책임의 소재를 명확히 하기가 쉽지 않아 양벌규정을 적용하여 산안법의 목적을 달성할 실익이 큰 업종이라 할 수 있다.

131) 산안법 제71조의 양벌규정은 제66조의2, 제67조, 제67조의2 또는 제68조부터 제70조까지의 위반행위에 대하여 적용하며 다만, 법인 또는 개인이 그 위반행위를 방지하기 위하여 상당한 주의와 감독을 게을리하지 아니한 경우에는 그러하지 아니하다.

❖ 건설달인의 TIP

산안법은 형벌로 징역 및 벌금을, 보조적인 행정질서벌로 과태료를 부과하고 있다. 형벌은 사법경찰관(근로감독관)의 수사와 사건송치, 검사의 기소 법원의 재판을 거쳐 확정되지만 행정질서벌은 해당법령에 따라 고용노동부에서 직접 부과하여 징수하게 된다. 고용노동부는 근로감독관의 행정질서벌 즉 과태료의 공정한 부과를 위해 「노동부 과태료 부과.징수 매뉴얼」을 두고 있다.

2. 산안법과 타법과의 관계

(1) 근기법과 산안법과의 관계

1953년 근기법은 안전보건에 관한 사항을 근로조건의 하나로 규정하고 이를 근로감독에 의하여 규율하였다. 그러나 산업발달과 각종 유해위험 물질의 사용, 작업장시설의 안전관리 등을 효율적으로 감독하기 위한 필요성이 대두되면서 1961년 근로보건관리규칙, 1962년 근로안전보건규칙이 제정되었다. 이후 산안법은 1981년 독립법률로 세정되었고 수십 차례에 걸쳐 개정되어 오나 1990년 1월 13일 전면개정 이후 2019년 1월 1일까지 15차에 걸쳐 개정·시행되고 있다[132].

(2) 형법과 산안법과의 관계

1) 형법의 범죄요건과 산안법의 위반죄

산안법에 명시된 각종 의무나 금지사항을 위반한 경우에는 산안법에 따라 징역이나 벌금형에 처한다. 산안법의 위반죄와 달리 형법에 의한 범죄를 구성하는 경우 각각 형사처벌이 가능하다. 그러나 형법의 구성요건과 산안법의 범죄요건이 서로 다르고, 사안에 따라서는 산안법의 처벌이 형법에 의한 처벌기준 보다 가혹하다. 그런데 형법을 적용하여 처벌하는 것이 산안법을 적용하는 것보다 더 가벼운 징벌을 하게 된다면 자칫 가벼운 형사처벌을 주장하는 도피 문제가 발생할 수 있다. 따라서 이중처벌금지의 원칙에 위반되지 않는 한 특

132) 이상국, 산업안전보건법1, 대명출판사, 2018, p.15

별법우선의 원칙에 따라 징벌의 형량이 무거운 처벌기준을 적용 하더라도 부당할 수 없다.

건설현장에서 추락, 토사의 붕괴로 매몰, 협착, 건설기계와 충돌, 낙하물 사고, 전도로 인한 사망이나 부상사고시 산안법의 위반죄에 의한 처벌 이외에 형법 제268조의 업무상과실치사죄가 적용될 수 있다. 이는 하나의 사고로 인하여 각각의 법률에 의한 위반죄가 성립되어 경합법이 적용되나, 사망사고시 형법보다 산안법 제23조, 제24조의 형량이 무거우므로 산안법에 의해 처벌을 받는 것이 일반적이다.

2) 도급인 사업주에 대한 양벌규정 적용[133)]

① 법인 사업주에 대한 적용 방식

산업법의 1차적 의무 부담 주체는 사업주이고, 사업주에는 개인 사업주와 법인 사업주가 있다. 자연인인 개인사업주에 대해서는 산안법의 개별 의무 조항의 불이행에 따른 벌칙조항이 그대로 적용된다. 그러나 법인 사업주에 대해서는 산안법 제71조 양벌 규정을 통하여 벌칙조항이 적용된다. 법인은 범죄능력 및 형벌능력이 없다는 고전적인 형사책임이론을 입법화 한 것이다[134)]

아울러 양벌규정은 사업주를 처벌하는 조항이기도 하지만 사업주를 의무부담 주체로 하는 산안법의 각종 의무 조항을 그 사업주에 고용된 안전보건 담당자에게 적용하는 법적 근거가 되고 있다.[135)]

한편 산안법 제2조제3호는 사업주를 '근로자를 사용하여 사업을 하는 자'라고 정의하고, 같은 조 제2호는 근로자를 '근로기준법 제2조제1항제1호에 따른 근로자'라고 정의한다. 이에 따라 산안법상 사업주는 근로자를 직접 고용하여 사업을 하는 근기법상 사용자와 사실상 동일한 법적 지위에 있게 된다. 이는 다시 산안법상 각종 의무를 부담하는 주체를 근로자를 직

133) 전형배, 노동법포럼 제26호, 노동법이론실무학회, 2019, p.166 이하의 것을 옮김
134) 대법원 1984.10.10.선고 82도2595 판결
135) 대법원 1995.5.26.선고 95도230 판결

접 고용한 사업주로 제한되는 효과가 생기고 여기서 근로자를 직접 고용하지 않고 사업을 영위하는 도급인 사업주의 안전보건조치의무의 근거에 공백이 생긴다. 이 공백을 메꾸기 위하여 판례는 '실질적 고용관계'라는 이론을 적용하여 산안법 적용에 있어서 직접 고용관계의 범위를 일부 넓히고 있다. 대표적으로는 산안법 제29조와 같은 조항을 두고 있다.

② 법인인 도급인 사업주에 대한 적용 방식

산안법은 도급인 사업주에 대해서는 제29조 [도급사업 시의 안전·보건조치]라는 특별 입법을 통하여 규율한다. 즉, 제29조에 해당하는 경우에만 도급인 사업주가 수급인 사업주 소속 근로자에 대하여 안전보건조치의무를 부담한다는 것이다. 실무적으로 특히 문제가 많이 되는 것은 제29조 제1항, 제3항이다.

산안법 제29조 제1항은 다음과 같은 3가지 요건을 규정하고 있다.

- 같은 장소에서 행하여지는 사업일 것
- 도급인 사업주의 근로자와 수급인 사업주의 근로자가 공동(혼재)으로 작업할 것
- 수급인 사업주에 대한 도급의 유형이 일부도급 또는 전문분야 전부도급일 것

판례는 전문분야란 건산법 제2조 제6호에서 규정하고 있는 전문공사라고 이해하고 있는 듯하다.[136)]

여기에 보태어 제3항에서 규정하고 있는 것은 장소요건이다. 즉, 도급인 사업주가 수급인 사업주 소속 근로자에 대하여 구체적인 산업재해예방조치를 취하여 할 의무를 부담하는 장소는 고용노동부령으로 정하도록 규정하고, 시행규칙 제30조제4항은 해당 장소를 22개로 제한하고 있다. 형사처벌 규정을 적용하기 위해서는 도급인 사업주가 부담하는 안전보건조치의무의 내용이 특정되어 있어야 한다. 여기까지가 도급인 사업주가 처벌되는 구성요건이라고 할 수 있는데 실제로 형사처벌을 받기 위해서는 제71조 양벌규정이 정하는 추가 요건을 만족하여야 한다.

양벌규정에 따르면 법인의 사용인이 법인의 업무에 관하여 산안법의 일

136) 대법원 2016.1.14.선고 2015도903 판결

부 조항[137]에 해당하는 행위를 하면 그 행위자를 처벌하는 외에 그 법인에게도 해당 조문의 벌금형을 과한다고 규정하고 있다. 그러나 위 조문의 단서는 법인이 그 위반행위를 방지하기 위하여 해당 업무에 관하여 상당한 주의와 감독을 게을리하지 아니한 경우에는 그러하지 아니하다고 하여 업무관련성 요건과 주의·감독의무 불이행 요건을 규정하고 있다. 위 법문대로 사건을 규율하게 되면 도급인 사업주는 자신의 안전관리 담당자의 업무 이외의 행위에 대해서는 책임을 부담하지 아니하며 아울러 업무상 행위라도 위반행위에 대하여 상당한 주의와 감독을 게을리 하지 아니한 경우에도 면책을 받을 수 있다.[138]

③ 개정 산안법의 내용

현행 산안법 제29조제1항, 제3항이 사고 발생이 위험장소 22개에 해당할 것이라는 요건을 전제로 하기 있기 때문에 22개 이외의 장소에서 발생하는 위험요인의 난점을 해결하고자 2019년 1월 전면 개정된 산안법 제63조는 같이 규정하고 있다.

개정 산안법 제63조(도급인의 안전조치 및 보건조치)

도급인은 관계수급인 근로자가 도급인의 사업장에서 작업을 하는 경우에 자신의 근로자와 관계수급인 근로자의 산업재해를 예방하기 위하여 안전 및 보건 시설의 설치 등 필요한 안전조치 및 보건조치를 하여야 한다. 다만, 보호구 착용의 지시 등 관계수급인 근로자의 작업행동에 관한 직접적인 조치는 제외한다.

위 조항에서 쉽게 알 수 있는 것처럼, 개정 산안법의 도급인 안전보건조치의무는 공동(혼재)작업요건, 일부도급 요건 등을 모두 삭제하였으며, 아울러 그 적용대상의 장소적 범위도 도급인의 사업장으로 규정하면서 산안법 제10조 제2항에서 도급인의 사업장에 도급인이 제공하거나 지정한 경우로서 도급인이 지배, 관리하는 대통령령으로 정하는 장소를 포함도록 규정하여 그 적용범위도 확대하였다. 위 조항은 2019년 1월 15일 개정공포 되었으며 법 적용은 2020년 1월 16일부터 시행된다[139].

137) 산안법 제66조의 2
138) 산업안전보건법상 도급인 사업주 책임구조, 강원법학 제48권, 2016, p.13
139) 2020.1.16.시행이며 아직 시행령, 시행규칙이 나오지 않아 향후 구체적 기준은 시행령, 시행규칙을 참조하여야 한다.

3. 국내의 산업안전 관련 주요 법률[140]

분야	관련법률	소관부처	산하기관
종합	산업안전보건법	고용노동부	한국산업안전보건공단
기업규제	기업활동규제 완화에 관한 특별조치법	산업통상 자원본부	
건설	건설기술관리법, 건설기계관리법, 시설물의 안전관리에 관한 특별법	국토교통부	시설안전기술공단
가스	고압가스안전관리법, 액화석유가스의 안전관리 및 사업법, 도시가스사업법	산업통상 자원본부	한국가스안전공사
전기	전기사업법, 전기공사업법, 전력기술관리법	산업통상 자원본부	한국전기안전공사
에너지	에너지이용 합리화법, 집단에너지 사업법	산업통상 자원부	에너지관리공단
원자력	원자력안전법	교육과학 기술부	한국원자력안전기술원
광산	광산안전법	산업통상 자원부	
승강기	승강기 제조 및 관리에 관한 법률	산업통상 자원부	한국승강기안전관리원
유해물질	유해화학물질관리법	환경부	환경관리공단
해양	해상안전법, 선박안전법	해양수산부	사단법인 한국선급
국토교통	교통안전법, 철도안전법, 항공안전법, 수상레저안전법	국토교통부	교통안전공단
소방	소방기본법, 재난 및 안전관리기본법	행정안전부	한국소방검정공사 한국소방안전협회

4. 사업주와 근로자의 의무

(1) 사업주의 의무

산안법 제5조(사업주 등의 의무) ①사업주는 다음 각 호의 사항을 이행함으로써 근로자의 안전과 건강을 유지·증진시키는 한편, 국가의 산업재해 예방시책에 따라야 한다.

140) 이상국, 산업안전보건법1, 대명출판사, 2018, P.29~30

1. 이 법과 이 법에 따른 명령으로 정하는 산업재해 예방을 위한 기준을 지킬 것
2. 근로자의 신체적 피로와 정신적 스트레스 등을 줄일 수 있는 쾌적한 작업환경을 조성하고 근로조건을 개선할 것
3. 해당 사업장의 안전 · 보건에 관한 정보를 근로자에게 제공할 것

②다음 각 호의 어느 하나에 해당하는 자는 설계 · 제조 · 수입 또는 건설을 할 때 이 법과 이 법에 따른 명령으로 정하는 기준을 지켜야 하고, 그 물건을 사용함으로 인하여 발생하는 산업재해를 방지하기 위하여 필요한 조치를 하여야 한다.

1. 기계 · 기구와 그 밖의 설비를 설계 · 제조 또는 수입하는 자
2. 원재료 등을 제조 · 수입하는 자
3. 건설물을 설계 · 건설하는 자

산안법은 근로자의 안전보건을 유지·증진하는 것을 목적으로 하고 이를 달성하기 위해 필요한 사업주의 의무를 규정하고 있으며 법 위반 시 시정지시, 사용중지, 작업중지, 개선명령 등 행정조치와 과태료 부과 또는 벌금, 구속을 통해 입법목적을 달성하고 있다.

산안법상 '사업주'란 근로자를 사용하여 사업을 하는 자로 법인 기업인 경우 해당법인(법인 대표자가 아님)이며, 개인 기업인 경우 사업 경영주를 의미한다.

① 재해발생 보고의무

산안법은 사업주의 의무로 법령준수, 쾌적한 작업환경 조성, 안전과 보건에 관한 정보제공 뿐 아니라 산업재해가 발생하였을 때에는 고용노동부령으로 정하는 바에 따라 재해발생 원인 등을 기록·보존하여야 하며, 기록한 산업재해 중 고용노동부령으로 정하는 산업재해에 대하여는 그 발생 개요, 원인 및 보고시기, 재발방지 계획 등을 고용노동부에 보고하여야 한다.

◦ 중대재해 : 중대재해가 발생한 즉시 보고
◦ 일반재해 : 1개월 이내에 산업재해조사표 작성 및 제출. 단, 근로복지공단에 1월 내 요양 신청한 경우 면제

❖ 건설달인의 TIP

건설현장의 안전사고로 인한 산업재해발생보고의무(산업재해조사표 제출)는 그 재해근로자를 고용한 사업주에게 있다. 그러나 실무적으로 시공참여자 밑에서

근무한 근로자의 경우 시공참여자를 산업재해조사표 제출 의무자로 보지 않고 시공참여자와 물량, 단가계약을 체결한 하도급 업체인 전문건설 회사가 산업재해조사표 신고의무를 진다.
사망사고 시 그 신고의 급박성 및 긴급성(지체없이 신고하여야 함)으로 인해 전문건설이 아닌 원도급사에서 중대재해 발생신고를 하였다 하더라도 노동부에서는 그 신고를 받아주고 있으며 이로 인해 법상 신고 의무자인 전문건설 및 용역사업주에게 미신고 과태료 부과를 하지는 않는다.

재해가 발생한 사실을 알게 된 경우

산안법 제10조 및 시행규칙 제4조에 의하면, 사업주는 산업재해로 사망자가 발생하거나 3일 이상의 휴업이 필요한 부상을 입거나 질병에 걸린 사람이 발생한 경우 산업재해가 발생한 날부터 1개월 이내에 산업재해조사표를 작성하여 관할 지방고용노동관서의 장에게 제출하고 이 서류를 보존하여야 한다.

한편 산안법 시행령 별표13은 법 제10조 제2항을 위반하여 산업재해를 보고하지 않은 경우에 대하여 과태료 부과기준을 정하면서 사업장 외 교통사고 등 사업주의 법 위반을 직접적인 원인으로 발생한 산업재해가 아닌 것이 명백한 경우에는 그 적용을 제외하고 있다.

사업장 내에서의 사고가 아닌 출퇴근 재해나 질병, 직업병인 업무상 재해에 해당하는지 여부를 판단하기 어려운 경우가 많고 사업주의 산안법 위반을 직접적인 원인으로 발생한 업무상 사고에 해당하지 않으므로, 산업재해 해당 여부에 대해 명확하게 판단할 수 있는 시점인 근로지복지공단의 승인 결정을 받은 날로부터 1개월 이내 산업재해조사표를 제출하면 된다.

중대재해란 사망자가 발생한 재해, 3개월 이상 치료를 요하는 부상자가 동시에 2명 이상 발생하는 경우, 질병자가 동시에 10명 이상 발생하는 재해를 말하는데 사업장 내에서 안전사고로 중대재해가 발생한 경우 사업주는 지체없이 재해발생사실을 노동부에 보고하여야 한다.

예전에는 중대재해 발생시 24시간 이내에 노동부에 유선 및 문서 접수를 의무사항으로 규정하였으나 현재 산안법 시행규칙 제4조에서는 중대재해 발생시 지체없이 노동부에 보고하도록 하고 있다. 여기서 '지체없이'는 재해 등으로 인한 통신수단의 이용이 곤란하거나 재해자 응급구호, 2차 재해 재발방지를 위한 조치 등 최소한의 안전.보건조치를 위하여 지체되는 경우가 아닌 한 실무적으로 판단하기 매우 어렵다. '사망 당일을 벗어나지 않는 한'으로 넓게 해석할 수도 있으나 담당 공무원의 성향에 따라 달리 해석될 소지가 있으므로 재해발생 즉시 보고하도록 하여야 한다.

❖ 건설달인의 TIP

산안법 시행규칙 제4조에 따라 사업주는 산업재해로 사망자가 발생하거나 3일 이상의 휴업이 필요한 부상을 입거나 질병에 걸린 사람이 발생한 경우에는 법 제10조제2항에 따라 해당 산업재해가 발생한 날부터 1개월 이내에 별지 제1호의2서식의 산업재해조사표를 작성하여 관할 지방고용노동관서의 장에게 제출(전자문서에 의한 제출을 포함한다)하여야 한다.

실무상 건설현장에서 단순 타박상이나 찰과상, 창상, 삐끗함으로 인한 물리치료, 컷트 칼로 인한 베임사고로 인한 처치, 가벼운 부상으로 인해 응급처치 후 즉시 현장복귀하여 근무를 하는 경우 뿐 아니라 하루나 이틀 휴업 후 현장에 복귀하여 근무를 하는 경우가 허다하며, 근무를 하면서 틈틈이 병원에서 물리치료를 받는 경우에 어떻게 3일 이상의 휴업으로 판단할 것인지가 어려운 문제이다. 더욱이 재해로 인한 재해자의 의사소견서 및 진단서 발급시 2주 이상의 진단서가 발급되는 것이 일반적이므로 산업재해조사표 신고 여부를 판단하기가 어려운 실정이다.

현행 산안법상 '연속하여' 3일 이상과 같이 한정하는 규정이 없고 산업재해가 발생한 날부터 1개월 이내에 보고하도록 하고 있으므로 비연속적이더라도 모두 함께 3일 이상의 휴업이 필요하면 보고 대상이 되어야 한다는 주장이 있을 수 있으나 이렇게 해석할 경우 각각의 휴업의 원인이 동일한 산업재해로 인한 것인지, 다른 원인으로 인한 것인지 파악하기 어렵고, 동일한 산업재해에 기인한 것이라도 치료 후 재발로 인한 것인지 여부도 판단하기 어려운 점 등을 고려하면 '1개월 이내'라는 기간은 산업재해 발생 후 보고기한을 규정한 것이지, 휴업기간을 계산하기 위한 기간으로 보이지 않으므로 그러한 주장은 타당하지 않는다.

따라서 산안법 시행규칙 제4조 1항에 규정된 '3일 이상'은 연속적인 기간을 의미한다.

〈재해발생 미보고 및 산재은폐시 처벌〉

산안법은 산업재해조사표를 법정기간 내에 제출하지 않은 경우 1,500만원 이하의 과태료를, 사망사고 미신고 및 허위신고의 경우에는 3,000만원 이하의 과태료를 부과하고 있다(산안법 제72조 제2항 및 제3항). 구체적으로 산업재해조사표 미제출 시에는 1차에 700만원, 2차에 1,000만원, 3차에 1,500만원의 과태료가 부과되고, 사망 미신고 시에는 3,000만원의 과태료가 부과된다.

한편 산안법 제10조에 따라 사업주는 산업재해가 발생하였을 때에는 그 발생 사실을 은폐하여서는 아니되며, 고용노동부령으로 정하는 바에 따라 재해발생원인 등을 기록·보존하여야 한다. 또한 동조 제2항에 따라 사업주는 제1항에 따라 기록한 산업재해 중 고용노동부령으로 정하는 산업재해에 대하여는 그 발생 개요·원인 및 보고 시기, 재발방지 계획 등을 고용노동부령으로 정하는 바에 따라 고용노동부장관에게 보고하여야 한다.

또한 산안법 제68조는 제10조제1항을 위반하여 산업재해 발생 사실을 은폐한 자 또는 그 발생 사실을 은폐하도록 교사(教唆)하거나 공모(共謀)한 자는 1년 이하의 징역 또는 1천만원 이하의 벌금에 처하도록 하고 있다. 건설 현장처럼 도급사업인 경우라면 원도급사는 교사범으로, 하도급사는 행위자로 함께 처벌받게 된다.

산재은폐와 관련하여 공상처리를 주의해야 한다. 공상처리란 사업주와 재해근로자가 합의에 의해 근기법 및 민사상 손해배상, 형사상 합의를 조건으로 합의한 경우를 말하는데 이는 산안법 제10조에서 규정하고 있는 산업재해 발생보고를 숨기기 위한 행위로 명백한 산재은폐에 해당한다. 이러한 산재은폐는 고의적 또는 악의적으로 재해 사실을 숨기거나 위장하는 것을 말하며 산업재해조사표를 노동부에 제 때 제출하지 아니한 것과 구별하여야 한다.

노동부에서 사업장 실태 조사 및 공익제보로 인지한 산업재해 발생 미신고 건 발견 시 조치방법은 산재은폐로 간주 사법적, 행정적 조치를 취하게 되며, 공익제보가 다수의 산재발생 건이라 하더라도 각각의 사건을 분리조사 한 후 통합하여 조사를 진행한다.

이럴 경우 사업주에게 보고의무를 위반한 것에 대해 즉시 보고토록 시정조치하고, 불이행시 과태료를 부과하되,

- 고의로 보고를 하지 않거나 허위로 보고한 경우
- 사망재해 및 요양 84일 이상 재해를 보고하지 않은 경우
- 최근 1년 이내에 요양 3일 이상 28일미만 재해는 3회 이상, 요양 28일 이상 84일미만 재해는 2회 이상 보고 하지 않은 경우
- 최근 3년 이내에 동 보고의무 위반으로 행정조치 또는 수사대상이 된 사실이 있는 사업장에서 요양 28일 이상의 재해를 보고하지 않은 경우에 즉시 과태료를 부과하며 고의성이 있으므로 산안법 제68조의 산업재해 은폐금지도 적용된다.

❖ 건설달인의 TIP

노동부는 항시 또는 수시로 건강보험관리공단으로부터 건강보험 부당이득 환수자 명단, 산재요양신청서 반려 및 지연제출 건, 119구급대 출동내역, 건설현장 인근 병원 응급실 확인, 민원제기, 각종 감독 시 근로자개별 면담, 중대재해 조사 시 하도급업체 법인카드사용내역 상 의료비 지급내역 등을 확인하여 산재은폐 사업장을 적발하고 있다.

강반장의 질문 1

하도업체 근로자가 현재로부터 35일 이전에 현장에서 아시바에 무릎을 심하게 부딪쳤다며 산재처리 요구 시 사업주는 산안법 제10조의 산업재해조사표 지연신고에 따른 과태료 처분을 받게 되나요?

현장에서 종종 발생하는 문제입니다.
산안법 시행규칙 제4조 제1항에 의하여 '사업주는 산업재해가 발생한 경우 산업재해가 발생한 날로부터 1개월 이내에 발생사실을 보고하여야 한다'라고 규정하고 있으며, 보고기한의 기산일은 사업주가 산업재해 발생을 인지한 날이 아닌 산업재해가 발생한 날로 보고 있습니다.

다만, 질병 또는 직업병, 근골격계질환처럼 발병의 원인이 업무상으로 온 것인지 명확하지 않은 경우에는 근로복지공단으로부터 업무상 재해로 승인된 날로부터 1개월 이내에 산업재해조사표를 관할 고용노동부에 제출하시면 됩니다.

그러나 현장에서 사망사고가 발생한 경우 이는 중대재해에 해당하고 산안법 시행규칙 제4조 3항은 '사업주는 제2조제1항제1호부터 제3호까지의 재해가 발생한 사실을 알게 된 경우에는 법 제10조제2항에 따라 지체 없이 다음 각 호의 사항을 관할 지방고용노동관서의 장에게 전화 · 팩스, 또는 그 밖에 적절한 방법으로 보고하여야 한다. 다만, 천재지변 등 부득이한 사유가 발생한 경우에는 그 사유가 소멸된 때부터 지체 없이 보고하여야 한다.'라고 규정하고 있으므로 보고기한의 기산점은 '중대재해가 발생한 때'가 아닌 '중대재해가 발생한 사실을 알게 된 때'이니 이 점을 유념하시기 바랍니다.

강반장의 질문 2

건설현장에서 유로폼이 넘어지는 사고로 인해 근로자 A는 머리에 심한 부상을 입고 근처 종합병원으로 이송되었으며, 근로자 B는 왼쪽 다리의 골절로 정형외과에서 긴급 수술을 하였는데, 근로자 A,B 주치의 모두 3개월(84일)이상 치료를 하여야 한다고 합니다. 그렇다면 3개월 이상 요양을 요하는 재해가 동시에 발생하였으므로 고용노동부에 중대재해발생신고를 하여야 하나요?

산안법 제10조, 동법 시행규칙 제2조 제1항 제2호는 '3개월 이상의 요양이 필요한 부상자가 동시에 2명 이상 발생한 재해'를 중대재해로 규정하고 있습니다. 질문처럼 중대재해는 즉시 고용노동부에 산업재해로 보고해야 할 의무가 있으나 이는 사망재해인 경우이며, 동시에 2명이 3개월 이상 요양을 요하는 경우에는 재해일로부터 30일 이내에 고용노동부에 산업재해조사표를 제출하면 됩니다.

♣ 산업재해조사표 (별첨 5-1)

♣ 중대재해 발생보고서 (별첨 5-2)

건설기술진흥법상 건설사고 신고의무

산안법상 재해발생 보고의무 외에도 현장에서 건설사고가 발생한 경우에 건설기술진흥법상 건설사고현장 신고의무가 있다.
토목공사, 건축공사, 산업설비공사, 조경공사, 환경시설공사, 그 밖에 명칭에 관계없이 시설물을 설치 · 유지 · 보수하는 공사(시설물을 설치하기 위한 부지조성공사를 포함한다) 및 기계설비나 그 밖의 구조물의 설치 및 해체공사 현장에서 '사망 또는 3일 이상의 휴업이 필요한 부상의 인명피해가 있는 경우', '1천만원 이상의 재산 피해가 발생한 경우'에 발주자를 제외한 건설공사참여자 즉, 시공사 및 감리사는 2시간 이내에 이러한 사실을 신고[141]하여야 한다. 만일 이를 신고하지 않으면 300만원 이하의 과태료가 부과된다.

강반장의 질문 1 **2시간 이내에 신고하지 못하면 과태료가 부과되나요?**

건설기술진흥법에서는 '미신고'에 대한 과태료만 규정하고 있을 뿐, 2시간을 초과한 신고에 대하여 별도로 정하고 있지 않습니다. 이에 현재 국토교통부에서는 건설사고 신고에 대한 제도구축 중에 있으며, 2시간을 초과하더라도 신고를 하기만 하면 과태료를 유보하고 신고를 하지 않는 사업장에 대해서 과태료를 부과할 예정에 있습니다.

강반장의 질문 2 **회사에서 사고 발생을 즉시 인지하지 못하였다면 이후 인지한 때로부터 2시간이내에 신고하면 되나요?**

원칙적으로 신고는 실제 사고가 발생한 시점부터 2시간 이내에 하여야 합니다. 그러나 만일 경미한 사고 발생으로 인하여 시공사(감리사)가 사고 발생을 인지하지 못하고 상당시간이 경과한 후에 사고 발생을 인지하였다면 인지 시점에서 2시간 이내에 신고를 하여야 합니다. 다만, 건설사고 신고 접수 후 국토교통부의 사고 여부 조사과정에서 사고발생을 인지하지 못하게 된 경위, 관리소홀문제, 사고은폐여부 등을 판단한 후 고의 및 관리소홀이 없음이 인지된다면 사고 인지시점에서 신고가 이루어진 것이 참작 대상이 될 것이나 고의 및 관리소홀에 의한 경우라고 한다면 과태료를 부과하게 됩니다.

강반장의 질문 3 **신고는 원도급사가 해야 하나요 하도급사가 해야 하나요?**

신고의무를 행해야 하는 '건설공사참여자'란 원도급사 및 그 소속근로자(정규직, 일용근로자 포함), '발주청 인허가기관 및 그 소속 공무원' 등을 모두 포함합니다. 즉, '건설공사참여자'에 해당하는 누구든지 원하도급사와 관계없이 신고의무가 있습니다.

② 산업재해 기록 보존의무(300만원 이하의 과태료)

사업주는 산업재해가 발생한 때에는 발생개요 및 피해상황, 조치 및 전망, 재해발생 원인 및 과정, 재해 재발방지 계획을 기록하고 3년간 보존하여야 한다.

141) 신고는 '건설공사안전관리 종합정보망(CSI, http://www.csi.go.kr/ca/constAccidentEdit.do)'에서 한다.

❖ 건설달인의 TIP

사업주가 산업재해발생을 기록 및 보존하지 않을 경우 즉시 이행토록 행정조치하고, 불이행시 300만원 이하의 과태료를 부과한다. 즉 행정조치를 명하고 이후 과태료를 부과하는 것이 원칙이다. 다만, 최근 1년 이내 2건 이상 기록. 보존하지 않은 경우에는 즉시 과태료 부과 및 행정명령 처분을 한다. 실무상 건설현장 정기안전점검 및 특별안전점검을 하는 경우 공무원의 성향에 따라 위반사항을 발견 시 즉시 과태료 부과를 하는 경우도 있다. 이럴 경우 법적용상의 문제가 있음을 주장하여야 과태료 부과를 면할 수 있다.

③ 법령요지 게시 등의 의무

산안법 제11조(법령 요지의 게시 등) ①사업주는 이 법과 이 법에 따른 명령의 요지를 상시 각 작업장 내에 근로자가 쉽게 볼 수 있는 장소에 게시하거나 갖추어 두어 근로자로 하여금 알게 하여야 한다.

②근로자대표는 다음 각 호의 사항에 관한 내용 또는 결과를 통지할 것을 사업주에게 요청할 수 있고, 사업주는 이에 성실히 응하여야 한다.

1. 제19조제2항에 따라 산업안전보건위원회(제29조의2에 따라 노사협의체를 설치 · 운영하는 경우에는 노사협의체를 말한다)가 의결한 사항
2. 제20조제1항 각 호에 규정된 사항
3. 제29조제2항 각 호에 규정된 사항
4. 제41조에 규정된 사항
5. 제42조제1항에 따른 작업환경측정에 관한 사항
6. 그 밖에 고용노동부령으로 정하는 안전과 보건에 관한 사항

여기서 '비치'란 법령의 요지를 알 수 있도록 문서나 자료의 형태로 갖추어 두는 것을 말하며, 산안법과 산안법에 따른 명령의 요지를 게시하거나 갖추어 두지 아니하는 경우에 500만원 이하의 과태료를 부과한다.

건설현장의 경우 현장 작업이 이루어지는 현장의 범위가 넓고 토목현장처럼 부착이 쉽지 않은 곳이 많으므로 현장사무실, 안전교육장 및 휴게실, 옥외게시판 등에 비치를 하면 된다.

④ 안전표지 부착 등의 의무(500만원 이하의 과태료)

> **산안법 제12조(안전·보건표지의 부착 등)** 사업주는 사업장의 유해하거나 위험한 시설 및 장소에 대한 경고, 비상시 조치에 대한 안내, 그 밖에 안전의식의 고취를 위하여 고용노동부령으로 정하는 바에 따라 안전·보건표지를 설치하거나 부착하여야 한다. 이 경우 「외국인근로자의 고용 등에 관한 법률」 제2조에 따른 외국인근로자를 채용한 사업주는 고용노동부장관이 정하는 바에 따라 외국어로 된 안전·보건표지와 작업안전수칙을 부착하도록 노력하여야 한다.

외국인을 사용하는 사업주는 고용노동부장관이 정하는 바에 따라 해당 언어로 된 안전보건표지를 설치하거나 부착하여야 한다. 이 경우 「외국인근로자의 고용 등에 관한 법률」 제2조에 따른 외국인근로자를 채용한 사업주는 외국어로 된 안전·보건표지와 작업안전수칙을 부착하여야 한다. 위반시 500만원 이하의 과태료가 부과된다(산안법 제72조 제5항 제3호).

⑤ 안전조치 및 보건조치 의무

가. 안전상의 조치

◦ 설비/물질/에너지 등에 의한 위험 : 사업주는 사업을 행함에 있어서 발생하는 다음의 위험을 예방하기 위하여 필요한 조치를 취하여야 한다.
  - 기계/기구 기타 설비에 의한 위험
  - 폭발성, 발화성 및 인화성 물질 등에 의한 위험
  - 전기, 열 기타 에너지에 의한 위험
◦ 불량한 작업 방법 등에 기인하여 발생하는 위험 : 사업주는 굴착/채석/하역/벌목/운송/조작/운반/해체/중량물 취급 기타 작업에 있어 불량한 작업방법 등에 기인하여 발생하는 위험을 방지하기 위하여 필요한 조치를 하여야 한다.
◦ 작업수행상 위험발생이 예상되는 장소에서 발생하는 위험 등 : 사업주는 작업중 근로자가 추락할 위험이 있는 장소, 토사/구축물 등이 붕괴할 우려가 있는 장소, 물체가 낙하/비래할 위험이 있는 장소 기타 천재지변으로 인하여 작업수행상 위험이 예상되는 장소에는 그 위험을 방지하기 위하여 조치를 취하여야 한다.

사업주는 작업장 등에서 근로자가 추락하거나 넘어질 위험이 있는 장소에는 안전난간/손잡이 또는 충분한 강도를 가진 덮개 등을 설치하는 등 필요한 조치를 취하여야 한다. 또한 사업주는 낙하물에 의한 위험방지를 위해 보호망을 설치하는 등 필요한 조치를 하여야 한다.

나. 보건상의 조치

사업주는 사업을 행함에 있어서 발생하는 다음의 건강장해를 예방하기 위한 필요한 조치를 취하여야 한다.

- 원재료/가스/증기/분진/흄/미스트/산소결핍공기/병원체 등에 의한 건강장해
- 방사선/유해광선/고온/저온/초음파/소음/진동/이상기압 등에 의한 건강장해
- 사업장에서 배출되는 기체/액체 또는 잔재물 등에 의한 건강장해
- 계측감시/컴퓨터 단말기 조작/정밀공작 등의 작업에 의한 건강장해
- 단순반복작업 또는 인체에 과도한 부담을 주는 작업에 의한 건강장해
- 환기/채광/조명/보온/방습 및 청결 등에 대한 적정기준을 유지하지 아니함으로 인하여 발생하는 건강장해

안전·보건사항의 조치 미준수로 인한 형사처벌 대상

- 전문건설 현장소장(안전보건총괄책임자) 또는 대표이사(안전보건총괄책임자가 없는 경우
- 전문건설 법인
- 종합건설(원청) 현장소장(안전보건총괄책임자) 또는 대표이사(안전보건총괄책임자가 없는 경우
- 종합건설 법인
- 산안법 제23조, 제24조 위반으로 사망시 7년이하의 징역, 1억원 이하의 벌금(제66조의 2)
- 산안법 제23조, 제24조 위반으로 부상시 5년이하의 징역, 5천만원 이하의 벌금(제67조)

⑥ 물질안전보건자료 게시 또는 비치, 경고표시 조치, 교육실시

가. 물질안전보건자료

근로자에게 자신이 취급하는 화학물질의 유해/위험성을 알려줌으로써

근로자 스스로 자신을 보호하도록 하여 화학물질 취급 시 발생될 수 있는 산업재해나 직업병을 사전에 예방하고 불의의 사고에도 신속히 대응하도록 하기 위해 물질안전보건자료를 작성, 게시 또는 비치하여야 한다. (산안법 제41조) 위반시 500만원 이하의 과태료가 부과된다.(산안법 제72조)

나. 경고표시

사업주는 화학물질 또는 화학물질을 함유한 제제를 취급하는 근로자의 안전/보건을 위하여 이를 담은 용기 및 포장에 경고표시를 하여야 한다. 위반시 300만원 이하의 과태료가 부과된다.(산안법 제72조)

다. 교육실시

사업주는 화학물질 또는 화학물질을 함유한 제제를 취급하는 근로자에 대하여 물질안전보건자료의 내용 기타 필요한 사항에 관한 교육을 실시하여야 한다. 위반시 300만원 이하의 과태료가 부과된다.(산안법 제72조)

강반장의 질문

건축업자가 아닌 개인이 본인 주거목적의 주택을 건축주겸 시공자로서 신축하다가 현장근로자가 비계상의 작업발판에서 추락하여 사망하였는데, 이 경우 건축자이자 시공자인 개인은 산안법상 처벌을 받나요?

산안법은 제3조에서 "이 법은 모든 사업 또는 사업장에 적용한다"고 규정하고 있으므로 동법이 적용되기 위해서는 사업 또는 사업장에 해당되어야 할 것이며, "사업 또는 사업장"이란 일반적으로 영리 또는 비영리 여부를 불문하고 일정한 장소에서 유기적인 조직하에 업으로서 계속적으로 행해지는 것을 의미하므로 개인이 자신의 주거를 목적으로 주택을 신축하는 것은 "업"으로서 계속성을 가지는 사업 또는 사업장에 해당한다고 보기 어려우므로 산안법이 적용되지 않습니다.
〈산안 68307-10455. 2002.10.16.〉

(2) 근로자의 의무

근로자는 산안법과 이 법에 따른 명령에서 정하는 산업재해예방을 위한 기준을 준수하여야 하며, 사업주 기타 관련단체에서 실시하는 산업재해의 방지에 관한 조치를 따라야 한다.(산안법 제6조) 또한 근로자는 산안법 제23조(안전조치), 제24조(보건조치) 및 제38조의3(석면 해체.제거 작업기준의 준수)에 따라 사업주가 한 조치 사항을 지켜야 한다(산안법 제25조).

산안법은 제6조(근로자의 의무), 제25조(근로자의 준수사항)에서 사업주뿐만 법의 보호 대상인 근로자에게도 산업재해 예방에 관한 의무가 있음을 분명히 하고 있다.

Ⅱ 산업안전보건관리체계

산안법에서는 사업장의 안전보건관리를 보다 효율적이고 체계적으로 이행하기 위해서 직위에 맞는 안전,보건관리체계를 구분하여 그에 따른 업무를 구분하고 있다.

1. 안전보건관리조직

안전보건관리조직은 사업장에서의 산업재해를 예방하고 안전보건활동 및 관리감독을 위한 조직을 갖추는 것으로서 회사의 인적, 조직적 관리체계를 구축하고 실행지침이나 규정을 제정하여 이를 근로자가 준수하도록 교육하고 점검하는 방법으로 시행된다.

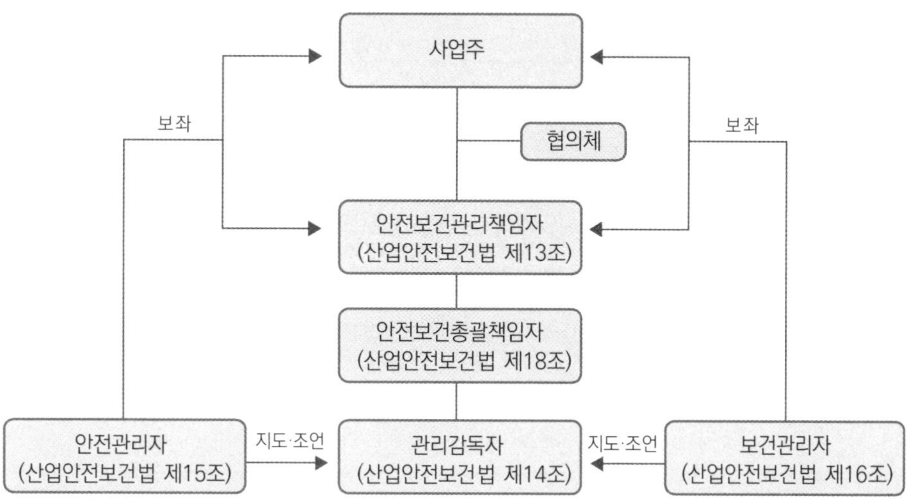

(1) 안전보건관리책임자

산안법 제13조(안전보건관리책임자) ①사업주는 사업장에 안전보건관리책임자를 두어 다음 각 호의 업무를 총괄관리하도록 하여야 한다.

1. 산업재해 예방계획의 수립에 관한 사항

2. 제20조에 따른 안전보건관리규정의 작성 및 변경에 관한 사항
3. 제31조에 따른 근로자의 안전 · 보건교육에 관한 사항
4. 제42조에 따른 작업환경측정 등 작업환경의 점검 및 개선에 관한 사항
5. 제43조에 따른 근로자의 건강진단 등 건강관리에 관한 사항
6. 산업재해의 원인 조사 및 재발 방지대책 수립에 관한 사항
7. 산업재해에 관한 통계의 기록 및 유지에 관한 사항
8. 안전 · 보건과 관련된 안전장치 및 보호구 구입 시의 적격품 여부 확인에 관한 사항
9. 그 밖에 근로자의 유해 · 위험 예방조치에 관한 사항으로서 고용노동부령으로 정하는 사항
②관리책임자는 제15조에 따른 안전관리자와 제16조에 따른 보건관리자를 지휘 · 감독한다.
③관리책임자를 두어야 할 사업의 종류 · 규모, 관리책임자의 자격, 그 밖에 필요한 사항은 대통령령으로 정한다.

1) 관리책임자를 두어야 할 사업의 종류 및 규모

사업의 종류	규모
33. 건설업	공사금액[142] 20억원 이상
34. 제1호부터 제33호까지의 사업을 제외한 사업	상시 근로자 100명 이상

❖ 건설달인의 TIP

건설현장 하도급사가 공사도급금액이 20억원 이상인 경우 안전보건관리책임자를 별도로 선임하여야 한다. 산안법에서는 산업재해를 예방하기 위하여 사업주에게 안전보건에 관한 계획부터 이행까지 구체적인 사항을 규정하고 있고 건설업에 대해서는 발주자에게 ① 안전보건조정자의 선임의무, ② 공사기간의 단축 및 공법의 변경금지, ③ 건설공사기간의 연장, 설계변경 등에 대한 재해예방책임까지 부여하고 있다.

2) 선임될 수 있는 자

사업을 실질적으로 총괄, 관리하는 개인사업주 또는 법인의 대표이사, 사업장에 상주하지 않은 경우에는 사업의 경영의 실질적인 권한과 책임을 위임하여 업무를 주관하는 부사장, 공장장, 지점장, 사업소장, 현장소장 등이 이에 해당된다.

142) 도급에 의한 공사로서 발주자가 재료를 제공하는 경우에는 그 재료의 시가환산액을 포함한다.

3) 미선임시 제재사항

미 선임기간이 2개월 이상인 경우에는 1차 300만원, 2차 400만원, 3차 500만원, 미선임기간 2개월 미만인 경우에는 200만원 이하의 과태료 부과 및 시정명령을 하며, 중복선임의 경우에도 미선임으로 간주한다. 사업장은 선임사실을 증명할 수 있는 서류를 비치하여야 하며(산안법 시행령 제9조 제4항) 증빙서류로는 위임전결규정, 인사발령장, 현장대리인선임계 등이 있다.

(2) 안전보건총괄책임자

산안법 제18조(안전보건총괄책임자) ①같은 장소에서 행하여지는 사업으로서 다음 각 호의 어느 하나에 해당하는 사업 중 대통령령으로 정하는 사업의 사업주는 그 사업의 관리책임자를 안전보건총괄책임자로 지정하여 자신이 사용하는 근로자와 수급인이 사용하는 근로자가 같은 장소에서 작업을 할 때에 생기는 산업재해를 예방하기 위한 업무를 총괄관리하도록 하여야 한다. 이 경우 관리책임자를 두지 아니하여도 되는 사업에서는 그 사업장에서 사업을 총괄관리하는 자를 안전보건총괄책임자로 지정하여야 한다.
1. 사업의 일부를 분리하여 도급을 주어 하는 사업
2. 사업이 전문분야의 공사로 이루어져 시행되는 경우 각 전문분야에 대한 공사의 전부를 도급을 주어 하는 사업

②제1항에 따라 안전보건총괄책임자를 지정한 경우에는 「건설기술 진흥법」 제64조제1항제1호에 따른 안전총괄책임자를 둔 것으로 본다.
③안전보건총괄책임자의 직무 · 권한, 그 밖에 필요한 사항은 대통령령으로 정한다

1) 안전보건총괄책임자 지정 대상사업

위 근로자수는 수급인 및 하수급인 근로자를 포함한 수이며, 공사금액 역시 수급인 및 하수급인의 공사금액을 포함한 금액이며 건설업인 경우 원도급자의 현장소장이 안전보건총괄책임자에 해당한다.

2) 안전보건총괄책임자가 이행하여야 할 안전보건 조치[143]

◦ 산안법 제26조에 따른 작업의 중지 및 재개

143) 각종 점검시 및 중대재해 등 조사대상 재해발생시 책임소재의 기준이 된다.

◦ 산안법 제29조 제2항에 따른 도급사업 시의 안전.보건조치
◦ 산안법 제30조에 따른 수급인의 산업안전관리비의 집행감독 및 그 사용에 관한 수급인간의 협의.조정
◦ 안전인증대상 기계.기구 등과 자율안전확인대상기계.기구 등의 사용여부 확인
◦ 산안법 제41조의2에 따른 위험성평가의 실시에 관한 사항

3) 미선임시 제재사항

2개월 이상 미지정시에는 1차 300만원, 2차 400만원, 3차 500만원의 과태료를 부과하고, 2개월 미만시는 200만원 이하의 과태료 즉시 부과 및 시정명령을 한다.

〈관련 행정해석〉

[질 의]

1. 총공사금액 325억원 공사를 시행하는 A건설현장에서 철골 및 골조부분에 대하여 각 B, C업체에 110억원, 200억원 하도급 공사를 체결하였다면 안전보건관리책임자 선임의무는 누구에게 있는지
2. 안전관리자 선임대상인 위 C업체에서 선임된 안전관리자는 자체 도급받은 골조공사 부문에 한하여 안전보건관리책임자의 업무를 보좌 또는 지휘,감독을 받아야 하는지, 아니면 B, C 또는 A업체에서 선임된 안전보건관리책임자의 지휘, 감독도 받아야 하는지

[회 시]

1. 산업안전보건법 시행규칙 제12조의 규정에 의하여 건설업에 있어서 안전보건관리책임자 선임대상은 총공사금액(도급에 의한 공사로서 발주자가 재료를 제공하는 경우에는 그 재료의 시가 환산액을 포함한다)이 20억원 이상의 공사를 시행하는 경우로 규정하고 있음.
   이 때 총 공사금액이라 함은 도급금액을 의미하는 것으로서 수급인 및 하수급인 여부와 관계없이 당해 사업주가 도급 받은 총공사금액이 20억원 이상을 의미함.
   따라서 A, B, C사 모두 안전보건관리책임자를 선임하여야 할 것으로 사료됨.
2. 산업안전보건법 제15조의 규정에 의하여 사업주가 선임하는 안전관리자는 사업주 또는 관리책임자를 보좌하고 관리감독자 등에 대해 지도·조언하도록 하기 위하여 선임하는 것이므로 하수급인인 C사에서 선임한 안전관리자의 업무범위도 C사가 시공하는 공사에 한한다고 할 수 있음

〈산안(건안) 68307-10558, 2001.11.21.〉

[질 의]
아파트 도급계약에 포함된 모델하우스 건립공사에도 안전보건관리책임자를 선임하여야 하는지 여부

[회 시]
모델하우스 건립비용이 도급계약에 포함된 공사에서 모델하우스 공사가 하도급계약에 의하여 수행 중일 경우 본 공사와 시간적·장소적으로 분리된 경우에는 별도의 사업장으로 보고, 동일한 장소에서 시간적으로도 본 공사와 연결되는 경우에는 하나의 사업장으로 보아 당해 사업장의 공사금액에 따라 관리책임자 등 선임 여부를 판단하여야 함
〈산업안전과-6958, 2004.11.06.〉

[질 의]
동일 공사현장내에 학술정보관(300억원)과 생명공학관(170억원)을 동일 발주처에서 분리 발주하여 같은 회사가 시공할 경우
1. 각각의 계약건별로 안전보건총괄책임자와 안전관리자를 선임하여야 하는지
2. 아니면 안전관리자만 2명 선임하여야 하는지
3. 동일한 장소에서 행하여지는 사업의 일부로 관리영역내에 있으므로 안전관리자 1명만 선임하여야 하는지

[회 시]
1. 산업안전보건법 적용은 사업 또는 사업장을 대상으로 하고, 동법에서 규정하고 있는 사업장의 개념은 주로 장소적 관념에 따라 결정되는 것으로 동일한 장소에서 서로 연관되는 조직하에 작업이 연속적으로 이루어지는 경우 원칙적으로 하나의 사업장으로 보고 있음
2. 귀 질의의 공사현장의 경우도 개별공사가 분리발주되었으나 공사현장이 학교 구내 동일지역에 위치하여 각각의 공사가 동일한 현장관리조직 체계내에서 관리된다면 이를 하나의 사업장으로 보아 개별공사가 아닌 당해 공사현장 전체에 대하여 안전보건총괄책임자 및 안전보건관리자를 선임하면 될 것임
〈산안(건안) 68307-10151, 2001.04.25.〉

[질 의]
건설현장에서 안전관리자 2명 이상 선임할 현장에서 1명만 선임할 수 있는 기준 15%가 공사기간과 기성공정율 중 어느 것인지

[회 시]
산업안전보건법 시행령 별표 3 안전관리자를 두어야 할 사업의 종류·규모 및 안전관리자 수·선임방법 제23호에 의하면 공사금액 800억원 이상 또는 상시근로자 600인 이상의 건설현

장은 자격이 있는 안전관리자를 2명 이상 선임하도록 하고 있으며, 전체공사기간을 100으로 하여 공사시작 15%에 해당하는 기간과 공사종료전의 15%에 해당하는 기간에는 상시근로자 수가 600인 미만인 경우에 1인을 선임할 수 있도록 하고 있음. 이 경우 1인을 선임할 때에는 건설 안전(산업)기사 이상의 자격을 가진 자를 선임하여야 함
〈산안(건안) 68307-10337, 2002.07.19.〉
※ '03.7.7 산업안전보건법 시행규칙 개정시 의무선임자인 건설안전(산업)기사는 산업안전(산업)기사 등으로 3년 이상 유경험자도 선임이 가능하도록 완화

(3) 관리감독자

산안법 제14조(관리감독자) ①사업주는 사업장의 관리감독자(경영조직에서 생산과 관련되는 업무와 그 소속 직원을 직접 지휘 · 감독하는 부서의 장 또는 그 직위를 담당하는 자를 말한다. 이하 같다)로 하여금 직무와 관련된 안전 · 보건에 관한 업무로서 안전 · 보건점검 등 대통령령으로 정하는 업무를 수행하도록 하여야 한다. 다만, 위험 방지가 특히 필요한 작업으로서 대통령령으로 정하는 작업에 대하여는 소속 직원에 대한 특별교육 등 대통령령으로 정하는 안전 · 보건에 관한 업무를 추가로 수행하도록 하여야 한다.
②제1항에 따른 관리감독자가 있는 경우에는 「건설기술 진흥법」 제64조제1항제2호에 따른 안전관리책임자 및 같은 항 제3호에 따른 안전관리담당자를 각각 둔 것으로 본다.

관리감독자란 산업재해의 예방활동을 위해 사업장내 경영조직에서 생산과 관련되는 업무에 종사하는 직원을 직접 지휘, 감독하는 직위에 있는 자를 말한다. 관리감독자는 안전보건관리책임자의 지휘감독을 받으며, 해당부서의 안전보건책임을 맡는 자로써, 건설업의 경우 직장, 조장 및 반장의 지위에서 그 작업을 직접 지휘, 감독하는 공사과장으로 볼 수 있다. 건설업의 경우 공정별 반장을 관리감독자로 선임할 수도 있으며 공사팀의 과장이나 대리를 관리감독자로 선임하는 경우도 있다. 단, 관리감독자는 1년 이내에 16시간의 법정의무교육을 이수해야 하므로 그 수를 많이 두지는 않는 것이 일반적이다.

1) 수행업무

◦ 사업장 내 관리감독자가 지휘·감독하는 작업과 관련된 기계·기구 또는 설비의 안전·보건 점검 및 이상 유무의 확인
◦ 관리감독자에게 소속된 근로자의 작업복·보호구 및 방호장치의 점검과 그

착용·사용에 관한 교육 · 지도

- 해당 작업에서 발생한 산업재해에 관한 보고 및 이에 대한 응급조치
- 해당 작업의 작업장 정리·정돈 및 통로확보에 대한 확인·감독
- 해당 사업장의 산업보건의, 안전관리자, 보건관리자, 안전보건관리담당자의 지도·조언에 대한 협조
- 위험성평가를 위한 업무에 기인하는 유해 · 위험요인의 파악 및 그 결과에 따른 개선조치의 시행
- 그 밖에 해당 작업의 안전·보건에 관한 사항으로서 고용노동부령으로 정하는 사항

> 「산업안전보건법」 제14조제1항에 따른 관리감독자의 업무인 같은 법 제23조제3항에 따른 추락 위험을 방지하기 위한 안전난간 설치작업 지휘 업무를 관리감독자가 수행하지 아니하고, 전담 안전관리자로 하여금 상시 업무로 전담하여 수행하게 할 수는 없다고 할 것입니다.
> 〈법제처 12-0069, 2012.03.02.〉

2) 선임자격

자격은 특별히 없으나 산안법 제14조 제1항에 따른 관리감독자가 있는 경우에는 「건설기술진흥법」 제64조 제1항 제2호 및 제3호의 규정에 따른 안전관리책임자 및 안전관리담당자를 둔 것으로 간주한다.

3) 위반시 제재

관리감독자에게 안전.보건상의 업무를 수행토록 하지 않았을 경우 위반시마다 과태료 500만원을 부과한다.

(4) 안전관리자

산안법 제15조(안전관리자 등) ①사업주는 사업장에 안전관리자를 두어 제13조제1항 각 호의 사항 중 안전에 관한 기술적인 사항에 관하여 사업주 또는 관리책임자를 보좌하고 관리감독자에게 조언 · 지도하는 업무를 수행하게 하여야 한다.

안전관리자란 사업장의 안전에 관한 기술적인 사항에 관하여 사업주 또는 안전보건관리책임자를 보좌하고 관리감독자에게 지도·조언하는 업무를 수행하는 자를 말한다.

안전관리자는 안전관리체계에서 라인조직이 아닌 스태프조직에 해당하는 지위를 갖는다. 사업주는 근로자의 건강과 생명을 보호하기 위하여 각종 안전조치를 해야 하지만, 안전관리의 내용이 복잡하고 기술적인 사항이 많기 때문에 직접수행하기가 어렵다. 따라서 사업주는 사업장에서 자체적으로 안전관리자를 선임할 수 있지만 외부의 전문기관에 안전관리업무를 위탁할 수도 있다.

1) 안전관리자를 두어야 할 사업의 종류 및 규모[144)]

사업의 종류	규모	안전관리자의 수	안전관리자의 선임방법
41. 건설업[145)]	공사금액 800억원 이상 또는 상시 근로자 600명 이상	2명 이상(공사금액 800억원을 기준으로 700억원이 증가될 때마다 또는 상시 근로자 600명을 기준으로 300명이 추가될 때마다 1명씩 추가한다). 다만, 다음 각 목의 어느 하나에 해당하는 공사의 경우에는 해당 목에서 정하는 안전관리자 수를 선임할 수 있다. 가. 공사금액이 800억원 이상인 경우에도 상시 근로자 수가 600명 미만일 때에는 전체 공사기간을 100으로 하여 공사 시작에서 15에 해당하는 기간과 공사 종료 전의 15에 해당하는 기간: 1명 이상 나. 공사기간이 5년 이상인 장기계속공사로서 공사금액이 800억원 이상인 경우에도 상시 근로자 수가 600명 미만일 때에는 회계연도를 기준으로 그 회계연도의 공사금액이 전체	별표 4 각 호의 어느 하나에 해당하는 사람(별표 4 제12호에 해당하는 사람은 제외한다)을 선임하되, 별표 4 제4호 또는 제5호에 해당하는 사람 1명 이상이 포함되거나 별표 4 제1호부터 제3호까지, 제6호부터 제11호까지 및 제13호 중 어느 하나에 해당하는 자격을 갖춘 후 건설업 안전관리자 근무경력이 3년 이상인 사람 1명 이상이 포함되어야 한다.

144) 산안법 시행령 [별표 3]

사업의 종류	규모	안전관리자의 수	안전관리자의 선임방법
		공사금액의 5퍼센트 미만인 기간(가목에 따른 공사 시작에서 15에 해당하는 기간과 공사 종료 전의 15에 해당하는 기간은 제외한다): 전체 공사금액에 따라 선임하여야 할 안전관리자 수에서 1명을 줄인 수	
	공사금액 120억원 이상(「건설산업기본법 시행령」 별표 1에 따른 토목공사업에 속하는 공사의 경우에는 150억원 이상) 800억원 미만 또는 상시 근로자 300명 이상 600명 미만이거나, 공사금액 50억원 이상 120억원 미만(「건설산업기본법 시행령」 별표 1에 따른 토목공사업에 속하는 공사의 경우에는 150억원 미만)으로서 법 제48조 제3항에 따른 유해·위험방지계획서 제출 대상인 공사	1명 이상	별표 4 각 호의 어느 하나에 해당하는 사람(별표 4 제12호에 해당하는 사람은 제외한다)을 선임하여야 한다.

비고: 법 제48조제3항에 따른 유해·위험방지계획서 제출대상으로서 위 표에 따라 선임하여야 할 안전관리자의 수가 3명 이상인 사업장의 경우에는 「국가기술자격법」 제8조의2제2항에 따른 건설안전기술사(건설안전기사 또는 산업안전기사의 자격을 취득한 사람으로서 10년 이상 건설안전 업무를 수행한 사람이거나 건설안전산업기사 또는 산업안전산업기사의 자격을 취득한 사람으로서 13년 이상 건설안전 업무를 수행한 사람을 포함한다) 자격을 취득한 사람 1명 이상이 포함되어야 한다.

145) [별첨 5-3] 건설업의 업종과 업종별 업무내용 참고

〈사업규모별 안전보건관리자수의 선임기준〉

구분		1명 선임 하한기준	1명 선임 상한기준	증원기준
공사 금액	안전관리자	120억원 이상 토목공사 150억원	800억원 미만	700억원 이상
	보건관리자	800억원 토목공사 1,000억원	2,200억원 미만	1,400억원 이상
상시 근로자수	안전관리자	300명 이상	600명 미만	300명 이상
	보건관리자	600명 이상	1,200명 미만	600명 이상

〈국내 안전관련법령상의 안전관리자 제도[146)]〉

부처	근거법령	의무고용사항
고용노동부	산업안전보건법 제15조	안전관리자 1~2명*
산업통상자원부	전기사업법 제73조	전기안전관리자 1~2명*
	고압가스안전관리법 제15조	안전관리자책임자 1명 안전관리원 1명 이상
	액화석유가스의 안전관리 및 사업법 제14조	안전관리책임자 1명 안전관리원 1명 이상
	도시가스사업법 제29조	안전관리책임자 1명 안전관리원 1명 이상
	에너지이용합리화법 제59조	검사대상기기 조정자 1명*
행정안전부	소방법 제9조	방화관리자 1명
	소방기본법 제20조	위험물안전관리자 1~2명*
	총포.도검.화약류단속법 제27조	제조.관리 보안책임자 각1명*
환경부	유해화학물질관리법 제25조	유독물관리자 1명*
	대기환경보전법 제24조	환경관리인 1명*
	수질환경보전법 제23조	환경관리인 1명*
보건복지부	식품위생법 제34조 및 제35조	영양사.조리사 각1명*

※ 표시(*)는 기업활동규제완화에관한특별조치법 제40조의 규정에 의해 전문기관에 위탁가능

146) 이상국, 산업안전보건법1, 대명출판사, 2018, p.212

강반장의 질문 1

공사금액 50억이상 120억 미만으로서 유해위험방지계획서 제출 대상 사업장 안전관리자도 전임 안전관리자를 선임해야 하나요?

산안법 시행령 제12조 제2항에서는 건설 공사금액이 120억원(토목150억원) 이상일 때 전담 안전관리자를 선임하도록 하고 있습니다. 유해위험방지계획서 대상 사업장에 선임되는 안전관리자는 건축,토목,전기.기계,관리 등 다른 업무를 병행하여 수행할 수 있습니다. 그러나 안전보건총괄책임자의 직무를 수행하여야 할 현장소장 등은 안전관리자의 업무를 겸할 수 없습니다.

강반장의 질문 2

공사금액 50억이상 120억 미만인 현장으로서 방지계획 대상공사가 종료되는 경우에도 안전관리자를 배치하여야 하나요?

방지계획서 대상공사가 일부 공종에만 한정된 경우, 방지계획서 대상공사가 종료되더라도 안전관리자의 배치의무는 해당 건설현장이 준공될 때까지 유지됩니다. 예를 들어 건물신축공사에서 일부공종(예: 깊이 10미터 이상 굴착공사)만 방지계획서 대상공사로서 굴착공사가 종료된 경우에도 해당 건설공사 계약이 종료될 때까지 안전관리자를 배치하여야 합니다.

강반장의 질문 3

하도급업체의 공사금액 50억이상 120억(토목공사 150억원) 미만인 현장으로서 방지계획서 대상공사에 해당된다면 안전관리자 선임의무는 원도급업체와 하도급업체 중 누구에게 있나요?

안전관리자 선임은 사업주 의무사항이기 때문에 해당 건설현장의 하도급 공사금액이 50억원 이상 120억원(토목공사 150억원)미만인 현장으로서 방지계획서 대상공사에 해당한다면 하도급업체에서 안전관리자를 선임하여야 합니다. 다만「산안법시행규칙」제15조의2에 따라 수급인 사업주(하도급)가 선임하여야 하는 안전관지자를 도급인인 사업주(원도급)가 대신하여 선임할 수 있으나, 하나의 방지계획서 대상 공사를 2개 이상의 하도급 업체가 같이 시공하는 경우에는 원도급업체에서 안전관리자를 선임하여야 합니다.

강반장의 질문 4

아래와 같은 공사의 경우 안전관리자를 몇 명 선임해야 하나요?

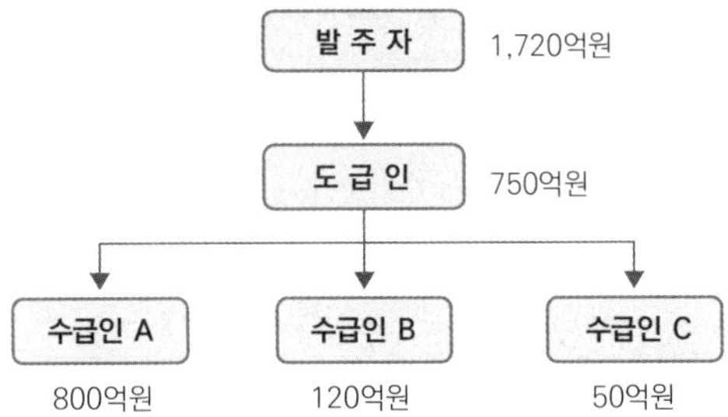

◦ 각각 선임하는 경우 : 5명
- 도급인이 선임하여야 할 안전관리자 수 : 2인
  도급인의 공사금액 750억원 + 수급인 C의 공사금액 50억원 = 800억원
- 수급인A(800억원)이 선임하여야 할 안전관리자 수 : 2인
- 수급인B(120억원)이 선임하여야 할 안전관리자 수 : 1인
- 수급인C(50억원)이 선임하여야 할 안전관리자 수 : 없음

◦ 도급인이 수급인의 안전관리자를 선임하는 경우 : 4인
- 도급인이 선임하여야 할 안전관리자 수 : 2인
  도급인의 공사금액 750억원 + 수급인C의 공사금액 50억원 = 800억원
- 수급인들이 선임하여야 할 안전관리자 수 : 2인
  수급인A의 공사금액 800억원 + 수급인B의 공상금액 120억원 = 920억원

상기 현장은 총공사금액이 1720억원으로 안전관리자를 4명 이상 선임하면 법상 문제가 발생하지 않으므로 어떻게 선임을 해도 무방합니다.[147]

2) 선임자격[148]

1. 법 제52조의2제1항에 따른 산업안전지도사
2. 「국가기술자격법」에 따른 산업안전기사 이상의 자격을 취득한 사람
3. 「국가기술자격법」에 따른 산업안전산업기사의 자격을 취득한 사람
4. 「국가기술자격법」에 따른 건설안전기사 이상의 자격을 취득한 사람
5. 「국가기술자격법」에 따른 건설안전산업기사의 자격을 취득한 사람
6. 「고등교육법」에 따른 4년제 대학 이상의 학교에서 산업안전 관련 학과를 전공하고

147) 산안(건안) 68307-53, 1999.10.11.
148) 산안법 시행령 [별표 4]

졸업한 사람 또는 이와 같은 수준 이상의 학력을 가진 사람

7. 「고등교육법」에 따른 전문대학 또는 이와 같은 수준 이상의 학교에서 산업안전 관련 학과를 전공하고 졸업한 사람
8. 「고등교육법」에 따른 이공계 전문대학 또는 이와 같은 수준 이상의 학교를 졸업하고 해당 사업의 관리감독자로서의 업무(건설업의 경우는 시공실무경력)를 3년(4년제 이공계 대학졸업자는 1년) 이상 담당한 사람으로서 고용노동부장관이 지정하는 기관이 실시하는 교육(1998년 12월 31일까지의 교육만 해당한다)을 받고 정해진 시험에 합격한 사람[관리감독자로 종사한 사업과 같은 업종(한국표준산업분류에 따른 대분류를 기준으로 한다)의 사업장이면서, 건설업의 경우를 제외하고는 상시 근로자 300명 미만인 사업장에서만 안전관리자가 될 수 있다]
9. 「초 · 중등교육법」에 따른 공업계 고등학교 또는 이와 같은 수준 이상의 학교를 졸업하고 해당 사업의 관리감독자로서의 업무(건설업의 경우는 시공실무경력)를 5년 이상 담당한 사람으로서 고용노동부장관이 지정하는 기관이 실시하는 교육(1998년 12월 31일까지의 교육만 해당한다)을 받고 정해진 시험에 합격한 사람[관리감독자로 종사한 사업과 같은 종류인 업종(한국표준산업분류에 따른 대분류를 기준으로 한다)의 사업장이면서, 건설업의 경우를 제외하고는 별표 3 제27호 또는 제32호의 사업(상시 근로자 50명 이상 1,000명 미만인 경우만 해당한다)에 한하여 안전관리자가 될 수 있다]
10. 대통령령 제11886호 산안법시행령중개정령 부칙 제3항에 따라 안전관리자의 자격을 취득한 사람
11. 다음 각 목의 어느 하나에 해당하는 사람(해당 법령을 적용받은 사업에서만 선임될 수 있다)
    가. 「고압가스 안전관리법」 제4조 및 같은 법 시행령 제3조제1항에 따른 허가를 받은 사업자 중 고압가스를 제조 · 저장 또는 판매하는 사업에서 같은 법 제15조 및 같은 법 시행령 제12조에 따라 채용하는 안전관리책임자
    나. 「액화석유가스의 안전관리 및 사업법」 제3조 및 같은 법 시행령 제3조에 따른 허가를 받은 사업자 중 액화석유가스 충전사업 · 액화석유가스 집단공급사업 또는 액화석유가스 판매사업에서 같은 법 제16조 및 같은 법 시행령 제5조에 따라 채용하는 안전관리책임자
    다. 「도시가스사업법」 제29조 및 같은 법 시행령 제15조에 따라 채용하는 안전관리책임자
    라. 「교통안전법」 제53조에 따라 교통안전관리자의 자격을 취득한 사람으로서 해당 분야에 채용된 교통안전관리자
    마. 「총포 · 도검 · 화약류 등 단속법」 제2조제3항에 따른 화약류를 제조 · 판매 또는 저장하는 사업에서 같은 법 제27조 및 같은 법 시행령 제54조 · 제55조에 따라 채용하는 화약류제조보안책임자 또는 화약류관리보안책임자

바. 「전기사업법」 제73조에 따라 전기사업자가 채용하는 전기안전관리자
12. 제12조제2항에 따라 전담 안전관리자를 두어야 하는 사업장(건설업은 제외한다)에서 안전 관련 업무를 10년 이상 담당한 사람
13. 「건설산업기본법」 제8조에 따른 종합공사를 시공하는 업종의 건설현장에서 법 제13조에 따른 안전보건관리책임자로 10년 이상 재직한 사람

3) 선임신고

안전관리자 선임 또는 교체 시 그 날로부터 14일 이내 관할 지방노동지청에 신고한다.

4) 안전관리자의 주요업무[149]

- 산업안전보건위원회 또는 안전·보건에 관한 노사협의체에서 심의·의결한 업무와 해당 사업장의 안전보건관리규정 및 취업규칙에서 정한 업무
- 안전인증대상 기계·기구등과 자율안전확인대상 기계·기구등 구입 시 적격품의 선정에 관한 보좌 및 조언·지도
- 위험성평가에 관한 보좌 및 조언·지도
- 해당 사업장 안전교육계획의 수립 및 안전교육 실시에 관한 보좌 및 조언·지도
- 사업장 순회점검·지도 및 조치의 건의
- 산업재해 발생의 원인 조사·분석 및 재발 방지를 위한 기술적 보좌 및 조언·지도
- 산업재해에 관한 통계의 유지·관리·분석을 위한 보좌 및 조언·지도
- 법 또는 법에 따른 명령으로 정한 안전에 관한 사항의 이행에 관한 보좌 및 조언·지도
- 업무수행 내용의 기록·유지
- 그 밖에 안전에 관한 사항으로서 고용노동부장관이 정하는 사항

5) 안전관리자의 배치 및 지원

사업주는 안전관리자를 배치할 때에는 연장근로, 야간근로 또는 휴일근로

149) 산안법 시행령 제13조

등 해당 사업장의 작업 형태를 고려하여야 하며, 안전관리 업무의 원활한 수행을 위하여 외부전문가의 평가·지도를 받을 수 있다.

또한 안전관리자에게 해당 업무를 수행할 수 있도록 필요한 권한을 부여하고, 시설·장비·예산 그 밖에 업무수행에 필요한 지원을 하여야 한다.

6) 위반시 제재

- 안전관리자 선임의무 위반시 500만원의 과태료 부과
- 안전관리자 증원, 교체임명명령 위반 시 500만원의 과태료부과 및 행정조치 병행

〈관련 행정해석〉

> 「산업안전보건법 시행령」 제12조제2항에 의해 공사금액이 120억원(토목공사는 150억원)이상의 공사현장은 영 별표4에서 정한 자격이 있는 안전관리자를 선임하여야 합니다.
> 따라서 귀 질의처럼 공사기간이 연장된 경우로서 본 공사가 종료되었다 하더라도 시설물 유지관리, 시운전 협조 등의 부수적인 업무가 이루어지는 기간에는 해당 업무를 실시하는 근로자의 재해예방을 위한 역할을 수행하는 안전관리자를 선임해야 할 것으로 사료됩니다.
> 참고로 동법 시행령 별표3에 의해 공사기간 5년 이상의 장기계속공사로서 공사금액이 800억원 이상인 경우 상시 근로자 수가 600명 미만일 때에는 회계연도를 기준으로 그 회계연도의 공사금액이 전체 공사금액의 5퍼센트 미만인 기간(가목에 따른 공사 시작에서 15에 해당하는 기간과 공사 종료 전의 15에 해당하는 기간은 제외한다)에는 전체 공사금액에 따라 선임하여야 할 안전관리자 수에서 1명을 줄여 선임할 수 있음을 알려드립니다.
> 〈산업안전과-5272, 2015.12.04.〉

(5) 보건관리자

> **산안법 제16조(보건관리자 등)** ①사업주는 사업장에 보건관리자를 두어 제13조제1항 각 호의 사항 중 보건에 관한 기술적인 사항에 관하여 사업주 또는 관리책임자를 보좌하고 관리감독자에게 조언 · 지도하는 업무를 수행하게 하여야 한다

사업장의 보건에 관한 사항은 전문적·기술적 사항이 많으므로 해당 분야의 전문지식을 보유하고 있는 보건관리자를 선임하도록 하여 안전보건관리책임자(안전보건총괄책임자)의 총괄 관리업무 중 보건에 관한 기술적인 사항에 관하

여 사업주 또는 안전보건관리책임자를 보좌하고 관리감독자에게 이에 관한 지도, 조언을 하도록 하고 있다.

1) 보건관리자를 두어야 할 사업의 종류 및 규모150)

사업의 종류	규모	보건관리자의 수	보건관리자의 선임방법
40. 건설업151)	공사금액 800억원 이상(「건설산업기본법 시행령」 별표 1에 따른 토목공사업에 속하는 공사의 경우에는 1천억 이상) 또는 상시 근로자 600명 이상	1명 이상[공사금액 800억원(토목공사업은 1,000억원)을 기준으로 1,400억원이 증가할 때마다 또는 상시 근로자 600명을 기준으로 600명이 추가될 때마다 1명씩 추가한다]	별표 6 각 호의 어느 하나에 해당하는 사람을 선임하여야 한다.

2) 선임자격152)

1. 「의료법」에 따른 의사
2. 「의료법」에 따른 간호사
3. 법 제52조의2제2항에 따른 산업보건지도사
4. 「국가기술자격법」에 따른 산업위생관리산업기사 또는 대기환경산업기사 이상의 자격을 취득한 사람
5. 「국가기술자격법」에 따른 인간공학기사 이상의 자격을 취득한 사람
6. 「고등교육법」에 따른 전문대학 이상의 학교에서 산업보건 또는 산업위생 분야의 학과를 졸업한 사람(법령에 따라 이와 같은 수준 이상의 학력이 있다고 인정되는 사람을 포함한다)

3) 선임신고

보건관리자 선임 또는 교체 시 그 날로부터 14일 이내 관할 지방노동지청에 신고한다.

150) 산안법 시행령 [별표 5]
151) [별첨 5-3] 건설업의 업종과 업종별 업무내용 참고
152) 산안법 시행령 [별표 6]

4) 보건관리자의 주요업무[153)]

- 산업안전보건위원회에서 심의·의결한 업무와 안전보건관리규정 및 취업규칙에서 정한 업무
- 안전인증대상 기계·기구등과 자율안전확인대상 기계·기구등 중 보건과 관련된 보호구구입 시 적격품 선정에 관한 보좌 및 조언·지도
- 물질안전보건자료의 게시 또는 비치에 관한 보좌 및 조언·지도
- 위험성 평가에 관한 보좌 및 조언·지도
- 산업보건의의 직무(보건관리자가 의사인 경우)
- 해당 사업장 보건교육계획의 수립 및 보건교육 실시에 관한 보좌 및 조언·지도
- 해당 사업장의 근로자를 보호하기 위한 다음의 조치에 해당하는 의료행위(보건관리자가 의사 및 간호사인 경우)
  - 외상 등 흔히 볼 수 있는 환자의 치료
  - 응급처치가 필요한 사람에 대한 처치
  - 부상·질병의 악화를 방지하기 위한 처치
  - 건강진단 결과 발견된 질병자의 요양 지도 및 관리
  - 의료행위에 따르는 의약품의 투여
- 작업장 내에서 사용되는 전체 환기장치 및 국소 배기장치 등에 관한 설비의 점검과 작업방법의 공학적 개선에 관한 보좌 및 조언·지도
- 사업장 순회점검·지도 및 조치의 건의
- 산업재해 발생의 원인 조사·분석 및 재발 방지를 위한 기술적 보좌 및 조언·지도
- 산업재해에 관한 통계의 유지·관리·분석을 위한 보좌 및 조언·지도
- 법 또는 법에 따른 명령으로 정한 보건에 관한 사항의 이행에 관한 보좌 및 조언·지도
- 업무수행 내용의 기록·유지
- 그 밖에 작업관리 및 작업환경관리에 관한 사항
- 안전관리자와의 협력

153) 산안법 시행령 제17조

5) 위반시 제재

미선임시 그 기간이 2개월 이상일 경우 500만원의 과태료를, 2개월 미만인 경우 300만원의 과태료를 부과한다.

〈공사금액에 따른 안전보건관리자 선임인원기준[154]〉

구분	안전보건관리자 선임인원		
공사금액	계	안전관리자	보건관리자
120억원 이상 ~ 800억원 미만	1	1	0
800억원 이상 ~ 1,500억원 미만	3	2	1
1,500억원 이상 ~ 2,200억원 미만	4	3	1
2,200억원 이상 ~ 2,900억원 미만	6	4	2
2,900억원 이상 ~ 3,600억원 미만	7	5	2
3,600억원 이상 ~ 4,300억원 미만	9	6	3
4,300억원 이상 ~ 5,000억원 미만	10	7	3
5,000억원 이상 ~ 5,700억원 미만	12	8	4
5,700억원 이상 ~ 6,400억원 미만	13	9	4
6,400억원 이상 ~ 7,100억원 미만	15	10	5
7,100억원 이상 ~ 7,800억원 미만	16	11	5
7,800억원 이상 ~ 8,500억원 미민	18	12	6
8,500억원 이상 ~ 9,200억원 미만	19	13	6
9,200억원 이상 ~ 9,900억원 미만	21	14	7
9,900억원 이상 ~ 1조6백억원 미만	22	15	7

(6) 안전보건관리담당자

산안법 제16조의3(안전보건관리담당자) ①사업주(제15조에 따른 안전관리자 · 제16조에 따른 보건관리자를 두어야 하는 사업주는 제외한다)는 사업장에 안전보건관리담당자를 두어 안전 · 보건에 관하여 사업주를 보좌하고 관리감독자에게 조언 · 지도하는 업무를 수행하게 하여야 한다.

②안전보건관리담당자를 두어야 할 사업의 종류 · 규모, 안전보건관리담당자의 수 · 자격 · 업무 · 권한 · 선임방법, 그 밖에 필요한 사항은 대통령령으로 정한다.

③안전보건관리담당자의 증원 · 개임 및 업무위탁 등에 관하여는 제15조제3항 · 제4항 · 제6

154) 이상국, 산업안전보건법1, 대명출판사, 2018, p.236

항, 제15조의2 및 제15조의3을 준용한다. 이 경우 "안전관리자"는 "안전보건관리담당자"로, "안전관리"는 "안전보건관리"로, "안전관리전문기관"은 "안전관리전문기관 또는 보건관리전문기관"으로 본다.

1) 안전보건관리담당자의 선임155)

① 제조업, ② 임업, ③ 하수,폐수 및 분뇨처리업, ④ 폐기물 수집, 운반, 처리 및 원료 재생업 ⑤ 환경 정화 및 복원업의 상시근로자 20~50인 미만인 사업장에 안전보건관리담당자를 선임하여야 한다.

2) 안전보건관리담당자의 자격156)

- 안전관리자의 자격을 갖출 것
- 보건관리자의 자격을 갖출 것
- 고용노동부장관이 인정하는 안전·보건교육을 이수 하였을 것

3) 안전보건관리담당자의 업무157)

산안법 시행령 제19조의5(안전보건관리담당자의 업무) 법 제16조의3제1항에 따른 안전보건관리담당자의 업무는 다음 각 호와 같다.
1. 법 제31조에 따른 안전 · 보건교육 실시에 관한 보좌 및 조언 · 지도
2. 법 제41조의2에 따른 위험성평가에 관한 보좌 및 조언 · 지도
3. 법 제42조에 따른 작업환경측정 및 개선에 관한 보좌 및 조언 · 지도
4. 법 제43조에 따른 건강진단에 관한 보좌 및 조언 · 지도
5. 산업재해 발생의 원인 조사, 산업재해 통계의 기록 및 유지를 위한 보좌 및 조언 · 지도
6. 산업안전 · 보건과 관련된 안전장치 및 보호구 구입 시 적격품 선정에 관한 보좌 및 조언 · 지도

안전보건관리담당자는 안전보건관리 업무에 지장이 없는 범위에서 다른 업무를 겸할 수 있다.

155) 산안법 시행령 제19조의 4 제1항 제1~5호
156) 산안법 시행령 제19조의 4 제2항
157) 산안법 시행령 제19조의 5

4) 안전보건관리담당자 업무의 위탁[158)]

안전보건관리담당자 선임의무 있는 사업주는 안전관리전문기관 또는 보건관리전문기관에 안전보건관리담당자의 업무를 위탁할 수 있다.

(7) 산업보건의

> **제17조(산업보건의)** ①사업주는 근로자의 건강관리나 그 밖의 보건관리자의 업무를 지도하기 위하여 사업장에 산업보건의를 두어야 한다. 다만, 의사를 보건관리자로 둔 경우에는 그러하지 아니하다.
> ②산업보건의를 두어야 할 사업의 종류 · 규모, 산업보건의의 자격 · 직무 · 권한 · 선임방법, 그 밖에 필요한 사항은 대통령령으로 정한다.

사업주는 근로자의 건강관리나 그 밖의 보건관리자 업무를 지도하기 위하여 사업장에 산업보건의를 두어야 한다.

1) 산업보건의 선임대상 사업장[159)]

상시 근로자 50명 이상을 사용하는 사업으로서 의사가 아닌 보건관리자를 두는 사업장은 산업보건의를 두어야 한다. 다만, 보건관리전문기관에 보건관리자의 업무를 위탁한 경우에는 산업보건의를 두지 아니할 수 있으며, 외부에서 위촉할 수도 있다.

2) 산업보건의의 자격[160)]

산업보건의는 「의료법」에 따른 의사로서 작업환경의학과.예방의학 전문의 또는 산업보건에 관한 학식과 경험이 있는 사람이어야 한다.

158) 산안법 시행령 제19조의 6
159) 산업법 시행령 제20조 제1항
160) 산안법 시행령 제21조

3) 산업보건의의 직무[161)]

- 건강진단 결과의 검토 및 그 결과에 따른 작업배치, 작업 전환 또는 근로시간의 단축 등 근로자의 건강보호 조치
- 근로자의 건강장해의 원인조사와 재발 방지를 위한 의학적 조치
- 그 밖에 근로자의 건강 유지와 증진을 위하여 필요한 의학적 조치에 관하여 노동부장관이 정하는 사항

(8) 안전보건조정자

산안법 제18조의2(안전보건조정자) ①「건설산업기본법」 제2조제10호의 발주자로서 다음 각 호의 공사, 다음 각 호의 공사와 그 밖의 건설공사, 다음 각 호의 어느 하나에 해당하는 공사와 그 밖의 건설공사를 함께 발주하는 자는 그 각 공사가 같은 장소에서 행하여지는 경우 그에 따른 작업의 혼재로 인하여 발생할 수 있는 산업재해를 예방하기 위하여 건설공사현장에 안전보건조정자를 두어야 한다.
1. 「전기공사업법」 제11조에 따라 분리발주하여야 하는 전기공사
2. 「정보통신공사업법」 제25조에 따라 분리하여 도급하여야 하는 정보통신공사

건설업에서 발주자가 다수 시공업체를 선정하는 분리발주의 경우에는 하나의 공사 현장에 다수 업체 근로자가 혼재하여 작업하고 도급자간 간섭행위가 발생하므로 이로 인해 안전에 대한 사각지대가 존재하고, 안전하게 작업할 수 있도록 조정역할을 하는 자가 없다. 이에 산안법은 전기공사 또는 정보통신공사를 포함하여 대통령령으로 정하는 규모의 건설공사를 발주한 자는 그 각각의 공사가 같은 장소에서 행하여지는 경우 해당 건설공사현장에 안전보건조정자를 두도록 하고 있고, 이를 위반한 경우 500만원 이하의 과태료를 부과하고 있다.

1) 안전보건조정자의 선임

산안법 시행령 제24조의2(안전보건조정자의 선임 등) ① 「건설산업기본법」 제2조제10호에 따른 발주자는 총 공사금액이 50억원 이상인 건설공사가 법 제18조의2제1항에 해당하는 경우에는 건설공사현장에 안전보건조정자를 두어야 한다.

161) 산안법 시행령 제22조

② 제1항에 따라 안전보건조정자를 두어야 하는 발주자는 제1호나 제2호에 해당하는 사람 중에서 안전보건조정자를 지정하거나 제3호부터 제7호까지의 규정에 따른 자격을 가진 사람 중에서 안전보건조정자를 선임하여야 한다.

1. 「건설기술 진흥법」 제2조제6호에 따른 발주청이 발주하는 건설공사인 경우 발주청이 같은 법 제49조제1항에 따라 선임한 공사감독자
2. 다음 각 목의 어느 하나에 해당하는 사람으로서 해당 건설공사 중 주된 공사의 책임감리자
   가. 「건축법」 제25조에 따라 지정된 공사감리자
   나. 「건설기술 진흥법」 제2조제5호에 따른 감리 업무를 수행하는 자
   다. 「주택법」 제43조에 따라 지정된 감리자
   라. 「전력기술관리법」 제12조에 따라 배치된 감리원
   마. 「정보통신공사업법」 제8조제2항에 따라 해당 건설공사에 대하여 감리업무를 수행하는 자
3. 「건설산업기본법」 제8조에 따른 종합공사에 해당하는 건설현장에서 관리책임자로서 3년 이상 재직한 사람
4. 법 제52조의2제1항에 따른 산업안전지도사
5. 「국가기술자격법」에 따른 건설안전기술사
6. 「국가기술자격법」에 따른 건설안전기사를 취득한 후 건설안전 분야에서 5년 이상의 실무경력이 있는 사람
7. 「국가기술자격법」에 따른 건설안전산업기사를 취득한 후 건설안전 분야에서 7년 이상의 실무경력이 있는 사람

③ 제1항에 따라 안전보건조정자를 두어야 하는 발주자는 법 제18조의2제1항에 따라 분리 발주되는 공사의 착공일 전날까지 제2항에 따라 안전보건조정자를 지정하거나 선임하여 각각의 공사 도급인에게 그 사실을 알려야 한다.

2) 안전보건조정자의 업무

산안법 시행령 제24조의3(안전보건조정자의 업무) ①법 제18조의2제1항에 따른 안건보건조정자의 업무는 다음 각 호와 같다.

1. 법 제18조의2제1항에 따라 같은 장소에서 행하여지는 각각의 공사 간에 혼재된 작업의 파악
2. 제1호에 따른 혼재된 작업으로 인한 산업재해 발생의 위험성 파악
3. 제1호에 따른 혼재된 작업으로 인한 산업재해를 예방하기 위한 작업의 시기·내용 및 안전보건 조치 등의 조정
4. 각각의 공사 도급인의 관리책임자 간 작업 내용에 관한 정보 공유 여부의 확인

②안전보건조정자는 제1항의 업무를 수행하기 위하여 필요한 경우 해당 공사의 도급인과 수급인에게 자료의 제출을 요구할 수 있다.

(9) 명예산업안전감독관

산안법 제61조의2(명예산업안전감독관) ①고용노동부장관은 산업재해 예방활동에 대한 참여와 지원을 촉진하기 위하여 근로자, 근로자단체, 사업주단체 및 산업재해 예방 관련 전문단체에 소속된 자 중에서 명예산업안전감독관을 위촉할 수 있다.

사업장의 산업재해 예방활동에 대한 근로자의 참여를 활성화하기 위하여 근로자, 근로자단체, 사업주단체 및 산업재해 예방 관련 전문단체에 소속된 자 중에서 명예산업안전감독관을 위촉할 수 있으며, 이때 명예산업안전감독관으로 위촉할 수 있는 대상은 시행령에서 별도로 규정하고 있다.

1) 명예산업안전감독관 위촉

산안법 시행령 제45조의2(명예감독관 위촉 대상 등) ①고용노동부장관은 법 제61조의2 제1항에 따라 다음 각 호의 어느 하나에 해당하는 사람 중에서 명예감독관을 위촉할 수 있다.

1. 산업안전보건위원회 또는 노사협의체 설치 대상 사업의 근로자 중에서 근로자대표가 사업주의 의견을 들어 추천하는 사람
2. 「노동조합 및 노동관계조정법」 제10조에 따른 연합단체인 노동조합 또는 그 지역 대표기구에 소속된 임직원 중에서 해당 연합단체인 노동조합 또는 그 지역대표기구가 추천하는 사람
3. 전국 규모의 사업주단체 또는 그 산하조직에 소속된 임직원 중에서 해당 단체 또는 그 산하조직이 추천하는 사람
4. 산업재해 예방 관련 업무를 하는 단체 또는 그 산하조직에 소속된 임직원 중에서 해당 단체 또는 그 산하조직이 추천하는 사람

[질 의]

- 명예산업안전감독관이 법 기준에 따른 업무(시행령 제45조의2제2항)를 태만히 하였을 때 사업주가 명예산업안전감독관을 해촉 요청을 할 수 있는지
- 규정대로 반드시 근로자 대표가 해촉을 요청해야 해촉이 가능하다면 사업주가 근로자 대표에게 해촉을 요구함에도 정당한 사유 없이 근로자대표가 거부한다면 사업주가 해촉을 할 수 있는 방법이 있는지

[회 시]

산업안전보건법 시행령 제45조의2제2항의 규정에 의한 명예산업안전감독관의 업무는 동 시행령 제45조의2제1항 각 호의 규정에 의해 위촉된 명예산업안전감독관의 업무범위를 정해 놓은 것으로서

- 근로자대표가 사업주의 의견을 들어 추천.위촉된 사업장내 명예산업안전감독관이 업무를 태만히 한다면 사업주는 근로자대표에게 해촉 의견을 제시하여 근로자대표로 하여금 해촉 요청을 하도록 협의하면 될 것임

그러나 귀 질의 "나"와 같이 근로자대표에게 명예산업안전감독관의 해촉의견을 제시하였음에도 근로자대표가 해촉을 거부한다면 관할지방노동관서에 명예산업안전감독관으로서의 업무수행 곤란여부 등 해촉요건 해당여부 파악을 요청하시기 바람

〈안전정책과-5366, 2004.09.23.〉

2) 명예산업안전감독관의 업무

산안법 시행령 제45조의2(명예감독관 위촉 대상 등) ②명예감독관의 업무는 다음 각 호와 같다. 이 경우 제1항제1호에 따라 위촉된 명예감독관의 업무 범위는 해당 사업장에서의 업무(제8호의 경우는 제외한다)로 한정하며, 제1항제2호부터 제4호까지의 규정에 따라 위촉된 명예감독관의 업무 범위는 제8호부터 제10호까지의 업무로 한정한다.

1. 사업장에서 하는 자체점검 참여 및 근로감독관이 하는 사업장 감독 참여
2. 사업장 산업재해 예방계획 수립 참여 및 사업장에서 하는 기계 · 기구 자체검사 입회
3. 법령을 위반한 사실이 있는 경우 사업주에 대한 개선 요청 및 감독기관에의 신고
4. 산업재해 발생의 급박한 위험이 있는 경우 사업주에 대한 작업중지 요청
5. 작업환경측정, 근로자 건강진단 시의 입회 및 그 결과에 대한 설명회 참여
6. 직업성 질환의 증상이 있거나 질병에 걸린 근로자가 여럿 발생한 경우 사업주에 대한 임시건강진단 실시 요청
7. 근로자에 대한 안전수칙 준수 지도
8. 법령 및 산업재해 예방정책 개선 건의
9. 안전 · 보건 의식을 북돋우기 위한 활동과 무재해운동 등에 대한 참여와 지원
10. 그 밖에 산업재해 예방에 대한 홍보 · 계몽 등 산업재해 예방업무와 관련하여 고용노동부장관이 정하는 업무

[질 의]

◦ 산업안전보건법상 '명예산업안전감독관'이 위험하다고 판단하면 작업을 중지시킬 수 있는지

- 산업안전보건법 제51조(감독상의 조치)와 동법 시행령 제135조의2(작업중지) 내용을 '명예산업안전감독관'이 조치할 수 있는 내용인지
- '산업재해 발생의 급박한 위험이 있는 경우'라 함은 구체적으로 어떤 내용이 포함되는지

[회 시]

- 명예산업안전감독관은 산업안전보건법시행령 제45조의2제2항제4호에 의거 산업재해 발생의 급박한 위험이 있는 경우 사업주에게 작업중지 요청을 할 수 있을 뿐이며, 자신이 직접 작업을 중지시킬 권한은 없음. 또한 산업안전보건법 제51조제7항과 동법 시행규칙 제135조에 규정된 작업중지 명령권한은 동법 시행령 제46조제1항제15호의 규정에 의거 지방노동관서의 장에게 위임된 것이며 명예산업안전감독관에게는 위임된 바 없음
- "산업재해발생의 급박한 위험이 있는 경우"라 함은 압력용기의 압력 급상승으로 폭발이 예상되는 경우 등 긴급 대피하지 않으면 즉시 근로자의 생명과 신체가 위험에 처하게 되는 상태를 뜻함

〈안정 68320-905, 2000.8.24.〉

3) 명예산업안전감독관의 임기

명예산업안전감독관의 임기는 2년이며, 연임할 수 있다.

4) 명예산업안전감독관의 수당 및 활동보장

산안법 시행령 제45조의2 제4항에 따라 고용노동부장관은 명예감독관의 활동을 지원하기 위하여 수당을 지급할 수 있으며, 산안법 제61조의2 제2항에 따라 사업주는 명예산업안전감독관으로서 정당한 활동을 한 것을 이유로 그 명예산업안전감독관에 대하여 불리한 처우를 하여서는 아니 된다.

(10) 산업안전보건위원회

산안법 제19조(산업안전보건위원회) ①사업주는 산업안전 · 보건에 관한 중요 사항을 심의 · 의결하기 위하여 근로자와 사용자가 같은 수로 구성되는 산업안전보건위원회를 설치 · 운영하여야 한다.

1) 산업안전보건위원회를 설치·운영해야 할 사업의 종류 및 규모[162)]

사업의 종류	규모
20. 건설업	공사금액 120억원 이상(「건설산업기본법 시행령」 별표 1에 따른 토목공사업에 해당하는 공사의 경우에는 150억원 이상)
21. 제1호부터 제20호까지의 사업을 제외한 사업	상시 근로자 100명 이상

2) 위원회의 구성

위원회는 노사 동수로 구성하며 노사 각각 10인 이내로 구성된다.

◦ 근로자위원 : 도급 또는 하도급 사업을 포함한 전체 사업의 근로자대표, 근로자대표가 지명하는 1명 이상의 명예감독관, 근로자대표가 지명하는 9명 이내의 해당 사업장 근로자로 구성된다.

◦ 사용자위원 : 사업의 대표자, 안전관리자 1명, 보건관리자 1명(보건관리자 선임대상 건설업에 한정), 산업보건의 1명(선임시), 해당 사업의 대표자가 지명하는 9명 이내의 해당 사업장 부서의 장으로 구성된다.

❖ 건설달인의 TIP

건설노조의 위원장, 지부장이 산업안전보건위원회의 근로자대표로 인정하여 달라고 할 때 위원장, 지부장은 그 건설현장에서 사용자의 지휘명령을 받으며 사업주의 업무지시를 받는 사용종속관계가 전제되어야 하며, 공사현장과 고용종속관계가 없는 노동조합 위원장, 지부장, 안전국장은 근기법상의 근로자로 인정하기 어려워 산업안전보건위원회의 근로자위원 자격이 없다. (안전보건정책과- 317, 2008.06.09.)

3) 위원회의 운영 및 심의, 의결사항

위원회의 심의, 의결 또는 결정은 이 법과 이 법에 따른 명령, 단체협약, 취업규칙, 안전보건관리규정에 반해서는 아니 된다.

162) 산안법 시행령 [별표 6의2]

4) 노동부 감독내용

- 구성의 적정성
- 안전·보건관리자 포함여부(회의록 등을 통하여 실제 포함 여부 확인)
- 사업장 단위 설치 여부
- 3개월에 1회 이상, 건설업 노사협의체의 경우는 2개월에 1회 이상 개최 여부

5) 위반시 제재사항

- 산업안전보건위원회를 설치하지 아니하지 아니한 경우는 500만원 과태료 부과
- 회의를 정기적으로 개최하지 아니한 경우는 미실시 1차 50만원, 2차 250만원, 3차 500만원 과태료 처분
- 회의록을 작성, 비치하지 아니한 경우는 100만원 이하의 과태료 부과
- 위원회의 의결사항 중 사업주 의무사항을 미행하지 않은 경우 1차 50만원, 2차 250만원, 3차 500만원 과태료부과
- 의결사항 중 근로자의 의무 불이행시는 1차 10만원, 2차 20만원, 3차 30만원의 과태료 부과

III 안전보건관리규정

산안법 제20조(안전보건관리규정의 작성 등) ①사업주는 사업장의 안전 · 보건을 유지하기 위하여 다음 각 호의 사항이 포함된 안전보건관리규정을 작성하여 각 사업장에 게시하거나 갖춰 두고, 이를 근로자에게 알려야 한다.
1. 안전 · 보건 관리조직과 그 직무에 관한 사항
2. 안전 · 보건교육에 관한 사항
3. 작업장 안전관리에 관한 사항
4. 작업장 보건관리에 관한 사항
5. 사고 조사 및 대책 수립에 관한 사항
6. 그 밖에 안전 · 보건에 관한 사항

1. 안전보건관리규정을 작성하여야 할 사업의 종류 및 규모[163)]

사업의 종류	규모
1. 농업 2. 어업 3. 소프트웨어 개발 및 공급업 4. 컴퓨터 프로그래밍, 시스템 통합 및 관리업 5. 정보서비스업 6. 금융 및 보험업 7. 임대업;부동산 제외 8. 전문, 과학 및 기술 서비스업(연구개발업은 제외한다) 9. 사업지원 서비스업 10. 사회복지 서비스업	상시 근로자 300명 이상을 사용하는 사업장
11. 제1호부터 제10호까지의 사업을 제외한 사업	상시 근로자 100명 이상을 사용하는 사업장

163) 산안법 시행규칙 [별표 6의2]

2. 안전보건관리규정의 세부내용164)

◦ 총칙
가. 안전보건관리규정 작성의 목적 및 적용 범위에 관한 사항
나. 사업주 및 근로자의 재해 예방 책임 및 의무 등에 관한 사항
다. 하도급 사업장에 대한 안전 · 보건관리에 관한 사항

◦ 안전 · 보건 관리조직과 그 직무
가. 안전 · 보건 관리조직의 구성방법, 소속, 업무 분장 등에 관한 사항
나. 안전보건관리책임자(안전보건총괄책임자), 안전관리자, 보건관리자, 관리감독자의 직무 및 선임에 관한 사항
다. 산업안전보건위원회의 설치 · 운영에 관한 사항
라. 명예산업안전감독관의 직무 및 활동에 관한 사항
마. 작업지휘자 배치 등에 관한 사항

◦ 안전 · 보건교육
가. 근로자 및 관리감독자의 안전 · 보건교육에 관한 사항
나. 교육계획의 수립 및 기록 등에 관한 사항

◦ 작업장 안전관리
가. 안전 · 보건관리에 관한 계획의 수립 및 시행에 관한 사항
나. 기계 · 기구 및 설비의 방호조치에 관한 사항
다. 유해 · 위험기계등에 대한 자율검사프로그램에 의한 검사 또는 안전검사에 관한 사항
라. 근로자의 안전수칙 준수에 관한 사항
마. 위험물질의 보관 및 출입 제한에 관한 사항
바. 중대재해 및 중대산업사고 발생, 급박한 산업재해 발생의 위험이 있는 경우 작업중지에 관한 사항
사. 안전표지 · 안전수칙의 종류 및 게시에 관한 사항과 그 밖에 안전관리에 관한 사항

◦ 작업장 보건관리
가. 근로자 건강진단, 작업환경측정의 실시 및 조치절차 등에 관한 사항
나. 유해물질의 취급에 관한 사항
다. 보호구의 지급 등에 관한 사항
라. 질병자의 근로 금지 및 취업 제한 등에 관한 사항
마. 보건표지 · 보건수칙의 종류 및 게시에 관한 사항과 그 밖에 보건관리에 관한 사항

◦ 사고 조사 및 대책 수립
가. 산업재해 및 중대산업사고의 발생 시 처리 절차 및 긴급조치에 관한 사항
나. 산업재해 및 중대산업사고의 발생원인에 대한 조사 및 분석, 대책 수립에 관한 사항
다. 산업재해 및 중대산업사고 발생의 기록 · 관리 등에 관한 사항

◦ 위험성평가에 관한 사항
가. 위험성평가의 실시 시기 및 방법, 절차에 관한 사항
나. 위험성 감소대책 수립 및 시행에 관한 사항

◦ 보칙
가. 무재해운동 참여, 안전 · 보건 관련 제안 및 포상 · 징계 등 산업재해 예방을 위하여 필요하다고 판단하는 사항
나. 안전 · 보건 관련 문서의 보존에 관한 사항
다. 그 밖의 사항
사업장의 규모 · 업종 등에 적합하게 작성하며, 필요한 사항을 추가하거나 그 사업장에 관련되지 않는 사항은 제외할 수 있다.

3. 안전보건관리규정의 작성·변경 절차

사업주는 안전보건관리규정을 작성의무 발생일로부터 30일 이내에 작성하여야 한다. 사업주는 동 규정을 작성하거나 변경할 때에는 산업안전보건위원회의 심의, 의결을 거쳐야한다. 다만, 산업안전보건위원회가 설치되어 있지 아니한 사업장에 있어서는 근로자 대표의 동의를 얻어야 한다.

4. 안전보건관리규정의 효력과 준수

안전보건관리규정은 단체협약 및 취업규칙에 반할 수 없으며, 이에 반하는 부분에 대하여는 단체협약 또는 취업규칙에 정한 기준에 의한다.

5. 위반시 제재사항

◦ 규정을 작성하지 않은 경우 1차 150만원, 2차 300만원, 3차 500만원의 과태료 부과
◦ 규정을 미게시 또는 미비치시는 1차 30만원, 2차 150만원, 3차 300만원의 과태료 부과
◦ 산업안전보건위원회의 심의, 의결 또는 근로자 대표의 동의를 거치지 아니한 경우 1차 50만원, 2차 250만원, 3차 500만원의 과태료 및 행정조치(시정지시)

164) 산안법 시행규칙 [별표 6의3]

Ⅳ 유해·위험 예방조치

1. 안전상의 조치

산안법 제23조(안전조치) ①사업주는 사업을 할 때 다음 각 호의 위험을 예방하기 위하여 필요한 조치를 하여야 한다.
1. 기계 · 기구, 그 밖의 설비에 의한 위험
2. 폭발성, 발화성 및 인화성 물질 등에 의한 위험
3. 전기, 열, 그 밖의 에너지에 의한 위험

②사업주는 굴착, 채석, 하역, 벌목, 운송, 조작, 운반, 해체, 중량물 취급, 그 밖의 작업을 할 때 불량한 작업방법 등으로 인하여 발생하는 위험을 방지하기 위하여 필요한 조치를 하여야 한다.
③사업주는 작업 중 근로자가 추락할 위험이 있는 장소, 토사 · 구축물 등이 붕괴할 우려가 있는 장소, 물체가 떨어지거나 날아올 위험이 있는 장소, 그 밖에 작업 시 천재지변으로 인한 위험이 발생할 우려가 있는 장소에는 그 위험을 방지하기 위하여 필요한 조치를 하여야 한다.

(1) 설비/물질/에너지 등에 의한 위험[165)]

사업주는 사업을 행함에 있어서 발생하는 다음의 위험을 예방하기 위하여 필요한 조치를 취하여야 한다.
- 기계/기구 기타 설비에 의한 위험
- 폭발성, 발화성 및 인화성 물질 등에 의한 위험
- 전기, 열 기타 에너지에 의한 위험

(2) 불량한 작업 방법 등에 기인하여 발생하는 위험[166)]

사업주는 굴착/채석/하역/벌목/운송/조작/운반/해체/중량물 취급 기타 작업에 있어 불량한 작업방법 등에 기인하여 발생하는 위험을 방지하기 위하여 필요한 조치를 하여야 한다.

165) 산안법 제23조 제1항 제1~3호
166) 산안법 제23조 제2항

(3) 작업수행상 위험발생이 예상되는 장소에서 발생하는 위험[167)]

사업주는 작업 중 근로자가 추락할 위험이 있는 장소, 토사/구축물 등이 붕괴될 우려가 있는 장소, 물체가 낙하/비례할 위험이 있는 장소 기타 천재지변으로 인하여 작업수행상 위험발생이 예상되는 장소에는 그 위험을 방지하기 위하여 조치를 취하여야 한다.

산안법 제23조의 위험을 예방하기 위하여 필요한 조치에 관한 구체적인 기준은 산업안전보건기준에 관한규칙[168)]에서 정하고 있다.

안전사고의 5대유형은 추락, 전도(넘어짐), 맞음, 끼임, 무너짐의 사고로서 이러한 사고유형에 대해 산업안전보건기준은 아래와 같이 규정하고 있다.

〈사고유형별 안전조치기준〉

사고유형	안전조치기준(안전보건기준에 관한 규칙)
추락	건설작업에서의 추락방지 (규칙 제42조 및 제43조)
낙하·비래	작업자에서 낙하물 등에 의한 위험예방조치 (규칙 제14조 및 제90조)
	건설작업에서의 낙하물 등에 의한 위험방지조치 (규칙 제50조)
협착	기계·기구 기타 설비에 의한 위험예방 (안전규칙 제2편 제1장 : 제86조부터 제224조까지)
감전	전기기계 · 기구 등의 충전부에 대한 방지조치 (규칙 제301조 내지 제312조)
	배선 및 이동전선으로 인한 방호조치 (규칙 제313조 내지 제317조)
	전기작업에 대한 위험방지 (규칙 제318조 내지 제324조)
	정전기로 인한 재해예방조치 (규칙 제325조 내지 제327조)
붕괴·무너짐	작업장등에서의 붕괴 등 위험예방조치 (규칙 제50조 내지 제53조)
	기계·기구 기타 설비 등의 붕괴 또는 무너짐 방지조치 (규칙 제161조, 제209조)
	건설작업시 붕괴 또는 도괴예방조치 (규칙 제339조, 제340조, 제351조, 제352조, 제370조, 제372조)
	중량물 취급시의 붕괴 등 위험예방조치 (규칙 제392조)

167) 산안법 제23조 제3항
168) 총칙(제1편), 안전기준(제2편), 보건기준(제3편) 총 671조문(가지조문 4개 별도)으로 구성. 이 기준은 산안법, 동법시행령, 동법시행규칙 중 제2편 안전기준에 관한 사항을 규칙으로 제정한 것이다.

산안법 제23조를 위반으로 인하여 근로자가 사망한 경우에는 7년 이하의 징역 또는 1억원 이하의 벌금[169], 근로자가 부상당한 경우에는 5년 이하의 징역 또는 5천만원 이하의 벌금[170]에 처해진다.

〈관련 판례〉

사업주의 안전상 의무 위반에 대한 형사처벌과 양벌규정은 과잉형벌에 해당되지 않는다.

1. 산업안전보건법 제23조제3항에 규정된 사업주의 안전조치의무는 근로자의 신체의 완전성을 보호하기 위한 규정이다. 산업안전보건법은 근로자의 안전을 유지하는 것을 목적으로 하고, 신체의 완전성은 인간 존엄의 기반이 되므로 이를 보호하는 것은 중요한 공익에 해당된다. 산업재해 통계에 의하면 산업안전보건법 제23조제3항 위반행위로 인해 사망·상해사고가 발생할 가능성이 높으므로 그로 인한 공익침해의 정도가 매우 크다. 이 사건 형벌조항에 정해져 있는 법정형의 종류와 형량은 산업안전보건법 제23조제3항의 목적 달성에 필요한 정도를 현저히 일탈하지 않았다. 따라서 이 사건 형벌조항은 과잉형벌에 해당되지 않는다.
2. 산업안전보건법 제71조 단서는 "법인 또는 개인이 그 위반행위를 방지하기 위하여 해당 업무에 관하여 상당한 주의와 감독을 게을리하지 아니한 경우에는 그러하지 아니하다."라고 규정한다. 이와 같은 내용의 단서에 의해 불법의 결과 발생에 관하여 독자적인 책임이 없는 법인은 형사처벌의 대상에서 제외된다. 따라서 이 사건 양벌규정조항은 책임주의 원칙에 어긋나지 않는다.

〈헌재 2017.10.26.선고, 2017헌바166〉

2. 보건상의 조치

산안법 제24조(보건조치) ①사업주는 사업을 할 때 다음 각 호의 건강장해를 예방하기 위하여 필요한 조치를 하여야 한다.

1. 원재료 · 가스 · 증기 · 분진 · 흄(fume) · 미스트(mist) · 산소결핍 · 병원체 등에 의한 건강장해
2. 방사선 · 유해광선 · 고온 · 저온 · 초음파 · 소음 · 진동 · 이상기압 등에 의한 건강장해
3. 사업장에서 배출되는 기체 · 액체 또는 찌꺼기 등에 의한 건강장해
4. 계측감시(計測監視), 컴퓨터 단말기 조작, 정밀공작 등의 작업에 의한 건강장해
5. 단순반복작업 또는 인체에 과도한 부담을 주는 작업에 의한 건강장해

169) 산안법 제66조의 2
170) 산안법 제67조

6. 환기 · 채광 · 조명 · 보온 · 방습 · 청결 등의 적정기준을 유지하지 아니하여 발생하는 건강장해
②제1항에 따라 사업주가 하여야 할 보건상의 조치 사항은 고용노동부령으로 정한다.

사업주의 보건상의 조치사항은 고용노동부령으로 정하고 이는 「산업안전보건기준에 관한 규칙」에서 구체적으로 규정하고 있다. 보건상의 조치기준은 법규명령으로서의 효력을 가지며, 사업주가 이를 위반하는 경우 행정적, 사법적 제재를 받게 된다.

망인은 피고 회사 대전공장에서 근무하는 동안 피고의 안전배려의무 위반으로 인하여 고무흄에 노출되었고, 이로 인하여 이 사건 질병(전이성 폐암)이 발병하였거나 적어도 그 발병이 촉진되었다고 추단할 수 있으며, 망인은 이 사건 질병으로 사망하였으므로, 피고의 안전배려의무위반과 망인의 사망 사이에는 상당인과관계가 있다고 할 것이다. 따라서 피고는 망인의 공동상속인들인 원고들에게 망인에 대한 안전배려의무 위반으로 인하여 사망함에 따른 망인과 원고들이 입은 손해를 배상하여야 할 책임이 있다.
〈서울중앙지법 2017.08.10.선고, 2015가단5093293〉

3. 산업안전보건관리비

산안법 제30조(산업안전보건관리비의 계상 등) ①건설업, 선박건조 · 수리업, 그 밖에 대통령령으로 정하는 사업을 타인에게 도급하는 자와 이를 자체사업으로 하는 자는 도급계약을 체결하거나 자체사업계획을 수립하는 경우 고용노동부장관이 정하여 고시하는 바에 따라 산업재해 예방을 위한 산업안전보건관리비를 도급금액 또는 사업비에 계상(計上)하여야 한다.
②고용노동부장관은 제1항에 따른 산업안전보건관리비의 효율적인 집행을 위하여 다음 각 호의 사항에 관한 기준을 정할 수 있다.
1. 공사의 진척 정도에 따른 사용기준
2. 사업의 규모별 · 종류별 사용방법 및 구체적인 내용
3. 그 밖에 산업안전보건관리비 사용에 필요한 사항
③제1항에 따른 수급인 또는 자체사업을 하는 자는 그 산업안전보건관리비를 다른 목적으로 사용하여서는 아니 된다. 이 경우 제2항에 따른 기준이 정하여져 있는 산업안전보건관리비는 그 기준에 따라 사용하고 고용노동부령으로 정하는 바에 따라 그 사용명세서를 작성하여 보존하여야 한다.

(1) 의의와 성질

건설업, 선박건조·수리업, 그 밖에 유해·위험업종에서 타인에게 도급하는 자와 이를 자체사업으로 하는 자는 도급계약을 체결하거나 자체사업계획을 수립하는 경우 산업재해예방을 위한 산업안전보건관리비를 도급금액 또는 사업비에 계상하여야 하며, 이때 산업안전보건관리비의 사용목적, 계상방법, 집행기준, 전용금지, 사용명세서의 작성 및 보존에 대하여 법률로 규정하고 있다. 산업안전보건관리비는 도급사업 운영 중에 발생할 수 있는 산업재해를 예방하고 쾌적한 작업환경을 조성하여 근로자의 안전과 보건을 유지 증진하기 위하여 사용되는 것으로 현재는 건설업에서만 산업안전보건관리비 제도를 운영하고 있다.

(2) 건설업 산업안전보건관리비

건설공사 발주자로 하여금 공사종류 및 규모에 따라 도급금액 또는 사업비 중 일정금액을 별도로 책정하도록 하고 이를 안전관리자 등의 인건비, 안전시설비, 기술지도비 등 재해예방에만 사용할 수 있도록 하고 있는데, 이러한 건설사업장과 본사 안전전담부서에서 산업재해의 예방을 위하여 법령에 규정된 사항의 이행에 필요한 비용을 '건설업 산업안전보건관리비'라 한다.

〈관계법령〉

- 산안법 제30조(산업안전보건관리비의 계상 등)
- 산안법 시행령 제26조의6(산업안전보건관리비의 계상 대상)
- 산안법 시행규칙 제32조(산업안전보건관리비 사용)
- 건설업 산업안전보건관리비 계상 및 사용기준
  (고용노동부 고시 제2018-94호)

1) 안전관리비 계상 의무 사업

건설업, 선박건조 · 수리업, 그 밖에 대통령령으로 정하는 사업으로 규정하고 있지만, 현재 건설업 이외에 다른 업종에는 안전관리비 제도가 적용되고 있지 않다.

2) 안전관리비 계상 의무자

안전관리비를 계상할 의무는 발주자(다른 사람에게 도급하는 자) 및 자기공사자(발주자와 건설업을 행하는 자가 같은 경우)에게 있다.

3) 안전관리비 계상 시기

발주자는 원가계산에 의한 예정가격 작성 시에 안전관리비를 계상하여야 하고, 자기공사자는 원가계산에 의한 예정가격을 작성하거나 자체사업계획을 수립하는 때에 안전관리비를 계상하여야 한다.

4) 안전보건관리비 적용범위

산재법의 적용을 받는 공사 중 총공사금액 4천만원 이상인 공사에 적용한다. 다만, 「전기공사업법」에 따른 전기공사로서 저압·고압 또는 특별작업으로 이루어지는 공사와 「정보통신공사업법」에 따른 정보통신공사 중 단가계약에 의하여 행하는 공사에 대하여는 총계약금액을 기준으로 적용한다.

- ◦ 단가공사의 경우 : 연초에 맺은 추정 계약 금액이 아닌 개별 단위공사의 총 공사금액이 4천만원 이상인 공사에 적용
- ◦ 분리 발주 공사의 경우 : 도급금액을 합산한 총 공사금액을 적용하는 것이 아니라 각 개별공사의 공사 금액이 4천만원 이상인 공사에 적용

강반장의 질문

당 사는 정보통신공사업체로 발주자가 각 공사를 다음과 같이 분리발주한 현장에서 시공 중에 있습니다. 당 사가 수행하는 공사도 안전보건관리비 적용 대상인가요?

- 건축공사(2억원), 토목공사(1억원), 전기공사(5천만원), 정보통신공사(3천만원)

아닙니다. 건축공사(2억원), 토목공사(1억원), 전기공사(5천만원), 정보통신공사(3천만원)를 각각 분리 발주한 경우, 전체 공사의 총공사금액이 4천만원 이상이라 하더라도 개별공사의 공사 금액이 4천만원 미만인 정보통신공사에는 적용되지 않습니다.

5) 건설업 산업안전보건관리비 계상 기준

대상액이 5억원 미만 또는 50억원 이상일 경우에는 '공사종류 및 규모별 안전관리비 계상기준'에서 정한 비율을 곱한 금액을 계상하고, 대상액이 5억원 이상 50억원 미만인 경우에는 '공사종류 및 규모별 안전관리비 계상기준'에서 정한 비율을 곱한 금액에 기초액을 합한 금액을 계상한다.

〈공사종류 및 규모별 안전관리비 계상기준〉

건설공사 종류[171]	대상액 5억원 미만인 경우 적용 비율(%)	대상액 5억원 이상 50억원 미만인 경우		대상액 50억원 이상인 경우 적용 비율(%)	영 별표5에 따른 보건관리자 선임대상 건설공사의 적용비율(%)
		적용비율(%)	기초액		
일반건설공사(갑)	2.93%	1.86%	5,349,000원	1.97%	2.15%
일반건설공사(을)	3.09%	1.99%	5,499,000원	2.10%	2.29%
중 건 설 공 사	3.43%	2.35%	5,400,000원	2.44%	2.66%
철도·궤도신설공사	2.45%	1.57%	4,411,000원	1.66%	1.81%
특수및기타건설공사	1.85%	1.20%	3,250,000원	1.27%	1.38%

다만, 발주자가 재료를 제공하거나 물품이 완제품의 형태로 제작 또는 납품되어 설치되는 경우에 해당 재료비 또는 완제품의 가액을 대상액에 포함시킬 경우의 안전관리비는 해당 재료비 또는 완제품의 가액을 포함시키지 않은 대상액을 기준으로 계상한 안전관리비의 1.2배를 초과할 수 없다(건설업 산업안전보건관리비 계상 및 사용기준 제4조).

강반장의 질문 1

부가가치세를 포함한 총공사금액의 70%를 대상액으로 하여 산업안전보건관리비를 계상한 경우, 정산시에는 부가가치세를 포함하여 정산하여야 하나요?

산업안전보건관리비의 정산방법 등에 대해서는 산안법령에 별도로 정하고 있지는 않으나 산업안전보건관리비는 원가계산에 의한 예정가격 작성준칙(재경부회계예규)상 경비항목의 세비목으로 부가가치세가 포함되지 않은 상태의 금액이므로 부가가치세를 제외한 금액으로 정산하여야 합니다. 다만, 대상액이 구분되지 않은 공사에 있어 부가가치세가 포함된 총공사금액의 70%를 대상액으로 하여 산업안전보건관리비를 계상토록 하고 있으나 이는 단지 대상액이 구분되어 있는 공사의 재료비와 직접노무비를 합한 금액이 통상적으로 총공사금액의 70% 정도에 해당하는데 따른 것이므로 산업안전보건관리비의 정산에 있어서도 부가가치세를 제외한 금액으로 정산하여야 할 것으로 사료됩니다.

171) [별첨 5-4] 건설공사의 종류 예시표 참고

강반장의 질문 2

재료비와 노무비의 구분이 되지 않은 실적공사비 방식의 경우 산업안전보건관리비 계상은 어떻게 해야 하나요?

대상액이 구분되어 있지 아니한 경우라면 「건설업 산업안전보건관리비 계상 및 사용기준(노동부 고시)」에 따라 총 공사금액(관급자재대 포함)의 70퍼센트를 대상액으로 하여 산업안전보건관리비를 계상하여야 할 것입니다.

강반장의 질문 3

하수관거 설치공사에서 2.5m 이상의 굴착작업에는 가시설이 설계내역에 포함되어 있으나 2.5m 이하의 굴착작업에는 가시설이 설계내역에 포함되어 있지 않은 경우 당해 가시설 미설치 구간 중 붕괴위험이 있는 장소에 대해 버팀대 등 설치 비용을 산업안전보건관리비로 사용이 가능한가요?

귀 질의와 같이 하수관거 매설 등을 위한 굴착공사의 흙막이 가시설에 대해서는 설계내역 변경 등을 통해 공사비에 반영하여 사용하는 것이 타당할 것으로 사료됩니다.

강반장의 질문 4

공사현장의 사다리 대용으로 개발한 안전작업대가 산업안전보건관리비 적용대상인가요 ?

「건설업 산업안전보건관리비 계상 및 사용기준」에 의하면 추락재해 예방을 위한 안전난간 설치비용은 산업안전보건관리비로 사용이 가능하나 작업발판은 산업안전보건관리비로 사용 할 수 없도록 정하고 있습니다. 안전작업대는 작업에 필수불가결한 작업발판의 기능을 갖고 있으므로 안전작업대 구입비용 전액을 산업안전보건관리비로 사용할 수 없을 것이나 동 작업대의 안전난간을 설치하는 비용은 산업안전보건관리비로 사용할 수 있을 것으로 사료됩니다.

6) 안전보건관리비의 사용기준[172)]

① 관리감독자 안전보건업무 수행 시 수당지급 작업

◦ 건설용 리프트·곤돌라를 이용한 작업

172) 「건설업 산업안보건관리비 계상 및 사용기준」, 고용노동부고시 제2018-94호

◦ 콘크리트 파쇄기를 사용하여 행하는 파쇄작업 (2미터 이상인 구축물 파쇄에 한정한다)
◦ 굴착 깊이가 2미터 이상인 지반의 굴착작업
◦ 흙막이지보공의 보강, 동바리 설치 또는 해체작업
◦ 터널 안에서의 굴착작업, 터널거푸집의 조립 또는 콘크리트 작업
◦ 굴착면의 깊이가 2미터 이상인 암석 굴착 작업
◦ 거푸집지보공의 조립 또는 해체작업
◦ 비계의 조립, 해체 또는 변경작업
◦ 건축물의 골조, 교량의 상부구조 또는 탑의 금속제의 부재에 의하여 구성되는 것(5미터 이상에 한정한다)의 조립, 해체 또는 변경작업
◦ 콘크리트 공작물(높이 2미터 이상에 한정한다)의 해체 또는 파괴 작업
◦ 전압이 75볼트 이상인 정전 및 활선작업
◦ 맨홀작업, 산소결핍장소에서의 작업
◦ 도로에 인접하여 관로, 케이블 등을 매설하거나 철거하는 작업
◦ 전주 또는 통신주에서의 케이블 공중가설작업
◦ 위험방지가 특히 필요한 작업

② 설계변경 시 안전관리비 조정 및 계상 방법

〈설계변경에 따른 안전관리비 계산식〉

설계변경에 따른 안전관리비 = 설계변경 전의 안전관리비 + 설계변경으로 인한 안전관리비 증감액*

* 설계변경으로 인한 안전관리비 증감액 계산식
설계변경으로 인한 안전관리비 증감액 = 설계변경 전의 안전관리비 × 대상액의 증감 비율**

** 대상액[173]의 증감 비율 계산식
대상액의 증감 비율 = [(설계변경후 대상액 - 설계변경 전 대상액) / 설계변경 전 대상액] × 100%

안전보건관리비 사용불가 내역은 건설업 산업안보건관리비 계상 및 사용기준 제7조 제2항 [별표 2]에서 규정하고 있다.

♣ 안전관리비의 항목별 사용 불가내역(별첨 5-5)

173) 예정가격 작성시의 대상액이 아닌 설계변경 전·후의 도급계약서상의 대상액을 말한다.

③ 공사진척에 따른 안전관리비 사용기준

공정율	50퍼센트 이상 70퍼센트 미만	70퍼센트 이상 90퍼센트 미만	90퍼센트 이상
사용기준	50퍼센트 이상	70퍼센트 이상	90퍼센트 이상

※ 공정율은 기성공정율을 기준으로 한다. 단, 상기 사용기준에 미달된다고 하더라도 처벌은 없다.

〈관련 행정해석〉

[질 의]

안전관리비 계상시 순 공사비구성이 1. 재료비, 2. 직접노무비, 3. 사급자재비(시공사가 직접 구매하여 공사하는 자재로서 계약 내역서상에는 별도항목으로 두었으나 도급금액에 포함된 금액임), 4. 발주처 지급(관급)자재비(도급내역에 없음)일 경우 안전관리비 계상대상액은

갑 : (재료비+직접노무비+관급자재비)×요율(단, 관급자재를 포함하지 않았을 경우 금액의 1.2배 이내)인지

을 : (재료비+직접노무비+사급자재비+관급자재비)×요율(단, 관급자재를 포함하지 않았을 경우 금액의 1.2배 이내)인지

[회 시]

건설업산업안전보건관리비계상및사용기준(노동부고시 제2001-22호, 2001. 2. 16) 제2조제1항제2호 및 제4조제1항에 의하면 산업안전보건관리비 계상을 위한 대상액이라 함은 원가계산에의한예정가격작성준칙(재경부 회계예규) 별표 2의 공사원가계산서에서 정하는 재료비와 직접노무비를 합한 금액으로 이때, 발주자가 재료를 제공할 경우에는 당해 비용을 포함한 금액을 말하는바 귀 질의의 관급재가 공사에 필요한 자재 및 기구 등을 발주자가 직접 제공한 것을 말하고 사급자재가 당해 공사에 소요되는 제품을 시공자가 직접 구입하여 공사에 투입한 것을 말한다면 관급재 및 사급자재 모두 산업안전보건관리비 계상을 위한 대상액에 포함(귀 질의의 "을")하여야 할 것으로 사료됨
〈산안(건안) 68307-10075, 2001.03.16.〉

[질 의]

단가계약 공사의 산업안전보건관리비 계상여부

[회 시]

건설업 산업안전보건관리비 계상 및 사용기준 (고용노동부 고시 제2012-23호, 2012.2.8) 제3조에 의해 산업안전보건관리비는 산업재해보상보험법 제6조에 따라 산업재해보상보험법의 적용을 받는 공사 중 총 공사금액 4천만원 이상인 공사에 적용합니다.

따라서, 전기 및 정보통신법에 의한 공사가 아닌 일반 건축 및 토목공사를 연간 단가 계약형태로 실시할 경우 연초에 맺은 추정 계약금액이 아닌 개별 단위공사가 산업재해보상보험법 제6조에 따라 산업재해보상보험법의 적용을 받으며 총 공사금액이 4천만 원 이상인 공사일 경우 산업안전보건관리비를 계상할 의무를 가지게 됨을 알려드립니다. 〈건설산재예방과-2306, 2012.07.10.〉

4. 도급사업의 안전·보건 조치

산안법 제29조(도급사업 시의 안전 · 보건조치) ①같은 장소에서 행하여지는 사업으로서 다음 각 호의 어느 하나에 해당하는 사업 중 대통령령으로 정하는 사업의 사업주는 그가 사용하는 근로자와 그의 수급인이 사용하는 근로자가 같은 장소에서 작업을 할 때에 생기는 산업재해를 예방하기 위한 조치를 하여야 한다.

1. 사업의 일부를 분리하여 도급을 주어 하는 사업
2. 사업이 전문분야의 공사로 이루어져 시행되는 경우 각 전문분야에 대한 공사의 전부를 도급을 주어 하는 사업

민법 제664조는 '도급은 당사자 일방이 어느 일을 완성할 것을 약정하고 상대방이 그 일의 결과에 대하여 보수를 지급할 것을 약정함으로써 그 효력이 생긴다.'라고 규정하고 있다. 현대산업사회는 기술의 고도화, 전문화로 인해 다양한 분야에서 도급이 이루어지고 있으나 특히 동일한 장소에서 행해지는 도급이나 유해위험작업을 하여야 하는 분야에서의 도급에 있어 계약당사자의 지배력, 하수급인의 경제적 열악함으로 작업환경의 개선을 기대하기 어렵다. 따라서 산안법에서는 ① 도급사업의 사업주에게 유해사업의 도급금지, ② 도급사업시의 안전보건조치, ③ 노사협의체의 구성·운영, ④ 안전보건관리비의 계상 등 도급사업 사업주에게 의무를 부과하고 있다.

산안법 제29조에서 규정하고 있는 도급사업자의 안전보건조치를 하여야 할 업종은 사업의 일부를 분리하여 도급을 주어 하는 사업으로 건설업, 조선업, 도급작업, 수은, 납, 카드뮴 등 중금속을 제련·주입·가공 및 가열하는 작업, 산안법 제38조 제1항에 따라 허가를 받아야 하는 물질을 제조하거나 사용하는 작업, 고용

노동부장관이 정하는 작업, 폭발성, 발화성, 인화성 또는 독성 등의 유해·위험성이 있는 화학물질로서 고용노동부령으로 정하는 설비를 말한다.[174)]

건설현장에서 안전사고 발생시 도급사업주의 책임으로 산안법 제29조의 책임을 묻고 있으나 2020년 1월 16일부터 적용되는 개정 산안법에서는 동법 시행령에서 규정하고 있는 '산업재해 발생위험이 있는 장소' 22개 위험장소를 삭제하고 '도급인이 시공하는 현장'으로 그 범위를 확장하여 도급인의 책임을 더욱 강화하였다.

5. 안전보건교육

근로자가 작업자의 유해·위험요인 등 안전보건에 관한 지식을 습득하고, 이에 적절한 대응능력을 배양시키고, 근로자 스스로 자신을 보호하기 위한 주의를 기울이도록 하여 산업재해를 사전에 예방하기 위한 차원에서 사업주에게 근로자에 대한 각종 안전, 보건교육을 시키도록 의무화하고 있다.

(1) 정기교육

산안법 제31조(안전 · 보건교육) ①사업주는 해당 사업장의 근로자에 대하여 고용노동부령으로 정하는 바에 따라 정기적으로 안전 · 보건에 관한 교육을 하여야 한다.

1) 교육대상 및 교육시간

<table>
<tr><th>교육과정</th><th colspan="2">교육대상</th><th>교육시간</th></tr>
<tr><td rowspan="4">정기교육</td><td colspan="2">사무직 종사 근로자</td><td>매분기 3시간 이상</td></tr>
<tr><td rowspan="2">사무직 종사 근로자 외의 근로자</td><td>판매업무에 직접 종사하는 근로자</td><td>매분기 3시간 이상</td></tr>
<tr><td>판매업무에 직접 종사하는 근로자 외의 근로자</td><td>매분기 6시간 이상</td></tr>
<tr><td colspan="2">관리감독자의 지위에 있는 사람</td><td>연간 16시간 이상</td></tr>
</table>

174) 산안법 시행령 제26조

사무직 근로자만을 사용하는 사업(사업장이 분리된 경우로서 사무직만을 사용하는 사업장을 포함)의 경우에는 안전·보건교육 규정이 적용되지 않고 같은 구역 내에서 생산·건설현장 근로자와 혼재하여 근로하는 사무직 근로자의 경우에 상기 규정이 적용된다.

2) 교육내용

- 산업안전 및 사고 예방에 관한 사항
- 산업보건 및 직업병 예방에 관한 사항
- 건강증진 및 질병 예방에 관한 사항
- 유해·위험 작업환경 관리에 관한 사항
- 「산안법」 및 일반관리에 관한 사항
- 산업재해보상보험 제도에 관한 사항

정기교육이 면제되는 경우

- 무재해 운동 등 재해예방사업과 관련한 교육 및 행사를 실시한 때
- 관리감독자가 검사원 양성교육을 이수한 경우에는 해당 연도 관리감독자 교육을 면제
- 관리감독자는 공단이 실시하는 전문화 교육 또는 통신교육을 이수한 때에도 정기교육을 면제

강반장의 질문

정기교육을 부서 단위별로 시간을 분할하여 실시하여도 되나요?

산업안전보건법 제31조는 사업주는 당해 소속 근로자에 대하여 노동부령이 정하는 바에 의하여 정기적으로 안전·보건에 관한 교육을 실시하도록 규정하고 있음. 이러한 소속 근로자에 대한 정기교육은 개별근로자에 대해 실시시기를 달리할 수 있는 것으로 반드시 일시집합교육을 의미하는 것은 아닌 것으로 사료됨. 참고로 산업안전보건법시행규칙 제33조 제2항, 산업안전보건교육규정(노동부 고시 제2000-49호) 제3조 제2항의 규정에 의하면 근로자 정기교육에 대하여는 사업장의 실정에 따라 그 시간을 적절히 분할하여 실시할 수 있도록 정하고 있음을 알려드림.
〈안정 68307-1027, 2001.11.6.〉

❖ 건설달인의 TIP

관리감독자는 정기교육 중 관리감독자 교육만을 이수하면 되며 근로자 정기교육은 대상이 아니다.

3) 위반 시 과태료

사업주가 해당 사업장의 근로자에 대하여 정기적으로 안전·보건에 관한 교육을 하지 않은 경우에는 500만원 이하의 과태료가 부과된다(산안법 제72조 제5항 제3호).

(2) 채용 시의 교육 및 작업내용 변경 시의 교육

산안법 제31조(안전 · 보건교육) ②사업주는 근로자를 채용(건설 일용근로자를 채용하는 경우는 제외한다)할 때와 작업내용을 변경할 때에는 그 근로자에 대하여 고용노동부령으로 정하는 바에 따라 해당 업무와 관계되는 안전 · 보건에 관한 교육을 하여야 한다.

1) 교육대상 및 교육시간

교육과정	교육대상	교육시간
채용 시의 교육	일용근로자	1시간 이상
	일용근로자를 제외한 근로자	8시간 이상
작업내용 변경 시의 교육	일용근로자	1시간 이상
	일용근로자를 제외한 근로자	2시간 이상

2) 교육내용

◦ 기계·기구의 위험성과 작업의 순서 및 동선에 관한 사항
◦ 작업 개시 전 점검에 관한 사항
◦ 정리정돈 및 청소에 관한 사항
◦ 사고 발생 시 긴급조치에 관한 사항
◦ 산업보건 및 직업병 예방에 관한 사항
◦ 물질안전보건자료에 관한 사항
◦ 「산안법」 및 일반관리에 관한 사항

3) 위반 시 과태료

사업주가 근로자를 채용(건설 일용근로자를 채용하는 경우는 제외한다)할 때

와 작업내용을 변경할 때 해당 업무와 관계되는 안전· 보건에 관한 교육을 하지 않은 경우에는 500만원 이하의 과태료가 부과된다.

〈관련 질의〉

[질 의]
건설업 기초안전·보건교육을 받아야 하는 대상자가 건설현장에 신규로 채용 일용근로자인데 건설 일용근로자의 범위는 어떻게 되는지?

[회 시]
일용근로자에 대해서는 산재보상보험법 시행령 제23조에 "1일 단위로 고용되거나 근로일에 따라 일당(미리 정하여진 1일 동안의 근로시간에 대하여 근로하는 대가로 지급되는 임금을 말한다) 형식의 임금을 지급받는 근로자"로 규정하고 있으며 단서에 따라 3개월 이상 계속 근무하거나 근로형태가 상용근로자와 비슷한 경우는 제외됨.
따라서 건설업 기초안전·보건교육의 대상 여부는 근로자와의 근로계약, 고용형태, 임금지급 기준 등을 고려하여 판단해야 할 것으로 사료됨. (국민신문고, 2012.03.12.)

[질 의]
1. 용역업체를 통해서 협력업체에 1일 단위로 고용되는 모든 근로자에 대해서 원도급업체에 교육비 지원 의무가 있는지 ?
2. 그리고 기초안전보건교육을 실시하고 교육비를 안전관리비로 처리할 수 있다고 하였는데 지급하여야 할 금액의 기준은 무엇인지 ?

[회 시]
1. 산업안전보건법 제29조제2항제3호에 규정한 "수급인이 근로자에게 하는 안전·보건교육에 대한 지도와 지원"은 같은 법 시행규칙 제30조제3항에 따라 "수급인인 사업주가 하는 근로자의 해당 안전 ·보건교육에 필요한 장소 및 자료의 제공 등 필요한 조치"를 말하는 것으로 이는 근로자에 대한 교육실시의 의무는 근로자를 채용하여 사용하는 사업주에게 있으므로 수급인 사업주 소속의 근로자에 대하여는 수급인 사업주의 책임 하에 교육을 실시하여야 하고 도급인 사업주는 수급인의 사업주에 교육장소, 교육장비 제공 등에 대하여 지원하여야 할 것임
2. 또한, 건설업 산업안전보건관리비 계상 및 사용기준(고용노동부 고시 제 2012-23호, 2012.2.8.) 제7조제1항제5호에 따라 건설업기초교육에 소요되는 비용을 안전관리비에서 사용이 가능하므로 안전관리비에서 교육에 소요되는 비용을 사용할 경우는 동 교육에 소요되는 교육비·출장비·수당(수당은 교육에 소요되는 시간의 임금을 초과할 수 없음)은 교육장까지의 이동거리, 소요시간 등을 고려하여 결정하고 수급인이 안전·보건교육에 사용하는 비용도 협의체(또는 산업안전보건위원회) 회의 등에서 협의하여 결정함이 타당한 것으로 사료됨 (국민신문고, 2012.05.02.)

(3) 특별교육

산안법 제31조(안전 · 보건교육) ③사업주는 유해하거나 위험한 작업에 근로자를 사용할 때에는 고용노동부령으로 정하는 바에 따라 그 업무와 관계되는 안전 · 보건에 관한 특별교육을 하여야 한다.

1) 교육대상 및 교육시간

교육과정	교육대상	교육시간
특별교육	별표 8의2 제1호라목 각 호(제40호는 제외한다)의 어느 하나에 해당하는 작업에 종사하는 일용근로자	2시간 이상
	타워크레인 신호작업에 종사하는 일용근로자	8시간 이상
	별표 8의2 제1호라목 각 호의 어느 하나에 해당하는 작업에 종사하는 일용근로자를 제외한 근로자	- 16시간 이상(최초 작업에 종사하기 전 4시간 이상 실시하고 12시간은 3개월 이내에서 분할하여 실시가능) - 단기간 작업* 또는 간헐적 작업**인 경우에는 2시간 이상

* 단기간 작업 : 2개월 이내에 종료되는 1회성 작업

** 간헐적 작업 : 연간 총 작업일수가 60일을 초과하지 않는 작업

- 동 교육은 최초 유해, 위험한 작업에 종사하기 전에 교육을 받아야 하며 16시간 교육시간 중 최초작업에 종사하기 전 4시간을 실시하고 12시간은 최종종사일로부터 3개월 이내에 분할하여 실시가 가능하다.

2) 교육을 실시할 수 있는 자

- ◦ 안전보건관리책임자, 관리감독자, 안전관리자, 보건관리자, 산업보건의
- ◦ 산업안전관리공단에서 실시하는 해당분야의 강사요원 교육과정을 이수한 자
- ◦ 산업안전지도사 또는 산업위생지도사
- ◦ 산업안전·보건에 관하여 학식과 경험이 있는 자(위탁교육기관 강사와 동등 이상의 자격을 가진 자)

3) 교육방법

자체교육, 집체교육, 현장교육, 인터넷 원격교육 등의 방법으로 교육이 가능하다.

4) 대상작업과 내용

특별안전, 보건교육 대상 작업에는 주물 및 단조작업, 로봇작업, 맨홀작업, 밀폐공간에서의 작업, 허가 및 관리대상 유해물질의 제조 또는 취급작업 등 40개의 작업이 있다[175].

❖ 건설달인의 TIP

근로자가 특별안전, 보건교육 대상 작업을 중복하여 작업하는 경우에는 주된 작업에 대해서는 16시간의 교육시간을 적용하되, 이 외 작업에 대해서는 간헐적 작업으로 간주하여 교육시간을 적용한다. 특별안전·보건교육 대상 작업에 6개월 이상 근무한 경험이 있는 근로자로 ① 이직 후 1년 이내에 신규 채용되어 이직 전과 같은 특별교육 대상 작업에 종사하는 경우, ② 해당 근로자가 같은 사업장내 다른 작업에 배치된 후 1년 이내에 배치 전과 동일한 특별교육 대상 작업에 종사하는 경우에는 근로자(일용직근로자 제외)에 대한 특별교육을 100분의 50이상으로 단축하여 실시 가능하다.

5) 위반 시 과태료

사업주가 유해·위험 작업에 근로자를 사용할 때 업무와 관계되는 안전·보건에 관한 특별교육을 하지 않은 경우에는 500만원 이하의 과태료가 부과된다.

강반장의 질문

특별교육은 교육대상 작업과 관련된 경우 16시간만 하면 되나요, 아니면 매년 16시간을 실시해야 하나요?

산안법 제31조 제3항의 규정에 의하여 사업주는 유해 또는 위험한 작업에 근로자를 사용 할 때에는 동법 시행규칙 제33조에 정하는 바에 의하여 당해 업무와 관계되는 특별교육을 실시해야 하는 바, 동 특별교육은 매년 정기적으로 실시할 필요는 없고, 유해 또는 위험한 작업에 근로자를 사용할 때에 16시간 이상 실시하면 됩니다.
〈안전정책과-470, 2004.01.27.〉

175) [별첨 5-6] 특별안전·보건교육대상 작업별 교육내용 참조

(4) 건설업 기초안전·보건교육

산안법 제31조의2(건설업 기초안전 · 보건교육) ①건설업의 사업주는 건설 일용근로자를 채용할 때에는 그 근로자에 대하여 대통령령으로 정하는 인력 · 시설 · 장비 등의 요건을 갖추어 고용노동부장관에게 등록한 기관이 실시하는 기초안전 · 보건교육을 이수하도록 하여야 한다. 다만, 건설 일용근로자가 그 사업주에게 채용되기 전에 건설업기초교육을 이수한 경우에는 그러하지 아니하다.

1) 교육대상 및 교육시간[176)]

교육과정	교육대상	교육시간
건설업 기초안전 · 보건교육	건설 일용근로자	4시간

2) 위반 시 과태료

건설업의 사업주가 건설 일용근로자를 채용할 때 건설 일용근로자에 대하여 건설업기초교육을 이수하도록 하지 않은 경우 500만원 이하의 과태료가 부과된다.

(5) 관리책임자 등에 대한 교육

산안법 제32조(관리책임자 등에 대한 교육) ①사업주(제2호는 해당 기관의 사업주를 말한다)는 다음 각 호의 사람에 대하여 고용노동부장관이 실시하는 안전 · 보건에 관한 직무교육을 이수하도록 하여야 한다.

1. 관리책임자, 제15조에 따른 안전관리자, 제16조에 따른 보건관리자 및 제16조의3에 따른 안전보건관리담당자
2. 안전관리전문기관 · 보건관리전문기관 · 재해예방 전문지도기관 · 석면조사기관의 종사자

176) 산안법 시행규칙 제37조의2 [별표 8]

1) 관리책임자 교육대상 및 교육시간

교육대상	교육시간	
	신규교육	보수교육
가. 안전보건관리책임자	6시간 이상	6시간 이상
나. 안전관리자, 안전관리전문기관의 종사자	34시간 이상	24시간 이상
다. 보건관리자, 보건관리전문기관의 종사자	34시간 이상	24시간 이상
라. 재해예방 전문지도기관의 종사자	34시간 이상	24시간 이상
마. 석면조사기관의 종사자	34시간 이상	24시간 이상
바. 안전보건관리담당자	-	8시간 이상

안전보건관리책임자, 안전·보건관리자 등으로 선임된 경우에는 선임일로부터 3개월(의사인 보건관리자의 경우는 1년) 이내에 신규교육을 이수하여야 하며, 신규교육을 이수한 후에 매 2년이 되는 날을 기준으로 전후 3개월 사이에 보수교육을 이수하여야 한다. 다만, 대상자 본인이 원할 경우 그 시기를 앞당겨 받을 수 있으며, 차기 보수교육일은 이수일로부터 기산한다.

2) 위반 시 과태료

◦ 사업주가 관리책임자, 안전관리자, 보건관리자 및 안전보건관리담당자에 대하여 직무교육을 이수하도록 하지 않은 경우에는 500만원 이하의 과태료가 부과된다.
◦ 사업주가 안전관리전문기관, 보건관리전문기관, 재해예방전문지도기관, 석면조사기관의 종사자에 대하여 직무교육을 이수하도록 하지 않은 경우에는 300만원 이하의 과태료가 부과된다.

(6) 안전·보건교육 기록보존

산안법은 교육실시 결과를 특정한 시기를 정하여 기록·보존하도록 의무화하고 있지 않으므로 사업주는 교육실시 관련 서류를 문서 또는 전산입력 자료의 형태여부에 관계없이 그 실시 여부를 증명해야 한다.

※ 교육 미실시에 대한 구체적 과태료 부과기준

구분	위반행위	부과금액[177]
정기교육 법 제31조 제1항	- 일반직(사무직,생산직)미실시 - 관리감독자 미실시	1명당 1차 3만원 2차 5만원 3차 10만원
채용시 및 작업내용 변경시 교육 (법 제31조 제2항)	- 채용시 미실시 - 작업내용 변경시 미실시	1명당 1차 5만원 2차 10만원 3차 15만원
특별안전보건교육 (법 제31조 제3항)	- 특별안전보건교육 미실시	1명당 1차 5만원 2차 10만원 3차 15만원

177) 과태료 시효 5년

V 근로자의 보건관리

1. 작업환경측정

산안법 제42조(작업환경측정 등) ①사업주는 유해인자로부터 근로자의 건강을 보호하고 쾌적한 작업환경을 조성하기 위하여 인체에 해로운 작업을 하는 작업장으로서 고용노동부령으로 정하는 작업장에 대하여 고용노동부령으로 정하는 자격을 가진 자로 하여금 작업환경측정을 하도록 한 후 그 결과를 기록 · 보존하고 고용노동부령으로 정하는 바에 따라 고용노동부장관에게 보고하여야 한다. 이 경우 근로자대표가 요구하면 작업환경측정 시 근로자대표를 입회시켜야 한다.

사업주는 고용노동부장관이 정하는 작업장에 대하여 고용노동부장관이 정하는 자격을 가진 자로 하여금 작업환경측정을 하도록 한 후 그 결과를 기록, 보존하고 고용노동부령이 정하는 바에 따라 보고하여야 한다. 이 경우 근로자대표가 요구하면 작업환경측정 시 근로자대표를 입회시켜야 한다. 또한 작업환경측정대상은 사업장 개념이 아닌 '작업장 개념'이므로 일반제조업에 한하지 아니하며 시행령이 정하는 유해인자를 취급하는 곳에서는 모두 적용이 된다.

(1) 사업주의 의무

- 작업환경측정을 하고 그 결과를 기록, 보존
  지정측정기관에 위탁 시 작업환경측정 및 작업환경측정에 따른 시료의 분석까지를 위탁하여야 한다.
- 작업환경측정결과보고서에 작업환경측정결과표를 첨부하여 시료채취를 마친 날로부터 30일 이내에 관할 지방노동관서장에게 제출하여야 한다.
- 작업측정결과 노출기준초과 작업공정이 있을 시에는 해당 시설 또는 설비를 설치하거나 개선 등 적절한 조치를 하고 시료채취를 마친 날로부터 60일 이내에 해당 작업공정의 개선을 증명할 수 있는 서류 또는 개선 계획을 제출하여야 한다.
- 작업환경측정에 관한 서류를 3년간 보존, 작업환경측정결과를 기록한 서류

는 5년간 보존, 발암성 확인 물질에 대한 기록이 포함된 서류는 30년간 서류보존을 하여야 한다.

- ◦ 근로자 대표의 요구가 있을 때에는 작업환경측정시 근로자대표를 입회시켜야 한다.
- ◦ 작업환경측정결과를 해당 작업장 근로자에게 알려야 하며, 그 결과에 따라 근로자의 건강을 보호하기 위하여 해당 시설 및 설비의 설치 또는 개선 등 적절한 조치를 하여야 한다.
- ◦ 산업안전보건위원회 또는 근로자대표의 요구가 있는 경우에는 직접 또는 작업환경측정을 실시한 기관으로 하여금 작업환경측정결과에 관한 설명회를 개최하여야 한다.

(2) 작업환경측정 대상

근로자 1명 이상 고용하고 있는 사업장으로 화학물질, 중금속, 소음, 분진, 고열, 금속가금유 등 측정대상 유해인자 190여 종에 노출된 근로자가 있는 작업장으로서 화학적인자, 물리적인자(8시간 시간가중평균 80dB 이상의 소음, 안전보건규칙 제3편 제6장에 따른 고열), 분진(7종), 그 밖에 고용노동부장관이 정하여 고시하는 인체에 해로운 유해인자[178]가 노출되는 근로자가 있는 작업장이 작업환경측정대상 작업장이다.

(3) 작업환경측정 절차

작업환경측정유해인자확인 (유해인자 취급공정 파악)

↓

작업환경측정기관에 의뢰 (사업장 소재지의 측정기관 예비조사 및 측정실시)

↓

유해인자별 주기적인 측정실시 (작업환경측정기관에서 예비조사 및 측정실시)

↓

지방고용노동관서에 결과보고서 제출 (결과보고서 1부)

↓

측정결과에 따른 개선대책 수립 및 서류보존 (5년간 보존. 단, 발암성물질 측정결과는 30년간 보존)

178) [별첨 5-7] 작업환경측정 대상 유해인자 참고

(4) 위반에 대한 조치

- 측정을 전혀 미실시한 경우 : 측정대상 작업장의 근로자 1명당, 1차 5만원, 2차 20만원, 3차 50만원 이하의 과태료
- 측정결과를 보고하지 아니한 경우 : 1차 30만원, 2차 120만원, 3차 300만원의 과태료
- 측정결과를 허위보고한 경우 : 300만원의 과태료
- 측정 시 근로자대표의 요구에도 입회시키지 아니한 경우 : 500만원의 과태료
- 측정결과를 근로자에게 미통보 및 근로자 건강보호조치 불이행 시 : 500만원 이하의 과태료
- 산업안전보건위원회 또는 근로자대표의 요구가 있음에도 측정결과에 대한 설명회를 개최하지 아니한 경우 : 1차 50만원, 2차 250만원, 3차 500만원 이하의 과태료

2. 건강진단

> **산안법 제43조(건강진단)** ①사업주는 근로자의 건강을 보호 · 유지하기 위하여 고용노동부장관이 지정하는 기관 또는 「국민건강보험법」에 따른 건강검진을 하는 기관에서 근로자에 대한 건강진단을 하여야 한다. 이 경우 근로자대표가 요구할 때에는 건강진단 시 근로자대표를 입회시켜야 한다.

사업주는 근로자의 건강을 보호·유지하고 사업장의 유해인자에 노출될 가능성이 있는 근로자를 대상으로 직업병이나 각종 질병의 발생을 예방하기 위하여 건강 상태를 진단하는 검진을 하여야 한다.

(1) 건강진단의 종류

건강진단의 종류로는 시기에 따라 일반건강진단과 특수건강진단으로, 방법에 따라 특수건강진단과 배치전건강진단, 수시건강진단과 임시건강진단으로 구분한다.

1) 일반건강진단(시행규칙 제98조 제1호 및 제99조 제1항)

상시 사용하는 모든 근로자를 대상으로 사무직 근로자[179]는 2년에 1회 이상, 기타 근로자는 1년에 1회 이상 주기적으로 실시하는 건강진단을 의미한다.

다른 법령의 규정에 따라 일반건강진단에 준하는 건강진단[180]을 받은 경우에도 일반검진을 실시한 것으로 간주한다.

2) 특수건강진단(시행규칙 제98조 제2호 및 제99조 제2항)

특수건강진단 대상 유해인자에 노출되는 작업근로자 및 직업병 유소견자 판정을 받은 후 작업 전환을 하거나 작업장소를 변경하고 직업병 유소견 판정의 원인이 된 유해인자에 대한 검진이 필요하다는 의사의 소견이 있는 근로자를 대상으로 실시하는 검진을 의미하며, 특수검진 대상여부는 사업주가 물질안전보건자료 또는 작업환경측정 결과 등을 토대로 결정한다.

원자력법에 따른 검진, 「진폐의 예방과 진폐근로자의 보호 등에 관한 법률(이하 '진폐법'이라 한다.)」에 따른 검진, 진단용 방사선 발생장치의 안전관리 규칙에 따른 검진, 그 밖에 특수검진을 검사항목으로 모두 포함하여 검진을 한 경우에는 유해인자에 대하여 특수건강검진을 실시한 것으로 본다.

① 실시시기

배치 전 건강진단을 실시한 날로부터 유해인자별로 정한 첫 번째 특수검진을 실시하고, 이 후 정해져 있는 주기에 따라 정기적으로 실시하여야 한다.

② 건강진단주기 단축

일정한 근로자의 경우에는 그 주기를 다음 회에 한정하여 2분의 1로 단축하여야 한다.

179) 공장 또는 공사현장과 같은 구역에 있지 아니한 사무실에서 인사. 서무, 경리, 판매, 설계 등의 사무업무에 종사하는 근로자를 말하며, 판매업무 등에 직접 종사하는 근로자는 제외한다.

180) 일반건강진단에 준하는 검진이란 건보법에 따른 건강검진, 항공법에 따른 신체검사, 학교보건법에 따른 검진, 진폐의 예방과 진폐근로자의 보호 등에 관한 법률에 따른 정기검진, 선원법에 따른 검진, 그 밖의 다른 법령에 따른 검진을 의미한다.

진단주기를 단축하여야 하는 경우

- 작업환경을 측정한 결과 노출기준 이상인 작업공정에서 해당 유해인자에 노출되는 모든 근로자
- 특수건강진단, 수시건강진단 또는 임시건강진단을 실시한 결과 직업병 유소견자가 발견된 작업공정에서 해당 유해인자에 노출되는 모든 근로자
- 특수건강진단 또는 임시건강진단을 실시한 결과 해당 유해인자에 대하여 특수건강진단 실시주기를 단축하여야 한다는 의사의 판정을 받은 근로자

강반장의 질문

작업환경측정 결과를 보고 받은 후 반드시 특수건강진단을 비롯한 건강진단을 실시해야 하나요?

특수건강진단은 사업장의 안전보건관리규정 및 취업규칙 등에 명시한 바에 따라 정기적으로 실시하면 될 것이며, 작업환경측정 실시 후 건강진단을 실시하여야 한다는 규정은 없음. 다만 시행규칙 제99조의2의 규정에 의거 작업환경을 측정한 결과 노출기준 이상인 작업공정에서 당해 유해인자에 노출되는 모든 근로자는 다음 회에 한하여 유해인자별로 특수건강진단 주기를 2분의 1로 단축하여야 함.
〈산보 68344-224, 2000.3.23.〉

3) 배치전건강진단(시행규칙 제98조 제3호 및 제99조 제4항)

특수검진 대상업무에 종사할 근로자에 대하여 배치 예정 업무에 대한 적합성 평가를 위하여 실시하는 검진으로 해당 작업배치 전 실시하여야 하고 최근 6개월 이내에 해당 사업장 또는 다른 사업장에서 해당 유해인자에 대한 배치전건강진단에 준하는 검진을 받은 경우에는 동 검진이 면제된다.

배치전건강진단에 준하는 건강진단

- 해당 유해 인자에 대한 배치전건강진단
- 배치전건강진단의 제1차 검사항목을 모두 포함하는 특수건강진단, 수시건강진단 또는 임시건강진단(해당 유해인자에 한함)
- 해당 유해인자에 대하여 배치전건강진단 제1차 검사항목 및 제2차 검사항목을 포함하는 건강진단

4) 수시건강진단(시행규칙 제98조 제4호 및 제99조 제5항)

특수검진 대상업무로 인하여 유해인자에 의한 천식, 직업성 피부염 기타 건강장애를 의심하게 하는 증상을 보이거나 의학적 소견이 있는 경우에 실시하는 건강진단을 말한다.

① 실시시기

대상근로자나 근로자대표 또는 명예산업안전감독관이 수시건강진단 실시를 서면으로 요청하거나, 해당 사업장의 산업보건의 및 보건관리자(보건관리대행기관 포함)가 해당 수시대상 근로자에 대한 수시검진을 서면으로 건의한 경우에 진단을 실시한다.

② 면제대상

특수건강진단을 실시한 의사로부터 '동 검진이 불필요하다'는 자문을 서면으로 받은 경우에는 생략 가능하다.

5) 임시건강진단(법 제43조 제2항 및 시행규칙 제98조 제5호)

같은 부서에 근무하는 근로자 또는 같은 유해인자에 노출되는 근로자에게 유사한 질병의 자각 및 타각증상이 발생한 경우, 직업병 유소견자가 발생하거나 여러 명이 발생할 우려가 있는 경우, 기타 지방노동관서장이 필요하다고 판단하는 경우에 실시하는 진단을 말한다.

(2) 건강검진결과 보고 (시행규칙 제105조)

건강검진기관이 건강진단을 하였을 때에는 건강진단개인표에 기록하고, 그 결과를 사업주, 근로자, 공단에 송부하고, 지방노동관서장에게 보고하여야 한다.

◦ 근로자에 대한 송부 : 검진실시일로부터 30일 이내에 근로자에게 송부
◦ 공단에 대한 송부 : 특수, 수시 또는 임시건강진단을 실시한 검진기관은 건강진단개인표 전산입력자료를 공단에 송부
◦ 사업주에 대한 송부 : 검진실시일로부터 30일 이내에 검진결과표를 송부
◦ 특수건강진단기관은 특수, 수시, 임시건강진단을 실시한 경우, 건강진단 실시일로부터 30일 이내에 건강진단결과표를 지방노동관서장에게 제출하여야

한다. 다만, 건강진단개인표 전산자료를 공단에 송부한 경우에는 제출하지 아니한다.

(3) 건강진단 사업주의 의무

1) 건강진단실시(산안법 제43조 제1항)

사업주는 고용노동부장관이 지정하는 기관 또는 건강진단기관에서 근로자에 대한 건강진단을 하여야 한다.

2) 근로자대표 입회(산안법 제43조 제1항)

근로자대표의 요구가 있을 때에는 건강진단에 근로자대표를 입회시켜야 한다.

3) 임시건강진단 실시 명령 이행(산안법 제43조 제2항)

임시건강진단에 관한 사항에 대하여 지방노동관서장이 명령한 사항을 이행하여야 한다.

4) 건강진단결과 조치이행(산안법 제43조 제5항)

사업주는 이 법령 또는 다른 법령에 따른 검진결과 근로자의 건강을 유지하기 위하여 필요하다고 인정할 때에는 작업장소의 변경, 작업의 전환, 근로시간의 단축 및 작업환경측정의 실시, 시설, 설비의 설치 또는 개선 그 밖의 적절한 조치를 하여야 한다.

5) 설명회 개최(산안법 제43조 제6항)

산업안전보건위원회 또는 근로자의 대표가 요구할 때에는 직접 또는 건강진단을 실시한 검진기관으로 하여금 검진결과에 대한 설명을 하여야 한다. 단, 본인의 동의 없이는 개별근로자의 건강진단결과를 공개하여서는 아니 된다.

6) 목적 외 사용금지(산안법 제43조 제7항)

검진결과를 근로자의 건강보호, 유지 외의 목적으로 사용하여서는 아니 된다.

7) 건강진단 실시시기의 명시(산안법 시행규칙 제99조의4)

일반검진 또는 특수검진을 실시하여야 할 사업주는 검진실시시기를 안전보건관리규정 또는 취업규칙에 분명히 명시하고 일반검진 또는 특수검진이 정기적으로 실시되도록 적극 노력하여야 한다.

8) 검진결과의 보존(산안법 제64조 제1항, 동법 시행규칙 제107조)

검진기관으로부터 송부받은 건강진단결과표, 근로자가 제출한 검진결과를 증명하는 서류 또는 전산입력 자료는 5년간, 발암성 확인물질을 취급하는 검진서류 또는 전산입력자료는 30년간, 그 밖의 법 제43조에 따른 검진서류는 3년간 보존하여야 한다.

(4) 건강진단 근로자의 의무

근로자는 사업주가 실시하는 건강진단을 받아야 한다. 다만, 다른 건강진단기관으로부터 이에 상응하는 건강진단을 받아 그 결과를 증명하는 서류를 제출하는 경우에는 사업주가 지정한 건강진단기관에서 진단 받지 않아도 된다.

1. 건강진단은 [특정인이 의학적 치료를 필요로 하기 이전 또는 건강의 악화를 방지하기 위한 조치를 하기 전에 건강장해나 질병을 발견할 목적으로 실시하는 의학적 검사]로 실시목적에 따라 다양하게 분류되며, 산업안전보건법에 의한 근로자건강진단은 [의학적 선별검사로 건강에 이상소견을 보이는 근로자들을 질병발생의 전 단계에서 조기에 찾아내어 보건지도 또는 적절한 사후관리를 실시함으로써 건강이상이 질병으로 진행하는 것을 예방하기 위해 실시하는 것]으로 산업안전보건법 제43조에서는 사업주의 의무 및 근로자의 준수사항으로 규정하고 있음. 따라서 산업안전보건법에 의한 건강진단을 반드시 실시하여야 함.
2. 산업안전보건법 제45조(질병자의 근로 금지·제한) 제1항 및 제2항에서는 [사업주는 전염병, 정신병 또는 근로로 인하여 병세가 현저히 악화될 우려가 있는 질병에 이환된 자에 대하여는 의사의 진단에 따라 근로를 금지하거나 제한]하고 [사업주는 근로를 금지 또는 제한받은 근로자가 건강을 회복한 때에는 지체없이 취업]하도록 규정하고 있으며, 근로기준법 제30조 제1항에서는 사용자는 근로자에 대하여 정당한 이유없이 해고, 휴직, 정직, 전직, 감봉 기타 징벌을 하지 못하도록 규정하고 있음.

〈산보 68307-827, 2000.12.21.〉

(5) 위반에 대한 제재

- 건강진단 미실시 경우(법 제43조 제1항 위반) : 1명당 1차 5만원, 2차 10만원, 3차 15만원의 과태료
- 건강진단 시 근로자 대표의 요구에도 불구하고 입회시키지 아니한 경우 : 과태료 500만원부과(매 위반시 마다 동일금액 부과)
- 특정근로자 임시검진 실시명령 불이행(법 제43조 제2항) : 3년 이하의 징역이나 3천만원 이하의 벌금
- 근로자가 검진을 받지 아니한 경우(법 제43조 제3항) : 1차 5만원, 2차 10만원, 3차 15만원의 과태료 부과
- 검진기관이 검진결과 미보고하거나 거짓으로 보고한 경우(법 제43조 제4항)
  - 보고하지 않을 경우 : 1차 30만원, 2차 100만원, 3차 200만원의 과태료 부과
  - 거짓으로 보고한 경우 : 300만원의 과태료 부과(매 위반시 마다 동일 금액 부과)
- 검진결과 근로자 건강유지를 위한 조치를 불이행한 경우(법 제43조 제5항 위반) : 1천만원 이하의 벌금
- 산업안전보건위원회 또는 근로자대표의 요구에도 불구하고 검진결과 설명회를 개최하지 않은 경우(법 제43조 제6항) : 1차 50만원, 2차 250만원, 3차 500만원 과태료 부과
- 검진결과를 근로자의 보호, 유지 외의 목적으로 사용한 경우(법 제43조 제7항 위반) : 300만원 이하의 과태료부과

3. 근골격계질환

(1) 근골격계질환의 정의 및 특징

1) 정의

'근골격계질환'이란 특정신체부위 및 근육의 부적절하고 과도한 사용으로 인해 근육, 인대, 힘줄, 추간판, 연골, 뼈 또는 이와 관련된 신경 및 혈관 등에 미세한 손상이 발생하여 목, 어깨, 손목, 손가락, 허리, 다리 등에 나타나는 만

성적인 통증과 불편함으로 나타나는 건강장해로 불편한 작업자세와 무리한 힘, 반복작업 등의 원인으로 발생된 질환을 말한다. 특히 건설업 근로자들은 상대적으로 큰 작업강도, 가설작업시설과 현장의 이동성에 의한 중량물 취급, 불편한 자세, 경직된 자세의 지속, 진동 등 다양한 원인에 의해 근골격계질환이 발생할 위험이 높으므로 질환의 조기발견과 신속한 조치 및 그에 따른 작업환경 개선을 통해 근골격계질환을 효과적으로 예방하여야 한다.

2) 특징

근골격계질환은 특정된 하나의 신체 부위에 발생할 수도 있고 동시에 여러 부위에서 다발적으로 발생할 수도 있으며, 하나의 조직 뿐만 아니라 다른 주변 조직의 변화를 동시에 가져오기도 한다. 또한 근골격계질환은 다음과 같은 특징을 보인다.

- 질병의 임상양상 및 검사소견 등이 사고성과 비사고성으로 명확하게 구분되지 않고, 객관적인 검사(방사선학적 검사 등) 결과와 임상증상이 일치하지 않는 경우가 많음
- 직업적인 원인 외에도 개인요인과 일상생활 등의 비직업적인 원인(연령증가, 일상생활, 취미생활 등)에 의해서도 발생할 수 있음
- 증상의 정도가 가볍고 주기적인 것부터 심각하고 만성적인 것까지 다양하게 나타남

(2) 유해요인의 조사(산업안전보건에 관한 규칙 제657조)

사업주는 근로자가 근골격계부담작업을 하는 경우에 3년마다 ① 설비, 작업공정, 작업량, 작업속도 등 작업장 상황 ② 작업시간, 작업자세, 작업방법 등 작업조건 ③ 작업과 관련된 근골격계질환 징후와 증상 유무 등의 유해요인조사를 하여야 한다. 다만, 신설되는 사업장의 경우에는 신설일로부터 1년 이내에 최초의 유해요인 조사를 하여야 한다.

사업주는 상기 유해요인 조사를 하였다 하더라도 ① 법에 따른 임시건강진단 등에서 근골격계질환자가 발생하였거나 근로자가 근골격계질환으로 업무상 질병으로 인정받은 경우, ② 근골격계부담작업에 해당하는 새로운 작업, 설비를 도입한 경우, ③ 근골격계부담작업에 해당하는 업무의 양과 작업공정 등 작

업환경을 변경한 경우에는 근로자대표 또는 작업근로자를 참여시켜 유해요인 조사를 하여야 한다.

(3) 근골격계부담작업

고용노동부 고시 2018-13호(근골격계부담작업의 범위)에서 근골격계부담작업을 총 11가지로 규정하고 있는데, 여기에서 근골격계부담작업(단기간 작업[181] 또는 간헐적인 작업[182] 제외)은 11가지의 작업 중에 해당하는 작업이 주 1회 이상 지속적으로 이루어지거나 연간 총 60일 이상 이루어지는 작업으로 정의하고 있다.

근골격계부담작업

- 하루에 4시간 이상 집중적으로 자료입력 등을 위해 키보드 또는 마우스를 조작하는 작업
- 하루에 총 2시간 이상 목, 어깨, 팔꿈치, 손목 또는 손을 사용하여 같은 동작을 반복하는 작업
- 하루에 총 2시간 이상 머리 위에 손이 있거나, 팔꿈치가 어깨위에 있거나, 팔꿈치를 몸통으로부터 들거나, 팔꿈치를 몸통뒤쪽에 위치하도록 하는 상태에서 이루어지는 작업
- 지지되지 않은 상태이거나 임의로 자세를 바꿀 수 없는 조건에서, 하루에 총 2시간 이상 목이나 허리를 구부리거나 트는 상태에서 이루어지는 작업
- 하루에 총 2시간 이상 쪼그리고 앉거나 무릎을 굽힌 자세에서 이루어지는 작업
- 하루에 총 2시간 이상 지지되지 않은 상태에서 1kg 이상의 물건을 한손의 손가락으로 집어 옮기거나, 2kg 이상에 상응하는 힘을 가하여 한손의 손가락으로 물건을 쥐는 작업
- 하루에 총 2시간 이상 지지되지 않은 상태에서 4.5kg 이상의 물건을 한 손으로 들거나 동일한 힘으로 쥐는 작업
- 하루에 10회 이상 25kg 이상의 물체를 드는 작업
- 하루에 25회 이상 10kg 이상의 물체를 무릎 아래에서 들거나, 어깨 위에서 들거나, 팔을 뻗은 상태에서 드는 작업
- 하루에 총 2시간 이상, 분당 2회 이상 4.5kg 이상의 물체를 드는 작업
- 하루에 총 2시간 이상 시간당 10회 이상 손 또는 무릎을 사용하여 반복적으로 충격을 가하는 작업

181) 2개월 이내에 종료하는 작업
182) 정기적, 부정기적으로 이루어지는 작업으로서 연간 총 작업일수가 총 60일을 초과하지 않는 작업

(4) 근골격계질환 재해예방 대책

◦ 부적절한 자세 및 고정된 동작을 줄인다.
◦ 무리한 힘을 가하지 않고, 반복적인 작업을 지양한다.
◦ 작업전, 중, 후, 적절한 스트레칭 실시와 휴식시간을 충분히 부여한다.
◦ 5㎏ 이상의 중량물 취급작업 시 물품의 중량과 무게중심에 대한 안내표지를 게시한다.
◦ 근골격계부담작업을 하는 경우 3년 마다 유해요인 조사를 실시한다. 다만 신설되는 사업장은 신설일로부터 1년이내에 최초 실시한다.
◦ 근골격계부담작업에 종사하는 근로자에게 근골격계부담작업의 유해요인, 증상, 대처요령, 올바른 작업방법 등에 대해 교육을 실시한다.

(5) 근골격계 질병의 업무상 질병 인정기준

업무에 종사한 기간과 시간, 업무의 양과 강도, 업무수행 자세와 속도, 업무수행 장소의 구조 등이 근골격계에 부담을 주는 업무로서 다음의 어느 하나에 해당하는 업무에 종사한 경력이 있는 근로자의 팔·다리 또는 허리 부분에 근골격계 질병이 발생하거나 악화된 경우에는 업무상 질병으로 본다[183]. 다만, 업무와 관련이 없는 다른 원인으로 발병한 경우에는 업무상 질병으로 보지 않는다.

◦ 반복 동작이 많은 업무
◦ 무리한 힘을 가해야 하는 업무
◦ 부적절한 자세를 유지하는 업무
◦ 진동 작업
◦ 그 밖에 특정 신체 부위에 부담이 되는 상태에서 하는 업무

183) 근골격계 질병을 판단할 때에는 해당 질병에 대한 증상, 이학적 소견, 검사 소견, 진단명 등을 확인하여 판단한다.

(6) 건설업 종사 근로자의 근골격계질환 발생부위184)

〈건설업 근로자 신체부위별 근골격계질환 고위험 직종〉

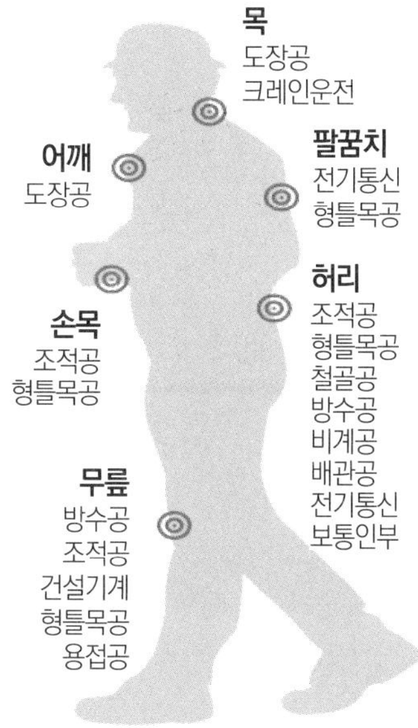

(7) 근골격계질환의 작업조건과 작업내용

작업조건	작업내용
불편한 작업자세	1일 총 2시간 이상 손을 머리위 또는 팔꿈치를 어깨위로 올리는 작업
	1일 총 2시간 이상 목을 지지대 없이 또는 자세를 바꿀 수 없는 상태에서 30° 이상 굽히고 수행하는 작업
	1일 총 2시간 이상 허리를 지지대 없이 또는 자세를 바꿀 수 없는 상태에서 30° 이상 굽히고 수행하는 작업
	1일 총 2시간 이상 쪼그린 자세 또는 무릎을 꿇고 수행하는 작업
손에 부하가 큰 작업	1일 총 2시간 이상 지지물 없이 물건을 손가락으로 집거나 손가락으로 잡고 수행하는 작업
	1일 총 2시간 이상 지지물 없이 물건을 한손으로 집거나 손가락으로 잡거나 힘을 쓰는 작업
반복작업이 많은 작업	1일 총 2시간 이상 목, 어깨, 팔꿈치, 손목, 손 등을 수초 동안 변화 없거나 극히 적은 변동으로 같은 동작을 반복하는 작업
	1일 총 4시간 이상 심하게 키보드를 사용하는 작업

184) 건설현장보건관리, 한국산업안전관리공단, 2014, p.28

작업조건	작업내용
반복적인 충격작업	1일 2시간 이상, 시간당 10회 이상, 손을 망치처럼 사용하는 작업
	1일 2시간 이상, 시간당 10회 이상, 무릎을 망치처럼 사용하는 작업
중량물을 자주 인양하는 작업	중량물 인양작업
	인양빈도가 높은 작업
	불편한 자세의 인양작업
손과 팔의 진동부하 작업	임팩트 렌치, 치핑해머, 직 해머 등과 같은 충격공구를 사용하는 작업
	진동수치가 높은 특정공구를 사용하는 작업
	그라인더 연마기, 실톱 등 진동수치가 보통수준인 수공구를 사용하는 작업

(8) 근골격계질환의 업무상 재해 판단

산재법 시행령 제34조 제3항 별표3 제2호는 근골격계질환의 업무상 질병 인정기준을 규정하고 있다.

근골격계지환의 업무상 질병 인정기준

가. 업무에 종사한 기간과 시간, 업무의 양과 강도, 업무수행 자세와 속도, 업무수행 장소의 구조 등이 근골격계에 부담을 주는 업무로서 다음 어느 하나에 해당하는 업무에 종사한 경력이 있는 근로자의 팔·다리 또는 허리 부분에 근골격계 질병이 발생하거나 악화된 경우에는 업무상 질병으로 본다. 다만, 업무와 관련이 없는 다른 원인으로 발병한 경우에는 업무상 질병으로 보지 않는다.
  1) 반복 동작이 많은 업무
  2) 무리한 힘을 가해야 하는 업무
  3) 부적절한 자세를 유지하는 업무
  4) 진동 작업
  5) 그 밖에 특정 신체 부위에 부담되는 상태에서 하는 업무

나. 신체부담업무로 인하여 기존 질병이 악화되었음이 의학적으로 인정되면 업무상 질병으로 본다.

다. 신체부담업무로 인하여 연령 증가에 따른 자연경과적 변화가 더욱 빠르게 진행된 것이 의학적으로 인정되면 업무상 질병으로 본다.

라. 신체부담업무의 수행 과정에서 발생한 일시적인 급격한 힘의 작용으로 근골격계 질병이 발병하면 업무상 질병으로 본다.

마. 신체부위별 근골격계 질병의 범위, 신체부담업무의 기준, 그 밖에 근골격계 질병의 업무상 질병 인정 여부 결정에 필요한 사항은 고용노동부장관이 정하여 고시한다.

또한 업무상 질병의 인정 여부를 결정하는데 필요한 사항은 고용노동부 고시[185]로 정하고 있다.

가. 근골격계 질병의 정의 및 범위 1) 근골격계 질병은 특정 신체부위에 부담을 주는 업무로 그 업무와 관련이 있는 근육, 인대, 힘줄, 추간판, 연골, 뼈 또는 이와 관련된 신경 및 혈관에 미세한 손상이 누적되어 통증이나 기능 저하가 초래되는 급성 또는 만성질환을 말한다. 2) 근골격계 질병은 팔, 다리 및 허리 부분으로 구분한다. 가) "팔 부분"은 목, 어깨, 등, 위팔, 아래팔, 팔꿈치, 손목, 손 및 손가락의 부위를 말하며, 대표적 질병으로는 경추염좌, 경추간판탈출증, 회전근개건염, 팔꿈치의 내(외)상과염, 수부의 건염 및 건초염, 수근관증후군 등이 있다. 나) "다리 부분"은 둔부, 대퇴부, 무릎, 다리, 발목, 발 및 발가락의 부위를 말하며, 대표적 질병으로는 무릎의 반월상 연골손상, 슬개대퇴부 통증증후군, 발바닥의 근막염, 발과 발목의 건염 등이 있다. 다) "허리 부분"은 요추 및 주변의 조직을 지칭하며 대표적 질병으로는 요부염좌, 요추간판탈출증 등이 있다. 나. 가목 1)에 따른 근골격계 질병을 판단할 때에는 해당 질병에 대한 증상, 이학적 소견, 검사 소견, 진단명 등을 확인하여 판단한다. 다. 업무수행 중 발생한 사고로 인한 근골격계 질병 1) 신체부담업무를 수행한 작업력이 있는 근로자에게 업무수행 중 발생한 사고로 인해 나타나는 근골격계 질병은 업무상 질병의 판단 절차에 따른다. 다만, 신체에 가해진 외력의 정도와 그에 따른 신체손상(골절, 인대손상, 연부조직 손상, 열상, 타박상 등)이 그 근로자의 직업력과 관계없이 사고로 발생한 것으로 의학적으로 인정되는 경우에는 업무상 사고의 판단 절차에 따른다. 2) 1)에서 "업무수행 중 발생한 사고"란 업무수행 중에 통상의 동작 또는 다른 동작에 의해 관절 부위에 급격한 힘이 돌발적으로 가해져 발생한 경우를 말한다. 이 경우, "급격한 힘이 돌발적으로 가해져 발생한 경우"를 판단할 때에는 신체부담업무에 따른 신체의 영향과 급격한 힘의 작용에 따른 신체의 영향을 종합적으로 고려하여 업무관련성 여부를 판단한다. 라. 업무관련성의 판단 1) 신체부담업무의 업무관련성을 판단할 때에는 신체부담정도, 직업력, 간헐적 작업 유무, 비고정작업 유무, 종사기간, 질병의 상태 등을 종합적으로 고려하여 판단한다. 2) 1)의 신체부담정도는 재해조사 내용을 토대로 인간공학전문가, 산업위생전문가, 산업의학 전문의 등 관련 전문가의 의견을 들어 평가하되, 필요한 경우 관련 전문가와 함께 재해조사를 하여 판단한다.

185) 「뇌혈관 질병 또는 심장 질병 및 근골격계 질병의 업무상 질병 인정 여부 결정에 필요한 사항」, 고용노동부고시 제2017-117호

(9) 근골격계 일반적 대상질환

1) 수근관증후군

고도의 반복작업, 불편한 작업자세, 무리한 힘, 진동, 손목/손의 물리적 접촉으로 인한 압박 등으로 횡수근 인대 밑으로 지나가는 정중신경이 압박되어 일어나는 가장 흔한 말초신경압박증후군으로 찌릿찌릿한 증상이 나타나게 된다.

2) 회선건개염

대부분의 작업이 어깨나 팔을 많이 사용하기 때문에 여러 가지 직업성 질환을 유발하게 되는데, 어깨 관절을 싸고 있는 근육들에 염증이 생기는 것을 말한다.

3) 건염, 오십견, 건초염

근육이 뼈에 붙는 부분에 무리가 가서 건에 염증이 생기는 것을 건염이라 하며, 이것이 심해지면 점차 굳어져서 어깨가 움직이는데 제한을 받기도 하는데 이를 흔히 오십견이라고 부른다. 또한, 이러한 건을 둘러싸고 있는 건초에 염증이 생긴 것을 건초염이라 한다.

4) 추간판탈출증, 추간판 팽윤

불안정한 자세로 작업하거나 중량물을 자주 들 때 허리에 스트레스가 가중되어 추간판 내에 있는 수핵이 밖으로 튀어나와 다리로 내려가는 신경을 누르게 되는데 이것이 흔히 디스크라 불리는 추간판탈출증이다. 이 때 신경을 누르지 않을 정도로 돌출되면 추간판 팽윤이라 한다.

5) 척추분리증, 척추전방전위증

허리를 만졌을 때 톡 튀어나온 척추돌기가 분리된 것을 척추분리증이라 하며, 분리증 상태에서 추체가 서서히 앞쪽으로 전위된 것을 척추전방전위증이라고 하는데 이들은 대부분 연령에 의한 퇴행성 변화로 나타난다.

6) 척추관협착증

선천적 원인도 있지만 대부분 노령에 의해 생기는 것으로 신체가 노화되면 척추와 추간판에도 퇴행성 변화가 오기 때문에 척추관절돌기관절에 골극이 형성되어 서서히 척수강 또는 신경공이 좁아지는 것을 말한다.

〈근골격계 질환 중 척추 질환의 이해〉

질환	증상	원인
요추부 염좌	요통, 무릎 윗부분까지의 하지 통증, 요추부 운동제한, 요부 근육 긴장	과도한 부하(힘), 들기작업, 허리 비틀림, 허리 굽힘, 추락, 직접적 외상
신경근병증, 추간판탈출증	하지 통증, 하지 감각저하, 근력저하, 보행장해	과도한 허리사용에 의한 퇴행성 변화, 허리 부담 작업
근막통증후군	요통, 허리주위 근육뭉침	과도한 부하(힘), 들기작업, 허리 비틀림, 허리 굽힘
척추전방전위증	요통, 하지 통증	척추 이분증이 있는 상태에서 허리 부담작업, 외상에 의해 발생 및 악화
척추관협착증	요통 및 하지 통증, 보행 및 활동에 의해 하지 통증 악화	퇴행성 변화, 허리부담작업 및 외상에 의해 악화 가능
디스크 내장증	요통, 하지 통증	디스크 퇴행성 변화, 허리 부담작업, 외상
근막통증후군	목과 어깨 근육 뭉침, 목 통증, 머리 및 어깨, 팔로 통증이 뻗침, 목의 움직임 제한	목을 숙이거나 뒤로 젖히거나 옆으로 돌리는 고정된 자세, 목을 이용한 반복자세
경추부 염좌	목 통증, 목을 움직일 때 통증 증가, 목 움직임 제한	목의 굽힘과 젖힘, 회전에서 힘이 가해지는 경우, 목과 머리의 충격
신경근병증 추간판탈출증	상지 감각변화, 저림, 통증, 근육 약화	목의 고정된 자세에 의해 경추의 퇴행성 변화, 외상
경추부 퇴행성 질환	목 통증, 어깨 통증	목의 고정된 자세, 반복적인 목의 숙임과 젖힘

(10) 근로복지공단의 근골격계질환 업무상 질병 판단

1) 근로복지공단 근골격계질병 조사 및 판정절차

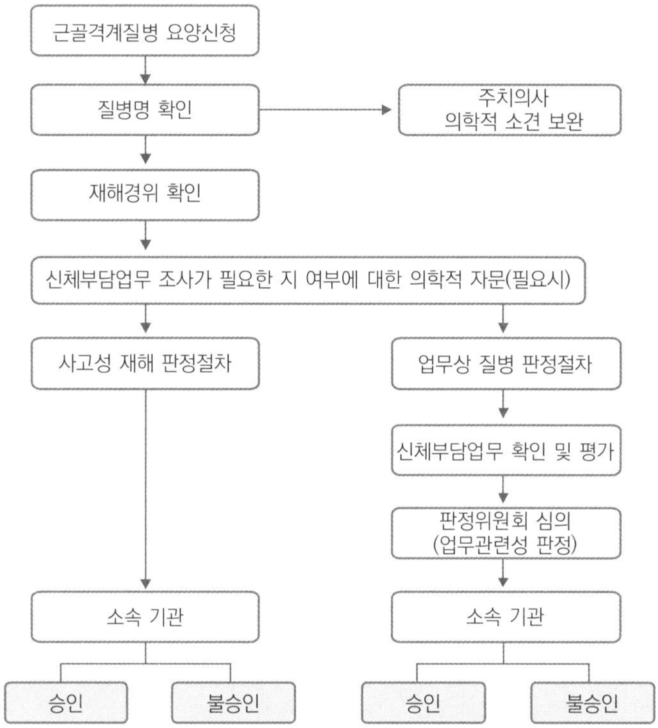

2) 근골격계질환 업무상질병 조사 및 판정지침

근골격계질병이 산재법상 업무상 질병으로 인정받기 위해서는 해당 질환이 업무로 인해 발생하였거나, 업무로 인해 기존질환이 악화되었다는 사실이 확인되어야 한다. 그런데 대다수 근골격계질환의 경우에는 기존질병 또는 개인의 퇴행성 변화와 밀접한 관계가 있으므로 근골격계질환과 업무와의 상당인과관계를 판단하는 것은 쉬운 일이 아니다.

근로복지공단은 피재근로자(근골격계질환 근로자)의 근골격계질환과 관련된 요양신청서가 접수되면 근골격계질병의 작업내용 및 신체부담의 인과관계를 파악하기 위하여 체크리스트[186]를 가지고 피재근로자의 작업내용 및 신체부담의 정도를 조사하고 있으며 이를 통하여 근로자의 작업이력(이전경력, 조사대상작업), 작업특성, 작업주기를 구분하고, 신체부위별로 어깨, 목, 허리, 무릎, 아래팔 및 팔꿈치, 손 및 손목에 대하여 위험요인과 노출비중을 조사한다.

♣ 근골격계부담작업의 평가표 (별첨 5-8)

♣ 구골격계 증상조사표 (별첨 5-9)

♣ 근곡격계질병 재해조사 시트 (별첨 5-10)

♣ 유해요인 기본조사표 (별첨 5-11)

〈신체부위별 근골격계질환의 원인과 증상〉

상병부위	상병명	원인	증상
경부에서 발생	근막통증후군	미세 누적손상, 만성 과사용 증후군, 근긴장, 감정적 스트레스	압통, 방사통, 심부통, 신전통, 경부운동 제한, 두통
	경추자세 증후군	상부 경추전만의 증가와 턱을 앞으로 내밀고 있는 나쁜 자세, 어깨가 축늘어지고 흉추후만, 대흉근 긴장, 견괄절 운동 제한	상부 경추신전근과 승모근 주위, 어깨, 목, 후두부 통증 지속적 자세 이상에 의하여 악화, 두통 동반
견갑절주위 에서발생	근막통증후군	급성 외상, 미세 누적손상, 만성 과사용증후군, 근긴장, 감정적 스트레스	압통, 연관통, 어깨통증, 팔쪽으로 방사통
	견봉하 점액낭염		회전, 내회전시 통증, 야간통 심함, 상완골 대결절에 압통 점액낭이 완전히 회전하여 견봉밑으로 들어가면 통증이 소실
	상완이두 건막염		40세 초반 여성에서 호발, 통증은 서서히 시작하지만 삽질이나 운동선수들이 공을 던질 때, 견관절의 아탈구시 갑자기 통증이 심하게 느껴질 수 있다. 상완 이두근 구에서의 직접적인 압통은 특징적 징후
	극상근 건염		상완골 회전시 심한 통증(특히 90도 외전시)
팔꿈치주위 에서발생	외상과염		주관절 외측 동통, 수근 관절 및 수지 신전력 약화 등이 자각증상, 전완을 회내시킨 위치에서 물건을 들어 올리기 어렵다고 호소, 동통은 주먹을 쥐든지, 손목 관절을 능동적으로 후방 굴곡시키면 심해짐
	내상과염	상완골의 외상과염과 같은 범주로, 반복되는 외반긴장에 의하여 주 관절의 내측인대 기시부나 flexorpronator group origin 부위의 손상원인으로 생각되는 질환	상완골의 내상과에 국소 압통굴곡(회내전근에 긴장을 주면 주관절 내측에 동통이 유발
	척골관증후군		환자는 주관절과 전완부의 내측에 동통을 호소, 제4, 5지의 척측 1/2 즉, 척골 신경의 감각저하나 소실 및 이상 감각이 관찰, 제1 골간근을 포함한 척골신경에 의해 지배되는 내지근의 마비가 관찰

186) [별첨 5-10] 근곡격계질병 재해조사 시트 참고

상병부위	상병명	원인	증상
		주관절 주위의 만성적인 반복적 둔사, 주관절 골절	경미한 경우-척골 신경 분포부위의 이상 감각
	지연성 척골신경마비	후의 외반주 변형, 주관절의 반복적인 아탈구 또는 탈구, 급성외상, 감염, 기형 근육에 대한 압박 등	중등도인 경우-통증과 이상 감각, 골간극의 약화 및 위축 중증인 경우-골간극, FCU, FDP의 척측편 약화와 위축
	회내근증후군		전완부 근위 전면주에 동통이 있고 주로 활동시 증가됨 제 1-3수지의 전면에 감각 감소 또는 소실되고, 수근 관절 요측 굴곡과 제1-33 수지의 능동적 굴곡력이 감소됨
손가락과 손목에서 발생	손목터널 증후군	정확한 원인이나 유발 인자는 발견되지 않는 경우가 대부분 수근관의 공간을 감소시킬 수 있는 어떤 경우라도 원인이 될 수 있음.	손의 힘이 약해지는 경우가 많고, 정중신경 분포부위에 이상 감각이나 감각감소, 손을 꽉 쥐거나 사용할 때 증세가 악화된다. 통증이 근위 전완부나 주관절 부위, 전관절 부위까지 방사되기도 함, 환자는 손목을 잘 못쓰며, 수지의 부종감을 호소하나 종창은 없음. 특히 여자환자 중 자다가 손에 타는 듯한 통증과 무감각을 느껴 깨어났는데, 손을 움직이면 통증이 가라앉는 증세가 반복되면 의심
	드꿰르벵 건초염	류마티스 관절염 같은 질환일 수도 있고, 대개의 경우 수부나 수근관절을 과도하게 사용하는 직업적 활동에 의해 섬유막이 부후되어 발생함	styloid process가 있는 요골의 원위 외측에 동통과 압통, 이동통은 무지, 수근부 또는 전완부 쪽으로 방사됨
	방아쇠 손가락	원인은 다양, 여러 수지에 발생하였을 때는 류마티스 관절염을 의심하여야 함. 손잡이 자루가 달린 기구나 운전대 등을 장시간 손에 쥐는 직업에서 반복적인 손바닥에의 마찰에 의해 발생	
	결절종	원인은 확실하지 않으나 관절액이나 건막의 활액이 세어 나와 고여서 만들어지는 것이라는 주장도 있으며 조직의 mucoid degeneration으로 설명하기도함	두드러지게 감지되는 증상은 없는 것이 보통, 신경이나 혈관을 누르면 동통이나 근력 약화 등이 나타날 수 있다. 종양이 만져지기 전에 불편감이 먼저 나타남
	척골관증후군	망치질 같은 반복적인 둔탁한 외상, 척골관 내에 결절종이나 지방종, hamate or triquetrum, 제4, 5중수골 근위부 골절, 척골 동맥의 동맥류, 혈전 등이 척골동맥의 동맥류, 혈전 등이 척골 신경을 압박하여 나타남	
	바르텐베르그 증후군	꽉끼는 산업용 장갑, 시계	통증이 수부의 후방요측에 방사되고, 신경영역에서 이상 감각
	수완진동 증후군	장기간의 진동에 의한 혈관반응, vasospasm	촉각의 양적저하(수지말단), 신경전도의 이상

4. 건강관리수첩제도

산안법 제44조(건강관리수첩) ①고용노동부장관은 건강장해가 발생할 우려가 있는 업무에 종사하는 사람의 직업성질환 조기발견 및 지속적인 건강관리를 위하여 일정 요건에 해당하는 사람에게 건강관리수첩을 발급하여야 한다. 이 경우 건강장해가 발생할 우려가 있는 업무 및 일정 요건에 관하여 구체적인 사항은 고용노동부령으로 정한다.
②건강관리수첩을 발급받은 사람이 「산업재해보상보험법」 제41조에 따른 요양급여를 신청하는 경우에는 건강관리수첩을 제출함으로써 해당 재해에 관한 의사의 초진소견서의 제출을 갈음할 수 있다.
③제1항에 따른 건강관리수첩을 받은 자는 그 건강관리수첩을 타인에게 양도하거나 대여하여서는 아니 된다.
④건강관리수첩의 내용 · 서식 · 용도, 그 밖에 건강관리수첩 발급에 필요한 사항은 고용노동부령으로 정한다.

국가는 유해.위험작업에 종사하는 근로자의 건강장해가 발생할 우려가 있는 직업성질환의 조기 발견 뿐 아니라 지속적인 건강관리를 위하여 건강관리수첩제도를 시행하고 있다.

특히 석면 등 14종의 유해물질을 제조·취급하는 업무에 일정기간 이상 종사한 근로자를 대상으로 장기간 잠복기를 거쳐 발병하는 직업성 암 등 직업성 질환을 조기에 발견 및 지속적인 건강관리를 위해 건강관리수첩제도가 도입되었다.[187]

(1) 건강관리수첩의 관리

건강장해를 방해할 우려가 있는 업무로서 고용노동부령이 정하는 유해한 업무에 일정기간 종사하는 근로자에게 고용노동부장관이 건강관리수첩을 교부하도록 하여 당해 근로자가 이직 후에도 무료로 특수건강진단을 계속 받을 수 있도록 하고 있는데, 이는 직업병 발생을 사전에 예방함은 물론, 향후 직업병 발생 시 건강관리의 책임 소재를 명확히 하고, 근로자의 이·퇴직에 따른 지속적인 관리 및 질병에 이환된 근로자에 대한 사후관리가 가능하도록 하기 위함이다.

187) 만화로 보는 산업안전보건법, 안전관리공단, 2016, p.117

(2) 건강관리수첩 발급절차

산안법 시행규칙 제109조(건강관리수첩의 발급 절차) ①수첩을 발급받으려는 사람은 공단에 발급신청을 하여야 한다. 다만, 재직 중인 근로자가 사업주에게 의뢰하는 경우에는 사업주가 공단에 수첩의 발급을 신청할 수 있다.
②제1항에 따라 수첩의 발급을 신청하려는 사람은 별지 제23호서식의 건강관리수첩 발급신청서(전자문서로 된 신청서를 포함한다)에 별표 14의2의 각 호의 어느 하나에 해당하는 사실을 증명하는 서류(전자문서를 포함한다)와 사진 1장을 첨부하여 공단에 제출하여야 한다.
③제2항에 따른 발급신청을 받은 공단은 제출된 서류를 확인한 후 수첩발급 요건에 적합하다고 인정되는 경우에는 수첩을 발급하여야 한다.
④사업주가 제1항 단서에 따라 공단으로부터 수첩을 발급받은 경우에는 지체 없이 해당 근로자에게 전달하여야 한다.

건강관리수첩은 근로자, 사업주가 안전보건공단에 신청하면 접수일로부터 10일 이내에 발급된다.

♣ 건강관리수첩 발급대상 (별첨 5-12)

(3) 건강관리수첩 소지자의 건강진단

산안법 시행규칙 제110조의2(수첩소지자 건강진단) ①수첩을 발급받은 근로자는 수첩의 발급 대상 업무에서 더 이상 종사하지 아니하는 경우에는 공단 또는 특수건강진단기관에서 실시하는 건강진단을 매년(수첩 발급 대상 업무에서 종사하지 아니하게 된 첫 해는 제외한다) 1회 받을 수 있다. 다만, 수첩 발급 대상 업무에서 더 이상 종사하지 아니하는 근로자가 수첩의 발급 대상 업무와 같은 업무에 재취업하고 있는 기간 중에는 그러하지 아니하다.

수첩의 발급 대상 업무에서 더 이상 종사하지 않는 경우에는 매년(수첩발급 대상 업무에서 종사하지 아니하게 된 첫 해는 제외) 1회 안전보건공단이 실시하는 건강진단을 무료로 받을 수 있다.

5. 질병자의 근로 제한

산안법 시행규칙 제116조(질병자의 근로금지) ①사업주는 다음 각 호의 어느 하나에 해당하는 사람에 대해서는 법 제45조제1항에 따라 근로를 금지하여야 한다.

1. 전염될 우려가 있는 질병에 걸린 사람. 다만, 전염을 예방하기 위한 조치를 한 경우에는 그러하지 아니하다.
2. 정신분열증, 마비성 치매에 걸린 사람
3. 심장 · 신장 · 폐 등의 질환이 있는 사람으로서 근로에 의하여 병세가 악화될 우려가 있는 사람
4. 제1호부터 제3호까지의 규정에 준하는 질병으로서 고용노동부장관이 정하는 질병에 걸린 사람

②사업주는 제1항에 따라 근로를 금지하거나 근로를 다시 시작하도록 하는 경우에는 미리 보건관리자(의사인 보건관리자만 해당한다), 산업보건의 또는 건강진단을 실시한 의사의 의견을 들어야 한다.

산안법 시행규칙 제117조(질병자 등의 취업 제한) ①사업주는 제99조에 따른 건강진단 결과 유기화합물 · 금속류 등의 유해물질에 중독된 사람, 해당 유해물질에 중독될 우려가 있다고 의사가 인정하는 사람, 진폐의 소견이 있는 사람 또는 방사선에 피폭된 사람을 해당 유해물질 또는 방사선을 취급하거나 해당 유해물질의 분진 · 증기 또는 가스가 발산되는 업무 또는 해당 업무로 인하여 근로자의 건강을 악화시킬 우려가 있는 업무에 종사하도록 하여서는 아니 된다.

②사업주는 다음 각 호의 어느 하나에 해당하는 질병이 있는 근로자를 고기압 업무에 종사하도록 하여서는 아니 된다.

1. 감압증이나 그 밖에 고기압에 의한 장해 또는 그 후유증
2. 결핵, 급성상기도감염, 진폐, 폐기종, 그 밖의 호흡기계의 질병
3. 빈혈증, 심장판막증, 관상동맥경화증, 고혈압증, 그 밖의 혈액 또는 순환기계의 질병
4. 정신신경증, 알코올중독, 신경통, 그 밖의 정신신경계의 질병
5. 메니에르씨병, 중이염, 그 밖의 이관협착을 수반하는 귀 질환
6. 관절염, 류마티스, 그 밖의 운동기계의 질병
7. 천식, 비만증, 바세도우씨병, 그 밖에 알레르기성 · 내분비계 · 물질대사 또는 영양장해 등과 관련된 질병

질병자의 근로금지는 전염성이 강한 질병에 걸린 근로자 등을 방치하여 해당 근로자가 건강이 악화되는 것을 방지하고 전염성으로 인한 동료근로자에 대한 질병의 전파를 방지하기 위한 목적으로 행해지는 것으로, 전염될 우려가 있는 질병으로는 2017년에 발병했던 메르스 같은 국가적 전염병이 대표적으로 이에 해당된다.

산안법 시행규칙 제117조 제1항에서는 유해물질에 중독, 진폐의 소견이 있는 사람, 방사선에 피폭된 사람을 해당 유해물질 업무 또는 해당 업무로 인하여 근로자의 건강을 악화시킬 우려가 있는 업무에 종사시키지 못하도록 하고 있다.

6. 근로시간 연장의 제한

산안법 제46조(근로시간 연장의 제한) 사업주는 유해하거나 위험한 작업으로서 대통령령으로 정하는 작업에 종사하는 근로자에게는 1일 6시간, 1주 34시간을 초과하여 근로하게 하여서는 아니 된다.

산안법 시행령 제32조의8(유해 · 위험작업에 대한 근로시간 제한 등) ①법 제46조에 따라 근로시간이 제한되는 작업은 잠함(潛艦) 또는 잠수작업 등 높은 기압에서 하는 작업을 말한다.
②제1항에 따른 작업에서 잠함 · 잠수 작업시간, 가압 · 감압방법 등 해당 근로자의 안전과 부건을 유지하기 위하여 필요한 사항은 고용노동부령으로 정한다.
③사업주는 다음 각 호의 어느 하나에 해당하는 유해 · 위험작업에서 법 제23조와 제24조에 따른 유해 · 위험 예방조치 외에 작업과 휴식의 적정한 배분, 그 밖에 근로시간과 관련된 근로조건의 개선을 통하여 근로자의 건강 보호를 위한 조치를 하여야 한다.
1. 갱(坑) 내에서 하는 작업
2. 다량의 고열물체를 취급하는 작업과 현저히 덥고 뜨거운 장소에서 하는 작업
3. 다량의 저온물체를 취급하는 작업과 현저히 춥고 차가운 장소에서 하는 작업
4. 라듐방사선이나 엑스선, 그 밖의 유해 방사선을 취급하는 작업
5. 유리 · 흙 · 돌 · 광물의 먼지가 심하게 날리는 장소에서 하는 작업
6. 강렬한 소음이 발생하는 장소에서 하는 작업
7. 착암기 등에 의하여 신체에 강렬한 진동을 주는 작업
8. 인력으로 중량물을 취급하는 작업
9. 납 · 수은 · 크롬 · 망간 · 카드뮴 등의 중금속 또는 이황화탄소 · 유기용제, 그 밖에 고용노동부령으로 정하는 특정 화학물질의 먼지 · 증기 또는 가스가 많이 발생하는 장소에서 하는 작업

사업주는 산안법 시행령 제32조의8에 종사하는 근로자에 대해 근로시간을 줄이고 연장근무시간을 제한함으로써 유해, 위험작업에 종사하는 근로자의 안전과 보건을 유지하고 근로자의 건강과 생명을 보존하기 위한 조치를 행하여야 한다.

VI 산업재해예방 제도

산업재해는 인적, 물적 손실 뿐 아니라 경제, 사회적 문제를 야기하는 요인이 되므로 이에 대한 예방을 위하여 산안법에서는 산업재해예방과 관련된 정부의 책무를 상세히 규정하고 있다. 특히 산업 중 가장 산업재해의 발생 빈도가 높은 업종인 건설업의 산업재해예방 업무는 정책적 효과를 거둘 수 있는 중요한 업무로써 매년 건설업의 산업재해발생률을 공표하도록 하여 건설회사의 명예와 신용에 대한 심리적 압박을 통해 산재예방 활동을 유인하고 있다.

1. 사업장의 산업재해 발생건수 등 공표

산안법 제9조의2(사업장의 산업재해 발생건수 등 공표) ①고용노동부장관은 산업재해를 예방하기 위하여 대통령령으로 정하는 사업장의 산업재해 발생건수, 재해율 또는 그 순위 등을 공표하여야 한다.

②고용노동부장관은 대통령령으로 정하는 사업장의 도급인이 사용하는 근로자와 수급인[하수급인(下受給人)을 포함한다. 이하 같다]이 사용하는 근로자가 같은 장소에서 작업을 하는 경우에 도급인의 산업재해 발생건수등에 수급인의 산업재해 발생건수등을 포함하여 제1항에 따라 공표하여야 한다.

③고용노동부장관은 제2항에 따라 산업재해 발생건수등을 공표하기 위하여 도급인에게 수급인에 관한 자료의 제출을 요청할 수 있다. 이 경우 요청을 받은 자는 특별한 사유가 없으면 이에 따라야 한다.

④제1항 및 제2항에 따른 공표의 절차 및 방법 등에 관하여 필요한 사항은 고용노동부령으로 정한다.

고용노동부장관은 산업재해를 예방하기 위하여 대통령령으로 정하는 사업장의 산업재해 발생건수, 재해율 또는 그 순위를 공표하여야 한다.

사업장 산업재해 발생 건수 등을 공포하여야 하는 사업장

- 중대재해가 발생한 사업장 중 재해 발생연도의 연간 산업재해율이 규모별 같은 업종의 평균 재해율 이상인 사업장
- 산업재해로 연간 사망재해자가 2명 이상 발생한 사업장
- 사망만인율(연간 상시 근로자 1만명당 발생하는 사망자 수로 환산한 것)이 규모별 같은 업종의 평균 사망만인율 이상인 사업장
- 법 제10조제1항[188]을 위반하여 산업재해 발생사실을 은폐한 사업장
- 법 제10조제2항[189]에 따른 산업재해의 발생에 관한 보고를 최근 3년 이내 2회 이상 하지 않은 사업장
- 법 제49조의2제1항에 따른 중대산업사고가 발생한 사업장

산안법 개정으로 2019년부터 산업재해발생률을 사망망인율로 발표하고, 그 동안 1000대 도급순위 종합건설사만 발표하던 것을 모든 종합건설사를 대상으로 발표하고 있다. 산안법 제9조의2 제2항에서는 수차의 도급으로 이루어지는 현장에서 도급인이 관계수급인의 재해예방 조치 미흡으로 발생한 사고로 인해 수급인 사업장의 산업재해 발생건수를 발표할 때에 수급인의 사업장이 산재법 시행령 제8조의4 제1항 각 호에 해당하는 경우[190]에는 수급인 해당 재해가 발생한 도급인의 사업장에 대한 산업재해 발생건수 등을 함께 공표하도록 하고 있다.[191]

2. 산업재해발생률 및 산업재해 발생 보고의무 위반 산정방법[192]

1. 산업재해발생률 및 산업재해 발생 보고의무 위반에 따른 가감점 부여대상이 되는 건설업체는 매년 「건설산업기본법」제23조에 따라 국토교통부장관이 시공능력을 고려하여 공시하는 건설업체 중 고용노동부장관이 정하는 업체로 한다.
2. 건설업체의 산업재해발생률은 다음의 계산식에 따른 업무상 사고사망만인율(이하 "사고사망만인율"이라 한다)로 산출하되, 소수점 셋째 자리에서 반올림한다.

188) 산업재해 발생 은폐 금지
189) 산업재해 발생 보고
190) 중대재해가 발생한 사업장으로서 해당 중대재해 발생연도의 연간 산업재해율이 규모별 같은 업종의 평균재해율 이상인 사업장, 산업재해로 인한 사망자가 연간 2명 이상 발생한 사업장, 사망만인율(사망재해자 수를 연간 상시근로자 1만명당 발생하는 사망재해자 수로 환산한 것을 말한다)이 규모별 같은 업종의 평균 사망만인율 이상인 사업장, 중대산업사고가 발생한 사업장
191) 산안법 시행령 제8조의4 제2항

$$\text{사고사망만인율}(‱) = \frac{\text{사고사망자 수}}{\text{상시 근로자 수}} \times 10{,}000$$

3. 제2호의 계산식에서 사고사망자 수는 다음과 같은 기준과 방법에 따라 산출한다.
   가. 사고사망자 수는 사고사망만인율 산정 대상 연도의 1월 1일부터 12월 31일까지의 기간 동안 해당 업체가 시공하는 국내의 건설 현장(자체사업의 건설 현장은 포함한다. 이하 같다)에서 사고사망재해를 입은 근로자 수를 합산하여 산출한다. 다만, 별표 11의2 제2호마목에 따른 이상기온에 기인한 질병사망자는 포함한다.
      1) 「건설산업기본법」 제8조에 따른 종합공사를 시공하는 업체의 경우에는 해당 업체의 소속 사고사망자 수에 그 업체가 시공하는 건설현장에서 그 업체로부터 도급을 받은 업체(그 도급을 받은 업체의 하수급인을 포함한다. 이하 같다)의 사고사망자 수를 합산하여 산출한다.
      2) 「건설산업기본법」 제29조제3항에 따라 종합공사를 시공하는 업체(A)가 발주자의 승인을 받아 종합공사를 시공하는 업체(B)에 도급을 준 경우에는 해당 도급을 받은 종합공사를 시공하는 업체(B)의 사고사망자 수와 그 업체로부터 도급을 받은 업체(C)의 사고사망자 수를 도급을 한 종합공사를 시공하는 업체(A)와 도급을 받은 종합공사를 시공하는 업체(B)에 반으로 나누어 각각 합산한다. 다만, 그 산업재해와 관련하여 법원의 판결이 있는 경우에는 산업재해에 책임이 있는 종합공사를 시공하는 업체의 사고사망자 수에 합산한다.
      3) 제4조제1항에 따른 산업재해조사표를 제출하지 않아 고용노동부장관이 산업재해 발생연도 이후에 산업재해가 발생한 사실을 알게 된 경우에는 그 알게 된 연도의 사고사망자 수로 산정한다.
   나. 둘 이상의 업체가 「국가를 당사자로 하는 계약에 관한 법률」 제25조에 따라 공동계약을 체결하여 공사를 공동이행 방식으로 시행하는 경우 해당 현장에서 발생하는 사고사망자 수는 공동수급업체의 출자 비율에 따라 분배한다.
   다. 건설공사를 하는 자(도급인, 자체사업을 하는 자 및 그의 수급인을 포함한다)와설치, 해체, 장비 임대 및 물품 납품 등에 관한 계약을 체결한 사업주의 소속 근로자가 그 건설공사와 관련된 업무를 수행하는 중 사고사망재해를 입은 경우에는 건설공사를 하는 자의 사고사망자 수로 산정한다.
   라. 삭제 〈2018. 12. 31.〉
   마. 사고사망자 중 다음의 어느 하나에 해당하는 경우로서 사업주의 법 위반으로 인한 것이 아니라고 인정되는 재해에 의한 사고사망자는 사고사망자 수 산정에서 제외한다.
      1) 방화, 근로자간 또는 타인간의 폭행에 의한 경우
      2) 「도로교통법」에 따라 도로에서 발생한 교통사고에 의한 경우(해당 공사의 공사용 차량·장비에 의한 사고는 제외한다)
      3) 태풍·홍수·지진·눈사태 등 천재지변에 의한 불가항력적인 재해의 경우
      4) 작업과 관련이 없는 제3자의 과실에 의한 경우(해당 목적물 완성을 위한 작업자간의 과실은 제외한다)

5) 삭제 〈2018. 12. 31.〉

6) 그 밖에 야유회, 체육행사, 취침·휴식 중의 사고 등 건설작업과 직접 관련이 없는 경우

바. 삭제 〈2014.3.12〉

4. 제2호의 계산식에서 상시 근로자 수는 다음과 같이 산출한다.

$$\text{상시 근로자 수} = \frac{\text{연간 국내공사 실적액} \times \text{노무비율}}{\text{건설업 월평균임금} \times 12}$$

가. '연간 국내공사 실적액'은 「건설산업기본법」에 따라 설립된 건설업자의 단체, 「전기공사업법」에 따라 설립된 공사업자단체, 「정보통신공사업법」에 따라 설립된 정보통신공사협회, 「소방시설공사업법」에 따라 설립된 한국소방시설협회에서 산정한 업체별 실적액을 합산하여 산정한다.

나. '노무비율'은 「고용보험 및 산업재해보상보험의 보험료징수 등에 관한 법률 시행령」 제11조제1항에 따라 고용노동부장관이 고시하는 일반 건설공사의 노무비율(하도급 노무비율은 제외한다)을 적용한다.

다. '건설업 월평균임금'은 「고용보험 및 산업재해보상보험의 보험료징수 등에 관한 법률 시행령」 제2조제1항제3호가목에 따라 고용노동부장관이 고시하는 건설업 월평균임금을 적용한다.

5. 고용노동부장관은 제3호마목에 따른 사고사망자 수 산정 여부 등을 심사하기 위하여 다음 각 목의 어느 하나에 해당하는 사람 각 1명 이상으로 심사단을 구성·운영할 수 있다.

가. 전문대학 이상의 학교에서 건설안전 관련 분야를 전공하는 조교수 이상인 사람

나. 공단의 전문직 2급 이상 임직원

다. 건설안전기술사 또는 산업안전지도사(건설안전 분야에만 해당한다) 등 건설안전 분야에 학식과 경험이 있는 사람

6. 산업재해 발생 보고의무 위반건수는 다음 각 목에서 정하는 바에 따라 산정한다.

가. 건설업체의 산업재해 발생 보고의무 위반건수는 국내의 건설현장에서 발생한 산업재해의 경우 법 제10조에 따른 보고의무를 위반(제4조제1항에 따른 보고기한을 넘겨 보고의무를 위반한 경우는 제외한다)하여 과태료 처분을 받은 경우만 해당한다.

나. 「건설산업기본법」 제8조에 따른 종합공사를 시공하는 업체의 산업재해 발생 보고의무 위반건수에는 해당 업체로부터 도급받은 업체(그 도급을 받은 업체의 하수급인은 포함한다)의 산업재해 발생 보고의무 위반건수를 합산한다.

다. 「건설산업기본법」 제29조제3항에 따라 종합공사를 시공하는 업체(A)가 발주자의 승인을 받아 종합공사를 시공하는 업체(B)에 도급을 준 경우에는 해당 도급을 받은 종합공사를 시공하는 업체(B)의 산업재해 발생 보고의무 위반건수와 그 업체로부터 도급을 받은 업체(C)의 산업재해 발생 보고의무 위반건수를 도급을 준 종합공사를 시공하는 업체(A)와 도급을 받은 종합공사를 시공하는 업체(B)에 반으로 나누어 각각 합산한다.

라. 둘 이상의 건설업체가 「국가를 당사자로 하는 계약에 관한 법률」 제25조에 따라 공동계약을 체결하여 공사를 공동이행 방식으로 시행하는 경우 산업재해 발생 보고의무 위반건수는 공동수급업체의 출자비율에 따라 분배한다.

고용노동부장관은 산안법 시행규칙 제3조의2 제6호 및 제7호에 따라 시공능력평가액 감액요청 등 불이익 조치의 요청을 통해 건설회사에 막대한 경영상 불이익을 초래하게 함으로써 자율적인 산업재해예방활동을 활성화하고 있다.

3. 환산재해율(산업재해발생률) 통보

건설회사의 환산재해율 조사 업무는 도급순위 1,000대 업체를 대상으로 2005년까지 노동부에서 직접 수행하였으나 2006년부터 한국산업안전보건공단(이하 '안전보건공단'이라 한다)에서 수행하고 있다. 안전보건공단은 매년 4월경 근로복지공단으로부터 전년도 건설회사의 산업재해로 승인된 요양 및 유족사건 자료를 통보 받아 해당 건설회사로 동 자료를 송부하여 재해사실에 대한 이의제기를 할 수 있도록 하고 있다.

안전보건공단으로부터 전년도 재해발생건수를 통보 받은 건설회사는 산업재해발생건수 중 진폐증, 방화, 폭행으로 인한 사고, 사업장외 교통사고, 태풍, 홍수, 지진, 눈사태 등 천재지변으로 인한 사고, 작업과 관련이 없는 제3자의 과실로 인한 사고, 야유회, 체육행사, 취침, 휴식 중의 사고가 있는 경우 그 소명자료를 첨부하고, 공동도급 현장사고인 경우 그 지분율이 제대로 반영 되었는지를 확인한 후 안전보건공단으로 통보한다. 안전보건공단은 건설회사로부터 받은 이의제기 사실을 확인하여 이의가 타당할 시 그 발생건수를 제외한 후 5월경 2차 소명기회를 부여하고 6월경 최종 환산재해율(일반 재해율과는 달리 사망자 수에 가중치를 부여하는 재해율로 현재는 사망자 1인 당 부상 건수 5배의 가중치를 부여하고 있다)을 건설회사로 통보한 후 고용노동부로 조사사실을 이관을 하면 고용노동부장관은 6월 30일까지 그 사실을 관보에 등재하고 7월 1일자로 언론에 공표한다.

192) 산안법 시행규칙 [별표 1]

4. 건설사의 재해율과 입찰참가자격사전심사(PQ) 및 기업에 미치는 영향

건설회사는 국가기관이나 공공기관으로부터 발주하는 공사에 입찰하는 경우 재무건전성, 기술자보유현황, 공사실적 등을 고려하여 건설협회로부터 시공능력을 평가받는다. 시공능력평가제도는 건설회사가 1건의 공사를 수행할 수 있는 능력을 금액으로 환산한 지표로 매년 7월말 공시된다.

국가나 공공기관은 공공공사 발주시 적정 건설회사를 선정할 때 즉 입찰참가자격사전심사(PQ:Pre-Qualification)시 재해율이 낮은 건설회사에 대해서는 가점 부여 및 지도감독면제 등 각종 혜택을 부여하는 한편 재해율이 높은 업체는 입찰참가자격사전심사(PQ)시 감점을 부여하도록 하고 있다. 또한 고용노동부장관은 시공능력평가액 감액요청 등 불이익 조치를 요청하여 건설회사에 막대한 경영상의 불이익을 초래하게 함으로써 자율의 재해예방 활동을 활성시키기 위해 노력하고 있다(산안법 시행규칙 제3조의2 제6호 및 제7호 참조).

공공공사 입찰시 시공능력평가만으로는 변별력이 없으므로 실무상 건설회사의 재해율이 입찰에 많은 영향을 끼치게 되며 이로 인해 건설회사는 건설현장에서 발생한 사고건에 대해 산재처리보다 근로기준법상의 재해보상 및 민사상 손해배상을 근거로 공상처리를 선호하는 실정이다.

한편 정부부처 및 지방자치단체가 발주하는 300억 이상의 관급공사에서는 현재 도급순위 1,000대 건설업체의 재해발생율(건설안전)을 산정하여 입찰참가자격사전심사(PQ)시 신인도(사회적 책임) 항목에 이를 반영하고 있으며 발주기관에 따라 그 가중치를 20~40% 범위 안에서 운용하고 있다.

그런데 환산재해율에는 질병,사고,사망으로 인한 재해가 포함되어 있어 PQ점수에 관심을 갖는 1,000대 종합건설사들은 재해가 발생한 경우에 산재로 처리하는 것을 꺼리게 되는 것이 일반적이었다. 하지만 2018년 12월 31일자로 개정된 산안법 시행규칙 별표1에 의해 건설업체의 산업재해발생률이 기존의 환산재해율에서 사망만인율로 변경되었으며, 기존 1000대 종합건설업체를 대상으로 산업재해발생률을 발표했던 것을 현재 종합건설업체 12,000여개에 이르는 모든 종합건설업체로 확대함으로써 공공공사 입찰참가자격사전심사(PQ) 및 시공능력평가금액에 영향을 미치도록 하고 있다.

관급공사의 입찰평가방식의 결정은 건설공사의 규모에 따라 달라지며 추정가격 300억원을 기준으로 그 이상일 경우에는 최저가격낙찰제를 적용하고, 300억원 미만일 경우에는 적격심사제를 적용하고 있다.

〈종합심사낙찰제 일반공사의 분야별 심사항목 및 배점기준193)〉

<table>
<tr><th>심사 분야</th><th>심사분야</th><th colspan="2">심사 항목</th><th>가중치</th><th>비고</th></tr>
<tr><td rowspan="19">추정가격
300~1000
억원공사</td><td rowspan="8">공사수행
능력
(40~50점)</td><td rowspan="3">전문성</td><td>시공실적
(시공인력)</td><td>20~30%</td><td rowspan="8"></td></tr>
<tr><td>매출액 비중</td><td>0~20%</td></tr>
<tr><td>배치 기술자</td><td>20~30%</td></tr>
<tr><td rowspan="3">역량</td><td>공공공사 시공평가 점수</td><td>30~50%</td></tr>
<tr><td>규모별 시공역량</td><td>0~20%</td></tr>
<tr><td>공동수급체 구성</td><td>1~5%</td></tr>
<tr><td>일자리</td><td>건설인력 고용</td><td>2~3%</td></tr>
<tr><td colspan="2">소계</td><td>100%</td></tr>
<tr><td rowspan="3">입찰금액
(50~60점)</td><td colspan="2">금액</td><td>100%</td><td rowspan="3"></td></tr>
<tr><td rowspan="2">가격
산출의
적정성</td><td>단가</td><td rowspan="2">감점</td></tr>
<tr><td>하도급계획</td></tr>
<tr><td rowspan="4">사회적
책임
(가점2점)</td><td colspan="2">건설안전</td><td>30~40%</td><td rowspan="4">※ 공사수행능력에 가산</td></tr>
<tr><td colspan="2">공정거래</td><td>30~40%</td></tr>
<tr><td colspan="2">지역경제 기여도</td><td>30~40%</td></tr>
<tr><td colspan="2">소계</td><td>100%</td></tr>
<tr><td rowspan="4">계약신
뢰도
(감점)</td><td colspan="2">배치기술자 투입계획 위반</td><td>감점</td><td rowspan="4"></td></tr>
<tr><td colspan="2">하도급관리계획 위반</td><td>감점</td></tr>
<tr><td colspan="2">하도급금액 변경 초과비율 위반</td><td>감점</td></tr>
<tr><td colspan="2">고난이도공사의 시공계획 위반</td><td>감점</td></tr>
</table>

* 공사수행능력 점수와 입찰금액 점수를 합한 총점은 100점으로 한다.

193) (계약예규) 공사계약 종합심사낙찰제 심사기준, 기획재정부계약예규 제442호, [별표1-1]

〈고난이도 공사의 분야별 심사항목 및 배점기준[194]〉

<table>
<tr><th></th><th>심사 분야</th><th colspan="2">심사 항목</th><th>가중치</th><th>비고</th></tr>
<tr><td rowspan="21">추정가격
1000억원
이상공사</td><td rowspan="8">공사수행능력
(40~50점)</td><td rowspan="3">전문성</td><td>시공실적
(시공인력)</td><td>20~30%</td><td rowspan="8"></td></tr>
<tr><td>매출액 비중</td><td>0~20%</td></tr>
<tr><td>배치 기술자</td><td>20~30%</td></tr>
<tr><td rowspan="3">역량</td><td>공공공사 시공평가 점수</td><td>30~50%</td></tr>
<tr><td>규모별 시공역량</td><td>0~20%</td></tr>
<tr><td>공동수급체 구성</td><td>1~5%</td></tr>
<tr><td>일자리</td><td>건설인력 고용</td><td>2~3%</td></tr>
<tr><td colspan="2">소계</td><td>100%</td></tr>
<tr><td rowspan="5">입찰금액
(50~60점)</td><td colspan="2">금액</td><td>100%</td><td rowspan="5"></td></tr>
<tr><td rowspan="4">가격
산출의
적정성</td><td>단가</td><td rowspan="4">감점</td></tr>
<tr><td>하도급계획</td></tr>
<tr><td>물량</td></tr>
<tr><td>시공계획</td></tr>
<tr><td rowspan="4">사회적 책임
(가점 2점)</td><td colspan="2">건설안전</td><td>30~40%</td><td rowspan="4">※ 공사수행능력에 가산</td></tr>
<tr><td colspan="2">공정거래</td><td>30~40%</td></tr>
<tr><td colspan="2">지역경제 기여도</td><td>30~40%</td></tr>
<tr><td colspan="2">소계</td><td>100%</td></tr>
<tr><td rowspan="4">계약신뢰도
(감점)</td><td colspan="2">배치기술자 투입계획 위반</td><td>감점</td><td rowspan="4"></td></tr>
<tr><td colspan="2">하도급관리계획 위반</td><td>감점</td></tr>
<tr><td colspan="2">하도급금액 변경 초과비율 위반</td><td>감점</td></tr>
<tr><td colspan="2">시공계획 위반</td><td>감점</td></tr>
</table>

* 공사수행능력 점수와 입찰금액 점수를 합한 총점은 100점으로 한다.

(1) 입찰참가자격 사전심사 신인도 평가기준

고용노동부는 기획재정부와 협의하여 입찰참가자격 사전심사에 필요한 신인도 평가기준에 ① 건설회사 재해율 가산 1점 ② 산업재해예방활동 가산 1점 ③ 산업재해보고의무위반 감점 2점 ④ 산업안전보건관리비 사용의무 위반 감점 1점 ⑤ 환경관련법 위반 감점 1점을 부과하고 있다.

194) 위 예규 [별표1-2]

〈환산재해율 및 평균환산재해율의 가중평균 산정식〉

(최근년도 환산재해율 × 0.5) + (최근년도 1년전 환산재해율 × 0.3) + (최근년도 2년전 환산재해율 × 0.2)

* 단, 최근년도 1년전 환산재해율 또는 최근년도 2년전 환산재해율을 산정하지 않은 경우에는 평균값으로 한다.

2019년부터 건설안전 항목 적용에 있어 환산재해율이 아닌 사망만인율이 반영하도록 개정되었다. 즉 개정 이전 기준에 의하면 사망사고는 1건 발생했더라도 사망 가중치가 부여되어 5건의 재해건수로 환산되었으나, 앞으로는 상시근로자 1만명당 사망 건수를 산정하는 사망만인율이 중요한 지표가 되는 것이다. 따라서 건설회사에서는 일반 산업재해도 중요하지만 사망사고 예방이 더욱 중요하게 되었다.

(2) 입찰자격 사전심사시 재해율별 등급평점

항목	가점	등급	평점
최근 3년간 고용노동부장관이 산정한 환산재해율의 가중평균이 평균환산재해율의 가중평균이하인 기업	+1	A. 평균환산재해율 0.20배 이하 B. 평균환산재해율 0.40배 이하 C. 평균환산재해율 0.60배 이하 D. 평균환산재해율 0.80배 이하 E. 평균환산재해율 1.0배 이하 F. 평균환산재해율 1.0배 초과	+1 +0.8 +0.6 +0.4 +0.2 0
최근 1년간 건설업체의 산업재해예방활동 실적을 고용노동부장관이 평가한 결과 그 실적이 우수한 기업	+1	A. 평균 90점 이상인 기업 B. 평균 80점 이상 90점 미만인 기업 C. 평균 70점 이상 80점 미만인 기업 D. 평균 60점 이상 70점 미만인 기업 E. 평균 50점 이상 60점 미만인 기업 F. 평균 50점 미만인 기업	+1 +0.8 +0.6 +0.4 +0.2 0

(3) 시공능력평가액 산정에 있어 건설회사 재해율이 미치는 영향

매년 7월에 고시하는 건설회사의 시공능력평가액 산정 시에 최근 3년간 건설공사실적에 건설회사의 재해율이 건설업 평균 재해율 보다 높거나 낮은 회사에 대해 건설공사실적 연평균금액의 3~5% 범위 내에서 증액 또는 감액을 한다.

〈시공능력평가액 산정식〉

시공능력평가액 = 공사실적평가액 + 경영평가액 + 기술능력평가액 ± 신인도 평가액

(4) 중대재해 발생에 따른 건설업체 제재기준

근로자가 동시에 2명이상 사망하는 중대재해가 발생한 경우 건설회사에 입찰참가자격의 제한 또는 영업정지(과징금) 등의 조치가 따른다.

사망자수(동시)	입찰참가자격제한	영업정지기간	과징금액
2~5명	6개월	2개월	6천만 원
6~9명	1년	3개월	8천만 원
10명 이상	1년 6개월	5개월	1억 원

(5) 종합심사낙찰제 항목 중 건설안전 산정 및 편입기준

가. 건설안전은 입찰자의 사망만인율 점수와 재해율 점수를 합산하여 평가한다.

나. 사망만인율은 다음의 계산식에 의거 산출하되, 소수점 셋째 자리에서 반올림한다.

· 사망만인율 = $\frac{\text{사망자 수}}{\text{상시 근로자 수}} \times 10,000$

1) 사망자 수는 산정대상 연도의 1월 1일부터 12월 31일까지의 기간 동안 해당업체가 시공하는 국내의 건설현장에서 사고성 사망재해로 승인된 근로자수를 합산하여 산출한다.
2) 사망자 수는 다음과 같은 기준과 방법에 따라 산출한다.
   가) 공동이행 방식으로 시행하는 공사의 경우 해당 현장에서 발생한 사망자 수는 공동수급체의 출자 비율에 따라 분배한다.
   나) 「건설산업기본법」 제8조에 따른 종합공사를 시공하는 업체(이하 "종합건설업자"라 한다)의 경우에는 해당 업체의 소속 사망자 수에 그 업체가 시공하는 건설현장에서 그 업체로부터 도급을 받은 업체(설치, 해체, 장비 임대 및 물품 납품 등에 관한 계약을 체결한 업체를 포함한다, 이하 같다)의 사망자 수를 합산하여 산출한다. 다만, 건설산업기본법 제29조제3항에 따라 종합건설업자(A)가 발주자의 승인을 받아 다른 종합건설업자(B)에 도급을 준 경우에는 해당 업체(B)의 사망자 수와 그 업체로부터 도급을 받은 업체(C)의 사망자 수를, 도급을 한 종합건설업자(A)와 도급을 받은 종합건설업자(B)에 반으로 나누어 각각 합산한다
   다) 산업안전보건법 시행규칙 별표1 제3호 마목에 해당하는 재해자는 사망자에서 제외한다.

3) 상시 근로자수는 다음과 같이 산출한다

· 상시 근로자수 = $\frac{\text{연간국내공사실적액} \times \text{노무비율}}{\text{건설업월평균임금} \times 12}$

가) 연간 국내공사실적액은 「건설산업기본법」에 따라 대한건설협회에서 산정한 실적액, 「전기공사업법」에 따라 한국전기공사협회에서 산정한 실적액, 「정보통신공사업법」에 따라 한국정보통신공사협회에서 산정한 실적액, 「소방시설공사업법」에 따라 한국소방시설협회에서 산정한 실적액을 합산하여 산출한다.

나) 노무비율은 고용보험 및 산업재해보상보험의 보험료징수 등에 관한 법률 시행령 제11조 제1항에 따라 고용노동부장관이 고시하는 일반 건설공사의 노무비율을 적용한다.

다) 건설업월평균임금은 고용보험 및 산업재해보상보험의 보험료 징수 등에 관한 법률 시행령 제2조 제1항 제3호 가목에 따라 고용노동부장관이 고시하는 건설업 월평균임금을 적용한다.

다. 재해율은 다음의 계산식에 따라 산출하되, 소수점 셋째 자리에서 반올림한다.

· 재해율 = $\frac{\text{재해자 수}}{\text{상시 근로자 수}} \times 100$

1) 재해자 수는 산정대상 연도의 1월 1일부터 12월 31일까지의 기간 동안 해당업체가 시공하는 국내의 건설현장에서 사고성 부상재해로 요양 승인된 근로자수를 합산하여 산출한다.

2) 재해자 수 산출 기준과 방법은 사망자수와 동일하게 산출한다.

3) 상시 근로자수는 사망만인율의 상시 근로자수 산출방식과 동일하게 산출한다.

라. 산업재해 발생보고 위반건수는 다음과 같이 산정한다.

1) 건설업체의 산업재해 발생 보고의무 위반건수는 국내의 건설현장에서 발생한 산업재해의 경우 산업안전보건법 제10조에 따른 보고의무를 위반(제4조제1항에 따른 보고기한을 넘겨 보고의무를 위반한 경우는 제외한다)하여 과태료 처분을 받은 경우만 해당한다.

2) 종합건설업자의 산업재해 발생 보고의무 위반건수에는 해당 업체로부터 도급받은 업체(그 도급을 받은 업체의 하수급인은 포함한다)의 산업재해 발생 보고의무 위반건수를 합산한다. 다만, 「건설산업기본법」 제29조제3항에 따라 종합건설업자(A)가 발주자의 승인을 받아 다른 종합건설업자(B)에 도급을 준 경우에는 해당 도급을 받은 종합건설업자(B)의 산업재해 발생 보고의무 위반건수와 그 업체로부터 도급을 받은 업체(C)의 산업재해 발생 보고의무 위반건수를 도급을 준 종합건설업자(A)와 도급을 받은 종합건설업자(B)에 반으로 나누어 각각 합산한다.

3) 공동이행 방식으로 시행하는 공사의 경우 산업재해 발생 보고의무 위반건수는 각 구성원의 시공비율을 곱한 후 합산하여 평가한다.

마. 사망만인율과 재해율의 점수 심사산식은 다음과 같다.

구분	점수 심사산식	비고
사망 만인율	점수 = 100 − 50 × $\frac{\text{해당업체 가중평균 사망만인율}}{\text{건설업 가중평균 사망만인율}}$ * 해당업체 가중평균사망만인율이 건설업 가중평균사망만인율의 2배 이상인 경우는 0점	점수는 소수첫자리에서 반올림하여 정수로 표시하고, 점수한도는 100
재해율	점수 = 100 − 50 × $\frac{\text{해당업체 가중평균 재해율}}{\text{건설업 가중평균 재해율}}$ * 해당업체 가중평균재해율이 건설업 가중평균 재해율의 2배 이상인 경우는 0점	점수는 소수첫자리에서 반올림하여 정수로 표시하고, 점수한도는 100

1) 사망만인율과 재해율은 입찰공고일이 속하는 년도의 전전년도부터 과거 3개년의 가중평균*으로 산출한다.

* 입찰공고일이 속하는 년도의 전전년도 사망만인율(재해율)×0.5+전전년도의 최근 1년전 사망만인율(재해율) ×0.3+전전년도의 최근 2년전 사망만인율(재해율)×0.2(입찰공고일이 속하는 년도의 전전년도의 최근 1년전 사망만인율(재해율) 또는 전전년도의 최근 2년전 사망만인율(재해율)을 산정하지 않은 경우에는 평균값으로 함)

2) 산업재해 발생보고 위반건수는 입찰공고일이 속하는 년도의 전전년도의 1월 1일부터 12월 31일까지의 기간 중에 과태료 부과처분이 확정된 건으로 산정하고, 재해율에서 취득한 점수 범위내에서 다음과 같이 감점한다.

위반건수	1건	2건	3건	4건	5건
감점	20	40	60	80	100

바. 각 중앙관서의 장 또는 계약담당공무원은 한국산업안전보건공단에서 마.에 따라 산출한 입찰자의 사망만인율, 재해율 등의 점수를 확인하고 심사에 반영하여야 한다.

사. 둘 이상의 업체가 공동계약을 체결하여 공사를 공동이행방식으로 시행하는 경우 각 구성원의 점수에 시공비율을 곱한 후 합산하여 평가한다.

(6) 산업재해 유형과 재해율의 산정 산입

1) 제조업체가 시공하는 건설재해와 산정방법

가구, 보일러, 기계설비 등 제조업체가 건설회사로부터 물품납품계약을 맺고 제조사가 현장 근처 제작장에서 '제작' 중 발생한 재해는 제조업의 재해건수로 산입되고, 건설현장에서 '설치'작업 중 발생한 재해는 원수급인의 재해건수로 산입한다. 제조특례 적용을 받는 사업의 근로자가 건설현장에서 설치 중 발생한 재해도 산재 처리는 제조업 산재로, 재해건수는 원수급인의 재해건수로 산입한다(산업안전과-3199, 2005.6.24.).

2) 건설현장의 업무상 재해와 재해율의 산정

건실현장에서 근무하던 원수급인 근로자 뿐 아니라 수급인, 용역, 경비, 기타 명칭을 불문하고 모든 근로자가 뇌출혈이나 심장질환 또는 질병으로 쓰러져 업무상 재해로 인정받는 경우도 원수급인의 재해건수로 산입된다. 단, 진폐증의 경우는 재해건수에서 제외된다. 또한 질병으로 인한 사망의 경우에는 가중치(5건)를 부여하지 않고 1건으로만 산입된다.

3) 본사소속근로자의 건설현장 출장 중 발생한 재해

원수급인 또는 하수급인의 본사 근로자가 건설현장에 회의, 출장, 기타 업무를 수행하러 가서 건설현장에서 넘어지거나, 부딪치는 사고로 인해 발생한 산업재해는 본사 산재보험으로 처리하고 재해율에서 제외된다. 그러나 본사 직원이 현장에 업무를 돕거나 현장관련 작업을 하던 중 발생한 재해에 대해서는 건설현장 산재보험으로 처리될 뿐 아니라 재해건수에도 산입된다.

4) 건설기계 근로자의 업무상 재해와 재해율 산정

건설기계 근로자가 건설현장에서 사고가 발생한 경우 건설기계 임대차계약에 의해 작업중 발생한 재해는 건설기계 회사 산재로 처리하고 원수급인의 재해건수에 산입된다. 반면 원수급인 또는 하수급인이 건설기계 회사와 하도급계약(물량계약)을 하고 작업하던 중 발생한 재해는 하도급계약으로 인한 수급인의 재해이므로 원수급인 산재보험으로 처리하고 원수급인의 재해건수에 산입된다. 그러나 2018년부터 고용노동부 지침변경으로 건설기계의 사고의 산재처리 뿐 아니라 산재,고용보험 납부의무까지 원수급인이 부담하는 것으로 변경되었다.

5) 공동도급 분할시공과 재해율의 산정방법

둘 이상의 건설회사가 공동계약을 체결하여 공동이행방식으로 진행하는 현장이나 공동수급체의 구성원 중 주계약자를 선정하여 주계약자가 전체 건설공사계약의 수행에 관한 계획. 관리 및 조정을 하고 계약사의 시공, 제조, 용역의무이행의 책임에 대하여는 구성원 각자 자신이 분담하는 방식의 경우, 당해 현장에서 재해가 발생할 시 공동이행방식의 경우 공사지분율에 따라 재해건수를 분할하나 가끔 원수급인간에 체결하는 공동도급협약서 상에 어느 특정업체에서 산재처리 및 재해건수를 맡기로 약정한 경우에는 그 약정대로 재해건수가 산입된다.

주계약자 계약방식의 경우에는 발주자가 각각 도급계약을 체결하므로 각사가 산재처리 및 재해건수를 담당하며, 공동분담이행방식에 의한 현장인 경우 발주자와 각각의 계약에 의해 참여업체가 공구를 분할하여 시공하는 공사이므로 각각 산재처리 및 재해건수를 담당한다.

6) 하수급인 사업주 보험가입 승인을 받은 업체의 산재보험 처리 및 재해율 산입

보험료징수법 제9조 제1항에 따라 공단의 승인을 받은 경우에는 하수급인이 산재보험을 적용받는 사업주가 될 수 있다. 이를 하수급인 사업주 인정 승인 제도라고 하는데 원칙적으로 원수급인이 총 공사금액에 대해 산재보험을 납부하여야 하나 예외적으로 수급인 업체의 계약분에 대해 하수급인에게 산재보험료 납부의무를 부과하는 제도이다. 이러한 산재보험 사업주 인정승인을 받은 하수급인의 근로자가 현장에서 산업재해를 당했을 경우에는 산재보험 처리는 수급인 업체가 하고 재해건수는 원수급인에게 산입된다.

7) 현장소장의 재해 시 재해율의 산정

현장소장은 '현장대리인'으로서(현장소장과 현장대리인은 동일인이 아닐 수도 있으며 현장대리인의 자격요건이 미달할 경우 법적요건을 갖춘 자를 현장대리인으로 신고하는 경우도 있다) 건설현장에서 공사의 시공과 관련한 업무를 총괄하는 사용자에 해당할지라도 임금을 목적으로 근로를 제공하는 근로자이므로 업무상 사유로 재해가 발생한 경우 산재처리 뿐 아니라 재해건수도 산입된다.

8) 사망건수에 산입되지 않는 업무상 재해

사고사망자 중 사업주의 법 위반으로 인한 것이 아니라고 인정되는 재해에 의한 사고사망자는 사고사망자 수 산정에서 제외한다.

사망건수에 산입되지 않는 업무상 재해

- 방화, 근로자간 또는 타인간의 폭행에 의한 경우
- 「도로교통법」에 따라 도로에서 발생한 교통사고에 의한 경우(해당 공사의 공사용 차량·장비에 의한 사고는 제외한다)
- 태풍·홍수·지진·눈사태 등 천재지변에 의한 불가항력적인 재해의 경우
- 작업과 관련이 없는 제3자의 과실에 의한 경우(해당 목적물 완성을 위한 작업자간의 과실은 제외한다)
- 그 밖에 야유회, 체육행사, 취침·휴식 중의 사고 등 건설작업과 직접 관련이 없는 경우

(7) 산업재해 발생의 은폐금지

산안법 제10조 제1항 및 제2항은 "사업주는 산업재해가 발생하였을 때에는 그 발생 사실을 은폐하여서는 아니 되며, 그 발생 개요·원인 및 보고 시기, 재발방지 계획 등을 고용노동부령으로 정하는 바에 따라 고용노동부장관에게 보고하여야 한다."라고 규정하고 있다. 보고의무와 관련하여 산안법 시행규칙 제4조는 3일 이상의 휴업을 요하는 재해가 발생할 경우에 사업주는 30일 이내에 이러한 사실을 보고하도록 하고 있으나, 현장에서의 단순한 안전사고, 질병사고, 기타 사고의 경우에는 수급인의 관리책임자도 인지하지 못하고 있다가 30일이 지나서 재해를 주장하는 경우가 많다. 이 경우 은폐는 주관적 요소로서 고의를 요구하는 현행법상 미보고와 거짓보고를 구별하기란 실무적으로 어렵다. 그러나 산안법 제10조 제1항 및 제2항은 악질적인 은폐행위를 처벌하기 위한 법 조항으로 해석되어야 하며 고의적인 은폐가 아닌 단순 미보고인 경우에는 그 사실을 인지한 즉시 산업재해조사표와 그 사유를 제출하여야 한다. 이럴 경우 산재은폐가 아닌 미보고로 과태료 부과처분을 받을 수는 있으나 은폐로 인한 형사처벌은 면할 수 있다.

반면 산업재해 발생사실을 미보고하거나 거짓보고를 한 행위가 은폐행위에 기인한 경우에는 사업주와 공범자, 교사자까지 형사처벌 대상이 된다[195].

건설현장의 경우 안전사고 시 산재처리에 갈음하여 사업주과 근로자의 합의

195) 산안법 제68조 '산업재해 발생 사실을 은폐한 자 또는 그 발생 사실을 은폐하도록 교사하거나 공모한 자는 1년 이하의 징역 또는 1천만원 이하의 벌금에 처한다.'

하에 근기법에 의한 재해보상이나 민·형사상합의금액을 산정하여 합의하고 고용노동부에 산재발생사실을 미보고하는 공상합의를 하는 경우가 많다. 이럴 경우 산재발생 사실을 고의적으로 은폐한 그 행위자는 은폐죄의 직접정범이 되고, 그 행위자에게 산재발생사실을 은폐하라고 지시한 상급자는 행위자인 근로자와 함께 공모를 한 것이므로 공동정범 또는 교사범이 될 수 있다.

2019년부터 고용노동부의 산업재해발생률 산정시 부상사고, 질병 건이 제외되고 사망건만 산입되므로 현장에서는 공상합의를 지양하여야 하며, 산재 직업근로자(위장환자)의 경우 공상합의를 한 후 고용노동부에 은폐신고를 빌미로 추가적인 합의를 요구하는 사례가 많으므로 불법적인 공상합의를 하여서는 안될 것이다.

Ⅶ 건설업 재해보상관련 실무

1. 근기법, 산재법, 민법의 관계

근로자는 업무상 재해를 당한 경우 자신의 손해를 보전하기 위해 먼저 사업주와 그 행위자를 상대로 민사상의 손해배상을 청구할 수 있으며, 근기법 상 재해보상 및 산재법 상의 보험급여를 청구할 권리를 갖는다.

그러나 법은 이러한 삼중구조의 손해보전 방식에 있어 "하나의 사고로 인해 중복하여 보상을 받을 수 없다"는 원칙을 천명하고 있는데 근기법 제87조 및 산재법 제80조가 그것이다.

즉, 산업사회에서 발생하는 수많은 재해 발생 원인을 근거로 그 과실비율만큼 배상하는 민사상 손해배상은 근로자 보호에 미흡하여 근기법 상 재해보상이 도입되었으나 근기법 상의 재해보상 역시 사업주 직접보상 방식으로 인한 한계가 대두되어 결국 「사회보험방식」으로서 「사용자의 무과실책임주의」를 원칙으로 하는 산재보험법에 따른 보험급여가 입법화되었다.

〈산재보험법, 근기법, 민법의 비교표〉

구분	근기법	산재보험법	민법
보상원칙	평균임금을 기초로 정률보상방식(노동가능연한배제)		과실율 만큼 전 손해 보상
보상방식	사업주 직접보상	사회보험방식	사업주 및 불법행위 당사자
보상수준	근기법 재해보상(낮다)	근기법에 없는 간병급여, 재활급여가 있고 근기법 보다 높다	과실율, 장해정도, 나이에 따라 보상수준 결정
지급방법	일시금원칙	일시금, 연금 병행	일시금
보상의 예외	근로자의 중대과실로 노동위 인정시 휴업 및 장해보상(법81조)	3일 이내의 요양 치료	없음(무과실인 경우)
위자료 지급	없음	없음	있음

구분	근기법	산재보험법	민법
향후치료비 지급	없음	기준이 있음	반영
사업주의 과실여부 여부	관계없음	관계없음	관련있음

2. 업무상 재해란

산재법 제5조 제1호는 업무상의 사유에 따른 근로자의 부상·질병·장해 또는 사망을 업무상의 재해로 규정하고 있다.

이 중 '업무상 사고'는 사업장내에서 혹은 출장과 같이 사업주의 지배관리하에서 발생한 사고로서 그 판단이 용이하나, 그 발생원인이 개인적인 질병, 환경적 요인, 가족력, 업무적 요인 등 다양하며 질병의 발생장소 또한 사업장 내 일수도 있고 사업장 외 일수도 있는 '업무상 질병'은 그 판단이 쉽지 않다.

현행 산재보험법은 업무수행성(업무수행에 수반되는 활동과정에서 발생)과 업무기인성(업무와 재해간의 인과관계와 재해와 상병명간에 인과관계를 의미)을 모두 인정기준으로 삼고 있으나 업무수행성 보다 그 범위가 넓은 업무기인성은 업무와 재해간의 명백한 인과관계를 요구하지 않으며, 업무와 상병과의 사이에 경험법칙상 상당한 인과관계가 있다면 업무상 재해로 인정하고 있다.

업무수행성의 판단에 있어서도 근로자가 반드시 업무수행에 종사하는 동안만 인정하는 것이 아니라, 업무시간 중 또는 그 전후의 휴식, 출퇴근, 휴게시간, 용변시간 등 다양하게 인정하고 있다.

〈업무상의 재해의 유형〉

업무상 재해의 유형	업무상 사고	근로계약에 수반한 업무수행 중 발생한 사고
		사업주의 지배관리하에 있는 시설물 결함으로 발생한 사고
		노무관리 필요에 의해 개최한 행사시 발생한 사고
		근로시간 중간에 주어지는 법정휴게시간 내 발생한 업무와 상당인과관계가 있는 사고
		천재지변 및 돌발적 상황에서 발생한 사고
		업무상 재해로 요양 중 의료기관 및 통원과정에서 발생한 사고
		보험가입자, 근로자가 아닌 제3자의 가해행위로 발생한 사고

업무상 재해의 유형	업무상 질병	물리적인자, 화학물질, 분진, 병원체, 신체에 부담을 주는 업무 등 근로자의 건강에 장해를 일으킬 수 있는 요인을 취급하거나 그에 노출되어 발생한 질병
		업무상 부상이 원인이 되어 발생한 질병
		「근로기준법」 제76조의2에 따른 직장내 괴롭힘, 고객의 폭언 등으로 인한 정신적 스트레스가 원인이 되어 발생한 질병
		그 밖에 업무와 관련하여 발생한 질병
	출퇴근재해	사업주가 제공한 교통수단이나 그에 준하는 교통수단을 이용하는 등 사업주의 지배관리하에서 출퇴근하는 중 발생한 사고
		그 밖에 통상적인 경로와 방법으로 출퇴근하는 중 발생한 사고

3. 업무상 사고의 판단

‘업무상 사고’란 사업주 지배관리하에서 업무와 관련하여 발생한 재해를 말한다.

〈업무상 사고의 업무범위와 유형〉

근로자가 근로계약에 따른 업무나 그에 따르는 행위를 하던 중 발생한 사고	근로계약에 따른 업무수행, 생리적 필요 행위, 업무에 따르는 필요적 부수행위, 사업장내에서 발생한 돌발적인 사고에 따른 긴급피난·구조행위 등 사회통념상 예견되는 행위
	출장지시에 의한 업무수행 중 사고
	업무의 성질상 업무수행 장소가 정해져 있지 않은 근로자의 사고
사업주가 제공한 시설물 등을 이용하던 중 그 시설물 등의 결함이나 관리소홀로 발생한 사고	시설물 등의 결함 등에 따른 사고
사업주가 주관하거나 사업주의 지시에 따라 참여한 행사나 행사준비 중에 발생한 사고	행사중의 사고
휴게시간 중 사업주의 지배.관리하에 있다고 볼 수 있는 행위로 발생한 사고	
그 밖에 업무와 관련하여 발생한 사고	특수한 장소에서의 사고
	요양 중의 사고
	제3자의 행위에 따른 사고
사업주가 제공한 교통수단이나 그에 준하는 교통수단을 이용하는 등 사업주의 지배관리하에서 출퇴근하는 중 발생한 사고 그 밖에 통상적인 경로와 방법으로 출퇴근하는 중 발생한 사고	출퇴근재해

(1) 업무수행 중의 사고

1) 근로계약에 따른 업무수행 및 그에 부수되는 행위

근로계약에 따른 업무수행 행위, 업무수행 과정에서 하는 용변 등 생리적 필요 행위, 업무를 준비하거나 마무리하는 행위, 그 밖에 업무에 따르는 필요적 부수행위, 천재지변, 화재 등 사업장 내에 발생한 돌발적인 사고에 따른 긴급피난·구조행위 등 사회통념상 예견되는 행위 중의 사고는 업무상 사고로 본다. 단, 이러한 행위라 하더라도 사업주의 구체적인 지시를 위반한 행위, 근로자의 사적행위 또는 정상적인 출장 경로를 벗어났을 때는 업무상 사고로 보지 아니한다.

업무의 성질상 업무수행 장소가 정해져 있지 않은 근로자가 최초로 업무수행 장소에 도착하여 업무를 시작한 때부터 최후로 업무를 완수한 후 퇴근하기 전까지 업무와 관련하여 발생한 사고는 업무상 사고로 본다.

① 인정사례

가. 재하도급자가 지정한 식당의 화장실을 이용하다가 발생한 사고의 경우

> 재하도급자는 숙식을 제공하기로 하고 원고를 비롯한 작업자를 모집 후 공사현장으로부터 약 10㎞정도 떨어져 있는 출퇴근이 비교적 용이한 모텔 A를 숙소로 정하였으며, 아침과 점심식사는 공사현장의 식당에서 하고 저녁식사는 모텔A 부근의 분식집에서 하도록 하였는데 재하도급자의 인솔하에 동료들과 퇴근하던 길에 저녁 식사를 하러 식당에 들렀다가 용변을 보러 화장실에 가다가 재해를 입었는바, 사업주의 지배관리하를 완전히 벗어났다고 단정할 수 없고, 업무의 정리행위 내지 마무리 행위이거나 사회통념상 그에 수반되는 것으로 인정되는 생리적 행위 또는 합리적. 필요적 행위로 봄이 타당하다.
> 〈서울고등법원 2011.8.31.선고, 2011누6068〉

나. 거래처의 요청으로 다른 사업장 약품을 배달하던 중의 교통사고로 상해를 입게 된 경우

> 영업직원으로서 회사로부터 영업에 사용할 차량을 부여받아 수많은 고객들을 방문하고 고객과 회사 사이를 오가는 것이 주 업무라 할 수 있는 원고로서는 통상 교

통사고에 처할 위험이 항상 수반하고, 이 사건 재해는 그러한 영업직 업무 수행에 통상 수반하는 위험이 현실화되어 발생한 것이다. 〈서울행법 2017.03.30.선고, 2016구단31367〉

다. 근로자가 야간근무 중 야식시간에 회사 내 체력단련실에서 운동하던 중 목디스크가 발생한 경우

체력단련실이 생산직 직원들의 근골격계 질환을 예방하기 위하여 회사가 설치·관리하여 온 회사의 지배·관리하에 있는 복리후생시설이고, 차체와 범퍼 등을 들어서 부착하는 업무와 로봇 모터 등의 정비 등을 하는 로봇용접기 유지·관리업무를 하여 온 업무내용 등에 비추어 그 업무로 인하여 발생할 수 있는 근골격계 질병을 예방하고 그 업무를 원활하게 수행하기 위해서는 근육의 힘을 강화시킬 수 있는 운동이 필요한 것으로 보이므로 이 체력단련실에서 바벨운동 등을 한 것은 업무의 준비행위이거나 사회통념상 그에 수반되는 것으로 인정되는 합리적, 필요적 행위로 보이므로 근로자가 야간근무 중 야식시간에 회사 내 체력단련실에서 운동하던 중 입은 목디스크는 업무상 재해에 해당한다고 볼 수 있다. 〈울산지법 2012.09.26.선고, 2011구합796〉

라. 팀장의 지시에 의한 접대회식 참석 중 과음으로 인해 추락하여 사망한 경우

망인이 참석한 1차 회식은 선주 측의 감독관을 접대함과 아울러 직원 노고 위로 차원에서 이루어진 것이며 2차 회식도 접대를 받은 선주 측의 감독관의 제의에 따라 이루어져 망인으로서는 이를 거절하기 어려웠던 것으로 판단되므로 망인이 2차 회식에 참석하던 중 1, 2차 회식에서 과음으로 인해 추락하여 사망한 것은 업무상 재해이다. 〈서울행법 2006.9.5.선고, 2005구합 41150〉

② 불인정사례

가. 작업장에서 사적행위로 철제 드럼통 뚜껑을 절단하던 중 드럼통이 폭발하여 두부손상을 입고 사망한 경우

작업장에서 철제 드럼통 뚜껑을 절단하던 중 드럼통이 폭발하여 두부손상을 입고 사망하였고, 원고가 피고 근로복지공단을 상대로 위 사망이 업무상 재해에 해당함

> 을 전제로 유족급여 및 장의비 지급을 청구하였으나 부지급 처분을 하였는바, 원고의 배우자는 이 사건 사고 당시 고기를 구워먹기 위해 드럼통 뚜껑을 절단한 것으로 업무수행에 수반되는 행위가 아닌 사적 행위를 하던 중 사망한 것이므로 업무상 재해에 해당하지 않아 피고의 처분이 정당하다.
> 〈울산지법 2016.04.21.선고, 2015구합5935〉

나. 야유회에서 근로자가 아닌 타인을 구조하려다 사망한 경우

> 야유회는 사업주의 노무관리상 필요에 의하여 행하여진 것이고 비록 망인이 야유회에 참석 중 사고를 당한 것이나 망인이 사업주의 지배영역 하에 있는 근로자가 아닌 타인을 구조하기 위한 행위는 사업주의 지배영역 하를 벗어난 업무외의 행위로서 이는 의사상자보호법에 의한 의사자로 처리되어야 하므로 산재보험법에 의한 업무상 사망으로 인정할 수 없다.
> 〈보상602-895, 2000.7.10.〉

다. 공식적인 체육대회 종료 후 만취한 상태에서 승용차를 운전하다가 교통사고로 사망한 경우

> 망인이 사용자가 주최한 체육대회와 회식에 참가한 행위 자체는 그 업무 수행성을 인정 할 수 있으나, 망인이 공식적인 행사 종료 무렵 배우자인 원고와 전화통화를 한 후 사업주나 직장 상사의 지시를 받거나 보고도 없이 혈중 알코올 농도 0.24%의 술에 만취한 상태에서 임의로 위 승용차를 운전하다가 부주의로 인한 교통사고로 사망하였으므로, 이러한 사고는 위 체육행사와 회식에 당연히 또는 통상 수반되는 범위 내의 행위가 아닌 자의적인 행위이거나 사적인 행위로 인한 것으로 업무 수행성을 인정하기 어렵다.
> 〈대법원 2005.7.5.선고, 2005두51〉

2) 출장업무 시 발생한 사고

'출장'이란 사업주의 지시명령에 의하여 통상의 근무지를 떠나 특정한 장소에서 용무를 수행하는 행위로, 일시적인 근무지로 출발하여 근로자의 사적 영역을 벗어났을 때 개시되어 용무를 마치고 사업주의 지배관리 범위를 벗어나 근로자의 사적 영역으로 들어섰을 때 종료되는 일련의 과정을 말한다.[196]

196) 근로자가 공사현장에서 상당한 기간동안 계속적으로 근무하고 있는 경우 그 현장은 통상의 근무지에 해당

① 인정사례

가. 출장 중 음주운전으로 인한 교통사고로 사망한 경우

피재자의 경우 석재공사 기간이 늦어짐에 따라 원청업체인 ○○건설(주)의 현장 소장으로부터 독촉과 질책을 받는 등 조속한 공사의 진행이 요구되는 상황에서 석재시공 과장으로서 납품되어야 할 석재의 확인은 업무상의 당연행위에 속한다고 할 것이고 또한 재해발생 당시 피재자는 업무이탈 또는 순수한 사적행위를 하였다는 근거가 전혀 없어 ○○산업에 출장 업무를 수행한 다음 복귀중에 있었다고 볼 수 밖에 없으므로 사업주의 지배관리하에 있었다고 인정되는 점, 현장 사무실을 나간후 도중에 음주를 하는 등 다소의 사적행위를 한 사실은 있으나 그러한 과정에서도 ○○산업에 전화를 하여 석재의 납품을 독촉하는 등 업무관련 행위를 하였을 뿐만 아니라 23:00경 포장마차에서 음주를 한 이후에는 업무에 복귀하여 사망당시는 이미 업무중이었다고 할 것이고, 본건 재해가 음주운전이라는 위법행위 자체에 전적인 원인이 있는 경우도 아니므로 음주운전의 과실 책임을 이유로 산재법 보호대상에서 제외하는 것은 산재법의 무과실 책임주의에 위배 되는 점 등을 종합할 때 본건 업무상의 사유에 의하여 발생한 업무상 재해로 인정함이 타당하다고 판단된다. 〈산심위 93-1404, 1994.01.26.〉

나. 작업현장이 독립된 별개의 장소가 아니라 원거리를 출장하여 이동하면서 사업을 수행하는 일시적인 장소인 경우

출장이란 근로자가 사업주의 지시에 의하여 통상의 근무지를 떠나서 일정한 기간동안 지시받은 업무를 수행하고 다시 통상의 근무지로 복귀하는 일련의 과정을 말하지만, 근로자가 공사현장에서 상당한 기간동안 계속적으로 근무하고 있는 경우 그 현장은 통상의 근무지에 해당하므로 그 근무의 전과정이 사업주의 고용종속 및 지배관리하에 있는 이른바 출장근무라고 할 수 없다. 실제 작업현장이 독립된 별개의 사업장이 아니라 원거리를 출장하여 이동하면서 사업을 수행하는 일시적인 장소인 경우 작업현장은 회사 본사와는 독립된 통상의 근무지라 볼 수 없으므로 숙소로부터 작업현장으로 이동하는 과정도 사업주의 작업지시 및 지배관리하에 있는 출장근무의 연장선 안에 포함된다. 〈서울고법 1998.11.20.선고, 97구34565〉

하므로 그 근무의 전 과정이 사업주의 고용종속 및 지배관리 하에 있는 출장근무라고 할 수 없다(서울고등법원 1998.11.20.선고, 97구34565판결, 서울행정법원 1998.10.15.선고, 98구9423판결 등 참조).

(2) 사업주가 제공한 시설물 등의 결함이나 관리소홀로 발생한 사고

사업주가 제공한 시설물, 장비 또는 차량 등의 결함이나 사업주의 관리 소홀로 발생한 사고는 업무상 사고로 보지만, 사업주가 제공한 시설물 등을 사업주의 구체적인 지시를 위반하여 이용한 행위로 발생한 사고와 그 시설물 등의 관리 또는 이용권이 근로자의 전속적인 권한에 속하는 경우에 그 관리 또는 이용 중에 발생한 사고는 업무상 사고로 보지 않는다.

예를 들어 사내기숙사의 경우 시설물은 사업주가 제공하였기 때문에 누전으로 인한 화재사고, 계단파손으로 인한 추락사고, 급탕조절기 파손으로 인한 화상, 가스누출로 인한 중독사고와 같은 사고가 발생할 경우 사업주 시설물 결함으로 발생한 업무상 사고로 인정할 수 있으나, 기숙사에서 개인적으로 사용하는 가전제품의 하자로 인해 화재가 발생하여 신체에 부상을 당하거나 사망한 경우에는 전자제품의 소유주가 근로자이고 관리이용권 또한 근로자에게 전속되어 있으므로 업무상 사고로 인정되지 않는다.

사업주의 지휘명령이 아닌 근로자의 사적행위와 사업주가 제공한 시설 등의 결함 또는 그 관리소홀로 인한 사고가 경합될 경우, 근로자의 고의, 자해행위 등으로 인한 경우가 아닌 한 업무상 사고로 판시하고 있다[197].

① 인정사례 : 근로자가 사업주가 임차하여 제공한 숙박시설에서 잠을 자다가 추락방지시설을 갖추지 않은 낮은 창문 때문에 추락사한 경우

> 사업주가 근로자에게 시설물을 제공하는 경우라면, 비록 이를 임차하여 제공하는 것이어서 그에게 공작물 설치·보존 등의 책임이 없는 경우라고 하더라도, 사업주로서는 해당 시설물을 미리 점검하여 그것이 안전성을 갖추지 못한 상태에 있을 경우 시설물의 관리주체에게 그 시정을 요구하고, 만일 그 시설물의 관리주체가 이에 응하지 아니할 경우에는 안전한 다른 시설을 마련하여 근로자에게 제공할 의무가 있으므로, 사업주가 이러한 주의의무를 게을리 하였다면 '사업주가 관리하고 있는 시설의 결함 또는 사업주의 시설관리 소홀'에 해당하는 것으로 해석하여야 한다.
> 〈서울행법 2006.08.08.선고, 2005구합34701〉

197) 대법원 1999.1.26.선고, 98두10103판결

② 불인정사례 : 휴일에 사적으로 술을 마시고 사업주가 제공한 숙소에서 잠을 자다 원인불명의 화재로 사망한 경우

> 소외 회사에서 근무하기 위하여 이 사건 숙소에서 반드시 거주하여야 하는 것은 아니었고, 달리 망인이 이 사건 화재 발생 당시 그 이전에 있었던 업무로 인하여 또는 그 이후에 있을 업무를 위하여 이 사건 숙소에서 잠을 잘 수밖에 없었다는 사정은 보이지 않는 점, 이 사건 화재의 발생 원인이 명확히 밝혀지지 아니하였는데, 앞서 본 경위에 비추어 이 사건 사고가 이 사건 숙소의 결함이나 사업주의 관리 소홀로 발생했다고 보기는 어려운 점 등을 앞서 본 법리에 비추어 보면, 이 사건 사고는 업무상 재해에 해당한다고 보기 어렵고, 소외 회사가 근로자들을 위하여 이 사건 숙소를 제공하면서 냉장고 등 집기를 비치하거나 공과금을 납부하고 정기적으로 청소하였다거나, 망인이 평소 일이 많으면 주말에도 근무를 하는 일이 있었다고 하더라도 달리 볼 수 없다.
> 〈대법원 2015.04.23.선고, 2014두46218〉

(3) 행사 중의 사고

사업주가 주관하거나 사업주의 지시에 따라 참여한 행사나 행사준비 중에 발생한 사고로 부상, 질병 또는 장해가 발생하거나 사망하면 업무상의 재해로 본다. 또한 운동경기, 야유회, 등산대회 등 각종 행사에 근로자가 참가하는 것이 사회통념상 노무관리 또는 사업운영상 필요하다고 인정되는 경우로서 다음의 어느 하나에 해당하는 경우에 근로자가 그 행사에 참가(행사 참가를 위한 준비·연습을 포함한다)하여 발생한 사고는 업무상 사고로 본다.

◦ 사업주가 행사에 참가한 근로자에 대하여 행사에 참가한 시간을 근무한 시간으로 인정하는 경우
◦ 사업주가 그 근로자에게 행사에 참가하도록 지시한 경우
◦ 사전에 사업주의 승인을 받아 행사에 참가한 경우
◦ 그 밖의 경우로서 사업주가 그 근로자의 행사 참가를 통상적, 관례적으로 인정한 경우

회사의 노무관리 또는 사업운영상 필요에 의해 이루어지는 운동경기, 야유회, 등산대회, 워크샵, 동호회 활동, 사회공헌 활동, 체육대회, 회식, 업무상 접대, 노동조합 관련 행사 중에 발생한 사고 및 그 행사에 참가하기 위한 준비 및 연습을 하던 중 발생한 사고에 이르기까지 그 발생유형이 다양하고 승인 요건이 모두 충족되는 경우도 있지만 일부만 충족되는 경우도 있어 실제

그 업무상 사고를 판단하기가 쉽지는 않다.

1) 동호회, 야유회 참여 중 재해

① 인정사례 : 사내 축구동호회가 참가한 거래처를 상대로 이루어진 축구 경기 도중 미끄러지는 사고를 당하여 상해를 입은 경우

> 근로자가 근로계약에 의하여 통상 종사할 의무가 있는 업무로 규정되어 있지 아니한 회사 외의 행사나 모임에 참가하던 중 재해를 당한 경우에는 그 행사나 모임의 주최자, 목적, 내용, 참가인원과 그 강제성 여부, 운영방법, 비용부담 등의 사정들을 종합하여 사회통념상 그 행사나 모임의 전반적인 과정이 사용자의 지배나 관리를 받는 상태에 있었던 경우에 한하여 이를 업무상 재해로 인정할 수 있다.
> 이 사건 축구경기는 사회통념상 노무관리상 필요에 의하여 사업주가 실질적으로 주최하거나 관행적으로 개최된 행사로서 그 전반적인 과정이 사용자의 지배나 관리를 받는 상태에 있었다고 봄이 상당하고, 그 과정에서 발생한 위 사고는 업무상 재해에 해당한다.
> 〈서울행법 2017.06.29.선고, 2017구단8166〉

② 불인정사례 : 외부 탁구대회 중 상병을 입은 경우

> 근로자가 근로계약에 의하여 통상 종사할 의무가 있는 업무로 규정되어 있지 아니한 회사 외의 행사나 모임에 참가하던 중 재해를 당한 경우 이를 업무상 재해로 인정하려면, 그 행사나 모임의 주최자, 목적, 내용, 참가인원과 그 강제성 여부, 운영방법, 비용부담 등의 사정들에 비추어 사회통념상 그 행사나 모임의 전반적인 과정이 사용자의 지배나 관리를 받는 상태에 있어야 한다.
> 원고가 이 사건 대회 참가와 관련하여 창원공장으로부터 대회참가비를 지원받았다고 하더라도 그와 같은 사정만으로 이 사건 대회가 사회통념상 노무관리 또는 사업운영상 필요한 경우로서 그 전반적인 과정이 사용자의 지배나 관리를 받는 상태에 있었다고 할 수는 없으므로, 이 사건 재해는 업무상 재해에 해당 한다고 볼 수 없다.
> 따라서 이 사건 재해는 업무상 재해에 해당하지 않는다고 보아 이루어진 피고 근로복지공단의 요양불승인처분은 적법하다.
> 〈창원지법 2016.07.12.선고, 2016구단10153〉

2) 체육대회 참여 중 재해

① 인정사례 : 사업주 지배·관리하의 체육대회도중 무릎 인대파열 등의 상해를 입은 경우

이 사건 체육대회는 회사의 전 조합원들을 대상으로 한 것으로서, 사업주로부터 단체협약에 따라 운영비용의 대부분을 지원받아 진행하였고, 체육대회 참석자들이 연차나 결근계를 제출하고 대회에 참석하였으나, 이는 사납금 제도라는 택시업계의 특수한 상황에 기인한 것으로 보이고, 노무관리나 야유회 등을 주관할 만한 관리조직이 없어 택시운전기사들의 근무의욕을 향상시키기 위한 행사를 진행하고자 할 때에는 노동조합을 통하여 진행할 수밖에 없는 점, 이 사건 체육대회는 회사의 노무관리상 필요한 경우로서 사전에 사업주의 승인을 받아 행사에 참가하거나 사업주가 그 참가를 통상적·관례적으로 인정한 행사에 해당하여 사회통념상 그 전반적인 과정이 사업주의 지배나 관리를 받는 상태에 있었다고 볼 수 있어 체육대회 축구시합도중 상대편 골키퍼와 부딪혀 무릎인대파열의 상해를 입은 이 사건 사고는 업무상 재해에 해당한다고 봄이 상당하다.
〈대구고법 2011.04.29.선고, 2010누2822〉

② 불인정사례 : 사업주가 부담하는 체육행사라 하더라도 사회통념상 체육행사의 전반적 과정이 회사측 지배나 관리를 받는다고 보기 어려운 경우

회사측에서 복지사업비를 지급하기 전부터 노동조합이 주관하여 체육행사를 개최하여 온 점, 비번인 택시운전기사가 불참한 경우에도 노동조합에 범칙금을 납부하는 외에는 회사측으로부터 어떠한 불이익도 받지 않는 점, 그 행사비용도 노동조합이 전권을 갖고 있는 복지사업비 중에서 임의로 집행하는 점 등을 관계 법령과 종합하여 판단하면, 체육행사는 노동조합의 주관 하에 노동조합원들의 친목을 도모하기 위하여 그 자체의 예산으로 이루어진 노동조합 자체의 행사로 봄이 상당하므로 업무상 재해로 인정하기 어렵다.
〈부산고법 2003.10.17.선고, 2003누1844〉

3) 회식 중 재해

① 인정사례 : 사업주가 주관한 회식 중의 음주로 귀가 도중 추락사고를 당한 경우

청구인의 사고는 제3자의 관여로 사고가 발생하였다는 다른 증거가 없는 상황에서 CCTV자료상 청구인이 왔던 길의 반대방향에서 다시 나타나 방향을 제대로 잡지 못한 것으로 보이는 영상이 있는 점, 서울성동경찰서의 사건사고사실 확인서 상 청구인이 술에 취해 넘어져 부상한 것으로 조사된 점, 1차 회식에서 4명(남 3명, 여 1명)이 10병의 소주를 마시고 2차 회식에서 사케 2병을 마신 점 등을 보면, 회식 후 도보로 귀가 중에 발생한 것이기는 하지만 만취의 영향이 커 보이므로 회식(행사) 참가

에 의한 사고의 일환으로 보아야 한다.
한편, 2차 회식비용을 청구인이 신용카드로 지불하여 2차 회식이 사적 모임으로 보일 수도 있으나 1차 회식비용보다 2차 회식비용이 많았고 청구인의 회사에서의 지위가 낮으며 추후 회사에서 비용 처리한 점으로 보면 회사가 비용을 지불한 회식으로 보이고, 2차 회식의 구성원이나 성질을 1차 회식과 달리 볼 사정도 없어 1·2차 회식은 모두 사업주가 주관한 행사로 판단되므로 청구인의 사고는 법 제37조제1항 제1호 라목 및 법 시행령 제30조에서 정한 '행사 중의 사고'에 해당한다.
따라서 청구인의 사고는 법 제5조 등의 규정에 의한 업무상 재해에 해당한다.
〈산심위 2014-6, 2014.02.21.〉

② 불인정사례 : 공식적인 회식은 종료한 후, 회식의 참석자 일부만이 3차 회식을 위해 술집으로 이동하던 중 계단에서 넘어진 경우

청구인의 재해 당일 실시한 회식은 회사 상장폐지에 따른 직원 설명이 그 목적인만큼, 주관부서인 경영지원본부의 팀장이 2차 회식 중 회식비용을 결제 후 귀가한 이후부터는 경영지원본부의 과장이나 평사원인 청구인이 회사 경영과 관련된 직원들의 질문에 책임 있는 답변을 할 권한이 거의 없었을 것으로 보여 사실상 공식적인 회식은 종료한 것으로 판단되고, 회식의 참석자 전원이 아닌 일부만이 3차 회식을 위해 이동하였던 사실로 보아 3차 회식은 회사의 공식적인 행사가 아닌 나머지 참석자들의 임의적·자발적인 모임으로 보이는바, 공식적인 행사 종료 후 임의로 마련한 모임이 사용자의 지배나 관리를 받는 상태에 있었다고 보기 어려우므로, 청구인의 재해는 법 제37조 및 동법 시행령 제30조에서 정한 사업주가 주관하거나 사업주의 지시에 따라 참여한 행사 중 발생한 사고로 볼 수 없다
〈산심위 2014-216, 2014.03.13.〉

4) 노동조합 관련 행사 중 재해

① 인정사례 : 노조전임자가 체육행사 도중 사고로 부상당한 경우

근로자는 산업별 노동조합인 전국민주택시노동조합의 단위사업장 분회인 00택시(주) 분회의 부분회장으로서, 단체협약에 의하여 월 5일간의 노동조합 업무에 전임하던 자이며, 회사의 승낙하에 전임근무 기간을 활용하여 전국민주택시노동조합이 개최한 이 사건 행사에 참가하였다가 재해를 입은 것이고, 이 사건 행사는 노조간부들의 휴식과 친목 도모뿐만 아니라 택시업체 노사관계의 중요한 쟁점인 월급제 정착에 관한 토론 등을 목적으로 하여 개최된 것이므로, 이와 같은 원고의 지위와 원고가 이 사건 행사에 참가하게 된 경위, 이 사건 행사의 목적이나 내용 등에 비추어 볼 때, 원고가 입

은 이 사건 재해는 노조전임자인 원고가 노동조합 업무를 수행하거나 이에 수반하는 통상적인 활동을 하는 과정에 입은 것으로 업무상 재해에 해당된다.
〈대법원 2007.3.29.선고, 2005두11418〉

② 불인정사례 : 노동조합 전임자가 노동조합이 근무시간 종료 후 개최한 체육대회에 참가하여 경기 도중 부상을 당한 경우

노동조합의 전임자인 근로자가 임금협상을 앞두고 노동조합 간부들의 단결과시를 위하여 노동조합이 근무시간 종료 후에 개최한 체육대회에 참가하여 경기 도중 부상을 당한 사안에서, 사회통념상 그 행사의 전반적인 과정이 사업주의 지배·관리를 받는 상태에 있다고 볼 수 없어 그와 같은 부상은 노동조합업무의 수행중 그 업무에 기인하여 입은 것이 아니라고 보아 산재법 제4조 제1호 소정의 업무상 재해에 해당하지 않는다.
〈대법원 1997.03.28.선고, 96누 16179〉

5) 그 밖의 행사 중 재해

① 인정사례 : 회사가 개최한 연례 겨울철 산행행사에 참여하여 등산 중 급성 심장사 의증으로 사망한 경우

건설회사의 현장소장인 망인은 공사수주 및 안전 등을 기원하기 위하여 매년 개최되는 겨울철 산행행사에 참여하여 등산을 하다가 정상 부근에서 쓰러져 급성 심장사 의증으로 사망하였는바, 추운 날씨에 개최된 산행행사에 망인이 참여함으로써 평소에 정상적인 근무가 가능한 수준인 기초질병이나 기존 질병 등이 자연적인 진행속도 이상으로 급격하게 악화되어 급성 심장질환으로 발현되었고, 그 결과 망인이 사망에 이르게 되었다고 봄이 타당하다. 망인의 업무와 사망 사이에는 상당인과관계가 있다.
〈대법원 2018.06.19.선고, 2017두35097〉

② 불인정사례 : 협력부서의 회식에 자발적으로 참가 후 귀가 중 공사현장 하수구 맨홀에 추락하여 사망한 경우

망인이 참석한 이 사건 회식은 협력부서의 친목을 다지는 목적의 송년회 행사였고, 망인은 회식이 공식적으로 종료되기 전에 스스로 이 사건 회식장소를 떠난 점 등에 비추어 보면 회식에 참여할 것이 강제되었다고 보기 어렵고, 망인은 자발적인 선택으로 이 사건 회식에 참여한 것으로 보인다. 이 사건 회식에 참가한 사람들은 전체적으로 술을 많이 마시지 않았던 점, 망인이 이 사건 회식을 주최한 조장에게 아내가 임

신 중이므로 술을 자제하고 일찍 귀가할 생각임을 알리자 이에 조장도 술을 조금만 마시고 일찍 귀가하라고 한 점 등에 비추어 보면 사업주가 망인에게 음주를 권유하거나 사실상 강요하였다고 보기 어렵다.
이 사건 사고가 사회통념상 회식 과정에서 통상적으로 수반되는 위험의 범위 내에 있는 것이라고 보기 어렵다.
〈서울행법 2017.04.14.선고, 2016누44492〉

(4) 휴게시간 중 사고

근로자가 휴게시간 중 사업주의 지배관리하에 있다고 볼 수 있는 행위로 발생한 사고로 부상, 질병 또는 장해가 발생하거나 사망하면 업무상의 재해로 본다. 다만, 업무와 재해 사이에 상당인과관계가 없는 경우에는 그러하지 아니하다.

산재법 제37조는 휴게시간 중 발생한 사고의 판단기준과 관련하여 "휴게시간 중 사업주의 지배관리 하에 있다고 볼 수 있는 행위로 발생한 사고"라고 규정하고 있는데, 그동안 식사와 관련된 사고에 대해서 구내식당을 이용하거나 구내식당이 없는 경우 사업주가 지정한 식당을 이용하기 위해 이동하는 경우에 한하여 사업주의 지배관리를 인정하여 왔다.

그러나, 식사시간이 업무와 밀접한 관련이 있음에도 구내식당 구비 여부 등 개별 사업장의 상황에 따라 업무상 재해의 인정여부가 달라진다는 점, 출퇴근 재해는 사업장 밖 사고라도 업무관련성이 인정된다는 점 등을 볼 때 업무상 재해의 인정범위가 지나치게 좁다는 비판이 있어 왔다. 근로자의 통상적인 경로와 방법으로 출퇴근하는 중 발생한 사고를 업무상 재해로 법이 개정된 후 근로복지공단은 '휴게시간 중 식사도 업무와 밀접한 행위'임을 명확히 하면서, 구내식당 구비 여부와 상관없이 "사회통념상 가능한 범위 내에서 사업장 인근 식당에서 식사하기 위해 이동하거나 식사 후 복귀하는 도중 발생한 사고도 업무상 재해로 인정한다."는 새로운 지침을 발표하였다.

다만, 식사를 위해 이동하는 경우에는 도보, 차량 등 이동수단과 상관없이 인정되지만 식사행위가 아닌 다른 사적행위를 위해 이동 중 사고가 발생하는 경우에는 종전과 동일하게 업무상 재해로 인정되지 않으므로 유의하여야 한다.

새로운 지침에 따라 인정되는 사례 유형[198)]

- 구내식당이 있는 사업장의 근로자가 휴게시간 내 사업장으로 복귀가 가능한 인근 식당에서 식사를 위해 이동하던 중 발생한 사고
- 사업장의 인근 시당에서 식시를 미치고 복귀하던 숭 복귀 경로 상에 있는 카페에서 커피를 마시러 이동 중 넘어져 발목이 다친 사고

① 인정사례 : 사내 함바식당으로 가던 중 부상당한 경우

점심식사를 위하여 사내 함바식당으로 가는 도중 식당에 좀 더 빨리 도착할 목적으로 같은 방향으로 진행 중인 도색차량에 탑승하여 식당에 도착하여 내리다가 넘어지면서 발생한 재해에 대하여 통상적으로 중식을 위하여 매일 지정식당으로 가는 행위자체는 직접적인 업무수행은 아니지만 업무에 수반한 필요적 행위이고, 사업주로부터 도색차량을 타지 말라는 지시 또는 안전교육을 받은 바 없으며, 사업주가 식당 좌석을 인원에 맞추어 준비하든가 또는 시차별로 식사를 하도록 조를 나누는 등의 지시를 하였다면 구태여 동 차량을 이용하여 지정식당으로 가지는 않았을 것으로 판단되므로 동 재해는 업무에 수반한 필요적 행위라고 보아 업무상 재래로 인정한다. 〈2008 심사결정〉

② 불인정사례 : 휴게시간 중 지시위반으로 인하여 부상당한 경우

휴게시간 중 작업반장의 금주 지시를 어기고 구내매점에서 술을 사 마시고 공장 내 계단을 오르던 중 시설물의 하자가 없는 상태에서 굴러 떨어져 부상을 입은 경우로서 음주가 부상의 원인이 되었다고 판단되는 경우

(5) 그 밖에 업무와 관련하여 발생한 사고

1) 천재지변이나 돌발적인 사태로 발생할 사고

사회통념상 근로자가 사업장 내에서 할 수 있다고 인정되는 행위를 하던 중 태풍, 홍수, 지진, 눈사태 등의 천재지변이나 돌발적인 사태로 발생한 사고는 근로자의 사적행위, 업무 이탈 등 업무와 관계없는 행위를 하던 중에 사고가 발생한 것이 명백한 경우를 제외하고는 '업무상 사고'로 본다. 즉, 탄광의 붕괴, 작업 중 번개나 벼락에 의한 사고, 장마철 산사태로 인한 매몰사고, 전쟁,

198) 휴게시간 내 사업장으로 복귀가 가능한 경우에 업무상 재해가 인정된다.

내란, 폭동, 건물붕괴, 휴식시간에 담장이 무너져 다친 사고 등 사회통념상 인정되는 범위내로서 근로자의 사적행위, 업무 이탈 등 업무와 관계없는 행위가 없는 한 업무상 사고로 인정한다.

① 불인정사례 : 통행이 금지된 철로로 통행하다가 사고를 당한 경우

> 궤도공들이 철로를 이용한 출근이 편리하고 회사가 이를 묵인하여 왔으며 회사가 철도청과 특수한 관계에 있다는 사정만으로 철로를 이용한 통근과정이 사업주의 지배·관리하에 있다고 볼 수 없고, 산재법시행규칙에 의해 돌발적인 사고가 발생할 우려가 많은 장소에서 업무를 수행하는 근로자가 사업장내에서 출·퇴근, 또는 시설이용중 발생한 사고를 업무상 재해로 규정한다 하더라도 궤도공들이 사업장으로 출근하는 과정에서 위시행규칙에서 규정하는 사업장내라고 볼 수 없는 곳에서 철도법 제78조에 의해 통행이 금지된 철로로 통행하다가 발생한 사고는 업무상 재해로 인정할 수 없다.
> 〈대법원 1996.11.15.선고, 96누5629〉

2) 요양 중의 사고

근로자가 업무상 재해로 의료기관에서 치료 중 발생하는 사고로써, 치료과정에서의 부작용으로 인한 질병이나 사망·입원 중 침대에서 떨어져 발생하는 사고, 물리치료 중 발생한 사고, 의료기관 이동 중 계단에서 넘어지는 사고, 수술이나 협진진료를 위해 의료기관을 변경하기 위한 이송 중 발생한 사고로 인한 부상 등은 요양과 사상간에 상당한 인과관계가 있으므로 업무상 사고로 인정한다.

① 인정사례 : 최초상병의 후유증상 진료 후 귀가하던 중에 넘어진 경우

> 원고는 치료종결 당시 무릎에 동요관절(근육인대관절낭 등이 상해를 입어서 관절이 정상적인 운동 범위 이상으로 움직이고 지지력이 나빠진 상태를 의미함)이 있었던 점, 원고는 이로 인한 보행장애가 있어 항상 지팡이에 의존하여 보행이 가능하였고 평이한 계단을 보행하는 경우에도 중심을 잃고 넘어질 수 있었던 점, 후유증상에 대한 통원치료에는 자택에서 병원으로, 병원에서 자택으로의 통원과정이 필수적으로 따르는데, 원고는 2005.11.1 후유증상 진료를 마치고 귀가하던 중 위와 같은 보행장애가 남아있는 상태에서 우측 무릎이 꺾이고 뒤틀리면서 넘어져 이 사건 각 상병이 발병한 점 등을 종합하여 보면, 원고는 요양과 관련된 행위 중에 넘어지는 사고를 당하였고, 요양 중인 행위와 사고 사이에, 그 사고와 이 사건 각 상병 사이에 각각 상당인과관계가 있다고 할 것이다.
> 〈서울행법 2007.01.25.선고, 2006구단5819〉

② 불인정사례 : 산재 요양기간 중 통원치료를 위해 병원으로 이동 중 사고를 당한 경우

추가상병 요양급여의 신청은 산업재해보상보험법 제49조제2호에서 업무상의 재해로 발생한 부상이나 질병이 원인이 되어 새로운 질병이 발생하여 요양이 필요한 경우로 규정하고 있으며, 같은 법 시행령 제32조제2호 및 제45조에 의거 요양 중의 사고는 요양중인 산재보험 의료기관(산재보험 의료기관이 아닌 의료기관에서 응급진료 등을 받는 경우에는 그 의료기관) 내에서 업무상 부상 또는 질병의 요양과 관련하여 발생한 사고를 말하며, 요양 중의 사고는 추가상병으로 신청하도록 규정하고 있습니다. 귀하의 질의서 상 통원치료를 위해 병원으로 이동 중 발생한 사고는 산재보험법에서 규정하고 있는 산재보험 의료기관 내에서 요양과 관련하여 발생한 재해에 해당되지 않는 것으로 판단됩니다. 〈산재보상정책과-4940, 2015.12.10.〉

3) 제3자의 행위에 따른 사고

제3자의 행위로 근로자에게 사고가 발생한 경우에 그 근로자가 담당한 업무가 사회통념상 제3자의 가해행위를 유발할 수 있는 성질의 업무라고 인정되는 경우에는 업무상 사고로 본다.

'제3자의 행위'라 함은 보험관장자(고용노동부장관, 고용노동부장관의 위탁을 받은 근로복지공단), 보험가입자(사업주) 및 소속 근로자 이외의 자가 고의 또는 과실에 의하여 보험급여의 원인을 발생하게 한 행위를 말하고, '제3자가 수급권자에 대하여 손해배상의무를 가지고 있는 재해'란 민법 제750조에서 규정하고 있는 불법행위자의 손해배상책임을 말하는 것으로서 제3자의 직접행위에 의하여 발생한 재해 뿐 만 아니라, 당해 재해에 대하여 제3자가 손해배상의무 책임이 있는 재해의 경우도 포함되며 건물, 설비 등의 공작물의 하자(민법 제758조) 및 동물의 가해(민법 제759조)에 의해 발생한 재해도 제3자행위재해로 인정한다.

〈관련 행정해석〉

건설기계(중기)를 공사현장에 대여하고 임대수입을 얻는 것은 산재보험법 제9조 제1항의 "도급" 사업에 해당되지 않음. 따라서 산재보험에 가입하지 아니한 건설기계임대업자 소속 근로자가 건설현장에서 타 사업장의 근로자를 가해하여 업무상 재해가 발생한 경우 산재보험법 제54조에 의한 제3자의 행위에 의한 재해이므로 구상권을 행사하는 것은 타당하다고 판단됨. 그러

나 산재보험에 가입되어 있는 건설기계임대업자 소속 근로자가 같은 현장에서 하나의 사업을 분할하여 각각 행하다가 사업주를 달리하는 근로자를 가해하여 재해가 발생한 경우에는 동법 제54조 단서규정에 의하여 구상권을 행사하지 아니할 수 있음.
〈산재 68607-465, 2000.4.14.〉

〈관련 판례〉

건설업 등 대통령령으로 정하는 사업이 여러 차례의 도급에 의하여 시행되는 때에는 하수급인에게 고용된 근로자가 하수급인의 행위로 인하여 업무상 재해를 입은 경우 하수급인은 원수급인과 함께 하수급인의 근로자와 직·간접적으로 산업재해보상보험관계에 있는 사람이어서 산재법 제 87조 제1항 본문이 정한 '제3자'에 해당한다고 볼 수 없다.
〈대법원 2016.05.26.선고, 2014다204666〉

(6) 고의, 자해행위나 범죄행위

근로자의 고의, 자해행위나 범죄행위 또는 그것이 원인이 되어 발생한 부상·질병·장해 또는 사망이 정상적인 인식능력 등이 뚜렷하게 저하된 상태에서 한 행위로 발생한 경우로서 대통령령으로 정하는 사유가 있으면 업무상 재해로 본다.

업무상 재해로 인정되는 자해행위

- 업무상의 사유로 요양 중인 사람이 그 업무상의 재해로 인한 정신적 이상 상태에서 자해행위를 한 경우
- 업무상의 재해로 요양 중인 사람이 그 업무상의 재해로 인한 정신적 이상 상태에서 자해행위를 한 경우
- 그 밖에 업무상의 사유로 인한 정신적 이상 상태에서 자해행위를 하였다는 것이 의학적으로 인정되는 경우

① 인정사례

가. 사업주가 개최한 회식 후 음주운전을 한 동료직원의 차량에 탑승하였다가 교통사고로 인해 상해를 입은 경우

설령 원고의 행위가 도로교통법위반(음주운전)방조죄에 해당할 여지가 있다고 하더라도, 그것이 이 사건 교통사고의 간접적·부수적 원인이 될 수 있음은 별론으로

하고 이 사건 교통사고의 직접적인 원인이 되었다고 볼 수는 없으며, 이 사건 교통사고의 직접적인 원인은 어디까지나 동료직원의 음주운전 행위라고 보아야 한다. 비록 원고에게도 음주운전 차량에 동승한 과실이 있기는 하지만, 원고의 과실은 교통사고와 업무 사이의 상당인과관계가 부정된다거나 단절될 정도에 이른다고 보이지 않는다. 따라서 피고의 요양불승인 처분은 위법하므로 취소되어야 한다. 〈서울행법 2019.04.19.선고, 2018구단70168〉

나. 산재로 인한 절망감과 좌절감, 노모에 대한 죄책감 등으로 자살한 경우

이 사건 사고로 인해 비참한 처지에 놓인 망인의 절망감과 좌절감, 노모에 대한 죄책감 등이 우울증으로 볼 만한 상태로 발전한 끝에 정신적 억제력이 현저히 떨어진 나머지 망인으로 하여금 자살이라는 극단적인 방법에 이르도록 하게 된 것이라고 추단할 수 있어, 망인의 자살과 이 사건 사고로 인한 망인의 업무상 상해와 상당인과관계가 있다고 할 것이므로, 망인의 사망은 산재법 제37조 제2항 및 같은 법 시행령 제36조 제2호에서 정한 업무상 재해에 해당한다고 할 것이다. 〈서울행법 2011.01.07.선고, 2010구합33337〉

② 불인정사례 : 회사가 주최한 행사에 이어진 2차 회식 후 귀가하기 위하여 무단횡단을 하다 교통사고로 사망한 경우

이 사건 1, 2차 회식 전반적인 과정이 사업주의 지배·관리 아래 있었던 것으로 보이기는 하나, 망인을 지하철까지 배웅한 목격자가 정상적으로 귀가 가능한 정도였다고 하고, 망인이 아내에게 메시지를 보내기도 한 점 등을 볼 때 과음으로 정상적 거동이나 판단능력에 장애가 있는 상태였다고 단정하기 어렵다. 이 사건 사고 당시 망인의 주취정도가 불분명하여, 망인의 무단횡단이 망인 스스로의 판단이 개입된 것이 아니라 과음으로 인한 판단능력의 장애에 따른 것이라고 단정할 수 없으므로, 망인이 왕복 11차선의 도로를 무단횡단한 것이 회식 과정 또는 그 직후의 퇴근 과정에서 통상적으로 수반하는 위험의 범위 내에 있다고 보기 어렵다. 회식에서의 과음이 주된 원인이 되어 이 사건 사고가 발생하였다고 인정하기 부족하므로 업무상 재해로 볼 수 없다. 〈서울고법 2018.01.10.선고, 2017누42004〉

〈자살에 대한 판례의 입장〉

> [대법원 2008.03.13.선고, 2007두2029]
> 자살은 본질적으로 자유로운 의사에 따른 것이므로 근로자가 업무를 수행하는 과정에서 받은 스트레스로 말미암아 우울증이 발생하였고 그 우울증이 자살의 동기 내지 원인과 무관하지 않다는 사정만으로 곧 업무와 자살 사이에 상당인과관계가 있다고 함부로 추단해서는 안 되며, 자살자의 나이와 성행 및 직위, 업무로 인한 스트레스가 자살자에게 가한 긴장도 내지 중압감의 정도와 지속시간, 자살자의 신체적·정신적 상황과 자살자를 둘러싼 주위상황, 우울증의 발병과 자살행위의 시기 기타 자살에 이르게 된 경위, 기존 정신질환의 유무 및 가족력 등에 비추어 그 자살이 사회평균인의 입장에서 보아 도저히 감수하거나 극복할 수 없을 정도의 업무상 스트레스와 그로 인한 우울증에 기인한 것이 아닌 한 상당인과관계를 인정할 수 없다.

❖ 건설달인의 TIP

자살의 업무상 재해 인정 시 가장 중요한 판단 기준이 되는 업무와 사망 사이의 상당인과관계는 업무상 과로나 스트레스로 인해 심신상실 내지 정신착란의 상태 또는 정상적인 인식능력이나 행위선택능력, 정신적 억제력이 현저히 저하된 정신장애 상태에 빠져 자살에 이르게 된 것이라고 추단할 수 있는 때에 인정할 수 있을 것이지만, 그 자살이 사회평균인의 입장에서 도저히 감수하거나 극복할 수 없을 정도의 업무상 스트레스와 그로 인한 우울증에 기인한 것인지 여부, 업무상 스트레스의 지속기간, 업무상 책임감, 평소 성격, 사생활, 금전문제, 음주여부 등 종합적인 요인이 고려되어 결정된다.

(7) 출퇴근재해

1) 출퇴근재해 인정기준 변경검토(헌법재판소 헌법불합치 결정)

2016년 6월 헌법불합치결정으로 위헌성이 확인[199]되어 2018년 1월 1일부터 새롭게 개정된 출퇴근 재해는 기존에 인정되었던 출퇴근 재해와 그 범위,

199) 헌법재판소 2016.9.29.선고, 2014헌바254 아파트 관리사무소에서 전기기사로 근무하던 근로자가 자전거를 타고 퇴근을 하다가 넘어지면서 버스의 바퀴에 깔려 손가락이 부러지는 부상을 입었고, 이에 근로자는 근로복지공단에 업무상 재해에 해당한다며 요양급여를 신청하였다. 그러나 공단은 해당 사고가 업무상 재해에 해당하지 않는다며 요양급여불승인처분을 내렸고, 이에 근로자는 산재법 제37조 제1항 제1호 다목과 산재법 시행령 제29조가 헌법에 위반된다는 이유로 헌법소원을 청구하였다. 헌법재판소는 재판관 6:3의 의견으로 사업주가 제공한 교통수단을 이용하는 등 사업주의 지배관리 아래 출퇴근하다가 발생한 사고만 업무상 재해로 인정하는 산재법 제37조 제1항 제1호 다목이 헌법에 위반된다는 결정을 선고하였다.

인정기준 등이 크게 달라졌다.

출퇴근재해에 관한 기존 대법원 법리는 ① 일반적으로 통근방법과 경로의 선택이 근로자에게 유보되어 있지 않고, ② 사업주가 제공한 교통수단을 근로자가 이용하거나 또는 사업주가 이에 준하는 통근수단을 이용하도록 하는 등 근로자의 통근과정이 사업주의 지배·관리하에 있다고 볼 수 있어야 출퇴근 중 재해가 업무상 재해에 해당한다고 판단하였다.

헌법재판소의 헌법불합치결정으로 인해, 공무원연금법 등과 산재법과의 사이에서 출퇴근 재해 인정범위 차이로 인한 형평성 문제는 많이 해소될 것으로 보이며, 개정취지가 일반 근로자도 통상적인 경로와 방법으로 출퇴근 하던 중 발생한 사고에 대하여 업무상 재해로 인정함으로써 근로자의 복지를 증진하려는 것인 만큼 출퇴근재해의 적용을 받게 되는 근로자의 범위는 기존에 비하여 넓어질 것으로 보인다.

2) 출퇴근재해 관련 산재법 개정

헌법불합치 결정으로 산재법 제37조제3항 단서의 '대통령령으로 정하는 사유'와 동법 제37조제4항의 '출퇴근 경로와 방법이 일정하지 않은 직종 등 대통령령으로 정하는 경우'에 대한 시행령이 공포(2017.12.26.)되었다.

산재법 제37조(업무상의 재해의 인정 기준) ①근로자가 다음 각 호의 어느 하나에 해당하는 사유로 부상 · 질병 또는 장해가 발생하거나 사망하면 업무상의 재해로 본다. 다만, 업무와 재해 사이에 상당인과관계가 없는 경우에는 그러하지 아니하다.

3. 출퇴근 재해
   가. 사업주가 제공한 교통수단이나 그에 준하는 교통수단을 이용하는 등 사업주의 지배 관리하에서 출퇴근하는 중 발생한 사고
   나. 그 밖에 통상적인 경로와 방법으로 출퇴근하는 중 발생한 사고

③제1항제3호나목의 사고 중에서 출퇴근 경로 일탈 또는 중단이 있는 경우에는 해당 일탈 또는 중단 중의 사고 및 그 후의 이동 중의 사고에 대하여는 출퇴근 재해로 보지 아니한다. 다만, 일탈 또는 중단이 일상생활에 필요한 행위로서 대통령령으로 정하는 사유가 있는 경우에는 출퇴근 재해로 본다.

④출퇴근 경로와 방법이 일정하지 아니한 직종으로 대통령령으로 정하는 경우에는 제1항제3호나목에 따른 출퇴근 재해를 적용하지 아니한다.

산재법 시행령 제35조(출퇴근 중의 사고) ②법 제37조제3항 단서에서 "일상생활에 필요한 행위로서 대통령령으로 정하는 사유"란 다음 각 호의 어느 하나에 해당하는 경우를 말한다.
1. 일상생활에 필요한 용품을 구입하는 행위
2. 「고등교육법」 제2조에 따른 학교 또는 「직업교육훈련 촉진법」 제2조에 따른 직업교육훈련기관에서 직업능력 개발향상에 기여할 수 있는 교육이나 훈련 등을 받는 행위
3. 선거권이나 국민투표권의 행사
4. 근로자가 사실상 보호하고 있는 아동 또는 장애인을 보육기관 또는 교육기관에 데려주거나 해당 기관으로부터 데려오는 행위
5. 의료기관 또는 보건소에서 질병의 치료나 예방을 목적으로 진료를 받는 행위
6. 근로자의 돌봄이 필요한 가족 중 의료기관 등에서 요양 중인 가족을 돌보는 행위
7. 제1호부터 제6호까지의 규정에 준하는 행위로서 고용노동부장관이 일상생활에 필요한 행위라고 인정하는 행위

산재법 시행령 제35조의2(출퇴근 재해 적용 제외 직종 등) 법 제37조제4항에서 "출퇴근 경로와 방법이 일정하지 아니한 직종으로 대통령령으로 정하는 경우"란 다음 각 호의 어느 하나에 해당하는 직종에 종사하는 사람(법 제124조에 따라 자기 또는 유족을 보험급여를 받을 수 있는 자로 하여 보험에 가입한 사람으로서 근로자를 사용하지 아니하는 사람을 말한다)이 본인의 주거지에 업무에 사용하는 자동차 등의 차고지를 보유하고 있는 경우를 말한다.
1. 「여객자동차 운수사업법」 제3조제1항제3호에 따른 수요응답형 여객자동차운송사업
2. 「여객자동차 운수사업법 시행령」 제3조제2호라목에 따른 개인택시운송사업
3. 제122조제1항제2호라목에 해당하는 사람이 수행하는 배송 업무

3) 출퇴근재해의 종류[200)]

① 사업주의 지배·관리하에서 출퇴근하는 중 발생한 사고

◦ 교통수단을 사업주가 출퇴근용으로 제공하였거나, 그에 준하는 경우
◦ 교통수단의 관리 또는 이용권이 노동자 측의 전속적 권한에 속하지 아니한 경우

② 그 밖의 통상적인 경로와 방법으로 출퇴근하는 중 발생한 사고

가. 통상의 출퇴근 재해의 판단

출퇴근 재해는 출퇴근 행위를 하던 중에 통상적으로 수반되는 위험이

200) 「출퇴근 재해 업무처리지침」, 근로복지공단, 제2017-48호

구체화된 경우이므로 아래의 요건을 모두 충족하는 것을 말한다.

◦ 자택 등 「주거」와 회사, 공장 등의 「취업장소」를 시점 또는 종점으로 하는 이동 행위 일 것
◦ 출퇴근 행위가 업무에 종사하기 위해 또는 업무를 마친 후에 이루어 질 것, 즉 「취업과 관련성」이 있을 것
◦ 출퇴근 행위가 사회통념상 「통상적인 경로 및 방법」에 따라 이루어 질 것, 즉 「일탈 또는 중단」이 없을 것(단, 영 제35조제2항에서 정하는 일탈·중단의 예외에 해당하는 경우는 인정)

가) 주거의 개념

'주거'란 노동자가 실질적으로 거주하면서 일상생활을 영위하는 주소 또는 거소 로서 노무제공을 위한 근거지를 말하는 것으로 아래에 해당할 경우 모두 주거로 인정한다.

주거로 인정되는 장소

◦ (연고지 주거) 노동자 홀로 또는 배우자, 자녀, 부모 또는 조부모 등과 함께 상당기간 거주하고 있거나 앞으로도 거주 할 것으로 예상되는 장소
◦ (비연고지 주거) 연고지 주거와 취업장소간의 거리, 시간, 교통수단 등을 고려할 때 매일 이동하는 것이 곤란하여
  - 근무지 근처에 숙소를 별도로 마련하고 그 장소에서 상당기간 출퇴근을 하고 있거나 앞으로도 출퇴근 할 것으로 예상되는 경우 그 장소
◦ (일시적 주거) 근무 사정, 교통두절, 천재지변 등 아래와 같은 불가피한 사유로 일시적으로 숙박 하는 경우 그 장소
  - 사업주의 지시 또는 승인이 있는 연장근로 및 조기출근으로 대중교통을 이용할 수 없는 경우 숙박하는 그 장소
  - 신규부임, 전근 등의 근무사정이나 교통기관의 파업 및 태풍·지진 등 천재지변에 의한 교통 두절로 연고지 주거에서 출퇴근이 곤란하여 숙박하는 그 장소
  - 건설업, 조선업 등에서 일하는 단기 취업노동자가 취업장소 인근에서 일시적으로 숙박하는 경우의 그 장소
  - 사업주의 긴급한 지시에 따라 휴가장소 등 주거가 아닌 장소에서 취업장소로 출근하는 경우 그 장소
  - 가족의 간호를 위해 의료기관 등에서 숙박하고 출근하는 경우 그 장소

〈예시〉

- ◦ 거리사정으로 취업장소 인근에 비연고지 주거를 마련하고 근무가 종료되는 금요일 오후에 취업장소에서 연고지 주거로 바로 퇴근 하는 경우
  → 연고지 주거를 주거로 인정
- ◦ 친구의 집에서 영화를 보고 다음날 아침 그곳에서 직접 출근할 경우
  → 친구의 집은 주거로 인정되지 않음
- ◦ 근무가 종료되는 금요일 오후에 퇴근하여 비연고지 주거에 잠시 들러 물건을 챙긴 후 연고지 주거로 퇴근하는 경우
  → 연고지 주거를 주거로 인정(비연고지 주거 경유는 통상의 경로로 인정)
- ◦ 금요일 저녁에 야근 후 퇴근하여 불가피하게 비연고지 주거에 들렀다가 별도의 사적행위 없이 다음날 바로 연고지 주거로 향하는 경우
  → 연고지 주거를 주거로 인정(비연고지 주거 경유는 통상의 경로로 인정)

나) 주거의 경계

'주거의 경계'란 불특정 다수인이 자유롭게 통행 할 수 없는 곳으로서 노동자의 사적 영역을 말한다.

- 공동주택(다가구 포함)의 경우 개인이 소유 또는 점유하는 구역의 개별 현관문이 주거의 경계가 됨 (예시. 101동 공동 현관문 (×), 101동 101호 개별 현관문 (○))
- 단독주택의 경우 대문

〈예시〉

- ◦ 출근을 위해 아파트 계단을 내려오다 계단에서 넘어진 사고
  → 아파트 계단은 주거를 벗어난 출퇴근 경로에 해당하므로 통상의 출퇴근 재해 인정
- ◦ 업무를 마치고 퇴근하여 단독주택의 마당에 들어가 넘어진 사고
  → 주택마당은 사적 영역이므로 통상의 출퇴근 재해 불인정
- ◦ 출근하던 중 자택 부지내에 있는 차고에서 넘어진 사고
  → 주택 차고는 사적 영역이므로 통상의 출퇴근 재해 불인정

다) 취업관련성과 취업장소

〈취업관련성 예시〉

[출근의 취업관련성]

◦ 소정 근무일에 소정 근무개시시각을 목표로 하여 통상적인 시간대에 주거지를 나와 취업장소로 가는 경우 → 취업관련성 인정
◦ 늦잠으로 인한 지각 또는 rush hour를 피하기 위하여 일찍 출근하는 경우 → 취업관련성 인정
◦ 전날 내린 폭설로 인해 출근시간이 지연될 것을 예상하여 평소보다 일찍 주거지를 나서는 경우 → 취업관련성 인정
◦ 현 직장이 적성에 맞지 않아 다른 직장을 소개받기 위해 주거지에서 직업소개소로 가는 경우 → 취업관련성 불인정
◦ 직업소개소에서 소개받은 후 채용이 확정되어 취업장소로 가는 경우 → 취업관련성 인정
  * 근로자가 아닌 구직자가 주거지에서 직업소개소로 가는 것은 구직알선이 목적이므로 취업관련성 불인정
◦ 개인취미활동이나 사적인 동호회 활동을 목적으로 소정 근무개시시각 보다 훨씬 이전에 회사에 출근하는 경우 → 취업관련성 불인정
  예시1) 출근에 30분 소요되는 노동자가 개인취미활동을 위해 3시간 전 출근하는 경우 → 취업관련성 불인정
  예시2) 근무개시시각이 오후 3시인 노동자가 사적인 동호회 활동을 위해 오전에 출근하는 경우 → 취업관련성 불인정

[퇴근의 취업관련성]

◦ 업무종료 후 즉시 주거지로 향한 경우 → 취업관련성 인정
  ※ 업무 : 업무장소 정리·정돈, 샤워 등 마무리하는 행위까지 포함
◦ 근무시간 종료 전에 사업주의 승인을 받아 조퇴하여 귀가하는 경우 → 취업관련성 인정
◦ 목공소에서 일하는 노동자가 18시에 업무가 종료된 후 21시까지 사업장에서 자녀에게 줄 목각인형을 만들고 귀가 중 재해가 발생한 경우
  → 사적인 이유로 사업장에서 상당한 시간을 머문 경우로서 취업관련성 불인정
  * 다만, 사업주지배관리 아래 이루어지는 동호회 활동 등은 상당한 시간이 초과되더라도 취업 관련성 인정

〈취업장소 예시〉

- 주거지에서 사무실로 출근하기 위하여 버스를 타러가다가 재해가 발생한 경우
  → 통상의 출퇴근 재해에 해당
- 주거지에서 거래처로 출장가기 위하여 버스를 타러가다가 재해가 발생한 경우
  → 업무상의 재해에 해당
- 외근직 직원이 첫번째 근무장소로 이동하다가 재해가 발생한 경우
  → 통상의 출퇴근 재해에 해당
- 외근직 직원이 첫번째 근무장소에서 다음 근무장소로 이동하다가 재해가 발생한 경우
  → 업무상의 재해에 해당

라) 통상적인 경로 및 방법

'통상적인 경로'란 주거와 취업장소 또는 취업장소와 취업장소 사이를 일반인이라면 사회통념상 이용할 수 있다고 인정되는 경로로서 아래와 같은 경우 모두 통상적인 경로로 인정한다.

통상적인 경로로 인정하는 경우

- 최단거리 또는 최단시간이 소요되는 경로
- 최단거리 또는 최단시간의 경로는 아니지만 일반적으로 그 경로를 선택할 수 있다고 인정되는 경로
  ※ 연고지 주거에서 취업장소로, 취업장소에서 연고지 주거로 이동하는 사이에 들르는 비연고지 주거 또는 일시적 주거는 출퇴근 과정이 단절없이 이루어진 경우 출퇴근 과정의 일환으로 보아 통상의 경로로 인정
- 공사, 시위·집회 등으로 인한 도로 사정에 따라 우회하는 경로
- 직장동료 등과의 카풀
  ※ 카풀이란 목적지나 방향이 같은 사람들이 한 대의 승용차를 함께 타고 다니는 것을 말한다.

〈예시〉

- 평소 지하철을 이용하여 출퇴근하는 노동자가 평소와 다르게 버스를 타기 위해 버스 정류장으로 걸어가다가 사고
  → 통상의 경로 해당
- 오토바이를 타고 퇴근하던 중 악천우로 인해 침수된 도로를 우회하여 진행 중 사고
  → 통상의 경로 해당

◦ 근무가 종료되는 금요일 오후에 퇴근하여 비연고지 주거에 잠시 들러 물건을 챙긴 후 연고지 주거로 퇴근하는 경우 → 통상의 경로 해당

'통상적인 방법'이란 철도, 버스 등의 대중교통수단, 승용차, 오토바이, 자전거, 도보, 그 밖의 교통수단(전동휠, 인라인스케이트 등)을 사회통념상 인정되는 합리적인 방법으로 이용하는 것을 말한다.

나. 출퇴근 경로 일탈 및 중단

가) 경로의 일탈·중단시 적용 원칙

출퇴근 경로의 '일탈'은 출퇴근 도상에서 통상적인 경로를 벗어나는 행위를 하는 것을 말하며, '중단'은 출퇴근 경로 상에서 출퇴근과 관계없는 행위를 하는 것을 말한다. 출퇴근 경로를 일탈하거나 중단하는 경우에는 출퇴근 목적과 관계없는 사적 행위가 원인이므로 일탈 또는 중단 중의 사고 및 그 이후의 이동 중의 사고에 대하여 원칙적으로 출퇴근 재해로 인정하지 않는다[201].

〈예시〉

◦ 퇴근길에 친구집으로 물건을 가지러 주거지와 다른 방향으로 가던 중 발생한 사고 → 일탈에 해당 ◦ 퇴근길에 통상의 경로상에 있는 음식점에서 친구와 음주를 하는 경우 → 중단에 해당 ※ 일탈·중단 중의 사고 뿐만 아니라 그 후의 이동(일탈 또는 중단 후 다시 통상의 경로로 돌아와서 이동) 중의 사고도 보호대상이 아님을 유의

나) 경로의 일탈·중단의 적용 예외

(가) 일탈·중단의 예외 인정 범위

㉮ 일상생활에 필요한 용품을 구입하는 행위

일상 생활용품의 구입행위는 판매처[202]의 위치 및 거리, 행

201) 출퇴근 중 통상적인 경로에서 발생하는 통상 30분 내외의 경미한 행위(신문구입, 차량주유, 커피 등 음료의 테이크아웃, 생리현상, 소나기를 잠시 피하는 행위 등)는 일탈·중단 행위로 보지 않는다.

202) 슈퍼, 편의점, 천원샵, 철물점, 공구점, 조명기기점, 대형마트, 농축산물 유통센터, 정보통신기기 판매점, 의복 또는 신발가게, 전통시장 등

위의 필요성, 긴급성, 소요되는 시간 등을 종합적으로 고려하여 판단한다.

인정 사례	통상의 경로상에 식료품을 구입할 수 있는 슈퍼가 있으나 좀 더 저렴하게 구입하고자 퇴근길에 경로를 벗어나 대형마트에서 식료품을 구입하고 귀가 중 발생한 재해
불인정 사례	퇴근길에 백화점에 들러 명품가방을 구입하고 귀가 중 발생한 재해

㈏ 「고등교육법」 제2조에 따른 학교 또는 「직업교육훈련촉진법」 제2조에 따른 직업교육훈련기관에서 직업능력 개발향상에 기여할 수 있는 교육이나 훈련 등을 받는 행위

「고등교육법」에 의한 학교 및 「직업교육훈련촉진법」에 따른 직업훈련기관에서 교육훈련을 받기 위한 일탈·중단은 인정하나, 단순 취미생활, 체력증진 등을 위한 일탈·중단은 제외된다. 단, 꽃꽂이, 스포츠댄스 등이라도 취미생활이 아닌 자격증 취득 등 직업능력개발을 위한 일탈·중단은 인정한다.

인정 사례	용접 기술을 배우기 위하여 퇴근길에 직업교육훈련기관에서 훈련을 받고 귀가 중 발생한 재해
불인정 사례	▸ 퇴근길에 직업능력개발과 무관한 스포츠댄스를 배우고 귀가 중 발생한 재해 ▸ 퇴근길에 취미활동인 요가를 배우기 위하여 학원으로 이동 중 발생한 재해

㈐ 선거권이나 국민투표권의 행사

법률이 정하는 바에 따라 국민에게 부여된 선거권이나 국민투표권의 행사를 위한 일탈·중단은 인정한다.

인정 사례	출근길에 투표소에 들러 국회의원 보궐 선거를 하고 사무실로 이동 중 발생한 재해
불인정 사례	퇴근 중 탁구 동호회장 선거를 위해 이동 중 발생한 사고

㈑ 근로자가 사실상 보호하고 있는 아동 또는 장애인을 보육기관 또는 교육기관에 데려주거나 해당 기관으로부터 데려오는 행위

'근로자가 사실상 보호하고 있는 아동 또는 장애인'은 노동자

본인의 자녀, 손자녀 등 가족 뿐만 아니라 실질적으로 보호하고 있는 아동 또는 장애인도 해당된다(주기적, 반복적으로 출퇴근 과정에서 보호해 온 아동 또는 장애인 포함).

'아동'이란 어린이집, 유치원, 초·중·고교에 재학하는 연령대에 해당하는 사람을 말하며, 이들을 어린이집, 유치원, 초·중·고교 및 이에 준하는 보육기관 또는 교육기관에 데려주거나 데려오는 행위를 인정한다.

'장애인'이란 「장애인복지법」에 따른 장애인 및 이에 준하는 장애를 가진 사람을 말하며, 이들을 어린이집, 유치원, 초·중·고교, 대학교 등과 이에 준하는 보육기관 또는 교육기관에 데려주거나 데려오는 행위를 인정한다.

인정 사례	▸ 출근길에 미취학자녀를 보육기관에 맡기거나 고등학생 자녀를 학원 또는 학교에 데려주기 위하여 우회하여 이동 중 발생한 재해 ▸ 출근길에 장애인인 장모님을 위탁기관에 모셔다 드리기 위하여 이동 중 발생한 재해
불인정 사례	▸ 출근길에 학교에 늦은 대학생 자녀를 전철역까지 데려주기 위하여 일탈하여 발생한 재해 ▸ 퇴근길에 아르바이트를 마친 고등학생 자녀를 데리러 가기 위해 일탈하여 이동 중 발생한 재해

㉴ 의료기관 또는 보건소에서 질병의 치료나 예방을 목적으로 진료를 받는 행위

출퇴근 중 질병 치료나 예방을 목적으로 의료기관에서 건강검진 등 진료를 받기 위한 우회는 인정하되 미용 목적의 상담 등 일상생활과 무관한 행위는 불인정한다.

인정 사례	▸ 퇴근길에 두통으로 병원에 가기 위하여 이동 중 발생한 재해 ▸ 출근길에 배가 아파서 병원에 들러 진료를 받고 사무실로 이동 중 발생한 재해
불인정 사례	▸ 퇴근길에 병원에 들러 미용목적으로 성형수술 상담을 받고 귀가 중 발생한 재해 ▸ 퇴근길에 피부과에 들러 미용목적으로 보톡스를 맞고 귀가 중 발생한 재해

㉥ 근로자의 돌봄이 필요한 가족 중 의료기관 등에서 요양 중인 가족을 돌보는 행위

'가족'이란 민법 제779조(가족의 범위[203]))에 따라 판단하되, 배우자의 부모, 실질적으로 생계를 함께 하고 부양하는 친인척도 포함한다.

의료기관 등의 시설에서 요양 중인 가족을 간병하는 행위는 인정하되, 가족 간의 단순 방문, 일회성 병문안 등은 불인정한다.

인정 사례	퇴근 중 의료기관에서 입원중인 부친을 돌보기 위하여 이동 중 발생한 재해
불인정 사례	퇴근 중 부모님 댁을 방문하여 함께 저녁식사를 하고 귀가 중 발생한 재해

㉦ 고용노동부장관이 일상생활에 필요한 행위라고 인정하는 행위

◦ 일상생활에 필요한 용품을 구입하는 행위에 준하는 행위
- 일상생활 영위를 위해 계속반복적으로 발생하는 행위 (예: 세탁물을 찾아오는 행위, 구두를 수선하는 행위)
- 식사, 이미용, 목욕 등과 같이 일상생활 영위를 위한 행위로서 업무상 필요에 의해 이루어지는 행위 (예: 사업장에 식당이 없는 등의 사유로 불가피하게 퇴근 중 식사를 하는 행위, 오전에 사업장에서 중요한 발표가 있어 출근중 머리를 다듬는 행위, 업무로 몸이 더러워졌으나 사업장에 샤워시설이 없어 퇴근 중 목욕을 하는 행위)

◦ 교육이나 훈련 등을 받는 행위에 준하는 행위
- 「학원의 설립·운영 및 과외교습에 관한 법률」에 따른 학원에서 직업능력개발 향상을 위한 훈련수강
- 외국어 학원, 컴퓨터 학원(한글, 엑셀 등), 운전면허학원 등 직업능력개발 향상에 기여할 수 있는 교육이나 훈련을 받는 행위 (예: 출근길에 업무와 관련한 자기계발을 위하여 영어학

203) 배우자, 직계혈족 및 형제자매, 생계를 같이 하는 직계혈족의 배우자, 생계를 같이 하는 배우자의 직계혈족 및 배우자의 형제자매

원에서 강의를 듣고 출근하는 행위)

※ 교육기관은 아니더라도 사회통념상 직무관련성이 있다고 인정받을 수 있는 모임에 의 직업능력개발 행위를 입증하는 경우 인정(예: 영어스터디 등)

◦ 선거권이나 국민투표권의 행사에 준하는 행위
  - 「노동조합 및 노동관계조정법 제23조(임원의 선거등)」에 따른 노동조합 임원 선거, 「공동주택관리법 제14조(입주자대표회의 구성 등)」에 따른 아파트입주자 임원 선거 등 법률이 정하는 바에 따라 선거권을 행사하는 행위

◦ 아동 또는 장애인을 보육기관 또는 교육기관에 데려주거나 데려오는 행위에 준하는 행위
  - 아동 또는 장애인을 보육기관이 아닌 가정에 위탁하는 행위, 장애인복지관 및 주간보호시설 등 위탁기관에 데려주거나 데려오는 행위
  - 아동 또는 장애인을 의료기관 등에 데려주거나 데려오는 행위
  - 홀로 거동이 어려운 노인을 보호시설 등에 데려주거나 데려오는 행위

◦ 질병의 치료나 예방을 목적으로 진료를 받는 행위에 준하는 행위
  - 노동자의 건강을 위해 보건소 금연클리닉에 다니는 행위

◦ 의료기관 등에서 요양 중인 가족을 돌보는 행위에 준하는 행위
  - 요양원 또는 노동자와 주소(거소)를 달리하는 장소에서 요양중인 가족을 돌보는 행위

(나) 일탈·중단의 예외 해당시 사고인정 범위

시행령에서 정한 예외적으로 인정되는 일탈 또는 중단의 경우라도 그 전 과정이 보호되는 것이 아니라 이동 중의 재해만 보호된다.

※ 마트 내에서 장을 보던 중 발생한 화재로 인한 사고, 투표장소 안에서의 사고, 자녀를 위탁하는 과정에서 위탁기관의 건물 내에서 발생한 사고 등은 이동상의 재해가 아니므로 출퇴근 재해로

불인정한다.

〈예시〉

◦ 퇴근 후 일상생활용품 구입을 위해 경로를 우회한 곳에 위치한 마트에서 물건을 구입하던 중 진열된 물건이 넘어져 부상 → 이동 경로상의 재해가 아니므로 출퇴근 재해 불인정 ◦ 퇴근중 혈액투석을 마치고 의료기관을 벗어나 인근 버스정류장으로 이동중 전도되어 부상 → 이동 경로상의 재해이므로 출퇴근 재해 인정 ◦ 장기 요양중인 배우자를 간병하던 중 의료기관내에서 넘어져 부상 → 이동 경로상의 재해가 아니므로 출퇴근 재해 불인정

다. 범죄행위 여부 판단 요령

산재법 제37조(업무상의 재해의 인정기준) ②근로자의 고의·자해행위나 범죄행위 또는 그것이 원인이 되어 발생한 부상·질병·장해 또는 사망은 업무상의 재해로 보지 아니한다.

산재법 제37조제2항에 따라 범죄행위[204](음주, 무면허 등)로 인한 출퇴근 사고의 경우는 원칙적으로 퇴근 재해로 인정되지 않는다. 다만, 음주운전 중에 사고가 발생한 경우에도 그 사고가 '운전 자체에 통상 수반되는 위험이 현실화된 사고[205]'로 인정되는 등 음주운전과 무관한 것이 명백한 경우에는 예외적으로 업무상의 재해로 인정될 수 있다.

〈예시〉

◦ 혈중 알콜농도가 면허취소 기준 수치 이상인 경우 : 음주운전에 기하여 발생한 사고에 해당하므로 출퇴근 재해 인정 불가 ※ 현행 면허취소 기준 수치는 혈중 알콜농도 0.1%이고, 현재 발의된 음주운전 처벌기준 강화 법안의 면허취소 기준은 0.08%로 해당 법안 개정 시 개정 법안의 기준에 따름 ◦ 혈중 알콜농도가 면허취소 기준 수치 미만인 경우 : 구체적 상황에 따라 음주운전 및 그에 따른 과실이 사고의 원인인지에 따라 판단 ◦ 퇴근중 혈중 알콜농도 0.03% 의 상태에서 운전하다가 신호대기 중인 차량을 뒤에서

204) 법에 의해 보호되는 이익을 침해하고 사회의 안전과 질서를 무너뜨리는 반사회적 행위

205) 예를 들면, '음주운전 중 신호대기 정차 상태에서 상대 차량의 후면 추돌로 사고가 발생한 경우' 등과 같이 음주운전과 무관하게 발생한 사고

충돌하여 사고가 발생한 경우 → 음주가 사고의 원인이므로 "불인정"
◦ 퇴근중 혈중 알콜농도 0.03% 의 상태에서 운전하다가 폭우에 따른 도로 유실로 인한 사고
⇒ 음주가 사고의 원인이 아니므로 "인정될 수 있음"

(8) 진단서 보는 방법

1) 진단서

'진단서'란 의사가 타인을 진찰 또는 검사한 결과를 종합하여 건강상태를 증명하기 위하여 작성한 의학적인 문서로 일반적으로 상병명, 확정까지 경과, 치료계획 등을 기재한다.

2) 진단서 기재내용

① 상병명 : 상해부위와 상해정도를 진단서에서 파악

② 구성요소

가. 발병시기 및 경과 : 예) 급성 ~ , 만성 ~ , 지연성 ~ 등
나. 신체 발병 부위 : 예) 두부 ~ , 상완 ~ , 복부 ~ 등
다. 해부학적 부위, 국소명
- 골격계 : 상박골, 대퇴골 등
- 근건계 : 상완이두근, 대퇴사두근 등
- 인대계 : 후십자인대, 외측측부인대 등
- 혈관계 : 쇄골하동맥, 상완정맥 등
- 내장계 : 심장, 간장 등
- 신경계 : 액와신경, 좌골신경 등
라. 상태 : 개방성, 폐쇄성, 완전, 불완전 등

〈상해내용〉

- 창과 상 : 창이란 외부의 힘에 의하여 피부의 연속성이 끊어진 개방성 손상을 말하며, 상이란 피부의 연속성이 끊어지지 않은 폐쇄성 손상을 말함
- 찰과상 : 피부에 있는 털이 벗겨지고 긁히는 외상으로서 진물이 나는 정도이며 출혈은 생기지 않는다.
- 좌상 : 둔력에 의하여 혈관이나 근육 등 연부조직 또는 내장기관이 압축 좌멸된 상

태로 일명 타박상(打撲傷)이라고도 부르며 피부에는 상처를 주지 않고 피부 안쪽층에서 내출혈이 생겨 멍이 드는 외상으로 외부에 출혈을 보이지는 않는다.

- 좌창 : 예리하지 못한 물체(둔기)에 부딪히거나 맞았을 때 피부에 상처가 생기고 출혈을 동반하며 피부 안쪽층의 근육이나 뼈를 다치는 외상을 말하며 이때는 보통 상처가 난 피부가 떨어져 나가기도 하기 때문에 꿰매기(봉합)가 어려운 경우가 많다.
- 절창 : 예리한 칼날로 잘려서 생긴 창
- 자창 : 예리한 못이나 물체에 피부를 찔려서 출혈이 생기고 곪게 되기도 하는 외상을 말한다.
- 열창 : 피부를 포함한 근육, 인대 등이 찢어져서 꿰매야 하는 외상을 말한다.
- 타박, 염좌, 탈구, 골절
- 타박상 : 조직심부가 압좌되어 생긴 손상
- 염좌 : 일정관절에 정상의 운동범위 이상의 힘이 작용하였을 때 관절을 보호하고 있는 인대나 관절낭이 잡아 늘어진 상태, 혹은 잘려진 상태를 말한다. 통증, 종창, 피하출혈, 운동제한 등이 있게 된다.
- 탈구 : 관절이 어긋나서 뼈가 제자리에서 물러난 상태를 말한다. 즉 외력에 의하여 뼈의 머리부분이 관절포를 뚫고 밖으로 이탈한 상태이다. 탈구는 넘어지거나 높은 곳에서 떨어질 때, 운동을 잘못하다가 생기는 경우가 많다. 흔히 팔꿈치, 어깨, 다리의 뼈마디에서 잘 생긴다.

  ※ 관절면이 완전히 접합하지 않은 상태를 완전탈구라고 하고, 관절구의 일부가 접합되어 있는 경우를 아탈구라 한다.
- 골절 : 뼈나 골단판 또는 관절면의 연속성이 완전 혹은 불완전하게 소실되어 선상의 변형을 일으킨 상태를 말한다.

마. 진단용어

- 부종 : 피부조직내에 수분이 다량으로 저장된 상태를 부종이라고 하며 그러한 것이 외부에서 보이는 상태를 말하는 것으로 뇌부종, 안면부종 등이 있다.
- 출혈 : 혈액의 전 성분이 혈관강의 밖으로 나오는 것으로 혈액이 조직, 체강 기관의 관강 또는 체외로 나오는 것을 말하며, 뇌내출혈, 지주막하출혈, 안저출혈 등이 있다.
- 혈종 : 출혈한 혈액이 조직 내에 축적된 상태를 말하는 것으로 두부피하혈종, 경막하혈종, 슬관절내혈종(혈증) 등이 있다.
- 증후군 : 생체의 이상사태는 증후와 검사 결과의 이상치(비정상치)를 가지고 가늠하게 되는데 몇 가지의 증후 또는 각종 검사결과의 상이 한가지로 짜여져서 동시에 출현하게 되어 그 것이 전

체의 특유한 패턴을 나타내게 할 때, 그 조합을 증후군이라고 하며 구획증후군, 외상후성증후군 등이 있다.

바. 발병시기 및 경과를 나타내는 표현

- 급성, 아급성 : 급성이란 급격하게 증상이 발생함을 의미하며 아급성은 급성이라고 불릴만큼 심한 것은 아니고 버금가는 비교적 평온한 경과를 나타낸다.
- 만성 : 증상이 서서히 진행되는 것을 말하며 특히 만성질환의 의미는 최초의 자각증상이 반드시 명확하지는 않으면서도 본인도 모르는 사이에(부지불식) 진행된 증상을 말하는 것으로 만성 감염 등이 그 예이다.
- 지발성 : 어느 상해를 과거에 수상하여 그 증상이 계속되고 있으면서 새로이 발현한 증후를 말하는 것으로 지발성 척골신경마비 등이 있다.
- 진구성 : 병적 소견이 시간을 경과한 후에 발견되는 경우에 사용되는 말로 진구성 전십자인대 단열, 진구성 요추압박골절 등이 있다.

3) 진단서의 종류

◦ 건강진단서, 질병진단서, 상해진단서
◦ 사망진단서 : 사람의 죽음을 증명하기 위한 증명서로 의사 자신이 진료중이던 사람이 진료한 사실이 있은 지 48시간 이내에 사망하였을 때 발부하는 것으로 의료법 제17조제1항에는 사망 전 48시간 이내에 진료한 사실이 있는 환자에 대하여는 진찰을 하지 않아도 편의상 사망진단서를 작성하는 것을 인정하고 있다.
◦ 사체검안서 : 사망진단서와의 차이는 의사 자신이 진찰한 지 48시간 이내에 사망한 즉 사망진단서에 해당되는 사체 이외의 모든 죽음을 증명할 때 이용된다.
◦ 부검소견서 : 사망의 원인을 알 수 없을 때 경찰이나 유족의 신청에 의해 국립과학수사연구소에서 부검을 실시하여 사망의 원인을 밝히는 서류이다. 통상 1~2개월 뒤에 유족에게 통지된다.

◦ 사망원인 : 사망원인, 즉 사인은 직접사인, 직접사인의 원인인 중간선행사인, 중간선행사인의 원인인 선행사인으로 분류할 수 있다.

- 직접사인 : 직접 사망에 이르게 한 원인
- 중간선행사인 : 직접사인을 야기시킨 사인으로써 선행사인에 의해 야기된 사인
- 선행사인 : 직접사인을 야기시킨 최초의 사인

※ 의료법령은 사체검안서 등에 사인을 기재함에 있어 직접사인, 중간선행사인, 선행사인, 선행사인의 원인을 기재하도록 하고 있으면서도 "직접 의학적 인과관계가 명확한 것"만을 기재하도록 하고 있다.

※ 한편 진단명을 결정하는 데는 반드시 증상, 징후 또는 검사 결과와 같은 의학적인 근거가 있어야 하며, 근거와 진단명 사이에는 객관적으로 타당한 상관관계가 있어야 한다. 진단의 근거 가운데 병인, 외연 또는 형태학적 개념에 의한 진단명은 「최종진단명」이며 증상이나 징후를 근거로 한 진단은 「임상적 진단명」이다. 즉 「최종진단명」은 증상과 징후 외에 여러 가지 검사의 결과(예컨대 미생물학적 검사, 생화학적 검사, 조직병리학적 검사, 방사선과 검사, 혈액학적 검사, 혈청학적 검사, 심전도, 뇌파 검사, 내시경 검사 등)를 근거로 하여 작성하게 되는데 반하여 「임상적 진단명」은 임상적인 증상이나 징후만 가지고 의사가 재량에 의해 결정한 진단명으로 기능적 개념에 의한 진단명이다. 「임상적 진단명」을 바탕으로 하여 형태학적 진단명-최종진단명을 쓰고자 한다면 진단명 뒤에 (추정) 또는 (의증)이라고 덧붙인다.

- 사인불명이란 넓게는 직접사인 중간선행사인 및 선행사인이 모두 밝혀지지 않은 경우를 말하는 것이지만 좁게는 중간선행사인 및 선행사인이 밝혀지지 않은 경우를 말한다.

4. 업무상 질병의 판단

업무상 재해로 인정되는 질병인가를 판단하는 방식에는 개괄주의 방식과 제한열거주의 방식이 있다. 개괄주의 방식은 질병의 발생경로의 다양성, 복잡성 및 입증책임의 문제로 법령에 일반적 규정을 두고 사안이 발생할 시 그 정의에 해당하

는지 여부를 판단하는 방식을 말하고, 제한열거주의 방식은 관계법령을 통하여 업종별 내지 직업별로 질병을 지정하여 그에 해당하는 질병에 한하여 보상하고자 하는 방식을 말한다. 이 두 제도는 각각 그 장점과 단점이 있어 우리나라에서는 개괄주의 방식과 제한열거주의 방식을 혼합한 방식을 취하고 있다.

(1) 근기법상 업무상 질병의 인정요건

근기법 시행령 [별표 5]는 업무상 질병의 범위에 대하여 제한열거주의를 채택하고 있으며, 업무상 부상으로 인한 질병(가목), 직업성 질병(나목~아목), 이외에 산업재해보상보험 및 예방심의위원회의 심의를 거쳐 고용노동부장관이 지정하는 질병(자목), 그 밖에 업무로 인한 것이 명확한 질병(차목) 등으로 분류하고 있다.

(2) 업무상 질병의 종류

1) 업무상 부상으로 인한 질병

업무상 사유에 의한 부상이 그 원인이 되어 발생한 질병뿐 아니라 그 부상 때문에 발생된 합병으로 인한 질병, 그 밖에 당초 부상과 상당인과관계가 있는 질병을 포함하며, 업무상 원인이 되어 발병한 것이 의학적으로 입증되어야 한다.

2) 직업성 질병

직업과 관련하여 발생한 질병으로 일을 하지 않았으면 발생 또는 악화되지 않았을 질병이 일에 의해 생기거나 악화된 것을 '직업병'이라고 한다. 이러한 직업병을 산안법에서는 '직업성질환', 산재법에서는 '업무상 질병'이라고 하며, 산업보건학적으로 직업병과 작업 관련성 질환으로 구분 된다.

'직업병'은 주로 직업적 요인에 의해서만 발생하는 질병으로 소음성난청, 유기용제 중독, 중금속 중독, 직업성 암, 직업성 천식 등이 해당된다. 즉 일상생활에서는 노출되지 않는 직업적 유해인자에 노출되어 발생하는 질병을 말한다. '직업성질환'은 일상적 원인에 의해 발생 가능하지만 직업적 요인에 의해 악화되는 질병을 말하는 것으로, 요통 등 근골격계질환, 뇌심혈 관계질환 등이 해당된다.

3) 산업재해보상보험 및 예방심의위원회의 심의를 거쳐 고용노동부장관이 지정하는 질병

산업의 발달로 새로운 산업과 직종 및 신규 유해물질의 생성으로 인해 발생되는 새로운 유형의 직업성 질병을 법령의 개정 없이 신속히 정함으로써 근로자의 입증책임을 경감시켜 근로자를 보호하기 위한 제도이나 현재까지 직업성 질병을 지정한 예는 없다.

4) 그 밖에 업무로 인한 것이 명확한 질병

'그 밖에 업무로 인한 것이 명확한 질병'이라 함은 근기법 시행령 [별표5] 나목부터 자목까지에서 명시된 직업성 질병에 속하지 않은 질병인 경우로서, '업무상 과로 등으로 인한 뇌혈관 질병 또는 심장질병'과 업무와 관련하여 정신적 충격을 유발할 수 있는 사건으로 인한 '외상후스트레스장애' 등을 들 수 있다.

(3) 산재법상 업무상 질병의 인정요건

업무수행 과정에서 물리적 인자(因子), 화학물질, 분진, 병원체, 신체에 부담을 주는 업무 등 근로자의 건강에 장해를 일으킬 수 있는 요인을 취급하거나 그에 노출되어 발생한 질병, 업무상 부상이 원인이 되어 발생한 질병, 그 밖에 업무와 관련하여 발생한 질병을 업무상 질병으로 보고 업무상 질병(진폐증은 제외한다)에 대한 구체적인 인정 기준은 산재법 시행령 [별표 3]으로 규정하고 있다.

업무상 질병에 대한 구체적인 인정기준

1. 뇌혈관 질병 또는 심장 질병
   가. 다음 어느 하나에 해당하는 원인으로 뇌실질내출혈(腦實質內出血), 지주막하출혈(蜘蛛膜下出血), 뇌경색, 심근경색증, 해리성 대동맥류가 발병한 경우에는 업무상 질병으로 본다. 다만, 자연발생적으로 악화되어 발병한 경우에는 업무상 질병으로 보지 않는다.
      1) 업무와 관련한 돌발적이고 예측 곤란한 정도의 긴장 · 흥분 · 공포 · 놀람 등과 급격한 업무 환경의 변화로 뚜렷한 생리적 변화가 생긴 경우
      2) 업무의 양 · 시간 · 강도 · 책임 및 업무 환경의 변화 등으로 발병 전 단기간 동안 업무상 부담이 증가하여 뇌혈관 또는 심장혈관의 정상적인 기능에 뚜렷한 영향을 줄

수 있는 육체적 · 정신적인 과로를 유발한 경우

3) 업무의 양 · 시간 · 강도 · 책임 및 업무 환경의 변화 등에 따른 만성적인 과중한 업무로 뇌혈관 또는 심장혈관의 정상적인 기능에 뚜렷한 영향을 줄 수 있는 육체적 · 정신적인 부담을 유발한 경우

나. 가목에 규정되지 않은 뇌혈관 질병 또는 심장 질병의 경우에도 그 질병의 유발 또는 악화가 업무와 상당한 인과관계가 있음이 시간적 · 의학적으로 명백하면 업무상 질병으로 본다.

다. 가목 및 나목에 따른 업무상 질병 인정 여부 결정에 필요한 사항은 고용노동부장관이 정하여 고시한다.

13. 제1호부터 제12호까지에서 규정된 발병요건을 충족하지 못하였거나, 제1호부터 제12호까지에서 규정된 질병이 아니더라도 근로자의 질병과 업무와의 상당인과관계(相當因果關係)가 인정되는 경우에는 해당 질병을 업무상 질병으로 본다.

〈뇌혈관 질병 또는 심장 질병 및 근골격계 질병의 업무상 질병 인정 여부 결정에 필요한 사항(고용노동부 고시 제2017-117호)〉

1. 뇌혈관 질병 또는 심장 질병

가. 「산재법 시행령」(이하 "영"이라 한다) 별표 3 제1호 가목 1)에서 "업무와 관련한 돌발적이고 예측 곤란한 정도의 긴장·흥분·공포·놀람 등과 급격한 업무 환경의 변화로 뚜렷한 생리적 변화가 생긴 경우"란 증상 발생 전 24시간 이내에 업무와 관련된 돌발적이고 예측 곤란한 사건의 발생과 급격한 업무 환경의 변화로 뇌혈관 또는 심장혈관의 병변 등이 그 자연경과를 넘어 급격하고 뚜렷하게 악화된 경우를 말한다.

나. 영 별표 3 제1호 가목 2)에서 "업무의 양·시간·강도·책임 및 업무 환경의 변화 등으로 발병 전 단기간 동안 업무상 부담이 증가하여 뇌혈관 또는 심장혈관의 정상적인 기능에 뚜렷한 영향을 줄 수 있는 육체적·정신적인 과로를 유발한 경우"란 발병 전 1주일 이내의 업무의 양이나 시간이 이전 12주(발병 전 1주일 제외)간에 1주 평균보다 30퍼센트 이상 증가되거나 업무 강도·책임 및 업무 환경 등이 적응하기 어려운 정도로 바뀐 경우를 말한다. 해당 근로자의 업무가 "단기간 동안 업무상 부담"에 해당하는지 여부는 업무의 양·시간·강도·책임, 휴일·휴가 등 휴무시간, 근무형태·업무환경의 변화 및 적응기간, 그 밖에 그 근로자의 연령, 성별 등을 종합하여 판단한다.

다. 영 별표 3 제1호 가목 3)에서 "업무의 양·시간·강도·책임 및 업무 환경의 변화 등에 따른 만성적인 과중한 업무로 뇌혈관 또는 심장혈관의 정상적인 기능에 뚜렷한 영향을 줄 수 있는 육체적·정신적인 부담을 유발한 경우"란 발병 전 3개월 이상 연속적으로 과중한 육체적·정신적 부담을 발생시켰다고 인정되는 업무적 요인이 객관적으로 확인되는 상태를 말한다. 이 경우 해당 근로자의 업무가 "만성적인 과중한 업무"에 해당하는

지 여부는 업무의 양·시간·강도·책임, 휴일·휴가 등 휴무시간, 교대제 및 야간근로 등 근무형태, 정신적 긴장의 정도, 수면시간, 작업 환경, 그 밖에 그 근로자의 연령, 성별 등을 종합하여 판단하되, 업무시간과 작업 조건에 따른 업무와 질병과의 관련성을 판단할 때에는 다음 사항을 고려한다.

1) 발병 전 12주 동안 업무시간이 1주 평균 60시간(발병 전 4주 동안 1주 평균 64시간)을 초과하는 경우에는 업무와 질병과의 관련성이 강하다고 평가한다.

2) 발병 전 12주 동안 1주 평균 업무시간이 52시간을 초과하는 경우에는 업무시간이 길어질수록 업무와 질병과의 관련성이 증가하는 것으로 평가한다. 특히, 다음 각 호의 어느 하나에 해당하는 업무를 수행하는 경우(업무부담 가중요인)에는 업무와 질병과의 관련성이 강하다고 평가한다.

   ① 근무일정 예측이 어려운 업무
   ② 교대제 업무
   ③ 휴일이 부족한 업무
   ④ 유해한 작업환경 (한랭, 온도변화, 소음)에 노출되는 업무
   ⑤ 육체적 강도가 높은 업무
   ⑥ 시차가 큰 출장이 잦은 업무
   ⑦ 정신적 긴장이 큰 업무

3) 발병 전 12주 동안 업무시간이 1주 평균 52시간을 초과하지 않는 경우라도 2항의 업무부담 가중요인에 복합적으로 노출되는 업무의 경우에는 업무와 질병과의 관련성이 증가한다.

라. 오후 10시부터 익일 6시 사이의 야간근무의 경우에는 주간근무의 30%를 가산(휴게시간은 제외)하여 업무시간을 산출한다. 다만, 「근로기준법」제63조제3호에 따라 감시 또는 단속적으로 근로에 종사하는 자로서 사용자가 고용노동부장관의 승인을 받은 경우와 이와 유사한 업무에 해당하는 경우는 제외한다.

(4) 업무상과로로 인한 재해 인정실무(뇌혈관, 심장질환 중심)

대부분의 사람들은 일하다가 다치거나 회사에서 쓰러지면 당연히 '산재'라고 생각한다. 물론 업무상 재해 중 '업무상 사고'의 경우라면 판례에서 이야기하는 업무수행성이 있거나 업무와 관련하여 발생한 것이니 산재로 인정되어야 하는 것이 명확하고 당연하다.

하지만 문제는 뇌경색, 뇌출혈, 심근경색 등 질병의 경우이다. 근로자마다 제각각 나이, 건강상태, 업무환경, 업무강도 등이 모두 다른데 어느 경우를 산재로 인정하고 국가가 보상할지를 명확하고 공정하게 판단하기란 사실 매우

어려운 일이다. 그래서 산재법 제37조는 '상당인과관계'라는 개념을 도입하여 업무와 질병사이에 상당인과관계를 요구한다.

산재법 제37조(업무상의 재해의 인정 기준) ①근로자가 다음 각 호의 어느 하나에 해당하는 사유로 부상·질병 또는 상해가 발생하거나 사망하면 업무상의 재해로 본다. 다만, 업무와 재해 사이에 상당인과관계가 없는 경우에는 그러하지 아니하다.

상당인과관계에 대해 법에서 정하고 있는 기준은 없다. '인과관계'란 단어가 자연과학적 개념이기는 하지만 매우 추상적인 의미이기 때문에 물리적으로 정확한 수치를 정하기 어렵고, 또 업무와 질병사이에는 수많은 변수(개인의 건강상태 등)가 있기 때문이기도 한다.

〈관련 판례〉

산재법 제3조 제1항에서 말하는 업무상 재해라 함은 근로자가 업무수행 중 그 업무에 기인하여 발생한 근로자의 부상 · 질병 · 신체장해 또는 사망을 뜻하는 것이므로 업무와 재해 발생과의 사이에 상당인과관계가 있어야 하는 것이지만 그 재해가 업무와 직접 관련이 없는 기존의 질병이더라도 업무상의 정신적 · 육체적 과로가 질병의 주된 발생원인에 겹쳐서 질병을 유발 또는 악화시켰다면 그 인과관계가 있다고 보아야 할 것이고, 또한 과로로 인한 질병에는 평소에 정상적인 근무가 가능한 기존질병이 업무의 과중으로 그 질병의 자연진행 정도를 넘어 급속히 악화된 경우까지도 포함한다고 할 것이며, 업무와 질병 사이의 싱당인과관계의 유무는 보통 평균인이 아니라 당해 근로자의 건강과 신체조건을 기준으로 하여 판단하여야 할 것이다.
〈대법원 1992.05.12.선고, 91누 10466〉

관련 판례는 어떠한 질병이 업무상 질병으로 인정받기 위해서는 질병을 유발할 정도의 '과로'와 '스트레스'가 있었다는 사실이 객관적으로 확인되어야 한다는 것으로 산재 인정여부를 판단하는 근로복지공단, 업무상질병판정위원회의 판단에 있어서 '과로'의 여부는 매우 중요한 영향을 미친다.

고용노동부 고시에 따른 과로의 기준[206)]

발병 전 12주 동안 업무시간이 1주 평균 60시간(발병 전 4주 동안 1주 평균 64시간)을 초과하는 경우에는 업무와 발병과의 관련성이 강하다.

206) 「뇌혈관 질병 또는 심장 질병 및 근골격계 질병의 업무상 질병 인정 여부 결정에 필요한 사항」, 고용노동부고시 제2017-117호

현행 근기법에 따르면 1주 소정근로시간은 40시간(주 5일 근무제)이다. 이러한 법정 근무시간 하에서 발병 전 12주간(약 3개월) 매주 60시간씩, 더욱이 발병 전 4주간(약 1개월)은 매주 64시간씩을 일해야 과로에 해당된다. 하지만 매 주의 근무시간이 위 요건을 항상 충족할 수 없을 뿐만 아니라 근무시간을 정확하게 측정할 수 없는 경우도 있기 때문에 명확한 수치로 과로를 입증하는 것은 쉽지 않다. 기준이 이렇다 보니 뇌혈관심혈관계 질환의 업무상 재해 승인율도 매우 낮을 수 밖에 없는 것이다[207].(2016년 22.0% → 2017년 32.6%)

이러한 현실적인 어려움을 반영하고, 근로시간 단축이라는 새 정부의 강력한 노동정책 방향에 발맞추기 위하여 2018년 1월 1일에 관련 고시가 개정되어 과로의 기준에 대한 추가적인 내용이 신설되었다.

개정 고용노동부 고시에 따라 추가된 과로의 기준[208]

◦ 발병 전 12주 동안 1주 평균 업무시간이 52시간을 초과하는 경우에는 업무시간이 길어질수록 업무와 질병과의 관련성이 증가하는 것으로 평가한다. 특히, 다음 각 호의 어느 하나에 해당하는 업무를 수행하는 경우(업무부담 가중요인)에는 업무와 질병과의 관련성이 강하다고 평가한다.
① 근무일정 예측이 어려운 업무 ② 교대제 업무 ③ 휴일이 부족한 업무 ④ 유해한 작업환경 (한랭, 온도변화, 소음)에 노출되는 업무 ⑤ 육체적 강도가 높은 업무 ⑥ 시차가 큰 출장이 잦은 업무 ⑦ 정신적 긴장이 큰 업무

◦ 발병 전 12주 동안 업무시간이 1주 평균 52시간을 초과하지 않는 경우라도 2항의 업무부담 가중요인에 복합적으로 노출되는 업무의 경우에는 업무와 질병과의 관련성이 증가한다.

◦ 오후 10시부터 익일 6시 사이의 야간근무의 경우에는 주간근무의 30%를 가산(휴게시간은 제외)하여 업무시간을 산출한다. 다만, 「근로기준법」제63조제3호에 따라 감시 또는 단속적으로 근로에 종사하는 자로서 사용자가 고용노동부장관의 승인을 받은 경우와 이와 유사한 업무에 해당하는 경우는 제외한다.

207) 물론 이러한 과로 기준에 미달해도 정신적 스트레스나 기타 요인이 있다면 추가적으로 고려 요소가 되기도 한다.
208) 위 고시

개정된 고시의 기준에 따르면, 과로에 해당하는 1주 근무시간 기준이 크게 낮아졌고, '업무부담 가중요인'이라는 개념을 신설하여, 근무일정 예측이 어려운 업무 등 7가지의 특정된 업무를 수행하는 근로자라면 업무와 질병과의 관련성이 강하다고 평가하고, 야간근무 및 주야간 교대 근무 등이 미치는 신체적 악영향 등을 고려하여 야간근무한 경우(법정 야간근로시간대인 22시~익일 06시를 의미) 주간근무보다 30% 가산하여 근무한 것으로 산출하게 되었다.

(5) 심장질환 및 뇌혈관질환의 이해

1) 심장질환의 이해

심장질환의 종류에는 여러 가지가 있지만 업무상 스트레스와 관련이 있는 것은 허혈성 심질환(협심증, 심근경색증)이다. 허혈성 심질환은 기본적으로 심장근육이 필요로 하는 산소의 양과 공급의 양에 불균형이 일어남으로써 생기는 병으로 다음 세 가지 형태의 이상에 의해 초래된다.

- 심장근육에 산소를 공급하기 위해 심장을 둘러싸고 있는 관상동맥혈관이 막혀 관상동맥의 동맥경화증과 혈관경련 또는 혈전증의 합동작용으로 혈류가 감소되었을 때
- 심장이 비대해져 심근의 산소 수요가 혈액공급을 초과할 때
- 심한 빈혈, 폐질환, 선천성 심질환, 일산화탄소중독, 흡연 등으로 산소이동이 감소되었을 때

① 심장질환의 종류

가. 협심증

협심증이란 대부분의 경우 뚜렷한 심근경색증이 발생되지 않은 상태에서 관상동맥의 죽상 경화증으로 혈류가 줄어드는 것이 원인이 되어 초래되나 때로는 심실비대, 심근증 등에 의해서도 생길 수 있다. 임상적 주증상은 가슴 가운데 흉골 부위에서 발생하여 목, 턱, 팔 안쪽으로 전파되는 통증(조여드는 느낌, 압박감, 쥐어짜는 듯한 느낌)으로 3~10분간 지속되는 것이 특징이며 운동, 추위, 식사 등에 의해 유발될 수 있다.

나. 심근경색증

심근경색증은 직경 2.5㎝ 이상의 심실 근육 전층을 통하여 일어나는 전층경색과 심실벽의 1/3에서 1/2까지 경색이 일어나는 심내막하 경색

으로 나눌 수 있으며 모든 경색의 주요한 병적상태는 동맥경화증이다.

심근경색증은 나이의 증가에 따라 그 발생빈도가 많아지며 임상적 소견은 주로 흉통, 구역, 발한, 호흡곤란 등이나, 관상동맥의 혈관통로가 75%이상 막혀야 증상이 나타나므로 환자본인이 전혀 모르고 지내는 무증상 심근경색증 환자가 많다.

심근경색증이 생긴 후 환자의 약 25%에서는 치명적인 부정맥으로 인하여 급성 심장사가 일어난다. 만일 환자가 발작 후에 살아난다 해도 80~90%에서는 합병증을 병발하게 되며, 주요한 합병증에는 부정맥(환자의 75~95%), 울혈성 심부전(환자의 60%)등이 있다.

- 심부전 : 심박출량의 장애 또는 정맥압의 상승으로 발생하는 특유한 자각적 및 타각적 증상을 특징으로 하는 임상적 증후군
- 울혈성심부전 : 숨이 가쁘고 부종이 생기며 나트륨 및 수분의 이상저류를 특징으로 하는 심장쇠약에 의한 임상적 증후군

다. 해리성 대동맥류

해리성 대동맥류 또는 대동맥류 박리란 혈액이 혈관벽의 찢어진 틈으로 새어 들어가는 것으로 동맥에서 발생하는 질병 중 가장 무서운 병이라고 할 수 있다. 이 병은 적절히 치료가 되지 않으면 증상이 나타난 후 30%가 15분 이내에, 75%가 1주일 이내에 사망한다고 하며, 최근 선진국에서는 진단과 수술방법의 발달로 그 예후가 현저히 좋아졌다고 한다.

이 병은 40대 이후에 많이 발생하고 남자에게서 두 세배 더 많으며 고혈압이 대부분 선행되며 박리출혈의 원인이 된다. 혈관벽 박리시의 전형적인 임상증상은 갑작스런 지독한 통증이 가슴부위에서 시작하여 박리가 진행되는 쪽으로 이동한다.

종종 이 통증은 심근경색증 때의 동통과 혼동되는데 심근경색증 때는 보통 저혈압이 오는데 비해 해리성 대동맥류에서는 혈압이 정상으로 유지되거나 높아진다.

② 심장질환의 개념

가. 급성심장사

급성심장사란 증상이 나타난지 1시간 이내에 예기치 않은 사망이 일

어나는 경우를 말하는 것으로, 그 원인은 거의가 한 개 또는 여러 개 관상동맥의 심한 동맥경화증에 의한 허혈성 심질환 때문에 발생하는 것으로 알려지며 회복된 환자의 25%는 심근경색증이 발생한다. 그 밖의 원인들로서는 대동맥판 협착, 부정맥, 전해질의 불균형 등이 있다.

사망의 기전은 치명적인 부정맥의 발생으로서 전도계의 반흔, 급성, 허혈성 손상 또는 전해질 불균형 등에 의해 유발되는 것으로 추측된다.

급성심부전이나 심장마비는 질병명이 아니고 허혈성 심질환이 아닌 다른 질병에 의해서도 일어날 수 있으므로 그 원인이 된 질병명을 임상소견이나 해부소견 등을 통해 반드시 확인해야 한다.

나. 청장년급사증후군

청장년급사증후군이란 청장년에서 보이는 원인 불명의 내인성급사를 말하는데 아직 그 원인이 심장에서 오는 것인지 밝혀지지 않았으므로 허혈성 심질환의 범주에 속하는 급성심장사와는 구분된다.

다. 부정맥

부정맥이란 심장의 전기자극형성이나 자극전도에 이상이 있을 때 발생하는 병증이다. 정상적인 맥박은 심장의 동결절이라는 부위에서 1분에 60회 내지 100회의 규칙적으로 만들어진 전기자극이 전도계를 통하여 심방 및 심실에 전파되어 이들 부위가 수축함으로써 발생하나 부정맥인 경우 서맥(맥박이 느리게 뜀), 빈맥(맥박이 빨리 뜀) 등 여러 가지 형태의 비정상적인 율동을 보이나 때로 규칙적인 정상맥을 보일 때도 있다.

부정맥으로 인한 증상은 전혀 없을 수도 있으나 대부분 환자에서 심계항진(가슴이 뛰는 증세)이나 현기증, 실신, 운동시 호흡곤란, 흉통 등이 나타난다.

2) 뇌혈관질환의 이해

뇌혈관질환이란 뇌에 정상적으로 혈액공급이 되지 않는 장애에 의한 모든 신경질환을 의미한다. 통상 뇌졸중 또는 일반인들에 의해 중풍이라고 불리어지기도 하는데, 이러한 뇌혈관질환은 '뇌혈관이 막히거나 저혈압에 의해 오는 병변(저산소증, 심한 저혈압, 뇌경색 등)', '두개강내 출혈(뇌내출혈, 지주막하출혈)’ 및 ‘고혈압성 뇌혈관질환(고혈압성뇌증)’ 등 크게 세 종류로 나누어진다.

① 뇌혈관질환의 종류

가. 뇌내출혈

뇌내출혈을 일으킨 대부분의 환자는 고혈압의 과거력을 가지고 있지만 그 외에도 종양, 혈액질환, 아밀로이드혈관병증, 혈관종 등이 뇌내출혈의 원인이 된다.

출혈의 기전은 고혈압에 의한 혈관벽의 변화에 의해서 또는 고혈압에 자주 동반되는 미세경색에 의해 혈관주위의 지지조직이 약해져서 혈관벽이 쉽게 파괴되어 출혈을 일으키거나 혹은 뇌실질내의 작은 혈관의 분지에 있는 크기가 작은 동맥류(꽈리모양으로 혈관이 늘어나 얇게 부풀어 있는 것)가 파괴되어 발생한다.

고혈압의 환자에서 나이가 많아질수록 이런 동맥류의 수가 증가되는 것으로 나타난다.

출혈의 정도가 미약하면 혈관이 막혀서 발생한 경색과 같은 증상을 보이는 반면에 급성으로 다량의 출혈이 생겨서 뇌실내로 파열되어 들어가면 환자는 혼수상태에 빠지게 되고 부종과 뇌압의 상승에 따라 뇌탈출이 발생하여 사망 할 수 있다.

나. 지주막하출혈(거미막하 출혈)

지주막하출혈이란 뇌를 둘러싸고 있는 지주막(거미줄 모양의 막) 아래에서 발생한 출혈로서 동맥류의 파열이 지주막하 출혈의 가장 흔한 원인이고, 그 외에도 뇌내출혈, 동맥 또는 정맥기형의 파괴, 혈액질환, 혈관염, 뇌막염, 종양, 정맥성 뇌혈관질환, 외상 등에 의해 발생한다. 동맥류는 선천성 꽈리동맥류, 동맥경화성 동맥류, 염증성 동맥류, 외상성 동맥류로 구분된다.

가장 흔한 뇌동맥류인 꽈리동맥류에 의한 지주막하출혈은 전체 지주막하출혈의 2/3를 차지하며 그 중 1/3정도가 40대에 발생한다. 많은 정상인들이 동맥류를 가지고 있으며, 실제 55세 이상 연령층의 부검시 25% 정도의 파열되지 않은 동맥류가 발견된다.

꽈리동맥류 외의 다른 동맥류들은 지주막하출혈을 일으키는 경우가 드물며 출혈을 일으키는 동맥류의 95%가 꽈리동맥류이다. 꽈리동맥류를 그대로 두면 3/4정도에서 파열되고 첫 번째 파열시에 1/3~2/3 정도가 사망한다.

지주막하출혈 환자는 갑자기 발생하는 지독한 두통을 호소하고 혼수 상태가 되지만 첫 번째 출혈에서 살아남은 환자의 대부분은 수분 이내에 의식을 회복하고 증세의 호전을 보인다.

출혈은 자주 재발되며 그 경우 예후는 매우 나쁘다.

다. 뇌경색

뇌경색은 혈전이나 색전에 의해 뇌혈관이 막혀서 발생하지만 혈관의 압박에 의해서도 생기고 혈관이 완전히 막히지 않은 경우에도 발생한다. 혈전은 혈관벽의 손상에 따라 혈관안에서 일어나는 핏덩이로서 동맥경화증이 혈관벽 손상의 가장 흔한 원인이다.

색전은 혈관이 막혀 혈류가 차단되어 조직의 산소공급이 되지 않아 발생하는 것으로 심근경색증에 동반되는 심내막의 혈전이나 경동맥계의 동맥경화성 혈전이 떨어져 나와 좀 더 작은 직경의 혈관을 막음으로써 만드는 것이 가장 흔하며 그 외에 패혈증에 의한 색전, 뼈의 골절에 따른 지방질, 공기, 종양세포 등에 의한 색전 등으로 분류할 수 있다.

임상적인 소견은 경색이 일어난 부위에 따라 완전히 다르게 나타난다.

라. 고혈압성 뇌증

고혈압성 뇌증이란 고혈압 합병증의 하나로 악성 또는 급성 고혈압증 환자에게서 볼 수 있다.

임상소견은 급격한 혈압상승(통상 수축기혈압 200㎜Hg 이상)에 의해 발생하는 뇌증상인 두통, 졸음, 구토, 경련과 점차 진행되는 혼수 등으로 나타난다.

양성고혈압은 혈압이 중정도로 높고 수십년간 큰 변동이 없이 안정된 상태로 있어 뇌졸중 또는 심근경색증이 동반되지 않는 한 정상적인 수명을 유지할 수 있고 대부분 그 원인이 명확하지 않은 본태성 고혈압이다. 그러나 환자의 5%정도는 혈압이 급속히 올라가는 악성 고혈압의 양상으로 나타나며, 1~2년 이내 사망하게 되는데 가끔 양성 고혈압 환자에게서 속발 될 수도 있다.

(6) 업무상 질병의 인정요건 검토

산재법은 뇌질환, 심장질환이 업무상 질병으로 인정받기 위해서 24시간 내 돌발적 상황의 여부, 발병 전 1주일 이내에 일상 업무보다 30%이상 증가되었는지 여부 또는 발병 전 12주 동안 1주 평균 52시간 이상의 과로 여부를 판단하여 업무상 재해로 인정하고 있다.

1) 급성과로

24시간 이내에 업무와 관련된 돌발적이고 예측 곤란한 정도의 긴장, 흥분, 공포, 놀람 등과 급격한 업무 환경의 변화로 뚜렷한 생리적 변화가 생긴 경우를 말한다.

근로복지공단 업무지침에 따른 급성과로의 예시

- 업무와 관련하여 상사·동료 또는 고객과 과도한 말다툼 또는 폭행 등으로 육체적·정신적 부담을 초래한 경우
- 갑작스런 공포감을 유발하는 상황이나 사건이 발생하여 육체적·정신적인 부담을 초래한 경우
- 수면을 취하지 못한 상태로 장시간 연속적으로 근무를 수행한 경우
- 평상시에 수행하지 않았던 육체활동을 갑자기 하게 되었거나, 육체활동의 강도가 심한 업무를 수행한 경우, 폭염 환경에서 옥외 작업을 수행한 경우 등 비일상적 육체활동을 수행한 경우

① 인정사례

가. 사망사고 발생으로 인한 급격한 정신적 스트레스로 사망한 경우

> 건설현장의 안전관리자로 근무하던 근로자가 현장에서 추락사고 발생으로 사고 당일 고용노동부, 경찰서 조사를 받은 후 저녁에 장례식장 조문을 하던 중 유족에 격렬한 항의를 받고 숙소로 돌아와 자던 중 급성심근경색으로 사망한 재해로서 근로복지공단은 24시간 이내 급격한 업무 환경의 변화(긴장, 흥분, 공포, 놀람)로 급성심근경색이 발생한 것으로 판단하여 산업재해로 인정한 사례

나. 케이블 설치 근로자가 상당히 무더운 날씨에 공사현장에서 점심 식사 후 휴식을 취하던 중 가슴통증을 호소하며 바닥에 쓰러져 사망한 경우

> 피재자는 케이블 설치 근로자로, 공사현장에서 점심 식사 후 휴식을 취하던 중 가슴통증을 호소하며 바닥에 쓰러져 사망하자, 청구인이 유족급여 및 장의비를 청구한 사안에서, 피재자의 경우 상당히 무더운 날씨에서 근무하였던 것으로 보이는 점, 근무시간에 따른 업무와 발병과의 관련성이 강한 것으로 보이는 점, 발병 하루 전 12시간을 근무하면서 업무상 과로 및 스트레스가 상당하였을 것으로 보이는 점 등을 고려할 때, 피재자의 사망과 업무와의 상당인과관계가 인정되어 업무상 재해에 해당한다고 판단한 사례
> 〈산심위 2014-836, 2014.05.23.〉

다. 어린이집 보육교사가 학부모와 통화 중 뇌출혈로 쓰러져 사망한 경우

> 어린이집 보육교사인 망인은 고혈압 질환이 있음에도 잦은 야근으로 고혈압이 악화되었고, 학부모로부터 감정적인 표현을 들어 뇌출혈이 발생하였다고 봄이 타당하므로, 망인의 사망과 업무 사이에 상당인과관계가 있다.
> 〈서울행법 2014.11.14.선고, 2014구합4719〉

2) 단기적 과로

발병 전 1주일 이내의 업무의 양이나 시간이 일상 업무보다 30% 이상 증가되거나 업무 강도·책임 및 업무 환경 등이 유사한 업무를 수행하는 동종의 근로자라도 적응하기 어려운 정도로 바뀐 경우로써 해당 근로자의 업무가 '단기간 동안 업무상 부담'에 해당하는지 여부는 업무의 양, 시간의 강도, 책임, 휴일·휴가 등 휴무시간, 근무행태, 업무형태, 업무환경의 변화 및 적응기간, 그 밖에 그 근로자의 연령, 성별, 건강상태 등을 종합하여 판단한다.

구분	구체적 판단내용
업무량의 변화	설계업무 종사자가 납품기한을 맞추기 위해 업무양의 증가한 경우
업무시간의 변화	재해발생 1주일 전 이전에 근무시간보다 30%이상 시간의 증가
업무강도의 변화	관리,영업직근로자가 상,하차 또는 생산직 육체노동의 종사하는 경우
업무상 책임.의무.권한의 변화	기존업무를 수행하면 추가적으로 기간이 정해진 프로젝트 과업의 책임까지 맡아 이로 인한 정신적 스트레스 발생
근무형태의 변화	3조3교대, 2조2교대, 24시간 맞교대와 같이 근무로 인한 생체리듬의 불균형에서 오는 육체적 과중
업무환경의 변화	혹한기, 혹서기, 90데시벨이상의 소음작업장, 고소작업대 근무, 지하작업, 분진 작업장 근무로 인한 신체적 변화를 초래하는 경우

① 인정사례

가. 환경단체 황금박쥐 생태보전 문제제기로 공사중단 위기에 처한 상황에서 사망한 경우

망인이 근무했던 도로공사현장은 몇 개의 산을 관통하여 고속도로를 건설하는 난이도가 높은 토목공사로서 공사기간이 정해져 있는 관계로 돌발변수가 발생시 공사의 심각한 영향이 예상되었던 현장으로서, 환경단체가 제기한 공구내 황금박쥐 생태조사 요청으로 1주 내내 밤 10시 넘어까지 환경영향평가 분석 및 실사준비를 하던 중 현장숙소에서 뇌실질내출혈로 사망한 사고로 근로복지공단에서는 단기과로가 인정된다고 판단하여 산업재해로 인정된 사례

나. 관광버스 운전원의 뇌경색을 업무상 재해로 인정

관광버스 운전원이 운전 중 뇌경색이 발생해 가드레일을 받은 사건이 만성적으로 과중한 업무로 볼만한 위험요인이 객관적으로 확인되지 않고, 개인질환에 의해 발병한 것으로 판단해 불승인한 처분에 대하여, 청구인이 재해 발생 이전 7일간 휴일 없이 연속근로했고 발병 전 1주일간 근무시간이 일상보다 30%이상 증가된 점 등을 고려해 업무상 재해로 인정됨 〈심사결정례 2017 제8113호〉

3) 만성적과로[209]

발병 전 12주 동안 1주 평균 업무시간이 52시간을 초과하는 경우에는 업무시간이 길어질수록 업무와 질병과의 관련성이 증가하는 것으로 평가한다. 특히, 다음의 어느 하나에 해당하는 업무를 수행하는 경우(업무부담 가중요인)에는 업무와 질병과의 관련성이 강하다고 평가한다.

업무부담 가중요인

- 근무일정 예측이 어려운 업무
- 교대제 업무
- 휴일이 부족한 업무
- 유해한 작업환경 (한랭, 온도변화, 소음)에 노출되는 업무

209) 「뇌혈관질병·심장질병 업무상 질병 조사 및 판정지침」, 근로복지공단 제2018-2호

◦ 육체적 강도가 높은 업무
◦ 시차가 큰 출장이 잦은 업무
◦ 정신적 긴장이 큰 업무

가. 근무일정 예측이 어려운 업무 : 예정된 근무스케줄의 변경 빈도 및 정도가 높고 사전통지가 임박하여 (2주 미만) 이루어지는 경우

나. 교대제 업무
- 근로자들이 둘 이상의 조(組)로 나뉘어 서로 다른 시간대에 근로하는 경우
- 명백하게 조의 구분이 없더라도 하루 동안 이루어지는 업무를 2명 이상의 근로자가 시간대를 나눠서 하는 경우나 출근시간이 일정 주기를 가지고 변경되는 경우 (교번제 등), 오후나 저녁 출근을 고정적으로 하는 경우

다. 휴일[210]이 부족한 업무 : 발병 전 12주 동안 월 평균 휴일이 3일 이하 또는 발병 전 4주 동안 휴일이 2일 이하인 경우

라. 유해한 작업환경 (한랭, 온도변화, 소음)에 노출되는 업무
- (온도조건이 적절하지 않은 경우) 한랭 환경에 노출되는 업무, 즉 동절기 옥외 작업, 다량의 액체공기나 드라이아이스 등을 취급하는 업무, 냉장고, 제빙고, 냉동고 등의 내부를 수시로 출입하면서 수행하는 업무, 생선이나 육류 식료품의 가공, 포장, 유통 업무 등의 업무를 수행하는 경우, 주물작업과 같이 고온과 상온을 오가면서 급격한 온도변화가 발생하는 업무 등
- (소음에 노출되는 업무) 80dB 이상의 만성적인 소음 폭로로 혈압의 상승 경향이 나타날 수 있다는 점을 고려하여 평가

마. 육체적 강도가 높은 업무 : 「직업에 따른 육체적 업무강도 평가표」에 따른 노동 강도가 힘든(heavy) 또는 매우 힘든(very heavy) 직업군에 속하거나 이와 유사한 작업을 수행하는 지 여부 및 하루에 누적 중량 250kg 이상의 중량물을 들거나 운반하는 작업을 수행하는 지 여부 확인

210) 연속적으로 24시간 이상을 사용자의 지휘·감독에서 벗어나 업무를 하지 않은 경우

바. 시차가 큰 출장이 잦은 업무 : 5시간 이상의 시차 변화가 있는 지역으로의 출장이 잦았던 경우

사. 정신적 긴장이 큰 업무

- 「정신적 긴장을 동반하는 업무」에 열거되어 있는 구체적 업무 또는 사건에 해당하는 업무가 있는 경우에는, 부하의 정도를 평가하는 시점에서 검토하여 평가
- 판매량·사납금 등 과도한 영업목표로 인한 정신적 스트레스가 높은 업무, 업무시간 중 지속적인 사고의 위험이 있거나 재해가 다발하여 정신을 집중해야 하는 업무, 인명과 사람의 일생을 좌우할 수 있는 중대한 판단이나 처리가 요구되는 업무, 납품기한이 촉박한 작업, 극히 위험한 물질을 다루는 업무 등
- (책임·부담이 높은 업무) 회사에 중대한 손실을 초래할 수 있는 책임이 있는 업무, 중대한 사고나 사건을 수습하거나 책임을 지게 되는 경우, 업무와 관련하여 위법 행위를 강요당한 경우, 회계·결산·감사 업무 등의 업무와 관련하여 책임자로서 일정기간 집중적으로 업무를 수행하여 과도한 심적 부담이 발생한 경우 등

〈정신적 긴장을 동반하는 업무의 평가기준[211]〉

◦ 발병에 근접한 시기에 정신적 긴장을 동반하는 업무와 관련된 사건

사 건	부하의 정도를 평가하는 기준
업무상 재해로 큰 상처나 병을 입었다.	업무상 재해의 정도, 후유장해의 유무, 사회복귀의 곤란성 등
중대한 사고나 재해발생에 직접 관여하였다.	사고의 크기, 가해의 정도 등
비참한 사고나 재해의 체험(목격)을 하였다.	사고나 피해의 정도, 공포감, 이상성의 정도 등
중대한 사고(사건)에 대해 책임을 지게 되었다.	사고(사건)의 내용, 책임의 정도, 사회적 반향의 정도, 페널티의 유무 등
회사의 경영에 영향을 주는 중대한 업무상 큰 실수를 하였다	실패의 정도·중대성, 손해 등의 정도, 페널티의 유무 등
업무에 관련하여 위법 행위를 강요당했다	위법성의 정도, 강요의 정도(빈도, 방법 등), 페널티의 유무, 사후대응의 곤란성
업무목표를 달성하지 못하였다	업무목표의 내용, 달성의 곤란성, 강제성, 달성율의 정도, 페널티의 유무 등

211) 「뇌혈관질병·심장질병 업무상 질병 조사 및 판정지침」, 근로복지공단 제2018-2호, [별표 2]

사　　건	부하의 정도를 평가하는 기준
이동(전근, 배치전환, 비연고지 근무 등)이 있었다	업무내용·신분 등의 변화, 이동이유, 불이익의 정도 등
상사, 고객 등과 큰 트러블이 있었다	트러블 발생시의 상황, 정도 등
심한 직장내 괴롭힘이 있었다	괴롭힌의 강도, 괴롭힌으로 인한 불이익의 정도
성희롱이 있었다	성희롱의 정도, 처리 과정, 주변의 인식 등

◦ 일상적으로 정신적 긴장을 동반하는 업무

<table>
<tr><th>구체적 업무</th><th colspan="2">부하의 정도를 평가하는 기준</th></tr>
<tr><td>항상 자기 또는 타인의 생명, 재산이 위협받을 위험성이 있는 업무</td><td colspan="2" rowspan="5">위험성의 정도, 업무량(업무시간, 업무밀도), 해당 업무 수행 기간, 경험, 적응능력, 회사의 지원, 예상되는 피해의 정도 등</td></tr>
<tr><td>위험회피책임이 있는 업무</td></tr>
<tr><td>인명과 사람의 일생을 좌우할 수 있는 중대한 판단이나 처리가 요구되는 업무</td></tr>
<tr><td>극히 위험한 물질을 다루는 업무</td></tr>
<tr><td>회사에 중대한 손실을 초래할 수 있는 중대한 책임이 있는 업무</td></tr>
<tr><td>과도한 달성목표 또는 업무량이 할당되어있는 업무</td><td>달성목표의 내용, 곤란성·강제성, 페널티의 유무 등</td><td rowspan="5">업무량(업무시간, 업무밀도), 업무종사기간, 경험, 적응능력, 회사의 지원 등</td></tr>
<tr><td>정해진 시간(납기 등)대로 수행하지 않으면 안되는 곤란한 업무</td><td>저해요인의 크기, 달성의 곤란성, 페널티의 유무, 납기 등의 변경 가능성 등</td></tr>
<tr><td>고객과의 큰 트러블이나 복잡한 노사분쟁의 처리 등을 담당하는 업무</td><td>고객의 위치 매김, 손해의 정도, 노사분쟁의 해결의 곤란성 등</td></tr>
<tr><td>주위의 이해나 지원이 없는 상황하의 곤란한 업무</td><td>업무의 곤란도, 사내에서의 입장 등</td></tr>
<tr><td>복잡하고 곤란한 신규사업, 회사의 재건을 담당하는 업무</td><td>프로젝트내의 입장, 실행의 곤란성 등</td></tr>
</table>

또한 발병 전 12주 동안 업무시간이 1주 평균 52시간을 초과하지 않는 경우라도 업무부담 가중요인에 복합적으로 노출되는 업무의 경우에는 업무와 질병과의 관련성이 증가한다.

오후 10시부터 익일 6시 사이의 야간근무의 경우에는 주간근무의 30%를 가산(휴게시간은 제외)하여 업무시간을 산출한다[212].

212) 다만, 「근기법」에 따라 감시 또는 단속적으로 근로에 종사하는 자로서 사용자가 고용노동부장관의 승인을 받은 경우와 이와 유사한 업무에 해당하는 경우는 제외한다.

이처럼 만성적과로의 판단은 발병 전 12주 평균 업무시간이 52시간을 초과하는 경우로 판단하고 있으며 가중요인을 추가함으로써 만성과로의 기준을 명확히 하고 있다.

① 인정사례

가. 발병 전 4주간 평균 62시간 근무한 경우

염습 중 의식을 잃고 쓰러져 뇌출혈 진단을 받고 최초요양을 신청한 청구인이 발병 당시 단기적 과로 및 만성적 과로가 확인되지 않고 돌발적 업무환경 변화로 인한 스트레스가 객관적으로 확인되지 않아 불승인 처분한 사건에 대하여 발병 4주간 1주 평균 62시간 근무했고 염사 3명 중 1명이 퇴직해 업무량 증가가 확인되므로 업무상 질병으로 인정한다. 〈심사결정례 2017 제5737호〉

나. 지속적인 과로와 업무상 스트레스로 급성심장사한 경우

망인이 사망하기 전 3개월간 육체적으로 과로한 점, 기존의 용접 업무에 더하여 판금 업무처럼 익숙하지 않은 새로운 업무가 부가된 점, 연속적인 생산 라인의 중간에서 생산요구량을 맞추어 내느라 본인의 정신적·신체적 상황에 따라 업무강도를 조절할 수 없었던 점 등이 심장이상에 의한 심인성 급사의 유발 또는 악화요인이 될 수 있었을 것으로 추정되고, 개인적 특성에 따른 유발 또는 악화요인이 뚜렷하지 않다는 소견 등에 비추어 보면, 이 사건 재해 무렵 망인의 과중한 업무 및 스트레스로 인하여 심혈관계질환이 유발 또는 악화되었고, 그로 인하여 망인이 사망에 이르렀다고 봄이 상당하다. 따라서 망인의 업무와 사망 사이에 상당인과관계가 있다고 보아야 한다. 망인의 사망은 업무상 과로와 스트레스에 기인한 것으로 산재법 제5조제1호에 규정된 '업무상의 재해'에 해당한다. 〈서울지법 2017.04.13.선고, 2015구합725〉

〈만성적 과로로 인한 업무상 질병 신청사례〉

1. 재해자의 인적사항 성　　명 : 이 △ △ 주민등록번호 : 68**** - 1****** 주　　소 : 서울특별시 송파구 오금동 ○○번지 담 당 업 무 : 영업직 입 사 일 : 2010년 02월 11일 재 해 일 : 2019년 02월 26일 14:15분경

2. 보험가입자 개요

회 사 명 : 주식회사 ◇◇네트워크

회사주소 : 서울특별시 구로구 가산디지털단지 ○○

대표이사 : 이 ◎ ◎

업 종 : 소프트웨어

3. 재해발생경위

재해발생일인 2019년 2월 26일 오후 2시 15분경 재해자는 파트너사 직원과 미팅 및 점심식사를 마친 후 사무실로 들어오던 중 두통을 호소하며 휘청거렸고, 이를 보고 놀란 동료직원이 부축하여 의자에 앉혔으나 재해자는 의식을 잃고 몸에 힘이 다 풀린 상태였음.

동료직원이 급히 119구급대에 연락을 취해서 재해자는 구급차로 □□대학교부속□□병원에 이송되어 "상세불명의 뇌내출혈"이라는 진단을 받고 응급실에서 치료 중임.

4. 재해자의 기존질환 및 음주, 흡연

재해자는 2015년 회사의 건강진단시 고혈압이 발견되어 꾸준히 고혈압 약을 복용하고 있으며, 음주는 1주에 2~3회, 흡연은 3년 전에 금연에 성공하였음.

가족력으로는 부모님, 형제자매 모두 고혈압으로 치료를 받고 있고 있음.

▶ 재해 발생 3개월전(12월)

일시			출근시간	퇴근시간	1일 근로시간	총 근로시간	비고
12주	18.12.04	화	7:31:53	18:00:00	9:28:07	57:21:23	근로계약상 퇴근시간 반영
	18.12.05	수	7:28:29	23:35:23	14:36:54		퇴근시간 - 법인카드
	18.12.06	목	7:58:33	18:51:29	9:52:56		
	18.12.07	금	7:43:42	20:00:27	11:16:45		퇴근시간 - 법인카드
	18.12.08	토					
	18.12.09	일					
	18.12.10	월	7:38:33	21:15:14	12:06:41		퇴근시간 - 법인카드
⋮							
9주	18.12.25	화				48:54:10	
	18.12.26	수	8:06:29	24:00:00	14:23:31		거래처 미팅
	18.12.27	목	7:15:16	1:35:00	16:19:44		연말회식
	18.12.28	금	8:57:23	18:45:00	8:47:37		퇴근시간 - 업무이메일
	18.12.29	토					
	18.12.30	일					
	18.12.31	월	8:55:00	19:18:18	9:23:18		출근시간 - 업무이메일 퇴근시간 - 법인카드

▶ 재해 발생 2개월전(1월)

일시			출근시간	퇴근시간	1일 근로시간	총 근로시간	비고
8주	19.01.01	화	14:36:21	17:43:18	2:36:57	64:28:25	CCTV확인 (이동거리 30분차감)
	19.01.02	수	8:23:26	23:15:35	13:22:09		
	19.01.03	목	8:30:34	22:52:51	12:52:17		
	19.01.04	금	8:38:03	23:53:23	13:45:20		
	19.01.05	토					
	19.01.06	일	9:55:07	19:45:26	7:50:19		(이동거리 2시간차감)
	19.01.07	월	8:27:37	23:59:00	14:01:23		퇴근시간 - 업무이메일
⋮							
5주	19.01.22	화	8:42:17	20:33:33	10:51:16	55:41:36	퇴근시간 - 법인카드
	19.01.23	수	8:56:25	23:13:37	12:47:12		
	19.01.24	목	8:58:21	19:08:56	9:10:35		퇴근시간 - 법인카드
	19.01.25	금	8:54:44	20:51:35	10:56:51		퇴근시간 - 법인카드
	19.01.26	토					
	19.01.27	일					
	19.01.28	월	8:18:39	21:14:21	11:55:42		퇴근시간 - 법인카드

▶ 재해 발생 1개월전(2월)

일시			출근시간	퇴근시간	1일 근로시간	총 근로시간	비고
4주	19.01.29	화	8:47:15	24:38:34	14:21:19	54:25:42	
	19.01.30	수	8:53:51	23:38:00	13:14:09		거래처미팅
	19.01.31	목	8:41:39	23:47:58	13:36:19		
	19.02.01	금	8:36:31	20:10:22	10:33:51		퇴근시간 - 법인카드
	19.02.02	토	10:40:17	14:20:21	2:40:04		거래처미팅 (이동거리 1시간차감)
	19.02.03	일					
	19.02.04	월					
⋮							
1주	19.02.19	화	8:55:20	21:55:09	11:29:49	60:02:41	
	19.02.20	수	8:28:31	22:53:49	12:55:18		
	19.02.21	목	8:47:31	23:04:34	12:47:03		
	19.02.22	금	06:18:00	17:19:42	10:01:42		출근시간 - 업무이메일 퇴근시간 - 법인카드
	19.02.23	토					
	19.02.24	일					
	19.02.25	월	8:57:42	23:16:31	12:48:49		퇴근시간 - 법인카드

※ 근무시간은 재해자의 출퇴근기록, 법인카드 사용내역, 교통카드 사용내역, 업무일지, 업무보고 이메일, 하이패스 사용내역, 회사 ERP접속 내역을 근거 작성

▶ 평균근무시간

근무기간	총근무시간	1주 평균 업무시간
발병 전 4주 동안	223시간	55시간
발병 전 12주 동안	690시간	57시간 32분

▶ 특이사항

일시	내용	구체적 내용
2018년 12월 26일 24시	팀원 거래처 미팅 후 접대	동석자 결재
2018년 12월 27일 (28일 1시 35분)	팀원 거래처 미팅 후 접대	동석자 결재
2019년 1월 1일 16시 07분	파트너사 미팅	파트너사 카드 내역
2019년 1월 6일 14시 40분	파트너사 미팅	파트너사 카드 내역
2019년 1월 30일 23시 38분	파트너사 미팅 후 접대	동석자 결재
2019년 2월 2일 14시 13분	파트너사 미팅	파트너사 카드 내역
2019년 2월 9일 15시 27분	파트너사 미팅	파트너사 카드 내역
2019년 2월 10일 12시 10분	출근	법인카드 사용내역
2019년 2월 17일 19시 38분	파트너사 미팅	법인카드 사용내역

▶ 업무상 질병 판정절차 및 업무상 부담요인 판단방법[213)]

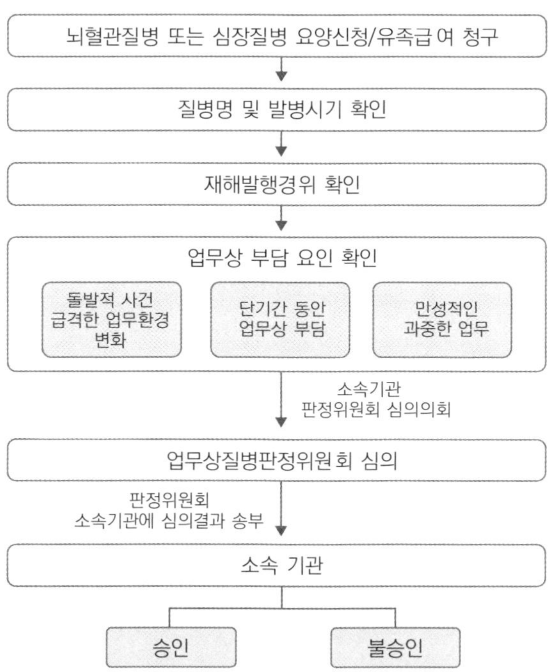

213) 「뇌혈관질병·심장질병 업무상 질병 조사 및 판정지침」, 근로복지공단, 제2018-2호, p.42

〈육체적·정신적인 부담 요인 판단방법214)〉

뇌혈관·심장질병에 영향을 줄 수 있는 업무상 부담 요인

돌발적인 사건과 급격한 업무환경의 변화 요인

증상 발생 전 24시간 이내에 업무와 관련된 돌발적이고 예측 곤란한 사건의 발생과 급격한 업무환경의 변화로 뇌혈관 또는 심장질병이 자연경과를 넘어 급격하고 뚜렷하게 악화된 경우

평가시 고려사항

- 극도의 긴장, 흥분, 공포, 경악, 놀람 등 강도 있는 정신적 충격을 일으키는 돌발적 또는 예측 곤란한 사건 발생
- 급격하고 뚜렷한 작업환경의 변화로 생리적 리듬을 정상적으로 유지하기 어려운 경우 발생

단기간 동안 업무상 부담 요인

발병전 1주일 이내 업무량이나 시간이 이전 12주(발병 전 1주일 제외)간에 1주 평균보다 30퍼센트 이상 증가되거나, 업무강도·책임 및 업무환경 등이 적응하기 어려운 정도로 바뀐 경우

평가시 고려사항

- 업무량 또는 업무시간이 이전 12주(발병 전 1주일 제외)간에 1주 평균보다 30퍼센트 이상 증가 여부
- 업무책임·강도 및 휴일·휴무 등 휴무시간, 근무형태·업무환경의 변화 및 적응시간 등 육체적·정신적 부담 정도
- 업무시간 평가시 야간근무시간은 30% 가중

만성적 과중한 업무요인

발병전 3개월 이상 연속적으로 과중한 육체적·정신적 부담을 발생시켰다고 인정되는 업무적 요인이 객관적으로 확인되는 상태를 말하며, '만성적인 과중한 업무' 해당 여부는 업무량·강도 등을 종합판단

평가시 고려사항

- 발병 전 4주 동안 업무시간이 1주 평균 64시간을 초과하거나 발병 전 12주 동안 업무시간이 1주 평균 60시간을 초과하면 업무와 발병의 관련성 강함
- 발병 전 12주 동안 업무시간이 1주 평균 52시간을 초과하면서 추가적인 업무부담요인이 있으면 업무와 발병의 관련성 강함 : 근무일정예측의 어려움, 교대제, 휴일부족, 유해한 작업환경, 시차, 육체적 강도, 정신적 긴장
- 업무시간 평가시 야간근무시간은 30% 가중

＋

계량적 평가 이외의 고려사항

- 업무강도, 야간근무
- 근무일정(예측 가능성), 교대제 업무, 휴일이 부족한 업무, 유해한 작업환경, 육체적으로 강도가 높은 업무, 시차가 큰 출장이 잦은 업무, 정신적 긴장을 동반하는 업무 등 과중부하 요인
- 휴일·휴가 등 휴무시간, 적응기간
- 해당 근로자의 성별, 연령 등

육체적·정신적인 부담 요인 종합판단

214) 「뇌혈관질병·심장질병 업무상 질병 조사 및 판정지침」, 근로복지공단, 제2018-2호, p.20

근로복지공단 업무상 질병 판단시 검토자료 목록

- 재해발생경위 및 이와 관련된 근로관계 등에 대한 신청인·보험가입자·동료근로자 등의 진술 또는 확인
- 재해근로자의 직업력(해당 사업장 채용 전 재해 관련 직력 포함)을 확인할 수 있는 자료
- 재해근로자의 진료기록과 의학적 소견
- 출근부, 업무일지 등 업무내용, 업무량 및 업무시간 등을 확인할 수 있는 자료
- 직무 스트레스 평가 관련 자료
- 건강진단결과표
- 건강보험 진료내역 등 과거병력 자료
- 일상생활(식습관, 기호, 생활습관 등)에 대한 자료 및 신청인, 동료근로자의 진술서
- 그 밖의 업무 및 질병 관련 자료

〈근로복지공단의 업무상 재해 판단〉

신청인의 업무는 영업직으로 항시 매월 영업실적에 대한 압박과 새로운 거래처 개척을 위해 1주 50시간을 넘는 근무와 거래처 접대등이 확인되고 신청인의 고혈압은 건강보험 요양급여내역을 확인 한 결과 꾸준히 진료 및 고혈압 약을 복용하고 있었으며, 평소 건강관리를 위해 저녁에 회사 근처 헬스클럽에서 1주일에 2~3회 운동을 병행하였으며, 주치의 의사소견서 상에도 성실히 혈압관리를 위해 규칙적인 운동을 하고 있는 것으로 판단됨.
또한 발병 전 12주 동안 1주 평균근무시간이 57시간 근무하였고, 연초에 사업보고서 작성을 위해 야간, 휴일근무를 하였으므로 업무상 과로가 인정되는 산업재해임

5. 건설업의 직업성 질병의 검토

(1) 진폐

1) 진폐의 정의 및 특징

산재법 제5조(정의) 이 법에서 사용하는 용어의 뜻은 다음과 같다.

7. "진폐"(塵肺)란 분진을 흡입하여 폐에 생기는 섬유증식성(纖維增殖性) 변화를 주된 증상으로 하는 질병을 말한다.

진폐법 제2조(정의) 이 법에서 사용하는 용어의 뜻은 다음과 같다.

1. "진폐"란 분진을 흡입하여 폐에 생기는 섬유증식성(纖維增殖性) 변화를 주된 증상으로 하는 질병을 말한다.

우리나라에서는 1954년 처음 진단된 이래 가장 많은 직업병 환자를 내었으며, 진폐증은 치료방법이 없기 때문에 아직도 많은 환자들이 고통을 당하고 있는 우리나라에서 가장 중요한 직업병 중의 하나이다.

진폐증은 눈에 보이지 않는 작은 먼지, 분진이 폐에 흡착하여 이에 따라 조직 반응이 나타나는데 염증과 폐 세포의 섬유화를 일으켜 폐가 경화되어 폐 기능을 저하 및 상실되는 질병이다. 이러한 진폐증은 폐결핵, 폐기종, 기흉, 기관지확장증 등의 합병증을 발생시키거나 심할 경우 폐암으로 진행할 수 있기 때문에 탄광이나 분진이 발생하는 직업군을 가졌다면 반드시 진폐증에 대한 정확한 이해가 필요하다.

우리나라는 석탄 산업의 채산성 악화에 따른 폐광으로 인한 사회적 문제 발생을 방지하기 위하여 정부가 1989년에 취한 경제성이 떨어지는 탄광의 정리와 경제성이 높은 탄광의 집중 육성을 골자로 하는 석탄 산업 조정 정책을 발표하였고, 가정용 연탄의 수요 감소, 심부 채굴과 임금 상승에 따른 석탄 산업의 여건 악화로 인하여 폐광이 증가하면서 광부들이 건설현장으로 유입되었고 특히 도시 지하철 건설현장으로 탄광에 종사하였던 근로자들이 대거 유입이 되면서 진폐증에 대한 관심이 높다.

1960~90년대 초반까지 우리나라 경제의 주축이 되었던 탄광산업에 종사하였던 근로자들이 분진, 유해환경에서 종사한지 10~30년이 지난 후부터 진폐증이 발병(잠복기) 되고 있어 현재 많은 진폐증 환자가 진폐증의 직업병 판단을 받기 위해 근로복지공단에 요양신청을 제출하고 있다.

2) 진폐증의 증상 및 치료

진폐증의 공통적인 증상은 기침, 객담, 흉통, 호흡곤란이며 진폐증을 진단하기 위하여 흉부 X선 촬영을 하거나 조기검진을 위한 CT촬영을 하기도 한다.

현대 의학으로는 치료할 수 없는 불치의 병인 진폐증에 걸리게 되면 더 이상 분진환경에 노출되지 않아도 폐 속에 남아 있는 분진이 지속적으로 폐에 악영향을 끼쳐 상태가 계속 악화된다. 또한 병이 어느 정도 지속되기 까지 증상이 나타나지 않아서 조기 발견이 힘들다는 특징도 있다.

진폐증으로 인해 합병증이 발생 할 경우에 요양이 개시되며 합병증의 악화 방지 및 그로 인한 사망을 방지하기 위한 치료가 개시된다.

3) 진폐의 종류

진폐증의 종류로는 규폐증, 석면폐증, 석탄광부 폐증, 이 밖에도 흑연에 의한 흑연폐증, 활석과 운모에 의한 규폐증이 있다.

① 규폐증(硅肺症, Silicosis)

규산[215]이 많이 들어 있는 먼지를 오랫동안 들이마셔서 생기는 병증으로써, 광부, 분사공, 터널굴착공, 석수공, 채석공, 주물공, 유리공, 도자기공, 유리규산분말제공 등이 규폐증에 취약하다.

② 석면폐증

석면섬유 흡입으로 인해 기관지, 폐포등의 염증, 섬유화와 흉막의 비후, 석회화, 벌암등의 병변을 일으킨다. 건축자재생산업 종사자, 냉난방공조장치 설치 및 해체근로자가 취약하다.

③ 석탄광부 폐증

석탄먼지의 흡입으로 발병되는 질병으로서 탄광광부, 석탄관련근로자, 흑연광부, 탄소전극 제조관련 종사자가 취약하다.

4) 진폐예방을 위한 사업주의 의무 및 보호조치

진폐법 제8조(진폐의 예방) 사업주와 근로자는 진폐의 예방을 위하여 「산업안전보건법」과 「광산안전법」에서 정하는 조치 외에 분진의 발산 방지 등 고용노동부령으로 정하는 사항을 지켜야 한다.

진폐법 시행규칙 제9조(진폐의 예방조치) 사업주와 근로자는 법 제8조에 따른 진폐의 예방조치를 위하여 다음 각 호의 사항을 준수하여야 한다.

---

215) 규소와 산소 및 수소가 혼합된 화합물의 일반적인 명칭이며 화학식은 $[SiO_x(OH)_{4-2x}]_n$이다.

1. 사업주는 「산업안전보건법」 제34조에 따른 안전인증을 받은 방진마스크(「산업표준화법」에 따른 한국산업표준제품을 포함한다)를 갖추어 두고, 여과제를 수시로 교체하는 등 그 성능이 항상 유지되도록 관리하여, 분진작업에 종사하는 근로자가 분진작업 중에 이를 착용할 수 있도록 하여야 한다.
2. 분진작업 중에 있는 근로자는 방진마스크를 반드시 착용하여야 한다.
3. 사업주는 채굴작업 등 분진작업을 하는 경우에는 습식착암(濕式鑿巖) 등의 습식작업 방법을 선택하거나 물을 뿌리는 등의 방법으로 분진이 공기 중에 날리는 것을 억제하여야 한다.

진폐법 제9조(교육) ①사업주는 상시 분진작업에 종사하는 근로자에게 진폐의 예방 및 건강관리를 위하여 필요한 교육을 실시하여야 한다.
② 제1항에 따른 교육의 내용 · 횟수 및 교육 시간에 관하여는 대통령령으로 정한다.

제11조(정기 건강진단) ①사업주는 분진작업에 종사하는 근로자에 대하여 매년 1회 이상 정기 건강진단을 실시하여야 한다. 다만, 제10조 또는 제12조에 따른 채용 시 건강진단 또는 임시 건강진단을 받은 자에 대하여는 그 연도에는 정기 건강진단을 실시하지 아니할 수 있다.

제12조(임시 건강진단) ①사업주는 근로자가 다음 각 호의 어느 하나에 해당하면 그 근로자에 대하여 임시 건강진단을 실시하여야 한다.
1. 합병증으로 1년 이상 요양을 위하여 휴직한 근로자가 복직이 가능하다는 의사의 소견서를 제출하고 복직을 신청한 경우
2. 그 밖에 고용노동부령으로 정하는 사유가 발생한 경우

제13조(이직자 건강진단) ①고용노동부장관은 고용노동부령으로 정하는 기간 이상 분진작업에 종사한 근로자가 이직 후에 이직자 건강진단을 신청하면 이직자 건강진단을 실시하여야 한다. 다만, 제11조 또는 제12조에 따른 정기 건강진단 또는 임시 건강진단을 받은 후 1년 이내에 이직한 자에 대하여는 이직자 건강진단을 실시하지 아니할 수 있다.

제16조(건강진단 결과의 제출 등) ①건강진단기관이 제10조부터 제12조까지의 규정에 따른 건강진단을 하면 흉부 엑스선 사진과 개인별 건강진단 결과표를 사업주에게 보내야 한다. 이 경우 제11조와 제12조에 따른 건강진단을 실시한 결과 진폐의 소견이 있는 근로자가 있으면 그 근로자의 흉부 엑스선 사진 및 개인별 건강진단 결과표와 고용노동부령으로 정하는 서류를 고용노동부장관에게 제출하여야 한다.

국가는 산재법의 특별법으로 진폐보호법을 제정하고 진폐(塵肺)의 예방과 분진작업(粉塵作業)에 종사하는 근로자에 대한 건강관리를 강화하고, 진폐에 걸린 근로자 및 그 유족에 대한 위로금의 지급에 관한 사항을 정하여 근로자의 건강 보호와 복지 증진을 규정하고 있다.

5) 분진작업의 범위

진폐법 시행령 1조의2(분진작업의 범위) 「진폐의 예방과 진폐근로자의 보호 등에 관한 법률」 제2조제3호에서 "대통령령으로 정하는 작업"이란 다음 각 호의 어느 하나에 해당하는 작업을 말한다.

1. 토석 · 암석 또는 광물을 채굴하는 작업
2. 토석 · 암석 또는 광물을 절단 · 가공하는 작업
3. 토석 · 암석 또는 광물을 부스러뜨리거나 가려내는 작업
4. 토석 · 암석 또는 광물을 차에 싣거나 내리는 작업
5. 토석 · 암석 또는 광물을 갱내에서 실어 나르는 작업
6. 그 밖에 광물성 분진이 날리는 장소에서 토석 · 암석 또는 광물을 취급하는 작업

❖ 건설달인의 TIP

분진작업 종사근로자 직종 중 상하차공, 선산부, 후산부, 굴진부 등에 종사하는 자는 분진작업에 직접 노출이 되어 분진작업 종사자로 볼 수 있으나 권양공, 기계수리공, 감독 등 직접적인 분진작업이 아닌 직종은 역학조사, 작업환경측정 등을 통하여 분진작업 여부를 규명하여 산재보험법 적용여부를 결정한다.

6) 분진작업의 종류[216)]

1. 토석·광물·암석(이하 "암석등"이라 하고, 습기가 있는 상태의 것은 제외한다.)을 파내는 장소에서의 작업. 다만, 다음 각 목의 어느 하나에서 정하는 작업은 제외한다.
   가. 갱 밖의 암석등을 습식에 의하여 시추하는 장소에서의 작업
   나. 실외의 암석등을 동력 또는 발파에 의하지 않고 파내는 장소에서의 작업
2. 암석등을 싣거나 내리는 장소에서의 작업
3. 갱내에서 암석등을 운반, 파쇄·분쇄하거나 체로 거르는 장소(수중작업은 제외한다) 또는 이들을 쌓거나 내리는 장소에서의 작업

4. 갱내의 제1호부터 제3호까지의 규정에 따른 장소와 근접하는 장소에서 분진이 붙어 있거나 쌓여 있는 기계설비 또는 전기설비를 이설(移設)·철거·점검 또는 보수하는 작업
5. 암석등을 재단·조각 또는 마무리하는 장소에서의 작업(화염을 이용한 작업은 제외한다)
6. 연마재의 분사에 의하여 연마하는 장소나 연마재 또는 동력을 사용하여 암석·광물 또는 금속을 연마·주물 또는 재단하는 장소에서의 작업(화염을 이용한 작업은 제외한다)
7. 갱내가 아닌 장소에서 암석등·탄소원료 또는 알루미늄박을 파쇄·분쇄하거나 체로 거르는 장소에서의 작업
8. 시멘트·비산재·분말광석·탄소원료 또는 탄소제품을 건조하는 장소, 쌓거나 내리는 장소, 혼합·살포·포장하는 장소에서의 작업
9. 분말 상태의 알루미늄 또는 산화티타늄을 혼합·살포·포장하는 장소에서의 작업
10. 분말 상태의 광석 또는 탄소원료를 원료 또는 재료로 사용하는 물질을 제조·가공하는 공정에서 분말 상태의 광석, 탄소원료 또는 그 물질을 함유하는 물질을 혼합·혼입 또는 살포하는 장소에서의 작업
11. 유리 또는 법랑을 제조하는 공정에서 원료를 혼합하는 작업이나 원료 또는 혼합물을 용해로에 투입하는 작업(수중에서 원료를 혼합하는 장소에서의 작업은 제외한다)
12. 도자기, 내화물(耐火物), 형사토 제품 또는 연마재를 제조하는 공정에서 원료를 혼합 또는 성형하거나, 원료 또는 반제품을 건조하거나, 반제품을 차에 싣거나 쌓은 장소에서의 작업이나 가마 내부에서의 작업. 다만, 다음 각 목의 어느 하나에 정하는 작업은 제외한다.
    가. 도자기를 제조하는 공정에서 원료를 투입하거나 성형하여 반제품을 완성하거나 제품을 내리고 쌓은 장소에서의 작업
    나. 수중에서 원료를 혼합하는 장소에서의 작업
13. 탄소제품을 제조하는 공정에서 탄소원료를 혼합하거나 성형하여 반제품을 노(爐)에 넣거나 반제품 또는 제품을 노에서 꺼내거나 제작하는 장소에서의 작업
14. 주형을 사용하여 주물을 제조하는 공정에서 주형(鑄型)을 해체 또는 탈사(脫砂)하거나 주물모래를 재생하거나 혼련(混鍊)하거나 주조품 등을 절삭하는 장소에서의 작업
15. 암석등을 운반하는 암석전용선의 선창(船艙) 내에서 암석등을 빠뜨리거나 한군데로 모으는 작업
16. 금속 또는 그 밖의 무기물을 제련하거나 녹이는 공정에서 토석 또는 광물을 개방로에 투입·소결(燒結)·탕출(湯出) 또는 주입하는 장소에서의 작업(전기로에서 탕출하는 장소나 금형을 주입하는 장소에서의 작업은 제외한다)
17. 분말 상태의 광물을 연소하는 공정이나 금속 또는 그 밖의 무기물을 제련하거나 녹이는 공정에서 노(爐)·연도(煙道) 또는 연돌 등에 붙어 있거나 쌓여 있는 광물찌꺼기 또는 재를 긁어내거나 한곳에 모으거나 용기에 넣는 장소에서의 작업
18. 내화물을 이용한 가마 또는 노 등을 축조 또는 수리하거나 내화물을 이용한 가마 또는 노 등을 해체하거나 파쇄하는 작업

19. 실내·갱내·탱크·선박·관 또는 차량 등의 내부에서 금속을 용접하거나 용단하는 작업
20. 금속을 녹여 뿌리는 장소에서의 작업
21. 동력을 이용하여 목재를 절단·연마 및 분쇄하는 장소에서의 작업
22. 면(綿)을 섞거나 두드리는 장소에서의 작업
23. 염료 및 안료를 분쇄하거나 분말 상태의 염료 및 안료를 계량·투입·포장하는 장소에서의 작업
24. 곡물을 분쇄하거나 분말 상태의 곡물을 계량·투입·포장하는 장소에서의 작업
25. 유리섬유 또는 암면(巖綿)을 재단·분쇄·연마하는 장소에서의 작업
26. 「기상법 시행령」 제8조제2항제8호에 따른 황사 경보 발령지역 또는 「대기환경보전법 시행령」 제2조제3항제1호 및 제2호에 따른 미세먼지(PM-10, PM-2.5) 경보 발령지역에서의 옥외 작업

7) 진폐의 업무상 질병의 인정기준

산재법 제91조의2(진폐에 대한 업무상의 재해의 인정기준) 근로자가 진폐에 걸릴 우려가 있는 작업으로서 암석, 금속이나 유리섬유 등을 취급하는 작업 등 고용노동부령으로 정하는 분진작업에 종사하여 진폐에 걸리면 제37조제1항제2호가목에 따른 업무상 질병으로 본다.

제91조의5(진폐에 대한 요양급여 등의 청구) ①분진작업에 종사하고 있거나 종사하였던 근로자가 업무상 질병인 진폐로 요양급여 또는 진폐보상연금을 받으려면 고용노동부령으로 정하는 서류를 첨부하여 공단에 청구하여야 한다.
②제1항에 따라 요양급여 등을 청구한 사람이 제91조의8제2항에 따라 요양급여 등의 지급 또는 부지급 결정을 받은 경우에는 제91조의6에 따른 진단이 종료된 날부터 1년이 지나거나 요양이 종결되는 때에 다시 요양급여 등을 청구할 수 있다. 다만, 제91조의6제1항에 따른 건강진단기관으로부터 합병증[「진폐의 예방과 진폐근로자의 보호 등에 관한 법률」 제2조제2호에 따른 합병증을 말한다. 이하 같다]이나 심폐기능의 고도장해 등으로 응급진단이 필요하다는 의학적 소견이 있으면 1년이 지나지 아니한 경우에도 요양급여 등을 청구할 수 있다.

산재법 시행규칙 제32조(분진작업의 범위) 법 제91조의2에서 "암석, 금속이나 유리섬유 등을 취급하는 작업 등 고용노동부령으로 정하는 분진작업"은 「산업안전보건기준에 관한 규칙」 제605조제2호에 따른 분진작업과 명백히 진폐에 걸릴 우려가 있다고 인정되는 장

216) 산업안전보건기준에 관한 규칙 [별표 16]
217) 2017.12.28. 「산업안전보건기준에 관한 규칙」 [별표16]이 개정되면서 황사경보 발령지역 또는 미세먼지

소에서의 작업을 말한다[217].

제33조(진폐에 대한 요양급여 등의 청구 시 필요서류) 법 제91조의5제1항에서 "고용노동부령으로 정하는 서류"란 다음 각 호의 서류를 말한다.

1. 다음 각 목의 어느 하나에 해당하는 서류(최초로 요양급여 신청을 하는 경우만 해당한다)
   가. 사업주가 증명하는 분진작업 종사경력 확인서
   나. 사업의 휴업이나 폐업 등으로 사업주의 증명을 받을 수 없는 경우에는 공단이 정하는 서류
2 진폐에 관한 의학적 소견서 또는 진단서(요양급여 신청을 하는 경우만 해당한다)

진폐법 제2조(정의) 이 법에서 사용하는 용어의 뜻은 다음과 같다.

2. "합병증"이란 진폐와 합병된 폐결핵이나 그 밖에 진폐의 진행 과정에 따라 생기는 진폐와 밀접한 관계가 있다고 인정되는 질병으로서 고용노동부령으로 정하는 것을 말한다.

진폐법 시행규칙 제2조(합병증의 범위) 「진폐의 예방과 진폐근로자의 보호 등에 관한 법률」 제2조제2호에 따른 합병증은 진폐의 소견이 있는 자가 진폐의 진행과 관련하여 걸리는 다음 각 호의 어느 하나에 해당하는 질병을 말한다.

1. 활동성 폐결핵
2. 흉막염(胸膜炎)
3. 기관지염
4. 기관지확장증
5. 기흉(氣胸)
6. 폐기종
7. 폐성심
8. 원발성(原發性) 폐암[별표 5에 따른 진폐증 병형(病型)이 제1형 이상인 자만 해당한다]
9. 비정형(非定型) 미코박테리아 감염

진폐 합병증에 따른 근로복지공단 업무상 질병 인정기준으로 인정받기 위해서는 진폐병형 제1형 이상인 경우로서 아래의 경우 해당되어야 한다.

- 진폐의 합병증으로 활동성 폐결핵, 흉막염, 기관지염, 기관지확장증, 기흉, 폐기공(심폐기능이 경도 장해 이상인 경우에만 해당된다), 폐성심, 비정형 미코박테리아 감염으로 확인된 경우

발령지역에서의 옥외작업도 분진작업에 포함된다.

- 진폐로 인하여 고도의 심폐기능장해(F3)로 확인된 경우
- 진폐의 병형이 제4형이고 대음영의 면적 합계가 오른쪽 폐의 위쪽 1/2을 넘는 경우
- 분진작업 종사경력이 있는 진폐근로자에서 원발성 폐암이 발생한 경우

8) 진폐증에 대한 보상절차

산재법 시행규칙 제33조(진폐에 대한 요양급여 등의 청구 시 필요서류) 법 제91조의5제1항에서 "고용노동부령으로 정하는 서류"란 다음 각 호의 서류를 말한다.
1. 다음 각 목의 어느 하나에 해당하는 서류(최초로 요양급여 신청을 하는 경우만 해당한다)
   가. 사업주가 증명하는 분진작업 종사경력 확인서
   나. 사업의 휴업이나 폐업 등으로 사업주의 증명을 받을 수 없는 경우에는 공단이 정하는 서류[218)]
2. 진폐에 관한 의학적 소견서 또는 진단서(요양급여 신청을 하는 경우만 해당한다)

진폐 요양급여 청구권자는 분진작업에 종사하고 있거나 종사하였던 진폐근로자로서 요양신청서와 산재법 시행규칙에서 요구하는 서류를 관할 근로복지공단에 제출하면 근로복지공단은 분진경력 확인 후 건강진단기관에 진폐판정에 필요한 진단을 의뢰한 후 진단기관에서 송부된 진폐병형, 진폐합병증, 심폐기능장해 정도를 심사한 후 진폐보상연금 지급여부 및 추가 요양여부를 결정한다.

9) 진폐증 진폐보상연금 및 진폐재해위로금

진폐증으로 보상받기 위해서는 진폐병형 제1형이상으로 판정되어야 한다. 진폐병형은 제1형, 제2형, 제3형, 제4형이 있으며 제1형이상으로 심폐기능에 장해가 남은 사람이 산재법상의 진폐장해연금과 진폐장해위로금 60%, 유족위로금 156일치를 받을 수 있다.

218) [별첨 5-13] 분진작업 종사사실 확인서 참고

〈진폐관리구분판정 세부기준[219]〉

1. 흉부 엑스선 사진의 진폐병형 판정기준

병형	엑스선 사진의 상(像)
의증	원영(圓影) 또는 불규칙한 소음영(小陰影)의 밀도가 제1형의 하한보다 낮은 경우로서 진폐가 의심되는 경우
제1형	원영 또는 불규칙한 소음영이 조금 있는 경우
제2형	원영 또는 불규칙한 소음영이 많이 있는 경우
제3형	원영 또는 불규칙한 소음영이 매우 많이 있는 경우
제4형	대음영이 있다고 인정되는 경우

비고: 흉부 엑스선 사진의 상의 진폐의 병형 분류는 국제노동기구(ILO)의 진폐 방사선영상 국제분류법(2000년)에서 규정하는 완전분류(complete classification)에 따르며, 진폐의 병형 0/1은 의증으로, 1/0, 1/1, 1/2는 제1형으로, 2/1, 2/2, 2/3은 제2형으로, 3/2, 3/3, 3/+는 제3형으로, 대음영 ABC는 제4형으로 한다.

2. 심폐기능의 장해 판정기준

구분	장해정도
고도장해(F_3)	환기기능이 55퍼센트 이상 제한되고, 대화를 하거나 옷을 입는 정도의 움직임에도 호흡곤란이 있는 등 심폐기능의 장해 정도가 70퍼센트 이상인 자
중등도장해(F_2)	환기기능이 45퍼센트 이상 제한되고, 50미터 이상 걸으면 호흡곤란이 생기는 등 심폐기능의 장해 정도가 50퍼센트 이상인 자
경도장해(F_1)	환기기능이 30퍼센트 이상 제한되고, 평지에서 1킬로미터 이상을 건강한 사람과 같이 걸어갈 수 없는 상태의 호흡곤란이 있는 등 심폐기능의 장해 정도가 40퍼센트 이상인 자
경미장해(F½)	환기기능이 20퍼센트 이상 제한되고, 건강한 사람과 같은 정도로 걸을 수는 있으나 언덕이나 계단의 경우에는 같은 연령의 건강한 사람과 같이 올라갈 수 없을 정도의 호흡곤란이 있는 등 심폐기능의 장해정도가 20퍼센트 이상인 자

비고: 1. 심폐기능의 장해 정도는 환기예비율·최대환기량 등 각 심폐기능지수를 종합하고 그 밖의 소견(동맥혈 산소분압 및 포화도, 심장기능 이상 등) 및 호흡곤란의 정도, 기왕증 등을 고려하여 판정한다.
2. 심폐기능의 장해정도를 판정하는 데에 사용하는 심폐기능지수에 대한 판정기준은 고용노동부장관이 따로 정한다.

219) 진폐법 시행규칙 [별표 5]

〈진폐병형과 심폐기능의 정도의 판정기준 및 진폐장해등급 기준[220]〉

1. 진폐병형 및 심폐기능의 정도의 판정기준

가. 진폐병형 판정기준

(1) 진폐에 걸렸는지와 진폐의 진행 정도는 흉부 단순방사선영상을 판독하여 결정한다.

(2) 흉부 단순방사선영상에 따른 진폐의 병형 분류는 국제노동기구(ILO)의 진폐 방사선영상 국제분류법(2000년)에서 규정하는 완전분류(complete classification)에 따른다.

(3) 진폐의 병형 0/1은 의증으로, 1/0, 1/1, 1/2는 제1형으로, 2/1, 2/2, 2/3은 제2형으로, 3/2, 3/3, 3/+는 제3형으로, 큰음영 ABC는 제4형으로 하며, 그 판정 기준은 다음과 같다.

병형		흉부 단순방사선영상
의증	0/1	양쪽 폐에 원형 또는 불규칙한 작은음영의 밀도가 제1형의 하한보다 낮은 경우
제1형	1/0 1/1 1/2	양쪽 폐에 원형 또는 불규칙한 작은음영이 조금 있고, 큰음영이 없다고 인정되는 경우
제2형	2/1 2/2 2/3	양쪽 폐에 원형 또는 불규칙한 작은음영이 많이 있고, 큰음영이 없다고 인정되는 경우
제3형	3/2 3/3 3/+	양쪽 폐에 원형 또는 불규칙한 작은음영이 매우 많이 있고, 큰음영이 없다고 인정되는 경우
제4형	A B C	큰음영이 있다고 인정되는 경우

나. 심폐기능의 정도의 판정기준

(1) 고도 장해(F_3)

폐기능검사에서 노력성폐활량(FVC) 또는 일초량(FEV1)이 정상 예측치의 45% 미만인 경우(일초량인 경우는 노력성폐활량의 70% 미만이어야 함. 이하 이 목에서 같다)

(2) 중등도 장해(F_2)

폐기능검사에서 노력성폐활량(FVC) 또는 일초량(FEV1)이 정상 예측치의 45% 이상, 55% 미만인 경우

(3) 경도 장해(F_1)

폐기능검사에서 노력성폐활량(FVC) 또는 일초량(FEV1)이 정상 예측치의 55% 이상, 70% 미만인 경우

(4) 경미한 장해($F_{1/2}$)

220) 산재법 시행령 [별표 11의2]

폐기능검사에서 노력성폐활량(FVC) 또는 일초량(FEV1)이 정상 예측치의 70% 이상, 80% 미만인 경우

2. 진폐장해등급 기준

진폐장해등급	구 분
제1급	진폐의 병형이 제1형 이상이면서 동시에 심폐기능에 고도 장해가 남은 사람
제3급	진폐의 병형이 제1형 이상이면서 동시에 심폐기능에 중등도 장해가 남은 사람
제5급	진폐의 병형이 제4형이면서 동시에 심폐기능에 경도 장해가 남은 사람
제7급	진폐의 병형이 제1형, 제2형 또는 제3형이면서 동시에 심폐기능에 경도 장해가 남은 사람
제9급	진폐의 병형이 제3형 또는 제4형이면서 동시에 심폐기능에 경미한 장해가 남은 사람
제11급	진폐의 병형이 제1형 또는 제2형이면서 동시에 심폐기능에 경미한 장해가 남은 사람, 진폐의 병형이 제2형, 제3형 또는 제4형인 사람
제13급	진폐의 병형이 제1형인 사람

치매, 기관지천식, 뇌·심혈관계 질환 등 기존질환으로 심폐기능정도를 정확히 판정하기 곤란하다는 의학적 소견이 있는 경우에는 따로 진폐근로자의 진폐장해등급 기준을 규정하고 있다.

〈심폐기능정도 판정이 곤란한 진폐근로자의 진폐장해등급 기준[221]〉

진폐장해등급	구 분
제5급	진폐의 병형이 제4형이면서 B 또는 C에 해당하는 사람
제7급	진폐의 병형이 제3형이거나 제4형이면서 A에 해당하는 사람
제11급	진폐의 병형이 제2형인 사람
제13급	진폐의 병형이 제1형인 사람

진폐보상연금은 2010.11.21.이후 진폐장해등급 판정을 받은 경우 아래의 산식에 의해 그 금액이 결정 지급된다.

221) 산재법 시행령 [별표 11의3]

[진폐보상연금 = 기초연금 + 진폐장해연금]
◦ 기초연금 = 최저임금 × 60% × 365
◦ 진폐장해연금 = 진폐장해등급별 연금일수 × 평균임금 또는 진폐고시임금
※ 진폐장해등급별 연금일수
1·3급 = 132일분/년(11/월), 5·7급 = 72일분/년(6/월), 9·11·13급 = 24년(2/월)

진폐보상연금은 매월 연금으로 지급되며, 그 지급액은 {(기초연금 + 진폐장해연금) ÷ 12} 로 계산된다. 다만, 법 시행일(2010.11.21.) 이전에 이미 진폐증으로 장해보상일시금을 받은 경우에는 기초연금만 지급된다.

〈2019년 진폐보상연금〉

진폐장해등급	월 기초연금	월 진폐장해연금	월 진폐보상연금
1급, 3급	1,219,100원	1,310,239원	2,529,339원
5급, 7급	1,219,100원	714,676원	1,933,776원
9급, 11급, 13급	1,219,100원	238,225원	1,457,325원

최저임금 : 일 66,800원 진폐고시임금 : 119,112원 68전
※ 각자의 평균임금 확인이 안 된 경우, 고시임금으로 한다.

진폐보상연금을 받던 진폐근로자가 사망하는 경우에는 산재법상의 수급권자에게 진폐유족연금이 지급되며, 사망 전 진폐근로자가 받던 진폐보상연금액과 동일한 금액이 지급된다. 진폐유족연금은 산재법상의 유족급여와 달리 수급권자가 사망하면 차순위 자에게 승계되지 아니하고 연금이 종료된다. 다만, 법 시행당시인 2010.11.21. 진폐로 요양·재요양 중인 진폐근로자가 계속 요양·재요양 하다가 진폐로 사망하는 경우에는 산재법상의 유족급여연금 또는 유족보상일시금을 받을 수 있다. 장의비는 평균임금의 120일분이 지급된다.

〈진폐재해위로금〉

구분	2010.11.21.이전	2010.11.21.이후
장해시	진폐장해위로금 = 장해일시금의 60%	진폐장해위로금 장해일시금의60% + 유족위로금156일
사망시	유족위로금 = 780일	
	법 시행 이후에는 진폐사망과 관계없이 진폐판정 시 유족위로금 156일분 지급	

〈2019 진폐위로금 지급액〉

진폐장해등급	지급일수	지급액
제1급	1,040일 (884일+156일)	123,877,100원
제3급	849일 (693일+156일)	101,126,600원
제5급	677일 (521일+156일)	80,693,200원
제7급	526일 (370일+156일)	62,653,200원
제9급	387일 (231일+156일)	46,096,600원
제11급	288일 (132일+156일)	34,304,400원
제13급	215일 (59일+156일)	25,609,200원

※ 평균임금이 확인되는 경우 증가분 발생

10) 진폐환자의 산재처리 사업장

진폐 유소견 근로자가 여러 사업장에서 업무를 수행하던 중 각각의 사업장에서 유해요인에 노출되어 진폐증의 합병증으로 요양을 해야 하는 경우에 어느 사업장이 보험가입자가 되는가에 대한 문제가 실무에서 많이 발생하고 있다. 특히 산재에 민감한 건설현장에 있어서 진폐환자의 산재보험처리를 어느 사업장으로 할 것인지가 중요하다.

재해자 A는 수년간의 분진작업(사업종류 : 건설업, 직종 : 활암공)으로 '04년 진폐진단
① 00건설현장에서 '98년 6개월 근무
② 00개발현장에서 '00년 4개월근무
③ 경비원근무 '01년 8개월근무
④ 00개인공사 '02년 1개월근무
이 경우 어느 사업장이 A의 산재적용 사업장 인가요?

〈적용사업장 판단기준[222]〉

① 전문기관 심의의뢰 결과 질병발생과 가장 상당인과관계가 높은 사업장
② 조사결과 근무기간, 작업환경, 유해요인 노출정도 등을 고려하여 질병발생의 주된 사업장이 명확히 판단되는 경우
③ 발병일시 또는 증악 시점 당시 근무하고 있던 유해(분진 등) 사업장

- 최종사업장 판단 우선순위는 ① 〉 ② 〉 ③
다만, 위 경우에 해당하지 않아 재해자가 근무했던 유해사업장 중 하나의 사업장을 질병 발생 또는 주된 사업장으로 명확히 판단하기 어려운 경우에는 마지막으로 유해요인에 폭로된 사업장을 적용사업장으로 한다[223].

222) 진폐증 적용사업장(요양부-2714, 2012.03.19.)

(2) 직업성 암

〈'직업성 암'에 대한 구체적인 인정기준[224]〉

가. 석면에 노출되어 발생한 폐암, 후두암으로 다음의 어느 하나에 해당하며 10년 이상 노출되어 발생한 경우
   1) 가슴막반(흉막반) 또는 미만성 가슴막비후와 동반된 경우
   2) 조직검사 결과 석면소체 또는 석면섬유가 충분히 발견된 경우
나. 석면폐증과 동반된 폐암, 후두암, 악성중피종
다. 직업적으로 석면에 노출된 후 10년 이상 경과하여 발생한 악성중피종
라. 석면에 10년 이상 노출되어 발생한 난소암
마. 니켈 화합물에 노출되어 발생한 폐암 또는 코안 · 코곁굴[부비동(副鼻洞)]암
바. 콜타르 찌꺼기(coal tar pitch, 10년 이상 노출된 경우에 해당한다), 라돈-222 또는 그 붕괴물질(지하 등 환기가 잘 되지 않는 장소에서 노출된 경우에 해당한다), 카드뮴 또는 그 화합물, 베릴륨 또는 그 화학물, 6가 크롬 또는 그 화합물 및 결정형 유리규산에 노출되어 발생한 폐암
사. 검댕에 노출되어 발생한 폐암 또는 피부암
아. 콜타르(10년 이상 노출된 경우에 해당한다), 정제되지 않은 광물유에 노출되어 발생한 피부암
자. 비소 또는 그 무기화합물에 노출되어 발생한 폐암, 방광암 또는 피부암
차. 스프레이나 이와 유사한 형태의 도장 업무에 종사하여 발생한 폐암 또는 방광암
카. 벤지딘, 베타나프틸아민에 노출되어 발생한 방광암
타. 목재 분진에 노출되어 발생한 비인두암 또는 코안 · 코곁굴암
파. 0.5피피엠 이상 농도의 벤젠에 노출된 후 6개월 이상 경과하여 발생한 급성 · 만성 골수성 백혈병, 급성 · 만성 림프구성백혈병
하. 0.5피피엠 이상 농도의 벤젠에 노출된 후 10년 이상 경과하여 발생한 다발성골수종, 비호지킨림프종. 다만, 노출기간이 10년 미만이라도 누적노출량이 10피피엠 · 년 이상이거나 과거에 노출되었던 기록이 불분명하여 현재의 노출농도를 기준으로 10년 이상 누적노출량이 0.5피피엠 · 년 이상이면 업무상 질병으로 본다.
거. 포름알데히드에 노출되어 발생한 백혈병 또는 비인두암
너. 1,3-부타디엔에 노출되어 발생한 백혈병
더. 산화에틸렌에 노출되어 발생한 림프구성 백혈병
러. 염화비닐에 노출되어 발생한 간혈관육종(4년 이상 노출된 경우에 해당한다) 또는 간세포암
머. 보건의료업에 종사하거나 혈액을 취급하는 업무를 수행하는 과정에서 B형 또는 C형 간염바이러스에 노출되어 발생한 간암
버. 엑스(X)선 또는 감마(γ)선 등의 전리방사선에 노출되어 발생한 침샘암, 식도암, 위암, 대장암, 폐암, 뼈암, 피부의 기저세포암, 유방암, 신장암, 방광암, 뇌 및 중추신경계암, 갑상선암, 급성 림프구성 백혈병 및 급성 · 만성 골수성 백혈병

223) 법무-8523(1965.6.9), 보상 6602-31(2001.1.6), 보상 6602-222(2002. 1.24) 등
224) 산재법 시행령 [별표 3]

1) 직업성 암의 특징

직업성 암은 직업적으로 발암물질에 노출된 작업자에게 발생하는 것이 특징이나 산업이 고도화되고 전문화 속도가 빨라지면서 특히 건설현장의 공기단축으로 인한 신기술개발 및 신물질도입으로 인한 직업성 암이 발생할 위험이 높아지고 있다.

또한 직업성 암은 발암물질에 노출된 시점이 아니라 상당기간 잠복기가 지난 후 발병이 된다는 점에서 업무상 재해 판단이 쉽지 않다.

2) 직업성 암의 업무상 재해 판단

직업성 암의 발병시기가 암의 종류에 따라 각기 다르지만 일반적으로 상당한 시간이 흐른 후에 발병이 되므로 직업성 암과 업무관련성을 판단하는데는 입증 자료, 발암물질에 노출여부 확인, 발암물질의 노출정도, 노출기간(시간), 암과 발암물질과의 상당인과관계 등이 존재하여야 업무 연관성을 인정받을 수 있다. 특히 벤젠에 노출된 근로자와 악성중피종은 인과관계가 성립될 수 없다.

암과 발암물질간의 상당인과관계를 판단하는데 있어 작업공정과 취급물질에 대한 해당 사업장의 작업환경측정자료, 물질안전보관자료 확보, 동료근로자의 구체적 진술, 동일업종 종사자의 유사 암 발병사실 조사가 필수적이며 이러한 조사로도 판단하기 어려울 때에는 역학조사를 통해 그 관계성을 파악해야 한다.

산안법 제43조의2(역학조사) ①고용노동부장관은 직업성 질환의 진단 및 예방, 발생 원인의 규명을 위하여 필요하다고 인정할 때에는 근로자의 질병과 작업장의 유해요인의 상관관계에 관한 직업성 질환 역학조사를 할 수 있다.
②역학조사를 실시하는 경우 사업주 및 근로자는 적극 협조하여야 하며, 정당한 사유 없이 이를 거부 · 방해하거나 기피하여서는 아니 된다.
③고용노동부장관은 역학조사를 위하여 필요하면 제43조에 따른 근로자의 건강진단 결과, 「국민건강보험법」에 따른 요양급여기록 및 건강검진 결과, 「고용보험법」에 따른 고용정보, 「암관리법」에 따른 질병정보 및 사망원인 정보 등을 관련 기관에 요청할 수 있다. 이 경우 자료의 제출을 요청받은 기관은 특별한 사유가 없으면 요청에 응하여야 한다.
④역학조사의 방법 · 대상 · 절차, 그 밖에 필요한 사항은 고용노동부령으로 정한다.

이러한 과정은 짧게는 3개월, 길게는 1년 이상 걸리기 때문에 국가는 직업성 암 판단의 신속성 결정을 위해 전문가 양성 및 직업성 암 환자의 빠른 치료와 생계비 지원에 대한 법적 지원이 절실히 필요하다.

〈관련판례〉

원고가 18년간 정유제품의 분석 및 실험 업무에 종사하면서 고온으로 녹인 석유타르, 아스팔트 등의 눌실을 취급하던 중 폐암에 걸렸는바, 비록 원고의 폐암 발병 이후 이루어진 역학조사 결과 공기 중에서 발암물질이 검출되지는 않았으나, 석유타르, 아스팔트 등에는 발암물질인 벤조피렌, 크리센 등이 함유되어 있고, 석유타르, 아스팔트 등을 고온으로 가열하면 이들 물질이 공기 중으로 기화될 수 있는 점, 1회의 역학조사 결과가 18년의 측정치를 대표한다고 볼 수도 없으며, 기준치 이하의 발암물질이라도 18년간 지속적으로 흡입할 경우 충분히 폐암을 일으킬 수 있는 점, 밀폐된 실험실에서 정확한 측정을 위해 환기가 제대로 이루어지지 아니한 점, 작업환경은 시간이 지날수록 개선되는 것이 보통이므로 과거에는 발암물질에의 노출 가능성이 현재보다 높았으리라 보이는 점 등을 고려하면, 원고의 폐암은 업무와 상당인과관계가 있다.
〈울산지법 2015.05.14.선고, 2013구합981〉

(3) 소음성 난청

〈소음성 난청에 대한 구체적인 인정기준[225]〉

85데시벨[dB(A)] 이상의 연속음에 3년 이상 노출되어 한 귀의 청력손실이 40데시벨 이상으로, 다음 요건 모두를 충족하는 감각신경성 난청. 다만, 내이염, 약물중독, 열성 질병, 메니에르증후군, 매독, 머리 외상, 돌발성 난청, 유전성 난청, 가족성 난청, 노인성 난청 또는 재해성 폭발음 등 다른 원인으로 발생한 난청은 제외한다.

1) 고막 또는 중이에 뚜렷한 손상이나 다른 원인에 의한 변화가 없을 것
2) 순음청력검사결과 기도청력역치(氣導聽力閾値)와 골도청력역치(骨導聽力閾値) 사이에 뚜렷한 차이가 없어야 하며, 청력장해가 저음역보다 고음역에서 클 것. 이 경우 난청의 측정방법은 다음과 같다.
   가) 24시간 이상 소음작업을 중단한 후 ISO 기준으로 보정된 순음청력계기를 사용하여 청력검사를 하여야 하며, 500헤르츠(Hz)(a) · 1,000헤르츠(b) · 2,000헤르츠(c) 및 4,000헤르츠(d)의 주파수음에 대한 기도청력역치를 측정하여 6분법[(a+2b+2c+d)/6]으로 판정한다. 이 경우 난청에 대한 검사항목 및 검사를 담당할 의료기관의 인력 · 시설 기준은 공단이 정한다.
   나) 순음청력검사는 의사의 판단에 따라 3~7일 간의 간격으로 3회 이상(음향외상성 난청에 대하여는 요양종결 후 30일 간격으로 3회 이상을 말한다) 실시하여 검사의 유의한 차이가 없는 경우 그 중 최소가청역치를 청력장해로 인정하되, 검사결과가 다음의 요건 모두를 충족하지 않는 경우에는 1개월 후 재검사를 한다.
      (1) 기도청력역치와 골도청력역치의 차이가 각 주파수마다 10데시벨 이내일 것

225) 산재법 시행령 [별표 3]

(2) 상승법 · 하강법 · 혼합법 각각의 청력역치의 차이가 각 주파수마다 10데시벨 이내일 것
(3) 각 주파수마다 하강법의 청력역치가 상승법의 청력역치에 비하여 낮거나 같을 것
(4) 반복검사 간 청력역치의 최대치와 최소치의 차이가 각 주파수마다 10데시벨 이내일 것
(5) 순음청력도상 어음역(語音域)(500헤르츠, 1,000헤르츠, 2,000헤르츠)에서의 주파수 간 역치변동이 20데시벨 이내이면 순음청력역치의 3분법 평균치와 어음청취역치의 차이가 10데시벨 이내일 것

1) 소음성 난청의 정의 및 발병 원인

소리는 귀를 지나고 달팽이관과 신경을 거쳐 뇌에서 인식되는데, 소리가 잘 들리지 않는다면 이는 이 과정 중 어딘가에 문제가 있기 때문이다. 문제의 원인은 매우 다양하지만 외부 소리를 인식하게 되는 과정 중 어느 부분에 문제가 있느냐에 따라 크게 두 종류로 나뉘게 된다.

소리는 귓바퀴에서 모아져 외이도를 지나 고막을 울리며, 고막의 울림은 다시 고막에 붙어있는 귓속뼈의 진동을 일으키고 이 진동이 달팽이관으로 전달된다. 소리의 전달 과정에서 여기까지의 과정의 어디든지 문제가 발생하는 것을 전음성 난청이라고 한다. 전음성 난청의 원인은 외이도의 염증이나 귀지로 인한 막힘, 고막의 손상, 삼출성 중이염, 만성 중이염, 귓속뼈의 기능 이상 등 매우 다양하다.

달팽이관까지 소리의 진동이 잘 전달되었다면 달팽이관은 이 진동을 감각신경세포를 이용해 신경 신호로 바꾸어 신경을 통해 뇌로 전달하게 되는데, 이 과정에서 문제가 있다면 감각신경성 난청 혹은 신경성 난청이라고 한다. 감각신경성 난청의 원인은 태어날 때부터 소리의 신경전달 과정에 문제가 있는 선천성 난청, 강력한 소음에 의해 신경세포가 손상되는 소음성 난청, 갑자기 원인 모르게 청력이 크게 감소하는 돌발성 난청, 서서히 청력이 감퇴되는 노인성 난청, 달팽이관 신경세포를 파괴하는 약물에 의한 약물독성 난청, 메니에르병이나 만성 중이염에 의한 합병증, 뇌종양에 의한 신경손상 등으로 역시 매우 다양하다.

직업군 중에 건설현장, 제조업, 인쇄업, 자동차 정비업, 탄광, 채석업 등 다양한 산업에서 직업성 소음성 난청이 발생되고 있다.

소음성 난청에 영향을 미치는 요인으로는 소리의 강도와 크기, 주파수, 매일 노출되는 시간, 총 작업시간, 개인적 감수성 등이 있다.

2) 소음성난청의 업무상 인정기준

소음성 난청은 ① 연속음으로 85데시벨 이상의 소음에 노출되는 작업장에서 3년 이상 종사하고 있거나 3년 이상 종사한 경력이 있으며, ② 한 귀의 청력 손실이 6분법으로 40데시벨 이상이 되는 ③ 내이 병변에 의한 감각신경성 난청[226]인 경우에 산재법상 업무상 재해를 인정한다.

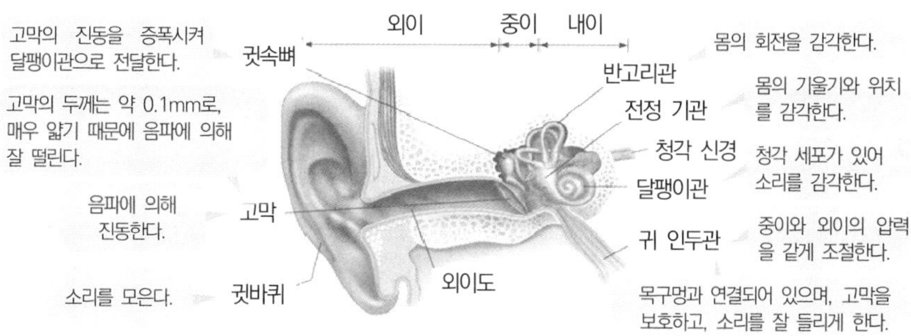

〈출처 : http://www.jangonei.co.kr/2010/lecture/lecture2.asp?l_g=M3&l_kwa=D&l_sea=1 1강 교안 p.3〉

난청의 유형으로는 외이 및 주이의 병변에 의한 난청인 전음성 난청과, 외이, 중이, 내이의 중복병변에 의한 난청인 혼합성 난청이 있다.

소음성 난청의 업무상 재해 인정시 내이염, 열성질병, 메니에르증후군, 매독, 두부외상, 돌발성난청, 유전성 난청, 가족성 난청, 노인성 난청 또는 재해성 폭발음 등의 원인으로 발생한 난청은 업무 외 재해로 판정하고 있다.

소음성 난청의 경우 소음에 노출되는 것을 중지하면 그 이상으로 진행되지 않으나 한번 손상된 청각세포는 재생이 되지 않기 때문에 현대의학으로는 아직까지 치료법이 없어 산재근로자에게 지급되는 휴업급여 및 요양비가 지급되지 아니하며, 업무상 재해 판정당시 난청의 정도에 따라 장해급여가 지급된다.

---

226) 난청은 크게 감각신경성, 전음성, 혼합성 난청으로 구분되고, 소음성 난청은 고막 또는 중이에 뚜렷한 병변이 없어야 하므로 내이병변에 의한 감각신경성 난청의 경우에만 업무상 재해로 인정된다.

소음성 난청 검사항목으로는 순음청력검사, 언어청력검사, 인피던스 청력검사, 뇌간유발반응청력검사를 시행하며, 보완적으로 자기청력계기검사, 이음향방검사, 이명도검사, 방사선학적검사를 시행한다.

검사기준은 24시간 이상 소음작업 중단 후 ISO기준으로 보정된 순음청력계기를 사용하여 청력검사를 하여야 하며 500Hz, 1000Hz, 2,000Hz, 4,000Hz의 주파수음에 대한 기도청력역치를 측정하여 6분법으로 판정한다.

〈소음성 난청 업무흐름도[227]〉

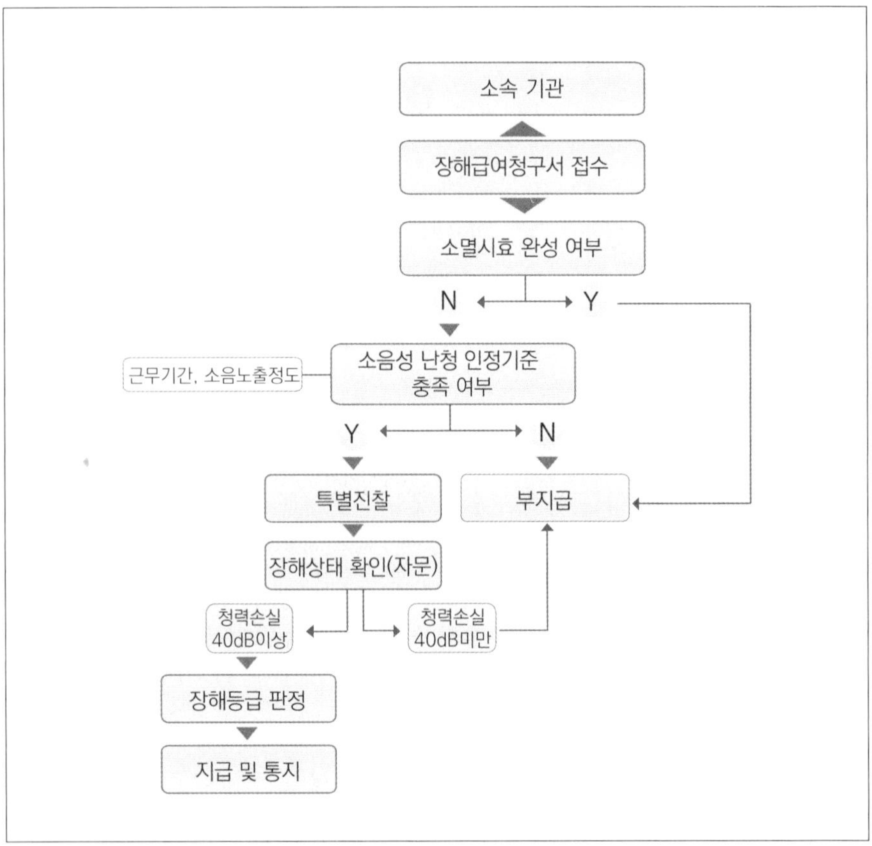

227) 「소음청 난청 업무처리기준」, 근로복지공단, 2016.1.14., [첨부 1]

〈소음성 난청 장해등급기준〉

<table>
<tr><th></th><th>40db미만</th><th>40db이상
50db미만</th><th>50db이상
60db미만</th><th>60db이상
70db미만</th><th>70db이상
80db미만</th><th>80db이상
90db미만</th><th>90db이상</th></tr>
<tr><td>40db미만</td><td>-</td><td colspan="3">제14급의1호</td><td rowspan="2">제11급의4호</td><td rowspan="2">제10급의6호</td><td rowspan="2">제9급의9호</td></tr>
<tr><td>40db이상
50db미만</td><td rowspan="4">제14급의1호</td><td rowspan="4">제11급의5호</td><td colspan="2"></td></tr>
<tr><td>50db이상
60db미만</td><td rowspan="3">제10급의7호</td><td colspan="2"></td><td colspan="2">제9급의8호</td></tr>
<tr><td>60db이상
70db미만</td><td rowspan="3">제9급의7호</td><td colspan="2"></td><td>제7급의3호</td></tr>
<tr><td>70db이상
80db미만</td><td colspan="2">제11급의4호</td><td rowspan="2">제7급의2호</td><td></td><td>제6급의4호</td></tr>
<tr><td>80db이상
90db미만</td><td colspan="2">제10급의6호</td><td rowspan="2">제9급의8호</td><td rowspan="2">제6급의3호</td><td></td></tr>
<tr><td>90db이상</td><td colspan="2">제9급의9호</td><td>제7급의3호</td><td>제6급의4호</td><td>제4급의3호</td></tr>
</table>

다만, 광산 폐업사업장의 경우 현재 가동 중인 광업소[228]의 공정별 5년간 평균 소음측정치 최대값을 참조한다. 광업종사자의 경우 광산산업 사양화에 따른 사업장 폐업 등 관련자료 확보의 곤란성 등을 고려하여 소음노출 확인기준을 별도 마련한 것으로 적용한다.

❖ 건설달인의 TIP

소음성 난청 판정을 위한 작업장 소음측정 시 일반 사업장의 경우 6시간동안 측정된 소음값에 가중치를 반영하여 85dB 이상일 경우 소음사업장으로 분류하고 6분법을 기준으로 한 평균치를 기준으로 소음을 측정하나, 탄광사업장의 경우에는 가동중인 26개 탄광에서 각 직종별로 측정된 소음값 중에서 최고 소음값을 기준으로 소음 작업여부를 판단하고 있다. 이에 일반 사업장에 비하여 탄광 사업장에 종사하였던 재해자분들의 경우 입증책임의 부담으로부터 벗어나게 되었다.

3) 소음성 난청 장해급여 청구권 소멸시효

소음성 난청은 발견과 동시에 치료는 없고 바로 장해등급이 결정이 되며 장해정도에 상응하는 보상을 받는다. 구 산재보험법 시행규칙 [별표5]에서 근로복지공단의 소음성 난청 업무처리지침은 소음성 난청 장해등급 청구권을 “소

228) 상시근로자 20명 이상 26개소

음작업장을 떠났을 때, 즉 퇴직한 때 또는 소음부서에서 비소음부서로 옮겼을 때 발생하며 퇴직 이후 3년 이내에 장해등급을 신청하지 않을 경우에는 소멸시효가 완성된다."라고 규정하였다.

소멸시효를 명시한 구 산재법 시행규칙에 대해 대법원은 "산재법 시행규칙 별표5 관련 규정은 법령의 위임 없이 법령에 규정된 치유시기와 다른 치유시기를 규정함으로써 장해급여 청구권 행사를 제한하고 있으므로 국민에 대한 대외적 구속력이 없다. 따라서 장해등급은 청구권은 퇴직한 때가 아니라 산재보험법 제5조에서 정한 치유 시점에 따라 병원에서 영구장해로서 치료 효과를 더 이상 기대할 수 없고 증상이 고정된 상태에 이르게 된 난청 증상이 있다고 확진 받은 때 성립된다."[229]라고 판시하였다.

그러나 상기 대법원 판례에 따라 개정 산재법 시행규칙에 따라 '진단일'과 '소음작업장을 떠난 날' 모두가 3년이 경과된 경우에는 소멸시효 완성으로 장해급여를 부지급 하였는데 최근 행정법원에서 변경된 시행규칙과 다른 판시를 하고 있다.

〈권리행사를 할 수 없었던 장애가 있었을 경우 소멸시효진행 중단〉

> 소음성 난청은 고음역의 소리부터 시작되어 처음엔 본인도 잘 느끼지 못하다가 차츰 시끄러운 장소에서 대화하는데 불편함을 느끼는 등 일상생활에 지장을 받게 된 후에야 뒤늦게 난청임을 발견하게 되어 소음에 노출된 이후 상당한 시간이 경과한 후에 알게 되는 경향이 있다고 한다. 같은 시기에 소음사업장에서 벗어났다 하더라도 이 사건 조항이 삭제된 이후 뒤늦게 소음성 난청임을 자각하거나 진단을 받은 근로자의 경우 장해급여를 청구하여 권리구제를 받는 데에 아무 지장이 없는 반면, 이처럼 이 사건 조항이 삭제되기 전에 이 사건 조항의 존재로 인해 장해급여 청구권을 행사조차 해 보지 못한 원고(중단사유 존재)에게 그 행사의 기회를 박탈하는 것은 현저히 부당하거나 불공평하다.
>
> 따라서 피고가 이 사건 조항이 시행되고 있었던 2008.7.2.경을 소멸시효의 기산점으로 보아 소멸시효의 완성을 주장하는 것은 신의성실의 원칙에 반하는 권리남용에 해당하여 허용될 수 없다. 그러므로 소멸시효 완성을 이유로 원고에게 장해급여를 지급하지 않기로 한 피고의 이 사건 처분은 위법하다.
>
> ※ 이 사건 조항: 사업재해보상보험법 시행규칙(2016.3.28. 고용노동부령 제125호로 개정되기 전의 것) 제48조 [별표5] 2. 귀의 장해, 가. 청력의 장해, 1) 청력의 측정 라) 직업성 난청의 치유 시기는 해당 근로자가 더 이상 직업성 난청이 유발될 수 있는 장소에서 업무를 하지 않게

229) 대법원 2014.9.4.선고, 2014두7374 판결

> 되었을 때로 하며, 그 장해에 대한 장해등급의 결정도 치유된 후에 하여야 한다.
> 〈서울행법 2017.04.20.선고, 2017구단50655〉

소음성 난청 진단일로부터 3년이 넘었다 하더라도 이전 시행규칙으로 인해 피재근로자가 예전에 시행규칙을 신뢰해 청구하지 못한 장해에 대해서는 신의칙상 피재근로자가 이 사실을 알고 장해보상을 청구하면 근로복지공단은 소멸시효를 이유로 부지급 처분을 한다는 것은 권리남용에 해당하므로 부당하다는 판결이다.

❖ 건설달인의 TIP

소음성 난청은 고음역대에서 청력손실이 발생하여 큰 소리는 안 들리나 일상대화는 가능한 상태로 지속되다 보니 본인이 업무상 재해를 당하였다는 인식을 하지 못하는 경우가 많다. 이후 시간이 흐를수록 고음역대에서 파괴된 청각 세포가 주변부를 더욱 악화시키면서 저음역대(대화가 가능한 영역)까지 저하되고, 일상대화에 지장이 생기게 되면 그때 비로소 본인이 소음성 난청에 걸렸음을 자각하게 되는 것이 일반적이다. 그렇기 때문에 오랜 세월이 경과하였더라도 소음작업으로 인한 피해를 당하였음을 입증할 수 있다면 소음성 난청 진단을 받아 산재보상 청구를 하는 것이 가능하다.

6. 산재법상의 보험급여의 종류 및 절차

(1) 요양급여

1) 의의

근로자가 업무상 부상 또는 질병에 걸렸을 경우 치유될 때까지 공단이 설치·운영 하는 시설 또는 지정의료기관에서 요양을 직접 행하게 하는 현물급여이다. 다만, 비지정의료기관에서 요양을 받은 경우나 산재환자가 자비로 요양을 실시하는 경우 등 부득이한 경우에는 요양비를 지급한다.

요양급여 지급요건

- 산재법이 적용되는 사업장의 근로자일 것
- 업무상 사유에 의한 부상 또는 질병에 걸렸을 것
- 당해 부상 또는 질병이 4일 이상의 요양기간을 요할 것

2) 청구절차

업무상 재해로 인한 상병치유 등 사유 발생 시 의료기관, 약국 및 근로자가 청구할 수 있으며, 진찰, 약제 또는 진료재료와 의지 기타 보철구의 지급, 처치·수술 기타의 진료, 의료시설에의 수용, 간병, 이송, 기타 노동부장관이 정하는 사항으로 치료에 필요한 제반 비용을 지급한다.

〈신청사유 및 제출서류〉

구 분	신 청 사 유	제 출 서 류
요양신청	- 지정의료기관에서 요양을 받고자 할 때	- 최초요양신청서 1부 작성·제출(공단소정양식)
요양비청구	- 기타 부득이한 사유로 요양승인을 받지 아니하고 자비로 치료한 경우	- 요양비청구서 작성, 공단 제출 · 구비서류 : 청구내용에 관한 증빙서류 대체지급보험급여금지급청구서(수급권의 대위 경우)

3) 재요양

재요양 요건

- 치유후 상태가 악화되어 적극적인 치료가 필요한 경우로 당초의 상병과 요양신청한 상병간에 의학적으로 상당인과관계가 인정되고, 재요양을 함으로써 치료효과가 기대될 수 있다는 의학적 소견이 있는 경우
- 내고정술에 의하여 삽입된 금속핀 등 내고정물의 제거가 필요한 경우
- 의지장착을 위하여 절단부위의 재수술이 필요하다고 인정되는 경우

당초의 상병과 재요양 신청한 상병 간의 의학상 상당인과관계와 치료 효과의 기대 가능성에 따라 재요양 여부가 결정되며, 재요양을 신청할 때는 마지막으로 치료받았던 의료기관 또는 사업장을 관할하는 근로복지공단 해당지사에 서류를 제출한다.

4) 후유증상 진료제도

후유증상 진료제도는 업무상 부상 또는 질병이 치유되었으나 재요양의 대상에 해당되지 아니하는 당해 업무상 부상 또는 질병의 특성으로 후유증상이 발생하였거나 발생할 우려가 있는 자에 대하여 요양 승인절차 없이 진료의료기관에서 치료를 받을 수 있도록 하는 것으로 산재근로자 보호를 강화하기 위한 목적을 가지고 있다.

후유증상 진료제도는 장해급여를 지급받은 자로서 후유증상에 대한 진료가 필요한 자(다만, 진폐증의 경우 병형이 1형이상인 자)를 대상으로 하며, 후유증상 진료카드를 지참한 후 지정의료기관에서 진료를 받으면 된다. 다만, 보험급여가 아닌 근로복지사업(재활서비스)으로 시행되는 제도이므로 휴업급여 등 보험급여는 지급되지 않는다.

후유증상의 종류(17종)

척수손상, 두부외상후 증후군 및 뇌의 기질적 손상, 만성골수염 또는 관절염등 골절, 척추재해, 경견완증후군, 눈의 외상, 고관절·대퇴골두 및 대퇴골 경부골절 또는 탈구, 인공관절 또는 인공골두삽입, 요도협착 장해, 외상성 전간장해, 3도화상 또는 피부이식, 진폐장해, 흉복부장기 장해(단 만성신부전증, 만성기관지염 및 간질환은 제외), 슬관절 손상, 상지·족근관절·족관절 손상에 따른 후유증상, 기타 수상부위의 손상에 따른 단순동통, 보장구 수리 및 장착에 따른 단순처치

(2) 휴업급여

휴업급여는 업무상 재해를 당하거나 업무상 질병에 걸린 근로자가 요양으로 인하여 취업하지 못한 기간에 대하여 피재근로자와 그 가족의 생활보호를 위하여 지급하는 보험급여로 근로자가 업무상 재해로 인한 요양으로 4일 이상 취업하지 못하여 임금을 받지 못한 경우에 지급되며, 미취업기간 1일에 대하여 평균임금의 70/100 상당액이 지급된다.

휴업급여는 산재근로자, 사업주(수급권 대위시)가 매월 1회 이상 (통상적으로 1월 1회 청구가 상례임) 청구하며, 이때 휴업급여청구서 1부를 작성하여 공단에 제출한다.(입원의 경우 2회분 이상 청구부터 사업주 및 의료기관의 확인 생략 가능)

〈고령자의 휴업급여 지급기준[230]〉

1. 제52조 및 제56조에 따라 산정한 휴업급여를 지급받는 자가 해당 연령에 도달하면 다음 산식에 따라 산정한다. 다만, 제52조에 따라 산정한 휴업급여를 지급받는 자의 경우 그 산정한 금액이 제3호에 따라 산정한 금액보다 적으면 제3호에 따라 산정한다.

연령	지급액
61세	1일당 휴업급여 지급액 × 66/70
62세	1일당 휴업급여 지급액 × 62/70
63세	1일당 휴업급여 지급액 × 58/70
64세	1일당 휴업급여 지급액 × 54/70
65세 이후	1일당 휴업급여 지급액 × 50/70

2. 제54조제1항 본문 및 제54조제2항에 따라 산정한 휴업급여를 지급받는 자가 해당 연령에 도달하면 다음 산식에 따라 산정한다.

연령	지급액
61세	1일당 휴업급여 지급액 × 86/90
62세	1일당 휴업급여 지급액 × 82/90
63세	1일당 휴업급여 지급액 × 78/90
64세	1일당 휴업급여 지급액 × 74/90
65세 이후	1일당 휴업급여 지급액 × 70/90

3. 제54조제1항 단서에 따라 산정한 휴업급여를 지급받는 자가 해당 연령에 도달하면 다음 산식에 따라 산정한다.

연령	지급액
61세	최저 보상기준 금액 × 80/100 × 86/90
62세	최저 보상기준 금액 × 80/100 × 82/90
63세	최저 보상기준 금액 × 80/100 × 78/90
64세	최저 보상기준 금액 × 80/100 × 74/90
65세 이후	최저 보상기준 금액 × 80/100 × 70/90

(3) 부분휴업급여

휴업급여는 요양으로 인하여 취업하지 못하는 기간에 대하여 지급토록 규정되어 있어 요양기간 중에 부분적으로라도 취업을 한 경우에는 휴업급여를 지급하지 아니한다. 이에 요양 중 회복단계에 있는 근로자 등에 대해서는 취업을 유인하여 조기 직업복귀를 촉진하기 위하여 2008년 7월 법 개정을 통하여 부분휴업급여제도를 도입하였다.

230) 산재법 [별표 1]

산재법 법 제53조(부분휴업급여) ①요양 또는 재요양을 받고 있는 근로자가 그 요양기간 중 일정기간 또는 단시간 취업을 하는 경우에는 그 취업한 날 또는 취업한 시간에 해당하는 그 근로자의 평균임금에서 그 취업한 날 또는 취업한 시간에 대한 임금을 뺀 금액의 100분의 90에 상당하는 금액을 지급할 수 있다. 다만, 제54조제2항 및 제56조제2항에 따라 최저임금액을 1일당 휴업급여 지급액으로 하는 경우에는 최저임금액(별표 1 제2호에 따라 감액하는 경우에는 그 감액한 금액)에서 취업한 날 또는 취업한 시간에 대한 임금을 뺀 금액을 지급할 수 있다.
②제1항에 따라 단시간 취업하는 경우 취업하지 못한 시간(8시간에서 취업한 시간을 뺀 시간을 말한다)에 대하여는 제52조 또는 제54조부터 제56조까지의 규정에 따라 산정한 1일당 휴업급여 지급액에 8시간에 대한 취업하지 못한 시간의 비율을 곱한 금액을 지급한다.

(4) 상병보상연금

상병보상연금은 2년 이상 장기간 요양을 하고 있으나 상병이 치유되지 아니하여 폐질등급기준에 해당될 경우 휴업급여를 대신하여 좀 더 높은 수준의 급여 지급을 통하여 근로자의 생활안정을 도모하기 위하여 도입된 제도이다.

1) 청구자

피재근로자

2) 청구시기

요양을 시작한 지 2년이란, 상병상태가 치유되지 아니한 상태로 계속하여 2년이 지난 경우를 의미하므로 치유와 재발의 반복으로 인한 요양기간의 합계가 2년이 지난 경우는 제외한다.

- 재요양하는 경우에 있어서도 재요양을 시작한 지 2년이 지나야 함

3) 청구절차

사유발생일로부터 14일 이내에 상병보상연금청구서를 작성, 의료기관주소지를 관할하는 공단 해당지사에 제출한다.

※ 2회분 이후는 자동지급

4) 상병보상연금 지급의 효과

휴업급여의 지급이 중단된다(장해연금수급자가 재요양시 장해연금 지급중지). 요양개시 후 3년이 경과한 날 이후에도 상병보상연금을 받고 있는 경우에는 근기법 제23조 제2항을 적용함에 있어서 일시보상을 한 것으로 본다.

5) 상병보상연금의 감액지급 및 최저기준 상향조정

65세 이상시 피재근로자는 연금액의 93%를 지급한다. 다만, 65세이후 취업중인 자가 업무상재해로 인하여 요양하는 경우 상병보상연금 개시일로부터 1년간 감액하지 아니한다.

상병보상연금의 최저수준을 최저임금의 100%를 기준으로 산정하던 것을 최저임금의 100/70으로 상향조정 한다.

6) 상병보상연금 지급수준[231]

중증요양상태등급	상병보상연금
제1급	평균임금의 329일분
제2급	평균임금의 291일분
제3급	평균임금의 257일분

〈중증요양상태등급의 기준[232]〉

1. 업무상 부상 또는 질병(진폐는 제외한다)으로 요양 중인 근로자의 중증요양상태등급 기준은 다음과 같다.
   가. 제1급
      1) 두 눈이 실명된 사람
      2) 말하는 기능과 씹는 기능을 모두 완전히 잃은 사람
      3) 신경계통의 기능 또는 정신기능에 뚜렷한 장해가 있어 항상 간병을 받아야 하는 사람
      4) 흉복부 장기의 기능에 뚜렷한 장해가 있어 항상 간병을 받아야 하는 사람
      5) 두 팔을 팔꿈치관절 이상의 부위에서 잃은 사람
      6) 두 팔을 영구적으로 완전히 사용하지 못하게 된 사람
      7) 두 다리를 무릎관절 이상의 부위에서 잃은 사람
      8) 두 다리를 완전히 사용하지 못하게 된 사람

231) 산재법 [별표 4]
232) 산재법 시행령 [별표 8]

> 나. 제2급
> 1) 한쪽 눈이 실명되고 다른 쪽 눈의 시력이 0.02 이하로 된 사람
> 2) 두 눈의 시력이 0.02 이하로 된 사람
> 3) 두 팔을 손목관절 이상의 부위에서 잃은 사람
> 4) 두 다리를 발목관절 이상의 부위에서 잃은 사람
> 5) 신경계통의 기능 또는 정신기능에 뚜렷한 장해가 있어 수시로 간병을 받아야 하는 사람
> 6) 흉복부 장기의 기능에 뚜렷한 장해가 있어 수시로 간병을 받아야 하는 사람
>
> 다. 제3급
> 1) 한쪽 눈이 실명되고 다른 쪽 눈의 시력이 0.06 이하로 된 사람
> 2) 말하는 기능 또는 씹는 기능을 완전히 잃은 사람
> 3) 신경계통의 기능 또는 정신기능에 뚜렷한 장해가 있어 전혀 노무에 종사하지 못하는 사람
> 4) 흉복부 장기의 기능에 뚜렷한 장해가 있어 전혀 노무에 종사하지 못하는 사람
> 5) 두 손의 손가락을 모두 잃은 사람
> 6) 위의 3)과 4)에 정한 장해 외의 장해로 전혀 노무에 종사하지 못하는 사람

7) 저소득자 휴업급여 및 상병보상연금

① 취지 및 적용대상

최저임금액이 휴업급여의 최저수준으로 산재근로자의 생계를 보장하기에 미흡하다는 지적이 있어 2008년 7월 법 개정을 통하여 일정한 조건에 해당하는 경우 휴업급여 지급률을 평균임금의 70%에서 90%로 상향하여 요양기간 중 소득보장급여로서의 휴업급여를 최저생계비 수준으로 보장함으로써 산재근로자의 생활안정에 기여한다.

② 적용대상

2008년 7월 1일 이후 새로 요양하는 자로서 2008년 7월 1일 이후 업무상 재해를 당한 자 뿐만 아니라 2008년 7월 1일 이전 진폐 등의 진단을 받아 2008년 7월 1일 이후 요양대상으로 인정되어 요양하는 자도 적용된다. 다만, 2008년 7월 1일 이후 재요양자의 경우에는 제외된다.

③ 저소득근로자 휴업급여액 산정

산재법 제54조(저소득 근로자의 휴업급여) ①제52조에 따라 산정한 1일당 휴업급여 지급액이 최저 보상기준 금액의 100분의 80보다 적거나 같으면 그 근로자에 대하여는 평균임금의 100분의 90에 상당하는 금액을 1일당 휴업급여 지급액으로 한다. 다만, 그 근로자의 평균임금의 100분의 90에 상당하는 금액이 최저 보상기준 금액의 100분의 80보다 많은 경우에는 최저 보상기준 금액의 100분의 80에 상당하는 금액을 1일당 휴업급여 지급액으로 한다.
②제1항 본문에 따라 산정한 휴업급여 지급액이 최저임금액보다 적으면 그 최저임금액을 그 근로자의 1일당 휴업급여 지급액으로 한다.

〈휴업급여액 적용단계〉

최저임금액 → 평균임금의 90% → 최저보상기준 금액의 80% → 평균임금의 70%

④ 저소득근로자 상병보상연금

산재법 제67조(저소득 근로자의 상병보상연금) ①제66조에 따라 상병보상연금을 산정할 때 그 근로자의 평균임금이 최저임금액에 70분의 100을 곱한 금액보다 적을 때에는 최저임금액의 70분의 100에 해당하는 금액을 그 근로자의 평균임금으로 보아 산정한다.
②제66조 또는 제1항에서 정한 바에 따라 산정한 상병보상연금액을 365로 나눈 1일당 상병보상연금 지급액이 제54조에서 정한 바에 따라 산정한 1일당 휴업급여 지급액보다 적으면 제54조에서 정한 바에 따라 산정한 금액을 1일당 상병보상연금액으로 한다.

〈1일당 최저 상병보상연금지급액 산정식〉

1일당 최저 상병보상연금지급액 = (최저임금액 × 100/70) × 폐질등급일수 / 365

〈저소득근로자 휴업급여와 상병보상연금 적용과의 관계〉

1일 휴업급여액	1일 상병보상연금액	비 고
최저임금액	(최저임금액×100/70)×폐질일수/365일	
평균임금의 90% 최저 보상기준 금액의 80%	평균임금의 90% 최저 보상기준 금액의 80%	저소득근로자 휴업급여가 1일 상병보상연금액이 됨
평균임금의 70%	평균임금×폐질일수/365일	

(5) 장해급여

산재법 제5조(정의) 이 법에서 사용하는 용어의 뜻은 다음과 같다.

5. "장해"란 부상 또는 질병이 치유되었으나 정신적 또는 육체적 훼손으로 인하여 노동능력이 손실되거나 감소된 상태를 말한다.

산재법 제57조(장해급여) ① 장해급여는 근로자가 업무상 사유로 부상을 당하거나 질병에 걸려 치유된 후 신체 등에 장해가 있는 경우에 그 근로자에게 지급한다.

1) 취지

업무상 재해를 당한 근로자가 요양 후 치유되었으나 정신적 또는 신체적 결손이 남게 되는 경우 그 장해로 인한 노동력손실전보를 위하여 지급되는 보험급여이다.

2) 지급요건

산재법 제5조(정의) 이 법에서 사용하는 용어의 뜻은 다음과 같다.

4. "치유"란 부상 또는 질병이 완치되거나 치료의 효과를 더 이상 기대할 수 없고 그 증상이 고정된 상태에 이르게 된 것을 말한다.

업무상재해로 인한 부상 또는 질병의 치유 후 신체에 장해가 잔존하여야 하며, 이때 장해가 당해 업무상 부상 또는 질병과 상당인과관계가 있어야 한다.

3) 청구자 및 절차

산재근로자, 사업주(수급권 대위시)가 청구한다.

① 장해급여의 청구

산재근로자는 장해급여청구서에 장해진단서, 방사선 검사 자료 등 장해의 상태를 확인할 수 있는 서류를 첨부하여 청구한다.

장해진단서는 원칙적으로 요양을 종결할 당시의 산재보험 의료기관에서 발급받아야 하나 예외적으로 종결 산재보험 의료기관이 장해를 남게 한 상병에 대한 진료과목 또는 장해 진단을 위한 검사장비를 갖추지 않고 있거나 그 의료기관이 휴업·폐업한 경우에는 수술 또는 치료 등을 한 다른 산재보험 의료기관에서 발급받은 장해진단서를 제출할 수 있다. 이 경우, 수술 또는 치료 등을 한 다른 산재보험 의료기관이 없는 경우에는 공단이 지정한 산재보험 의료기관에서 발급받은 장해진단서를 제출할 수 있다.

② 장해등급의 결정

일반적으로 장해등급을 결정하는 때에는 해당 산재근로자에게 공단에 출석하도록 하고, 자문의사에게 해당 근로자의 장해상태에 대하여 자문을 구하여 그 자문 결과와 해당 산재근로자가 제출한 장해진단서 또는 방사선 검사 자료 등의 내용을 참작하여 장해등급을 결정한다. 다만, 그 장해가 청력장해, 치아장해, 흉복부장기장해 중 고환, 비장, 신장의 결손장해, 척추(척추신경근의 장해가 포함된 경우를 제외)의 변형장해 및 기능장해, 팔 · 다리의 결손장해 및 팔 · 다리의 기능장해 중 인공관절 또는 인공골두 삽입 치환술로 말미암은 장해, 손 · 발가락의 결손장해인 경우에는 산재환자에 대한 공단 출석요청 없이 제출된 장해진단서 및 방사선 검사 자료 등 장해의 상태를 확인할 수 있는 서류를 자문의사에게 제시하여 자문을 하고, 그 자문 결과 등을 참작하여 서면심사만으로 장해등급을 결정할 수 있으나 장해의 상태를 명백히 하기 위하여 필요하면 공단에 출석할 것을 요청할 수 있다.

4) 지급사유, 시기 및 내용

구 분	지 급 사 유	청구시기	급 여 내 용
일 시 금	- 업무상재해가 치유된 후 장해등급 제4~14급 장해 잔존시	- 치유후	- 장해정도에 따라 평균임금의 1,012일분부터 55일분 상당액
연 금	업무상재해가 치유된 후 장해등급 제 1~7급 장해잔존시 · 제1~3급 : 연금 · 제4~7급 : 연금 또는 일시금 중 선택 가능	- 치유후부터 사망시까지 연12회	- 장해정도에 따라 평균임금의 329일분부터 138일분 상당액

※ 1. 연금의 경우 최초 1회 청구로 2회분부터 자동지급
2. 연금으로 지급하는 것이 곤란한 연금수급자의 국외이주, 외국인 수급권자가 국내를 떠나게 되어 일시금을 청구하는 경우에는 일시금 지급

5) 청구 및 지급방법

산재법 제57조(장해급여) ②장해급여는 장해등급에 따라 별표 2에 따른 장해보상연금 또는 장해보상일시금으로 하되, 그 장해등급의 기준은 대통령령으로 정한다.
③제2항에 따른 장해보상연금 또는 장해보상일시금은 수급권자의 선택에 따라 지급한다. 다만, 대통령령으로 정하는 노동력을 완전히 상실한 장해등급의 근로자에게는 장해보상연금을 지급하고, 장해급여 청구사유 발생당시 대한민국 국민이 아닌 자로서 외국에서 거주하고 있는 근로자에게는 장해보상일시금을 지급한다.

산재법 시행령 제53조(장해등급의 기준 등) ⑤법 제57조제3항 단서에서 "대통령령으로 정하는 노동력을 완전히 상실한 장해등급"이란 별표 6의 제1급부터 제3급까지의 장해등급을 말한다.

장해보상 청 구 서	제출 →	장해심사 통 보	출석 →	장해심사(자문의) - 등급결정	→	보 상 금 입금조치

(X선 사진, 근전도 검사지등 지참)

장해보상청구서 1부를 작성하여 공단(사업장관할지사나 의료기관주소지 관할 공단 해당지사)에 제출한다.

구비서류

- X선사진(CT 필름 등) 1매
- 대체지급보험급여지급청구서(수급권대위의 경우)
- 수령희망은행 계좌번호

6) 지급의 특례

산재법 제57조(장해급여) ④장해보상연금은 수급권자가 신청하면 그 연금의 최초 1년분 또는 2년분(제3항 단서에 따른 근로자에게는 그 연금의 최초 1년분부터 4년분까지)의 2분의 1에 상당하는 금액을 미리 지급할 수 있다. 이 경우 그 미리 지급하는 금액에 대하여는 100분의 5의 비율 범위에서 대통령령으로 정하는 바에 따라 이자를 공제할 수 있다.

산재법 시행령 제54조(장해보상연금 선급금의 이자율) 법 제57조제4항에 따라 장해보상연금을 미리 지급하는 경우에는 그 선지급 연금액에 100분의 2를 곱한 금액을 뺀 금액을 지급한다.

산재법 시행령 제58조(재요양 후의 장해급여) ⑤재요양 후 장해보상연금을 지급하는 경우에는 법 제57조제4항을 적용하지 아니한다. 다만, 종전에 장해급여의 대상에 해당되지 않았던 사람이 재요양 후에 장해보상연금을 지급받게 되는 경우에는 그러하지 아니하다.

연금수급권자는 연금의 최초 1~4년분의 선급금을 청구할 수 있다.

※ 제1~3급 장해자의 경우는 1~4년분, 제4~7급 장해자의 경우는 1~2년분 청구가능

7) 장해보상연금 지급

산재법 제70조(연금의 지급기간 및 지급시기) ①장해보상연금, 유족보상연금, 진폐보상연금 또는 진폐유족연금의 지급은 그 지급사유가 발생한 달의 다음 달 초일부터 시작되며, 그 지급받을 권리가 소멸한 달의 말일에 끝난다.

②장해보상연금, 유족보상연금, 진폐보상연금 또는 진폐유족연금은 그 지급을 정지할 사유가 발생한 때에는 그 사유가 발생한 달의 다음 달 초일부터 그 사유가 소멸한 달의 말일까지 지급하지 아니한다.

③장해보상연금, 유족보상연금, 진폐보상연금 또는 진폐유족연금은 매년 이를 12등분하여 매달 25일에 그 달 치의 금액을 지급하되, 지급일이 토요일이거나 공휴일이면 그 전날에 지급한다.

④장해보상연금, 유족보상연금, 진폐보상연금 또는 진폐유족연금을 받을 권리가 소멸한 경우에는 제3항에 따른 지급일 전이라도 지급할 수 있다.

8) 차액일시금 지급

산재법 제57조(장해급여) ⑤장해보상연금 수급권자의 수급권이 제58조에 따라 소멸한 경우에 이미 지급한 연금액을 지급 당시의 각각의 평균임금으로 나눈 일수의 합계가 별표 2에 따른 장해보상일시금의 일수에 못 미치면 그 못 미치는 일수에 수급권 소멸 당시의 평균임금을 곱하여 산정한 금액을 유족 또는 그 근로자에게 일시금으로 지급한다.

수급권자의 사망시 이미 지급한 연금액을 지급당시의 각각의 평균임금으로 나눈 일수의 합계가 해당 장해등급의 일시금의 일수에 미달되는 경우 일수에 대하여 사망당시의 평균임금을 곱한 금액을 유족에게 일시금으로 지급한다.

9) 장해보상 연금지급정지 및 조정

장해연금 수급권자가 재요양을 받는 경우 연금지급을 중지하고 장해보상연금 선급금지급 기간내 재요양을 받게 되는 경우에 휴업급여와 상병보상연금은 아래와 같이 지급한다.

* 휴업급여 = {[(365×0.7) - 기존장해보상연금일수] ÷ 365} × 평균임금 × 재요양일수

* 상병보상연금 = [(상향조정된 연금일수 - 기존장해보상연금일수)÷365] × 평균임금 × 재요양일수

※ 상병보상연금은 폐질등급이 상향된 경우에 한하여 지급한다. 다만, 휴업급여 및 상병보상연금 감액지급이 있는 65세 이상 고령자의 경우에는 감액분을 감안하여 계산한다.

10) 장해의 조정

신체장해등급기준에 해당하는 신체장해가 2이상인 경우에는 그중 중한 신체장해에 해당하는 장해등급을 그 근로자의 장해등급으로 하되 제13급 이상의 장해가 2이상인 경우에는 아래기준에 따라 조정된 장해등급을 그 근로자의 장해등급으로 한다.

- 제5급 이상 장해가 2 이상인 경우 : 3개 등급 인상
- 제8급 이상 장해가 2 이상인 경우 : 2개 등급 인상
- 제13급 이상 장해가 2 이상인 경우 : 1개 등급 인상

다만, 조정의 결과 제1급을 초과하는 경우 제1급으로 하고, 그 신체장해의 정도가 조정된 등급에 규정된 다른 장해의 정도에 비하여 낮다고 인정되는 경우에는 조정된 등급보다 낮은 등급으로 한다.

〈장해급여표(평균임금 기준)〉

장해등급	장해보상연금	장해보상일시금
제1급	329일분	1,474일분
제2급	291일분	1,309일분
제3급	257일분	1,155일분
제4급	224일분	1,012일분
제5급	193일분	869일분
제6급	164일분	737일분
제7급	138일분	616일분
제8급		495일분
제9급		385일분
제10급		297일분
제11급		220일분
제12급		154일분
제13급		99일분
제14급		55일분

❖ 건설달인의 TIP

진폐증으로 장해등급을 받은 근로자가 소음성난청으로 장해를 받은 경우에는 장해부위와 장해계열로 인정하여 상기 기준에 의한 조정을 하지 않고 각각의 장해등급에 의한 장해보상을 받는다.

11) 장해보상연금 수령자의 장해등급 재판정

산재법 제59조(장해등급의 재판정) ①공단은 장해보상연금 또는 진폐보상연금 수급권자 중 그 장해상태가 호전되거나 악화되어 이미 결정된 장해등급 또는 진폐장해등급이 변경될 가능성이 있는 자에 대하여는 그 수급권자의 신청 또는 직권으로 장해등급등을 재판정할 수 있다.

산재법 부칙 제6조(장해급여에 관한 적용례) 제57조부터 제60조까지의 개정규정은 이 법 시행 이후 치유되어 장해급여 청구사유가 발생한 자부터 적용한다.

산재법 부칙 제21조(장해보상연금 수급권의 소멸 및 장해등급의 재판정에 관한 경과조치) ②이 법 시행 당시 종전의 규정에 따라 장해보상연금을 받고 있는 자는 제59조의 개정규정에도 불구하고 장해등급의 재판정을 하지 아니한다.

재판정 제도 적용대상은 원칙적으로 2008년 7월 1일 이후 치유되어 장해보상연금을 수령하는 자로 하며 2008년 7월 1일 당시 장해보상연금을 수령하는 자는 장해등급 재판정을 하지 않는다.

① 재판성 대상 상해

산재법 시행령 제55조(장해등급등의 재판정 대상자) ①법 제59조제3항에 따른 장해등급 또는 진폐장해등급의 재판정 대상자는 다음 각 호의 어느 하나에 해당하는 장해보상연금 또는 진폐보상연금 수급권자로 한다.

1. 장해보상연금 지급 대상이 되는 장해 중 별표 6에 따른 제1급제3호, 제2급제5호, 제3급제3호, 제5급제8호, 제7급제4호, 제9급제15호 및 제12급제15호에 해당하는 장해가 하나 이상 있는 경우
2. 장해보상연금 지급 대상이 되는 장해 중 별표 6에 따른 제6급제5호, 제7급제14호, 제8급제2호, 제9급제17호, 제10급제8호, 제11급제7호, 제12급제16호에 해당하는 장해(척추 신경근장해에 따라 장해등급이 결정된 경우만 해당한다)가 하나 이상 있는 경우
3. 장해보상연금 지급 대상이 되는 장해 중 별표 6에 따른 제1급제6호·제8호, 제4급제6호, 제5급제4호·제5호, 제6급제6호·제7호, 제7급제7호·제11호, 제8급제4호·제6호·제7호, 제9급제11호·제13호, 제10급제10호·제13호·제14호, 제11급제9호·제10호, 제12급제9호·제10호·제12호·제14호, 제13급제8호·제11호에 해당하는 장해(신체 관절의 운동기능에 따라 장해등급이 결정된 경우만 해당된다)가 하나 이상 있는 경우
4. 진폐보상연금 지급 대상이 되는 진폐장해 중 별표 11의2 제2호에 따른 제1급부터 제7급까지에 해당하는 진폐장해가 남은 경우
5. 장해보상연금 지급 대상이 되는 장해 중 제53조제3항에 따른 장해가 있는 경우로서 제1호부터 제3호까지의 규정에 해당하는 장해가 하나 이상 포함되어 있는 경우

②제1항에도 불구하고 장해보상연금 수급권자의 장해 중 제1항 각 호에 따른 장해의 등급이 변경되더라도 그 외의 장해 때문에 최종의 장해등급은 변경되지 아니하는 경우에는 장해등급의 재판정 대상에서 제외한다.

② 재판정 시기 및 절차

산재법 제59조(장해등급의 재판정) ③제1항과 제2항에 따른 장해등급 재판정은 1회 실시하되, 그 대상자시기 및 재판정 결과에 따른 장해급여 지급 방법으로 대통령령으로 정한다.

산재법 시행령 제56조(장해등급의 재판정 시기 등) ①법 제59조에 따른 장해등급등의 재판정은 장해보상연금 또는 진폐보상연금의 지급 결정을 한 날을 기준으로 2년이 지난 날

부터 1년 이내에 하여야 한다.
②제1항에도 불구하고 장해등급등의 재판정 대상자가 재요양을 하는 경우에는 그 재요양 후 치유된 날(장해등급등이 변경된 경우에는 그에 따른 장해보상연금 또는 진폐보상연금의 지급 결정을 한 날)을 기준으로 2년이 지난 날부터 1년 이내에 하여야 한다.
③공단은 제1항 또는 제2항에 따라 장해등급등의 재판정을 하려면 재판정 대상자에게 제117조제1항제2호에 따른 진찰을 받도록 요구하여야 한다.
④법 제59조제1항에 따라 장해등급등의 재판정을 받으려는 사람은 고용노동부령으로 정하는 바에 따라 공단에 신청하여야 한다.
⑤공단은 장해등급등의 재판정을 하려는 때에는 장해 정도를 진찰할 산재보험 의료기관(진폐장해등급을 재판정하려는 경우에는 법 제91조의6제1항에 따른 건강진단기관을 말한다), 진찰일이나 그 밖에 재판정에 필요한 사항을 구체적으로 밝혀 진찰일 30일 전까지 해당 근로자에게 알려야 한다.

산재법 시행규칙 제49조(장해등급 재판정의 신청) 영 제56조제4항에 따라 장해등급등의 재판정을 받으려는 사람은 같은 조 제1항 및 제2항에 정한 기간 내에 신청하여야 한다.

장해등급의 재판정은 원칙적으로 1회 실시하되, 장해보상연금 또는 진폐보상연금의 지급결정을 한 날을 기준으로 2년이 지난날부터 1년 이내에 한다. 재판정 대상자가 재요양을 하는 경우에는 그 재요양 후 치유된 날을 기준으로 2년이 지난날부터 1년 이내에 하며 재요양 후 장해등급이 변경된 경우에는 그에 따른 장해보상연금 또는 진폐보상연금의 지급결정을 한 날을 기준으로 2년이 지난날부터 1년 이내에 하여야 한다.

※ 장해등급 재판정은 1회 실시함이 원칙이나 재요양을 하는 경우에는 계속적으로 재판정 대상에 해당된다. 재판정은 원칙적으로 근로복지공단의 직권으로 진찰요구 절차를 통하여 이루어지며 수급권자가 재판정을 받으려는 경우에는 재판정 기간 내에 신청하여야 한다.

(6) 간병급여

산재법 제61조(간병급여) ①간병급여는 제40조에 따른 요양급여를 받은 자 중 치유 후 의학적으로 상시 또는 수시로 간병이 필요하여 실제로 간병을 받는 자에게 지급한다.
②제1항에 따른 간병급여의 지급 기준과 지급 방법 등에 관하여 필요한 사항은 대통령령으로 정한다.

1) 취지

요양을 종결한 산재근로자가 치유 후 의학적으로 상시 또는 수시로 간병이 필요하여 실제로 간병을 받는 자에게 보험급여로서 간병급여를 지급하여 주는 제도이다.

2) 적용대상 및 종류

① 상시간병급여

- 신경계통의 기능, 정신기능 또는 흉복부장기기능의 장해가 장해등급 제1급에 해당하는 자로서 상시 간병을 받아야 하는 자
- 두 눈, 두 팔 또는 두 다리의 장해가 장해등급 제1급에 해당하는 자로 동시에 그 외의 부위에 장해등급 제7급 이상에 해당하는 장해가 있는 자

② 수시간병급여

- 신경계통의 기능, 정신기능 또는 흉복부장기기능의 장해가 장해등급 제2급에 해당하는 자로서 수시 간병을 받아야 하는 자
- 상시 간병대상자 이외의 장해등급 제1급에 해당하는 장해가 있는 자
  ※ 간병급여 지급대상자가 무료요양소 등에 입소하여 실제 간병비용으로 지급한 금액이 간병급여액에 미달하는 경우에는 실제 지급액만 지급

구분	간병급여 지급대상
상시 간병 급여	1. 신경계통의 기능, 정신기능 또는 흉복부장기의 기능에 장해등급 제1급에 해당하는 장해가 남아 일상생활에 필요한 동작을 하기 위하여 항상 다른 사람의 간병이 필요한 사람 2. 두 눈, 두 팔 또는 두 다리 중 어느 하나의 부위에 장해등급 제1급에 해당하는 장해가 남고, 다른 부위에 제7급 이상에 해당하는 장해가 남아 일상생활에 필요한 동작을 하기 위하여 항상 다른 사람의 간병이 필요한 사람
수시 간병 급여	3. 신경계통의 기능, 정신기능 또는 흉복부장기의 기능에 장해등급 제2급에 해당하는 장해가 남아 일상생활에 필요한 동작을 하기 위하여 수시로 다른 사람의 간병이 필요한 사람 4. 장해등급 제1급(제53조제2항에 따른 조정의 결과 제1급이 되는 경우를 포함한다)에 해당하는 장해가 남아 일상생활에 필요한 동작을 하기 위하여 수시로 다른 사람의 간병이 필요한 사람

3) 청구 및 지급방법

장해급여를 받은 이후에 장해부위 및 상태와 장해에 수반하는 일상생활 상태를 기록한 간병급여청구서에 따라 신청한다. 상시간병대상자는 간병과 관련하여 노동부장관이 고시한 금액의 전액을 지급하고, 수시간병대상자는 상시간병급여의 3분의2를 지급한다.

※ 간병급여

적용기간	상시간병	수시간병
2019. 9. 1 ~ 2020. 8.31	41,170원/일	27,450원/일
2003. 9. 1 ~ 2004. 8.31	33,600원/일	22,400원/일
2002. 9. 1 ~ 2003. 8.31	31,900원/일	21,270원/일
2001. 9. 1 ~ 2002. 8.31	29,000원/일	19,330원/일
2000. 9. 1 ~ 2001. 8.31	26,000원/일	17,340원/일
2000. 7. 1 ~ 2000. 8.31	24,775원/일	16,516원/일

간병급여의 지급은 간병이 실제로 행하여 진 날에 대하여 월단위로 지급한다. 간병인의 수는 간병을 받아야 할 근로자 1인에 대하여 1명으로 한다.

4) 적용 시점

2000년 7월 1일 요양중인 자부터 적용한다. 이전 종결자는 지급대상이 아니며 2000년 7월 1일 이후 재요양후 종결당시 지급대상이 되면 간병급여를 지급한다.

(7) 직업재활급여

장해 1급~12급 장해급여자나 요양 중으로 장해 1급~12급이 명백한 자의 취업을 위해 실시하는 직업훈련에 드는 비용 및 직업훈련수당을 지급하며 업무상 재해가 발생할 당시의 사업에 복귀한 장해급여자에 대하여 사업주가 고용을 유지하거나 직장적응훈련 또는 재활운동을 실시하는 경우에 각각 직장복귀지원금, 직장적응훈련비, 재활운동비를 지급한다.

(8) 유족급여

1) 취지

근로자가 업무상 사유로 사망시 또는 사망으로 추정되는 경우 그에 의하여 부양되고 있던 유족들의 생활보장을 위하여 지급되는 보험급여이다.

2) 지급요건

업무상 사망 또는 사망으로 추정되는 경우

※ 사망으로 추정되는 자는 사고가 발생한 날 또는 행방불명된 날에 사망한 것으로 추정한다.

사망 추정의 요건

- 선박이 침몰, 멸실 또는 행방불명되거나 항공기가 추락, 멸실 또는 행방불명된 경우에 그 선박 또는 항공기에 타고 있던 근로자의 생사가 사고가 발생한 날부터 3월간 불명한 경우
- 항해중의 선박 또는 항공기에 타고 있던 근로자가 행방불명되어 그 생사가 행방불명된 날부터 3월간 불명한 경우
- 천재·지변, 화재, 구조물 등의 붕괴, 기타 각종 사고의 현장에 있던 근로자의 생사가 사고가 발생한 날부터 3월간 불명한 때

3) 유족급여의 종류[233]

유족급여의 종류	유족급여의 금액
유족보상연금	유족보상연금액은 다음의 기본금액과 가산금액을 합한 금액으로 한다. 1. 기본금액 급여기초연액(평균임금에 365를 곱하여 얻은 금액)의 100분의 47에 상당하는 금액 2. 가산금액 유족보상연금수급권자 및 근로자가 사망할 당시 그 근로자와 생계를 같이 하고 있던 유족보상연금수급자격자 1인당 급여기초연액의 100분의 5에 상당하는 금액의 합산액. 다만, 그 합산금액이 급여기초연액의 100분의 20을 넘을 때에는 급여기초연액의 100분의 20에 상당하는 금액으로 한다.
유족보상일시금	평균임금의 1,300일분

233) 산재법 [별표 3]

4) 지급방법

연금지급이 원칙이나(평균임금의 52~67% 상당금액을 매월지급) 연금수급권자가 원하는 경우에는 유족일시금(평균임금의 1300일분)의 50%를 일시금으로 지급하고 유족보상연금은 50%를 감액하여 지급한다.

※ 유족급여는 유족보상연금으로 지급함이 원칙이나 근로자 사망 당시 연금수급자격자가 없는 경우 또는 연금수급권자가 외국에 거주하는 경우에는 유족보상일시금으로 지급할 수 있다.

5) 청구자

수급권자(유족), 사업주(수급권 대위시)

6) 유족보상연금 수급권자

① 유족보상연금 수급자격자의 범위

산재법 제63조(유족보상연금 수급자격자의 범위) ①유족보상연금을 받을 수 있는 자격이 있는 자는 근로자가 사망할 당시 그 근로자와 생계를 같이 하고 있던 유족(그 근로자가 사망할 당시 대한민국 국민이 아닌 자로서 외국에서 거주하고 있던 유족은 제외한다) 중 배우자와 다음 각 호의 어느 하나에 해당하는 자로 한다. 이 경우 근로자와 생계를 같이 하고 있던 유족의 판단 기준은 대통령령으로 정한다.

1. 부모 또는 조부모로서 각각 60세 이상인 자
2. 자녀로서 25세 미만인 자

2의2. 손자녀로서 19세 미만인 자

3. 형제자매로서 19세 미만이거나 60세 이상인 자
4. 제1호부터 제3호까지의 규정 중 어느 하나에 해당하지 아니하는 자녀 · 부모 · 손자녀 · 조부모 또는 형제자매로서 「장애인복지법」 제2조에 따른 장애인 중 고용노동부령으로 정한 장애 정도에 해당하는 자

②제1항을 적용할 때 근로자가 사망할 당시 태아(胎兒)였던 자녀가 출생한 경우에는 출생한 때부터 장래에 향하여 근로자가 사망할 당시 그 근로자와 생계를 같이 하고 있던 유족으로 본다.

③유족보상연금 수급자격자 중 유족보상연금을 받을 권리의 순위는 배우자 · 자녀 · 부모 손자녀 · 조부모 및 형제자매의 순서로 한다.

산재법 제65조(수급권자인 유족의 순위) ①제57조제5항 · 제62조제2항(유족보상일시금에 한한다) 및 제4항에 따른 유족 간의 수급권의 순위는 다음 각 호의 순서로 하되, 각 호의 자 사이에서는 각각 그 적힌 순서에 따른다. 이 경우 같은 순위의 수급권자가 2명 이상이면 그 유족에게 똑같이 나누어 지급한다.

1. 근로자가 사망할 당시 그 근로자와 생계를 같이 하고 있던 배우자 · 자녀 · 부모 · 손자녀 및 조부모
2. 근로자가 사망할 당시 그 근로자와 생계를 같이 하고 있지 아니하던 배우자 · 자녀 · 부모 · 손자녀 및 조부모 또는 근로자가 사망할 당시 근로자와 생계를 같이 하고 있던 형제자매
3. 형제자매

②제1항의 경우 부모는 양부모(養父母)를 선순위로, 실부모(實父母)를 후순위로 하고, 조부모는 양부모의 부모를 선순위로, 실부모의 부모를 후순위로, 부모의 양부모를 선순위로, 부모의 실부모를 후순위로 한다.

③수급권자인 유족이 사망한 경우 그 보험급여는 같은 순위자가 있으면 같은 순위자에게, 같은 순위자가 없으면 다음 순위자에게 지급한다.

④제1항부터 제3항까지의 규정에도 불구하고 근로자가 유언으로 보험급여를 받을 유족을 지정하면 그 지정에 따른다

〈유족보상연금 수급자격자 요건 요약〉

구 분	공통	제 한 요 건
배우자 인 처	사망당시 생계를 같이하고 있던 유족	- 제한요건 불필요 - 사실혼관계에 있는 처 포함(중혼관계에 있는 자 제외)
남편, 부모 · 조부모		- 60세 이상인 경우 - 장애인복지법에 따른 장애등급 제2급 이상(시각장애인의 경우 제3급 이상) - 모계혈족인 외조모나 외조부에 대하여도 인정
자녀, 손		- 자녀 25세 미만, 손자녀 19세 미만인 경우 - 장애인복지법에 따른 장애등급 제2급 이상(시각장애인의 경우 제3급 이상) - 외손자 및 외손녀에 대하여도 인정
형제 자매		- 19세미만이거나 60세 이상인 경우 - 장애인복지법에 따른 장애등급 제2급 이상(시각장애인의 경우 제3급 이상)

〈근로자와 생계를 같이하고 있던 유족의 의미〉

산재법 시행령 제61조(생계를 같이 하는 유족의 범위) 법 제63조제1항 각 호 외의 부분 전단에서 "근로자와 생계를 같이 하고 있던 유족"이란 근로자가 사망할 당시에 다음 각 호의 어느 하나에 해당하는 사람을 말한다.

1. 근로자와 「주민등록법」에 따른 주민등록표상의 세대를 같이하고 동거하던 유족으로서 근로자의 소득으로 생계의 전부 또는 상당 부분을 유지하고 있던 사람
2. 근로자의 소득으로 생계의 전부 또는 상당 부분을 유지하고 있던 유족으로서 학업·취업·요양, 그 밖에 주거상의 형편 등으로 주민등록을 달리하였거나 동거하지 않았던 사람
3. 제1호 및 제2호에 따른 유족 외의 유족으로서 근로자가 정기적으로 지급하는 금품이나 경제적 지원으로 생계의 전부 또는 대부분을 유지하고 있던 사람

② 유족과 유족보상연금수급자격자

산재법 제5조 (정의) 이 법에서 사용하는 용어의 뜻은 다음과 같다.

3. "유족"이란 사망한 자의 배우자(사실상 혼인관계에 있는 자를 포함한다)·자녀·부모·손자녀·조부모 또는 형제자매를 말한다.

가. 유족의 의미

유족은 일반적으로 사망자의 친족을 말하지만 산재법에서 의미하는 유족급여 수급권자로서의 유족은 민법상 친족과는 다른 의미를 가진다. 즉, 민법상 친족은 배우자와 혈족·인척을 말하며 구체적 범위는 배우자, 8촌 이내의 부계 혈족, 4촌 이내의 모계 혈족, 남편의 8촌 이내의 부계 혈족과 4촌 이내의 모계 혈족, 처의 부모를 말하나 산재법상 유족급여 수급권자로서 유족은 망인의 배우자, 자녀, 부모, 조부모, 손, 형제자매로 정의하고 있다.

나. 산재보험법상 유족의 특성 및 그 범위

산재보험법상 유족의 범위는 민법 상 친족의 범위와 달리 친족 범위 내에서 망인의 배우자(사실혼 배우자 포함)와 2촌 범위 내의 직계 존속 및 비속, 2촌 범위내의 방계혈족 즉, 형제자매에 한정된다.

배우자, 혈족, 인척을 말하며, 법률상 효력은 8촌 이내의 혈족, 4촌 이내의 인척, 배우자가 민법상 친족의 범위에 해당함(「민법」 제767조 및 제777조)

〈혈족의 분류〉
- 자연혈족과 법정혈족 : 출생으로 형성되었느냐 입양 등으로 형성되었느냐 여부에 따라 구분
- 직계혈족과 방계혈족 : 직계의 수직적 관계이냐 방계의 수평적 관계이냐 여부에 따라 구분
  - 직계존속 : 나를 중심으로 위인 부모(1촌)와 조부모(2촌)
  - 직계비속 : 나를 중심으로 아래인 자(1촌)와 손자녀(2촌)
  - 방계혈족 : 자기의 형제자매와 형제자매의 직계비속, 직계존속의 형제자매 및 그 형제자매의 직계비속
- 부계혈족과 모계혈족 : 자연혈족에 있어 부계인지 모계인지 여부에 따라 구분

◦ 배우자

배우자에 있어서는 현행 민법에서 인정하지 아니하는 사실상 혼인관계에 있는 자를 인정한다. 그러나, 중혼관계하에서의 사실혼 처는 산재보험법상 유족으로 보호받을 수 없음에 유의해야 한다.

우리 「민법」은 부부관계에 있어서 중첩제도를 인정하지 아니하므로 산재보험법에서도 특별한 사정이 없는 한 법률혼 관계를 우선하여야 함이 원칙이므로 사실상 배우자 외에 법률상 배우자가 따로 있는 경우에는 사실상 배우자는 유족으로서 보호받을 수 없음
〈보상6602-1291, 1999.12.10.〉

유족의 배우자 판단에 있어 민법은 중혼을 금지함과 아울러 혼인은 호적법에 정한 바에 의하여 신고함으로써 효력이 생긴다고 하고 있으므로 법률혼 처가 유족급여 수급권자가 됨
〈보상팀-8231, 2006.12.21.〉

◦ 직계존·비속

직계존·비속의 판단에 있어서는 부계혈족과 모계혈족을 구분하지 아니하므로 직계존속으로서의 조부모에 있어 외조부모도 포함되며, 직계비속으로서의 손자녀의 경우에도 외손자녀에 대해서도 동일하게 수급권을 인정한다.

과거에는 모계혈족에 대해서는 유족의 범위로 인정하지 아니하는 행정해석(재보68607-616, 1993.6.25)이 있었으나 외손, 외조부모와 같은 모계혈족에 대해서도 부계혈족과 함께 유족의 범위에 포함시키도록 유권해석을 변경하였음
〈보상6602-198, 1998.3.17.〉

◦ 형제자매

형제자매에 있어서는 이성동복 및 동성이복 형제는 인정된다.

산재보험법상 이성동복 형제자매의 유족급여 수급권에 관한 특별한 제한이 없고 산재보험제도의 취지상 이성동복 형제자매를 달리 취급할 합리적인 이유도 없다고 봄으로 이성동복 형제자매의 수급권도 부계의 형제자매와 동일하게 인정하는 것이 타당하다고 보여짐
〈보상6602-198, 1998.3.17.〉

◦ 인척

「민법」상 친족 범위에 포함되는 인척은 유족에 포함되지 아니하므로 적모서자관계 및 계모자관계는 유족으로서 보호받을 수 없다.

현행 「민법」에서는 계모와 자의 관계에 대하여 개정전 법정 혈족관계로 인정하던 것을 개정하여 인척관계로 정하고 있으므로 계모가 호적상 부의 처로 되어 있다 하더라도 망인의 모에 해당될 수 없다 할 것임
재혼한 여자(재해자)가 사망하였을 경우 배우자의 자녀가 유족의 수급권자가 될 수 있는지를 문의한 내용으로 현행 「민법」에서 계모자 관계를 혈족관계가 아닌 인척으로 규정하고 있어 귀 질의의 망인이 재혼으로 인한 배우자의 전처 소생 자식(3명)과의 관계는 출생자로 보지 아니하므로 수급권자가 될 수 없음
〈보상6602-35.1996.1.19.외〉

◦ 태아

근로자의 사망당시 태아였던 자녀가 출생한 경우에는 출생한 때부터 장래에 향하여 그 근로자가 사망할 당시 부양하고 있던 자로 보며 태아는 그 자체로서 독립적인 수급권자는 될 수 없고 출생한 이후부터 유족보상연금수급자격자로 인정되어 유족보상연금액 조정사유에만 해당함에 유의해야 한다.

태아는 출생한 때로부터 장래에 향하여 그 근로자의 사망당시 그에 의하여 부양되고 있던 자로 본다는 의미는 산재보험법에서는 태아가 출생한 때부터 권리능력을 부여한다는 것으로 유족보상연금 개정사유에만 해당되어 태아는 독자적인 유족연금 수급권자는 될 수 없는 것임
〈보상부 711, 2005.2.17.〉

③ 수급권자 유족의 순위

산재법 제65조(수급권자인 유족의 순위) ①제57조제5항, 제62조제2항(유족보상일시금에 한한다) 및 제4항에 따른 유족 간의 수급권의 순위는 다음 각 호의 순서로 하되, 각 호의 자 사이에서는 각각 그 적힌 순서에 따른다. 이 경우 같은 순위의 수급권자가 2명 이상이면 그 유족에게 똑같이 나누어 지급한다.

1. 근로자가 사망할 당시 그 근로자와 생계를 같이 하고 있던 배우자·자녀·부모·손자녀 및 조부모
2. 근로자가 사망할 당시 그 근로자와 생계를 같이 하고 있지 아니한 배우자·자녀·부모·손자녀 및 조부모 또는 근로자가 사망할 당시 근로자와 생계를 같이 하고 있던 형제자매
3. 형제자매

②제1항의 경우 부모는 양부모(養父母)를 선순위로, 실부모(實父母)를 후순위로 하고, 조부모는 양부모의 부모를 선순위로, 실부모의 부모를 후순위로, 부모의 양부모를 선순위로, 부모의 실부모를 후순위로 한다.

④제1항부터 제3항까지의 규정에도 불구하고 근로자가 유언으로 보험급여를 받을 유족을 지정하면 그 지정에 따른다.

유족보상연금 차액일시금 지급에 있어서의 수급권자인 유족의 순위는 산재법 제65조에서 정하고 있으며 유족보상연금을 제외한 유족보상일시금, 장해보상연금, 차액일시금 및 미지급 보험급여 지급을 위한 수급권자 결정시 동일하게 적용된다. 수급권자 순위 결정에 있어서 기본적으로 생계를 같이 한 경우가 우선하며, 배우자를 가장 우선으로 하고 혈족에 대해서는 방계보다는 직계를, 존속보다는 비속을, 촌수 근친 우선으로 하여 순서를 정하고 있다.

가. 동순위자 균등분할지급

유족보상일시금 지급에 있어서는 대표자 선임규정이 적용되지 아니하므로 같은 순위자의 수급권자가 2명이상이면 그 유족에게 똑같이 나누어 지급한다.

나. 양부모 우선

양부모가 실부모보다 우선하고 조부모에 있어서도 조부모는 양부모의 부모를 선순위로, 실부모의 부모를 후순위로, 부모의 양부모를 선순위로, 부모의 실부모를 후순위로 하고 있다.

다. 유언의 효력 인정

일시금 지급에 있어서는 유족보상연금 수령과 달리 유언의 효력이 인정된다. 유언의 효력은 유족급여의 일반적 수급권자의 순위 및 결정원칙에도 불구하고 근로자가 특히 유언으로서 유족급여를 받을 유족을 지정하면 그 지정에 따른다는 의미로서 유족보상연금 수령에는 적용되지 아니하고 유족보상일시금 지급에 있어서도 산재보험법상 유족의 범위 내에서 그 순위를 변경한다는 의미이지 유족의 범위를 벗어난 친족 또는 제3자에게 확대되지는 아니함에 유의해야 한다.

※ 근로자 사망 시 유언으로 유족급여를 받을 유족으로 며느리를 지정하였다 하더라도 며느리는 산재보험법 상 유족의 범위에 해당하지 않으므로 유족급여를 지급할 수 없다.

유족급여를 받을 수급권자는 유족에 한정되고 근로자가 수급권자로 규정된 유족들의 순위에 관하여 정해진 순위와 달리 수급권자를 유언으로써 지정할 수 있음을 규정한 것에 불과하며, 근로자가 사망할 당시 유족이 없었고 위 망인이 유언으로 가장 가까운 친족인 조카를 유족급여의 수급권자로 지정하였다고 하더라도 사망한 근로자의 조카가 유족급여 수급권자가 될 수는 없음 〈대법원 1992.5.12.선고, 92누 923〉

7) 수급권의 실격 및 이전

유족급여를 받을 권리는 선순위자의 사망 또는 사망근로자의 배우자가 혼인 등의 사유로 수급자격을 잃을 경우에는 같은 순위자가 있는 경우 같은 순위자에게, 같은 순위자가 없는 경우는 다음 순위자에게 이전된다.

산재법 제64조(유족보상연금 수급자격자의 자격 상실과 지급 정지 등) ①유족보상연금 수급자격자인 유족이 다음 각 호의 어느 하나에 해당하면 그 자격을 잃는다.
1. 사망한 경우
2. 재혼한 때(사망한 근로자의 배우자만 해당하며, 재혼에는 사실상 혼인 관계에 있는 경우를 포함한다)
3. 사망한 근로자와의 친족 관계가 끝난 경우
4. 자녀가 25세가 된 때

4의2. 손자녀 또는 형제자매가 19세가 된 때

5. 제63조제1항제4호에 따른 장애인이었던 자로서 그 장애 상태가 해소된 경우
6. 근로자가 사망할 당시 대한민국 국민이었던 유족보상연금 수급자격자가 국적을 상실하고 외국에서 거주하고 있거나 외국에서 거주하기 위하여 출국하는 경우
7. 대한민국 국민이 아닌 유족보상연금 수급자격자가 외국에서 거주하기 위하여 출국하는 경우

8) 유족보상연금 차액일시금 지급

수급권자가 사망 등 그 수급자격을 잃은 경우 다른 수급자격자가 없고 이미 지급한 연금액을 지급당시의 각각의 평균임금으로 나눈 일수의 합계가 1,300일에 미달되는 경우 그 미달되는 일수에 대하여 수급자격 상실 당시의 평균임금을 곱한 금액을 유족보상연금 수급자격자가 아닌 사망근로자의 다른 유족에게 지급한다.

산재법 제64조(유족보상연금 수급자격자의 자격 상실과 지급 정지 등) ②유족보상연금을 받을 권리가 있는 유족보상연금 수급자격자가 그 자격을 잃은 경우에 유족보상연금을 받을 권리는 같은 순위자가 있으면 같은 순위자에게, 같은 순위자가 없으면 다음 순위자에게 이전된다.

9) 청구절차

유족보상·장의비 청구서에 사망진단서(사체검안서), 수급권자의 호적등본 및 주민등록등본 등을 첨부하여 사업장주소지를 관할하는 공단 해당지사에 제출한다.

(9) 장의비

산재법 제71조(장의비) ①장의비는 근로자가 업무상의 사유로 사망한 경우에 지급하되, 평균임금의 120일분에 상당하는 금액을 그 장제(葬祭)를 지낸 유족에게 지급한다. 다만, 장제를 지낼 유족이 없거나 그밖에 부득이한 사유로 유족이 아닌 자가 장제를 지낸 경우에는 평균임금의 120일분에 상당하는 금액의 범위에서 실제 드는 비용을 그 장제를 지낸 자에게 지급한다.

보상업무처리규정 제44조(장의비) ②법 제71조제1항 단서에서 "그 밖에 부득이한 사유로 유족이 아닌 자가 장제를 지낸 경우"란 유족의 행방불명 등으로 부득이하게 유족이 아닌 자가 장제를 지낸 경우를 말한다.

1) 의의

근로자가 업무상 사유로 사망한 경우 그 장제에 소요되는 실비 성질의 비용을 말한다.

2) 급여내용

평균임금의 120일분 상당액을 지급한다. 장의비 수급권자가 장제를 행한 유족인 경우에는 그 실제로 부담한 비용액 다과에 상관없이 평균임금의 120일분에 상당하는 금액을 장의비로 지급하나, 장제를 지낼 유족이 없거나 행방불명 등으로 유족이 아닌 자가 장제를 지낸 경우에는 장의비의 범위 내에서 실제 드는 비용을 지급하는데 이 경우 장의비의 인정 범위는 「건전가정의례준칙」에 따른 상례에 따라 지출된 비용으로 한다.

장의비가 노동부장관이 고시하는 최고금액을 초과하거나 최저금액에 미달하는 경우에는 그 최고금액 또는 최저금액을 각각의 장의비로 한다.

적용기간	최고금액	최저금액
2019.1.1~ 2019.12.31	15,554,290원	11,097,760원
2018.1.1~ 2018.12.31	15,069,990원	10,763,580원
2017.1.1~ 2017.12.31	14,531,690원	10,376,150원
2016.1.1~ 2016.12.31	14,217,340원	10,061,800원

3) 청구절차

장제의 실행자가 장제실행 후에 유족보상·장의비청구서를 작성하여 공단에 제출한다.

장의비는 근로자가 업무상의 사유에 의하여 사망한 경우 그 장제를 행하는 자에게 지급하는 것으로, 귀문의 경우와 같이 회사측과 유족이 장제비를 나누어 부담한 경우에도 유족이 장제를 실행하였다면 사업주가 부담한 금액은 일종의 부조금의 성격으로 보아야 하기 때문에 장제실행자는 유족으로 판단됨 〈보상6604-2500, 2002.10.1.〉

장의비는 법 제48조 규정에 의하여 장제를 실행한 자에게 지급하여야 하며, 그 지급금액은 장의비 최저금액에 미달하거나 최고금액을 초과하는 경우에는 장의비 최저금액 또는 최고금액을 장제를 실제로 행한자에게 지급하여야 하는 것임 다만, 보험가입자가 장의비 일부를 장의비 수급권자에게 지급한 것이 명백한 경우에는 같은 법 제60조 규정에 의하여 보험가입자는 부담한 금액 한도 안에서 수급권자로부터 수급권을 대위받을 수 있을 것임 〈보상6602-191, 2001.1.29.〉

(10) 보험급여 산정 기준임금

보험급여를 지급할 때에는 평균임금이 기준임금으로 활용되는데, 이때 평균임금은 근기법에 따른 평균임금을 말한다.

1) 평균임금 산정[234]

평균임금은 사업장에서의 근로에 대해 실제로 지급받은 임금을 의미하며, 이를 산정해야 할 사유가 발생한 날 이전 3개월 동안에 그 근로자에게 지급된 임금의 총액을 기간의 총일수로 나눈 금액을 말한다.

〈평균임금 산정〉

$$\text{평균임금} = \frac{\text{사유가 발생한 날 이전 3개월 동안의 임금총액}}{\text{사유가 발생한 날 이전 3개월 동안의 총 일수}}$$

234) 본 책 1장 건설업 노무관리 실무에서 평균임금 참조

2) 근로 형태가 특이한 경우의 평균임금 산정

산재법 제36조(보험급여의 종류와 산정 기준 등) ⑤보험급여(진폐보상연금 및 진폐유족연금은 제외한다)를 산정할 때 해당 근로자의 근로 형태가 특이하여 평균임금을 적용하는 것이 적당하지 아니하다고 인정되는 경우로서 대통령령으로 정하는 경우에는 대통령령으로 정하는 산정 방법에 따라 산정한 금액을 평균임금으로 한다.

근로형태가 특이하여 평균임금을 적용하는 것이 적당하지 않다고 인정되는 경우에는 근기법에 따른 평균임금이 아닌 대통령령으로 별도로 정하는 산정방법에 따라 산정한 금액을 평균임금으로 하게 된다.

근로 형태가 특이한 근로자의 범위

◦ 1일 단위로 고용되거나 근로일에 따라 일당(미리 정하여진 1일 동안의 근로시간에 대하여 근로하는 대가로 지급되는 임금) 형식의 임금을 지급받는 일용근로자[235)]
◦ 둘 이상의 사업(산재보험의 보험가입자가 운영하는 사업)에서 근로하는 단시간근로자[236)]

① 일용근로자의 평균임금

1일 단위로 고용되거나 근로일에 따라 일당 형식의 임금을 지급받는 일용근로자는 해당 일용근로자의 일당에 일용근로자의 1개월간 실제 근로일수 등을 고려하여 고용노동부장관이 고시하는 근로계수인 통상근로계수를 곱하여 산정한 금액을 평균임금으로 한다.

통상근로계수

통상근로계수는 73/100으로 한다[237)].

즉, 일용근로자는 일당에 통상근로계수 73/100을 곱하여 산정한 금액이 평균임금이 되는데 이때 일당은 미리 정해진 1일 동안의 근로시간에 근로

235) 근로관계가 3개월 이상 계속되거나 그 근로자 및 같은 사업에서 같은 직종에 종사하는 다른 일용근로자의 근로조건, 근로계약의 형식, 구체적인 고용 실태 등을 종합적으로 고려할 때 근로 형태가 상용근로자와 비슷하다고 인정되는 경우는 제외한다.
236) 근기법 제2조제8호에 따른 단시간근로자
237) 「통상근로계수」, 고용노동부고시 제2017-82호

하는 대가로 지급되는 임금을 말하며, 실제 받은 금액이 아니라 사전에 정해진 1일 동안의 근로시간에 근로하는 대가로 지급되는 임금을 일당으로 보므로 지급받은 임금액과 상관없이 일당을 판단한다.

가. 일용근로자의 일당 결정

일용근로자의 근로계약 관련 자료가 제출된 경우에는

① 재해 발생 이전 고용보험의 일용근로자 근로내역 신고에 관한 사항
② 재해발생 이전 사업장에서 일용근로자로서 근로한 사실이 있는 경우에는 그 사업장의 일당에 관한 사항
③ 재해발생 이전 세법에 의거 신고한 근로소득 등에 관한 사항
④ 일용근로자의 직종 관련 자격여부, 실제 지급된 임금대장, 금융기관 계좌 입금 내역 등에 관한 사항
⑤ 해당 일용근로자와 같은 사업장에서 같은 업무에 종사하는 다른 일용근로자의 일당에 관한 사항 등을 확인하여 타당하다고 인정되면 그 일당을 인정한다.

일용근로자의 근로계약 관련 자료가 제출되지 아니한 경우에는 대한건설협회에서 발간한 건설업임금실태조사보고서상의 동일직종에 종사하는 노임단가(재해발생일과 가장 가까운 조사 기준)[238] 및 산림청 '국유임산물 매각 예정가격 사정기준 등 시행요령'의 노임단가[239]를 일당으로 결정할 수 있다.

♣ 개별직종노임단가 (별첨 5-14)

나. 통상근로계수 적용 제외

통상근로계수를 적용하는 것이 타당하지 않은 경우에는 통상근로계수 적용을 제외하는데 근로복지공단에서 직권으로 적용제외 하는 경우와 수급권자의 신청에 따라 적용제외 하는 경우로 나누어진다.

238) 건설업 일용근로자의 경우
239) 임업의 일용근로자의 경우

직권에 따른 적용제외	수급권자 신청에 따른 적용제외
◦ 근로관계가 3개월 이상 계속되는 경우 ◦ 근로관계가 3개월 미만이지만 그 근로자 및 같은 사업에서 같은 직종에 종사하는 다른 일용근로자의 근로조건, 근로계약의 형식, 구체적인 고용실태 등을 종합적으로 고려할 때 근로 형태가 상용근로자와 비슷하다고 인정되는 경우	1개월 이상 근무한 일용근로자가 통상근로계수를 적용하여 산정하는 것이 적절하지 아니하다고 신청하는 경우(통상근로계수를 적용하여 산정한 평균임금이 근기법상 평균임금보다 적을 경우)

② 단시간근로자의 평균임금

둘 이상의 사업에서 근로하는 단시간근로자는 평균임금 산정기간 동안 해당 단시간근로자가 재해가 발생한 사업에서 지급받은 임금과 같은 기간 동안 해당 사업 외의 사업에서 지급받은 임금을 모두 합산한 금액을 해당 기간의 총일수로 나눈 금액을 평균임금으로 한다.

(11) 산재발생 시 처리절차

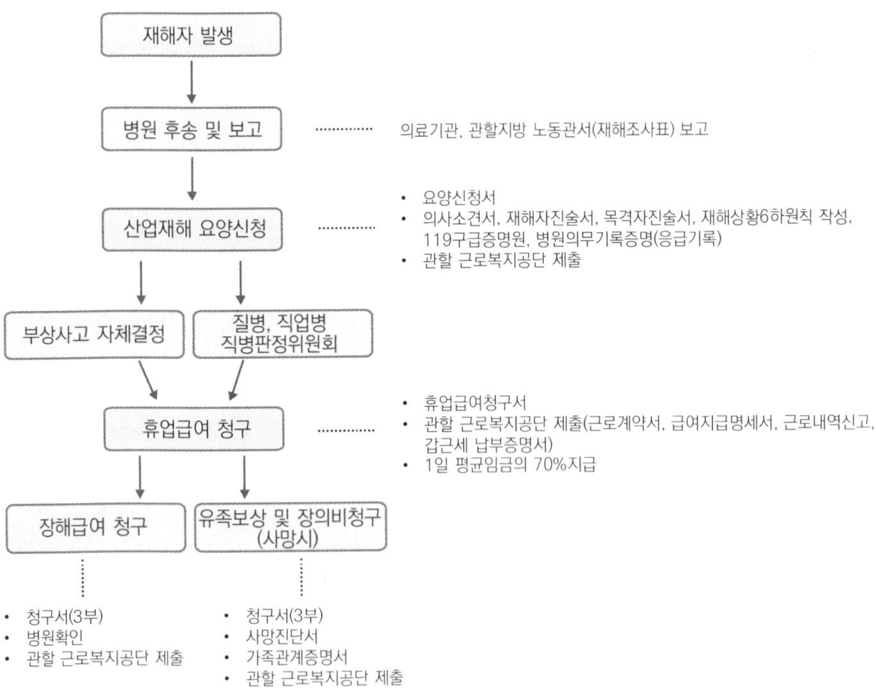

현장에서 부상, 질병사고가 발생한 경우, 자체 차량이나 119를 통해 환자를 가까운 의료기관에 이송한 후 재해사실에 관한 내용을 기재한 요양신청서를 근로복지공단에 방문 또는 팩스로 신청할 수 있다. 요양급여 신청은 청구권자인 재해근로자 본인이 신청해야 하나, 치료를 받는 의료기관에 위임을 요청할 수 있으며, 이 때 의료기관 진료계획서를 함께 첨부하여 재해발생 현장관할 근로복지공단에 신청하여야 한다. 근로복지공단은 요양신청서가 접수되면 재해사실조사를 위한 재해근로자 관련 서류, 재해사실 입증서류, 근로계약서, 현장사진, 목격자 인적사항, 보험가입자 의견서를 요청하게 되며, 필요한 경우 현장조사 및 사업주, 근로자 조사를 통해 업무상 재해 여부를 결정한다.

부상 사고로 인한 재해는 해당 관할 근로복지공단에서 직접 산업재해 여부를 결정하고 질병 재해인 경우 산업재해 사실관계 및 업무상 과로 여부는 근로복지공단이 조사하고 조사자료 일체를 관할 질병판정위원회에 송부를 하면 질병판정위원회에서 해당 사건의 심리를 거쳐 그 결과를 근로복지공단에 이첩한 후 산업재해 인정여부를 재해자 본인 및 유족에게 통지를 하게 된다.

❖ 건설달인의 TIP

업무상 질병으로 근로복지공단에 요양신청서, 유족급여 청구서가 접수되면 근로복지공단의 사실관계 조사시까지 2개월 가량 소요되며, 근로복지공단이 업무상질병판정위원회로 사건을 전자송부하면 접수일로부터 1~2개월 사이에 회의가 개최된다. 업무상질병판정위원회가 회의 결과를 관할 근로복지공단으로 통보하면 그 후로 1일 이내에 신청인에게 결과가 통보된다. 즉, 질병사건의 경우 4~6개월의 시간이 소요되어야 결과를 받아 볼 수 있게 된다.

직업병(근골격계질환, 직업성 암, 진폐증, 소음성 난청 등)의 경우에는 작업환경조사, 역학조사 등을 해야 하기 때문에 뇌,심장질환의 질병보다 시간이 더 오래 걸린다. 특히, 자살사건의 경우에는 전국의 모든 사건의 심리를 서울지역본부 업무상질병판정위원회에서 진행하며, 회의가 자주 열리지 않고 계류되어 있는 사건이 많아 통상 그 판정까지 9개월~12개월까지 소요가 되기도 한다.

(12) 제3자로 인한 구상권

산재법 제87조(제3자에 대한 구상권) ①공단은 제3자의 행위에 따른 재해로 보험급여를 지급한 경우에는 그 급여액의 한도 안에서 급여를 받은 자의 제3자에 대한 손해배상청구권을 대위(代位)한다. 다만, 보험가입자인 2 이상의 사업주가 같은 장소에서 하나의 사업을 분할하여 각각 행하다가 그 중 사업주를 달리하는 근로자의 행위로 재해가 발생하면 그러하지 아니하다.
②제1항의 경우에 수급권자가 제3자로부터 동일한 사유로 이 법의 보험급여에 상당하는 손해배상을 받으면 공단은 그 배상액을 대통령령으로 정하는 방법에 따라 환산한 금액의 한도 안에서 이 법에 따른 보험급여를 지급하지 아니한다.
③수급권자 및 보험가입자는 제3자의 행위로 재해가 발생하면 지체 없이 공단에 신고하여야 한다.

원수급인, 하수급인의 근로자, 현장의 용역근로자, 파견근로자, 고용허가제 외국인 등 동일위험권내에 있는 모든 일하는 사람은 제3자로 보지 아니하나, 건설기계관리법 상 건설기계 운전원, 화물자동차 운전원은 동일 위험권 내에서 작업을 하다가 다른 근로자에게 상해를 입혔다 하더라도 목적물을 완성하기 위해 유기적 활동으로 인한 재해이므로 제3자로 보지 아니한다. 다만, 운전원이 제3자가 아니라 하더라도 그 차량이 가입한 책임보험사는 제3자로 본다. 따라서 책임보험사에 근로복지공단이 구상권을 청구하며, 이 때 근로복지공단은 보상한 전액을 구상하나 실무적으로 운전원의 과실을 상계한 후 조정하여 구상금을 수령한다.

원수급인이 이 사건 공사를 수급하여 그 중 일부를 피고에게 하도급하였는데, 피고가 하수급한 공사를 수행하기 위하여 고용한 갑을 이 사건 차량에 태워 공사현장으로 출근하던 중 교통사고를 일으켜 갑으로 하여금 좌측 대퇴골 관절 내 개방성 분쇄골절 등의 상해를 입게 하였고, 원고(근로복지공단)는 위 교통사고로 인한 갑의 상해를 업무상 재해로 인정하고 2012.11.27.까지 갑에게 산업재해보상보험법에 따른 보험급여를 지급하였는바, 피고는 원수급인과 함께 갑과 직·간접적으로 산업재해보상보험관계에 있는 사람이어서 산업재해보상보험법 제87조제1항 본문이 정한 '제3자'에 해당한다고 볼 수 없다.
〈대법원 2016.05.26.선고, 2014다204666〉

> 제3자라 함은 보험자, 보험가입자(사업주) 및 해당 수급권자를 제외한 자로서 보험가입자인 사업주와 함께 직·간접적으로 재해 근로자와 산업재해보상보험관계가 없는 자로 피해 근로자에 대하여 불법행위책임 내지 자동차손해배상보장법이나 민법 또는 국가배상법의 규정에 의하여 손해배상책임을 지는 자를 말한다. 또한, 산재법의 규정에 의한 보험급여의 대상자가 되기 위해서는 재해 당시에 근로기준법의 규정에 의한 근로자이어야 한다고 할 것이고, 근로기준법상의 근로자에 해당하는지 여부를 판단함에 있어서는 그 계약의 형식이 민법상의 고용계약인지 또는 도급계약인지에 관계없이 그 실질에 있어 근로자가 사업 또는 사업장에 임금을 목적으로 종속적인 관계에서 사용자에게 근로를 제공하였는지 여부에 따라 판단하여야 한다.
> 덤프트럭의 임대인이 임대차계약에 따라 공사현장에서 덤프트럭을 운전하다가 사업주의 피용자에게 산재사고가 발생한 경우, 위 덤프트럭의 운전자는 구 산업재해보상보험법 제54조 제1항에 정한 '제3자'에 해당하고, 위 사고는 '제3자에 의한 재해'에 해당한다.
> 〈대법원 2008.05.15.선고, 2006다27093〉

7. 보험급여 결정에 대한 이의제기

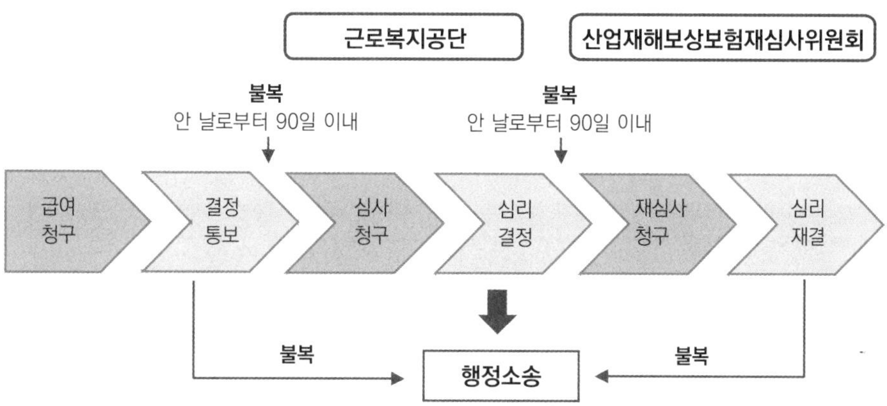

- 행정적 구제 절차(근로복지공단, 산업재해보상보험재심사위원회)
- 사법적 구제 절차(행정법원)

8. 건설업 산업재해 발생 시 법률상 책임

〈산업재해발생 시 법률적 책임개관〉

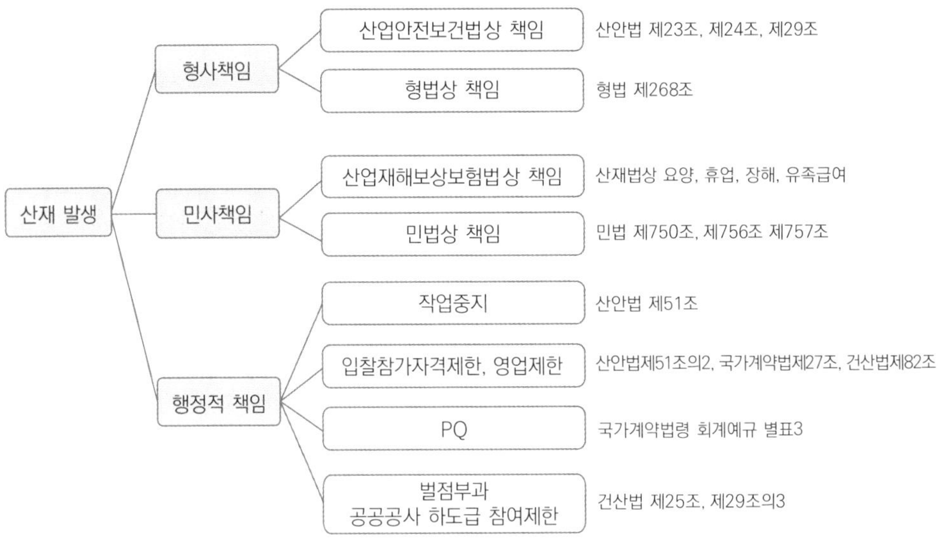

(1) 산안법상의 책임

1) 안전조치 및 보건조치 위반 책임

사업주가 해야 할 안전조치와 보건조치를 하지 않은 자는 5년 이하의 징역 또는 5천만원 이하의 벌금에 처한다. 그 행위자를 벌하는 외에 그 법인 또는 개인에게도 해당 조문의 벌금형을 과한다.

2) 안전조치 및 보건조치 위반으로 근로자를 사망에 이르게 한 책임

사업주가 안전조치와 보건조치를 하지 않아 근로자를 사망에 이르게 한 경우는 7년 이하의 징역 또는 1억원 이하의 벌금에 처한다. 그 행위자를 벌하는 외에 그 법인 또는 개인에게도 해당 조문의 벌금형을 과한다.

안전조치 의무

◦ 다음의 위험을 예방하기 위한 필요 조치의무
  - 기계·기구, 그 밖의 설비에 의한 위험
  - 폭발성, 발화성 및 인화성 물질 등에 의한 위험
  - 전기, 열, 그 밖의 에너지에 의한 위험
◦ 굴착, 채석, 하역, 벌목, 운송, 조작, 운반, 해체, 중량물 취급, 그 밖의 작업을 할 때 불량한 작업방법 등으로 인하여 발생하는 위험을 방지하기 위한 필요 조치의무
◦ 작업 중 근로자가 추락할 위험이 있는 장소, 토사·구축물 등이 붕괴할 우려가 있는 장소, 물체가 떨어지거나 날아올 위험이 있는 장소, 그 밖에 작업 시 천재지변으로 인한 위험이 발생할 우려가 있는 장소의 위험을 방지하기 위한 필요 조치의무

보건조치의무

다음의 건강장해를 예방하기 위한 필요 조치의무
- 원재료·가스·증기·분진·흄(fume)·미스트(mist)·산소결핍·병원체 등에 의한 건강장해
- 방사선·유해광선·고온·저온·초음파·소음·진동·이상기압 등에 의한 건강장해
- 사업장에서 배출되는 기체·액체 또는 찌꺼기 등에 의한 건강장해
- 계측감시(計測監視), 컴퓨터 단말기 조작, 정밀공작 등의 작업에 의한 건강장해
- 단순반복작업 또는 인체에 과도한 부담을 주는 작업에 의한 건강장해
- 환기·채광·조명·보온·방습·청결 등의 적정기준을 유지하지 아니하여 발생하는 건강장해

3) 안전조치 및 보건조치 위반 책임

건설공사와 같이 도급에 의하여 작업이 이루어지는 경우 그 작업 장소가 원도급업체의 사업장이라는 점에서 당해 사업장내 모든 근로자의 산업재해 예방조치를 하지 않은 자와 정기적 또는 수시로 작업장에 대한 안전·보건점검을 하지 않은 자는 500만원 이하의 벌금에 처한다. 그 행위자를 벌하는 외에 그 법인 또는 개인에게도 해당 조문의 벌금형을 과한다[240].

도급사업 안전·보건조치를 해야하는 사업

◦ 사업의 일부를 분리하여 도급을 주어 하는 사업
◦ 사업이 전문분야의 공사로 이루어져 시행되는 경우 각 전문분야에 대한 공사의 전부를 도급을 주어 하는 사업

240) 산안법 제29조 제1항 및 제4항 위반에 따른 벌금형(산안법 제70조)

(2) 형법상의 책임

업무상 과실 또는 중대한 과실로 인하여 사람을 사상에 이르게 한 자는 5년 이하의 금고 또는 2천만원 이하의 벌금에 처한다. 형법상의 업무상 과실치사상죄와 산안법상 위반죄는 상상적 경합이 되어 수위가 높은 1개의 죄목으로 처벌되는데 산안법상 위반죄의 형이 더 중하므로 산안법상 위반죄목으로 처벌된다.

(3) 민법상의 책임

1) 민사상손해배상의 의의

산재근로자가 실제로 입은 손해가 근로복지공단으로부터 받을 수 있는 보험급여를 초과하는 경우 가해자를 상대로 민사상 손해배상 청구를 할 수 있다.

2) 법률근거

① 불법행위 책임

[민법 제750조(불법행위의 내용)] 고의 또는 과실로 인한 위법행위로 타인에게 손해를 가한 자는 그 손해를 배상할 책임이 있다.

산안법 제23조 사업주의 안전상 의무, 제24조 보건상의 의무 뿐 아니라 산업안전보건기준에 관한 규칙에서 사업주의 의무를 부여하고 있으며, 훈령, 노동부예규, 고시에서도 세부 사업주의 법령준수의무 뿐 아니라 사업주의 안전배려의무, 산안법 제29조 도급인의 책임으로 원,하수인의 근로자가 같은 공간에서 작업을 하면서 발생할 수 있는 위험을 방지하기 위한 근로자의 생명, 신체 건강을 보호하기 위한 신의측상의 안전배려의무를 안전보건총괄책임자에게 부여하고 있다.

따라서 만일 건설현장에서 안전사고 발생 시 근로자를 고용한 사업주 뿐 아니라 원도급사의 안전보건총괄책임자도 법령상 책임 위반 및 고의, 과실에 대해서 불법행위 또는 채무불이행에 의한 손해배상청구가 가능하다.

② 사용자 배상책임

[민법 제756조(사용자의 배상책임) 제1항] 타인을 사용하여 어느 사무에 종사하게 한 자는 피용자가 그 사무집행에 관하여 제3자에게 가한 손해를 배상 할 책임이 있다. 그러나 사용자가 피용자의 선임 및 그 사무감독에 상당한 주의를 한 때 또는 상당한 주의를 하여도 손해가 있을 경우에는 그러하지 아니하다.

③ 도급인 책임

[민법 제757조(도급인의 책임)] 도급인은 수급인이 그 일에 관하여 제3자에게 가한 손해를 배상 할 책임이 없다. 그러나 도급 또는 지시에 관하여 도급인에게 중대한 과실이 있는 때에는 그러하지 아니하다.

④ 공작물점유자, 소유자 책임

[민법 제758조(공작물 등의 점유자, 소유자의 책임) 제1항] 공작물의 설치 또는 보존의 하자로 인하여 타인에게 손해를 가한 때에는 공작물점유자가 손해를 배상할 책임이 있다. 그러나 점유자가 손해의 방지에 필요한 주의를 해태 하지 아니한 때에는 그 소유자가 손해를 배상 할 책임이 있다.

3) 산재법상 보상과의 비교

구분	민법	산재법
과실여부	과실 책임	무과실 책임
보상범위	적극적 손해, 소극적 손해, 위자료	정률·정액 보상제
구제절차	민사소송절차 절차복잡, 시간 및 비용소요과다	신속한 행정구제 산재보험법상 심사·재심사 절차
보상방식	사용자 직접 보상	사회보험방식에 의한 간접보상
입증난이도	어려움	쉬움
책임주체	사업주	근로복지공단

4) 이중보상 금지규정

산재법 제80조(다른 보상이나 배상과의 관계) ②수급권자가 동일한 사유에 대하여 이 법에 따른 보험급여를 받으면 보험가입자는 그 금액의 한도 안에서 「민법」이나 그 밖의 법령에 따른 손해배상의 책임이 면제된다. 이 경우 장해보상연금 또는 유족보상연금을 받고 있는 자는 장해보상일시금 또는 유족보상일시금을 받은 것으로 본다.
③수급권자가 동일한 사유로 「민법」이나 그 밖의 법령에 따라 이 법의 보험급여에 상당한 금품을 받으면 공단은 그 받은 금품을 대통령령으로 정하는 방법에 따라 환산한 금액의 한도 안에서 이 법에 따른 보험급여를 지급하지 아니한다.

수급권자가 동일한 사유에 대하여 이 법에 따른 보험급여를 받으면 보험가입자는 그 금액의 한도 안에서 민법이나 그 밖의 법령에 따른 손해배상의 책임이 면제된다.

5) 보험급여와의 조정

건설현장에서는 원,하수급인 근로자, 용역근로자, 파견근로자, 건설기계 종사자 등 다양한 형태의 근로가 제공되고 있고 특히 타워크레인, 호이스트, 건설기계 운전과 관련한 사고, 제3자의 가해행위로 발생하는 산업재해가 다발하고 있으므로 산재보험 뿐 아니라 자동차보험, 근재보험, 상해보험과의 조정업무가 필수적이다.

산재법 시행령 제76조(다른 보상이나 배상과의 조정 기준) 법 제80조제3항 본문에서 "대통령령으로 정하는 방법에 따라 환산한 금액"이란 수급권자가 지급받은 금품의 가액(이 법에 따라 보험급여를 산정할 당시의 가액을 말한다)을 말하되, 요양서비스를 제공받은 경우에는 그 요양에 드는 비용으로 환산한 금액을 말한다.

〈손해배상과 보험급여와의 조정여부〉

손해배상	보험급여	조정여부
적극적 손해(치료비·간병비, 장제비용)	요양급여, 장의비, 간병급여	조정대상
소극적 손해(일실소득)	휴업급여, 상병보상연금, 장해급여, 유족급여, 진폐보상연금, 진폐유족연금	조정대상
정신적 손해 (위자료)	없음	조정안됨

동일한 사고로 민법이나 그 밖의 법령에 근거하여 보상을 받은 경우 산재법상의 보험급여와 상호 조정을 하여야 한다. 이 때 손해배상 금액의 근거로 삼았던 항목과 산재법상의 보험급여간의 법률적 성질을 비교하여 조정하여야 한다.

6) 민사상 손해배상의 합의 및 효력의 제한

산업재해 발생 시 당사자 간에 이루어지는 민사상 손해배상의 합의는 산업재해로 발생한 손해에 대하여 당사자 간 협의를 통해서 가해자가 지급할 손해배상액 및 지급 방법을 약정하고 피해자는 일체의 어떠한 이의도 제기하지 않겠다는 합의를 의미한다. 민사상 손해배상 합의의 효력이 인정되는 범위에 관하여 판례는 '불법행위로 인한 손해배상에 관하여 가해자와 피해자 사이에 피해자가 일정한 금액을 지급받고 그 나머지 청구를 포기하기로 합의가 이루어진 때에는 그 후 그 이상의 손해가 발생하였다 하여 다시 그 배상을 청구할 수 없는 것이지만, 그 합의가 손해의 범위를 정확히 확인하기 어려운 상황에서 이루어진 것이고, 후발손해가 합의 당시의 사정으로 보아 예상이 불가능한 것으로서, 당사자가 후발손해를 예상하였더라면 사회통념상 그 합의금액으로는 화해하지 않았을 것이라고 보는 것이 상당할 만큼 그 손해가 중대한 것일 때에는 당사자의 의사가 이러한 손해에 대해서까지 그 배상청구권을 포기한 것이라고 볼 수 없으므로 다시 그 배상을 청구할 수 있다고 보아야 한다.[241]'고 판시하고 있다.

7) 손해배상액의 산정

① 손해배상액의 산정

(소극적 손해(일실수입) + 적극적 손해) × (1-재해자과실율) - 손익상계 + 위자료

◦ 적극적 손해 : 사고와 상당한 인과관계 있는 치료비(기왕치료비, 향후치료비, 보조구), 개호비(개호의 필요성이 인정되는 경우), 장례비 ◦ 소극적 손해 : 산재 사고가 없었을 경우를 가정하여 피해자가 장래 얻을 수 있었으리라고 예측되는 이익 또는 소득 (일실수입, 일실퇴직금) ◦ 정신적 손해(위자료) : 생명, 신체의 침해를 받은 피해자 뿐만 아니라 그로인한 고통을 입은 친족의 과거, 현재, 장래의 정신적 고통

241) 대법원 2001.9.14.선고, 99다42797판결

소극적손해(일실수입) 산정방법

◦ 사망의 경우 : {(사망당시의 소득액 × 2/3) × 잔여기간의 호프만계수}
- 일반근로자의 사망당시의 소득액 : 사고 당시 실제 수입 기준(국세청 신고금액기준)
- 건설일용근로자의 사망당시의 소득액
  · 해당공정 종료시까지 : 재해 당시 공사현장에서 지급받던 일당으로 산정
  · 그 후 만 60세까지 : 국가가 고시하는 건설업개별직종 노임단가를 적용

◦ 부상의 경우 : (부상당시의 소득액 × 노동능력상실률) × 가동기간
- 노동능력상실률 : 의료기관에서 발급한 맥브라이드 상실률에 의한 신체감정서를 기준으로 노동능력상실률 적용
- 복합장해시 중한등급과 차상위등급을 합한 비율을 상위등급으로 나눈 후 1/2만 반영하고, 그 나온 등급을 다시 다른 상실률과 동일한 방식으로 산정
- 재해자가 발급받은 맥브라이드 노동력 상실률에 이의가 있는 경우, 회사가 지정한 병원에서 다시 발급 받을 수 있음

소극적손해(일실퇴직금) 산정방법

산업재해로 사망, 신체장해로 인해 퇴직을 한 경우 사고가 없었다면 회사의 취업규칙, 단체협약, 근로계약서에 의해 받을 수 있었던 퇴직금 상실분에 대한 손해가 일실퇴직금이다.

산정방식 = 퇴직시 평균임금 × (근속년수+근속월/12) × 호프만계수 × (1-과실율) - 기수령 퇴직금

※ 일실수입은 생계비 공제를 하나 일실퇴직금은 생계비 공제를 하지 않고 과실상계만 한다.

일시적으로 국내에 체류한 후 장래 출국할 것이 예정되어 있는 외국인의 일실이익을 산정함에 있어서는 예상되는 국내에서의 취업가능기간 내지 체류가능기간 동안의 일실이익은 국내에서의 수입(실제 얻고 있던 수입 또는 통계소득)을 기초로 하고, 그 이후에는 외국인이 출국할 것으로 상정되는 국가(대개는 모국)에서 얻을 수 있는 수입을 기초로 하여 일실이익을 산정하여야 할 것이고, 국내에서의 취업가능기간은 입국목적과 경위, 사고시점에서의 본인의 의사, 체류자격의 유무 및 내용, 체류기간, 체류기간연장의 실적 내지 개연성, 취업의 현황 등의 사실적 내지 규범적 제요소를 고려하여 인정함이 상당하다고 할 것이며, 이러한 법리는 비록 당해 외국인이 불법체류자라고 하더라도, 당해 외국인의 취업활동 자체가 공서양속이나 사회질서에 반하는 것으로서 사법상 당연무효가 되지 않는 이상, 마찬가지로 적용된다고 할 것이다.
〈대법원 1998.09.18.선고, 98다 25825〉

❖ 건설달인의 TIP

일용직근로자의 경우 소극적손해로 일실퇴직금을 인정하지 않는다.

위자료 산정방법

위자료는 사고로 인한 정신적 피해에 대한 보상으로서 민법 제751조 (재산이외의 손배의 배상)에서 "타인의 신체, 자유 또는 명예를 해하거나 기타 정신상 고통을 가한 자는 재산 이외의 손해에 대하여도 배상할 책임이 있다"라고 규정하고 있다.
2015.3.1.일 이후 발생한 교통, 산재사고에 적용되는 서울중앙지방법원 교통,산재 손해배상 전담재판부는 노동력상실률 100%의 사고에 대한 1억원의 위자료를 계상하여 산정하고 있으며, 과실상계에 있어서도 피해자(망인)의 과실을 60%만 인정하고 있다.
※ 불법행위로 입은 정신적 고통에 대한 위자료 액수는 사실심법원이 여러 사정을 참작하여 그 직권에 속하는 재량에 의하여 확정할 수 있으며(대법원 2002.11.26.선고 2002다43165 판결), 법원이 불법행위로 인한 위자료를 산정함에 있어서는 피해자의 연령, 직업, 사회적 지위, 재산 및 생활상태, 피해로 입은 고통의 정도, 피해자의 과실정도 등 피해자 측의 사정에 가해자의 고의, 과실의 정도, 가해행위의 동기, 원인, 가해자의 재산상태, 사회적 지위, 연령, 사고 후의 가해자의 태도 등 가해자 측의 사정까지 함께 참작하게 된다.
〈대법원 2009.12.24.선고, 2007다 77149〉

② 손해배상액 산정 시 고려사항

가. 과실상계 (민법 제396조)

채무불이행에 관하여 채권자에게 과실이 있는 때에는 법원은 손해배상의 책임 및 그 금액을 정함에 이를 참작하여야 한다(근로자에게 과실이 있는 경우 과실비율에 따라 감액가능)[242].

원칙적으로 과실비율은 민사소송상 판사가 결정할 사항으로 민사합의 시 근로자와 합의가 이루어지지 않는 이상 감액이 어렵다.

나. 손익상계

손해배상에서 그 손해와 같은 원인에 의하여 발생한 이익을 공제하는 것을 말하며 근로복지공단에서 산재로 기 지급 받은 보험급여액을 공제한다(단, 장의비는 공제하지 않음).

다. 상계순위

과실상계를 한 후 손익상계를 한다.

242) 과실상계 시 위자료는 상계 대상이 아니다.

손해발생으로 인하여 피해자에게 이득이 생기고, 한편 그 손해발생에 피해자의 과실이 경합되어 과실상계를 하여야 할 경우에는 먼저 산정된 손해액에다 과실상계를 한 후에 위 이득을 공제하여야 한다.
〈대법원 1981.06.09.선고, 80다3277〉

(4) 다른 법과 산재보험급여와의 관계

1) 근기법상 재해보상책임과의 관계

산재법 제80조(다른 보상이나 배상과의 관계) ①수급권자가 이 법에 따라 보험급여를 받았거나 받을 수 있으면 보험가입자는 동일한 사유에 대하여 「근기법」에 따른 재해보상 책임이 면제된다.
④요양급여를 받는 근로자가 요양을 시작한 후 3년이 지난 날 이후에 상병보상연금을 지급받고 있으면 「근로기준법」 제23조제2항 단서를 적용할 때 그 사용자는 그 3년이 지난 날 이후에는 같은 법 제84조에 따른 일시보상을 지급한 것으로 본다.

근기법상 재해보상 책임은 근로자가 업무상 입은 재해를 사용자가 직접 보상하기 위한 제도로서 근기법 제8장 재해보상(제78조~제92조)에서 규정하고 있다.

또한 산재법 제6조는 '근로자를 사용하는 모든 사업 또는 사업장'을 산재보험의 적용범위로 하고 단, 공무원, 군인, 선원, 교사, 가구내 활동(가사사용인) 및 농업, 임업, 어업, 수렵업 중 법인이 아닌 사업으로서 상시 5인 미만인 사업은 제외하고 있다.

결과적으로 산재법 시행령 제2조에서 규정하고 있는 제외 사업장을 뺀 모든 사업장이 산재보험의 대상사업장에 해당하므로 산재법 제80조 제1항에 따라 사업주의 직접보상 책임은 면제가 된다. 이는 사업주가 산재보험에 가입하였는지 여부와 관계없이 이미 법률에 의해 당연적용이 되고 있기 때문이므로 현실적으로 보상을 받은 경우 뿐 아니라 받을 수 있는 경우에도 근기법 상 재해보상책임은 면제된다.

> 산업재해보상보험법 제11조 제1항에서 "수급권자가 산업재해보상보험법에 의하여 보험급여를 받은 때에는 보험가입자는 동일한 사유에 대하여 근로기준법에 의한 모든 재해보상책임이 면제된다"고 규정한 것은 상병근로자 또는 유족에게 산업재해보상보험법상 보험급여를 행한 때에는 사용주는 근로기준법에 의한 재해보상의 책임이 면제되는 것을 말하며, 또한 수급권자가 근로기준법 또는 산업재해보상보험법에 의하여 재해보상 또는 보험급여를 받은 때에는 근로기준법 제87조 및 산업재해보상보험법 제11조 제2항의 규정에 의거 사업주는 그 금액의 한도내에서 민법 기타 법령에 의한 손해배상책임이 면제되는 것으로서 이는 동일한 사유에 대한 사용주의 2중배상을 배제하기 위한 제도임.
> 〈보상 1458.7-5621, 1984.03.02.〉

또한 산재법 제80조 제4항은 요양급여를 받는 근로자가 요양을 시작한 후 3년이 지난 날 이후에 상병보상연금을 지급받고 있으면 「근기법」 제23조(해고 등의 제한) 제2항 단서의 규정을 적용함에 있어서 그 사용자는 그 3년이 지난 날 이후에는 「근기법」 제84조(일시보상)에 규정된 일시보상을 지급한 것으로 보아 해고할 수 있도록 함으로써 경영상의 인력운영의 탄력성 제고 및 산재보험 효율성을 제고하고 있다.

산재보험에 가입된 사업주는 산업재해 발생 시 근기법상의 직접보상 의무가 면제되고, 요양을 개시한 후 3년이 지난 후 상병보상연금을 받게 되면 해고제한으로부터 자유로워진다.

2) 자동차보험과 산재보험급여과의 관계

자동차보험은 자동차의 운행으로 타인의 신체를 상해하거나 타인을 사망시킨 자의 손해배상책임을 담보하기 위한 보험이며, 책임보험은 국가가 법률로 정하고 자동차 소유주는 반드시 가입을 해야 한다.

즉, 자동차보험의 책임보험은 4대보험과 같이 법률로 정하여 가입자의 의사와 관계없이 법률로 그 가입을 강제하고 있는 사회보장제도의 한 축을 이루는 보험이다.

자동차보험은 대인보험Ⅰ(책임보험)과 종합보험으로 대별되고 종합보험은 대인보험Ⅱ(임의보험), 대물배상, 자기신체사고, 자기차량손해, 무보험자동차상해로 구성된다. 대인보험Ⅱ(임의보험)은 타인의 신체상 손해를 배상하기 위한 보험으로 한도가 정해져 있다. 대물배상은 타인의 재물을 배상하기 위한 보험이며 자기신체사고(자손)는 보험가입자(운전자, 가족)의 신체를 배상하기 위한 보험이다.

특히 자기신체사고의 이중보상 문제에 있어 현행 유권해석은 "자손보험은 원칙적으로 사용자가 계약자유의 원칙에 따라 자기의 부담으로 재해자를 위하여 체결하는 것이므로 자손사고 보험금으로 일정액을 받은 경우에도 원칙적으로 산재보험급여와의 이중보상 문제는 발생하지 아니한다."는 입장이다. 자손보험은 피보험자가 피보험자동차의 사고로 그 자신이 사상된 경우 그가 입게 된 손해를 보상하는 보험으로서 보험사고발생 자체가 피보험자 자신에게서 발생한다는 점에서 인보험 중 상해보험에 해당하기 때문이다. 그러나 업무용 차량 등 피보험자가 자손보험을 가입함에 있어 그 차량을 운전하는 근로자의 손해배상책임을 담보하기 위하여 가입하였을 경우에 그 손해배상책임을 담보한다는 특별약관이나 노사합의사항이 있는 경우에는 민법이나 다른 법령에 따라 손해배상금을 지급받은 경우로 보아 산재보험급여와의 조정이 필요하다.

교통사고가 업무상 재해에 해당 될 때는 이중보상이 되지 않으므로 자동차보험금과 산재보험급여 가운데 유리한 쪽을 선택할 수 있다. 예를 들어 교통사고를 당한 근로자가 가해자이거나 과실이 많을 때에는 산재보상을 받은 것이 유리하며, 피해자의 과실이 적을 경우에는 자동차보험법에 따라 보상을 받는 것이 유리하다.

1. 산재보험법 제80조제3항에서 말하는 '동일한 사유'라 함은 산업재해보상보험급여의 대상이 되는 손해와 근로기준법 또는 민법이나 그 밖의 법령에 따라 보전되는 손해가 같은 성질을 띠는 것이어서 산재보험급여와 손해배상 또는 손실보상이 상호 보완적 관계에 있는 경우를 의미한다.
2. 근로자가 사용자가 가입한 자기신체사고보험에 의해 지급받은 보험금은 사용자의 손해배상 의무의 이행으로 지급받은 것이 아니므로 산재보험급여에서 공제될 수 없다.

〈대법원 2015.01.15.선고, 2014두724〉

3) 국민연금법과의 관계

장애연금 또는 유족연금의 수급권자가 이 법에 의한 장애연금 또는 유족연금의 지급사유와 동일한 사유로 산재보험법상 장해급여 또는 유족급여를 지급

받을 수 있는 경우에는 국민연금법 제68조의 규정에 의한 장애연금액 또는 동법 제74조의 규정에 의한 유족연금액은 그 2분의 1에 해당하는 액을 지급한다(국민연금법 제113조).

4) 건보법과의 관계

건보법 제53조 제1항 제4호는 급여제한에 관하여 "공단은 보험급여를 받을 수 있는 자가 업무 또는 공무로 생긴 질병·부상·재해로 다른 법령에 따른 보험급여나 보상(報償) 또는 보상(補償)을 받게 되는 경우에는 보험급여를 하지 아니한다."고 명시하여, 업무상 재해에 대하여 산재보상보험법상의 보상을 우선으로 하고 있다.

5) 민간 사보험과의 관계

산재근로자가 별도로 가입한 생명보험, 손해보험 등의 급여는 이미 납부한 보험료에 대한 대가이며, 그 이익발생이 보험계약에 기인한다는 점에서 산재법에 의한 보상과 중복·조정의 문제는 발생하지 않는다. 그러나 실손보험의 경우 약관에서 산재보험법상보험급여 지급사유에 대한 지급을 제한하는 경우도 있고, 산재보험법상 지급 제외(비급여) 항목만 보상하는 실손보험도 있으니 약관을 참고로 판단하여야 한다.

6) 의사자의 산재보험 판단

공사 현장에서 업무 수행 중에 폐수장에 빠진 동료 직원을 구하려다 사망한 근로자가 보건복지부로부터 의사자로 인정된 경우 산재보험 급여의 지급이 가능한가에 대하여 근로복지공단은 다음과 같이 회시하고 있다.

수급권자가 동일한 사유로 '민법'이나 그 밖의 법령에 따라 산재법의 보험 급여에 상당한 금품을 받으면 환산 한도 안에서 보험 급여를 지급하지 않도록 규정하고 있으며(산재법 제80조 제3항, 구 산재법 제52조 제3항), 이에는 손해배상 책임이 전제돼 있음. 의사상자 예우제도는 '의사상자 등 예우 및 지원에 관한 법률'을 근거로 '직무 외'의 행위로 타인의 급박한 생명·신체·재산상 위해에 대해 구조행위를 하던 중 사망하거나 부상당한 사람에 대한 국가적인 예우와 지원을 하는 데 목적이 있으며, '직무'란 일반적인 직무가 아닌 협의

의 직무로써 소방관·경찰관·안전관리원 등 직무 고유의 목적이 인명 구제 등과 관련된 경우를 의미함(보건복지부 민간복지과-2170. 2008.9.18).

의상자 및 의사자의 유족에 대해 보상금 등을 지급 및 실시하는 제도는 의상자 및 의사자의 유족의 생활 안정과 복지 향상을 도모한다는 사회 보장적 성격을 가질 뿐만 아니라 그들의 국가 및 사회를 위한 공헌이나 희생에 대한 국가적 예우를 시행하는 것으로서 손해를 배상하는 제도와는 그 취지나 목적을 달리하는 등 손실 또는 손해를 전보하기 위해 시행하는 제도가 아니라 할 것이므로 '의사상자예우에관한법률'에 의해 지급되거나 지급될 보험금·의료 보호·교육보호 등의 혜택을 국가배상법에 의해 배상해야 할 손해액에서 공제할 수는 없다(대법원 2001.2.23.선고, 2000다46894 판결 참조).

이상의 소관 부처 회신 및 대법원 판례에 의하면 '의사상자 등 예우 및 지원에 관한 법률'에 의한 보상금 등은 손해배상 책임을 요건으로 하지 않고 있으므로 산재보험 급여의 지급 목적 및 지급 요건과 각기 다르다고 할 것이고, 따라서 이 건 사망이 산재보험법 소정의 업무상 재해에 해당돼 산재보험 급여 지급 대상일 경우라도 산재법 제80조 제3항의 규정에 의한 조정 대상에 해당하지는 않는다고 사료됨
〈요양팀-7659, 2008.10.31.〉

(5) 작업중지

〈중대재해 등 발생시 작업중지 명령 · 해제 운영기준[243]〉

〈 법적 근거 〉

「산안법」 제51조(감독상의 조치)
⑦ 산업재해가 발생할 급박한 위험이 있을 때 또는 사용중지명령이 지켜지지 아니하거나 위험상태가 해제·개선되지 아니하였다고 판단될 때 작업의 전부 또는 일부중지를 명할 수 있음

Ⅰ. 작업중지 적용대상 · 범위 및 방법

1 작업중지의 적용대상
- 중대재해(산안법 시행규칙 제2조)
- 사회적 물의를 야기하였거나 지방고용노동관서장이 필요성을 인정하여 지정한 사고*

243) 「중대재해 등 발생 시 작업중지 명령 · 해제 운영기준」, 고용노동부, 2017년

2 작업중지의 범위

〈1〉 원칙: 전면작업중지

- 재해(사고)발생 이후에도 현장 상황이 안정되지 않아 2차재해 발생 위험이 있어 작업자나 일반 공중에 상당한 피해가 우려되는 경우
- 사업장 내 타 장소에서도 재해(사고)발생 작업과 동종·유사작업이 행해질 것으로 예상되어 동종·유사재해 발생이 우려되는 경우

〈2〉 예외: 부분작업중지

- 전면작업중지로 인해 안전 확보에 필수적인 시설·설비의 유지·가동작업까지 중단될 경우 오히려 작업자나 국민의 생명·안전에 중대한 피해를 유발할 우려가 있는 경우
- 재해가 고유의 업무와 직접 관련이 없는 장소* 또는 구분되는 작업영역**에서 발생하여 해당 작업만 중지하더라도 2차 재해를 예방할 수 있다고 판단되는 경우

3 작업중지의 방법

- 사업장에서 중대재해 등이 발생한 경우 근로감독관은 지체 없이 현장에 출동하여 위 적용대상 및 작업중지 범위 등에 따라 즉시 작업중지명령 실시
- 작업중지명령 시 사업주에게 작업중지명령의 근거, 사유 및 해제절차와 필요조치 사항을 충분히 설명

II. 작업중지 해제 기준

1 해제 요건(부분작업중지 포함)

- 재해를 유발한 위험요인에 대한 안전·보건조치 사항을 개선하여 현재 상태에서 노동자의 안전이 보장될 뿐 아니라, 작업중지 해제 이후의 작업계획도 안전성이 확보되어야 함

2 해제 절차

①안전보건실태 점검 및 개선작업 허용요청	→	②점검 및 개선작업 허가	→	③안전보건실태 점검 및 개선조치	→	④안전작업계획 수립 및 작업중지 해제요청
사업주→근로감독관		근로감독관		사업주		사업주
⑤현장확인 (노동자 인터뷰 실시)	→	⑥작업중지해제 여부 결정	→	⑦안전작업이행확인	→	⑧안전작업 이행상황 보고
근로감독관		작업중지해제 심의위원회 (4일 이내)		근로감독관		사업주 (1월 내 매주 1회)

③ 적용 예외
- (대상) 다음 각 호의 경우
  - ① 소규모 사업장으로서 안전작업계획 및 이행상황보고의 행정능력이 없는 경우
    - * 상시 5인 미만 사업장 또는 총공사금액 3억원 미만의 공사현장으로, 지방고용노동관서장이 필요성을 인정한 경우
  - ② 계속사업이 아닌 일회성 공사 또는 작업으로서 남은 작업기간이 단기간(10일 이내)에 불과하여, 안전작업계획 등의 작성이 큰 실익이 없다고 판단되는 경우
- (방법) 안전작업계획 수립의무와 안전작업 이행상황 보고의무 제외
  - 이 경우, 근로감독관은 현장 확인 시 향후 공사 또는 작업이 완료될 때까지 안전하게 작업하도록 현지지도하고, 지도내용 및 결과를 심의위원회에 보고

(6) 입찰참가자격제한

국가를 당사자로 하는 계약에 관한 법률에서는 계약의 이행에 있어서 안전대책을 소홀히 하여 공중에게 위해를 가한 자 또는 사업장에서 산안법에 의한 안전보건조치를 소홀히 하여 근로자 등 에게 사망 등 중대한 위해를 가한 자에 대하여 1월 이상 2년 이내의 범위 내에서 입찰참가 자격을 제한한다(국가계약법 제27조 제1항, 동법 시행령 제76조 제1항 제3호 가목).

입찰참가 자격을 제한 받은 자는 당해 제한기간 내에는 그 관서에서 집행하는 모든 입찰에 제한을 받게 되므로 참가가 불가능해진다(국가계약법 시행령 제76조 제6항).

입찰참가자격 제한사유	제재기간
◦ 안전대책을 소홀히 하여 사업장 근로자 외의 공중에게 생명, 신체상의 위해를 가한 자	1년
◦ 안전대책을 소홀히 하여 사업장 외의 공중에게 재산상의 위해를 가한 자	6개월
◦ 사업장에서 [산업안전보건법]에 따른 안전 보건조치를 소홀히 하여 근로자가 사망하는 재해를 발생시킨 자	
- 동시에 사망한 근로자 수가 10인 이상인 자	2년
- 동시에 사망한 근로자 수가 6인 이상 10인 미만인자	1년 6개월
- 동시에 사망한 근로자 수가 2인 이상 6인 미만인 자	1년

(7) 영업정지처분

1) 영업정지처분

산안법에 따른 중대재해를 발생시킨 건설업자 등에 대하여 고용노동부장관

이 영업정지를 요청한 경우[244]와 그 밖에 다른 법령에 따라 국가 또는 지방자치단체의 기관이 영업정지를 요구한 경우에는 6개월 이내의 기간을 정하여 그 건설업자에 대해 영업정지를 명하거나 영업정지에 갈음하여 1억 원 이하의 과징금을 부과할 수 있다.

고용노동부장관이 영업정지를 요청할 수 있는 경우

◦ 안전·보건조치 및 도급사업시의 안전·보건조치를 위반하여 동시에 2명 이상의 근로자가 사망하거나 사업장 인근지역에 중대한 피해를 주는 중대산업사고가 발생한 경우
◦ 안전·보건조치 명령을 위반하거나 작업의 전부 또는 일부 중지명령을 위반하여 근로자가 업무로 인하여 사망한 경우

2) 영업정지처분 기준

위반행위	1차	2차	3차 이상
10인 이상 사망한 때	5개월	5개월	5개월
6~9명 이하 사망한 때	4개월	4개월	4개월
2~5명 이하 사망한 때	3개월	3개월	3개월

3) 영업정지요청시기

고용노동부 관할 지청에서 중대재해 사건을 수사하여 검찰로 송치하는 때에 고용노동부 본부에서 건설업 면허를 관리하는 행정기관의 장에게 요청한다.

4) 효과

3개월 내의 영업정지와 6개월 이내의 입찰정지가 행해진다.

5) 영업정지처분에 대한 대응방법

근로자 사망과 관련하여 산안법을 위반하지 않았다는 검찰의 무혐의 처분을 받은 후 검찰의 무혐의 처분 서류를 면허관리청에서 실시하는 청문절차에 제출하면 입찰 정지 및 영업정지와 관련된 절차가 종료된다.

244) 법문상으로는 고용노동부장관의 재량으로 규정하고 있으나, 현실적으로는 2명 이상 사망한 경우 예외없이 요청하고 있다.

(8) PQ감점

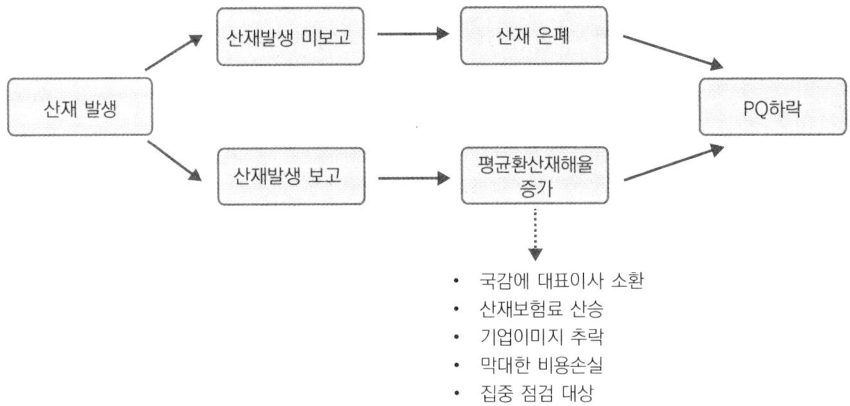

1) 건설업체 환산재해율에 미치는 영향

2019년부터 적용되는 사망망인율로 인한 산업재해발생률의 지표가 입찰참가자격심사 및 시공능력평가 지표에 영향을 미침으로 인해 수주에 막대한 지장을 초래할 수 있다. 이에 대한 자세한 내용은 「Ⅵ. 산업재해예방 제도」에서 확인할 수 있다.

2) 공상처리

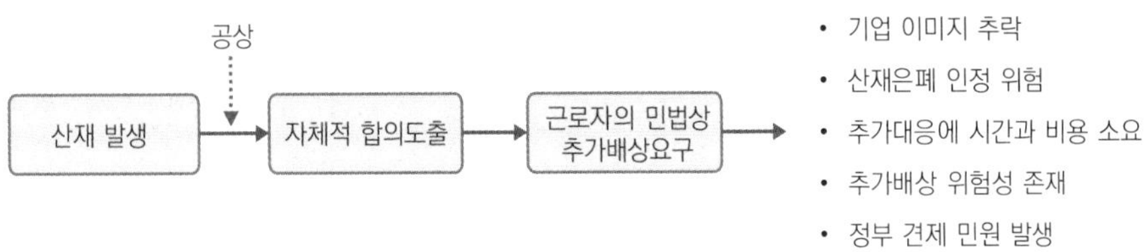

① 공상처리의 의의

'공상처리'란 근로자가 업무수행 중 부상을 입었음을 이유로 회사에서 민법상 손해배상을 하여 주고 합의하는 것을 의미한다. 통상적으로 산재처리에 준하여 사업주가 일정한 금액을 직접적으로 보상해 주는 것을 의미한다.

반면, 산업재해는 업무상의 사유에 따른 근로자의 부상, 질병, 장해 또는 사망을 의미하며, 근로복지공단에서 이를 보상해 주는 것을 말한다.

사업주는 업무를 하다 근로자가 다치게 된 경우 산업재해 처리를 할 것인가 공상처리를 할 것인가 고민을 하게 되는데, 건설현장의 경우 산재로 처리할 경우 향후 현장운영에 있어 제한을 받을 우려가 있기 때문에 관행적으로 공상처리를 하게 된다.

② 공상합의 효력 및 당사자 구속여부

건설현장과 같이 공상합의가 많이 일어나는 사업장에서는 통상적으로 공상합의를 하고 합의서를 작성한다.

합의서로 인정되지 않는 내용

- "근로자는 본 합의금을 받음과 동시에 민, 형사상의 이의제기 및 산재법상의 보험급여를 신청하지 아니하기로 합의한다."
- "본 합의서를 위반하는 경우 근로자는 사업주에 대하여 금 0000만원을 위약금으로 지급하기로 한다."

공상합의를 하였다고 하여 산재법의 산재급여를 청구하지 못하는 것은 아니며 재해근로자는 재해일로부터 3년 이내이면 언제든지 공상합의 여부와 관계없이[245] 산업재해를 회사의 동의 없이 근로복지공단에 신청할 수 있다. 근로복지공단은 공상합의를 한 재해근로자가 동일 사고로 인해 사업주로부터 지급 받은 합의금에 상응한 보험급여를 제 한 후 법상 지급요건에 합당한 보험급여를 지급하게 되며(산재법 제80조 제3항), 공상합의를 한 사업주는 공상금액으로 지급한 합의금액을 근로복지공단으로부터 대체지급을 받을 수 있다. 이 때 합의금 전액을 돌려받는 것이 아니라 공상합의 시 위자료, 형사합의금, 또는 산재보험법을 초과한 보험급여 대상 금액에 대해서는 돌려받을 수 없다. 재해 초기 응급상황에서 이루어지는 비급여 항목에 대해서는 요양급여 지급기준을 초과하는 경우가 일반적이므로 공상합의 금액에 재해자의 치료비 중 비급여 항목이 포함되어 있다면 그 금액은 대체지급 받을 수 없다.

또한 공상합의를 하였다고 하여 산안법 제10조 산업재해보고의무가 면제

245) 소음성 난청의 경우에는 합의를 하였다 하더라도 소음성 난청 진단일이 재해일이므로 3년 시효기산에 예외를 판단하여야 한다.

되는 것도 아니며, 업무상 과실치사상죄가 면책되는 것도 아니다.

③ 공상처리 적발과 처벌

국가는 고질적인 산재은폐를 적발하기 위해 전방위적인 방법을 통해 산재은폐를 적발하고 있다.

산재은폐 적발방법

◦ 공상합의 당사자인 재해근로자의 고용노동부 민원제기를 통해
◦ 재해당시 119로 병원후송이 이루어지는 경우 소방서에 119 구급현황 조사를 통해
◦ 건강보험심사평가원의 건강보험 허위사용을 통해
◦ 건설현장 일반, 특별안전감독 시 원도급사, 하도급사 법인카드 사용내역 상 의료비 지출 항목을 통해
◦ 재해근로자의 실손보험 처리 시 보험사의 민원제기를 통해
◦ 하도급사의 근로감독이나 하도급사의 고용노동부 민원제기를 통해
◦ 국회 국정감사를 통해
◦ 노동조합의 신고를 통해

이렇게 공상합의를 통한 산재은폐가 적발되면 고용노동부의 조사를 통해 사업주는 산안법 제10조 위반으로 인한 과태료 부과처분뿐만 아니라 산안법 제68조 제1항의 「제10조제1항을 위반하여 산업재해 발생 사실을 은폐한 자 또는 그 발생 사실을 은폐하도록 교사(教唆)하거나 공모(共謀)한자」에 해당하게 되어 1년 이하의 징역 또는 1천만원 이하의 벌금형을 받게 된다.

공상합의를 통해 산재은폐가 이루어진 경우 재해근로자를 사용한 사업주(통상 하도급사)는 산재보고의무 위반으로 과태료 처분을 받게 되고, 산재은폐를 교사·공모한 당사자(하도급사 안전담당자, 원도급사 관리감독자, 안전관리자, 현장소장)와 산재은폐를 한 건설회사(원도급사, 하도급사)는 형사처벌을 받게 되므로 공상합의는 1건의 위반행위로 과태료와 형벌을 받는 중한 위법행위가 된다.

④ 산재은폐로 인한 신인도평가 불이익

산업재해에 대한 산업재해발생 보고의무 위반(보고기한을 도과 하여 보고

의무를 위반한 경우 제외)으로 과태료 처분이 확정된 경우에 담당 근로감독관은 고용노동부 본청으로 산재은폐 사업장 통보를 하며, 고용노동부 본청에서는 이 사실에 대해 해당 회사로부터 이의제기를 받은 후 이의가 없음이 확정 되면 조달청에 해당 건설회사의 산재은폐 사실을 통보 한다.

해당 건설회사는 1년간 공공공사 입찰참가자격사전심사(PQ) 신인도 평가시 1건당 -0.2점, 최대 -2점의 불이익을 받게 된다.

⑤ 위장환자(직업산재근로자) 대응

가. 위장환자의 정의

위장환자란 개인질병이나 개인적 상해를 작업 중 발생한 사고라고 주장하면서 금품을 요구하는 행위를 하는 자를 의미하며, 직업성 산재환자라고 칭한다.

나. 위장환자의 증가원인

건설현장 일용 노무자 중 위장환자가 증가하는 원인으로 아래와 같은 이유들이 있다.

◦ 경기불황 및 생활고의 가중
◦ 인력난으로 고령자 및 일용 노무직의 증가
◦ 건설사의 무재해 목표 달성을 위한 과도한 집착
◦ 건설사의 취약점인 PQ가점, 입찰제한 등을 악용
◦ 위장환자 적발시 형사처벌이 사실상 불가능
◦ 산재인정범위 확장
◦ 개인질병과 작업 중 상해로 인한 질병 사이의 구별이 용이하지 않음
◦ 범죄행위에 대한 죄의식 약화
◦ 일부 출국 기한이 촉박한 외국인 근로자의 한탕주의

다. 위장환자의 징후

위장환자에게는 아래와 같은 징후들이 있다.

◦ 평소에 하지 않던 아프다는 얘기를 빈번하게 하는 경우
평소에 아무런 말이 없다가 갑자기 작업 중 다쳤다고 동료, 반장에게 재해자가 전달하는 경우 위장환자 가능성에 주의해야 한다.

◦ 회사에 사전협의 없이 산재요양 신청을 하는 경우
재해사실에 대해 회사 관계자에게 아무런 얘기도 하지 않고 자비를 들여 공인노무사를 선임하여 산재요양신청을 하거나, 현장 작업이 끝나고 몇 개월 뒤에 현장에서 다쳤다고 주장하는 경우에 주의해야 한다.

◦ 채용당일 또는 2~3일 내 상병을 호소하는 경우
평소 협력사에 불만이 있거나, 상급자나 동료와 다툰 후 얼마 지나지 않아 상병을 호소하는 경우, 기왕증 소견자가 채용 후 얼마 지나지 않아 상병을 호소하는 경우 위장환자 가능성에 주의해야 한다.

◦ 목격자(동료작업자)가 없는 단독작업 중 다쳤다고 통보하는 경우
허위 목격자나 동료 근로자의 허위 진술서를 확보한 경우, 산재처리 전력이 있거나 산재관련 지식이 해박한 경우 위장환자 가능성에 주의해야 한다.

◦ 작업시간 중 이유 없는 잦은 외출을 하는 경우
병원 진료시 현장에서 다쳤다고 진술하여 병원 진료기록에 남기는 경우, 자비를 들여 병원 진단서를 발급하여 제출하는 경우 위장환자 가능성에 주의해야 한다.

◦ 본사 유관 팀에 먼저 연락하는 경우
현장, 협력업체도 모르는 상황에서 본사 산재를 담당하는 유관팀에 먼저 연락을 취하는 경우 위장환자 가능성에 주의해야 한다.

◦ 장마철, 동절기 비수기에 등장
보통 장마철, 동절기는 건설현장의 비수기인데 이 때 팀으로 들어오는 현장근로자들 뿐 아니라 용역근로자, 외국인(본국으로 돌아가는)이 재해사실을 근거로 공상합의 요구를 하는 경우 위장환자 가능성에 주의해야 한다.

◦ 인력사무실, 용역근로자의 재해사실 주장
인력사무실 또는 용역업체에서 고용된 건설일용근로자인 경우 건강상태 파악이 어렵고, 안면이 있는 동료근로자가 없는 상황에서 재해사실을 주장하며 공상합의를 유도하는 경우가 있다.

라. 위장환자 요주의 상병

요주의 상병으로는 난청, 추간판팽윤, 요추(부)·경추(부) 염좌, 퇴행성 관련상병, 기왕증 관련상병, 요추추간판 협착증·내장증, 요추·경추 추간판 탈출증(중심성), 수핵탈출·파열형 디스크증, 어깨회전근개파열, 건염 등이 있다.

마. 위장환자의 대응방안

- 근로자의 진료기록을 확보
  질병을 주장하는 근로자의 MRI, CT, X-ray film 등 진료기록을 확보한다.
- 사고 발생시 진술서 확보
  허위사고 발생 우려가 있으므로 사고 발생시 동료 또는 작업반장 등의 진술서를 확보한다.
- 병원진료자 수시확인
  병원진료를 받은 직원이 있는 경우 병원진료자의 진료내역을 병원 원무과 등을 통하여 수시로 확인한다.
- 병력조회 및 건강진단 등 확인
  근로자 채용시 건강검진 수검자를 채용하는 등 병력을 조회한 뒤 채용한다.
- 안전교육
  협력업체 현장소장, 작업반장에게 안전교육을 실시하여 현장 사고 시 즉시 보고할 것을 숙지시킨다.
- 재해자 발생시 적극 대응
  현장에서 사고로 재해자가 발생한 경우 미루지 말고 적극 대처하여야 한다.

최근 경기 불황 및 생활고 가중으로 개인적인 질병을 업무상 사고로 위장하는 환자들이 증가하고 있다. 특히, 건설현장에서는 사고 발생시 PQ점수에 영향을 미치게 되고, 입찰제한 등의 문제로 이어진다는 건설사의 취약점을 이용하여 위장환자가 증가하고 있다. 사업장에서는 위장환자로 인하여 불이익을 받지 않도록 직원 선발 및 관리에 주의를 기울이는 등 산재사고 발생 시 올바른 대응방안이 필요하다.

(9) 벌점부과 및 공공공사 하도급 참여제한

1) 벌점부과

산업재해위반조치를 위반하여 산업재해 발생건수 등이 하수급인과 함께 공표된 자와 하수급인에게 산업재해 발생 사실을 은폐하도록 교사 또는 공모하여 처벌을 받은 자는 벌점을 부과한다.

벌점 부과기준

- 「산업안전보건법」 제29조제3항을 위반하여 같은 법 제9조의2에 따라 산업재해 발생건수등이 하수급인과 함께 공표된 된 경우(법 제29조의3제1항제4호가목부터 다목까지의 사업장에 한정한다) : 2점
- 하수급인에게 산업재해 발생 사실을 은폐하도록 교사 또는 공모하여 「산업안전보건법」 제68조제1호에 따라 처벌을 받은 경우 : 3점

2) 하도급 참여제한

산업재해로 인한 사망자가 연간 2명이상 발생한 사업장, 중대재해가 발생한 사업장으로 해당 중대재해 발생연도의 연간 산업재해율이 규모별 같은 업종의 평균재해율 이상인 사업장, 사망만인율이 규모별 같은 업종의 평균 사망만인율 이상인 사업장, 산업재해 발생 사실을 은폐한 사업장의 경우 공공건설공사에 대한 하도급 참여를 2년의 범위내에서 제한한다.

9. 1명 사망 시 중대재해 사고 발생 처리 실무

건설현장에서 사망사고시 사업주는 형사적, 민사적, 행정적 책임을 져야한다. 사망사고시 현장에서는 경찰서, 고용노동부 조사와 유가족 간의 민사상 합의를 해야 하는 복잡하고 다양한 사안을 처리해야 한다.

사망사고시 회사는 즉시 고용노동부에 사망사실을 즉시 알려야 하며, 전화로

먼저 알린 후 즉시 산업재해조사표, 중대재해발생신고서를 작성하여 고용노동부에 팩스나 방문하여 제출하여야 한다.

119 긴급전화를 통해 사망한 재해근로자를 병원으로 이송한 경우 출동한 소방서에서 즉시 관할경찰서, 관할 고용노동부에 보고하고 있으므로 회사는 빠른 시간내에 보고하여야 한다.

신고를 받은 경찰서에서는 현장을 방문하여 사고현장을 보존하고 사고현장 사진촬영 및 목격자, 현장책임자로부터 재해경위를 확인 후 현장관련자들을 경찰서로 불러 사망사건 조사를 진행한다.

고용노동부는 안전보건공단에 이 사실을 통보하고 안전보건공단의 산업안전분야 전문가와 사고현장을 방문하여 사고경위를 조사하고 사고원인을 파악하여 산안법 위반 및 사업주가 산안법 제23조(안전조치), 제24조(보건조치), 제29조(도급사업 시의 안전보건조치), 산업안전보건기준을 성실히 이행했는지 그 여부를 조사한다.

(1) 중대재해 업무 프로세스

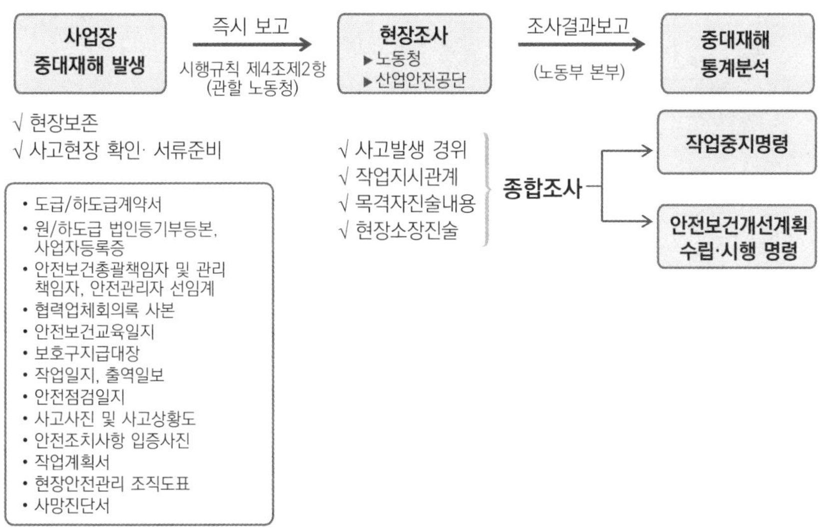

(2) 작업중지 명령

산안법 제51조, 산안법 시행규칙 제2조에 따라 중대재해 발생시 고용노동부 장관은 사업장의 추가적인 재해위험을 방지 및 유사재해로부터 근로자를 보호하기 위해 사망사고 사업장 전면(부분)작업중지 명령을 할 수 있으며, 사망사고 시 실무상 반드시 사업장 전면작업중지 행정명령이 이루어진다. 통상 작업중지 기간은 1월 이내이지만 재해위험이 상존하는 경우 그 이상의 시간이 걸릴 수도 있으므로 빠른 시간내에 작업개선계획서 제출 및 작업장 정밀 안전진단을 통하여 향후 동일한 재해 뿐 아니라 유사한 산업재해가 발생하지 못하도록 사업주의 안전의식 전환 및 근로자 특별안전교육, 안전시설물 재배치 등의 제반 조치가 필요하다. 이러한 일련의 조치가 얼마나 신속하고 정확하게 이루어지느냐가 작업중지해제를 결정하는 중요한 요건이 된다.

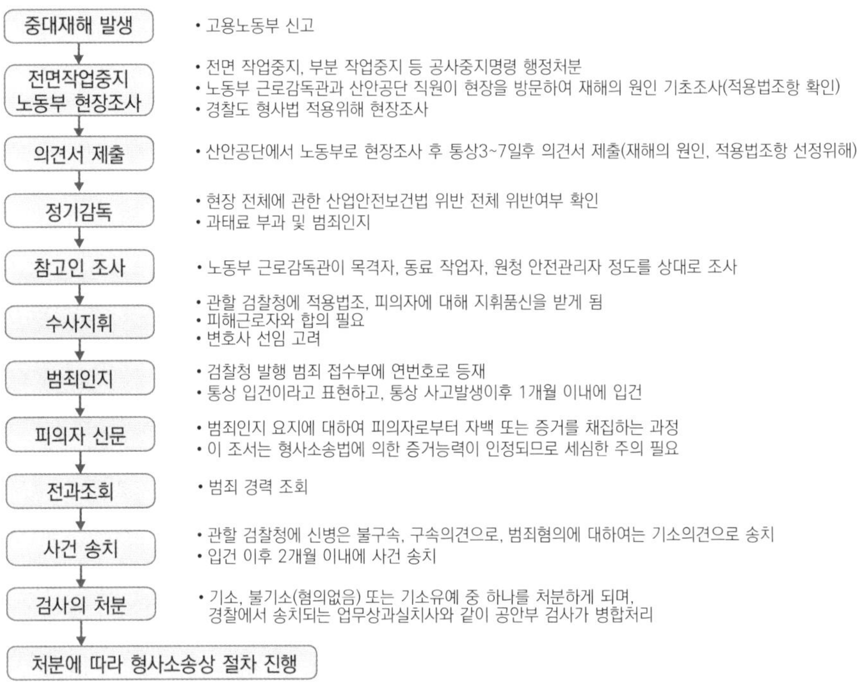

(3) 중대재해 발생시 회사업무 절차

병원 후송

- 재해자 병원 후송(지정병원 응급차 이용)

↓

현장 보존

- 현장 목격자 및 관련자 파악, 재해발생경위, 안전조치 미비사항 파악, 안전관계 서류확인 정리 (관계기관 현장 확인 전까지)

↓

재해 발생 보고

- 6하원칙에 의거 유선으로 재해발생 보고 (일시, 장소, 인적사항, 재해발생경위, 재해정도)

↓

업무처리 분담

- 관련 관리감독자 회의소집 업무분담
- 업무분담내용 (현장)
  - 영안실 대기조 편성 및 대기조 식음료 지원
  - 유족 연락 및 숙식준비, 분향소 준비(영안실 제상, 사진확대 및 복사, 사장 명의 조화)
  - 사고보고서 작성
  - 고용노동부 담당 감독관 면담
- 업무분담내용 (본사)
  - 산재보상 신청 준비 (평균임금 산출, 가족관계 등 신상확인)
  - 재해보상 합의 대상자 및 금액 산출
  - 재해율 산입 대상 여부 확인

↓

진단서 발급

- 병원 도착전 사망시 : 사체검안서
- 병원 도착후 사망시 : 사망진단서 (용도 : 경찰서, 노동부, 매·화장 신고, 사망신고, 합의서, 공증, 기타)

↓

사고현장 확인

- 현장확인 (사진 등 증거 확보)
- 서류확인 (안전교육일지, 보호구 지급대장, 교육이수자 명단, 건강진단실시 등 필요한 사항)

↓

중대재해 발생보고

- 중대재해발생보고서 작성 (고용노동부 산업안전과)
  - 사업장 개요, 재해자 인적 사항, 재해발생 개요, 사고경위, 사고원인, 재해발생 상황도

↓

요양신청서 (비 사망사고시)

- 근로복지공단

↓

보상금 청구 및 서류구비

- 합의서, 유족보상금 일시 청구서, 장의비 청구서, 보험급여 수령위임장
- 위임수령 확인서(대체지급 청구서), 사망진단서 & 사체검안서, 수급권자 가족관계증명서
- 수급권자 주민등록등본, 장제실행 확인서, 보상금 가지급 영수증
- 기준임금 산정내역서, 임금대장 사본(사망직전3개월), 근로계약서
- 출근카드(출력일보), 현장사진, 재해약도, 수급권자 인감증명서
- 안전교육일지 사본

↓

사망신고, 가족관계등록부, 매·화장 신고서발급

- 주민등록지 사망신고, 주민등록등본(제적) 발급
- 본적지 사망신고 및 제적등본 발급
- 매·화장 승인서 발급

↓

매·화장 실시, 제경비 지급및정산

- 유족과 장례절차 협의
- 장례준비 : 영현운구반 편성, 직원 수송방법 결정
- 매화장 사무실 승인서 제출 후 실시
- 사체보관료, 사체처치료, 사체관리료, 관대수의대, 상베, 제물대 등 기타 경비지급
- 유족식대, 유족 숙박료, 기타 지급
- 화장장 사용료, 화부 및 매장인부대 등 지급
- 제경비 정산(회사 비용처리)

(4) 중대재해 합의 시 유의사항

1) 합의대상(상속인)

기본적으로 민법 제1000조에 따른 상속인이 합의대상이 된다.

민법에 따른 상속인

◦ 피상속인의 직계비속
◦ 피상속인의 직계존속
◦ 피상속인의 형제자매
◦ 피상속인의 4촌 이내의 방계혈족
 - 배우자는 1, 2와 공동상속 (지분권 50% 가산)

다만, 상속인이 아닌 산재 수급권자(예. 사실혼 배우자)가 있는 경우에는 각별히 주의를 해야 한다(근재보험 청구와 연관). 즉 상속인이 존재함에도 불구하고 이들을 배제하고 상속인이 아닌 산재 수급권자(예. 사실혼 배우자)와 합의를 진행하게 되면 상속권을 침해하는 결과가 발생하므로 합의 시에는 상속인을 합의 대상에 포함시키거나 그것이 여의치 않을 때에는 부득이 구상권 조항이라도 포함시키는 것이 법률적 방어 측면에서 타당하다.

> 근로자가 업무상 재해로 사망함에 따라 근로복지공단이 구 산업재해보상보험법에 의한 유족급여를 수급권자에게 지급하였다 하더라도, 수급권자가 아닌 망인의 공동상속인들이 상속한 손해배상채권과 그 유족급여의 수급권은 그 귀속주체가 서로 상이하여 상호보완적 관계를 인정할 수 없으므로, 수급권자에 대한 유족급여의 지급으로써 그 수급권자가 아닌 다른 공동상속인들에 대한 보험가입자의 손해배상책임까지 같은 법 제48조제2항에 의하여 당연히 소멸된다고 할 수는 없다.
> 근로자가 업무상 재해로 사망함에 따라 발생하는 망인의 일실수입 상당 손해배상채권은 모두가 그 공동상속인들에게 각자의 상속분 비율에 따라 공동상속되고, 근로복지공단이 구 산업재해보상보험법에 의하여 수급권자에게 지급하는 유족급여는 당해 수급권자가 상속한 일실수입 상당 손해배상채권을 한도로 하여 그 손해배상채권에서만 공제하는 것으로 해석하여야 하고, 이와 달리 망인의 일실수입 상당 손해배상채권에서 유족급여를 먼저 공제한 후 그 나머지 손해배상채권을 공동상속인들이 각자의 상속분 비율에 따라 공동상속하는 것으로 해석할 것은 아니다.
> 〈대법원 2009.05.21.선고, 2008다13104〉

2) 합의방법

① 산재 대체지급 청구와 유족 직접 청구의 결정

산재보험법의 유족급여 및 장의비 청구를 유족의 수급권자가 직접청구하고 나머지 민사상 손해배상금액만 합의를 하던지, 민사상손해배상금액 전액을 회사와 합의를 하고 산재보험 급여청구를 회사가 하여 보험급여를 수령하기 위한 합의(대체지급 청구방식)를 하던지 하는 방식을 취하여야 한다.

② 합의서 및 처벌불원서 작성

민사합의 방법으로는 합의서 방식과 합의각서 방식이 있다. 합의서는 합의 양 당사자를 표시하는 방식이고 합의각서는 각서인(보통 유족)이 회사측에 각서방식으로 합의를 하는 방식이다. 양자는 합의내용을 공증하는 방법도 다른데 합의서 방식으로 작성된 내용을 공증하기 위해서는 합의 양 당사자가 공증사무실에 방문을 하여야 하며, 합의각서는 각서인만 공증사무실에 가서 공증을 하면 된다.

합의서 작성 시 고용노동부, 경찰서에 제출할 탄원서를 받는 것이 좋다. 탄원서 내용에는 "동 사고에 대하여 회사와 원만한 합의가 이루어 졌으며, 장례 절차에 있어서 회사의 도움으로 순조롭게 장례 절차를 마쳤으므로 행정적, 사법적 처벌을 원치 않음"으로 작성하면 된다.

♣ 합의서 샘플 (별첨 5-15)

♣ 탄원서 샘플 (별첨 5-16)

♣ 합의각서 샘플 (별첨 5-17)

(5) 안전사고로 인한 손해배상액 산정실무

〈사례〉

1. 재해자의 인적사항
   성 명 : 이 △ △
   주민등록번호 : 68**** - 1******
   주 소 : 서울특별시 송파구 오금동 ○○번지
   담 당 업 무 : 창호공

일　　　당 : 20만원
재　해　일 : 2015년 03월 05일 14:15분경

2. 보험가입자 개요(원도급사)
회 사 명 : 00건설
현장주소 : 경남 창원시 마길동 ○○
현 장 명 : 00사옥 신축공사
대표이사 : 이 ◎ ◎

3. 하도급사 관련사항
회 사 명 : 00산업
직　　종 : 전문건설 창호 및 유리공사업
원도급사와 관계: 창호공사 도급계약

4. 재해발생경위
재해자는 2015년 03월 05일 경남 창원시 마길동 00번지 소재 00(주)가 발주한 00사옥신축공사현장에서 00건설의 창호, 유리공사 하도급을 맡은 00산업의 철골공 일용근로자로 근무를 하던 중 외벽창호 고정 작업을 하던 중 회사에서 지급한 안전고리를 풀고 상관비계 상층에 있는 공구를 짚던 중 중심을 잃고 2미터 높이의 바닥으로 추락하여 두부의 심한 손상으로 사망한 재해임.

〈민사상 손해배상액 산정방식〉
Ⅰ. 기초사항

성　명	일 당	생년월일	1968-11-01
이 △ △	20만원	직　종	철골공
사고발생일	2015-03-05	가 동 연 한	60세

Ⅱ. 민사 합의금액 산정
1 재산상 손해(일실수익)
= 123,257원×22일×100%×116.9435 = 317,110,310원
▶ 생계비 공제(1/3, 사망의 경우) = 211,406,873원
▶ 근로자 과실(40%) 상계 후 = 126,844,124원

* 일실수익의 산정의 기초에 관하여 1) 사고발생일~ 사고 현장 공사기간 중 : 일당액×0.73(고용노동부 고시에 따른 통상근로계수) 2) 공사현장 종료 후~가동연한 : 정부노임단가를 적용하는 것이 원칙이라고 하겠으나, 망인의 직종 상 공사기간의 적용이 어려우므로 전체 기간(사고

발생일로부터 망인의 가동연한)에 대하여 정부노임단가를 적용하는 것이 타당함
* 망인의 직종 : 철골공
* 2015년 상반기 철골공 정부노임단가 : 123,257원
* 근로자 과실율 : 40%

[참고_ 관련 대법원 판례]

피해자가 사망한 경우, 또는 여명이 가동기간 내로 단축된 경우에는 그 단축된 여명이후부터 가동기간까지의 기대수입에서 생계비를 공제하여야 한다(대법원 1984.3.27.선고, 83다카853)

② 기타 손해(향후 치료비 등) : 없음

Ⅲ. 형사 합의금액
금 20,000,000원

Ⅳ. 정신적 위자료
100,000,000원(서울지방법원_ 1인 사망기준)×100%×(1-0.4×0.6)
= 금 76,000,000원

Ⅴ. 산재보험급여

1. 유족급여 : 200,000×0.73×1,300일 = 189,800,000원
2. 장의비 : 200,000×0.73×120일 = 17,520,000
그러나 장의비 최고한도(고용노동부 장관 고시 제2014-62호) 상 13,848,542원
결국 산재보험급여=189,800,000원+13,848,542원= 203,648,542원(예상)

Ⅵ. 손해배상 검토의견

망 이△△의 민사상 손해배상액을 산정한 결과 총 126,844,124원이나 산재보험급여로 약 203,648,542원을 받게 될 것이므로 망인의 유족이 동 사고로 입은 재산상 손해액 124,632,048원은 모두 전보됨. 그러나 산재보험급여에는 정신적 위자료가 포함되지 않기 때문에 이에 대한 배상의무는 사업주에게 있어 정신적 위자료 및 형사 합의금을 별도로 지급해야 하며 이러한 금액으로 96,000,000원이 적정하다고 판단됨.

(6) 유족보상합의

1) 유족급여 및 장의비

유족급여는 근로자가 업무상 사유로 사망하거나 사망한 것으로 추정될 경우 유족에게 지급하는 보험급여로서 연금 또는 일시금의 방식으로 지급하고 있다. 장의비는 평균임금의 120일분을 기준으로 하고 있으나 고용노동부장관은 매년 유족급여 평균임금 최고액, 최저액과 장의비 최고, 최저액을 고시함으로써, 사회보장제도의 정률보상방식의 단점을 보완하고 있다.

2) 유족급여의 종류

① 유족보상연금

급여기초연액(평균임금 × 365 × 47/365) + 가산임금(부양가족에 따른 가산액)

② 유족보상일시금

평균임금의 1300일분

※ 유족급여는 연금을 기본으로 하고 있으며, 업무상 재해 결정 당시 수급권자의 선택에 의해 반액일시금을 받고 반액만 연금으로 선택할 수도 있다.

3) 유족보상연금 수급권자의 범위

근로자가 사망 당시 그 근로자와 같이 생계를 같이 하고 있던 배우자, 자녀, 부모, 조부모, 손자녀, 형제자매, 태아가 유족보상연금의 수급권자가 된다.

사실혼이란 당사자 사이에 주관적으로 혼인의 의사가 있고, 객관적으로도 사회관념상 가족질서적인 면에서 부부공동생활을 인정할 만한 혼인생활의 실체가 있는 경우라야 하고, 법률상 혼인을 한 부부가 별거하고 있는 상태에서 그 다른 한쪽이 제3자와 혼인의 의사로 실질적인 부부생활을 하고 있다고 하더라도, 특별한 사정이 없는 한, 이를 사실혼으로 인정하여 법률혼에 준하는 보호를 할 수는 없다. 〈대법원 2001.04.13.선고, 2000다52943〉

4) 수급권자인 유족의 순위

① 근로자가 사망할 당시 그 근로자와 생계를 같이 하고 있던 배우자·자녀·부모·손자녀 및 조부모

② 근로자가 사망할 당시 그 근로자와 생계를 같이 하고 있지 아니하던 배우자·자녀·부모·손자녀 및 조부모 또는 근로자가 사망할 당시 근로자와 생계를 같이 하고 있던 형제자매

③ 형제자매

수급권자의 순위는 ① 〉 ② 〉 ③ 순위로 결정된다. 다만, 망인의 유언이 있으면 상기 순위 보다 유언이 앞선다.

5) 유족보상합의절차 및 확인사항

보상금합의	◦ 보상합의 - 합의서 작성, 합의금 산출, 유족대표와 합의 ◦ 합의금 지급(전체 합의금중 장의비 선지급, 나머지 차액은 서류준비, 공증 후 지급) - 인감증명서 5부(원도급사, 협력사, 근재보험 청구용, 탄원서용, 합의각서 공증용) - 주민등록등본 사망전, 후 각 5부 - 인감도장: 산재수급권자 및 상속권자

↓

공증	◦ 보상금 수급권자와 합의서 작성 ◦ 공증합의시 준비서류 - 회사대표(법인)위임장 1부, 대표(법인)인감증명서 및 도장, 합의서 6부(원도급사 2부(본사, 현장), 협력사 1부, 근재보험사 1부, 유족 1부, 고용노동부 1부) - 보상금지급영수증 1부 - 수임 받은 자의 주민등록증 각 1부 및 도장 - 수급권자 인감증명서 및 도장 ◦ 산재 유족급여 일시금 및 장의비 청구서류 - 산재 유족급여 및 장의비 청구서 - 산재보험급여 대체지급청구서 및 증명원 - 장재실행확인원에 각각 수급권자 도장

↓

산재 보상금수령 (근로복지 공단)	◦ 합의금 전액을 선지급하고, 산재보험급여는 회사에서 대체수령 ◦ 산재보상금 청구시 필요서류 - 합의서 1부, 유족보상금 일시금 및 장의비 청구서 1부, 산재보험급여 대체지급청구서 및 증명원 1부, 사망진단서 또는 사체검안서 1부, 수급권자 호적등본, 주민등록등본, 인감증명서 각 1부, 장제실행확인서 1부, 보상금 지급영수증 1부, 평균임금 산정내역서 1부, 임금대장사본(사망직전 4개월분) 1부, 근로계약서 사본 1부, 목격자진술서 1부, 작업일지 사본 1부, 도급계약서, 하도급계약서 각 1부, 변사사고사실확인원(경찰서 발급) 및 119 구급구조증명원 1부

(7) 근재보험

1) 근재보험의 의의

근재보험은 근로자가 업무수행 중 입은 재해에 대하여 산재보험법상 지급받은 급여 외에 사용자가 추가로 부담할 민법상의 손해배상책임이 있는 경우 이를 담보하기 위한 보험으로 산업재해보상처리가 종결된 후에 청구가 가능하다. 근재보험은 산재보험 적용 사고에 대해서는 보험처리가 가능하며, 산재보험의 사고가 아닌 것과 업무상 사고라 하더라도 당사자간의 합의에 의해 산재보험 처리를 하지 않은 경우 보험사에서는 보험금 지급을 거부한다.

2) 산재보험과의 비교

	산재보험	근재보험
주체	근로복지공단	보험회사
강제성	강제적	임의적
보상	정률보상	산재보험수령액 초과 부분
과실상계	참작 사유 아님	참작

3) 근재보험 처리시 필요서류 목록

① 대리인을 선임한 경우(손해사정사, 변호사 등)

손해사정서, 위임장

② 산재서류(근로복지공단 발급)

(공통) 보험급여지급확인원
(부상) 요양신청서, 초진소견서, 휴업급여청구서, 장해보상청구서, 장해급여사정서, 산재자문의 소견서
(사망) 유족급여신청서

③ 사고관련서류

(부상) 사고경위서, 목격자 진술서
(사망) 사고경위서, 목격자 진술서 3매이상(본인, 동료, 현장반장, 사고유발자), 변사사실확인원(경찰서), 사망진단서(사체검안서, 부검결과서류)

④ 병원서류

진료기록지, 소견서, X-RAY, MRI, 근전도 검사결과지, 운동각도측정기록 등(CD 또는 필름형태로 제출), 후유장해진단서(종합병원에서 발행한 맥브라이드방식 또는 AMA식으로 평가한 노동력상실률이 표시된 서류)

⑤ 개인서류

(공통) 통장, 신분증, 인감증명서 등
(사망) 가족관계증명서, 합의서

⑥ 회사서류

(공통) 공제보험증권, (하)도급계약서, 공사내역서 또는 인건비 내역서, 공사원가명세서, 손익계산서
(일용직) 근로계약서, 노무비지급명세서(임금대장)

⑦ 기타

- 중장비 또는 자동차로 인한 사고의 경우: 경찰서 사고사실확인원, 가해자연락처, 차량(또는 중기)등록증, 건설기계임대차 계약서, 자동차보험(또는 중장비보험) 증권
- 합의서, 법적상속인(유가족) 인감증명서, 가족관계증명서, 혼인관계증명서, 영수증 또는 입금증, 사업자등록증 사본, 법인통장 사본

❖ 건설달인의 TIP

사망사고로 유족과 민,형사상 합의를 한 후 공증사무실에 합의공증을 하는 경우에 공증비용과 관련하여 사전협의가 없으면 공증비 문제로 감정이 상해 공증이 무산되는 경우가 종종 발생한다. 따라서 공증사무실 방문시 합의서 방식으로 할 것인지, 아니면 합의각서 방식으로 할 것인지를 먼저 결정을 하고, 합의서 방식으로 공증시에는 합의금액에 따라 공증비용이 발생하므로 양당사자가 반씩 부담하기로 하는 등 사전에 협의를 하여야 하고, 이 때 원본 발행부수에 따라 공증비용이 과다하게 발생할 수 있으므로 원본을 1부 작성한 후 복사하여 쌍방이 보관하여도 무방하다. 고용노동부, 경찰서에 합의서 제출시 사본을 제출하여도 무방하다. 합의각서일 경우는 합의서 공증 시 보다 그 비용이 낮다.

10. 2인 이상 동시 사망 중대재해 프로세스

중대재해 발생
- 고용노동부 신고

↓

노동부 현장조사
- 노동부 근로감독관과 산안공단 직원이 현장을 방문하여 재해의 원인 기초조사 (적용법조항 확인)
- 경찰도 형사법 적용위해 현장조사

↓

사고현장 및 전사현장 특별감독

↓

의견서 제출
- 산안공단에서 노동부로 현장조사 후 통상1~2일후 의견서 제출 (재해의 원인, 적용법조항 선정위해)
- 전면 작업중지, 부분 작업중지 등 공사중지명령 행정처분

↓

참고인 조사
- 노동부 근로감독관이 목격자, 동료 작업자, 원청 안전관리자 정도를 상대로 조사

↓

수사지휘
- 관할 검찰청에 적용법조, 피의자에 대해 지휘품신을 받게 됨
- 피해근로자와 합의 필요
- 변호사 선임 고려

↓

**구속영장신청 - 대상 : 원하청소장
- 시기 : 사고발생 후 10일~20일**

↓

범죄인지
- 검찰청 발행 범죄 접수부에 연번호로 등재
- 통상 입건이라고 표현하고, 통상 사고발생이후 1개월 이내에 입건

↓

피의자 신문
- 범죄인지 요지에 대하여 피의자로부터 자백 또는 증거를 채집하는 과정
- 이 조서는 형사소송법에 의한 증거능력이 인정되므로 세심한 주의 필요

↓

전과조회
- 범죄 경력 조회

↓

사건 송치
- 관할 검찰청에 신병은 불구속, 구속의견으로, 범죄혐의에 대하여는 기소의견으로 송치
- 입건 이후 2개월 이내에 사건 송치

↓

입찰정지, 영업정지요청(통상 송치후 7일)

↓

검사의 처분
- 기소, 불기소(혐의없음) 또는 기소유예 중 하나를 처분하게 되며, 경찰에서 송치되는 업무상과실치사와 같이 공안부 검사가 병합처리

↓

처분에 따라 형사소송상 절차 진행

(1) 현장 산업안전보건 특별감독 및 전사현장 산업안전보건 특별감독

2인 이상의 동시 사망사고가 발생한 경우 고용노동부는 사망원인 조사와 함께 동 현장에 대한 현장특별감독을 실시한다. 현장특별감독은 동 사고현장의 공사착공 시부터 사망사고 발생 시까지 전 기간을 대상으로 산안법상의 위법사실을 조사하는 과정으로서 원도급사 뿐 아니라 하도급사 전체를 대상으로 실시한다. 위반 건에 따라서 1억~3억 가량의 과태료와 벌금이 부과되며, 위반사항에 따라 원도급사, 하도급사 별로 특별감독 결과가 통보된다.

산업안전보건 특별감독 시 안전보건관리비부정사용금액이 1천만원을 초과하면 과태료 부과와 함께 PQ 신인도 감점을 받을 수 있고, 하도급사 특별점검 중 하도급사의 산재은폐 건이 발견되는 경우도 있다.

특별감독은 보통 관할고용노동부지청과 광역지방노동청(서울,중부,광주)에서 합동으로 나와 실시되며, 통상 3~7일간 현장 및 고용노동부에서 실시된다.

중대사고 다발 사업장이나 사회적으로 스포트라이트를 받는 사고, 특별한 사고사례인 경우이거나 2인 이상의 사망 사고 시 고용노동부는 해당 건설사의 전 현장 특별안전점검을 실시 할 수 있다. 1개 현장의 특별점검으로도 과태료 및 벌금, 행정조치 사항이 감당하기 어려울 정도로 부과되는 실정에서 전체 현장 특별점검이 이루어진다면 회사에 막대한 경영상의 지장이 초래될 수 있다.

(2) 원,하청 현장소장 구속영장 신청

2인 이상의 동시 사망사고 시 이루어지는 구속영장 신청은 근로감독관 집무규정에 근거한 것으로 고용노동부에서는 사망 사고원인을 집중 조사하여 법위반 사실(특히 산안법 제23조(사업주 안전상의 의무), 제29조(산업안전보건총괄책임) 및 산업안전보건기준 위반)이 발견되면 통상 사고 발생일로부터 10~20일 내에 범죄사실을 확정한 후 관할 검찰의 공안검사 지휘하에 구속영장발부신청을 한다.

이는 피해사실이 중대하여 피의자를 구속한 후 수사를 계속하고자 하는 것으로서, 이 때 하도급 업체의 공사금액이 20억 미만인 경우에는 현장소장이 아닌 하도급사의 대표이사에게 구속영장이 발부되며, 20억 이상인 경우에는 산업안전보건관리책임자가 현장소장이므로 현장소장에게 구속영장이 발부된다.

(3) 입찰정지, 영업정지 처분

2인 이상의 동시 사망사고 시 고용노동부에서는 사고에 대한 원도급사 및 하도급사의 산안법 위반 사실을 조사하고 사고원인의 책임이 있는 형사사건의 피의자(통상 원도급사 현장소장, 하도급사 현장소장)를 선정한 후 참고인 조사를 진행한다. 이후 범죄인지를 통해 피의자 심문조서를 작성하는데 통상 피의자 심문조서 작성까지는 2개월 가량 소요되나 사건의 성격에 따라 그 이상이 걸리는 경우도 허다하다.

동 사고로 인한 피의자 심문조서까지 작성되면 사건 일체가 검찰로 송치되며 통상 송치 후 1주일 이내에 고용노동부 본부 건설산재예방과로 사건결과가 통지되면 고용노동부 본부에서는 원도급사의 면허 주관 시도지사의 면허관리부서로 영업정지 관련 서류 일체를 송부한다.

고용노동부 본부로부터 영업정지 관련서류를 이첩 받은 면허관할 시도지사의 면허관리부서에서는 동 사고로 인한 영업정지 처분의 사전고지서를 원도급사에 발송하며 관련 사안에 대한 의견제출 요구를 하게 되고, 이 후 원도급사의 영업정지 처분을 위한 청문회를 실시하여 청문회 결과에 따라 영업정지 처분이 결정되게 된다.

11. 입찰정지 및 영업정지 처분 대응 프로세스

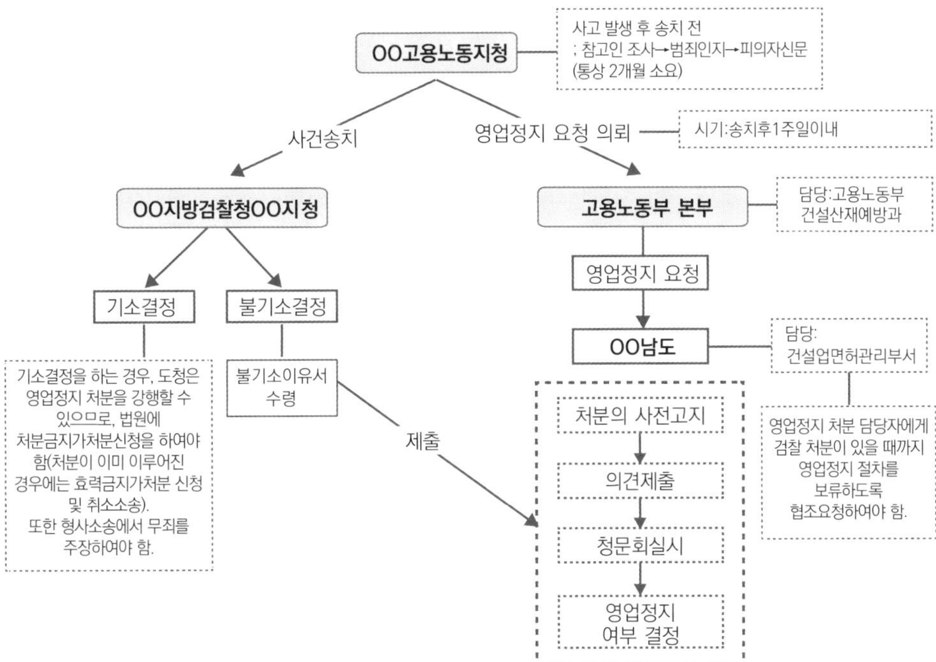

Ⅷ 산안법 전부개정법률 (2020년 1월 16일 시행)[246)]

2018년 12월 27일 국회 본회의에서 산안법 전부개정법률안이 의결·통과되었고 2019년 1월 15일에 공포되었다. 산안법의 전부 개정은 1990년 이후 최초이며, 개정법은 공포일로부터 1년 후인 2020년 1월 16일부터 시행된다. 개정된 내용은 아래와 같다.

1. 원청의 책임범위 및 처벌수준 강화

원청이 안전·보건조치를 취해야 하는 장소적 범위를 원청 사업장 전체와 원청이 지정·제공한 장소 중 원청이 지배관리하는 장소로서 대통령령으로 정하는 장소로 확대하였고, 하청 노동자의 재해 예방을 위해 사업장의 작업장소, 시설, 장비 등에 대한 실질적인 지배관리권한을 가진 도급인의 책임을 강화하였다. 도급인이 안전·보건조치를 취해야 하는 장소의 범위를 현행 화재·폭발·붕괴·질식 등의 위험이 있는 22개 위험장소에서, 도급인 사업장 전체와 도급인이 지정·제공한 장소 중 지배·관리하는 장소로서 대통령령으로 정하는 장소로 넓혔다.

2. 원청의 책임범위 및 처벌수준 강화

사업주가 안전·보건조치 의무를 위반하여 노동자를 사망하게 하는 죄를 5년 내에 두 번 이상 범하는 경우 그 형의 1/2까지 가중하도록 하였고, 법인에 대한 벌금형의 상한액을 현행 1억 원에서 10억 원으로 높였다. 그리고 도급인이 안전·보건조치 의무를 위반한 경우 처벌 수준을 현행 1년 이하의 징역 또는 1천만 원 이하의 벌금에서 3년 이하의 징역 또는 3천만 원 이하의 벌금으로 높이고, 하청 노동자가 사망하는 경우에도 사업주의 처벌수준과 동일한 수준으로 높였다. 아울러 안전·보건조치 의무를 위반하여 노동자를 사망케 한 자에게 법원에서 유죄 선고나 벌금형을 선고하는 경우(6개월 이내 집행)에 200시간 내의 범위에서 수강명

246) "산업안전보건법 전부개정법률 공포!". 고용노동부 보도자료, 2019.1.15.

령을 동시에 부과할 수 있도록 하였다.

3. 유해·위험 작업의 사내도급 금지

유해·위험 작업으로 인한 위험을 하청 노동자에게 떠넘기는 것을 방지하기 위해 현행 사내도급 인가 대상 작업인 도금작업, 수은·납·카드뮴의 제련·주입·가공·가열작업, 허가대상물질을 제조·사용하는 작업의 사내도급을 금지하였다. 다만, 일시·간헐적인 작업의 경우나 하청이 보유한 전문적이고 도급인의 사업운영에 꼭 필요한 기술을 활용할 목적으로 고용노동부장관의 승인을 받은 경우에는 예외적으로 사내도급을 허용하였다. 또한 급성 독성, 피부 부식성 등이 있는 물질의 취급 등 대통령령으로 정하는 안전 및 보건에 유해하거나 위험한 작업은 고용노동부장관의 승인을 받아 사내도급을 할 수 있도록 규정하였다.

4. 근로자 알권리 보장을 위해 물질안전보건자료 제도 개선

물질안전보건자료 대상물질을 제조·수입하는 자는 물질안전보건자료를 작성하여 고용노동부장관에게 제출하도록 하였다. 현재 물질안전보건자료의 기재사항 중 화학물질의 명칭과 함유량에 대해 기업이 영업비밀 여부를 스스로 판단하여 비공개할 수 있었으나, 기업이 영업비밀을 이유로 화학물질의 명칭과 함유량을 비공개하기 위해서는 고용노동부장관의 사전 심사를 받도록 하였다. 또한 화학물질의 명칭과 함유량을 비공개하더라도 그 위험성을 유추할 수 있도록 대체명칭과 대체함유량을 기재하도록 하여, 물질안전보건자료에 대한 노동자의 알권리를 보장토록 하였다.

5. 발주자 안전보건대장 작성

건설공사 발주자로 하여금 건설공사 계획단계에서 안전보건대장을 작성토록 하고 설계·시공단계에서 이행 여부 등을 확인하도록 하였다. 건설공사 도급인에게는 자신의 사업장에서 타워크레인 등 대통령령으로 정하는 기계·기구 등이 설치·해체·작동되는 경우에 필요한 안전·보건조치(유해위험방지)를 하도록 하였으며 타워크레인 설치·해체업을 등록제로 하고, 사업주로 하여금 등록한 자에게 타워크레인의 설치·해체작업을 맡기도록 하였다.

6. 법의 보호대상을 근로자가 아닌 노무를 제공하는 자로 변경

현재 산안법상 제1조에서는 '근로자'의 안전과 보건을 유지·증진함을 목적으로 하고 있으나, 개정안에서는 '노무를 제공하는 자'의 안전 및 보건을 유지·증진함을 목적으로 하여 보호 대상의 범위를 확대하였다.

변화된 노동력 사용행태에 따라 산안법의 보호영역에 사각지대가 발생하는 문제점을 없애기 위하여 법의 보호대상을 현행 근로자에서 특수형태근로종사자, 플랫폼을 활용하는 배달종사자로 넓히고, 이들의 노무를 이용하는 자에게 산업재해 예방을 위하여 필요한 안전·보건조치를 하도록 하였다.

7. 안전보건계획을 이사회에 보고 승인

기업의 산업재해 예방을 위한 시스템이 사업장 단위가 아닌 기업 차원에서 체계적으로 작동될 수 있도록 일정규모 이상 기업의 대표이사에게 기업의 안전·보건에 관한 계획을 세우고, 이를 이사회에 보고하여 승인을 얻도록 하였다. 이 외에도 노동자의 작업중지권을 명확하게 하고, 위험성평가 시 해당 작업의 노동자를 참여시키도록 법에 명시하였으며, 정부 책무의 하나로 직장 내 괴롭힘 예방을 위한 조치기준을 마련하고 지도·지원하도록 하는 등 산업현장에서 노동자를 보호하기 위해 다양한 제도를 신설·개선하였다.

이번에 공포된 「산안법 전부개정법률」은 공포 후 1년 뒤인 2020년 1월 16일부터 시행되고, 대표이사의 안전·보건계획 수립 의무는 2021년 1월 1일부터, 물질안전보건자료 관련 규정은 2021년 1월 16일부터 시행될 예정이다.

제 5 장

별첨 서식자료

[별첨 5-1] 산업재해조사표

산업재해 조사표

※ 뒤쪽의 작성방법을 읽고 작성해 주시기 바라며, [ ]에는 해당하는 곳에 √ 표시를 합니다. (앞쪽)

<table>
<tr><td rowspan="9">I.
사업장
정보</td><td colspan="2">①산재관리번호
(사업개시번호)</td><td colspan="2"></td><td>사업자등록번호</td><td colspan="2"></td></tr>
<tr><td colspan="2">②사업장명</td><td colspan="2"></td><td>③근로자 수</td><td colspan="2"></td></tr>
<tr><td colspan="2">④업종</td><td colspan="2"></td><td>소재지</td><td colspan="2">(-)</td></tr>
<tr><td colspan="2" rowspan="2">⑤재해자가 사내 수급인 소속인 경우(건설업 제외)</td><td colspan="2">원도급인 사업장명</td><td rowspan="2">⑥재해자가 파견근로자인 경우</td><td colspan="2">파견사업주 사업장명</td></tr>
<tr><td colspan="2">사업장 산재관리번호
(사업개시번호)</td><td colspan="2">사업장 산재관리번호
(사업개시번호)</td></tr>
<tr><td rowspan="4">건설업만 작성</td><td>발주자</td><td colspan="2"></td><td colspan="3">[ ]민간 [ ]국가 · 지방자치단체 [ ]공공기관</td></tr>
<tr><td>⑦원수급 사업장명</td><td colspan="2"></td><td rowspan="2">공사현장 명</td><td colspan="2" rowspan="2"></td></tr>
<tr><td>⑧원수급 사업장 산재관리번호(사업개시번호)</td><td colspan="2"></td></tr>
<tr><td>⑨공사종류</td><td colspan="2"></td><td>공정률</td><td>%</td><td>공사금액
백만원</td></tr>
</table>

※ 아래 항목은 재해자별로 각각 작성하되, 같은 재해로 재해자가 여러 명이 발생한 경우에는 별도 서식에 추가로 적습니다.

<table>
<tr><td rowspan="8">II.
재해
정보</td><td>성명</td><td></td><td>주민등록번호
(외국인등록번호)</td><td></td><td>성별</td><td>[ ]남 [ ]여</td></tr>
<tr><td>국적</td><td colspan="3">[ ]내국인 [ ]외국인 [국적: ⑩체류자격:]</td><td>⑪직업</td><td></td></tr>
<tr><td>입사일</td><td colspan="2">년 월 일</td><td>⑫같은 종류업무 근속기간</td><td colspan="2">년 월</td></tr>
<tr><td>⑬고용형태</td><td colspan="5">[ ]상용 [ ]임시 [ ]일용 [ ]무급가족종사자 [ ]자영업자 [ ]그 밖의 사항 [ ]</td></tr>
<tr><td>⑭근무형태</td><td colspan="5">[ ]정상 [ ]2교대 [ ]3교대 [ ]4교대 [ ]시간제 [ ]그 밖의 사항 [ ]</td></tr>
<tr><td rowspan="2">⑮상해종류
(질병명)</td><td rowspan="2"></td><td rowspan="2">⑯상해부위
(질병부위)</td><td rowspan="2"></td><td>⑰휴업예상일수</td><td>휴업[ ]일</td></tr>
<tr><td>사망 여부</td><td>[ ] 사망</td></tr>
</table>

<table>
<tr><td rowspan="5">III.
재해
발생
개요 및
원인</td><td rowspan="4">⑱
재해
발생
개요</td><td>발생일시</td><td>[ ]년 [ ]월 [ ]일 [ ]요일 [ ]시 [ ]분</td></tr>
<tr><td>발생장소</td><td></td></tr>
<tr><td>재해관련 작업유형</td><td></td></tr>
<tr><td>재해발생 당시 상황</td><td></td></tr>
<tr><td colspan="2">⑲재해발생원인</td><td></td></tr>
<tr><td>IV.
⑳재발
방지
계획</td><td colspan="3"></td></tr>
<tr><td colspan="3">※ 위 재발방지 계획 이행을 위한 안전보건교육 및 기술지도 등을 한국산업안전보건공단에서 무료로 제공하고 있으니 즉시 기술지원 서비스를 받고자 하는 경우 오른쪽에 √ 표시를 하시기 바랍니다.</td><td>즉시 기술지원 서비스 요청[ ]</td></tr>
</table>

작성자 성명
작성자 전화번호 작성일 년 월 일
사업주 (서명 또는 인)
근로자대표(재해자) (서명 또는 인)

( )지방고용노동청장(지청장) 귀하

재해 분류자 기입란 (사업장에서는 작성하지 않습니다)	발생형태	□□□	기인물	□□□□□
	작업지역 · 공정	□□□	작업내용	□□□

210mm×297mm[백상지(80g/㎡) 또는 중질지(80g/㎡)]

중대재해 발생보고서

문서번호 : 20 . . .
수 신 :
발 신 :

1. 사업장 개요

<table>
<tr><td rowspan="3">사업장명</td><td>원 청
(공동도급)</td><td>(대표 :)</td><td>공 사
금 액</td><td>(백만원)</td><td rowspan="2">기 술
지 도
관 계</td><td rowspan="2">- 지도기관명:
□ 미계약
□ 해당없음</td></tr>
<tr><td rowspan="2">하 청</td><td rowspan="2">(대표 :)</td><td>공 사
기 간</td><td></td></tr>
<tr><td>근 로
자 수</td><td>(명)</td><td>방 지
계획서
관 계</td><td>□ 대상 □ 비대상</td></tr>
<tr><td rowspan="2">현장명</td><td colspan="2" rowspan="2">(소재지 :)</td><td>공 정 율
(%)</td><td></td><td rowspan="2">공 사
종 류</td><td rowspan="2"></td></tr>
<tr><td>발 주 처</td><td></td></tr>
</table>

※ 공사종류는 형틀공사, 굴착공사, 콘크리트 타설공사, 토공사, 전기공사 등 재해발생 공사 종류를 기재

2. 재해자 인적사항

성명	주민등록번호	소 속	직 종	입사일자	동종경력	재 해 정 도
					년 월	□사망(명) □부상(명) (치료예상기간 : 일)

3. 재해발생 내용 및 조치현황

일시		장소		발생형태		기인물		행정조치	□ 사용중지 □ 부분·전면작업중지 □ 기타 □ 해당없음

o 재해발생 인지경위

o 재해발생경위

o 조치 및 전망

o 조사반 편성방법

o 기타 중요한 사항

[별첨 5-3] 건설업의 업종과 업종별 업무내용

건설업의 업종과 업종별 업무내용

구분	건설업종	업무내용	건설공사의 예시
종합공사를 시공하는 업종	1. 토목공사업	종합적인 계획·관리 및 조정에 따라 토목공작물을 설치하거나 토지를 조성·개량하는 공사	도로·항만·교량·철도·지하철·공항·관개수로·발전(전기제외)·댐·하천 등의 건설, 택지조성 등 부지조성공사, 간척·매립공사 등
	2. 건축공사업	종합적인 계획·관리 및 조정에 따라 토지에 정착하는 공작물 중 지붕과 기둥(또는 벽)이 있는 것과 이에 부수되는 시설물을 건설하는 공사	
	3. 토목건축공사업	토목공사업과 건축공사업의 업무내용에 속한 공사	
	4. 산업·환경 설비 공사업	종합적인 계획·관리 및 조정에 따라 산업의 생산시설, 환경오염을 예방·제거·감축하거나 환경오염물질을 처리·재활용하기 위한 시설, 에너지 등의 생산·저장·공급시설 등을 건설하는 공사	제철·석유화학공장 등 산업생산시설, 소각장·수처리설비·환경오염방지시설·하수처리시설·공공폐수처리시설·중수도 및 하·폐수처리수 재이용시설 등 환경시설공사, 발전소설비공사 등
	5. 조경공사업	종합적인 계획·관리·조정에 따라 수목원·공원·녹지·숲의 조성 등 경관 및 환경을 조성·개량하는 공사	수목원·공원·숲·생태공원·정원 등의 조성공사
전문공사를 시공하는 업종	1. 실내건축공사업	·실내건축공사: 건축물의 내부를 용도와 기능에 맞게 건설하는 실내건축공사 및 실내공간의 마감을 위하여 구조체·집기 등을 제작 또는 설치하는 공사	실내건축공사(제4호 및 제5호의 공사만으로 행하여지는 공사를 제외한다), 실내공간의 구조체 제작 및 마감공사, 그 밖에 집기 등을 제작 또는 설치하는 공사 등
		·목재창호·목재구조물공사: 목재로 된 창을 건축물 등에 설치하는 공사 및 목재구조물·공작물 등을 축조 또는 장치하는 공사	목재창호공사, 목재 등을 사용한 칸막이공사, 목재구조물·공작물 등을 축조 또는 장치하는 공사 등
	2. 토공사업	땅을 굴착하거나 토사 등으로 지반을 조성하는 공사	굴착·성토·절토·흙막이공사·철도도상자갈공사, 폐기물매립지에서의 굴착·선별·성토공사 등
	3. 습식·방수 공사업	·미장공사: 구조물 등에 모르타르·플러스터·회반죽·흙 등을 바르거나 내·외벽 및 바닥 등에 성형단열재·경량단열재 등을 접착하거나 뿜칠하여 마감하는 공사	일반미장공사, 미장모르타르공사, 합성수지모르타르공사, 미장뿜칠공사, 다듬기공사, 줄눈공사, 단열재 접착 및 뿜칠공사, 견출 및 코킹공사, 내화충전공사 등
		·타일공사: 구조물 등에 점토·고령토를 주된 원료로 제조된 타일을 붙이는 공사	내·외장 타일 붙임공사, 모자이크, 테라코타타일공사 및 합성수지계타일공사 등
		·방수공사: 아스팔트·실링재·에폭시·시멘트 모르타르·합성수지 등을 사용하여 토목·	방수공사, 에폭시공사, 방습공사, 도막공사, 누수방지공사 등

구분	건설업종	업무내용	건설공사의 예시
		건축구조물, 산업설비 및 폐기물매립시설 등에 방수·방습·누수방지 등을 하는 공사	
		·조적공사: 구조물의 벽체나 기초 등을 시멘트블록·벽돌 등의 재료를 각각 모르타르 등의 교착제로 부착시키거나 장치하여 쌓거나 축조하는 공사	블록쌓기공사, 벽돌쌓기공사, 벽돌붙임공사 등
	4. 석공사업	석재를 사용하여 시설물 등을 시공하는 공사	건물외벽 등 석재공사, 바닥·벽체 등의 돌붙임공사, 인도·광장 등 돌포장공사, 석축 등 돌쌓기공사 등
	5. 도장공사업	시설물에 칠바탕을 다듬고 도료 등을 솔·로울러·기계 등을 사용하여 칠하는 공사	일반도장공사, 도장뿜칠공사, 차선도색공사, 분사표면처리공사, 전천후경기장바탕도장공사, 부식방지공사 등
	6. 비계·구조물 해체공사업	·비계공사: 건축물 등을 건축하기 위하여 비계를 설치하거나 높은 장소에서 중량물을 거치하는 공사	일반비계공사, 발판가설공사, 빔운반거상공사, 특수중량물설치공사, 높은 장소에서 행하여지는 공사 등
		·파일공사 : 항타에 의하여 파일을 박거나 샌드파일 등을 설치하는 공사	샌드파일공사, 말뚝공사 등
		·구조물해체공사: 구조물 등을 해체하는 공사	건축물 및 구조물 등의 해체공사 등
	7. 금속구조물·창호·온실공사업	·창호공사 : 각종 금속재·합성수지·유리 등으로 된 창 또는 문을 건축물 등에 실치하는 공사	창호공사, 발코니창호공사, 외벽유리공사, 커튼월창호공사, 배연창·방화문설치공사, 자동문·회전문설치공사, 승강장스크린도어설치공사, 유리공사 등
		·금속구조물공사	
		- 금속류 구조체를 사용하여 건축물의 천장·벽체·칸막이 등을 설치하는 공사	천정·건식벽체·강재벽체·경량칸막이 등의 공사
		- 금속류 구조체를 사용하여 도로, 교량, 터널 및 기타의 장소에 안전·경계·방호·방음시설물 등을 설치하는 공사	가드레일·가드케이블·표지판·방호울타리·휀스·낙석방지망·낙석방지책·방음벽·방음터널·교량안전점검시설·버스승강대·도로교통안전시설물 등의 공사
		- 각종 금속류로 구조물 및 공작물을 축조하거나 설치하는 공사	굴뚝·탱크·수문설치·셔터설치·옥외광고탑·격납고도어·사다리·철재프레임·난간·계단 등의 공사
		·온실설치공사: 농업·임업·원예용 등 온실의 설치공사	농업·임업·원예용 등 온실설치공사와 부대설비공사
	8. 지붕판금·건축물조립공사업	·지붕·판금공사: 기와·슬레이트·금속판·아스팔트쉥글 등으로 지붕을 설치하는 공사, 건축물 등에 판금을 설치하는 공사	지붕공사, 지붕단열공사, 지붕장식공사, 판금공사, PVC가공 부착공사, 빗물받이 및 홈통공사 등
		·건축물조립공사: 공장에서 제조된 판넬과 부품 등으로 건축물의 내벽·외벽·바닥 등을 조립하는 공사	샌드위치판넬·ALC판넬·PC판넬·세라믹판넬·알루미늄 복합판넬·사이딩판넬·클린복합판넬·시멘트보드판넬·악세스바닥판넬 등의 공사
	9. 철근·콘크리트 공사업	철근·콘크리트로 토목·건축구조물 및 공작물 등을 축조하는 공사	철근가공 및 조립공사, 콘크리트공사, 거푸집 및 동바리공사, 각종 특수콘크리트공사, 프리스트레스트콘크리트

구분	건설업종	업무내용	건설공사의 예시
			(PSC)구조물공사, 포장장비로 시공하지 아니하는 2차로 미만의 농로·기계화 경작로·마을안길 등을 시멘트콘크리트로 포장하는 공사 등
	10. 기계설비 공사업	건축물·플랜트 그 밖의 공작물에 급배수·위생·냉난방·공기조화·기계기구·배관설비 등을 조립·설치하는 공사	건축물 등 시설물에 설치하는 급배수·환기·공기조화·냉난방·급탕·주방·위생·방음·방진·전자파차단설비공사, 플랜트안의 배관·기계기구설치공사, 기계설비를 자동제어하기 위한 제어기기·지능형제어시스템·자동원격검침설비 등의 자동제어공사, 시스템에어컨(GHP·EHP)공사, 지열냉·난방 기기설치 및 배관공사, 보온·보냉 등 열절연공사, 옥내급배수관개량·세척공사, 무대기계장치공사, 자동창고설비공사, 냉동냉장설비공사, 집진기공사, 철도기계신호공사, 건널목차단기공사 등
	11. 상·하수도 설비공사업	·상수도설비공사: 상수도, 농·공업용수도 등을 위한 기기를 설치하거나 상수도관, 농·공업용수도관 등을 부설하는 공사	취수·정수·송배수를 위한 기기설치공사, 상수도, 농·공업용수도 등의 용수관 설치공사(옥내급배수설비공사를 제외한다), 관세척 및 갱생공사, 각종 변류이형관설치공사, 옥외스프링클러 설치공사 등
		·하수도설비공사: 하수 등을 처리하기 위한 기기를 설치하거나 하수관을 부설하는 공사	하수 등의 처리를 위한 기기설치공사, 하수·우수관 부설(옥내급배수설비공사를 제외한다)및 세척·갱생공사 등
	12. 보링·그라우팅 공사업	지반 또는 구조물 등에 천공을 하거나 압력을 가하여 보강재를 설치하거나 회반죽 등을 주입 또는 혼합처리하는 공사	보링[boring: 시추(試錐)]공사, 그라우팅[grouting: 균열이나 공동(空洞) 등의 틈새에 그라우트(주입액)를 주입하거나 충전(充塡)하는 방법]공사, 착정공사, 지열공착정공사 등
	13. 철도·궤도공사업	철도·궤도를 설치하는 공사	궤광공사, 레일공사, 레일용접공사, 분기부공사, 받침목공사, 도상공사, 궤도임시받침공사, 선로차단공사, 아이빔 및 거더설치공사, 건널목보판공사 등
	14. 포장공사업	역청재 또는 시멘트콘크리트·투수콘크리트 등으로 도로·활주로·광장·단지·화물야적장 등을 포장하는 공사(포장공사에 수반되는 보조기층 및 선택층 공사를 포함한다)와 이의 유지·수선공사	아스팔트콘크리트포장공사, 시멘트콘크리트포장공사, 유색·투수콘크리트 포장공사, 소파보수 및 덧씌우기 포장공사, 과속방지턱설치공사 등

구분	건설업종	업무내용	건설공사의 예시
	15. 수중공사업	수중에서 인원·장비 등으로 수중·해저의 시설물을 설치하거나 지장물을 해체하는 공사	수중암석파쇄공사·수중구조물의 설치 및 해체공사·계선부표 및 수중작업이 요구되는 항로표지설치공사, 수중구조물방식공사, 해저케이블공사, 투석공사 등
	16. 조경식재 공사업	조경수목·잔디 및 초화류 등을 식재하거나 유지·관리하는 공사	조경수목·잔디·지피식물·초화류 등의 식재공사 및 이를 위한 토양개량공사, 종자뿜어붙이기공사 등 특수식재공사 및 유지·관리공사, 조경식물의 수세회복공사 및 유지·관리공사 등
	17. 조경시설물 설치공사업	조경을 위하여 조경석·인조목·인조암 등을 설치하거나 야외의자·파고라 등의 조경시설물을 설치하는 공사	조경석·인조목·인조암 등의 설치공사, 야외의자·파고라·놀이기구·운동기구·분수대·벽천 등의 설치공사, 인조잔디공사 등
	18. 강구조물 공사업	·교량 및 이와 유사한 시설물을 건설하기 위한 철구조물의 조립·설치에 관한 공사를 하도급받아 시공하는 공사	교량 등의 철구조물을 하도급받아 조립·설치하는 공사
		·건축물을 건축하기 위하여 철구조물을 조립·설치하는 공사	건축물의 철구조물조립·설치공사
		·그 밖의 각종 철구조물공사	인도전용강재육교설치공사, 철탑공사, 갑문 및 댐의 수문설치공사 등
	19. 철강재설치 공사업	·교량 및 이와 유사한 시설물을 건설하기 위하여 철구조물을 제작하여 조립·설치하는 공사	교량 등의 철구조물의 제작·조립·설치공사
		·건축물을 건축하기 위하여 철구조물을 조립·설치하는 공사	건축물의 철구조물 조립·설치공사
		·대형 댐의 수문 및 이와 유사한 시설을 건설하기 위하여 철구조물을 조립·설치하는 공사	대형 댐 수문설치공사 등
	20. 삭도설치 공사업	삭도를 신설·개설·유지보수 또는 제거하는 공사	케이블카·리프트의 설치공사 등
	21. 준설공사업	하천·항만 등의 물밑을 준설선 등의 장비를 활용하여 준설하는 공사	항만·항로·운하 및 하천의 준설공사 등
	22. 승강기설치 공사업	건축물 및 공작물에 부착되어 사람이나 화물을 운반하는데 사용되는 승강설비를 설치·해체·교체 및 성능개선공사	승객·화물·건설공사용 엘리베이터 및 에스컬레이터설치공사, 무빙워크설치공사, 기계식주차설비공사 등
	23. 가스시설 시공업(제1종)	·가스시설시공업 제2종 및 제3종의 업무내용 ·도시가스공급시설의 설치·변경공사 ·액화석유가스의 충전시설·집단공급시설·저장소시설의 설치·변경공사 ·도시가스시설 중 특정가스사용시설의 설치 ·변경공사 ·저장능력 500kg 이상의 액화석유가스사용시설의 설치·변경공사 ·고압가스배관의 설치 ·변경공사	

구분	건설업종	업무내용	건설공사의 예시
	24. 가스시설 시공업(제2종)	·가스시설시공업 제3종의 업무내용 ·도시가스시설 중 특정가스사용시설 외의 가스사용시설의 설치·변경공사 ·도시가스의 공급관과 내관이 분리되는 부분 이후의 보수공사 ·배관에 고정설치되는 가스용품의 설치공사 및 그 부대공사 ·저장능력 500kg 미만의 액화석유가스사용시설의 설치·변경공사 ·액화석유가스판매시설의 설치·변경공사	
	25. 가스시설 시공업(제3종)	·공사예정금액이 1천만원 미만인 아래의 공사 - 도시가스사용시설 중 온수보일러·온수기 및 그 부대시설의 설치·변경공사 - 액화석유가스사용시설 중 온수보일러·온수기 및 그 부대시설의 설치·변경공사	
	26. 난방 시공업(제1종)	·「에너지이용 합리화법」 제37조에 따른 특정열사용기자재 중 강철재보일러·주철재보일러·온수보일러·구멍탄용 온수보일러·축열식 전기보일러·태양열집열기·1종압력용기·2종압력용기의 설치와 이에 부대되는 배관·세관공사 ·공사예정금액 2천만원 이하의 온돌설치공사	
	27. 난방시공업 (제2종)	·특정열사용기자재 중 태양열집열기·용량 5만kcal/h 이하의 온수보일러·구멍탄용 온수보일러의 설치 및 이에 부대되는 배관·세관공사 ·공사예정금액 2천만원 이하의 온돌설치공사	
	28. 난방 시공업 (제3종)	특정열사용기자재 중 요업요로·금속요로의 설치공사	
	29. 시설물유지 관리업	·시설물의 완공 이후 그 기능을 보전하고 이용자의 편의와 안전을 높이기 위하여 시설물에 대하여 일상적으로 점검·정비하고 개량·보수·보강하는 공사로서 아래의 공사를 제외한 공사 - 건축물의 경우 증축 ·개축·재축 및 대수선 공사 - 건축물을 제외한 그 밖의 시설물의 경우 증설·확장공사 및 주요구조부를 해체한 후 보수·보강 및 변경하는 공사 - 전문건설업종 중 1개 업종의 업무내용만으로 행하여지는 건축물의 개량·보수·보강공사	

비고

1. 위 표의 업무내용에는 건설공사용 재료의 채취 또는 그 공급업무, 기계 또는 기구의 공급업무와 단순한 노무 공급업무 등은 포함되지 아니한다. 다만, 건설공사의 시공 계약과 건설공사용 재료의 납품 계약을 같은 건설업자가 체결하는 경우 해당 건설공사용 재료의 납품 업무는 해당 업종의 업무내용에 포함되는 것으로 본다.

1의2. 토목건축공사업의 경우에는 법 제29조제2항을 적용함에 있어서 토목공사업 또는 건축공사업과 동일한 업종으로 본다.

2. 위 표에 명시되지 아니한 건설공사에 관한 건설업종의 구분은 해당 공사의 시공에 필요한 기술·재료·시설·장비 등의 유사성에 따라 구분한다.

3. 건설업자는 해당 업종에 속하는 건설공사에 부대되는 공사로서 제21조에 해당하는 공사는 함께 수행할 수 있다.

4. 가스사용시설 중 호스의 설치 또는 교체는 가스사용자가 할 수 있다.

5. 기계설비공사업을 등록한 자는 해당 업종에 해당하는 공사와 함께 난방시공업 제1종 및 제2종의 업무내용에 해당하는 공사 및 플랜트 또는 냉동냉장설비 안에서의 고압가스배관의 설치·변경공사를 할 수 있다.

6. 난방시공업 제1종을 등록한 자는 그 업종에 해당하는 공사가 포함된 경우 연면적 350제곱미터 미만인 단독주택의 기계설비공사를 함께 할 수 있다.

7. 난방시공업 제2종을 등록한 자는 그 업종에 해당하는 공사가 포함된 경우 연면적 250제곱미터 미만인 단독주택의 기계설비공사를 함께 할 수 있다.

8. 전문공사를 시공하는 업종의 등록을 한 자는 완성된 시설물 중 해당 업종의 업무내용에 해당하는 건설공사에 대하여 복구·개량·보수·보강하는 공사를 수행할 수 있다

[별첨 5-4] 건설공사의 종류 예시표

건설공사의 종류 예시표

공사종류	내 용 예 시
1. 일반건설공사(갑)	□ 중건설공사, 철도 또는 궤도건설공사, 기계장치공사 이외의 건축건설, 도로신설 등 공사와 이에 부대하여 해당 공사를 현장 내에서 행하는 공사 가. 건축물 등의 건설공사 (1) 건축건설공사와 이에 부대하여 해당 공사현장 내에서 행하여지는 공사 (2) 목조, 연와조, 블록조, 석조, 철근콘크리트조 등의 건물 건설공사 - 건축물의 신설공사와 그의 보수 및 파괴공사 또는 이에 부대하여 행하여지는 건설공사 (3) 주택, 축사, 가건물, 창고, 학교, 강당, 체육관, 사무소, 백화점, 점포, 공장, 발전소, 특수공장, 연구소, 병원, 기념탑, 기념건물, 역사 등을 신축, 개축, 보수, 파괴, 해체하는 건설공사 (4) 철골, 철근 및 철근콘크리트조 가옥을 이축(移築)하는 공사 (5) 구입한 철파이프를 절단, 벤딩(구부림), 조립하여 축사 등을 건설하는 공사 (6) 건축물 설비공사 (가) 해당 건축물 내외에서 행하는 설비 또는 부대공사 1) 해당 건축물 내외의 전기, 전등, 전신기 등의 설비공사 2) 해당 건축물 내외의 송배전선로, 전기배선, 전화선로, 네온장치 등의 부설공사 3) 해당 건축물 내외의 급수 및 급탕 등의 설비공사 4) 해당 건축물 내외의 안전 및 소화 등의 설비공사 5) 해당 건축물 내외의 난방, 냉방, 환기, 건조, 온·습도 조절 등의 설비공사 6) 해당 건축물의 도장공사 및 시멘트 취부 방수 공사 7) 해당 건축물의 설비를 위한 석축, 타일, 기와, 슬레이트 등을 부설하는 건설공사 8) 해당 건축물 내의 냉동기의 부설에 일관하여 행하여지는 난방 및 냉동 등의 시설에 관한 공사 9) 건축물 내의 아이스스케이팅 설비에 관한 공사 10) 그 밖의 건축물의 설비공사 (나) 내장, 유리 등의 기타 전문 제공사 (7) 교량건설공사 (가) 일반교량의 신설공사와 이에 부대하여 해당 공사장 내에서 행하는 건설공사 (나) 기설교량의 보수와 개수에 관한 공사, 교량에 교각, 교대 등의 기초건설공사, 기타 교량의 보수 공사 (다) 선창의 건설공사 나. 도로신설공사 (1) 도로신설에 관한 공사와 이에 부대하여 행하여지는 공사 (가) 도로 또는 광장의 신설공사 (나) 기설도로의 변경, 굴곡의 제거 및 확장공사 (다) 도로 및 광장의 포장공사(사리살포공사 포함한다) 다. 기타 건설공사 (1) 중건설공사, 철도 또는 궤도신설공사 (다만, 철도 또는 궤도의 신설공사에 단순히 노무용역과 건설기술만을 제공하는 사업은 제외한다), 건축건설공사, 도로신설공사, 기계장

공사종류	내 용 예 시
	치공사 이외의 기타 건설공사와 이에 부대하여 해당 공사현장 내에서 행하는 건설공사 (가) 수력발전시설 및 댐시설 이외의 제방건설공사 (나) 기설터널의 보수 및 복구공사 (다) 기설의 도로 등의 개수, 복구 또는 유지관리의 공사 (라) 구내에서 인입선공사, 증선공사 등 (마) 옹벽축조의 건설공사 (바) 기설도로 또는 플랫홈 등의 포장공사(사리살포, 잔디붙이기 공사 등은 포함한다) (사) 공작물의 해체, 이동, 제거 또는 철거의 공사 (아) 철골조, 철근조, 철근콘크리트조 등의 고가철도의 신설공사와 이에 부대하여 해당 공사 현장 내에서 행하는 건설공사 (자) 지반으로부터 10m 이내의 지하에 복개식으로 시공하는 지하도, 지하철도, 지하상가 또는 통신선로 등의 인입통신구의 신설공사와 이에 부대하여 해당 공사현장 내에서 행하는 건설공사 (차) 하천의 연제(언제: 제방도로), 제방수문, 통문, 갑문 등의 신설개수에 관한 공사 (카) 관개용수로, 그 밖의 각종 수로의 신설개수, 유지에 관한 공사 (타) 운하 및 수로 또는 이의 부속건물의 건설공사 (파) 저수지, 광독침전지 수영장 등의 건설공사 (하) 사방설비의 건설공사 (거) 해안 또는 항만의 방파제, 안벽 등의 건설공사(중건설공사의 고제방(댐) 등 신설공사 이외의 공사를 말한다) (너) 호반, 하천 또는 해면의 준설, 간척 또는 매립 등의 공사 (더) 비행장, 골프장, 경마장 또는 경기장의 조성에 관한 공사 (러) 개간, 경지정리, 부지 또는 광장의 조성공사 (머) 지하에 구축하는 각종 물탱크의 건설공사(기초공사를 포함한다) (버) 철관, 콘크리트관, 케이블류, 가스관, 흄관, 지중선, 동재 등의 매설공사 (서) 침몰된 공작물의 인양공사 (어) 수중오물 수거작업공사 (저) 그 밖의 각종 건설공사(건설공사를 위한 시추공사를 포함하나 광업시추 및 시굴공사는 제외한다) (처) 각종 운동장 스탠드 건설공사 (커) 체토사(쌓여서 막힌 흙과 모래)의 붕괴 및 낙석 등의 방지벽 건설공사와 이와 부대하여 해당 공사장 내에서 행하는 각종 공사 (터) 과선교(구름다리)의 건설공사 (퍼) 철탑, 연돌(굴뚝), 풍동 등의 건설공사 (허) 광고탑, 탱크 등의 건설공사 (고) 문, 담장, 축대, 정원 등의 건설공사 (노) 용광로의 건설공사 (도) 전차궤도의 송전가선의 건설공사와 그 보수공사 (로) 송전선로, 통신선로 또는 철관의 건설공사 및 기계장치의 산세정 공사 (모) 신호기의 건설공사 (보) 하수도관 세척공사 (소) 무대셋트 제작, 조립, 도색, 도배, 철거공사 (오) 그 밖의 각종 건설공사 (조) 일반 경상보수의 용역사업은 이에 분류 (2) 일반건설공사(을), 중건설공사, 철도·궤도신설공사, 특수 및 기타 건설공사의 사업에 직접

공사종류	내 용 예 시
	적으로 관련하여 행하지 않는다고 인정되는 건설공사로서 다른 것에 분류하지 아니한 건설공사
2. 일반건설공사(을)	□ 각종의 기계·기구장치 등을 설치하는 공사 가. 기계장치공사 (1) 각종 기계·기구장치를 위한 조립 및 부설공사와 이에 부대하여 행하여지는 건설공사 (가) 각종의 기계 및 기구장치를 위한 기초처리 공사 (나) 기계 및 기구장치를 위한 기계대 건설공사 (다) 보일러, 기중기, 양중기 등의 조립 및 부설공사 (라) 전기수진기, 공기압축기, 건조기, 각종 운반기 등의 조립 및 부설공사 (마) 석유정제장치, 펌프제조장치 등과 같은 기계·기구의 조립 또는 부설공사 (바) 삭도 건설공사 (사) 화력 및 원자력발전시설의 설치공사 (아) 변전소 설치 및 수리공사 (자) 그 밖의 각종 기계 및 기구의 설치공사 또는 해체공사 (차) 기계장치의 수리공사 (카) 승강기 및 에스컬레이터의 설치공사 (타) 화력, 원자력 및 수력발전소의 수리공사(다만 산세정공사는 제외한다) (파) 공해방지시설 및 폐수처리시설 공사 (하) 도시가스제조 및 공급설비공사 (거) 통신장비(컴퓨터 통신장비를 포함한다)의 설치, 이전, 철거공사
3. 중건설공사	□ 고제방(댐), 수력발전시설, 터널 등을 신설하는 공사 가. 고제방(댐) 등 신설공사 (1) 제방의 기초지반(터파기 밑나비가 10m 이상인 경우에는 그 최심부: 기초지반의 최심부는 말뚝선단의 위치임. 다만, 잔교식공법의 경우는 제외한다)에서 그 정상까지의 높이가 20m 이상되는 제방 및 해안 또는 항만의 방파제, 안벽 등의 신설에 관한 공사와 이에 부대하여 해당 공사장 내에서 행하여지는 건설공사 (가) 제방의 신설에 관한 가설공사 또는 기초공사 (나) 제방의 신설 공사장 내에서 시공하는 제방체, 배사구(쌓인 모래를 내보내는 출구를 말한다), 가제방, 골재채취, 송전선로, 철탑, 발전소, 변전소 등의 시설공사 (다) 제방공사용 자재의 운반을 하기 위한 도로, 철도 또는 궤도의 건설공사 (라) 제방의 신설에 따른 취수구, 배수로, 가배수로, 여수로, 하수구의 복개, 물탱크 등의 취수시설에 관한 공사 (마) 제방의 신설에 따른 수력발전시설용의 터널 또는 토석제방 등의 신설에 관한 공사 (바) 제방의 신설에 따른 기설의 수력발전소의 수로를 이용하여 유수량의 조절 등을 목적으로 시공하는 저수지의 신설공사 (사) 제방의 신설에 따른 수력발전시설의 신설공사용의 각종 기계의 철관의 조립 또는 그 부설공사 (아) 제방의 신설에 따른 홍수조절 관계용수로 또는 발전 등의 사업에 이용하기 위한 다목적 댐 건설공사 (자) 제방의 신설공사를 건설하기 위하여 해당 건설업자의 사무소, 종업원의 숙사, 취사장 등을 건설하는 공사 (차) 해안 또는 항만의 방파제, 안벽 등의 건설공사와 이에 부대하여 해당 공사장에서 시행하는 건설공사 나. 수력발전시설 설비공사 (1) 이 분야에서 수력발전시설 신설공사, 고제방(댐) 신설공사 및 터널신설공사 등과 이 공사에 부대하여 해당 공사 현장에서 행하여지는 공사

공사종류	내 용 예 시
	(가) 수력발전시설의 신설공사에 관한 가설공사 또는 기초공사 (나) 수력발전시설의 신설공사장에서 시공하는 제방체, 배사구, 가제방, 골재채취, 송전선로, 철탑, 발전소, 변전소 등의 건설공사 (다) 수력발전시설의 신설공사용 자재의 운반을 하기 위한 도로, 철도 또는 궤도의 건설공사 (라) 수력발전시설의 신설에 따른 취수구, 배수로, 가배수로, 여수로, 하수구의 복개, 물탱크 등의 취수시설에 관한 공사 (마) 수력발전시설용의 터널 또는 토목제방 등의 신설에 관한 공사 (바) 기설의 수력발전소의 수로를 이용하여 유출량의 조절 등을 목적으로 시공되는 수력발전조절지(저수지)의 신설공사 (사) 수력발전시설의 신설공사용 배치플랜트, 시멘트 사이로, 골재 운반용의 벨트, 컨베이어 등의 기계와 철관의 조립 또는 부설공사 (아) 수력발전시설에 따른 홍수조절관개용수 보급 또는 발전 등의 사업에 이용하기 위한 다목적댐 시설 공사 (자) 수력발전의 신설공사를 위하여 해당 건설업자의 사무소, 종업원의 숙사, 취사장 등을 건설하는 공사 (차) 그 밖의 삭도건설공사 다. 터널신설공사 (1) 터널 신설에 관한 건설공사와 이에 부대하여 행하는 내면설비공사 (가) 터널신설공사 현장에서 시공하는 가설공사, 갱도굴착공사, 토사 및 암괴지(바위지역을 말한다)의 운반처리공사, 배수시설공사 또는 터널내면설비공사 (나) 터널신설공사 현장에서 시공하는 노면포장, 사리의 살포, 궤도의 신설, 건축물의 건설, 전선의 가설, 전등 및 전화의 가설 등의 건설공사 (2) 지반에서 10m 이상의 지하까지 복개식으로 시공하는 지하철도, 지하도, 지하상가 및 통신선로 등의 인입통신구 신설공사와 이에 부대하여 해당 사업장에서 행하는 건설공사 (3) 굴착식으로 시공하는 지하철도 및 지하도신설 공사와 이에 부대하여 해당 공사장에서 행하는 건설공사
4. 철도 또는 궤도신설공사	□ 철도 또는 궤도 등을 신설하는 공사 가. 철도 또는 궤도 신설공사 (1) 철도 또는 궤도 신설에 관한 공사와 이에 부대하여 행하는 공사(기설 노반 또는 구조물에서 행하는 철도·궤도 신설공사에 한정한다) (가) 철도 및 궤도의 건설용 기계의 조립 또는 부설공사 (나) 철도 및 궤도 신설공사에 따른 역사·과선교, 송전선로 등의 건설공사 ※ 이 공사에서 신설이란 신설선의 건설, 단선을 복선으로 하는 경우 등 신설형태로 시공되는 것을 말한다.
5. 특수 및 기타건설 공사	□ 다른 공사와 분리 발주되어 시간·장소적으로 독립하여 행하는 다음의 공사(다른 공사와 병행하여 행하는 경우에는 일반건설공사(갑)으로 분류한다) (1) 건설산업기본법에 의한 준설공사, 조경공사, 택지조성공사(경지정리공사를 포함한다), 포장공사 (2) 전기공사업법에 의한 전기공사 (3) 정보통신공사업법에 의한 정보통신공사

[별첨 5-5] 안전관리비의 항목별 사용 불가내역

안전관리비의 항목별 사용 불가내역

항 목	사 용 불 가 내 역
1.안전관리자 등의 인건비 및 각종 업무 수당 등 (제7조제1항제1호 관련)	가. 안전 · 보건관리자의 인건비 등 1) 안전 · 보건관리자의 업무를 전담하지 않는 경우(영 별표3 제41호에 따라 유해·위험방지계획서 제출 대상 건설공사에 배치하는 안전관리자가 다른 업무와 겸직하는 경우의 인건비는 제외한다) 2) 지방고용노동관서에 선임 신고하지 아니한 경우 3) 영 제14조 또는 제18조의 자격을 갖추지 아니한 경우 ※ 선임의무가 없는 경우에도 실제 선임 · 신고한 경우에는 사용할 수 있음(법상 의무 선임자 수를 초과하여 선임 · 신고한 경우, 도급인이 선임하였으나 하도급 업체에서 추가 선임 · 신고한 경우, 재해예방전문기관의 기술지도를 받고 있으면서 추가 선임 · 신고한 경우를 포함한다) 나. 유도자 또는 신호자의 인건비 1) 시공, 민원, 교통, 환경관리 등 다른 목적을 포함하는 등 아래 세목의 인건비 가) 공사 도급내역서에 유도자 또는 신호자 인건비가 반영된 경우 나) 타워크레인 등 양중기를 사용할 경우 유도·신호업무만을 전담하지 않은 경우 다) 원활한 공사수행을 위하여 사업장 주변 교통정리, 민원 및 환경 관리 등의 목적이 포함되어 있는 경우 ※ 도로 확 · 포장 공사 등에서 차량의 원활한 흐름을 위한 유도자 또는 신호자, 공사현장 진 · 출입로 등에서 차량의 원활한 흐름 또는 교통 통제를 위한 교통정리 신호수 등 다. 안전 · 보건보조원의 인건비 1) 전담 안전 · 보건관리자가 선임되지 아니한 현장의 경우 2) 보조원이 안전 · 보건관리업무 외의 업무를 겸임하는 경우 3) 경비원, 청소원, 폐자재 처리원 등 산업안전 · 보건과 무관하거나 사무보조원(안전보건관리자의 사무를 보조하는 경우를 포함한다)의 인건비
2.안전시설비 등 (제7조제1항제2호 관련)	원활한 공사수행을 위해 공사현장에 설치하는 시설물, 장치, 자재, 안내 · 주의 · 경고 표지 등과 공사 수행 도구 · 시설이 안전장치와 일체형인 경우 등에 해당하는 경우 그에 소요되는 구입 · 수리 및 설치 · 해체 비용 등 가. 원활한 공사수행을 위한 가설시설, 장치, 도구, 자재 등 1) 외부인 출입금지, 공사장 경계표시를 위한 가설울타리 2) 각종 비계, 작업발판, 가설계단 · 통로, 사다리 등 ※ 안전발판, 안전통로, 안전계단 등과 같이 명칭에 관계없이 공사 수행에 필요한 가시설들은 사용 불가 - 다만, 비계 · 통로 · 계단에 추가 설치하는 추락방지용 안전난간, 사다리 전도방지장치, 틀비계에 별도로 설치하는 안전난간 · 사다리, 통로의 낙하물방호선반 등은 사용 가능함 3) 절토부 및 성토부 등의 토사유실 방지를 위한 설비 4) 작업장 간 상호 연락, 작업 상황 파악 등 통신수단으로 활용되는 통신시설 · 설비 5) 공사 목적물의 품질 확보 또는 건설장비 자체의 운행 감시, 공사 진척상황 확인, 방범 등의 목적을 가진 CCTV 등 감시용 장비

항 목	사 용 불 가 내 역
	나. 소음·환경관련 민원예방, 교통통제 등을 위한 각종 시설물, 표지 1) 건설현장 소음방지를 위한 방음시설, 분진망 등 먼지·분진 비산 방지시설 등 2) 도로 확·포장공사, 관로공사, 도심지 공사 등에서 공사차량 외의 차량유도, 안내·주의·경고 등을 목적으로 하는 교통안전시설물 ※ 공사안내·경고 표지판, 차량유도등·점멸등, 라바콘, 현장경계휀스, PE드럼 등 다. 기계·기구 등과 일체형 안전장치의 구입비용 ※ 기성제품에 부착된 안전장치 고장 시 수리 및 교체비용은 사용 가능. 1) 기성제품에 부착된 안전장치 ※ 톱날과 일체식으로 제작된 목재가공용 둥근톱의 톱날접촉예방장치, 플러그와 접지 시설이 일체식으로 제작된 접지형플러그 등 2) 공사수행용 시설과 일체형인 안전시설 라. 동일 시공업체 소속의 타 현장에서 사용한 안전시설물을 전용하여 사용할 때의 자재비(운반비는 안전관리비로 사용할 수 있다)
3. 개인보호구 및 안전장구 구입비 등 (제7조제1항 제3호 관련)	근로자 재해나 건강장해 예방 목적이 아닌 근로자 식별, 복리·후생적 근무여건 개선·향상, 사기 진작, 원활한 공사수행을 목적으로 하는 다음 장구의 구입·수리·관리 등에 소요되는 비용 가. 안전·보건관리자가 선임되지 않은 현장에서 안전·보건업무를 담당하는 현장관계자용 무전기, 카메라, 컴퓨터, 프린터 등 업무용 기기 나. 근로자 보호 목적으로 보기 어려운 피복, 장구, 용품 등 1) 작업복, 방한복, 방한장갑, 면장갑, 코팅장갑 등 ※ 다만, 근로자의 건강장해 예방을 위해 사용하는 미세먼지 마스크, 쿨토시, 아이스조끼, 핫팩, 발열조끼 등은 사용 가능함 2) 감리원이나 외부에서 방문하는 인사에게 지급하는 보호구
4. 사업장의 안전진단비 (제7조제1항 제4호 관련)	다른 법 적용사항이거나 건축물 등의 구조안전, 품질관리 등을 목적으로 하는 등의 다음과 같은 점검 등에 소요되는 비용 가. 「건설기술진흥법」, 「건설기계관리법」 등 다른 법령에 따른 가설구조물 등의 구조검토, 안전점검 및 검사, 차량계 건설기계의 신규등록·정기·구조변경·수시·확인검사 등 나. 「전기사업법」에 따른 전기안전대행 등 다. 「환경법」에 따른 외부 환경 소음 및 분진 측정 등 라. 민원 처리 목적의 소음 및 분진 측정 등 소요비용 마. 매설물 탐지, 계측, 지하수 개발, 지질조사, 구조안전검토 비용 등 공사 수행 또는 건축물 등의 안전 등을 주된 목적으로 하는 경우 바. 공사도급내역서에 포함된 진단비용 사. 안전순찰차량(자전거, 오토바이를 포함한다) 구입·임차 비용 ※ 안전·보건관리자를 선임·신고하지 않은 사업장에서 사용하는 안전순찰차량의 유류비, 수리비, 보험료 또한 사용할 수 없음
5. 안전보건 교육비 및 행사비 등 (제7조제1항 제5호 관련)	산안법령에 따른 안전보건교육, 안전의식 고취를 위한 행사와 무관한 다음과 같은 항목에 소요되는 비용 가. 해당 현장과 별개 지역의 장소에 설치하는 교육장의 설치·해체·운영비용 ※ 다만, 교육장소 부족, 교육환경 열악 등의 부득이한 사유로 해당 현장 내에 교육장 설치 등이 곤란하여 현장 인근지역의 교육장 설치 등에 소요되는 비용은 사용 가능 나. 교육장 대지 구입비용

항 목	사 용 불 가 내 역
	다. 교육장 운영과 관련이 없는 태극기, 회사기, 전화기, 냉장고 등 비품 구입비 라. 안전관리 활동 기여도와 관계없이 지급하는 다음과 같은 포상금(품) 1) 일정 인원에 대한 할당 또는 순번제 방식으로 지급하는 경우 2) 단순히 근로자가 일정기간 사고를 당하지 아니하였다는 이유로 지급하는 경우 3) 무재해 달성만을 이유로 전 근로자에게 일률적으로 지급하는 경우 4) 안전관리 활동 기여도와 무관하게 관리사원 등 특정 근로자, 직원에게만 지급하는 경우 마. 근로자 재해예방 등과 직접 관련이 없는 안전정보 교류 및 자료수집 등에 소요되는 비용 1) 신문 구독 비용 ※ 다만, 안전보건 등 산업재해 예방에 관한 전문적, 기술적 정보를 60% 이상 제공하는 간행물 구독에 소요되는 비용은 사용 가능 2) 안전관리 활동을 홍보하기 위한 광고비용 3) 정보교류를 위한 모임의 참가회비가 적립의 성격을 가지는 경우 바. 사회통념에 맞지 않는 안전보건 행사비, 안전기원제 행사비 1) 현장 외부에서 진행하는 안전기원제 2) 사회통념상 과도하게 지급되는 의식 행사비(기도비용 등을 말한다) 3) 준공식 등 무재해 기원과 관계없는 행사 4) 산업안전보건의식 고취와 무관한 회식비 사. 「산업안전보건법」에 따른 안전보건교육 강사 자격을 갖추지 않은 자가 실시한 산업안전보건 교육비용
6. 근로자의 건강관리비 등 (제7조제1항 제6호 관련)	근무여건 개선, 복리·후생 증진 등의 목적을 가지는 다음과 같은 항목에 소요되는 비용 가. 복리후생 등 목적의 시설·기구·약품 등 1) 간식·중식 등 휴식 시간에 사용하는 휴게시설, 탈의실, 이동식 화장실, 세면·샤워시설 ※ 분진·유해물질사용·석면해체제거 작업장에 설치하는 탈의실, 세면·샤워시설 설치비용은 사용 가능 2) 근로자를 위한 급수시설, 정수기·제빙기, 자외선차단용품(로션, 토시 등을 말한다) ※ 작업장 방역 및 소독비, 방충비 및 근로자 탈수방지를 위한 소금정제 비, 6~10월에 사용하는 제빙기 임대비용은 사용 가능 3) 혹서·혹한기에 근로자 건강 증진을 위한 보양식·보약 구입비용 ※ 작업 중 혹한·혹서 등으로부터 근로자를 보호하기 위한 간이 휴게시설 설치·해체·유지비용은 사용 가능 4) 체력단련을 위한 시설 및 운동 기구 등 5) 병·의원 등에 지불하는 진료비, 암 검사비, 국민건강보험 제공비용 등 ※ 다만, 해열제, 소화제 등 구급약품 및 구급용구 등의 구입비용은 사용 가능 나. 파상풍, 독감 등 예방을 위한 접종 및 약품(신종플루 예방접종 비용을 포함한다) 다. 기숙사 또는 현장사무실 내의 휴게시설 설치·해체·유지비, 기숙사 방역 및 소독·방충비용 라. 다른 법에 따라 의무적으로 실시해야하는 건강검진 비용 등
7. 건설재해예방 기술지도비	-
8. 본사 사용비 (제7조제1항 제6호 관련)	가. 본사에 제7조제4항의 기준에 따른 안전보건관리만을 전담하는 부서가 조직되어 있지 않은 경우 나. 전담부서에 소속된 직원이 안전보건관리 외의 다른 업무를 병행하는 경우

[별첨 5-6] 특별안전·보건교육 대상 작업별 교육내용

특별안전·보건교육 대상 작업별 교육내용

작업명	교육내용
〈공통내용〉 제1호부터 제40호까지의 작업	다목과 같은 내용
〈개별내용〉 1. 고압실 내 작업(잠함공법이나 그 밖의 압기공법으로 대기압을 넘는 기압인 작업실 또는 수갱 내부에서 하는 작업만 해당한다)	○ 고기압 장해의 인체에 미치는 영향에 관한 사항 ○ 작업의 시간·작업 방법 및 절차에 관한 사항 ○ 압기공법에 관한 기초지식 및 보호구 착용에 관한 사항 ○ 이상 발생 시 응급조치에 관한 사항 ○ 그 밖에 안전·보건관리에 필요한 사항
2. 아세틸렌 용접장치 또는 가스집합 용접장치를 사용하는 금속의 용접·용단 또는 가열작업(발생기·도관 등에 의하여 구성되는 용접장치만 해당한다)	○ 용접 흄, 분진 및 유해광선 등의 유해성에 관한 사항 ○ 가스용접기, 압력조정기, 호스 및 취관두 등의 기기점검에 관한 사항 ○ 작업방법·순서 및 응급처치에 관한 사항 ○ 안전기 및 보호구 취급에 관한 사항 ○ 화재예방 및 초기대응에 관한사항 ○ 그 밖에 안전·보건관리에 필요한 사항
3. 밀폐된 장소(탱크 내 또는 환기가 극히 불량한 좁은 장소를 말한다)에서 하는 용접작업 또는 습한 장소에서 하는 전기용접 작업	○ 작업순서, 안전작업방법 및 수칙에 관한 사항 ○ 환기설비에 관한 사항 ○ 전격 방지 및 보호구 착용에 관한 사항 ○ 질식 시 응급조치에 관한 사항 ○ 작업환경 점검에 관한 사항 ○ 그 밖에 안전·보건관리에 필요한 사항
4. 폭발성·물반응성·자기반응성·자기발열성 물질, 자연발화성 액체·고체 및 인화성 액체의 제조 또는 취급작업(시험연구를 위한 취급작업은 제외한다)	○ 폭발성·물반응성·자기반응성·자기발열성 물질, 자연발화성 액체·고체 및 인화성 액체의 성질이나 상태에 관한 사항 ○ 폭발 한계점, 발화점 및 인화점 등에 관한 사항 ○ 취급방법 및 안전수칙에 관한 사항 ○ 이상 발견 시의 응급처치 및 대피 요령에 관한 사항 ○ 화기·정전기·충격 및 자연발화 등의 위험방지에 관한 사항 ○ 작업순서, 취급주의사항 및 방호거리 등에 관한 사항 ○ 그 밖에 안전·보건관리에 필요한 사항
5. 액화석유가스·수소가스 등 인화성 가스 또는 폭발성 물질 중 가스의 발생장치 취급 작업	○ 취급가스의 상태 및 성질에 관한 사항 ○ 발생장치 등의 위험 방지에 관한 사항 ○ 고압가스 저장설비 및 안전취급방법에 관한 사항 ○ 설비 및 기구의 점검 요령 ○ 그 밖에 안전·보건관리에 필요한 사항

작업명	교육내용
6. 화학설비 중 반응기, 교반기·추출기의 사용 및 세척작업	○ 각 계측장치의 취급 및 주의에 관한 사항 ○ 투시창·수위 및 유량계 등의 점검 및 밸브의 조작주의에 관한 사항 ○ 세척액의 유해성 및 인체에 미치는 영향에 관한 사항 ○ 작업 절차에 관한 사항 ○ 그 밖에 안전·보건관리에 필요한 사항
7. 화학설비의 탱크 내 작업	○ 차단장치·정지장치 및 밸브 개폐장치의 점검에 관한 사항 ○ 탱크 내의 산소농도 측정 및 작업환경에 관한 사항 ○ 안전보호구 및 이상 발생 시 응급조치에 관한 사항 ○ 작업절차·방법 및 유해·위험에 관한 사항 ○ 그 밖에 안전·보건관리에 필요한 사항
8. 분말·원재료 등을 담은 호퍼·저장창고 등 저장탱크의 내부작업	○ 분말·원재료의 인체에 미치는 영향에 관한 사항 ○ 저장탱크 내부작업 및 복장보호구 착용에 관한 사항 ○ 작업의 지정·방법·순서 및 작업환경 점검에 관한 사항 ○ 팬·풍기(風旗) 조작 및 취급에 관한 사항 ○ 분진 폭발에 관한 사항 ○ 그 밖에 안전·보건관리에 필요한 사항
9. 다음 각 목에 정하는 설비에 의한 물건의 가열·건조작업 가. 건조설비 중 위험물 등에 관계되는 설비로 속부피가 1세제곱미터 이상인 것 나. 건조설비 중 가목의 위험물 등 외의 물질에 관계되는 설비로서, 연료를 열원으로 사용하는 것(그 최대연소소비량이 매 시간당 10킬로그램 이상인 것만 해당한다) 또는 전력을 열원으로 사용하는 것(정격소비전력이 10킬로와트 이상인 경우만 해당한다)	○ 건조설비 내외면 및 기기기능의 점검에 관한 사항 ○ 복장보호구 착용에 관한 사항 ○ 건조 시 유해가스 및 고열 등이 인체에 미치는 영향에 관한 사항 ○ 건조설비에 의한 화재·폭발 예방에 관한 사항
10. 다음 각 목에 해당하는 집재장치(집재기·가선·운반기구·지주 및 이들에 부속하는 물건으로 구성되고, 동력을 사용하여 원목 또는 장작과 숯을 담아 올리거나 공중에서 운반하는 설비를 말한다)의 조립, 해체, 변경 또는 수리작업 및 이들 설비에 의한 집재 또는 운반 작업 가. 원동기의 정격출력이 7.5킬로와트를 넘는 것 나. 지간의 경사거리 합계가 350미터 이상인 것 다. 최대사용하중이 200킬로그램 이상인 것	○ 기계의 브레이크 비상정지장치 및 운반경로, 각종 기능 점검에 관한 사항 ○ 작업 시작 전 준비사항 및 작업방법에 관한 사항 ○ 취급물의 유해·위험에 관한 사항 ○ 구조상의 이상 시 응급처치에 관한 사항 ○ 그 밖에 안전·보건관리에 필요한 사항
11. 동력에 의하여 작동되는 프레스기계를 5대 이상 보유한 사업장에서 해당 기계로 하는 작업	○ 프레스의 특성과 위험성에 관한 사항 ○ 방호장치 종류와 취급에 관한 사항 ○ 안전작업방법에 관한 사항 ○ 프레스 안전기준에 관한 사항 ○ 그 밖에 안전·보건관리에 필요한 사항

작업명	교육내용
12. 목재가공용 기계(둥근톱기계, 띠톱기계, 대패기계, 모떼기기계 및 라우터만 해당하며, 휴대용은 제외한다)를 5대 이상 보유한 사업장에서 해당 기계로 하는 작업	○ 목재가공용 기계의 특성과 위험성에 관한 사항 ○ 방호장치의 종류와 구조 및 취급에 관한 사항 ○ 안전기준에 관한 사항 ○ 안전작업방법 및 목재 취급에 관한 사항 ○ 그 밖에 안전·보건관리에 필요한 사항
13. 운반용 등 하역기계를 5대 이상 보유한 사업장에서의 해당 기계로 하는 작업	○ 운반하역기계 및 부속설비의 점검에 관한 사항 ○ 작업순서와 방법에 관한 사항 ○ 안전운전방법에 관한 사항 ○ 화물의 취급 및 작업신호에 관한 사항 ○ 그 밖에 안전·보건관리에 필요한 사항
14. 1톤 이상의 크레인을 사용하는 작업 또는 1톤 미만의 크레인 또는 호이스트를 5대 이상 보유한 사업장에서 해당 기계로 하는 작업(제40호의 작업은 제외한다)	○ 방호장치의 종류, 기능 및 취급에 관한 사항 ○ 걸고리 · 와이어로프 및 비상정지장치 등의 기계 · 기구 점검에 관한 사항 ○ 화물의 취급 및 안전작업방법에 관한 사항 ○ 신호방법 및 공동작업에 관한 사항 ○ 인양 물건의 위험성 및 낙하 · 비래(飛來) · 충돌재해 예방에 관한 사항 ○ 인양물이 적재될 지반의 조건, 인양하중, 풍압 등이 인양물과 타워크레인에 미치는 영향 ○ 그 밖에 안전 · 보건관리에 필요한 사항
15. 건설용 리프트·곤돌라를 이용한 작업	○ 방호장치의 기능 및 사용에 관한 사항 ○ 기계, 기구, 달기체인 및 와이어 등의 점검에 관한 사항 ○ 화물의 권상·권하 작업방법 및 안전작업 지도에 관한 사항 ○ 기계·기구에 특성 및 동작원리에 관한 사항 ○ 신호방법 및 공동작업에 관한 사항 ○ 그 밖에 안전·보건관리에 필요한 사항
16. 주물 및 단조작업	○ 고열물의 재료 및 작업환경에 관한 사항 ○ 출탕·주조 및 고열물의 취급과 안전작업방법에 관한 사항 ○ 고열작업의 유해·위험 및 보호구 착용에 관한 사항 ○ 안전기준 및 중량물 취급에 관한 사항 ○ 그 밖에 안전·보건관리에 필요한 사항
17. 전압이 75볼트 이상인 정전 및 활선작업	○ 전기의 위험성 및 전격 방지에 관한 사항 ○ 해당 설비의 보수 및 점검에 관한 사항 ○ 정전작업·활선작업 시의 안전작업방법 및 순서에 관한 사항 ○ 절연용 보호구, 절연용 보호구 및 활선작업용 기구 등의 사용에 관한 사항 ○ 그 밖에 안전·보건관리에 필요한 사항
18. 콘크리트 파쇄기를 사용하여 하는 파쇄작업(2미터 이상인 구축물의 파쇄작업만 해당한다)	○ 콘크리트 해체 요령과 방호거리에 관한 사항 ○ 작업안전조치 및 안전기준에 관한 사항 ○ 파쇄기의 조작 및 공통작업 신호에 관한 사항 ○ 보호구 및 방호장비 등에 관한 사항 ○ 그 밖에 안전·보건관리에 필요한 사항

작업명	교육내용
19. 굴착면의 높이가 2미터 이상이 되는 지반 굴착(터널 및 수직갱 외의 갱 굴착은 제외한다)작업	○ 지반의 형태·구조 및 굴착 요령에 관한 사항 ○ 지반의 붕괴재해 예방에 관한 사항 ○ 붕괴 방지용 구조물 설치 및 작업방법에 관한 사항 ○ 보호구의 종류 및 사용에 관한 사항 ○ 그 밖에 안전·보건관리에 필요한 사항
20. 흙막이 지보공의 보강 또는 동바리를 설치하거나 해체하는 작업	○ 작업안전 점검 요령과 방법에 관한 사항 ○ 동바리의 운반·취급 및 설치 시 안전작업에 관한 사항 ○ 해체작업 순서와 안전기준에 관한 사항 ○ 보호구 취급 및 사용에 관한 사항 ○ 그 밖에 안전·보건관리에 필요한 사항
21. 터널 안에서의 굴착작업(굴착용 기계를 사용하여 하는 굴착작업 중 근로자가 칼날 밑에 접근하지 않고 하는 작업은 제외한다) 또는 같은 작업에서의 터널 거푸집 지보공의 조립 또는 콘크리트 작업	○ 작업환경의 점검 요령과 방법에 관한 사항 ○ 붕괴 방지용 구조물 설치 및 안전작업 방법에 관한 사항 ○ 재료의 운반 및 취급·설치의 안전기준에 관한 사항 ○ 보호구의 종류 및 사용에 관한 사항 ○ 소화설비의 설치장소 및 사용방법에 관한 사항 ○ 그 밖에 안전·보건관리에 필요한 사항
22. 굴착면의 높이가 2미터 이상이 되는 암석의 굴착작업	○ 폭발물 취급 요령과 대피 요령에 관한 사항 ○ 안전거리 및 안전기준에 관한 사항 ○ 방호물의 설치 및 기준에 관한 사항 ○ 보호구 및 신호방법 등에 관한 사항 ○ 그 밖에 안전·보건관리에 필요한 사항
23. 높이가 2미터 이상인 물건을 쌓거나 무너뜨리는 작업(하역기계로만 하는 작업은 제외한다)	○ 원부재료의 취급 방법 및 요령에 관한 사항 ○ 물건의 위험성·낙하 및 붕괴재해 예방에 관한 사항 ○ 적재방법 및 전도 방지에 관한 사항 ○ 보호구 착용에 관한 사항 ○ 그 밖에 안전·보건관리에 필요한 사항
24. 선박에 짐을 쌓거나 부리거나 이동시키는 작업	○ 하역 기계·기구의 운전방법에 관한 사항 ○ 운반·이송경로의 안전작업방법 및 기준에 관한 사항 ○ 중량물 취급 요령과 신호 요령에 관한 사항 ○ 작업안전 점검과 보호구 취급에 관한 사항 ○ 그 밖에 안전·보건관리에 필요한 사항
25. 거푸집 동바리의 조립 또는 해체작업	○ 동바리의 조립방법 및 작업 절차에 관한 사항 ○ 조립재료의 취급방법 및 설치기준에 관한 사항 ○ 조립 해체 시의 사고 예방에 관한 사항 ○ 보호구 착용 및 점검에 관한 사항 ○ 그 밖에 안전·보건관리에 필요한 사항
26. 비계의 조립·해체 또는 변경작업	○ 비계의 조립순서 및 방법에 관한 사항 ○ 비계작업의 재료 취급 및 설치에 관한 사항 ○ 추락재해 방지에 관한 사항 ○ 보호구 착용에 관한 사항 ○ 비계상부 작업 시 최대 적재하중에 관한 사항 ○ 그 밖에 안전·보건관리에 필요한 사항

작업명	교육내용
27. 건축물의 골조, 다리의 상부구조 또는 탑의 금속제의 부재로 구성되는 것(5미터 이상인 것만 해당한다)의 조립· 해체 또는 변경작업	○ 건립 및 버팀대의 설치순서에 관한 사항 ○ 조립 해체 시의 추락재해 및 위험요인에 관한 사항 ○ 건립용 기계의 조작 및 작업신호 방법에 관한 사항 ○ 안전장비 착용 및 해체순서에 관한 사항 ○ 그 밖에 안전·보건관리에 필요한 사항
28. 처마 높이가 5미터 이상인 목조건축물의 구조 부재의 조립이나 건축물의 지붕 또는 외벽 밑에서의 설치작업	○ 붕괴·추락 및 재해 방지에 관한 사항 ○ 부재의 강도·재질 및 특성에 관한 사항 ○ 조립·설치 순서 및 안전작업방법에 관한 사항 ○ 보호구 착용 및 작업 점검에 관한 사항 ○ 그 밖에 안전·보건관리에 필요한 사항
29. 콘크리트 인공구조물(그 높이가 2미터 이상인 것만 해당한다)의 해체 또는 파괴작업	○ 콘크리트 해체기계의 점검에 관한 사항 ○ 파괴 시의 안전거리 및 대피 요령에 관한 사항 ○ 작업방법·순서 및 신호 방법 등에 관한 사항 ○ 해체·파괴 시의 작업안전기준 및 보호구에 관한 사항 ○ 그 밖에 안전·보건관리에 필요한 사항
30. 타워크레인을 설치(상승작업을 포함한다)·해체하는 작업	○ 붕괴·추락 및 재해 방지에 관한 사항 ○ 설치·해체 순서 및 안전작업방법에 관한 사항 ○ 부재의 구조·재질 및 특성에 관한 사항 ○ 신호방법 및 요령에 관한 사항 ○ 이상 발생 시 응급조치에 관한 사항 ○ 그 밖에 안전·보건관리에 필요한 사항
31. 보일러(소형 보일러 및 다음 각 목에서 정하는 보일러는 제외한다)의 설치 및 취급 작업 가. 몸통 반지름이 750밀리미터 이하이고 그 길이가 1,300밀리미터 이하인 증기보일러 나. 전열면적이 3제곱미터 이하인 증기보일러 다. 전열면적이 14제곱미터 이하인 온수보일러 라. 전열면적이 30제곱미터 이하인 관류보일러	○ 기계 및 기기 점화장치 계측기의 점검에 관한 사항 ○ 열관리 및 방호장치에 관한 사항 ○ 작업순서 및 방법에 관한 사항 ○ 그 밖에 안전·보건관리에 필요한 사항
32. 게이지 압력을 제곱센티미터당 1킬로그램 이상으로 사용하는 압력용기의 설치 및 취급 작업	○ 안전시설 및 안전기준에 관한 사항 ○ 압력용기의 위험성에 관한 사항 ○ 용기 취급 및 설치기준에 관한 사항 ○ 작업안전 점검 방법 및 요령에 관한 사항 ○ 그 밖에 안전·보건관리에 필요한 사항
33. 방사선 업무에 관계되는 작업(의료 및 실험용은 제외한다)	○ 방사선의 유해·위험 및 인체에 미치는 영향 ○ 방사선의 측정기기 기능의 점검에 관한 사항 ○ 방호거리·방호벽 및 방사선물질의 취급 요령에 관한 사항 ○ 응급처치 및 보호구 착용에 관한 사항 ○ 그 밖에 안전·보건관리에 필요한 사항
34. 맨홀작업	○ 장비·설비 및 시설 등의 안전점검에 관한 사항 ○ 산소농도 측정 및 작업환경에 관한 사항 ○ 작업내용·안전작업방법 및 절차에 관한 사항 ○ 보호구 착용 및 보호 장비 사용에 관한 사항 ○ 그 밖에 안전·보건관리에 필요한 사항

작업명	교육내용
35. 밀폐공간에서의 작업	○ 산소농도 측정 및 작업환경에 관한 사항 ○ 사고 시의 응급처치 및 비상 시 구출에 관한 사항 ○ 보호구 착용 및 사용방법에 관한 사항 ○ 밀폐공간작업의 안전작업방법에 관한 사항 ○ 그 밖에 안전·보건관리에 필요한 사항
36. 허가 및 관리 대상 유해물질의 제조 또는 취급작업	○ 취급물질의 성질 및 상태에 관한 사항 ○ 유해물질이 인체에 미치는 영향 ○ 국소배기장치 및 안전설비에 관한 사항 ○ 안전작업방법 및 보호구 사용에 관한 사항 ○ 그 밖에 안전·보건관리에 필요한 사항
37. 로봇작업	○ 로봇의 기본원리·구조 및 작업방법에 관한 사항 ○ 이상 발생 시 응급조치에 관한 사항 ○ 안전시설 및 안전기준에 관한 사항 ○ 조작방법 및 작업순서에 관한 사항
38. 석면해체·제거작업	○ 석면의 특성과 위험성 ○ 석면해체·제거의 작업방법에 관한 사항 ○ 장비 및 보호구 사용에 관한 사항 ○ 그 밖에 안전·보건관리에 필요한 사항
39. 가연물이 있는 장소에서 하는 화재위험작업	○ 작업준비 및 작업절차에 관한 사항 ○ 작업장 내 위험물, 가연물의 사용 · 보관 · 설치 현황에 관한 사항 ○ 화재위험작업에 따른 인근 인화성 액체에 대한 방호조치에 관한 사항 ○ 화재위험작업으로 인한 불꽃, 불티 등의 비산(飛散)방지조치에 관한 사항 ○ 인화성 액체의 증기가 남아 있지 않도록 환기 등의 조치에 관한 사항 ○ 화재감시자의 직무 및 피난교육 등 비상조치에 관한 사항 ○ 그 밖에 안전 · 보건관리에 필요한 사항
40. 타워크레인을 사용하는 작업시 신호업무를 하는 작업	○ 타워크레인의 기계적 특성 및 방호장치 등에 관한 사항 ○ 화물의 취급 및 안전작업방법에 관한 사항 ○ 신호방법 및 요령에 관한 사항 ○ 인양 물건의 위험성 및 낙하 · 비래 · 충돌재해 예방에 관한 사항 ○ 인양물이 적재될 지반의 조건, 인양하중, 풍압 등이 인양물과 타워크레인에 미치는 영향 ○ 그 밖에 안전 · 보건관리에 필요한 사항

[별첨 5-7] 작업환경측정 대상 유해인자(산안법 시행규칙 [별표 11의5])

작업환경측정 대상 유해인자

1. 화학적 인자
  가. 유기화합물(113종)
    1) 글루타르알데히드(Glutaraldehyde)
    2) 니트로글리세린(Nitroglycerin)
    3) 니트로메탄(Nitromethane)
    4) 니트로벤젠(Nitrobenzene)
    5) p-니트로아닐린(p-Nitroaniline)
    6) p-니트로클로로벤젠(p-Nitrochlorobenzene)
    7) 디니트로톨루엔(Dinitrotoluene)
    8) 디메틸아닐린(Dimethylaniline, N,N-Dimethylaniline)
    9) 디메틸아민(Dimethylamine)
    10) N,N-디메틸아세트아미드(N,N-Dimethylacetamide)
    11) 디메틸포름아미드(Dimethylformamide)
    12) 디에탄올아민(Diethanolamine)
    13) 디에틸렌 트리아민(Diethylene triamine)
    14) 2-디에틸아미노에탄올(2-Diethylaminoethanol)
    15) 디에틸 에테르(Diethyl ether)
    16) 디에틸아민(Diethylamine)
    17) 1,4-디옥산(1,4-Dioxane, Diethyl dioxide)
    18) 디이소부틸케톤(Diisobutylketone)
    19) 디클로로메탄(Dichloromethane)
    20) o-디클로로벤젠(o-Dichlorobenzene)
    21) 1,2-디클로로에틸렌(1,2-Dichloroethylene)
    22) 디클로로플루오로메탄(Dichlorofluoromethane)
    23) 1,1-디클로로-1-플루오로에탄(1,1-Dichloro-1-fluoroethane)
    24) 디하이드록시벤젠(Dihydroybenzene)
    25) 2-메톡시에탄올(2-Methoxyethanol: 에틸렌 글리콜 모노메틸 에테르, EGME)
    26) 메틸렌 디(비스)페닐 디이소시아네이트(4,4'-Methylene di(bis)phenyl diisocyanate)
    27) 메틸 아민(Methyl amine)
    28) 메틸 알코올(Methyl alcohol)
    29) 메틸 에틸 케톤(Methyl ethyl ketone)
    30) 메틸 이소부틸 케톤(Methyl isobutyl ketone)
    31) 메틸 클로라이드(Methyl chloride)
    32) 메틸 n-부틸케톤(Methyl n-butyl ketone)
    33) 메틸 n-아밀케톤(Methyl n-amyl ketone)
    34) o-메틸시클로헥사논(o-Methyl cyclohexanone)
    35) 메틸시클로헥사놀(Methyl cylohexanol)
    36) 메틸클로로포름(Methyl chloroform)

37) 말레산 언하이드라이드(무수말레산)(Maleic anhydride)
38) 프탈산 언하이드라이드(무수프탈산)(Phthalic anhydride)
39) 벤젠(Benzene)
40) 1,3-부타디엔(1,3-Butadiene)
41) sec-부틸알코올(sec-부탄올)(sec-Butyl alcohol)
42) n-부틸알코올(1-부탄올)(n-Butyl alcohol)
43) 1-브로모프로판(1-Bromopropane)
44) 2-브로모프로판(2-Bromopropane)
45) 브롬화 메틸(Methyl bromide)
46) 비닐 아세테이트(Vinyl acetate)
47) 사염화탄소(Carbon tetrachloride)
48) 스티렌(Styrene)
49) 시클로헥사논(Cyclohexanone)
50) 시클로헥사놀(Cyclohexanol)
51) 시클로헥산(Cyclohexane)
52) 시클로헥센(Cyclohexene)
53) 아닐린과 아닐린동족체(Aniline & homologues)
54) 아세토니트릴(Acetonitrile)
55) 아세톤(Acetone)
56) 아세트알데히드(Acetaldehyde)
57) 아크릴로니트릴(Acrylonitrile)
58) 아크릴아미드(Acrylamide)
59) 알릴글리시딜에테르(Allylglycidylether)
60) 에탄올아민(Ethanolamine)
61) 에틸벤젠(Ethylbenzene)
62) 에틸아민(Ethylamine)
63) 에틸 아크릴레이트(Ethyl acrylate)
64) 에틸렌 글리콜 디나이트레이트(Ethylene glycol dinitrate)
65) 2-메톡시에틸아세테이트(2-Methoxyethyl acetate, EGMEA)
66) 2-에톡시에탄올(2-Ethoxy ethanol, EGEE)
67) 2-에톡시에틸아세테이트(2-Ethoxyethylacetate, EGEEA)
68) 2-부톡시에탄올(2-Butoxyethanol, EGBE)
69) 에틸렌 글리콜 모노 부틸 아세테이트(Ethylene glycol mono butyl acetate)
70) 에틸렌 글리콜(Ethylene glycol)
71) 에틸렌 클로로하이드린(Ethylene chlorohydrin)
72) 에틸렌이민(Ethyleneimine)
73) 2,3-에폭시-1-프로판올(2,3-Expoxy-1-propanol)
74) 1,2-에폭시프로판(1,2-Epoxypropane)
75) 에피클로로하이드린(Epichlorohydrin)
76) 요오드화 메틸(Methyl iodide)
77) 이소부틸 알코올(Isobutyl alcohol)
78) 이소아밀 알코올(Isoamyl alcohol)
79) 이소프로필 알코올(Isopropyl alcohol)

80) 이염화에틸렌(Ethylene dichloride)
81) 이황화탄소(Carbon disulfide)
82) 초산 메틸(Methyl acetate)
83) 초산 부틸(n-Butyl acetate)
84) 초산 에틸(Ethyl acetate)
85) 초산 프로필(n-Propyl acetate)
86) 초산 이소부틸(Isobutyl acetate)
87) 초산 이소프로필(Isopropyl acetate)
88) 초산 이소아밀(Isoamyl acetate)
89) 크레졸(모든 이성체)(Cresol, all isomers)
90) 크실렌(오르토, 메타, 파라이성체)(Xylene, o,m,p-isomers)
91) 클로로벤젠(Chlorobenzene)
92) 1,1,2,2-테트라클로로에탄(1,1,2,2-Tetrachloroethane)
93) 1,1,2-트리클로로에탄(1,1,2-Trichloroethane)
94) 1,2,3-트리클로로프로판(1,2,3-Trichloropropane)
95) 테트라하이드로푸란(Tetrahydrofuran)
96) 톨루엔(Toluene)
97) 톨루엔-2,4-디이소시아네이트(Toluene-2,4-diisocyanate)
98) 톨루엔-2,6-디이소시아네이트(Toluene-2,6-diisocyanate)
99) 트리에틸아민(Triethylamine)
100) 트리클로로메탄(Trichloromethane)
101) 트리클로로에틸렌(Trichloroethylene)
102) 퍼클로로에틸렌(Perchloroethylene)
103) 페놀(Phenol)
104) 펜타클로로페놀(Pentachlorophenol)
105) 포름알데히드(Formaldehyde)
106) 스토다드 솔벤트(Stoddard solvent)
107) 프로필렌 이민(Propylene imine)
108) 피리딘(Pyridine)
109) 히드라진(Hydrazine)
110) 헥사메틸렌 디이소시아네이트(Hexamethylene diisocyanate)
111) 헥산(Hexane, n-Hexane)
112) 헵탄(Heptane, n-Heptane)
113) 황산디메틸(Dimethylsulfate)
114) 1)부터 113)까지의 물질을 중량비율 1퍼센트 이상 함유한 제제

나. 금속류(23종)
1) 구리(Copper)
가) 흄(Fume)
나) 분진과 미스트(Dusts and Mists, as Cu)
2) 납 및 그 무기화합물(Lead and inorganic compounds, as Pb)
3) 니켈(Nickel, as Ni)
가) 원소(Element)
나) 가용성 무기화합물(Soluble inorganic compounds)

다) 불용성 무기화합물(Insoluble inorganic compounds)
라) 니켈카보닐(Nickel carbonyl)
4) 망간 및 그 무기화합물(Manganese and inorganic compounds, as Mn)
5) 바륨 및 그 가용성 화합물(Barium and soluble compounds, as Ba)
6) 백금(Platinum)
가) 금속(Metal)
나) 가용성 염(Soluble salts)
7) 산화마그네슘(Magnesium oxide)
8) 셀레늄 및 그 화합물(Selenium and compounds, as Se)
9) 수은(Mercury, as Hg)
가) 알킬화합물(Alkyl compounds)
나) 아릴화합물(Aryl compounds)
다) 원소 및 무기형태(Element and inorganic forms)
10) 산화아연(Zinc oxide)
가) 흄(Fume)
나) 분진(Dust)
11) 안티몬 및 그 화합물(Antimony and compounds, as Sb)
12) 알루미늄 및 그 화합물(Aluminum and compounds, as Al)
가) 금속 분진(Metal Dust)
나) 피로 파우더(Pyro powders)
다) 흄(Fume)
라) 가용성 염(Soluble salts)
마) 알킬(Alkyl, NOS)
13) 요오드(Iodine)
14) 은(Silver)
가) 금속(Metal)
나) 가용성 화합물(Soluble compounds, as Ag)
15) 이산화티타늄(Titanium dioxide)
16) 주석(Tin, as Sn)
가) 금속(Metal)
나) 산화물 및 무기화합물(수소화 주석은 제외한다)(Oxide & inorganic compounds, except tin hydride)
다) 유기화합물(Organic compounds)
17) 지르코늄 및 그 화합물(Zirconium and compounds, as Zr)
18) 산화철 분진과 흄(Iron oxide dust and fume, as Fe)
19) 카드뮴 및 그 화합물(Cadmium and compounds, Cd)
20) 코발트 및 그 무기화합물(Cobalt and inorganic compounds, as Co)
21) 크롬과 그 무기화합물(Chromium and inorganic compounds, as Cr)
가) 금속과 크롬3가 화합물(Metal and Cr Ⅲ compounds)
나) 수용성 6가크롬 화합물(Water soluble Cr Ⅵ compounds)
다) 불용성 6가크롬 화합물(Insoluble Cr Ⅵ compounds)
22) 텅스텐(Tungsten, as W)
가) 금속과 불용성 화합물(Metal and insoluble compounds)

나) 가용성 화합물(Soluble compounds)

23) 오산화바나듐(Vanadium pentoxide)

가) 분진과 흄(Dust and fume)

24) 1목부터 23목까지에 따른 물질을 중량비율 1퍼센트 이상 함유한 제제

다. 산 및 알칼리류(17종)

1) 개미산(Formic acid)
2) 과산화수소(Hydrogen peroxide)
3) 무수초산(Acetic anhydride)
4) 불화수소(Hydrogen fluoride)
5) 브롬화수소(Hydrogen bromide)
6) 수산화나트륨(Sodium hydroxide)
7) 수산화칼륨(Potassium hydroxide)
8) 시안화나트륨(Sodium cyanide)
9) 시안화칼륨(Potassium cyanide)
10) 시안화칼슘(Calcium cyanide)
11) 아크릴산(Acrylic acid)
12) 염화수소(Hydrogen chloride)
13) 인산(Phosphoric acid)
14) 질산(Nitric acid)
15) 초산(Acetic acid)
16) 트리클로로 아세트산(Trichloro acetic acid)
17) 황산(Sulfuric acid)
18) 1)부터 17)까지의 물질을 중량비율 1퍼센트 이상 함유한 제제

라. 가스 상태 물질류(15종)

1) 불소(Fluorine)
2) 브롬(Bromine)
3) 산화에틸렌(Ethylene oxide)
4) 삼수소화비소(Arsine)
5) 시안화수소(Hydrogen cyanide)
6) 암모니아(Ammonia)
7) 염소(Chlorine)
8) 오존(Ozone)
9) 아황산가스(Sulfur dioxide)
10) 이산화질소(Nitrogen dioxide)
11) 일산화질소(Nitric oxide)
12) 일산화탄소(Carbon monoxide)
13) 포스겐(Phosgene)
14) 포스핀(Phosphine)
15) 황화수소(Hydrogen sulfide)
16) 1)부터 15)까지의 물질을 중량비율 1퍼센트 이상 함유한 제제

마. 영 제30조에 따른 허가 대상 유해물질(12종)

1) 디클로로벤지딘과 그 염(Dichlorobenzidine and its salts)
2) 알파-나프틸아민과 그 염(α-naphthylamine and its salts)

3) 크롬산아연(Zinc chromate, as Cr)
4) 오르토-톨리딘과 그 염(o-Tolidine and its salts)
5) 디아니시딘과 그 염(Dianisidine and its salts)
6) 베릴륨 및 그 화합물(Beryllium & compounds)
7) 비소 및 그 무기화합물(Arsenic and inorganic compounds, as As)
8) 크롬광[Chromite ore proccssing(chromatc), as Cr]
9) 휘발성 콜타르피치(Coal tar pitch volatiles, as benzene soluble aerosol)
10) 황화니켈(Nickel subsulfide, as Ni)
11) 염화비닐(Vinyl chloride)
12) 벤조트리클로라이드(Benzotrichloride)
13) 1)부터 11)까지의 물질을 중량비율 1퍼센트 이상 함유한 제제
14) 12)의 물질을 중량비율 0.5퍼센트 이상 함유한 제제

바. 금속가공유(Metal working fluids, 1종)

2. 물리적 인자(2종)

가. 8시간 시간가중평균 80dB 이상의 소음
나. 안전보건규칙 제3편제6장에 따른 고열

3. 분진(7종)

가. 광물성 분진(Mineral dust)
1) 규산(Silica)
가) 석영(Quartz)
나) 크리스토발라이트(Cristobalite)
다) 트리디마이트(Trydimite)
2) 규산염(Silicates, less than 1% crystalline silica)
가) 운모(Mica)
나) 포틀랜드 시멘트(Potland cement)
다) 솝 스톤(Soap stone)
라) 활석(Talc, non-asbestiform)
마) 흑연(Graphite)
3) 그 밖의 광물성 분진(Particulates)

나. 곡물 분진(Grain dust)
다. 면 분진(Cotton dust)
라. 나무 분진(Wood dust)
1) 연목(Soft wood)
2) 강목(Hard wood)

마. 용접 흄(Welding fume)
바. 유리섬유(Glass fiber dust)
사. 석면분진(Asbestos dust)

4. 그 밖에 고용노동부장관이 정하여 고시하는 인체에 해로운 유해인자

[별첨 5-8] 근골격계부담작업의 평가표

사업장명		조사 일자		조 사 자	
공 정 명		공정 내용			

구 분		(1) 	(2) 	(3) 	(4) 	(5) 	(6) 	(7) 	(8) 	(9) 	(10) 	(11) 
노출시간		하루에 총 4시간 이상	하루에 총 2시간 이상	하루에 총 2시간 이상	하루에 총 2시간 이상	하루에 총 2시간 이상	하루에 총 2시간 이상	하루에 총 2시간 이상	-		하루에 총 2시간 이상	하루에 총 2시간 이상
노출빈도		-							하루에 총 10회 이상	하루에 총 25회 이상	분당 2회 이상	시간당 10회 이상
신체부위		손, 손가락, 목, 어깨	목, 어깨, 손목, 손, 팔꿈치	어깨, 팔	목, 허리	다리, 무릎, 허리	손가락	손	허리	팔, 어깨, 허리	허리	손, 무릎
작업자세 및 내용		집중적인 자료 입력 작업 (마우스, 키보드 사용)	같은 동작 반복작업	·머리 위에 손 ·팔꿈치가 몸통으로부터 들림 ·팔꿈치를 몸통 뒤쪽에 위치	구부리거나 비틈 (지지되지 않은 상태, 자세변경 불가)	쪼그리고 앉거나 무릎을 굽힘	한 손가락 집어 옮기거나 쥐는 작업 (지지되지 않은 상태)	물건을 한손으로 들거나 잡는 작업	물건을 드는 작업	·어깨 위에서 들기 ·팔을 뻗은 상태에서 물건을 드는 작업	물건을 드는 작업	반복적인 충격
무 게		-					·1kg이상의 물건 들기 ·2kg이상에 상응하는 힘으로 쉬기	·4.5kg이상의 물건 들기 ·동일한 힘으로 집기	25kg이상	10kg이상	4.5kg 이상	-
단위작업명	(명)											
	(명)											
	(명)											
	(명)											
	(명)											
	(명)											

[별첨 5-9] 근골격계 증상조사표

근골격계 증상조사표

I. 아래 사항을 직접 기입해 주시기 바랍니다.

성 명		연 령	만 ________세
성 별	□ 남 □ 여	현 직장 경력	____년 ____개월째 근무 중
작업부서	______부 ______라인 ____________작업(수행작업)	결혼 여부	□ 기혼 □ 미혼
현재하고 있는 작업(구체적으로)	작 업 내 용 : ______________________________ 작 업 기 간 : _______년 _________개월째 하고 있음		
1일 근무시간	______시간 근무 중 휴식시간(식사시간 제외) ____분씩 ____회 휴식		
현작업을 하기 전에 했던 작업	작 업 내 용 : ________________________ 작 업 기 간 : _______년 _________개월 동안 했음		

1. 규칙적인(한번에 30분 이상, 1주일에 적어도 2-3회 이상) 여가 및 취미활동을 하고 계시는 곳에 표시(V)하여 주십시오.
   □ 컴퓨터 관련활동 □ 악기연주(피아노, 바이올린 등) □ 뜨개질 자수, 붓글씨
   □ 테니스/배드맨턴/스쿼시 □ 축구/족구/농구/스키 □ 해당사항 없음

2. 귀하의 하루 평균 가사노동시간(밥하기, 빨래하기, 청소하기, 2살 미만의 아이 돌보기 등)은 얼마나 됩니까 ?
   □ 거의 하지 않는다 □ 1시간 미만 □ 1-2시간 미만 □ 2-3시간 미만 □ 3시간 이상

3. 귀하는 의사로부터 다음과 같은 질병에 대해 진단을 받은 적이 있습니까 ?(해당 질병에 체크)
   (보기 : □ 류머티스 관절염 □ 당뇨병 □ 루프스병 □ 통풍 □ 알코올중독)
   □ 아니오 □ 예('예'인 경우 현재상태는 ? □ 완치 □ 치료나 관찰 중)

4. 과거에 운동 중 혹은 사고로(교통사고, 넘어짐, 추락 등) 인해 손/손가락/손목, 팔/팔꿈치, 어깨, 목, 허리, 다리/발 부위를 다친 적인 있습니까 ?
   □ 아니오 □ 예
   ('예'인 경우 상해 부위는 ? □손/손가락/손목 □팔/팔꿈치 □어깨 □목 □허리 □다리/발)

5.현재 하고 계시는 일의 육체적 부담 정도는 어느 정도라고 생각합니까 ?
   □ 전혀 힘들지 않음 □ 견딜만 함 □ 약간 힘듦 □ 매우 힘듦

II. 지난 1년 동안 손/손가락/손목, 팔/팔꿈치, 어깨, 허리, 다리/발 중 어느 한 부위에서라도 귀하의 작업과 관련하여 통증이나 불편함(통증, 쑤시는 느낌, 뻣뻣함, 화끈거리는 느낌, 무감각 혹은 찌릿찌릿함 등)을 느끼신 적이 있습니까 ?

□ 아니오(수고하셨습니다. 설문을 다 마치셨습니다.)

□ 예("예"라고 답하신 분은 아래 표의 통증부위에 체크(∨)하고, 해당 통증부위의 세로줄로 내려가며 해당사항에 체크(∨)해 주십시오)

통증 부위	목( )	어깨( )	팔/팔꿈치( )	손/손목/손가락( )	허리( )	다리/발( )
1. 통증의 구체적 부위는?		□ 오른쪽 □ 왼쪽 □ 양쪽 모두	□ 오른쪽 □ 왼쪽 □ 양쪽 모두	□ 오른쪽 □ 왼쪽 □ 양쪽 모두		□ 오른쪽 □ 왼쪽 □ 양쪽 모두
2. 한번 아프기 시작하면 통증 기간은 **얼마 동안** 지속됩니까?	□ 1일 미만 □ 1일 - 1주일 미만 □ 1주일 - 1달 미만 □ 1달 - 6개월 미만 □ 6개월 이상	□ 1일 미만 □ 1일 - 1주일 미만 □ 1주일 - 1달 미만 □ 1달 - 6개월 미만 □ 6개월 이상	□ 1일 미만 □ 1일 - 1주일 미만 □ 1주일 - 1달 미만 □ 1달 - 6개월 미만 □ 6개월 이상	□ 1일 미만 □ 1일 - 1주일 미만 □ 1주일 - 1달 미만 □ 1달 - 6개월 미만 □ 6개월 이상	□ 1일 미만 □ 1일 - 1주일 미만 □ 1주일 - 1달 미만 □ 1달 - 6개월 미만 □ 6개월 이상	□ 1일 미만 □ 1일 - 1주일 미만 □ 1주일 - 1달 미만 □ 1달 - 6개월 미만 □ 6개월 이상
3. 그때의 아픈 정도는 **어느 정도** 입니까 ? (보기 참조)	□ 약한 통증 □ 중간 통증 □ 심한 통증 □ 매우 심한 통증	□ 약한 통증 □ 중간 통증 □ 심한 통증 □ 매우 심한 통증	□ 약한 통증 □ 중간 통증 □ 심한 통증 □ 매우 심한 통증	□ 약한 통증 □ 중간 통증 □ 심한 통증 □ 매우 심한 통증	□ 약한 통증 □ 중간 통증 □ 심한 통증 □ 매우 심한 통증	□ 약한 통증 □ 중간 통증 □ 심한 통증 □ 매우 심한 통증
	〈보기〉	**약한 통증** : 약간 불편한 정도이나 작업에 열중할 때는 못 느낀다 **중간 통증** : 작업 중 통증이 있으나 귀가 후 휴식을 취하면 괜찮다 **심한 통증** : 작업 중 통증이 비교적 심하고 귀가 후에도 통증이 계속된다 **매우 심한 통증** : 통증 때문에 작업은 물론 일상생활을 하기가 어렵다				
4. **지난 1년 동안** 이러한 증상을 얼마나 자주 경험하셨습니까 ?	□ 6개월에 1번 □ 2-3달에 1번 □ 1달에 1번 □ 1주일에 1번 □ 매일	□ 6개월에 1번 □ 2-3달에 1번 □ 1달에 1번 □ 1주일에 1번 □ 매일	□ 6개월에 1번 □ 2-3달에 1번 □ 1달에 1번 □ 1주일에 1번 □ 매일	□ 6개월에 1번 □ 2-3달에 1번 □ 1달에 1번 □ 1주일에 1번 □ 매일	□ 6개월에 1번 □ 2-3달에 1번 □ 1달에 1번 □ 1주일에 1번 □ 매일	□ 6개월에 1번 □ 2-3달에 1번 □ 1달에 1번 □ 1주일에 1번 □ 매일
5. **지난 1주일 동안**에도 이러한 증상이 있었습니까 ?	□ 아니오 □ 예	□ 아니오 □ 예	□ 아니오 □ 예	□ 아니오 □ 예	□ 아니오 □ 예	□ 아니오 □ 예
6. **지난 1년 동안** 이러한 통증으로 인해 어떤 일이 있었습니까 ?	□ 병원한의원 치료 □ 약국치료 □ 병가, 산재 □ 작업 전환 □ 해당사항 없음 기타 ( )	□ 병원한의원 치료 □ 약국치료 □ 병가, 산재 □ 작업 전환 □ 해당사항 없음 기타 ( )	□ 병원한의원 치료 □ 약국치료 □ 병가, 산재 □ 작업 전환 □ 해당사항 없음 기타 ( )	□ 병원한의원 치료 □ 약국치료 □ 병가, 산재 □ 작업 전환 □ 해당사항 없음 기타 ( )	□ 병원한의원 치료 □ 약국치료 □ 병가, 산재 □ 작업 전환 □ 해당사항 없음 기타 ( )	□ 병원한의원 치료 □ 약국치료 □ 병가, 산재 □ 작업 전환 □ 해당사항 없음 기타 ( )

[별첨 5-10] 근골격계질병 재해조사 시트

근골격계질병 재해조사 시트

〈공통사항〉

1. 재해자 정보					
이름		성별/나이	/	키/몸무게	/
과거병력	※ 신청 상병과 관련된 병력 기술 (건강보험 수진내역 별도 첨부)				
사고이력	□ 교통사고 : ( )년 □ 산업재해: ( )년 □ 기타(종류 :)사고: ( )년				
운동 및 취미생활	구기종목 : □배드민턴 □테니스 □야구 □배구 □축구 □농구			우세(dominant)손	
	기타종목 : □달리기 □마라톤 □등산 □자전거 기간 : ( )년			□ 좌	□ 우

2. 현재 및 과거 직업력				
회사명	담당 업무(공정)	근무기간	작업 내용	근거자료
		년 월 ~ 년 월		
		년 월 ~ 년 월		
		년 월 ~ 년 월		
		년 월 ~ 년 월		
		년 월 ~ 년 월		
		년 월 ~ 년 월		
		년 월 ~ 년 월		
		년 월 ~ 년 월		
		년 월 ~ 년 월		
		년 월 ~ 년 월		

3. 현재 업무특성	
고용형태	□ 정규직 □ 임시직 □ 일용직 □ 기타
근무형태	□ 고정 주간근무 □ 고정 저녁/야간근무 □ 12시간 교대근무 □ 24시간 교대근무 □ 규칙적 교대근무 □ 불규칙 교대근무
근무시간	1일 평균 ( ) 시간 1주 평균 ( ) 일 근무, 1주 평균 ( ) 시간
휴게시간	점심시간 : ( ) 분 저녁시간 : ( ) 분 휴식시간 : 1일 ( ) 회, 1회 ( ) 분
직무 자율성	□ 일시적으로 특정 기간 또는 시간 동안 수행하는 작업 □ 간헐적으로 이루어지는 작업 □ 작업속도와 휴식 등 여유시간 스스로 조절 가능 □ 라인작업은 아니나 정해진 휴식시간 외에는 작업을 해야 함 □ 라인작업이며 정해진 작업속도에 맞추어야 함

<table>
<tr><th colspan="5">4. 작업내용 조사</th></tr>
<tr><td colspan="5">※ 증상발생 당시의 작업을 중심으로 조사(진단 날짜 또는 현재 작업과 다를 수 있음)
- 하루 작업 현황을 시간대별로 기술
- 반복작업 시 1회 작업 소요시간 및 하루 생산량 기술
※ 상병명 등을 고려하여 상병부위와 관련된 부위의 작업을 위주로 선정함</td></tr>
<tr><td>조사작업</td><td colspan="2">□ 주작업
→ □ 정형작업 □ 비정형작업
□ 재해자 주장 작업</td><td colspan="2">□ 주작업
→ □ 정형작업 □ 비정형작업
□ 재해자 주장 작업</td></tr>
<tr><td>작업명</td><td colspan="2">작업 1 : ( ) 작업</td><td colspan="2">작업 2 : ( ) 작업</td></tr>
<tr><td rowspan="6">작업내용</td><td colspan="2">[어떤 자세로]</td><td colspan="2">[어떤 자세로]</td></tr>
<tr><td colspan="2"></td><td colspan="2"></td></tr>
<tr><td colspan="2">[어떤 설비/도구로]</td><td colspan="2">[어떤 설비/도구로]</td></tr>
<tr><td colspan="2"></td><td colspan="2"></td></tr>
<tr><td colspan="2">[무엇을 한다]</td><td colspan="2">[무엇을 한다]</td></tr>
<tr><td colspan="2"></td><td colspan="2"></td></tr>
<tr><td rowspan="2">작업수행 기간</td><td>해당 작업 시작 시기</td><td>해당 작업 중지 시기</td><td>해당 작업 시작 시기</td><td>해당 작업 중지 시기</td></tr>
<tr><td>년 월 일</td><td>년 월 일</td><td>년 월 일</td><td>년 월 일</td></tr>
<tr><td rowspan="3">작업빈도</td><td colspan="2">□ 상시 작업</td><td colspan="2">□ 상시 작업</td></tr>
<tr><td colspan="2">□ 간헐 작업 [1주 ( )회 정도 수행]</td><td colspan="2">□ 간헐 작업 [1주 ( ) 회 정도 수행]</td></tr>
<tr><td colspan="2">※드물게 수행하는 작업인 경우 얼마마다 한번 씩 있는 작업인지 기술</td><td colspan="2">※드물게 수행하는 작업인 경우 얼마마다 한번 씩 있는 작업인지 기술</td></tr>
<tr><td rowspan="2">작업시간</td><td>1일중 해당 작업 수행 시간</td><td>1일중 전체 작업 시간에서 차지하는 비율</td><td>1일중 해당 작업 수행 시간</td><td>1일중 전체 작업 시간에서 차지하는 비율</td></tr>
<tr><td>( ) 시간</td><td>( ) %</td><td>( ) 시간</td><td>( ) %</td></tr>
<tr><td rowspan="3">참고자료</td><td colspan="2">□ 동영상 □ 사진</td><td colspan="2">□ 동영상 □ 사진</td></tr>
<tr><td colspan="2">[재해자 본인 여부]
□ 본인 □ 동료근로자 □ 기타
[촬영 대상자 신장] ( ) cm</td><td colspan="2">[재해자 본인 여부]
□ 본인 □ 동료근로자 □ 기타
[촬영 대상자 신장] ( ) cm</td></tr>
<tr><td colspan="2">[다빈도 자세 동영상 또는 사진]
[재해자 주장 부담작업 동영상 또는 사진]</td><td colspan="2">[다빈도 자세 동영상 또는 사진]
[재해자 주장 부담작업 동영상 또는 사진]</td></tr>
</table>

〈신체부위별〉

5. 신체부담 요인 조사 - 목 부위 (작업명 :   )

※ 4번의 작업내용 조사에 기술된 작업을 "평가대상 작업"으로 선정하여 작업별로 복수의 시트에 작성하는 것을 원칙으로 함

가. 자세, 힘 및 반복성 평가

<table>
<tr><th colspan="3">구분</th><th>범위</th><th colspan="2">점수</th><th>평가</th></tr>
<tr><td rowspan="11">자세</td><td colspan="2">중립</td><td>□ 0°(+5°)</td><td colspan="2">1</td><td rowspan="7"></td></tr>
<tr><td colspan="2" rowspan="3">앞으로 숙이기</td><td>□ 〈 20°</td><td colspan="2">1</td></tr>
<tr><td>□ 20° - 45°</td><td colspan="2">2</td></tr>
<tr><td>□ 〉 45°</td><td colspan="2">3</td></tr>
<tr><td colspan="2" rowspan="3">뒤로 젖히기</td><td>□ 〈 5°</td><td colspan="2">1</td></tr>
<tr><td>□ 5° - 20°</td><td colspan="2">2</td></tr>
<tr><td>□ 〉 20°</td><td colspan="2">3</td></tr>
<tr><td rowspan="4">회전
꺾임
조합</td><td>좌우 회전</td><td>□ 〉 20°</td><td>(+)1</td><td rowspan="4">최대
2점</td><td rowspan="4"></td></tr>
<tr><td>좌우 꺾임</td><td>□ 〉 10°</td><td>(+)1</td></tr>
<tr><td>좌우 회전</td><td>□ 〉 45°</td><td rowspan="2">(+)2</td></tr>
<tr><td>좌우 꺾임</td><td>□ 〉 30°</td></tr>
<tr><td>힘</td><td colspan="3">□ 머리 또는 목에 중량물 또는 힘의 작용</td><td colspan="2">1</td><td></td></tr>
<tr><td rowspan="2">반복성</td><td colspan="2">정적 자세</td><td>□ 1분 이상 자세 유지</td><td colspan="2" rowspan="2">1</td><td rowspan="2"></td></tr>
<tr><td colspan="2">반복 동작</td><td>□ 분당 2 회 이상</td></tr>
<tr><td colspan="4">합산 점수</td><td colspan="3"></td></tr>
</table>

나. 자세 평가 시 확인사항

<table>
<tr><th rowspan="5">추가
확인 사항</th><th>확인할 자세</th><th>해당 여부</th></tr>
<tr><td>어깨 위 손 올린 자세</td><td>□ 있음 □ 없음</td></tr>
<tr><td>허리 굽히고 팔을 뻗은 자세</td><td>□ 있음 □ 없음</td></tr>
<tr><td>움직임이 제한된 좁은 공간</td><td>□ 있음 □ 없음</td></tr>
<tr><td>어깨로 운반하는 작업</td><td>□ 있음 □ 없음</td></tr>
</table>

다. 주요 상병별 확인사항

<table>
<tr><td rowspan="4">경추추간판
탈출증</td><td>목의 굴곡/신전 상태에서 좌우 회전/꺾임이 동시에 작용 : □ 있음 □ 없음</td></tr>
<tr><td>※ 있는 경우 구체적 상황 기술 또는 사진 첨부</td></tr>
<tr><td>어깨에 중량물을 올려 운반하는 작업 : □ 있음 □ 없음
- 중량물 무게 (   )kg × 빈도 (   )회</td></tr>
<tr><td>※ 있는 경우 구체적 상황 기술 또는 사진 첨부</td></tr>
<tr><td rowspan="2">경추염좌</td><td>증상발현 시점에서 재해자가 기억하는 수준의 충격 : □ 있음 □ 없음</td></tr>
<tr><td>※ 있는 경우 구체적 상황 기술</td></tr>
</table>

5. 신체부담 요인 조사 - 어깨/위팔 부위(작업명:)
※ 4번의 작업내용 조사에 기술된 작업을 "평가대상 작업"으로 선정하여 작업별로 복수의 시트에 작성하는 것을 원칙으로 함

가. 자세, 힘 및 반복성 평가 (방향 : □ 좌 / □ 우)

구분			범위	점수		평가
자세	중립		□ 0°(±5°)	1		
	앞으로 올리기		□ < 45°	1		
			□ 45° - 90°	2		
			□ > 90°	3		
	뒤로 올리기		□ < 20°	2		
			□ > 20°	3		
	몸통 어깨	몸통에서 벌리기(외전)	□ > 30°	(+)1	최대 2점	
		몸통으로 모으기(내전)	□ > 10°			
		어깨의 외(바깥)회전	□ > 10°	(+)1		
		어깨의 내(안쪽)회전	□ > 30°			
		내회전 또는 외전	□ > 45°	(+)2		
		외회전 또는 내전	□ > 30°			
힘	취급하는 물체의 무게		□ > 3kg	1		
반복성	정적 자세		□ 1분 이상 유지	1		
	반복 동작		□ 분당 4회 이상			
합산 점수						

나. 자세 평가 시 확인사항

공구사용 여부	공구의 무게	□ 1-2kg		( )kg
		□ >2kg		
	공구의 진동 (□ 있음 □ 없음)		**공구 명칭 :**	
추가 확인 사항	확인할 자세		해당여부	
	접촉 압박		□ 있음 □ 없음	
	팔꿈치의 과도한 신전		□ 있음 □ 없음	
	어깨의 들림		□ 있음 □ 없음	
	어깨 위 손 올린 자세		□ 있음 □ 없음	
	허리 굽히고 팔을 뻗은 자세		□ 있음 □ 없음	
	누운 자세/엎드린 자세		□ 있음 □ 없음	
	어깨로 운반하는 작업		□ 있음 □ 없음	
	손을 이용		□들기/내리기 □운반 □밀기/당기기	
			무게 : ( )kg/, 빈도 : 1일( )회	

다. 주요 상병별 확인사항

상병	확인사항
회전근개건염 충돌증후군 회전근개파열 이두근건염	부담작업에 대한 평가를 근거로 판단 - 어깨의 반복운동 시 동시에 힘이 강하게 작용 : □ 있음 □ 없음 - 60도 이상의 견관절 거상 동작이 장시간 유지 : □ 있음 ( ) 분 □ 없음 팔꿈치를 굽힌 상태로 아래팔을 이용해 중량물을 운반 : □ 있음 □ 없음
견관절염좌 관절와순파열	증상발현 시점에서 재해자가 기억하는 수준의 충격 : □ 있음 □ 없음
	※ 있는 경우 구체적 상황 기술
견관절 퇴행성관절염	장기간 어깨 운반 작업 : □ 있음 ( )년 □ 없음

5. 신체부담 요인 조사 - 팔꿈치/아래팔 부위 (작업명 :)

※ 4번의 작업내용 조사에 기술된 작업을 "평가대상 작업"으로 선정하여 작업별로 복수의 시트에 작성하는 것을 원칙으로 함

가. 자세, 힘 및 반복성 평가 (방향 : □ 좌 / □ 우)

구분			범위	점수		평가
자세	팔꿈치 굽히기		□ 0°-30°	3		
			□ 30°-60°	2		
			□ 중립자세(60°-100°)	1		
			□ 100°-120°	2		
			□ 〉 120°	3		
	회내전 회외전	회내전(손바닥을 아래로)	□ 〉 60°	(+)1	최대 2점	
		회외전(손바닥을 위로)	□ 〉 60°	(+)1		
		회내전(손바닥을 아래로)	□ 〉 80°	(+)2		
		회외전(손바닥을 위로)	□ 〉 80°			
힘	취급하는 물체의 무게		□ 〉 3kg	1		
반복성	정적 자세		□ 1분 이상 자세 유지	1		
	반복 동작		□ 분당 4 회 이상			
합산 점수						

나. 자세 평가 시 확인사항

공구사용 여부	공구의 무게	□ 1-2kg		( )kg
		□ 〉2kg		
	공구의 진동 (□ 있음 □ 없음)		**공구 명칭 :**	

추가 확인사항	확인할 자세	해당여부
	손목의 굴곡/신전	□ 있음 □ 없음
	회내전/회외전 시 강한 힘(중량물) 작용	□ 있음 □ 없음
	접촉압박(팔꿈치 압박 또는 접촉)	□ 있음 □ 없음
	손으로 밀기/당기기	□ 있음 □ 없음
	손을 망치처럼 사용	□ 있음 □ 없음

다. 주요 상병별 확인사항

상병	확인사항
외상과염	손목의 신전 또는 회외전 동작 및 동시에 힘이 작용 : □ 있음 □ 없음
내상과염	손목의 굴곡 또는 회내전 동작 및 동시에 힘이 작용 : □ 있음 □ 없음
주관절 염좌	증상발현 시점에서 재해자가 기억하는 수준의 충격 : □ 있음 □ 없음
	※ 있는 경우 구체적 상황 기술
주관절 퇴행성관절염	장기간 파쇄작업 등과 같은 망치사용 작업 : □ 있음 ( )년 □ 없음
	※ 있는 경우 구체적 상황 기술

5. 신체부담 요인 조사 - 손/손목 부위 (작업명 :   )

※ 4번의 작업내용 조사에 기술된 작업을 "평가대상 작업"으로 선정하여 작업별로 복수의 시트에 작성하는 것을 원칙으로 함

가. 자세, 힘 및 반복성 평가 (방향 : □ 좌 / □ 우)

구분			범위	점수		평가
자세	중립		□ 0°	1		
	손목의 위/아래 꺾임 (손목의 굴곡/신전)		□ < 15°	1		
			□ 15° - 45	2		
			□ > 45°	3		
	손목의 옆 꺾임	엄지방향	□ > 15°	(+)1	최대 2점	
		새끼방향	□ > 15°	(+)1		
		엄지방향	□ > 30°	(+)2		
		새끼방향	□ > 30°			
힘	취급하는 물체의 무게		□ 손가락>1.0kg □ 손>2.0kg	1		
반복	정적 자세		□ 1분 이상 자세 유지	1		
	반복 동작		□ 분당 4 회 이상			
합산 점수						

나. 자세 평가 시 확인사항

공구사용 여부	공구의 무게	□ 1-2kg		( )kg
		□ >2kg		
	공구의 진동 (□ 있음 □ 없음)		**공구 명칭 :**	
추가 확인사항	확인할 자세		해당여부	
	손가락으로 쥐기/잡기		□ 있음 □ 없음	
	손가락에 강한 힘(과도한 손가락 신전)		□ 있음 □ 없음	
	접촉압박(손바닥의 접촉/충격)		□ 있음 □ 없음	
	(미끄러운) 장갑 착용		□ 있음 □ 없음	
	손을 망치처럼 사용		□ 있음 □ 없음	

다. 주요 상병별 확인사항(외상과염 또는 내상과염 평가 시 참고)

수근관증후군	반복적인 손목의 사용 및 손목에 힘이 가해지는 동작 : □ 있음 □ 없음
삼각연골복합체파열/척골충돌증후군	손목의 척측 회전 동작 : □있음 □ 없음
손목관절염좌	증상발현 시점에서 재해자가 기억하는 수준의 충격 : □ 있음 □ 없음
	※ 있는 경우 구체적 상황 기술
손목뼈 무혈성괴사	장기간 파쇄작업 등과 같은 망치사용 작업 : □ 있음 □ 없음
손가락 및 손의 건염/건초염	일회적이거나 단기간이지만 과도한 힘의 사용 : □ 있음 □ 없음

5. 신체부담 요인 조사 - 허리/고관절 부위 (작업명 :)

※ 4번의 작업내용 조사에 기술된 작업을 "평가대상 작업"으로 선정하여 작업별로 복수의 시트에 작성하는 것을 원칙으로 함

가. 자세 및 반복성 평가

<table>
<tr><th colspan="3">구분</th><th>범위</th><th colspan="2">점수</th><th>평가</th></tr>
<tr><td rowspan="10">자세</td><td colspan="2">똑바로 서 있기</td><td>□ 0˚(+5˚)</td><td colspan="2">1</td><td rowspan="6"></td></tr>
<tr><td colspan="2" rowspan="3">앞으로 굽히기
(허리 전방 굴곡)</td><td>□ < 20˚</td><td colspan="2">1</td></tr>
<tr><td>□ 20˚ - 45˚</td><td colspan="2">2</td></tr>
<tr><td>□ > 45˚</td><td colspan="2">3</td></tr>
<tr><td colspan="2" rowspan="2">뒤로 젖히기(신전)</td><td>□ > 0˚(지지없는상태)</td><td colspan="2">2</td></tr>
<tr><td>□ > 30˚</td><td colspan="2">3</td></tr>
<tr><td rowspan="4">좌우
회전
꺾임</td><td>회전(비틀림)</td><td>□ > 10˚</td><td>(+)1</td><td rowspan="4">최대
2점</td><td rowspan="4"></td></tr>
<tr><td>꺾임(측방굴곡)</td><td>□ > 10˚</td><td>(+)1</td></tr>
<tr><td>회전(비틀림)</td><td>□ > 30˚</td><td rowspan="2">(+)2</td></tr>
<tr><td>꺾임(측방굴곡)</td><td>□ > 30˚</td></tr>
<tr><td>힘</td><td colspan="2">취급하는 물체의 무게</td><td>□ 일일 누적중량>250kg</td><td colspan="2">1</td><td></td></tr>
<tr><td rowspan="2">반복성</td><td colspan="2">정적 자세</td><td>□ 1분 이상 자세 유지</td><td colspan="2" rowspan="2">1</td><td rowspan="2"></td></tr>
<tr><td colspan="2">반복 동작</td><td>□ 분당 2 회 이상</td></tr>
<tr><td colspan="4">합산 점수</td><td colspan="3"></td></tr>
</table>

나. 자세 평가 시 확인사항

<table>
<tr><td rowspan="5">중량물</td><td rowspan="5">무게(중량물)
- 취급 빈도 고려
- 인력작업
(밀기/당기기/운반)</td><td>무게</td><td colspan="2">1일 평균 취급 횟수</td></tr>
<tr><td>□ < 5kg</td><td>( )kg</td><td>( )회</td></tr>
<tr><td>□ 5-10kg</td><td>( )kg</td><td>( )회</td></tr>
<tr><td>□ 10-20kg</td><td>( )kg</td><td>( )회</td></tr>
<tr><td>□ > 20kg</td><td>( )kg</td><td>( )회</td></tr>
<tr><td rowspan="5">전신진동</td><td rowspan="5">진동발생원</td><td>종류</td><td colspan="2">1일 평균 작업 시간</td></tr>
<tr><td>□ 승용차/택시/소형트럭</td><td colspan="2">( )시간</td></tr>
<tr><td>□ 지게차/버스/화물트럭</td><td colspan="2">( )시간</td></tr>
<tr><td>□ 건설/농업용 (중)장비</td><td colspan="2">( )시간</td></tr>
<tr><td>□ 유압시트 설치 상태</td><td colspan="2">□ 있음 □ 없음</td></tr>
<tr><td rowspan="5">추가
확인사항</td><td colspan="2">확인할 자세</td><td colspan="2">해당여부</td></tr>
<tr><td colspan="2">어깨 위로 손을 올린 자세(중량물 취급 높이)</td><td colspan="2">□ 있음 □ 없음</td></tr>
<tr><td colspan="2">무릎 꿇은 자세/쪼그린 자세</td><td colspan="2">□ 있음 □ 없음</td></tr>
<tr><td colspan="2">허리 굽히고 팔을 뻗은 자세</td><td colspan="2">□ 있음 □ 없음</td></tr>
<tr><td colspan="2">등을 사용한 운반 작업</td><td colspan="2">□ 있음 □ 없음</td></tr>
</table>

다. 주요 상병별 확인사항

<table>
<tr><td rowspan="3">요추
추간판
탈출증</td><td>허리의 굴곡/신전 상태에서 좌우 회전/꺾임이 동시에 작용 : □있음 □없음</td></tr>
<tr><td>중량물을 운반하거나 밀고 당기는 작업 시 노면상태 불량 : □있음 □없음</td></tr>
<tr><td>※ 있는 경우 구체적 상황 기술 또는 사진 첨부</td></tr>
<tr><td rowspan="2">요추염좌</td><td>증상발현 시점에서 재해자가 기억하는 수준의 충격 : □ 있음 □ 없음</td></tr>
<tr><td>※ 있는 경우 구체적 상황 기술</td></tr>
<tr><td rowspan="2">고관절
퇴행성관절염</td><td>허리부담 작업 시 부적절한 자세 지속 또는 중량물 이동 : □있음 □없음</td></tr>
<tr><td>※ 있는 경우 구체적 상황 기술</td></tr>
</table>

5. 신체부담 요인 조사- 무릎/발목 부위 (작업명 :)

※ 4번의 작업내용 조사에 기술된 작업을 "평가대상 작업"으로 선정하여 작업별로 복수의 시트에 작성하는 것을 원칙으로 함

가. 자세 및 반복성 평가 (방향 : □ 좌 / □ 우)

<table>
<tr><th colspan="2">구분</th><th>범위</th><th colspan="2">점수</th><th>평가</th></tr>
<tr><td rowspan="13">자세 및 동작</td><td rowspan="4">무릎꿇기 및 쪼그리기</td><td>□ <30분</td><td colspan="2">1</td><td rowspan="4">기본점수</td></tr>
<tr><td>□ 30분-1시간</td><td colspan="2">1</td></tr>
<tr><td>□ 1-2시간</td><td colspan="2">2</td></tr>
<tr><td>□ >2시간</td><td colspan="2">3</td></tr>
<tr><td rowspan="3">오르내리기</td><td>□ <400걸음</td><td>0</td><td rowspan="9">최대
2점</td><td rowspan="9">부가점수</td></tr>
<tr><td>□ 400-1000걸음</td><td>1</td></tr>
<tr><td>□ >1000걸음</td><td>2</td></tr>
<tr><td rowspan="3">운전형태
유사작업</td><td>□ <2시간</td><td>0</td></tr>
<tr><td>□ 2-4시간</td><td>1</td></tr>
<tr><td>□ >4시간</td><td>2</td></tr>
<tr><td rowspan="3">걷기</td><td>□ <2km</td><td>0</td></tr>
<tr><td>□ 2-4km</td><td>1</td></tr>
<tr><td>□ >4km</td><td>2</td></tr>
<tr><td>힘</td><td>중량물 취급</td><td>□ >5kg</td><td colspan="2">1</td><td>기본점수</td></tr>
<tr><td>정적 자세</td><td>정적 자세</td><td>□ 1분 이상 자세 유지</td><td colspan="2">1</td><td>기본점수</td></tr>
<tr><td colspan="3">합산 점수</td><td colspan="3"></td></tr>
</table>

나. 자세 평가 시 확인사항

<table>
<tr><td rowspan="8">추가
확인사항</td><th>확인할 자세</th><th colspan="2">해당여부</th></tr>
<tr><td>비틀림(무릎 또는 발목의 비틀림)</td><td colspan="2">□ 있음 □ 없음</td></tr>
<tr><td>출발/정지 반복/불안정한 자세</td><td colspan="2">□ 있음 □ 없음</td></tr>
<tr><td>움직임이 제한된 좁은 공간</td><td colspan="2">□ 있음 □ 없음</td></tr>
<tr><td>무릎 접촉/충격</td><td colspan="2">□ 있음 □ 없음</td></tr>
<tr><td>뛰어내리기</td><td colspan="2">□ 있음 □ 없음</td></tr>
<tr><td rowspan="2">취급 무게(중량물)</td><td>□ 10~20kg</td><td rowspan="2">( )kg</td></tr>
<tr><td>□ > 20kg</td></tr>
</table>

다. 주요 상병별 확인사항

<table>
<tr><td rowspan="2">반월상연골
파열 또는 손상</td><td>무릎 부위의 부담작업(특히, 쪼그림 및 꿇기) : □ 있음 □ 없음</td></tr>
<tr><td>※ 과거 무릎 부위의 인대손상 병력 확인하여 기술</td></tr>
<tr><td rowspan="2">슬관절 또는
발목 염좌</td><td>증상발현 시점에서 재해자가 기억하는 수준의 충격 : □ 있음 □ 없음</td></tr>
<tr><td>※ 있는 경우 구체적 상황 기술</td></tr>
<tr><td>슬관절
퇴행성관절염</td><td>장기간 중량물을 취급하거나 무릎의 부담 자세 지속 : □ 있음 □ 없음</td></tr>
</table>

6. 직업환경의학 검토의견	
재해조사 보완사항	□ 없음 □ 있음 (□ 작업내용 □ 동영상촬영 □ 신체부담 요인 평가)
상병명	
판단근거	
업무관련성 평가	□ 매우 높음 □ 높음 □ 낮음 □ 매우 낮음
평가전문의	성 명_______________(서명)
조 사 자	_____지역본부(지사) 재활보상부 ___급 성 명__________(서명)

[별첨 5-11] 유해요인 기본조사표

유해요인 기본조사표

(※ 해당사항에 V 하시고, 내용을 기재하시오)

● 조사 구분	□ 정기조사	수시조사 □ 근골격계질환자 발생시 □ 새로운 작업·설비도입시 □ 업무의 양과 작업공정 등 작업환경 변경시	
● 조사 일시		● 조 사 자	
● 부 서 명			
● 작업공정명			
● 작 업 명			

가. 작업장 상황 조사

● 작업 설비	□ 변화 없음	□ 변화 있음 (언제부터)
● 작 업 량	□ 변화 없음	□ 줄음 (언제부터) □ 늘어남 (언제부터) □ 기타 ( )
● 작업 속도	□ 변화 없음	□ 줄음 (언제부터) □ 늘어남 (언제부터) □ 기타 ( )
● 업무 변화	□ 변화 없음	□ 줄음 (언제부터) □ 늘어남 (언제부터) □ 기타 ( )

나. 작업조건 조사

1단계 : 작업별 과제 내용 조사 (유해요인 조사자)

직종명(Job Title) :
작업내용(Tasks) :

2단계 : 각 작업별 작업부하 및 작업빈도 (근로자 면담)

작업 부하(A)	점수	작업 빈도(B)	점수
매우 쉬움	1	아주 가끔(2개월마다 1~2회)	1
쉬움	2	가끔(하루 또는 주2~3일)	2
약간 힘듦	3	자주(1일 4시간)	3
힘듦	4	계속(1일 4시간 이상)	4
매우 힘듦	5	초과근무 시간(1일 8시간 이상)	5

작업내용	작업 부하(A)	작업 빈도(B)	총점수(A×B)

3 단계 : 유해요인 및 원인 평가서

직 종 명	

〈유해요인 설명〉

〈작업1 사진 또는 그림 첨부〉	〈작업2 사진 또는 그림첨부〉

작업별로 관찰된 유해요인 원인분석

유해요인	유해요인에 대한 원인	총점수
작업내용1		
작업내용2		

[별첨 5-12] 건강관리수첩 발급대상

건강관리수첩 발급대상

구 분	건강장해가 발생할 우려가 있는 업무	대상 요건
1	베타-나프틸아민 또는 그 염(같은 물질이 함유된 화합물의 중량 비율이 1퍼센트를 초과하는 제제를 포함한다)을 제조하거나 취급하는 업무	3개월 이상 종사한 사람
2	벤지딘 또는 그 염(같은 물질이 함유된 화합물의 중량 비율이 1퍼센트를 초과하는 제제를 포함한다)을 제조하거나 취급하는 업무	3개월 이상 종사한 사람
3	베릴륨 또는 그 화합물(같은 물질이 함유된 화합물의 중량 비율이 1퍼센트를 초과하는 제제를 포함한다) 또는 그 밖에 베릴륨 함유물질(베릴륨이 함유된 화합물의 중량 비율이 3퍼센트를 초과하는 물질만 해당한다)을 제조하거나 취급하는 업무	제조하거나 취급하는 업무에 종사한 사람 중 양쪽 폐부분에 베릴륨에 의한 만성 결절성 음영이 있는 사람
4	비스-(클로로메틸)에테르(같은 물질이 함유된 화합물의 중량 비율이 1퍼센트를 초과하는 제제를 포함한다)를 제조하거나 취급하는 업무	3년 이상 종사한 사람
5	가. 석면 또는 석면방직제품을 제조하는 업무	3개월 이상 종사한 사람
	나. 다음의 어느 하나에 해당하는 업무 1) 석면함유제품(석면방직제품은 제외한다)을 제조하는 업무 2) 석면함유제품(석면이 1퍼센트를 초과하여 함유된 제품만 해당한다. 이하 다목에서 같다)을 절단하는 등 석면을 가공하는 업무 3) 설비 또는 건축물에 분무된 석면을 해체 · 제거 또는 보수하는 업무 4) 석면이 1퍼센트 초과하여 함유된 보온재 또는 내화피복제(耐火被覆劑)를 해체 · 제거 또는 보수하는 업무	1년 이상 종사한 사람
	다. 설비 또는 건축물에 포함된 석면시멘트, 석면마찰제품 또는 석면개스킷제품 등 석면함유제품을 해체 · 제거 또는 보수하는 업무	10년 이상 종사한 사람
	라. 나목 또는 다목 중 하나 이상의 업무에 중복하여 종사한 경우	다음의 계산식으로 산출한 숫자가 120을 초과하는 사람: (나목의 업무에 종사한 개월 수)×10+(다목의 업무에 종사한 개월 수)
	마. 가목부터 다목까지의 업무로서 가목부터 다목까지에서 정한 종사기간에 해당하지 않는 경우	흉부방사선상 석면으로 인한 질병 징후(흉막반 등)가 있는 사람
6	벤조트리클로라이드를 제조(태양광선에 의한 염소화반응에 의하여 제조하는 경우만 해당한다)하거나 취급하는 업무	3년 이상 종사한 사람
7	가. 갱내에서 동력을 사용하여 토석(土石) · 광물 또는 암석(습기가 있는 것은 제외한다. 이하 "암석등"이라 한다)을 굴착 하는 작업 나. 갱내에서 동력(동력 수공구(手工具)에 의한 것은 제외한다)을 사용하여 암석 등을 파쇄(破碎) · 분쇄 또는 체질하는 장소에서의 작업 다. 갱내에서 암석 등을 차량계 건설기계로 싣거나 내리거나 쌓아두는 장소에서의 작업 라. 갱내에서 암석 등을 컨베이어(이동식 컨베이어는 제외한다)에 싣거나 내리는 장소에서의 작업	3년 이상 종사한 사람으로서 흉부방사선 사진 상 진폐증이 있다고 인정되는 사람(「진폐의 예방과 진폐근로자의 보호 등에 관한 법률」에 따라 건강관리수첩을 발급받은 사람은 제외한다)

구 분	건강장해가 발생할 우려가 있는 업무	대상 요건
	마. 옥내에서 동력을 사용하여 암석 또는 광물을 조각 하거나 마무리하는 장소에서의 작업 바. 옥내에서 연마재를 분사하여 암석 또는 광물을 조각하는 장소에서의 작업 사. 옥내에서 동력을 사용하여 암석·광물 또는 금속을 연마·주물 또는 추출하거나 금속을 재단하는 장소에서의 작업 아. 옥내에서 동력을 사용하여 암석등·탄소원료 또는 알미늄박을 파쇄·분쇄 또는 체질하는 장소에서의 작업 자. 옥내에서 시멘트, 티타늄, 분말상의 광석, 탄소원료, 탄소제품, 알미늄 또는 산화티타늄을 포장하는 장소에서의 작업 차. 옥내에서 분말상의 광석, 탄소원료 또는 그 물질을 함유한 물질을 혼합·혼입 또는 살포하는 장소에서의 작업 카. 옥내에서 원료를 혼합하는 장소에서의 작업 중 다음의 어느 하나에 해당하는 작업 1) 유리 또는 법랑을 제조하는 공정에서 원료를 혼합하는 작업이나 원료 또는 혼합물을 용해로에 투입하는 작업(수중에서 원료를 혼합하는 작업은 제외한다) 2) 도자기·내화물·형상토제품 또는 연마재를 제조하는 공정에서 원료를 혼합 또는 성형하거나, 원료 또는 반제품을 건조하거나, 반제품을 차에 싣거나 쌓아 두는 장소에서의 작업 또는 가마 내부에서의 작업(도자기를 제조하는 공정에서 원료를 투입 또는 성형하여 반제품을 완성하거나 제품을 내리고 쌓아 두는 장소에서의 작업과 수중에서 원료를 혼합하는 장소에서의 작업은 제외한다) 3) 탄소제품을 제조하는 공정에서 탄소원료를 혼합하거나 성형하여 반제품을 노(爐)에 넣거나 반제품 또는 제품을 노에서 꺼내거나 제작하는 장소에서의 작업 타. 옥내에서 내화 벽돌 또는 타일을 제조하는 작업 중 동력을 사용하여 원료(습기가 있는 것은 제외한다)를 성형하는 장소에서의 작업 파. 옥내에서 동력을 사용하여 반제품 또는 제품을 다듬질하는 장소에서의 작업 중 다음의 의 어느 하나에 해당하는 작업 1) 도자기·내화물·형상토제품 또는 연마재를 제조하는 공정에서 원료를 혼합 또는 성형하거나, 원료 또는 반제품을 건조하거나, 반제품을 차에 싣거나 쌓은 장소에서의 작업또는 가마 내부에서의 작업(도자기를 제조하는 공정에서 원료를 투입 또는 성형하여 반제품을 완성하거나 제품을 내리고 쌓아 두는 장소에서의 작업과 수중에서 원료를 혼합하는 장소에서의 작업은 제외한다) 2) 탄소제품을 제조하는 공정에서 탄소원료를 혼합하거나 성형하여 반제품을 노에 넣거나 반제품 또는 제품을 노에서 꺼내거나 제작하는 장소에서의 작업 하. 옥내에서 주형(鑄型)을 해체하거나, 분해장치를 이용하여 사형(似形)을 부수거나, 모래를 털어 내거나 동력을 사용하여 주물사를 재생하거나 혼련(混練)하거나 주물품을 절삭(切削)하는 장소에서의 작업 거. 옥내에서 수지식(手指式) 용융분사기를 이용하지 않고 금속을 용융분사하는 장소에서의 작업	
8	가. 염화비닐을 중합(重合)하는 업무 또는 밀폐되어 있지 않은 원심분리기를 사용하여 폴리염화비닐(염화비닐의 중합체를 말한다)의 현탁액	4년 이상 종사한 사람

구 분	건강장해가 발생할 우려가 있는 업무	대상 요건
	(懸濁液)에서 물을 분리시키는 업무 나. 염화비닐을 제조하거나 사용하는 석유화학설비를 유지·보수하는 업무	
9	크롬산·중크롬산 또는 이들 염(같은 물질이 함유된 화합물의 중량 비율이 1퍼센트를 초과하는 제제를 포함한다)을 광석으로부터 추출하여 제조하거나 취급하는 업무	4년 이상 종사한 사람
10	삼산화비소를 제조하는 공정에서 배소(焙燒) 또는 정제를 하는 업무나 비소가 함유된 화합물의 중량 비율이 3퍼센트를 초과하는 광석을 제련하는 업무	5년 이상 종사한 사람
11	니켈(니켈카보닐을 포함한다) 또는 그 화합물을 광석으로부터 추출하여 제조하거나 취급하는 업무	5년 이상 종사한 사람
12	카드뮴 또는 그 화합물을 광석으로부터 추출하여제조하거나 취급하는 업무	5년 이상 종사한 사람
13	가. 벤젠을 제조하거나 사용하는 업무(석유화학 업종만 해당한다) 나. 벤젠을 제조하거나 사용하는 석유화학설비를 유지·보수하는 업무	6년 이상 종사한 사람
14	제철용 코크스 또는 제철용 가스발생로를 제조하는 업무(코크스로 또는 가스발생로 상부에서의 업무 또는 코크스로에 접근하여 하는 업무만 해당한다)	6년 이상 종사한 사람
15	비파괴검사(X-선) 업무	1년이상 종사한 사람 또는 연간 누적선량이 20mSv 이상이었던 사람

[별첨 5-13] 분진작업 종사사실 확인서

분 진 자 업 종 사 사 실 확 인 서

근 로 자 명 :
주민등록번호 :

구 분	사업장명	직종명	작업장 분진명	근무기간	비 고
최종분진 작 업 장				년 월 일부터 년 월 일까지 (년 월)	현재 재직 또는 이직 (퇴직) 여부
과거분진사업장직력				년 월 일부터 년 월 일까지 (년 월)	
				년 월 일부터 년 월 일까지 (년 월)	
				년 월 일부터 년 월 일까지 (년 월)	
				년 월 일부터 년 월 일까지 (년 월)	

사진첨부 (규격 3.5cm×4.5cm)	상기본인은 위와 같이 분진작업에 종사한 사실이 있으며, 최종분진작업장 퇴직 후 다른 분진작업에 종사한 경력은 없음을 확인하며, 위 기재 내용에 허위가 있을 경우에는 민·형사상의 책임을 지겠음을 확인합니다. 년 월 일

근로자명 : (서명 또는 인)

개별직종노임단가

(단위 : 원)

번호	직종명 \ 공표일	2019.9.1	2019.1.1	2018.9.1	2018.1.1
1001	작업반장	159,003	153,186	145,013	137,535
1002	보통인부	130,264	125,427	118,130	109,819
1003	특별인부	155,599	152,019	141,507	133,417
1004	조력공	140,220	133,863	127,124	120,416
1005	제도사	167,434	159,514	153,608	144,980
1006	비계공	228,462	224,359	208,195	196,261
1007	형틀목공	207,239	201,951	197,929	189,303
1008	철근공	212,935	210,096	199,266	189,585
1009	철공	184,100	178,249	177,994	170,500
1010	철판공	178,010	164,550	160,892	153,766
1011	철골공	198,829	195,321	185,739	176,388
1012	용접공	209,394	198,711	180,350	169,201
1013	콘크리트공	208,492	198,242	199,737	176,062
1014	보링공	169,406	161,455	150,050	142,459
*1015	착암공	150,052	142,030	135,852	129,160
1016	화약취급공	177,500	170,086	164,540	169,977
1017	할석공	176,436	170,023	163,030	152,559
*1018	포설공	151,602	145,489	138,693	131,820
1019	포장공	185,736	176,515	162,899	154,530
1020	잠수부	275,382	249,770	269,167	249,104
1021	조적공	192,633	185,725	172,091	161,334
1022	견출공	187,174	182,686	170,221	159,626
1023	건축목공	203,532	200,925	188,225	175,760
1024	창호공	195,972	187,530	175,176	163,191
1025	유리공	190,247	181,240	167,287	155,803
1026	방수공	153,086	148,971	139,009	130,819
1027	미장공	214,502	209,611	188,228	175,547
1028	타일공	206,065	199,848	187,087	174,390
1029	도장공	188,854	184,508	174,277	153,890
1030	내장공	192,305	189,600	177,322	165,367

번호	직종명 \ 공표일	2019.9.1	2019.1.1	2018.9.1	2018.1.1
1031	도배공	169,575	165,558	157,719	145,618
*1032	연마공	153,200	148,870	145,883	-
1033	식공	204,974	204,601	190,800	173,847
1034	줄눈공	150,525	146,786	134,900	126,890
1035	판넬조립공	176,700	166,716	160,436	152,318
1036	지붕잇기공	169,590	159,703	155,527	155,855
1037	벌목부	174,278	166,034	162,884	-
1038	조경공	175,057	169,758	159,410	147,733
1039	배관공	186,665	176,011	163,004	148,689
1040	배관공(수도)	180,219	173,600	177,266	163,848
*1041	보일러공	178,567	171,738	159,406	147,079
1042	위생공	173,148	166,350	153,392	141,618
1043	덕트공	164,907	152,631	147,452	137,653
1044	보온공	174,352	160,788	147,179	133,195
1045	인력운반공	146,205	138,477	131,775	124,911
1046	궤도공	159,726	149,629	140,101	130,850
*1047	건설기계조장	150,469	148,214	150,798	138,494
1048	건설기계운전사	190,235	187,069	181,074	162,022
1049	화물차운전사	166,752	158,708	149,306	138,151
1050	일반기계운전사	131,528	123,282	117,754	118,763
1051	기계설비공	175,669	166,666	153,426	145,131
*1052	준설선선장	153,960	-	149,178	-
*1053	준설선기관사	140,829	-	141,301	-
*1054	준설선운전사	139,161	131,778	126,892	119,424
*1055	선원	137,972	130,194	125,707	118,553
1056	플랜트배관공	249,688	255,579	240,654	227,813
1057	플랜트제관공	210,021	218,174	208,835	202,953
1058	플랜트용접공	221,110	220,359	214,751	211,791
**1059	플랜트특수용접공	-	266,702	245,943	242,882
1060	플랜트기계설치공	219,705	223,690	219,777	217,129

번호 / 직종명 / 공표일		2019.9.1	2019.1.1	2018.9.1	2018.1.1
1061	플랜트특별인부	**161,468**	162,616	167,839	158,269
1062	플랜트케이블전공	**246,036**	252,875	257,060	251,985
*1063	플랜트계장공	**189,623**	193,134	184,732	182,976
*1064	플랜트덕트공	**160,300**	161,831	-	160,714
*1065	플랜트보온공	**237,525**	225,972	227,973	214,681
1066	제철축로공	**260,000**	250,533	237,472	235,955
1067	비파괴시험공	**258,161**	266,376	272,157	252,642
*1068	특급품질관리원	**166,727**	161,386	165,589	163,055
*1069	고급품질관리원	**159,454**	153,385	149,200	145,529
*1070	중급품질관리원	**146,887**	140,389	136,237	133,063
*1071	초급품질관리원	**124,000**	119,905	124,164	120,681
1072	지적기사	**235,826**	235,513	236,123	236,268
1073	지적산업기사	**204,511**	204,765	205,702	205,925
1074	지적기능사	**171,936**	173,954	173,700	174,105
1075	내선전공	**233,369**	225,408	212,226	199,157
1076	특고압케이블전공	**343,650**	323,944	308,360	288,346
1077	고압케이블전공	**288,852**	295,582	281,860	276,182
1078	저압케이블전공	**237,221**	235,560	223,581	219,560
1079	송전전공	**425,796**	402,795	394,532	385,403
1080	송전활선전공	**451,971**	434,661	407,698	408,278
1081	배전전공	**350,233**	336,973	322,317	303,747
1082	배전활선전공	**439,018**	424,632	414,974	393,347
1083	플랜트전공	**206,738**	205,890	209,529	202,202
1084	계장공	**218,322**	210,643	203,065	195,084
1085	철도신호공	**243,070**	229,729	218,618	211,706
1086	통신내선공	**214,857**	204,358	200,374	187,873
1087	통신설비공	**233,636**	224,927	219,053	203,165
1088	통신외선공	**302,821**	290,398	281,811	257,995
1089	통신케이블공	**326,966**	326,000	314,268	297,858
1090	무선안테나공	**254,636**	246,693	251,889	228,313
*1091	석면해체공	**178,514**	168,117	159,868	147,482

번호 / 직종명 \ 공표일		2019.9.1	2019.1.1	2018.9.1	2018.1.1
2001	광 케 이 블 설 치 사	**340,232**	332,790	329,592	307,477
2002	H / W 시 험 사	**316,006**	300,441	281,211	258,122
2003	S / W 시 험 사	**335,062**	316,695	306,008	282,126
*3001	도 편 수	**350,394**	331,207	320,137	323,645
*3002	드 잡 이 공	**275,200**	262,340	248,421	247,924
3003	한 식 목 공	**250,387**	237,124	228,846	220,935
*3004	한 식 목 공 조 공	**197,677**	189,704	181,486	170,364
3005	한 식 석 공	**323,048**	302,185	280,936	261,844
3006	한 식 미 장 공	**235,833**	221,715	217,332	197,427
3007	한 식 와 공	**275,649**	280,534	269,964	271,936
3008	한 식 와 공 조 공	**201,885**	213,333	202,769	188,279
*3009	목 조 각 공	**222,398**	210,559	206,235	192,209
**3010	석 조 각 공	(※203,196)	-	-	-
**3011	특 수 화 공	(※238,720)	-	-	-
**3012	화 공	-	-	228,571	212,787
**3013	드 잡 이 공 편 수	-	-	-	273,371
*3014	한 식 미 장 공 편 수	**271,307**	-	-	251,074
*3015	한 식 와 공 편 수	**306,667**	-	-	292,847
**3016	한 식 단 청 공 편 수	-	-	243,477	241,517
*3017	한 식 석 공 조 공	**231,071**	219,117	205,926	192,636
*3018	한 식 미 장 공 조 공	**207,538**	195,281	180,980	165,089
4001	원 자 력 플 랜 트 전 공	**197,852**	209,162	214,003	213,364
4002	원 자 력 용 접 공	**195,389**	208,245	204,448	202,130
4003	원 자 력 기 계 설 치 공	**213,022**	201,203	211,263	210,144
4004	원 자 력 품 질 관 리 사	**274,651**	258,644	266,892	265,941
5001	통 신 관 련 기 사	**260,736**	259,492	246,909	231,472
5002	통 신 관 련 산 업 기 사	**250,535**	239,569	228,022	211,847
5003	통 신 관 련 기 능 사	**199,056**	199,216	199,652	185,358
5004	전 기 공 사 기 사	**261,628**	240,346	228,507	214,690
5005	전 기 공 사 산 업 기 사	**231,347**	211,437	203,354	191,600
5006	변 전 전 공	**320,009**	305,887	297,950	280,556
5007	코 킹 공	**176,693**	167,882	163,904	149,882

주) 「*」 표시 직종은 조사현장수가 5개미만 직종임
「**」 표시 직종은 조사되지 않은 직종이므로 그 적용은 앞의 '이용 상의 주의사항'을 참고하시기 바람
「※」 표시된 노임단가(3010. 석조각공, 3011. 특수화공)는 최근 조사에서 조사되지 않은 직종으로, 가장 최근의 조사결과('17.9.1 적용)값을 표기하오니 이용상 주의하시기 바람

[별첨 5-15] 합의서 (1)

합 의 서(1)

2019년 1월 5일 발생한 망 김00(800000 - 3333333)의 사망사고와 관련하여 망인의 유가족 父 ㅇㅇㅇ(-), 母 ㅇㅇㅇ(-), 배우자 ㅇㅇㅇ(-)(이하 "甲"이라 한다)과 000건설(이하 "乙"이라 한다)는 상호 자유로운 의사에 따라 다음과 같이 합의한다. 이에 망 김00의 모든 유가족과 모두 합의한 것으로 본다.

- 다 음 -

1. "乙"은 "甲"에게 위 사고와 관련하여 산업재해보상보험법상 유족급여, 장의비를 제외한 재산적 및 정신적 손해 등 일체의 민·형사상 손해배상 및 합의금으로 금 257,422,950 원을 아래와 같이 지급한다.

- 아 래 -

가. 지급일자 : 합의서 공증일로부터 15일 이내
나. 지급방법 : ㅇㅇㅇ의 계좌로 입금
(은행명 : , 계좌번호)
다. 지급금액

재산적 손해	정신적 손해	총 액
157,422,950원	100,000,000 원	257,422,950원

2. "甲"이 근로복지공단 관할지사에 산업재해보상보험법상의 유족급여를 직접 청구하여 수령하기로 하되, 전항의 합의금은 총 손해배상액을 금 사억오천오백만원 (455,000,000원), 산업재해보상보험법상의 유족급여를 금 일억구천칠백오십칠만칠천오십원 (197,577,050원_2019년 시중노임단가 기준)으로 예상하여 산정하였으므로, 관할 근로복지공단에서 예상 산업재해보상보험법상의 보험금과 다르게 유족급여를 결정하는 경우 "甲"과 "乙"은 그 차액을 상호 정산하여 지급하기로 한다. 단 산업재해보상보험법상의 장의비에 대해서는 "을"이 근로복지공단에 대체 청구하기로 한다.

3. 근로복지공단의 수급권자 결정은 본 합의에 일체 영향을 미치지 아니하고, "甲"은 그 결정을 이유로 "乙"에게 일체 이의를 제기할 수 없다.

4. "甲"은 상기 합의금으로 "甲" 및 "甲"의 이해관계인[직계혈족, 형제자매, 방계혈족, 친족, 사실혼배우자 등] 모두에 대한 위자료를 포함하여 "乙"과 원만히 합의하였으므로, 향후 본건 사고와 관련하여 "乙" 및 본 사고와 관련한 부진정 연대채무자들(이 사건 공사현장의 발주자, 원·하청 시공사 및 그들의 임직원에 한정한다)에게 합의 당시 예기치 못한 사항을 포함하여 민·형사상 일체의 이의제기, 추가 배상청구, 소제기 등 위 사고와 관련한 어떠한 이의도 제기하지 않는다.

5. "甲"은 "甲"의 이해관계인이 "乙" 및 본 사고와 관련한 상기 부진정 연대채무자들 중 누구에게라도 이의를 제기하거나 기타의 사유로 민사상 청구권을 행사할 경우 "甲"은 연대하여 본인의 책임으로 배상, 변제

등의 조치를 한다.

6. “乙”은 “甲”이 산업재해보상보험법상 유족급여 및 장의비를 근로복지공단에 청구하는 것에 적극 협조하여야 하고, “甲”은 “乙”에게 본 합의와 동시에 다음 서류를 인도하여야 한다.

- 다 음 -

가. 망 김00의 사망진단서 또는 사체검안서 3부
나. 망 김00의 주민등록등본 및 가족관계증명서 각 3부
다. 망 김00의 제적등본
라. “甲” 모두의 주민등록등본, 가족관계증명서 각 3부
마. “甲”의 인감증명서 2부
바. 사건사고사실확인원 3부 (경찰서)

7. "甲"은 본 합의 의사표시가 사기, 강박 또는 착오에 의한 것이 아니며, 자유로운 의사에 따라 모든 의미를 충분히 숙지하고 진정한 의사표시로써 이 합의를 체결하였음을 확인한다.

8. 상기 합의사항을 후일에 확실히 하기 위하여 공증한 후 각 1부씩 보관하기로 한다.

2018. . .

“甲1” 성 명 :
주 소 : (-) (인)

“甲2” 성 명 :
주 소 : (-) (인)

“甲3” 성 명 :
주 소 : (-) (인)

“乙” 주 소 :
상 호 : (인)
대 표 이 사 :

[별첨 5-15] 합의서 (2)

합 의 서(2)

피재자 故000의 처(妻) 0 0 0 (500000-2000000)
자(子) 0 0 0 (800000-1000000)
녀(女) 0 0 0 (700000-2000000)

사용자 주식회사 000 (법인번호 100000-0000000)
대표이사 0 0 0
00개발주식회사 (법인번호 100000-0000000)
대표이사 0 0 0
00전기주식회사 (법인번호 100000-0000000)
대표이사 0 0 0

위 당사자인 피재자 故 △△△의 처 000, 자녀 000, 000(이하 "갑"이라고 함)와 사용자인 ㈜ 000 대표이사 000, 00개발(주) 대표이사 000, 00전기(주) 대표이사 000(이하 "을"이라고 함)은 『0 0 신축공사 현장』에서 2019년 01월 09일 사망한 故 △△△(500000-1000000)의 사망사고와 관련하여 다음과 같이 상호 원만히 합의하고 서명 날인한다.

- 다 음 -

1. "갑"은 산업재해보상보험법상 산재보험급여를 제외한 민사상 손해배상금 및 위자료와 형사상 합의금 등 일체의 명목(이하 "보상금")으로 일금 일억칠천만원 (₩170,000,000원)을 "을"로부터 지급받고 동 사고를 원인으로 향후 "을" 및 그 임직원을 상대로 어떠한 경우에도 민사. 형사. 행정상 이의를 제기하지 아니하며 향후 어떤 명목으로도 추가 보상을 청구하지 않을 것을 확약한다.

2. "갑"은 상기한 제1항의 금액 중 일금 일억오천만원 (₩150,000,000)을 본 합의서 공증 시 "갑" 명의의 은행 계좌(OO은행, 계좌번호. 예금주 : OOO)로 지급받고, 나머지 금액인 일금 이천만원 (2₩0,000,000)은 "갑"이 이 건 근재처리와 행정처리에 필요한 모든 서류 일체를 준비하여 "을"에게 제출한 날로부터 7일 이내에 동 은행 계좌로 지급받기로 한다.

3. "갑"은 동 사고와 관련한 "을"의 행정상 처리와 이에 따른 "을"의 유족관련 필요 서류 요청에 적극 협조하고, "을"은 "갑"의 산재처리(유족급여 및 장제비 청구)에 필요한 서류 일체 및 진술, 조사에 적극 협조한다.

4. 상기 합의는 사기와 강박 등이 없이 자유의사에 따라 합의하였으며 "갑"은 본 건 사고와 관련하여 "갑"을 제외한 故 △△△의 유족이 존재하지 않음을 확인하고, 추후 "갑" 이외의 제3자가 유족임을 주장하며 손해배상, 위자료 등을 요구할 경우 상기 "갑"의 책임과 비용으로 해결할 것을 확약한다.

5. 본 합의 사실을 증명하기 위하여 본 합의서를 3부 작성하여 공증하고 "갑", "을"과 공증인이 각 1부씩 보관한다.

※ 첨부 : "갑" 신분증 사본 각 1부, 인감증명서 각 1통

20○○ 년 ○○월 ○○일

	처(妻) 0 0 0		(인)
상기 "갑"	자(子) 0 0 0		(인)
	녀(女) 0 0 0		(인)
	㈜ 00	0 0 0	(인)
상기 "을"	00개발㈜	0 0 0	(인)
	00전기㈜	0 0 0	(인)

[별첨 5-16] 탄원서

탄 원 서

성　　　　명 :
주　　　　소 :
주민등록번호 :
전　　　　화 :

상기 본인은 2019. 01. 05. 00건설이 시공하는 00건물신축공사 현장에서 발생한 사고로 사망한 망 김00의 유가족으로서 위 사고와 관련하여 다음과 같이 탄원서를 제출합니다.

- 다 음 -

1. 본인이 사고의 직접적인 원인 등에 대하여 회사 관계자들로부터 듣고 확인한 바, 회사 측에서 안전관리를 위하여 주어진 여건 하에서 최선의 노력을 하였음에도 불구하고 순간적으로 방지할 수 있는 시간적 여유가 없는 상황에서 발생한 것임을 알게 되었습니다.

2. 회사 측에서는 사고 이후 진심으로 본인을 위로하여 주며, 유족인 저에게 경제적 손실을 충분히 보상하여 주는 등 아픔을 치유하기 위하여 많은 노력을 기울여 주었습니다.

3. 가족을 잃은 슬픔은 이루 말할 수 없지만, 사고 발생 후 유족에게 세심한 배려를 기울여 주었으며, 사고로 인하여 또 다른 고통을 받고 있는 회사 및 회사 관계자들이 금번 사고로 인하여 더 이상의 민·형사적, 행정적 책임을 부담하지 않았으면 하는 마음에서 이 탄원서를 작성하여 제출합니다.

4. 부디, 현명하신 검사님, 판사님, 수사기관 및 행정기관 담당자님들께서는 회사 및 회사 관계자에 대하여 최대한의 선처를 하여 주시고, 사고로 중단된 공사가 빠른 시일 내에 재개될 수 있도록 해주시어, 회사 및 관계자들이 금번 사고로 인하여 더 이상의 고통을 겪지 않을 수 있도록 배려하여 주시기를 간곡히 부탁드립니다.

20 .　　.　　.

유가족 대표　　　　　　(인)

[별첨 5-17] 합의각서(1)

합 의 각 서(1)

2018년 1월 5일 발생한 망 △△△의 (690000 - 1000000)의 사망사고와 관련하여 망인의 유가족 박00(700000 - 2000000), 000(90000 - 1000000), (이하 "甲"이라 한다)은 00건설 주식회사(이하 "乙"이라 한다)과 상호 자유로운 의사에 따라 다음과 같이 합의하며, 이에 이의를 제기하지 아니하겠습니다.

- 다 음 -

1. "甲"은 "乙"로부터 위 사고와 관련하여 산업재해보상보험법상 유족급여, 장의비를 포함한 재산적 및 정신적 손해 등 일체의 민·형사상 손해배상 및 합의금으로 금 삼억사천만원 (₩340,000,000)을 아래와 같이 지급받는다.

- 아 래 -

가. 지급일자 : 합의일자 (2019.01.19.)
나. 지급방법 : 유족의 계좌로 입금
(박00 : 00은행, 계좌번호 0002-008-000009)
(김00 : △△은행, 계좌번호 200000-04-200008)
다. 지급금액

재산적 손해	정신적 손해	형사합의금	총 액
260,000,000 원	40,000,000 원	40,000,000	340,000,000 원

2. "甲"은 근로복지공단 관할지사에 산업재해보상보험법상의 유족급여를 직접 청구하여 수령하기로 한다.

3. 근로복지공단의 수급권자 결정은 본 합의에 일체 영향을 미치지 아니하고, "甲"은 그 결정을 이유로 "乙"에게 일체 이의를 제기할 수 없다.

4. "甲"과 "乙"은 망 △△△의 사망사고와 관련하여 일체의 민·형사상 손해배상 및 합의금을 지급 및 수령함으로써 종국적으로 합의하였으므로, "甲"은 본 합의서 공증시 망 △△△가 소속된 주식회사 00에 대한 민사상 손해배상청구권을 "乙"에게 양도하기로 하고, 별도로 채권양도 계약서, 채권양도 증서를 작성한 후

이 사실을 주식회사 00에게 본 합의 공증일에 내용증명 우편으로 통지하기로 한다.

5. "甲"은 상기 합의금으로 "甲" 및 "甲"의 이해관계인[직계혈족, 형제자매, 방계혈족, 친족, 사실혼배우자 등] 모두에 대한 위자료를 포함하여 "乙"과 원만히 합의하였으므로, 향후 본건 사고와 관련하여 "乙" 및 본 사고와 관련한 부진정 연대채무자들(이 사건 공사현장의 발주자, "乙" 및 그들의 임직원에 한정한다)에게 합의 당시 예기치 못한 사항을 포함하여 민·형사상 일체의 이의제기, 추가 배상청구, 소제기 등 위 사고와 관련한 어떠한 이의도 제기하지 않는다.

6. "甲"은 "甲"의 이해관계인이 "乙" 및 본 사고와 관련한 상기 부진정 연대채무자들 중 누구에게라도 이의를 제기하거나 기타의 사유로 민사상 청구권을 행사할 경우 "甲"은 연대하여 본인의 책임으로 배상, 변제 등의 조치를 한다.

7. "乙"은 "甲"이 산업재해보상보험법상 유족급여를 근로복지공단에 청구하는 것에 적극 협조하여야 하고, "甲"은 "乙"에게 본 합의와 동시에 요청 서류를 인도하여야 한다.

8. "甲"은 본 합의 의사표시가 사기, 강박 또는 착오에 의한 것이 아니며, 자유로운 의사에 따라 모든 의미를 충분히 숙지하고 진정한 의사표시로써 이 합의를 체결하였음을 확인한다.

20○○.　.　.

각서인 성　　　명 : 0 0 0 (700000 - 2000000)　(인)
주　　　소 : 경기도 00시 00동 115번지

각서인 성　　　명 : 0 0 0 (900000 - 1000000)　(인)
주　　　소 : 경기도 00시 00동 115번지

00건설 주식회사 대표이사 귀중

[별첨 5-17] 합의각서(2)

합 의 각 서(2)

1. 각서인 인적사항

성 명 :

주민등록번호 :

주 소 :

2. 각서내용

상기 각서인 ㅇㅇㅇ은 귀 사가 시공하고 있는 『ㅇㅇㅇㅇ 현장』에서 20 . 00. 00일 재해자 ㅇㅇㅇ의 부상한 안전사고와 관련하여 동 사고에 대한 법적 수급권자로서 사고현장 원청업체인 00 주식회사와 아래와 같이 합의하고 본 합의각서를 제출합니다.

- 아 래 -

1. 상기 각서인은 산업재해보상보험법상 산재보험급여를 초과하는 손해배상금 및 위자료 등 일체의 명목(장래 후유손해 포함)으로 일금 원 (원)을 지급받고 동 사고를 원인으로 향후 귀사를 상대로 민사,형사,행정상 이의를 제기하지 아니하며, 향후 어떤 명목으로도 추가 보상을 포기하는 조건으로 합의한다.

2. 상기인의 본 건 재해에 대한 민사배상금 및 위자료에는 상기인의 동거가족 및 기타 이해관계인에 대한 위자료가 포함된 금액이므로, 본 건 합의에도 불구하고 상기인의 동거가족 및 기타 이해관계인들이 회사에 손해배상 및 위자료를 청구하는 경우 모든 책임은 상기인이 지겠으며, 여하한 경우에도 본 건과 관련하여 회사측에 이의를 제기하지 아니하겠습니다.

본 합의각서를 확실히 하기 위해 각서인은 아래와 같이 첨부, 00(주)에 제출한다.

※ 첨부 : 각서인 신분증 사본 각 1부. 인감증명서 각 1통

2017 년 월 일

상기 합의각서인 : (인)

00(주) 대표이사 귀중

[별첨 5-18] 건설업 산업안전보건 감독점검표

담 당	과 장	(지)청장	결재

건설업 산업안전보건 감독점검표

○ 사업장명 :

○ 소 재 지 :

○ 점검일자 20 . . .

○ 점검자

소속 : 직: 성명: (서명 또는 인)

소속 : 직: 성명: (서명 또는 인)

소속 : 직: 성명: (서명 또는 인)

○ 사업주

소속 : 직: 성명: (서명 또는 인)

소속 : 직: 성명: (서명 또는 인)

○ **근로자대표**(명예산업안전감독관은 위촉된 경우만 해당)

소속 : 직: 성명: (서명 또는 인)

소속 : 직: 성명: (서명 또는 인)

※ 노사 미참여 또는 날인거부 사유

1. 건설현장 개요

현 황						(전화: -)
건설업체명			현 장 명			
소 재 지			현장소장			
공사기간			공사금액	백만원		
상 시 근로자 수			착 공 후 재해자 수	총 명 (사망 : 명, 부상 : 명)		
협력업체수			발 주 처			
안전보건 관리체제	전담여부	직 책	성명	선임일자	자격	직무 이행
관리책임자						
총괄책임자						
안전관리자						
보건관리자						
산업안전보건위원회 (노사협의체) 구성·운영						
안전보건관리규정 작성·준수						

2. 도급사업 시 안전·보건조치

점검 항목	법 위반 사항
o 유해작업 도급 금지	
o 안전·보건에 관한 협의체의 구성 및 운영 o 작업장 순회점검 o 수급인이 근로자에게 하는 안전 ·보건교육에 대한 지도와 지원 o 작업환경측정, 경보의 운영과 통보 o 합동 안전·보건점검	
o 산업재해 발생위험 장소에서의 산업재해 예방조치	
o 화학물질 취급 유해·위험작업 시 안전·보건 정보 제공	
o 수급인 또는 수급인의 근로자가 위반행위를 시정하도록 필요한 조치 및 수급인 등의 이행	
o 위생시설 설치 장소 제공 또는 이용에 대한 협조	
o 공사기간 준수 등 기타 도급사업 시 조치	

3. 붕괴 등 재해예방 시설

점검 항목	법 위반 사항
개 착 식 굴 착 작 업 안 전 조 치	
터 널 굴 착 작 업 안 전 조 치	
발 파 작 업 안 전 조 치	
거푸집 및 거푸집동바 리 안 전 조 치	
기 타 붕 괴 예 방 조 치	

4. 지하매설물작업 안전조치

점검 항목	법 위반 사항
사전조사·줄파기 시공시 보호조치	
가스발생 우려가 있는 지하작업시 안전조치	
기타 매설물에 대한 안 전 조 치	

5. 감전재해예방 시설

점검 항목	법 위반 사항
감전재해 예방 조치	

6. 추락·낙하 재해예방 시설

점검 항목	법 위반 사항
추 락 재 해 예 방 조 치	
낙 하 재 해 예 방 조 치	

7. 건설용 기계·기구 및 기타 재해예방시설

점검 항목	법 위반 사항
위험기계·기구 위험 예방조치 (리프트, 크레인, 곤도라,둥근톱 등)	
가설기자재 인증품 ('09.1.1 제품은 검정품) 사용 여부	
타워크레인의 방호장치 성능유지, 지지 방법 준수 등 성능확인 및 작업계획서, 추락 방지조치 등 작업관리상태	
차량계 건설기계·기구 위험 예방조치	
기타 기계·기구 위험 예방조치	

8. 계절별 취약요인

점검 항목	법 위반 사항
질식·화재 및 폭발 예방조치	
침수 예방조치	
기타 예방조치	

※ 도장, 방수, 폴리우레탄 발포작업등시 환기, 화기등 안전관리상태 중점점검

9. 개인보호구 지급착용 등

점검 항목	법 위반 사항
안전모, 안전화, 안전대 등 안전 보호구 지급·착용	
귀마개, 방진마스크, 방독마스크, 보안경 등 건강보호 보호구 지급·착용	

10. 작업지휘자 배치 여부

점검 항목	법 위반 사항
작업지휘자 배치	

※ 리프트의 설치·조립·수리·점검 또는 해체 작업, 항타기 또는 항발기를 조립·해체·변경 또는 이동하는 작업, 비계의 조립·해체 및 변경 작업, 매설물 등의 방호 작업, 건축물·교량·비계 등의 조립·해체 또는 변경 작업, 중량물 취급 작업, 크레인을 사용하는 작업, 거푸집동바리의 고정·조립 또는 해체 작업, 지반의 굴착작업, 흙막이 지보공의 고정·조립 또는 해체작업, 터널의 굴착작업, 건물 등의 해체작업, 기타 위험작업, 휴일·야간작업시 배치여부 확인

11. 산업안전보건관리비

○ 계상내역

재료비와 직접노무비 합 계 액	공사 종류	안전관리비 계상기준	법적 안전 관리비	계상된 안전 관리비	실행 안전 관리비	현공정율 (%)	현재 사용한 안전관리비

○ 주요 점검사항

점검 항목	법 위반 내용
안 전 관 리 비 목 적 외 사 용 여 부	o 목적외 사용 안전관리비 총액 : 일 자 / 항 목 / 금 액 ※ 목적외 사용 내역이 많은 경우 별지작성

일 자	항 목	금 액

점검 항목	법 위반 사항
재해예방전문 지도기관 기술 지도 실시여부	o ※ 기술지도 대상 - 일반건설공사 : 공사금액 3억원이상 120원억미만 (토목공사 150억원) - 전기 및 정보통신공사 : 공사금액 1억원이상 120억원미만

12. 안전보건교육

점검 항목	법 위반 사항
o 관리감독자에 대한 안전보건교육	
o 근로자 안전보건교육 ※ 채용시, 정기, 작업 내용 변경시, 특별 교육, 건설업기초안전보건교육	

13. 근로자의 보건관리

점검 항목	법 위반 사항
o 근로자 건강진단 실시	
o 작업환경측정 실시	
o 물질안전보건 자료 게시· 비치, 경고표시, 교육 등 유해물질관리	

14. 보건상의 조치

점검 사항	법 위반 사항
o 분진에 의한 건강장해 예방조치	
o 밀폐 작업공간 작업으로 인한 건강장해 예방조치	
o 소음 및 진동에 의한 건강장해 예방조치	
o 관리대상 유해물질에 의한 건강장해 예방조치	
o 근골격계 부담작업으로 인한 건강장해 예방조치	
o 뇌심혈관계질환 등 기타 건강장해 예방조치	
o 기타 보건상의 조치	

15. 위험성평가

점검 항목	지도 사항
o 위험성평가 실시 및 적 정 성	

16. 기타(2~15호를 제외한 안전·보건에 관한 사항)

〈안내사항 등〉

o

※ 감독과 관련한 필요한 사항 안내 등

o

과태료 부과기준

1. 일반기준

가. 위반행위의 횟수에 따른 과태료의 가중된 부과기준은 최근 2년간 같은 위반행위로 과태료 부과처분을 받은 경우에 적용한다. 이 경우 기간의 계산은 위반행위에 대하여 과태료 부과처분을 받은 날과 그 처분 후 다시 같은 위반행위를 하여 적발한 날을 기준으로 한다.

나. 가목에 따라 가중된 부과처분을 하는 경우 가중처분의 적용 차수는 그 위반행위 전 부과처분 차수(가목에 따른 기간 내에 과태료 부과처분이 둘 이상 있었던 경우에는 높은 차수를 말한다)의 다음 차수로 한다.

다. 고용노동부장관은 다음의 어느 하나에 해당하는 경우에는 제4호의 개별기준에 따른 과태료 부과금액의 2분의 1 범위에서 그 금액을 줄일 수 있다. 다만, 과태료를 체납하고 있는 위반행위자의 경우에는 그 금액을 줄일 수 없다.

1) 위반행위자가 「질서위반행위규제법 시행령」 제2조의2제1항 각 호의 어느 하나에 해당하는 경우

2) 위반행위자가 자연재해·화재 등으로 재산에 현저한 손실을 입었거나 사업 여건의 악화로 사업이 중대한 위기에 처하는 등의 사정이 있는 경우

3) 그 밖에 위반행위의 동기와 결과, 위반 정도 등을 고려하여 그 금액을 줄일 필요가 있다고 인정되는 경우

라. 위반행위에 대하여 다목 및 제3호에 따른 과태료 감경사유가 중복되는 경우에도 감경되는 과태료 부과금액의 총액은 제4호에 따른 과태료 부과금액의 2분의 1을 넘을 수 없다.

마. 제4호에 따른 과태료 부과금액이 100만원 미만인 경우에는 다목 또는 제3호에 따른 감경 없이 제4호에 따라 과태료를 부과한다.

2. 특정 사업장에 대한 과태료 부과기준

다음 각 목의 어느 하나에 해당하는 재해 또는 사고가 발생한 사업장에 대하여 법 제26조제4항에 따라 실시하는 발생원인 조사 또는 이와 관련된 감독에서 적발된 위반행위에 대해서는 그 위반행위에 해당하는 제4호의 개별기준 중 3차 이상 위반 시의 금액에 해당하는 과태료를 부과한다.

가. 법 제2조제7호에 따른 중대재해

나. 법 제49조의2제1항 전단에 따른 중대산업사고

3. 사업장 규모 또는 공사 규모에 따른 과태료 감경기준

다음 각 목의 어느 하나에 해당하는 규모(건설공사의 경우에는 괄호 안의 공사금액)의 사업장에 대해서는 제4호에 따른 과태료 금액에 해당 목에서 규정한 비율을 곱하여 산출한 금액을 과태료로 부과한다.

가. 상시 근로자 50명(10억원) 이상 100명(40억원) 미만: 100분의 90

나. 상시 근로자 10명(3억원) 이상 50명(10억원) 미만: 100분의 80

다. 상시 근로자 10명(3억원) 미만: 100분의 70

4. 개별기준

위반행위	근거 법조문	세부내용	과태료 금액(만원) 1차 위반	2차 위반	3차 이상 위반
가. 법 제9조의2제3항을 위반하여 수급인에 관한 자료를 제출하지 않거나 거짓으로 제출한 경우	법 제72조제4항제1호		1,000	1,000	1,000
나. 법 제10조제2항을 위반하여 중대재해를 보고하지 않거나 거짓으로 보고한 경우	법 제72조제2항	중대재해 발생 보고를 하지 않거나 거짓으로 보고한 경우(사업장 외 교통사고 등 사업주의 법 위반을 직접적인 원인으로 발생한 중대재해가 아닌 것이 명백한 경우는 제외한다)	3,000	3,000	3,000
다. 법 제10조제2항을 위반하여 산업재해를 보고하지 않거나 거짓으로 보고한 경우(나목에 해당하는 경우에는 제외한다)	법 제72조제3항제1호	1) 산업재해를 보고하지 않은 경우(사업장 외 교통사고 등 사업주의 법 위반을 직접적인 원인으로 발생한 산업재해가 아닌 것이 명백한 경우는 제외한다)	700	1,000	1,500
		2) 산업재해를 거짓으로 보고한 경우	1,500	1,500	1,500
라. 법 제11조제1항을 위반하여 법과 법에 따른 명령의 요지를 게시하거나 갖추어 두지 않은 경우	법 제72조제5항제1호	1) 전부를 게시하지 않거나 갖추어 두지 않은 경우	50	250	500
		2) 일부(그 사업장의 업종, 규모 등을 고려하여 관련 없는 부분은 제외한다)를 게시하지 않거나 갖추어 두지 않은 경우	30	150	300
마. 법 제11조제2항을 위반하여 근로자대표의 요청 사항을 근로자대표에게 알리지 않은 경우	법 제72조제6항제1호	1) 법 제11조제2항제6호에 관한 사항을 알리지 않은 경우	30	150	300
		2) 법 제19조제2항에 따라 산업안전보건위원회가 의결한 사항을 알리지 않은 경우	30	150	300
		3) 법 제20조제1항 각 호에 따른 사항을 알리지 않은 경우	30	150	300
		4) 법 제29조제2항 각 호에 따른 사항을 알리지 않은 경우	30	150	300
		5) 법 제41조에 따른 사항을 알리지 않은 경우	30	150	300
		6) 법 제42조제1항의 작업환경측정에 관한 사항을 알리지 않은 경우	30	150	300
바. 법 제12조 전단을 위반하여 안전·보건표지를 설치하거나 부착하지 않은 경우	법 제72조제5항제3호	법령 규정에 반하는 안전·보건표지를 설치하거나 부착하지 않은 경우(1개소당)	3	15	30
사. 법 제13조제1항을 위반하여 안전보건관리책임자를 두지	법 제72조제5항제3호	1) 안전보건관리책임자를 선임하지 않은 경우	500	500	500

위반행위	근거 법조문	세부내용	과태료 금액(만원)		
			1차 위반	2차 위반	3차 이상 위반
않거나 안전보건관리책임자로 하여금 업무를 총괄관리하도록 하지 않은 경우		2) 안전보건관리책임자로 하여금 업무를 총괄관리하도록 하지 않은 경우	300	400	500
아. 법 제14조제1항을 위반하여 관리감독자에게 직무와 관련된 안전·보건상의 업무를 수행하도록 하지 않은 경우	법 제72조제5항제3호		300	400	500
자. 법 제15조제1항, 제16조제1항 또는 제16조의3제1항을 위반하여 안전관리자, 보건관리자 또는 안전보건관리담당자를 두지 않거나 이들로 하여금 업무를 수행하도록 하지 않은 경우	법 제72조제5항제3호	1) 안전관리자를 선임하지 않은 경우	500	500	500
		2) 선임된 안전관리자로 하여금 안전관리자의 업무를 수행하도록 하지 않은 경우	300	400	500
		3) 보건관리자를 선임하지 않은 경우	500	500	500
		4) 선임된 보건관리자로 하여금 보건관리자의 업무를 수행하도록 하지 않은 경우	300	400	500
		5) 안전보건관리담당자를 선임하지 않은 경우	500	500	500
		6) 선임된 안전보건관리담당자로 하여금 안전보건관리담당자의 업무를 수행하도록 하지 않은 경우	300	400	500
차. 법 제15조제3항, 제16조제3항 또는 제16조의3제3항을 위반하여 안전관리자, 보건관리자 또는 안전보건관리담당자를 늘리거나 다시 임명하도록 한 명령을 위반한 경우	법 제72조제5항제4호	1) 안전관리자의 증원·교체 임명 명령을 위반한 경우	500	500	500
		2) 보건관리자의 증원·교체 임명 명령을 위반한 경우	500	500	500
		3) 안전보건관리담당자의 증원·교체 임명 명령을 위반한 경우	500	500	500
카. 법 제17조제1항을 위반하여 산업보건의를 두지 않은 경우	법 제72조제5항제3호		300	400	500
타. 법 제18조제1항을 위반하여 안전보건총괄책임자를 지정하지 않은 경우	법 제72조제5항제3호		500	500	500
파. 법 제18조의2제1항을 위반하여 안전보건조정자를 두지 않은 경우	법 제72조제5항제3호		500	500	500
하. 법 제19조제1항을 위반하여 산업안전보건위원회를 설치	법 제72조제5항제3호	1) 산업안전보건위원회를 설치하지 않은 경우(법 제29조의2에 따라	500	500	500

위반행위	근거 법조문	세부내용	과태료 금액(만원)		
			1차 위반	2차 위반	3차 이상 위반
·운영하지 않은 경우(법 제29조의2에 따라 노사협의체를 설치·운영하지 않은 경우를 포함한다)		노사협의체를 설치한 경우는 제외한다) 2) 제25조의4를 위반하여 산업안전보건위원회(법 제29조의2에 따라 설치된 노사협의체를 포함한다)의 정기회의를 개최하지 않은 경우(1회당)	50	250	500
거. 법 제19조제5항을 위반하여 산업안전보건위원회가 심의·의결 또는 결정한 사항을 성실하게 이행하지 않은 경우	법 제72조제5항제3호	1) 사업주가 성실하게 이행하지 않은 경우 2) 근로자가 성실하게 이행하지 않은 경우	50 10	250 20	500 30
너. 법 제20조제1항을 위반하여 안전보건관리규정을 작성하지 않거나, 작성한 안전보건관리규정을 각 사업장에 게시하거나 갖춰 두지 않은 경우	법 제72조제5항제1호	1) 작성하지 않은 경우 2) 게시하지 않거나 갖춰 두지 않은 경우	150 30	300 150	500 300
더. 법 제21조를 위반하여 안전보건관리규정을 작성하거나 변경할 때 산업안전보건위원회의 심의·의결을 거치지 않거나 근로자대표의 동의를 받지 않은 경우	법 제72조제5항제3호		50	250	500
러. 법 제25조를 위반하여 조치사항을 지키지 않은 경우	법 제72조제6항제2호		5	10	15
머. 법 제26조의2제2항에 따른 조치를 하지 않은 경우	법 제72조 제4항제1호의2		300	600	1,000
버. 법 제29조제6항을 위반하여 수급인 또는 수급인의 근로자가 위반행위를 시정하도록 필요한 조치를 하지 않은 경우	법 제72조제5항제3호		150	300	500
서. 법 제29조제7항을 위반하여 사업주의 조치에 따르지 않은 경우	법 제72조제5항제3호	1) 수급인이 따르지 않은 경우 2) 수급인의 근로자가 따르지 않은 경우	150 5	300 10	500 15
어. 법 제29조제9항을 위반하여 수급인에게 위생시설을 설치할 수 있는 장소를 제공하거나 자신의 위생시설을 수급인의 근로자가 이용할 수 있도록 하는 등 적절한 협조를 하지 않은 경우	법 제72조제5항제3호		150	300	500

위반행위	근거 법조문	세부내용	과태료 금액(만원)		
			1차 위반	2차 위반	3차 이상 위반
저. 법 제29조의2제7항을 위반하여 노사협의체가 심의·의결하거나 결정한 사항을 성실하게 이행하지 않은 경우	법 제72조제5항제3호	1) 사업주가 성실하게 이행하지 않은 경우	50	250	500
		2) 근로자가 성실하게 이행하지 않은 경우	10	20	30
처. 법 제29조의3제3항을 위반하여 설계를 변경하지 않은 경우	법 제72조제4항제2호		1,000	1,000	1,000
커. 법 제29조의4제1항을 위반하여 공사기간 연장 조치를 하지 않은 경우	법 제72조제4항제2호		1,000	1,000	1,000
터. 법 제30조제1항을 위반하여 산업안전보건관리비를 도급금액 또는 사업비에 계상하지 않거나 일부만 계상한 경우	법 제72조제4항제2호	1) 전액을 계상하지 않은 경우	계상하지 않은 금액(다만, 1,000만원을 초과할 경우 1,000만원)	계상하지 않은 금액(다만, 1,000만원을 초과할 경우 1,000만원)	계상하지 않은 금액(다만, 1,000만원을 초과할 경우 1,000만원)
		2) 50% 이상 100% 미만을 계상하지 않은 경우	100	300	600
		3) 50% 미만을 계상하지 않은 경우	100	200	300
퍼. 법 제30조제3항 전단을 위반하여 산업안전보건관리비를 다른 목적으로 사용한 경우	법 제72조제4항제2호	1) 사용한 금액이 1천만원 이상인 경우	1,000	1,000	1,000
		2) 사용한 금액이 1천만원 미만인 경우	목적 외 사용금액	목적 외 사용금액	목적 외 사용금액
허. 법 제30조제3항 후단을 위반하여 산업안전보건관리비 사용명세서를 작성하지 않거나 보존하지 않은 경우	법 제72조제4항제2호	1) 작성하지 않은 경우	100	500	1,000
		2) 공사 종료 후 1년간 보존하지 않은 경우	100	200	300
고. 법 제30조의2제1항을 위반하여 재해예방 전문지도기관의 지도를 받지 않은 경우	법 제72조제6항제3호		200	250	300
노. 법 제31조제1항을 위반하여 정기적으로 안전·보건에 관한 교육을 하지 않은 경우	법 제72조제5항제3호	1) 사무직 및 사무직 외의 근로자에 대한 정기교육을 하지 않은 경우(매분기/1명당)	3	5	10
		2) 관리감독자의 지위에 있는 사람에 대한 정기교육을 하지 않은 경우(연간/1명당)	3	5	10
도. 법 제31조제2항을 위반하여 근로자를 채용할 때와 작업내용을 변경할 때 안전·보건에 관한 교육을 하지 않은 경우	법 제72조제5항제3호	교육대상 근로자 1명당	5	10	15

위반행위	근거 법조문	세부내용	과태료 금액(만원)		
			1차 위반	2차 위반	3차 이상 위반
로. 법 제31조제3항을 위반하여 유해하거나 위험한 작업에 근로자를 사용할 때 안전·보건에 관한 특별교육을 하지 않은 경우	법 제72조제5항제3호	교육대상 근로자 1명당	5	10	15
모. 법 제31조의2제1항을 위반하여 건설 일용근로자를 채용할 때 기초안전·보건교육을 이수하도록 하지 않은 경우	법 제72조제5항제3호	교육대상 근로자 1명당	5	10	15
보. 법 제32조제1항을 위반하여 관리책임자 등으로 하여금 고용노동부장관이 실시하는 안전·보건에 관한 직무교육을 이수하도록 하지 않은 경우	법 제72조제5항제3호	1) 법 제32조제1항제1호에 해당하는 사람으로 하여금 직무교육을 이수하도록 하지 않은 경우(1명당)	5	20	30
	법 제72조제6항제4호	2) 법 제32조제1항제2호에 해당하는 사람으로 하여금 직무교육을 이수하도록 하지 않은 경우(1명당)	5	20	30
소. 법 제34조제7항을 위반하여 안전인증대상 기계·기구등의 제조·수입·판매에 관한 자료를 제출하지 않은 경우	법 제72조제6항제4호의2		300	300	300
오. 법 제34조의2제1항을 위반하여 안전인증표시를 하지 않은 경우	법 제72조제4항제2호		100	500	1,000
조. 법 제35조의2제1항을 위반하여 자율안전확인표시를 하지 않은 경우	법 제72조제5항제3호		50	250	500
초. 법 제36조제1항을 위반하여 안전검사를 받지 않은 경우	법 제72조제4항제2호	안전검사를 받지 않은 경우(1대당)	20	60	100
코. 법 제36조제3항을 위반하여 안전검사에 합격한 것임을 나타내는 표시를 하지 않은 경우	법 제72조제5항제3호	합격표시를 하지 않은 경우 (1대당)	5	25	50
토. 법 제36조제4항을 위반하여 유해·위험기계등을 사용한 경우	법 제72조제4항제2호	1) 안전검사를 받지 않은 유해·위험기계등을 사용한 경우(1대당)	50	100	200
		2) 안전검사에 불합격한 유해·위험기계등을 사용한 경우(1대당)	50	100	200
포. 법 제36조의2제5항을 위반하여 자율검사프로그램의 인정이 취소된 유해·위험기계등을 사용한 경우	법 제72조제4항제2호		300	600	1,000

위반행위	근거 법조문	세부내용	과태료 금액(만원)		
			1차 위반	2차 위반	3차 이상 위반
호. 법 제38조의2제1항을 위반하여 일반석면조사를 하지 않고 건축물이나 설비를 철거하거나 해체한 경우	법 제72조제6항제4호의3		철거 또는 해체 공사 금액의 100분의 5에 해당하는 금액. 다만, 해당 금액이 10만원 미만인 경우에는 10만원으로, 해당 금액이 100만원을 초과하는 경우에는 100만원으로 한다.	200	300
구. 법 제38조의2제2항을 위반하여 기관석면조사를 하지 않고 건축물 또는 설비를 철거하거나 해체한 경우	법 제72조제1항제1호	1) 개인 소유의 단독주택(다중주택, 다가구주택, 공관은 제외한다)	철거 또는 해체 공사 금액의 100분의 5에 해당하는 금액. 다만, 해당 금액이 50만원 미만인 경우에는 50만원으로, 해당금액이 500만원을 초과하는 경우에는 500만원으로 한다.	1,000	1,500
		2) 그 밖의 경우	철거 또는 해체 공사 금액의 100분의 5에 해당하는 금액. 다만, 해당 금액이 150만원 미만인 경우에는 150만원으로, 해당 금액이 1,500만원을 초과하는 경우에는 1,500만원으로 한다.	3,000	5,000
누. 법 제38조의4제2항을 위반하여 기관석면조사를 실시한 기관으로 하여금 석면해체·제거를 하도록 한 경우	법 제72조제5항제3호		150	300	500
두. 법 제38조의4제3항을 위반하여 석면해체·제거작업을 신고하지 않은 경우	법 제72조제6항제5호	1) 신고하지 않은 경우	100	200	300
		2) 변경신고를 하지 않은 경우	50	100	150

위반행위	근거 법조문	세부내용	과태료 금액(만원)		
			1차 위반	2차 위반	3차 이상 위반
루. 법 제38조의5제1항을 위반하여 공기 중 석면농도가 석면농도기준 이하가 되도록 하지 않은 경우	법 제72조제5항제3호		150	300	500
무. 법 제38조의5제1항을 위반하여 공기 중 석면농도가 석면농도기준 이하임을 증명하는 자료를 제출하지 않은 경우	법 제72조제6항제6호		100	200	300
부. 법 제38조의5제3항을 위반하여 공기 중 석면농도가 석면농도기준을 초과함에도 건축물 또는 설비를 철거하거나 해체한 경우	법 제72조제1항제2호		1,500	3,000	5,000
수. 법 제39조의2제1항을 위반하여 작업장 내 유해인자의 노출 농도를 허용기준 이하로 유지하지 않은 경우	법 제72조제4항제2호		1,000	1,000	1,000
우. 법 제40조제1항을 위반하여 신규화학물질의 유해성·위험성 조사보고서를 제출하지 않은 경우	법 제72조제6항제7호		30	150	300
주. 법 제40조제5항을 위반하여 근로자의 건강장해 방지를 위한 조치 사항을 기록한 서류를 제공하지 않은 경우	법 제72조제6항제2호		30	150	300
추. 제40조제6항을 위반하여 유해성·위험성 조사 결과 및 유해성·위험성 평가에 필요한 자료를 제출하지 않은 경우	법 제72조제6항제7호		300	300	300
쿠. 법 제41조제1항을 위반하여 물질안전보건자료를 작성하여 제공하지 않은 경우	법 제72조제5항제2호	1) 대상화학물질을 양도·제공하는 자가 물질안전보건자료를 제공하지 않은 경우(물질안전보건자료 1건당×제공하지 않은 사업장 1개소당)			
		가) 대상화학물질을 양도·제공하는 자가 물질안전보건자료를 제공하지 않은 경우[나)에 해당하는 경우는 제외한다]	100	200	500
		나) 종전의 대상화학물질 양도·제공자로부터 물질안전보건자	5	10	20

위반행위	근거 법조문	세부내용	과태료 금액(만원)		
			1차 위반	2차 위반	3차 이상 위반
		료를 제공받지 못하여 상대방에게 물질안전보건자료를 제공하지 않은 경우			
		2) 물질안전보건자료의 기재사항을 잘못 작성하여 제공한 경우(물질안전보건자료 1건당×제공한 사업장 1개소당)			
		가) 물질안전보건자료의 기재사항을 허위로 작성하여 제공한 경우	100	200	500
		나) 과실로 잘못 작성하거나 누락하여 제공한 경우	10	20	50
투. 법 제41조제3항을 위반하여 물질안전보건자료를 게시하거나 갖춰두지 않은 경우 (물질안전보건자료 1건당×작업장당)	법 제72조제5항제1호	1) 대상화학물질을 양도·제공받은 경우			
		가) 대상화학물질을 양도·제공하는 자로부터 물질안전보건자료를 제공받고도 게시하거나 갖춰두지 않은 경우	10	20	50
		나) 대상화학물질을 양도·제공하는 자로부터 물질안전보건자료를 제공받지 못하여 게시하거나 갖춰두지 않은 경우	5	10	20
		2) 대상화학물질을 직접 제조한 경우로서 물질안전보건자료를 게시하거나 갖춰두지 않은 경우	10	20	50
퓨. 법 제41조제4항 및 제5항을 위반하여 경고표시를 하지 않은 경우	법 제72조제6항제8호	1) 대상화학물질을 담은 용기 및 포장에 경고표시를 하지 않은 경우			
		가) 대상화학물질을 용기 및 포장에 담는 방법으로 양도·제공하는 자가 용기 및 포장에 경고표시를 하지 않은 경우(대상화학물질 1종당× 용기 및 포장에 경고표시를 하지 않고 대상화학물질을 양도·제공받은 사업장 1개소당)	10	20	50
		나) 대상화학물질을 사용하는 사업주가 용기에 경고표시를 하지 않은 경우(대상화학물질 1종당)	5	10	20
		다) 용기 및 포장의 경고표시가 제거되거나 경고표시의 내용을 알아볼 수 없을 정도로 훼손된 경우(대상화학물질 1종당)	5	10	20

위반행위	근거 법조문	세부내용	과태료 금액(만원)		
			1차 위반	2차 위반	3차 이상 위반
		2) 대상화학물질을 용기 및 포장에 담는 방법이 아닌 방법으로 양도·제공하는 자가 경고표시 기재항목을 적은 자료를 제공하지 않는 경우(대상화학물질 1종당×제공받지 않은 사업장 1개소당)	10	20	50
후. 법 제41조제6항을 위반하여 대상화학물질을 양도·제공하는 자가 변경하여 기재할 필요가 있는 내용을 물질안전보건자료에 반영하여 제공하지 않은 경우(물질안전보건자료 1건당× 제공받지 않은 사업장 1개소당)	법 제72조제6항제8호		10	20	50
ㄱ. 법 제41조제7항을 위반하여 대상화학물질을 취급하는 근로자에게 물질안전보건자료에 관한 교육을 하지 않은 경우(교육대상 근로자 1명당)	법 제72조제6항제8호		5	10	15
ㄴ. 법 제41조제8항을 위반하여 물질안전보건자료의 제출명령 또는 기재사항 변경명령을 위반한 경우	법 제72조제4항제3호		1,000	1,000	1,000
ㄷ. 법 제41조제11항을 위반하여 물질안전보건자료에 적지 않은 정보의 제공요구에 따르지 않은 경우	법 제72조제5항제2호	1) 해당 정보를 갖고 있음에도 불구하고 제공하지 않은 경우	500	500	500
		2) 대상화학물질을 양도·제공하는 자로부터 해당 정보를 제공받지 못하여 그 정보를 제공하지 않은 경우	30	150	300
ㄹ. 법 제42조제1항 전단을 위반하여 작업환경측정을 하지 않은 경우	법 제72조제4항제4호	측정대상 작업장의 근로자 1명당	5	20	50
ㅁ. 법 제42조제1항 전단을 위반하여 작업환경측정 시 고용노동부령으로 정한 작업환경측정의 방법을 준수하지 않은 경우	법 제72조제5항제5호의2		100	300	500
ㅂ. 법 제42조제1항 전단을 위반하여 결과를 보고하지 않거나 거짓으로 보고한 경우	법 제72조제6항제9호	1) 보고하지 않은 경우	30	120	300
		2) 거짓으로 보고한 경우	300	300	300

위반행위	근거 법조문	세부내용	과태료 금액(만원)		
			1차 위반	2차 위반	3차 이상 위반
ㅅ. 법 제42조제1항 후단을 위반하여 작업환경측정을 할 때 근로자대표가 요구하였는데도 근로자대표를 입회시키지 않은 경우	제72조제5항제5호		500	500	500
ㅇ. 법 제42조제3항을 위반하여 작업환경측정의 결과를 해당 작업장 근로자에게 알리지 않은 경우	법 제72조제5항제5호의3		100	300	500
ㅈ. 법 제42조제6항을 위반하여 산업안전보건위원회 또는 근로자대표가 설명회의 개최를 요구했음에도 이에 따르지 않은 경우	법 제72조제5항제3호		50	250	500
ㅊ. 법 제43조제1항 전단을 위반하여 근로자 건강진단을 하지 않은 경우	법 제72조제4항제5호	건강진단 대상 근로자 1명당	5	10	15
ㅋ. 법 제43조제1항 후단을 위반하여 건강진단을 할 때 근로자대표가 요구하였는데도 근로자대표를 입회시키지 않은 경우	법 제72조제5항제5호		500	500	500
ㅌ. 근로자가 법 제43조제3항을 위반하여 건강진단을 받지 않은 경우	법 제72조제6항제2호		5	10	15
ㅍ. 법 제43조제4항을 위반하여 건강진단의 실시결과를 통보 또는 보고하지 않거나 거짓으로 통보 또는 보고한 경우	법 제72조제6항제9호	1) 통보 또는 보고하지 않은 경우	30	100	200
		2) 거짓으로 통보 또는 보고한 경우	300	300	300
ㅎ. 법 제43조제6항을 위반하여 산업안전보건위원회 또는 근로자대표가 건강진단 결과에 대한 설명을 요구했음에도 이에 따르지 않은 경우	법 제72조제5항제3호		50	250	500
기. 법 제43조제7항을 위반하여 건강진단 결과를 근로자 건강 보호·유지 외의 목적으로 사용한 경우	법 제72조제6항제2호		300	300	300
니. 법 제43조의2제2항을 위반하여 정당한 사유 없이 역학조사를 거부·방해·기피한 경우	법 제72조제3항	1) 사업주가 거부·방해·기피한 경우	1,500	1,500	1,500
		2) 근로자가 거부·방해·기피한 경우	5	10	15

위반행위	근거 법조문	세부내용	과태료 금액(만원)		
			1차 위반	2차 위반	3차 이상 위반
디. 법 제44조제3항을 위반하여 건강관리수첩을 타인에게 양도하거나 대여한 경우	법 제72조제5항제3호		500	500	500
리. 법 제48조제1항부터 제3항까지의 규정을 위반하여 유해·위험방지계획서 또는 심사결과서를 작성하여 제출하지 않거나 심사결과서를 갖추어 두지 않은 경우	법 제72조제4항제2호	1) 법 제48조제1항을 위반하여 유해·위험방지계획서를 작성하여 제출하지 않은 경우	1,000	1,000	1,000
		2) 법 제48조제2항을 위반하여 유해·위험방지계획서를 작성하여 제출하지 않은 경우	300	600	1,000
		3) 법 제48조제3항 본문을 위반하여 유해·위험방지계획서를 작성하여 제출하지 않은 경우	1,000	1,000	1,000
		4) 법 제48조제3항 단서를 위반하여 심사결과서를 작성하여 제출하지 않거나 사업장에 갖추어 두지 않은 경우	1,000	1,000	1,000
미. 법 제48조제3항을 위반하여 자격을 갖춘 자의 의견을 듣지 않고 유해·위험방지계획서를 작성하여 제출한 경우	법 제72조제6항제10호		30	150	300
비. 법 제48조제5항을 위반하여 고용노동부장관의 확인을 받지 않은 경우	법 제72조제6항제11호		30	150	300
시. 법 제49조제1항을 위반하여 고용노동부장관이 명한 안전·보건진단 명령을 위반한 경우	법 제72조제4항제3호		1,000	1,000	1,000
이. 법 제49조제2항을 위반하여 정당한 사유 없이 안전·보건진단업무를 거부, 방해 또는 기피하거나 근로자대표가 요구하였음에도 불구하고 근로자대표를 입회시키지 않은 경우	법 제72조제3항제3호	1) 거부·방해 또는 기피한 경우	1,500	1,500	1,500
		2) 근로자대표를 입회시키지 않은 경우	150	300	500
지. 법 제49조의2제1항 전단을 위반하여 공정안전보고서를 작성하여 제출하지 않은 경우	법 제72조제4항제2호		300	600	1,000
치. 법 제49조의2제2항을 위반하여 공정안전보고서 작성 시 산업안전보건위원회의 심의를 거치지 않거나 근로자대표의 의견을 듣지 않은 경우	법 제72조제5항제3호		50	250	500

위반행위	근거 법조문	세부내용	과태료 금액(만원)		
			1차 위반	2차 위반	3차 이상 위반
카. 법 제49조의2제5항을 위반하여 공정안전보고서를 사업장에 갖춰 두지 않은 경우	법 제72조제4항제2호		100	250	500
타. 법 제49조의2제6항을 위반하여 공정안전보고서 내용의 실제 이행 여부에 대하여 고용노동부장관의 확인을 받지 않은 경우	법 제72조제6항제11호		30	150	300
파. 법 제49조의2제7항을 위반하여 공정안전보고서의 내용을 지키지 않은 경우	법 제72조제4항제2호	1) 사업주가 지키지 않은 경우(내용위반 1건당)	10	20	30
		2) 근로자가 지키지 않은 경우(내용위반 1건당)	5	10	15
하. 법 제50조제1항 또는 제2항을 위반하여 안전보건개선계획 수립·시행 명령 또는 안전보건개선계획 수립·제출 명령을 위반한 경우	법 제72조제4항제3호	1) 법 제50조제1항에 따른 명령을 위반한 경우	500	750	1,000
		2) 법 제50조제2항에 따른 명령을 위반한 경우	1,000	1,000	1,000
갸. 법 제50조제3항을 위반하여 산업안전보건위원회의 심의를 거치지 않거나 근로자대표의 의견을 듣지 않은 경우	법 제72조제5항제3호		50	250	500
냐. 법 제50조제4항을 위반하여 안전보건개선계획을 준수하지 않은 경우	법 제72조제5항제3호	1) 사업주가 준수하지 않은 경우	200	300	500
		2) 근로자가 준수하지 않은 경우	5	10	15
댜. 제51조제1항에 따른 근로감독관의 검사·점검 또는 수거를 거부·방해 또는 기피한 경우	법 제72조제4항제6호		1,000	1,000	1,000
랴. 제51조제1항에 따른 근로감독관의 질문에 답변을 거부, 방해 또는 기피하거나 거짓으로 답변한 경우	법 제72조제6항제12호		300	300	300
먀. 법 제51조제2항을 위반하여 고용노동부장관의 명령을 받고도 보고 또는 출석을 하지 않거나 거짓으로 보고한 경우	법 제72조제5항제6호	1) 보고 또는 출석을 하지 않은 경우	150	300	500
		2) 거짓으로 보고한 경우	500	500	500
뱌. 법 제51조제3항에 따른 검사·지도 등을 거부·방해 또는 기피한 경우	법 제72조제6항제12호의2		300	300	300

위반행위	근거 법조문	세부내용	과태료 금액(만원)		
			1차 위반	2차 위반	3차 이상 위반
샤. 법 제51조제6항 후단을 위반하여 고용노동부장관으로부터 명령받은 사항을 게시하지 않은 경우	법 제72조제5항제7호		50	250	500
야. 법 제51조제8항을 위반하여 근로자에 대한 안전보건관리규정의 준수 등 조치 명령을 위반한 경우	법 제72조제5항제4호		5	10	15
쟈. 법 제52조의4제1항을 위반하여 등록 없이 지도사 직무를 시작한 경우	법 제72조제5항제3호		150	300	500
챠. 법 제52조의8을 위반하여 유사명칭을 사용한 경우	법 제72조제6항제2호	1) 등록한 지도사가 아닌 사람이 산업안전지도사, 산업보건지도사 명칭을 사용한 경우	100	200	300
		2) 등록한 지도사가 아닌 사람이 산업안전지도사, 산업보건지도사와 유사한 명칭을 사용한 경우	30	150	300
캬. 법 제64조제1항부터 제6항까지의 규정을 위반하여 보존하여야 할 서류를 보존기간 동안 보관하지 않은 경우(각 서류 당)	법 제72조제6항제13호	1) 법 제64조제1항을 위반하여 사업주의 서류를 보존하지 않은 경우	30	150	300
		2) 법 제64조제2항을 위반하여 안전인증·안전검사에 관한 사항으로서 고용노동부령으로 정하는 서류, 안전인증을 받은 제품에 대하여 기록한 서류, 자율안전기준에 맞는 것임을 증명하는 서류 또는 자율검사프로그램에 따라 실시한 검사결과에 대한 서류를 보존하지 않은 경우	30	150	300
		3) 법 제64조제3항을 위반하여 일반석면조사 또는 기관석면조사 결과에 관한 서류를 보존하지 않은 경우	30	150	300
		4) 법 제64조제4항을 위반하여 지정측정기관의 서류를 보존하지 않은 경우	30	150	300
		5) 법 제64조제5항을 위반하여 지도사의 서류를 보존하지 않은 경우	30	150	300
		6) 법 제64조제6항을 위반하여 석면해체·제거업자의 서류를 보존하지 않은 경우	30	150	300

※ 자진 납세시 20/100 범위내에서 경감조치함.

제 6 장

건설업 노동조합 실무

I 노동조합

1. 의의 및 형태

노동조합 및 노동관계조정법(이하 '노조법'이라 한다.) 제2조(정의) 이 법에서 사용하는 용어의 정의는 다음과 같다.

4. "노동조합"이라 함은 근로자가 주체가 되어 자주적으로 단결하여 근로조건의 유지 · 개선 기타 근로자의 경제적 · 사회적 지위의 향상을 도모함을 목적으로 조직하는 단체 또는 그 연합단체를 말한다. 다만, 다음 각목의 1에 해당하는 경우에는 노동조합으로 보지 아니한다.
   가. 사용자 또는 항상 그의 이익을 대표하여 행동하는 자의 참가를 허용하는 경우
   나. 경비의 주된 부분을 사용자로부터 원조받는 경우
   다. 공제 · 수양 기타 복리사업만을 목적으로 하는 경우
   라. 근로자가 아닌 자의 가입을 허용하는 경우. 다만, 해고된 자가 노동위원회에 부당노동행위의 구제신청을 한 경우에는 중앙노동위원회의 재심판정이 있을 때까지는 근로자가 아닌 자로 해석하여서는 아니된다.
   마. 주로 정치운동을 목적으로 하는 경우

(1) 의의

노동조합이란 근로자가 주체가 되어 자주적으로 단결하여 근로조건의 유지·개선 기타 근로자의 경제적·사회적 지위의 향상을 도모함을 목적으로 조직하는 단체 또는 그 연합단체를 말한다.

강반장의 질문 1 일용직도 노동조합에 가입할 수 있나요?

노동조합은 근로자가 주체가 되어 근로조건의 유지·개선과 근로자의 복지증진 기타 경제적·사회적 지위의 향상을 도모함을 목적으로 조직하는 단체입니다. 노동조합의 조직형태로서는 기업단위노조, 지역단위노조, 전국규모의 산업별단위노조 등이 있는 바, 노동조합법 제8조 및 제13조에 의거 근로자가 노동조합의 조직형태를 자유로이 선택할

수 있습니다. 동법 제4조의 규정에 의거 근로자라 함은 직업의 종류를 불문하고 임금·급료 기타 이에 준하는 수입에 의하여 생활하는 자를 말하는 바, 지역노조를 설립함에 있어 건설분야에 종사하는 자들이 일일고용 또는 일정기간 근로계약의 형태로 사용자에게 종속되어 근로를 제공하였다면 특정사업체에 상시 고용되어 종속관계가 이루어져 있는 형태가 아니더라도 임금·급료 기타 이에 준하는 수입에 의하여 생활하는 자로서 동법상의 근로자에 해당하므로 동법 제8조의 규정에 따라 노동조합을 설립할 수 있다고 판단됩니다.
〈노조 01254-54, 1995.01.16.〉

강반장의 질문 2

조합원이 1명인 경우도 가능한가요?

노동조합은 그 요건으로 단체성이 요구되므로 복수인이 결합하여 규약을 가지고 그 운영을 위한 조직을 갖추어야 하는바, 법인 아닌 노동조합이 일단 설립되었다고 할지라도 중도에 그 조합원이 1인밖에 남지 아니하게 된 경우에는, 그 조합원이 증가될 일반적 가능성이 없는 한, 노동조합으로서의 단체성을 상실하여 청산목적과 관련되지 않는 한 당사자능력이 없습니다.
〈대법원 1998.3.13.선고, 97누19830〉

(2) 형태

노조법에서는 노동조합의 조직형태에 대해서 제한을 두고 있지 않다. 따라서 형태에 구애받지 않고 자유롭게 설립할 수 있으며, 일반적으로 직종별·산업별·기업별·지역별 등의 모습으로 설립되고 있다.

◦ 직종별 노동조합 : 동일직종의 근로자들이 초기업적으로 결합한 노동조합을 말한다.
〈예시〉 항운노동조합, 교원노동조합, 택시노동조합 등

◦ 산업별 노동조합 : 동일산업에 종사하는 근로자를 대상으로 하여 초기업적으로 결합한 노동조합을 말한다.
〈예시〉 금융노조, 보건의료노조, 금속노조, 건설노조 등

◦ 기업별 노동조합 : 직종의 구별없이 한 기업에 고용된 근로자를 대상으로 결합한 노동조합을 말하며, 우리나라의 대부분 노동조합이 이 유형에 속한다.

◦ 지역별 노동조합 : 일정한 지역을 단위로 초기업적으로 결합한 노동조합을 말한다.

(3) 건설노조의 조직현황

건설근로자의 노동조합은 민주노총 산하의 '전국건설산업노동조합연맹'을 중심으로 하는 조직과 한국노총 산하의 '전국건설산업노동조합'이 활동하고 있다.

1) 전국건설산업노동조합연맹

민주노총 산하의 전국건설산업연맹은 1988년 12월 '전국건설노동조합협의회'를 시작으로 1993년 합법노조가 된 '전국건설노동조합연맹'과 1998년 합법노조가 된 '전국건설일용노동조합연맹'이 통합하여 결성한 조직으로 1999년 12월 '전국건설산업노동조합연맹'을 발족시켰다. 현재 전국건설산업노동조합연맹은 건설시공, 설계, 감리, 타워, 전기, 중장비, 레미콘, 일용직 등 건설업 관련 모든 부분에서 일하는 사무, 기술, 기능직, 일용직 노동자들을 포괄하고 있으며, '전국건설노동조합', '전국플랜트건설노동조합', '전국건설기업노동조합'이 가입하고 있다.

이 중 '전국건설노동조합'은 2007년 3월 창립하여 건설산업연맹의 대표조직으로 활동하고 있으며, 토목건축분과, 건설기계분과, 전기분과, 타워크레인분과 등 총 4개의 분과와 10개의 지역본부로 구성되어 있다.

2) 전국건설산업노동조합

한국노총 산하의 '전국건설산업노동조합'은 2007년 7월 '전국건설·기계노동조합'으로 출범하여 2008년 1월에 합법노조가 된 후 2011년 3월 '전국건설산업노동조합'으로 규약을 개정하였으며, 건설기계분과, 건설전기분과, 플랜트분과, 타워크레인분과, 화물운송분과, 일반지역노조분과로 구성되어 있다.

3) 건설업 노사간 교섭형태

건설업에서 노사간 교섭형태는 중앙산별교섭, 지역별교섭, 현장별교섭으로 구분할 수 있고, 각 업종별 특성에 맞게 교섭형태가 나누어지고 있으며, 그 자세한 사항은 다음과 같다.

	업종별				
	토목건축	타워크레인	전기	건설기계	플랜트
교섭형태	현장별교섭, 중앙산별교섭	중앙산별교섭	지역별교섭	현장별교섭	지역별교섭

2. 노동조합 설립

(1) 실질적 요건

노동조합이 설립되기 위해서는 적극적 요건과 소극적 요건을 모두 충족해야 한다.

적극적 요건

- 근로자가 주체가 되어 조직하여야 할 것
- 자주적으로 단결하여 국가·외부단체 등으로부터의 자주성과 사용자로부터의 독립성을 유지할 것
- 근로조건의 유지·개선 기타 근로자의 경제적·사회적 지위의 향상을 도모할 것

소극적 요건

- 사용자 또는 항상 그의 이익을 대표하여 행동하는 자의 참가를 허용하지 않을 것
- 경비의 주된 부분을 사용자로부터 원조받지 않을 것
- 공제·수양 기타 복리사업만을 목적으로 하지 않을 것
- 근로자가 아닌 자의 가입을 허용하지 않을 것
- 정치운동을 주된 목적으로 하지 않을 것

강반장의 질문

어느 정도 경비를 원조받지 않아야 노동조합으로 인정되나요?

사용자나 사용자단체의 지배나 통제를 받을 목적으로 경비의 주된 부분을 원조받는 것을 금지하고 있는 것으로 주된 부분이 아닌 경비원조 즉, 최소한도 규모의 노조사무실을 제공하거나 전적으로 노동조합이 사용하지 않는 한 유지·보수 비용을 사용자가 부담하는 것 등의 경우에는 경비의 주된 부분을 원조받는 경우에 해당하지 않습니다.

(2) 형식적 요건

노조법 제10조(설립의 신고) ①노동조합을 설립하고자 하는 자는 다음 각호의 사항을 기재한 신고서에 제11조의 규정에 의한 규약을 첨부하여 연합단체인 노동조합과 2 이상의 특별시 · 광역시 · 특별자치시 · 도 · 특별자치도에 걸치는 단위노동조합은 고용노동부장관에게, 2 이상의 시 · 군 · 구에 걸치는 단위노동조합은 특별시장 · 광역시장 · 도지사에게, 그 외의 노동조합은 특별자치시장 · 특별자치도지사 · 시장 · 군수 · 구청장에게 제출하여야 한다.

실질적 요건을 갖춘 노동조합은 규약을 첨부한 설립신고서를 행정관청에 제출하여야 한다.

1) 신고서 기재사항

- 명칭
- 주된 사무소의 소재지
- 조합원수
- 임원의 성명과 주소
- 소속된 연합단체가 있는 경우에는 그 명칭
- 연합단체인 노동조합에 있어서는 그 구성노동단체의 명칭, 조합원수, 주된 사무소의 소재지 및 임원의 성명·주소

2) 신고서 제출 기관[247]

<table>
<tr><th colspan="3">노동조합 조직유형</th><th rowspan="2">관할 행정관청</th></tr>
<tr><th>노동조합
조직형태</th><th colspan="2">조 직 범 위</th></tr>
<tr><td rowspan="2">전국단위
노동조합</td><td>①</td><td>총연합단체를 상급단체로 하는 전국 규모의 산업별 단위노동조합</td><td>노동부장관</td></tr>
<tr><td>②</td><td>산업별 연합단체를 상급단체로 하는 전국 단위노동조합</td><td>지방노동관서장</td></tr>
<tr><td rowspan="3">지역단위
노동조합</td><td>③</td><td>2 이상 특별시·광역시·도(특별자치도)를 조직범위로 하는 노동조합</td><td>지방노동관서장</td></tr>
<tr><td>④</td><td>1개 특별시·광역시·도(특별자치도)를 조직범위로 하거나, 2 이상 시·군·구를 조직범위로 하는 지역 단위노동조합</td><td>특별시장·광역시장·도지사(특별자치도지사)</td></tr>
<tr><td>⑤</td><td>1개 시·군·구(자치구)만을 조직범위로 하는 지역 단위노동조합</td><td>시장·군수·구청장</td></tr>
<tr><td rowspan="5">기업단위
노동조합</td><td>⑥</td><td>하나의 사업장으로 구성된 노동조합</td><td>시장·군수·구청장</td></tr>
<tr><td>⑦</td><td>2 이상의 특별시·광역시·도(특별자치도)에 걸치는 수개의 사업장으로 구성된 기업에 조직된 노동조합으로
- 실제 조합원도 2 이상의 특별시·광역시·도(특별자치도)에 분포하는 경우</td><td>지방노동관서장</td></tr>
<tr><td>⑧</td><td>2 이상의 특별시·광역시·도(특별자치도)에 걸치는 수개의 사업장으로 구성된 기업에 조직된 노동조합이나,
- 실제 조합원이 특정 사업장에 분포하는 경우(실제 조합원의 분포 범위에 따름)</td><td>특별시장·광역시장·도지사(특별자치도지사)·시장·군수·구청장</td></tr>
<tr><td>⑨</td><td>2 이상의 시·군·구(자치구)에 걸치는 수개의 사업장으로 구성된 기업에 조직된 노동조합으로
- 실제 조합원도 2 이상의 시·군·구(자치구)에 분포하는 경우</td><td>특별시장·광역시장·도지사</td></tr>
<tr><td>⑩</td><td>2 이상의 시·군·구(자치구)에 걸치는 수개의 사업장으로 구성된 기업에 조직된 노동조합이나,
- 실제 조합원은 특정 사업장에 분포하는 경우</td><td>시장·군수·구청장</td></tr>
</table>

〈사례〉

◦ 종로구 관내에 단일 사업장으로 조직된 노조 ⇒ 종로구청(⑤ 또는 ⑥에 해당)

◦ 서울과 부산에 공장이 있는 회사의 노동조합이 각 공장에 조합원을 두고 있는 경우 ⇒ 노동부 지방 관서(⑧에 해당)

◦ 서울, 용인, 이천에 공장이 있으며, 조합원은 용인·이천공장에 있는 경우 ⇒ 경기도청(⑨에 해당)

◦ 광주(광산구)에 사업장이 있으나 담양에 출장소를 두고 있는 A사의 노동조합 조합원이 담양출장소에 일부 근무하는 경우⇒ 광산구청(⑩에 해당)

247) 「법개정에 따른 노동조합 업무이관 및 관할 행정관청에 대한 지침」, 노사관계법제팀-1420, 2017.4.27.

3. 노동조합 관리

(1) 조합원의 권리와 의무

노조법 22조(조합원의 권리와 의무) 노동조합의 조합원은 균등하게 그 노동조합의 모든 문제에 참여할 권리와 의무를 가진다. 다만, 노동조합은 그 규약으로 조합비를 납부하지 아니하는 조합원의 권리를 제한할 수 있다.

조합원은 총회 출석·발언·의결권, 임시총회 소집요구권, 조합임원 선거권·피선거권, 운영상황 공개요구권, 조합재산에 관한 권리 등을 가지며, 조합비 납부의무, 내부통제 복종의무를 진다.

강반장의 질문 1

노동조합에서 조합비일괄공제[248]를 요청하는데 조합비일괄공제 의무가 있는 건가요?

노동조합은 소속 조합원에 대하여 직접 조합비를 징수함이 원칙이나, 단체협약으로 조합비 일괄공제 조항을 둔 경우, 이는 사용자가 노동조합의 활동을 위한 편의제공의 한 형태로서, 조합원인 근로자에게 지급할 임금 중에서 노동조합이 조합원으로부터 징수하여야 할 조합비 등을 일괄공제 하여 노동조합에 인도할 의무가 있습니다.
〈노동조합과-1991, 2008.08.08.〉

강반장의 질문 2

복수노조사업장인데 2노조의 조합비일괄공제 요청만 받아들이고, 1노조의 요청은 거부하여도 되나요?

복수노동조합 중 일방에 대해 조합비 공제 편의 및 단체협약안에서 차별적 취급 등을 한 것은 부당노동행위에 해당합니다.
복수노조 사업장에서 조합비 공제에 대해 제2노조에 편의를 제공하는 방법으로 제1노조와 제2노조를 차별적으로 취급하고, 제2노조에 비해 제1노조에 불리한 단체협약안을 제시하는 방법으로 제1노조를 제2노조와 차별적으로 취급하여 제1노조의 운영에 지배·개입한 것은 부당노동행위에 해당합니다.
〈대전지법 2015.07.07.선고, 2013고단5010〉

248) 사용자가 조합원인 근로자에게 지급할 임금 중에서 노동조합이 조합원으로부터 징수하여야 할 조합비 등을 일괄공제하여 이를 직접 노동조합에 지급하기로 하는 제도를 말하며, 체크오프제(check-off)라고도 한다.

(2) 노동조합 전임자

노조법 제24조(노동조합의 전임자) ①근로자는 단체협약으로 정하거나 사용자의 동의가 있는 경우에는 근로계약 소정의 근로를 제공하지 아니하고 노동조합의 업무에만 종사할 수 있다. ②제1항의 규정에 의하여 노동조합의 업무에만 종사하는 자는 그 전임기간동안 사용자로부터 어떠한 급여도 지급받아서는 아니된다.

단체협약 또는 사용자의 동의가 있는 경우 근로계약 소정의 근로를 제공하지 않고 노동조합의 업무에만 종사하는 자를 노동조합 전임자라고 한다.

1) 전임자의 지위

전임자는 근로자로서의 신분은 유지하면서 근로계약상의 근로를 하지 않을 수 있는 지위에 있는 자로 휴직상태에 있는 근로자와 유사한 지위를 가진다[249].

강반장의 질문 노조전임자의 경우 출근을 하지 않아도 되나요?

노조전임자라 할지라도 사용자와의 사이에 기본적인 근로관계는 유지되는 것으로서 취업규칙이나 사규의 적용이 전면적으로 배제되는 것이 아니므로 단체협약에 조합전임자에 관하여 특별한 규정을 두거나 특별한 관행이 존재하지 아니하는 한 출·퇴근에 대한 사규의 적용을 받게 되고, 노동조합의 업무가 사용자의 노무관리업무와 전혀 무관한 것이 아니고 안정된 노사관계의 형성이라는 면에서 볼 때는 오히려 밀접하게 관련되어 있으므로, 근로계약 소정의 본래 업무를 면하고 노동조합의 업무를 전임하는 노조전임자의 경우에 있어서 출근은 통상적인 조합업무가 수행되는 노조사무실에서 조합업무에 착수할 수 있는 상태에 임하는 것이라 할 것이고, 만약 노조전임자가 사용자에 대하여 취업규칙 등 소정의 절차를 취하지 아니한 채 위와 같은 상태에 임하지 아니하는 것은 무단결근에 해당합니다.
〈대법원 2000.07.28.선고, 2000다23297〉

249) 대법원 1995.11.10.선고, 94다 54566판결

2) 전임자의 급여

전임자는 전임기간동안 사용자로부터 어떠한 급여도 지급받아서는 안되며, 전임자에 대한 사용자의 급여지급 행위는 노동조합에 대한 경비원조에 해당되어 부당노동행위에 해당된다.

강반장의 질문 1

전임자의 경우 4대보험을 어떻게 처리해야 하나요?

근로자 휴직신고를 하면 됩니다. 사용자로부터 받는 급여가 없으므로 건강보험은 납입유예신청을, 국민연금은 납부예외신청을 하면 되고, 산재보험료는 부과되지 않습니다. 고용보험은 관련법 개정으로 전임자가 실업급여 수급 자격에서 제외되는 불이익을 받지 않게 되어, 실업급여에서는 보험료가 부과됩니다. 이때 보험료는 사용자가 신고·납부하고, 전임자가 부담합니다[250].

강반장의 질문 2

전임자에게는 복리후생비도 지급하면 안되나요?

노조전임자는 그 전임기간 중 사용자로부터 어떠한 급여도 지급 받아서는 안 되는 바, 복리후생적 금품도 원칙적으로 지급하여서는 안됩니다. 다만, 일반 복리후생적 금품 중 근로제공과 무관하게 후생복지차원에서 일정한 사유 발생시 은혜적으로 지급하는 금품으로서 일반 무급휴직자에게도 일률적으로 지급되는 것을 노조전임자에게 지급하는 경우라면 이를 부당노동행위(경비원조)로 보기는 어렵다 할 것입니다.
〈노사관계법제과-590, 2010.08.27.〉

3) 근로시간면제제도(Time-off)

노조법 제24조(노동조합의 전임자) ④제2항에도 불구하고 단체협약으로 정하거나 사용자가 동의하는 경우에는 사업 또는 사업장별로 조합원 수 등을 고려하여 제24조의2에 따라 결정된 근로시간 면제 한도를 초과하지 아니하는 범위에서 근로자는 임금의 손실 없이 사용자와의 협의 · 교섭, 고충처리, 산업안전 활동 등 이 법 또는 다른 법률에서 정하는 업무와 건전한 노사관계 발전을 위한 노동조합의 유지 · 관리업무를 할 수 있다.

250) 「고용보험료 산정범위에 속하는 금품」, 고용노동부고시 제2016-76호

일정한 노동조합 활동시간을 임금손실 없이 근로시간으로 인정해주는 제도를 '근로시간면제제도'라고 하며, 근로시간면제한도 내에서 근로시간 면제대상 업무를 수행하는 자를 '근로시간면제자'라고 한다.

강반장의 질문

노조전임자와 근로시간면제자의 차이는 무엇인가요?

노조전임자는 노동조합 업무에만 종사하며 사용자로부터의 급여지급이 금지되나, 근로시간면제자는 정해진 시간내에서 근무를 면제받고 사용자와의 협의·교섭, 고충처리, 산업안전 활동 등 이 법 또는 다른 법률에서 정하는 업무와 건전한 노사관계 발전을 위한 노동조합의 유지·관리업무 등 근로시간면제 대상에 속하는 업무를 수행하며, 근로시간면제한도 내에서 급여지급이 가능합니다.

4) 근로시간 면제시간 및 인원

조합원 규모별 근로시간 면제한도 및 인원을 초과하지 않는 범위 내에서 단체협약 또는 사용자의 동의하에 자율적으로 근로시간 면제시간 및 인원을 정하여야 한다.

〈조합원 규모[251]별 근로시간 면제한도[252]〉

<table>
<tr><th>조합원 규모</th><th>연간 시간 한도</th><th>사용가능인원[253]</th></tr>
<tr><td>99명 이하</td><td>최대 2,000시간 이내</td><td rowspan="10">○ 조합원수 300명 미만의 구간 : 파트타임으로 사용할 경우 그 인원은 풀타임으로 사용할 수 있는 인원의 3배를 초과할 수 없다.
○ 조합원수 300명 이상의 구간 : 파트타임으로 사용할 경우 그 인원은 풀타임으로 사용할 수 있는 인원의 2배를 초과할 수 없다.</td></tr>
<tr><td>100명 ~ 199명</td><td>최대 3,000시간 이내</td></tr>
<tr><td>200명 ~ 299명</td><td>최대 4,000시간 이내</td></tr>
<tr><td>300명 ~ 499명</td><td>최대 5,000시간 이내</td></tr>
<tr><td>500명 ~ 999명</td><td>최대 6,000시간 이내</td></tr>
<tr><td>1,000명 ~ 2,999명</td><td>최대 10,000시간 이내</td></tr>
<tr><td>3,000명 ~ 4,999명</td><td>최대 14,000시간 이내</td></tr>
<tr><td>5,000명 ~ 9,999명</td><td>최대 22,000시간 이내</td></tr>
<tr><td>10,000명 ~ 14,999명</td><td>최대 28,000시간 이내</td></tr>
<tr><td>15,000명 이상</td><td>최대 36,000시간 이내</td></tr>
</table>

251) 사업 또는 사업장의 전체 조합원 수를 의미하며, 단체협약을 체결한 날 또는 사용자가 동의한 날을 기준으로 산정한다.

252) 「근로시간면제 한도」, 고용노동부고시 제2013-31호

253) 노사가 정한 근로시간면제한도를 사업장의 '연간소정근로시간'으로 나눈 수에 해당하는 인원의 2배 또는 3배

〈파트타임 사용가능 인원 산정 예시〉

조합원 : 180명 / 연간소정근로시간 : 2,000시간 / 연간 시간 한도 : 3,000시간

$\frac{3,000\ \text{시간}}{2,000\ \text{시간}}$ = 1.5명 (소수점 이하는 1명으로 인정) → 2명 × 3배 = 6명

〈풀타임과 파트타임 혼합시 사용가능 인원 산정 예시〉

조합원 : 350명 / 연간소정근로시간 : 2,000시간 / 연간 시간 한도 : 5,000시간

◦ 파트타임 가능인원

$\frac{5,000\ \text{시간}}{2,000\ \text{시간}}$ = 2.5명 (소수점 이하는 1명으로 인정) → 3명 × 2배 = 6명

◦ 풀타임과 파트타임 혼합방식

a. 풀타임 2명(2,000시간 × 2명), 파트타임 2명(500시간 × 2명)

b. 풀타임 1명(2,000시간 × 1명), 파트타임 3명(1,000시간 × 3명) 등으로 활용 가능

❖ 건설달인의 TIP

근로시간 면제 사용가능 인원을 계산할 때 연간 소정근로시간은 주휴일, 근로자의 날, 약정 휴일 등 근로의무가 없는 날을 제외한 소정 근로일에 대한 1일의 소정근로시간을 전부 합산하면 된다. 주 40시간 사업장의 경우, 1년간(52주) 소정근로시간은 40시간 × 52주 = 2,080시간 중 휴일을 제외한 시간이 될 것이고, 따라서 일반적으로 2,080시간보다 적게 될 것이다.

강반장의 질문 1

근로시간 면제시간은 어떻게 사용해야 하나요?

근로시간면제자(파트타임 포함)가 근로시간면제 대상 업무를 수행하는 방법은 사유발생시 마다 사용자의 승인을 받고 사용하는 방식과 연간단위 또는 일정기간 단위로 사용자에게 통보하고 근로시간면제 대상 업무를 자유롭게 사용하는 방식 등이 있을 수 있는바, 귀 사업장 노사간에 협의를 통해 근로시간면제제도의 취지를 훼손하지 않는 범위 내에서 가장 효율적인 방법을 정할 수 있을 것입니다. 근로시간면제자의 활동과 관련하여 사후적으로 사용시간 및 사용 내역에 대한 제출의무나 입증 책임에 대해 법령에 규

정된 바가 없으므로 그에 대해서는 노사가 근로시간면제제도의 취지, 효율적 관리, 노사별 관리업무의 특성과 관리의 효율성 · 용이성 등을 고려하여 자율적으로 결정할 수 있을 것입니다.
〈노사관계법제과-698, 2010.09.08.〉

강반장의 질문 2

복수노조가 있을 경우 근로시간 면제시간을 어떻게 적용해야 하나요?

각 노동조합의 조합원 수를 합하여 전체 조합원 규모에 따라 근로시간 면제 한도 범위 내에서 노사가 면제시간 총량을 정한 후 각 노동조합별 근로면제 시간 및 인원 배분은 노동조합간에 자율적으로 정하되, 조합원 수, 업무 등을 고려하여 노동조합간 적정하게 배분하여야 합니다[254].

5) 근로시간 면제대상 업무 범위

◦ 사용자와의 협의·교섭, 고충처리, 산업안전 활동 등 노조법 또는 다른 법률에서 정하는 업무
  - 근참법에 의한 노사협의회 위원으로 실제 회의 참석 활동과 이동시간, 회의안건 준비 등 회의와 직접 관련된 활동
  - 근기법에 의한 근로자대표로서 법률요건에 해당하는 협의사유발생시 사용자와 실제 협의하는 활동
  - 단체협약 체결을 위해 사용자와 교섭하는 활동
  - 고충처리위원으로서 단체협약 또는 취업규칙 등 규정에 따라 제기된 고충을 처리하기 위해 협의하거나, 근로자로부터 고충사항을 청취하고 이를 처리하기 위해 사용자와 협의하는 활동
  - 산업안전보건위원회 위원으로 실제 회의에 참석하는 활동과 회의안건 준비, 안건검토 등 이와 직접 관련된 활동
  - 산안법상 근로자대표의 동의·입회·의견청취와 관련된 활동
  - 복지기금협의회의 위원 및 이사, 감사로서 기금법인 업무 수행활동

◦ 건전한 노사관계 발전을 위한 노동조합 유지·관리업무
  - 노동조합의 관리 업무

254) 「근로시간 면제 한도 적용 매뉴얼」, 고용노동부, 2013.7, p.16

- 그 밖의 생산성 향상 등을 위한 노사공동위원회, 사용자의 위탁교육 등 사업장 내 노사공동의 이해관계에 속하는 노동조합의 유지·관리 업무

6) 면제 근로시간 급여 지급기준

근로자는 '임금의 손실 없이' 사용자와의 협의·교섭 등의 업무를 할 수 있으므로, 해당 근로자는 정상적으로 근로를 하였다면 받을 수 있는 급여를 기준으로 지급받아야 한다. 만일, 통상적으로 받을 수 있는 급여보다 과도한 기준을 설정·지급하는 것은 노동조합에 대한 경비원조에 해당할 소지가 있다.

> 근로시간 면제자로 지정된 지부장에게 이전보다 연간 1,000여만 원(월 83여만 원)의 급여를 더 지급한 것은 통상적인 급여 수준과 비교하여 과도하다고 할 것이고, 이는 「노동조합 및 노동관계조정법」 제81조제4항에서 금지하고 있는 경비원조의 부당노동행위에 해당한다. 그리고 이러한 급여 지급이 단체협약에서 비롯된 것이라 하더라도 달리 볼 것은 아니다.
> 〈중노위 2015부노15, 2015.05.21.〉

Ⅱ 단체교섭

노동조합과 사용자 또는 사용자 단체간에 이루어지는 근로조건의 유지·개선과 근로자의 경제적·사회적 지위향상에 대하여 단결력을 통하여 집단적으로 교섭하는 것을 '단체교섭'이라고 한다.

1. 단체교섭 당사자 및 담당자

(1) 당사자

단체교섭을 스스로의 이름으로 수행하고 그 결과인 단체협약 상의 권리와 의무를 부담하는 자를 의미하며, 근로자측은 노동조합이, 사용자측은 교섭에 응해야 할 의무가 있는 사용자 또는 사용자단체가 단체교섭 당사자가 된다.

노조법 제29조(교섭 및 체결권한) ①노동조합의 대표자는 그 노동조합 또는 조합원을 위하여 사용자나 사용자단체와 교섭하고 단체협약을 체결할 권한을 가진다.

강반장의 질문

하청근로자들의 노조와 원청사가 단체교섭을 해야 할 의무가 있나요?

사내하청업체 소속 근로자를 조직대상으로 하여 구성된 노동조합의 교섭요구에 응하여야 할 사용자는 원칙적으로 해당 근로자와 사이에 명시적·묵시적으로 근로관계를 맺고 있는 개별 하청업체의 사용자라고 할 것이므로, 하청업체 근로자에 대하여 직접 근로계약의 당사자가 아닌 원청업체 사업주는 하청업체와의 도급계약이 명백히 형식적인 것에 불과한 것이 아닌 한 사내하청노조에 대한 사용자측 교섭당사자로서 교섭의무를 부과하기는 어려울 것으로 판단됩니다.
〈노동조합과-117, 2008.03.12.〉

(2) 담당자

단체교섭을 실제로 담당하는 권한을 가진 자를 말하며, 노동조합측은 노조 대표자와 조합의 규약 등에서 정한 바에 따라 선정된 단체교섭 위원을, 사용자측은 사업주 및 사업주를 대리하여 행위하는 자255)를 담당자로 한다.

(3) 단체교섭권 위임

노조법 제29조(교섭 및 체결권한) ③노동조합과 사용자 또는 사용자단체로부터 교섭 또는 단체협약의 체결에 관한 권한을 위임받은 자는 그 노동조합과 사용자 또는 사용자단체를 위하여 위임받은 범위안에서 그 권한을 행사할 수 있다.

단체교섭을 담당자가 행하기 어려운 경우, 제3자에게 단체교섭의 담당자 지위를 이전하는 것을 단체교섭권 위임이라고 하며, 단체교섭을 위임받을 수 있는 자에 대한 제한을 두고 있지는 않기 때문에 외부의 제3자도 가능하다.

1) 수임자의 교섭권한의 범위

노조법 시행령 제14조(교섭권한 등의 위임통보) ①노동조합과 사용자 또는 사용자단체는 법 제29조제3항에 따라 교섭 또는 단체협약의 체결에 관한 권한을 위임하는 경우에는 교섭사항과 권한범위를 정하여 위임하여야 한다.

단체교섭권을 위임할 때는 교섭사항과 교섭권한 범위를 정하여 위임하여야 하므로 만일, 단체협약체결권한을 위임하지 않았을 경우에는 단체교섭권을 위임하였다고 하더라도 단체협약체결권은 인정되지 않는다.

255) 대표이사, 임원 등

2) 교섭권한 위임 절차

노조법 제29조(교섭 및 체결권한) ④노동조합과 사용자 또는 사용자단체는 제3항에 따라 교섭 또는 단체협약의 체결에 관한 권한을 위임한 때에는 그 사실을 상대방에게 통보하여야 한다.

노조법 시행령 제14조(교섭권한 등의 위임통보) ②노동관계당사자는 법 제29조제4항에 따라 상대방에게 위임사실을 통보하는 경우에 다음 각호의 사항을 포함하여 통보하여야 한다.
1. 위임을 받은 자의 성명(위임을 받은 자가 단체인 경우에는 그 명칭 및 대표자의 성명)
2. 교섭사항과 권한범위 등 위임의 내용

노동관계당사자가 교섭권한을 위임한 경우에는 그 위임을 받은 자의 성명 및 교섭사항과 권한범위 등 위임의 내용을 포함하여 교섭권한을 위임한 사실을 상대방에게 통보하여야 한다.

강반장의 질문

정당한 절차를 거쳐 교섭권한을 위임하였는데, 노동조합이 이를 인정하지 않고 당사자와 직접 교섭을 요구하는 경우 받아들여야 하나요?

노동조합은 위임받은 자의 교섭요구에 응하여야 할 것이며, 노동조합이 정당한 이유 없이 수임인을 배제하고 위임인과의 직접 교섭만을 요구하는 경우에는 그 정당성을 인정받기 어려울 것입니다.
〈노조 01254-508, 1999.07.10.〉

2. 단체교섭의 대상

단체교섭의 대상이 되는 사항은 근로조건의 결정에 관한 사항과 근로조건의 결정에 영향을 미치는 기타 노동관계에 관한 사항으로 사용자가 처리·처분할 수 있는 근로조건과 관련이 있어야 한다.

(1) 의무적 교섭사항

사용자가 노동조합측의 단체교섭 요청에 응할 의무가 있는 사항으로, 정당한 이유없이 의무적 교섭사항에 대한 교섭해태·거부시에는 부당노동행위가 성립한다.

〈의무적 교섭대상〉 임금, 근로시간, 휴일, 휴가, 재해보상, 안전보건, 복리후생 등 근로조건의 결정에 관한 사항

(2) 임의적 교섭사항

사용자가 노동조합측의 단체교섭 요청에 반드시 응할 의무는 없으나, 임의로 교섭에 응하여 단체교섭의 내용으로 할 수 있는 사항으로, 임의적 교섭사항에 대한 교섭해태·거부시에 부당노동행위가 성립되지 않는다.

〈임의적 교섭대상〉 노동조합 활동에 관한 사항, 조합비일괄공제에 관한 사항, 단체교섭·쟁의행위 절차 및 방법에 관한 사항, 노조전임자에 관한 사항 등 집단적 노사관계에 관한 채무적 부분

(3) 교섭금지 사항

사용자와 노동조합 간에 단체협약을 체결하였다고 하더라도 그 부분은 무효가 되는 사항을 말한다.

〈교섭금지 대상〉 강행법규 위반사항, 사회질서에 반하는 사항, 사용자가 처리할 수 없는 사항, 사용자의 인사·경영권을 본질적으로 침해하는 사항

강반장의 질문

회사의 일부사업 매각결정여부에 대해 단체교섭 대상으로 할 수 있나요?

단체교섭의 대상에 대하여는 노동조합및노동관계조정법상 구체적으로 정하고 있진 않으나, 단체교섭의 목적이 근로조건을 유지·개선하는데 있는 것이므로 인사·경영권에 속하는 사항이라 할지라도 근로자의 근로조건에 직접적인 영향을 미치는 경우에는 단체교섭의 범위에 포함될 수 있는 것입니다. 다만, 인사·경영권에 속하는 사항이 근로자의 근로조건 등과 관련되어 있는 경우라 하더라도 기업의 관리·운영에 관한 본질적인 사항은 경영주체의 의사에 맡겨져야 할 것이므로 이와 같은 사항에 대하여는 사용자가 반드시 교섭에 응하여야 할 의무가 있다고 보기는 어려울 것입니다.

회사의 매각 그 자체는 사용자의 경영권의 본질적인 사항에 해당한다 할 것이므로 단체교섭 사항이 될 수 없는 것이 원칙이나, 회사의 매각과 관련한 고용문제 등 근로조건과 직접적인 관련되는 사항은 그 한도 내에서 교섭대상이 될 수 있을 것입니다.

〈노조 68107-900, 2002.12.02.〉

3. 단체교섭의 절차 및 방법

(1) 단체교섭 절차도

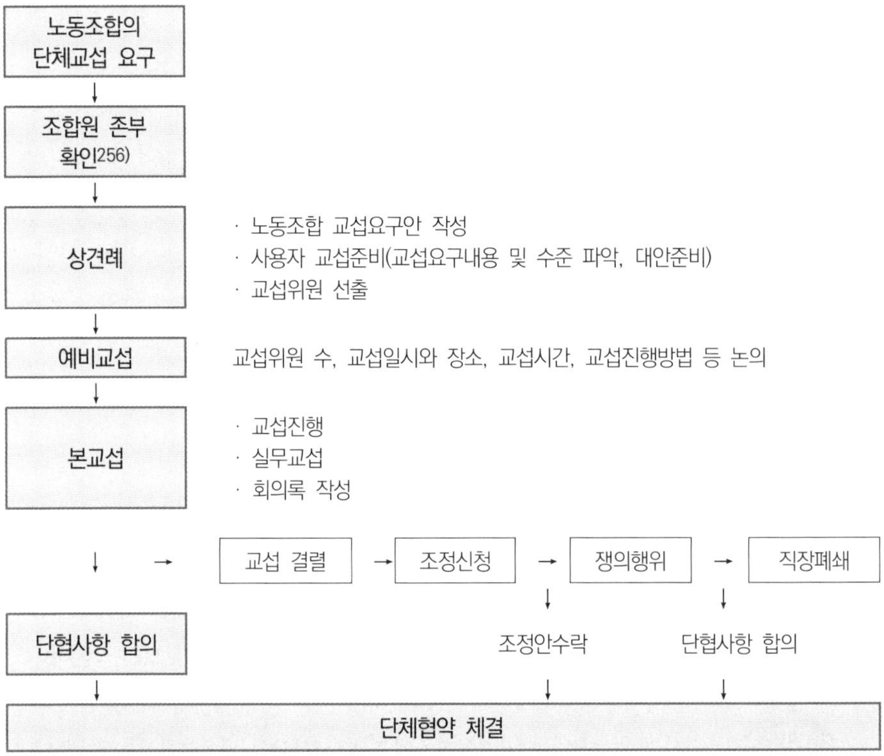

❖ 건설달인의 TIP

단체협약을 체결할 때에는 반드시 서면으로 작성하고 당사자 쌍방이 서명 또는 날인하여야 효력이 있다.

노동조합과 사이에 체결한 단체협약이 유효하게 성립하려면 단체협약을 체결할 능력이 있는 사용자나 사용자 단체가 그 상대방 당사자로서 체결하여야 하고, 나아가 서면으로 작성하여 당사자 쌍방이 서명날인함으로써 노동조합법 제34조 제1항 소정의 방식을 갖추어야 한다.
〈대법원 1997.01.21.선고, 95다24821〉

256) 노동조합의 단체교섭 요구가 있을 경우, 노동조합측에게 조합원명단 제출을 요구하여 노조원의 존부를 확인하여야 하며, 노조원이 없을 경우 단체교섭을 거부해도 무방하다.

(2) 단체교섭 방법

노조법 제30조(교섭등의 원칙) ①노동조합과 사용자 또는 사용자단체는 신의에 따라 성실히 교섭하고 단체협약을 체결하여야 하며 그 권한을 남용하여서는 아니된다.
②노동조합과 사용자 또는 사용자단체는 정당한 이유없이 교섭 또는 단체협약의 체결을 거부하거나 해태하여서는 아니된다.

노동조합과 사용자 또는 사용자단체는 성실히 교섭할 의무를 지며, 사용자가 성실교섭의무를 위반할 경우에는 부당노동행위로 인정된다.

(3) 교섭창구 단일화

노조법 29조의2(교섭창구 단일화 절차) ①하나의 사업 또는 사업장에서 조직형태에 관계없이 근로자가 설립하거나 가입한 노동조합이 2개 이상인 경우 노동조합은 교섭대표노동조합을 정하여 교섭을 요구하여야 한다. 다만, 제2항에 따라 교섭대표노동조합을 자율적으로 결정하는 기한 내에 사용자가 이 조에서 정하는 교섭창구 단일화 절차를 거치지 아니하기로 동의한 경우에는 그러하지 아니하다.

하나의 사업 또는 사업장에 복수노조가 존재하는 경우에는 교섭의 효율화를 위하여 교섭창구단일화제도를 시행하여야 하고, 이는 강행규정으로 노동조합과 사용자는 반드시 이에 따라야 한다.

〈교섭창구 단일화 절차도〉

단체교섭 요구 ↓	· 단협 유효기간 만료일 이전 3개월이 되는 날부터 교섭 요구 가능 · 단협이 2개이상 있는 경우, 먼저 도래하는 단협 유효기간 만료일 이전 3개월이 되는 날부터 가능
교섭요구사실 공고 ↓	게시판 등에 7일간 공고(교섭요구 노동조합 명칭, 대표자 성명, 교섭요구 일자, 다른 노동조합이 교섭을 요구할 수 있는 기한)
교섭참여 노동조합 통지 및 공고 ↓	· 게시판 등에 5일간 공고(교섭요구 노동조합 명칭, 대표자 성명, 교섭요구 일자, 교섭 요구한 날 현재 조합원 수, 공고사실에 대한 이의신청 가능사실) · 공고기간 중 확정공고에 대해 이의가 없을 경우 교섭참여 노동조합으로 확정

자율적 단일화	교섭참여 노동조합 확정일로부터 14일 되는 날까지 자율적으로 교섭대표노동조합 결정 및 사용자에 통지

↓ 자율적 단일화 안되면

과반수 노동조합 확정	· 전체 조합원의 과반수 노동조합이 교섭대표노동조합으로 확정 · 기한만료(14일)된 날부터 5일 이내 사용자에게 통지(노동조합 명칭, 대표자, 과반수 노조라는 사실)

↓ 과반수 노조 없으면

공동교섭대표단 구성	노동조합간 자율적으로 구성하고, 합의가 되지 않을 경우 노동위원회결정에 따라 구성

❖ 건설달인의 TIP

사업장에 노동조합이 1개라고 판단하여, 해당 노동조합의 교섭요구가 있은 후 창구단일화절차를 진행하지 않고 단체교섭후 단체협약을 체결하였는데 실제로는 복수노조가 있었던 경우라면, 그 체결된 단체협약은 무효로 될 위험이 있으므로 노동조합으로부터 교섭요구를 받으면 혹시 있을지 모를 복수노조를 위하여 해당사실을 공고하고 창구단일화절차를 거치는 것이 바람직하다.

강반장의 질문 1

사용자가 교섭대표노동조합 이외의 다른 노동조합과 단체협약을 체결할 수 있나요?

교섭대표노동조합이 결정된 이후 교섭대표노동조합이 아닌 노조는 교섭권 및 단체협약체결권을 갖지 못하는 바, 그럼에도 불구하고 사용자가 교섭권·단체협약체결권이 없는 노조와 교섭하는 것은 교섭대표노동조합의 교섭권 행사에 부정적인 영향을 미치고 사업장 내 교섭질서를 문란하게 함으로써 노조에 대한 사용자의 지배력·영향력 확대를 도모할 가능성이 크므로 사용자의 지배·개입에 의한 부당노동행위에 해당될 소지가 크다고 할 것입니다.
〈노사관계법제과-1782, 2011.09.15.〉

강반장의 질문 2

교섭창구단일화 절차에 참여하지 않은 노조가 쟁의행위를 할 수 있나요?

교섭창구단일화 절차를 거쳐 결정된 교섭대표노동조합은 노조법 제29조의5 및 제37조 제2항에 따라 쟁의행위의 주체가 되며 쟁의행위는 교섭창구단일화 절차에 참여한 노동조합의 전체 조합원 과반수 찬성으로 결정하여야 할 것입니다. 따라서 교섭창구단일화 절차에 참여하지 않은 노조는 독자적인 쟁의행위뿐만 아니라 교섭대표노동조합이 주도하는 쟁의행위에도 참여할 수 없다 할 것입니다.
〈노사관계법제과-2342, 2011.11.22.〉

4. 단체협약 체결

(1) 단체협약의 의의

단체협약은 단체교섭의 결과로 노동조합과 사용자 또는 사용자단체가 단체교섭 과정을 거쳐 합의한 사항을 서면으로 작성하여 체결한 협정을 말한다.

❖ 건설달인의 TIP

단체협약의 명칭이나 형식에는 제한이 없으므로 그 명칭이 각서·협정서·협정·약정 등으로 표기되더라도 유효하다.

(2) 단체협약의 체결방식

1) 서면작성 후 서명 또는 날인

노조법 제31조(단체협약의 작성) ①단체협약은 서면으로 작성하여 당사자 쌍방이 서명 또는 날인하여야 한다.

단체협약은 반드시 서면으로 작성하고 서명 또는 날인하여야 하므로, 서면으로 작성되지 않거나 또는 서명·날인이 되어 있지 않으면 그 효력이 발생하지 않는다. 단체협약의 서명 또는 날인은 대표이사와 노조위원장이 하며 개인으로서가 아니라 그 직책에서 공식적으로 해야 한다.

❖ 건설달인의 TIP

단체협약에는 서면 또는 날인하여야 하므로 서명과 날인을 모두 해야 하는 것은 아니고 서명과 날인 중 하나만 있어도 유효하다.

강반장의 질문

대표이사의 위임을 받아 공장장이 자신의 이름으로 협약서에 날인하는 것도 가능한가요?

단체교섭의 당사자는 사용자나 사용자단체와 노동조합으로서 각 그 대표자가 대표권을 가지고 단체교섭에 임하게 되며 각 그 대표자는 교섭의 결과 협약의 내용에 관한 합의에 이르게 되면 단체협약의 내용을 서면으로 작성하게 되고 당사자 쌍방이 이에 서명날인 함으로써 단체협약으로서의 효력이 발생하는 것인 바, 이때 단체교섭의 당사자는 단체교섭의 권한을 일부 또는 전부를 위임할 수 있으며, 위임받은 대리인인 수임자에 의하여 단체협약서가 작성되고 서명날인이 이루어지는 경우에는 수임자가 사용자나 노동조합의 대리인임을 표시하고 수임자 자신의 서명과 날인으로 단체협약을 체결하였다 하더라도 그 효력이 부인될 수 없습니다. 따라서 사용자의 위임을 받은 공장장이 자신의 이름으로 날인한 단체협약도 당연히 그 효력이 있는 것입니다. 그러나 이 경우에도 단체협약의 당사자는 위임을 한 사용자이지 공장장이 그 당사자가 되는 것은 아닙니다. 〈노조 01254-155, 1995.02.10.〉

2) 행정관청에 신고

노조법 제31조(단체협약의 작성) ②단체협약의 당사자는 단체협약의 체결일부터 15일 이내에 이를 행정관청에게 신고하여야 한다.

단체협약이 체결되면 체결일로부터 15일 이내에 행정관청에 신고하여야 하며, 신고하지 않은 경우에는 300만원 이하의 과태료가 부과된다. 단체협약의 신고는 당사자 쌍방이 연명으로 하여야 한다.

♣ 단체협약신고서 (별첨 6-1)

5. 단체협약의 효력

(1) 규범적 부분

노조법 제33조(기준의 효력) ①단체협약에 정한 근로조건 기타 근로자의 대우에 관한 기준에 위반하는 취업규칙 또는 근로계약의 부분은 무효로 한다.

단체협약 내용 중 근로조건 기타 근로자의 대우에 관한 기준에 대한 사항은 개별조합원의 근로관계에 직접 효력을 미치는 규범적 부분으로 단체협약에서 정한 기준을 위반하는 취업규칙 또는 근로계약의 부분은 효력이 없게 되며, 효력이 없게 된 부분은 단체협약에서 정한 기준에 의하게 된다.

규범적 부분에 해당하는 사항

- 근로시간, 휴게, 휴일, 휴가 등에 관한 사항
- 임금계산, 지급방법, 지급시기, 각종수당 등에 관한 사항
- 퇴직금, 상여금, 성과급, 최저임금에 관한 사항
- 식비, 교통비, 복리후생 등의 부담에 관한 사항
- 안전, 보건에 관한 사항
- 재해보상종류, 산정방법 등에 관한 사항
- 복무규율, 인사이동, 승진, 상벌, 징계에 관한 사항
- 정년, 퇴직에 관한 사항
- 기타 근로자의 대우에 관한 기준을 정한 사항

강반장의 질문 1

단체협약을 소급적용하기로 한 경우, 단체협약 체결 이전 퇴직한 근로자에게도 적용해야 하나요?

노동조합이 기존의 임금, 근로시간, 퇴직금 등 근로조건을 결정하는 기준에 관하여 소급적으로 동의하거나 이를 승인하는 내용의 단체협약을 사용자와 체결한 경우에, 동의나 승인의 효력은 단체협약이 시행된 이후 해당 사업장에서 근무하면서 단체협약의 적용을 받게 될 조합원이나 근로자에 대해서만 생길 뿐, 단체협약 체결 이전에 퇴직한 근로자에게는 효력이 미칠 여지가 없습니다.
〈대법원 2017.02.15.선고, 2016다32193〉

강반장의 질문 2

노동조합이 알선하는 조합원을 우선채용한다는 단체협약을 체결하였을 경우, 사업장이 임의로 근로자를 채용하면 안되나요?

근로자의 채용 등 사용자의 인사·경영상의 결정에 해당하는 사항은 원칙적으로 사용자가 교섭에 응하여야 할 의무는 없으나, 사용자가 스스로의 의사에 따라 노동조합과 단체교섭을 하여 그 권한을 제약하는 단체협약을 체결한 경우에는 당해 조항이 사용자의 권한을 본질적으로 침해하는 등 특별한 사정이 없는 한 사용자는 그 협약의 취지에 따라 이를 성실히 이행하여야 할 것임. 사용자가 근로자를 채용할 때 노동조합에 아무런 통보도 없이 임의로 채용하였다면 단체협약에 위배된다고 보아야 할 것입니다.
〈노조-647, 2004.03.15.〉

❖ 건설달인의 TIP

사업장의 취업규칙은 단체협약과 어긋나서는 안되며, 만일 단체협약에 위반되는 기준이 있다면 그 부분은 단체협약에 정한 기준을 따른다. 또한 조합원이 아닌 자에 대해서는 취업규칙이 적용되지만, 일반적구속력[257]이 적용될 때에는 조합원이 아닌 자에게도 취업규칙이 아닌 단체협약이 적용된다.

(2) 채무적 부분

단체협약 내용 중 규범적 부분을 제외한 단체협약 당사자간의 권리·의무를 규정한 사항으로 노동조합과 사용자간에 채권·채무적 효력이 미치는 부분을 채무적 부분이라고 하며, 이 부분은 조합원에 대한 개별적 근로관계에 대해서는 직접 효력을 미치지 않는다.

채무적 부분에 해당하는 사항

평화의무, 평화조항, shop조항, 단체교섭 조항, 조합원의 범위조항, 조합활동조항, 쟁의조항

257) 노조법 제35조(일반적 구속력) 하나의 사업 또는 사업장에 상시 사용되는 동종의 근로자 반수 이상이 하나의 단체협약의 적용을 받게 된 때에는 당해 사업 또는 사업장에 사용되는 다른 동종의 근로자에 대하여도 당해 단체협약이 적용된다.

6. 단체협약의 효력확장

단체협약의 규범적 부분은 원칙적으로 그 당사자인 사용자와 노동조합의 조합원에게만 적용되나, 일정한 경우 예외적으로 비조합원에 대해서도 그 규범적 부분의 효력이 미치는 경우가 있다.

(1) 일반적 구속력

노조법 제35조(일반적 구속력) 하나의 사업 또는 사업장에 상시 사용되는 동종의 근로자 반수 이상이 하나의 단체협약의 적용을 받게 된 때에는 당해 사업 또는 사업장에 사용되는 다른 동종의 근로자에 대하여도 당해 단체협약이 적용된다.

하나의 사업 또는 사업장에 상시 사용되는 동종의 근로자 반수 이상이 하나의 단체협약을 적용받게 된 때에는 별도의 조치없이 비조합원에게도 단체협약이 적용된다.

강반장의 질문 1

동종의 근로자에 일용직도 포함되나요?

임시직·일용직 근로자가 정규직 근로자와 동종의 근로자인지 여부를 판단함에 있어서도 노동조합이 획득한 단체협약을 임시직·일용직 근로자에 대하여까지 적용할 것으로 예상하고 있었는가를 기준으로 하여야 할 것이고 따라서 단체협약의 규정에 의하여 임시직·일용직 근로자가 노동조합에 가입할 자격이 있는가를 우선 살펴보아야 할 것이지만, 그 근무의 계속성이나 근로형태에 있어서 정규직 근로자와 실질적으로 별다른 차이가 없어 정규직 근로자와 동일한 직종 및 사실상 동일한 근로에 종사하고 있는데도 단체협약의 적용을 배제시키려는 사용자의 의도 및 채용방법에 의해 어쩔 수 없이 정규직으로 고용되지 못하고 임시적·일용직으로 고용된 경우에는 노동조합및노동관계조정법 제35조의 입법취지에 비추어, 정규직 근로자와 '동종의 근로자'에 해당한다고 봄이 상당하고, 노동조합이 임시직·일용직 제도의 운영을 승인하고 묵인하여 왔다는 사정만으로는 단체협약을 임시직·일용직 근로자에 대하여 적용할 것으로 예상하지 않았다고 볼 것은 아닙니다.
〈창원지법 2002.08.22.선고, 2001나5498〉

강반장의 질문 2

단체협약에 비조합원에게는 확장적용하지 않는다는 특약을 두고 있는 경우에는 일반적 구속력이 적용되지 않나요?

일반적 구속력이 적용되는 사업(장)에서 조합원이 아닌 동종의 근로자에게 단체협약에 정한 근로조건 등과 관련된 규범적 부분이 확장·적용되는 것을 배제하려는 취지에서 체결되었다면 이는 동법 제35조의 강행규정에 위배되므로 그 효력을 인정할 수 없다 할 것입니다. 따라서, 법 소정의 일반적 구속력이 적용되는 사업(장)에 근무하는 비조합원인 근로자가 당해 단체협약의 적용이 예상되는 동종의 근로자에 해당하는 경우에는 확장·적용된다고 봄이 타당할 것입니다.
〈노동조합과-536, 2005.02.23.〉

❖ 건설달인의 TIP

상시 사용 근로자의 반수이상이어야 하므로 만일 상시 사용 근로자 수가 180명일 경우, 91명이 동일한 단체협약의 적용을 받아야 단체협약이 확장·적용된다.

(2) 지역적 구속력

노조법 제36조(지역적 구속력) ①하나의 지역에 있어서 종업하는 동종의 근로자 3분의 2 이상이 하나의 단체협약의 적용을 받게 된 때에는 행정관청은 당해 단체협약의 당사자의 쌍방 또는 일방의 신청에 의하거나 그 직권으로 노동위원회의 의결을 얻어 당해 지역에서 종업하는 다른 동종의 근로자와 그 사용자에 대하여도 당해 단체협약을 적용한다는 결정을 할 수 있다.

하나의 지역에 종업하는 동종의 근로자 3분의 2 이상이 하나의 단체협약의 적용을 받게 되면 당사자 쌍방 또는 일방의 신청에 의하거나 행정관청의 직권으로 노동위원회 의결을 얻어 당해 지역에서 종업하는 다른 동종의 근로자와 사용자에게도 그 단체협약을 적용할 수 있다.

강반장의 질문

하나의 지역은 어떻게 결정되나요?

하나의 지역 여부는 인위적인 행정구역 개편만을 가지고 판단할 것이 아니라 그간의 교섭관행, 동일한 경제권역인지 여부 등을 종합하여 확장 적용될 단체협약 당사사가 직접 관련 있는 동일한 생활여건에 있는지를 판단하여 결정하여야 합니다.
〈노조 01254-1246, 1995.12.01.〉

❖ 건설달인의 TIP

지역적 구속력 결정을 신청할 수 있는 자는 확장 적용될 단체협약을 체결한 노사 당사자 쌍방 또는 일방이 되는 것으로, 지역적 구속력을 적용받고자 하는 사업장의 노사 당사자는 신청권이 없다.

7. 단체협약의 종료

(1) 유효기간 만료

노조법 제32조(단체협약의 유효기간) ①단체협약에는 2년을 초과하는 유효기간을 정할 수 없다.
②단체협약에 그 유효기간을 정하지 아니한 경우 또는 제1항의 기간을 초과하는 유효기간을 정한 경우에 그 유효기간은 2년으로 한다.

단체협약의 유효기간은 2년의 범위에서 자유롭게 정할 수 있으며, 유효기간을 정하지 않거나, 2년을 초과하는 기간을 정한 경우에는 그 유효기간은 2년으로 된다.

강반장의 질문

단체협약의 유효기간이 만료되지 않은 상황에서 노동조합이 교섭을 요구하는 경우 이를 받아들어야 하나요?

노사 쌍방의 합의에 의해 체결된 단체협약은 그 유효기간동안 노사 공히 성실히 이행할 의무가 있다 할 것이며, 그 단체협약 체결 당시와는 특별한 사정의 변경이 없음에도 불구하고 어느 일방이 별도의 또는 추가적인 사항을 제시하고 단체교섭을 요구함은 정당성을 인정할 수 없다고 보며, 이를 이유로 한 쟁의행위는 정당하지 않은 것으로 사료됩니다.
〈노조 01254-20725, 1989.12.14.〉

(2) 유효기간 만료 후 연장

노조법 제32조(단체협약의 유효기간) ③단체협약의 유효기간이 만료되는 때를 전후하여 당사자 쌍방이 새로운 단체협약을 체결하고자 단체교섭을 계속하였음에도 불구하고 새로운 단체협약이 체결되지 아니한 경우에는 별도의 약정이 있는 경우를 제외하고는 종전의 단체협약은 그 효력만료일부터 3월까지 계속 효력을 갖는다. 다만, 단체협약에 그 유효기간이 경과한 후에도 새로운 단체협약이 체결되지 아니한 때에는 새로운 단체협약이 체결될 때까지 종전 단체협약의 효력을 존속시킨다는 취지의 별도의 약정이 있는 경우에는 그에 따르되, 당사자 일방은 해지하고자 하는 날의 6월전까지 상대방에게 통고함으로써 종전의 단체협약을 해지할 수 있다.

1) 3개월 효력연장

단체협약만료 전 후 새로운 단체협약 체결을 위해 단체교섭을 계속 하였음에도 불구하고 새로운 단체협약을 체결하지 못하는 경우에는 별도의 약정이 있는 경우를 제외하고 종전 단체협약의 효력이 단체협약 유효기간 만료 후 3월까지 계속 연장된다.

2) 자동연장협정

단체협약만료 후 새로운 단체협약이 체결되지 않으면 새로운 단체협약이 체결될 때까지 종전 단체협약의 효력을 유지시킨다는 별도의 약정을 자동연장협정이라고 한다.

3) 자동갱신협정

종전의 단체협약의 개폐없이 갱신시킨다는 별도의 약정을 자동갱신협정이라고 한다[258].

강반장의 질문 자동갱신은 몇 번 가능한가요?

자동갱신협정이 체결되었다 하더라도 노사당사자는 협약 만료일 30일 이전까지 갱신요구안을 제출하여 동 협약을 만료시킬 수 있으므로, 자동갱신기간은 동 협약의 유효기간과 연속된 것으로 볼 수 없고 각기 독립하여 법상 최장 유효기간의 제한을 받는다고 보아야 할 것이며, 따라서 자동갱신횟수에 대한 별도의 제한규정이 없는 한 반드시 1회에 한한다고 볼 것은 아닙니다.
〈노조 01254-257, 1996.03.19.〉

(3) 단체협약 소멸 후의 근로조건

단체협약의 효력이 상실되는 경우, 즉 유효기간 만료 후 새로운 단체협약이 체결되지 않은 경우에는 종전 단체협약의 규범적 부분은 근로계약의 내용으로 되어 그대로 적용된다.

> 단체협약이 실효되었다고 하더라도 임금, 퇴직금이나 노동시간, 그 밖에 개별적인 노동조건에 관한 부분은 그 단체협약의 적용을 받고 있던 근로자의 근로계약의 내용이 되어 그것을 변경하는 새로운 단체협약, 취업규칙이 체결·작성되거나 또는 개별적인 근로자의 동의를 얻지 아니하는 한 개별적인 근로자의 근로계약의 내용으로서 여전히 남아 있어 사용자와 근로자를 규율하게 되는데, 단체협약 중 해고사유 및 해고의 절차에 관한 부분에 대하여도 이와 같은 법리가 그대로 적용된다.
> 〈대법 2007.12.27.선고, 2007다51758〉

258) 일반적으로, "이 협약의 기간만료 30일전까지 당사자의 일방이 단체협약 개폐의 의사표시 또는 변경안의 제시가 없을 경우에는 기간 만료일로부터 다시 2년간 유효한 것으로 본다."로 규정한다.

8. 단체협약 위반시 책임

사용자와 노동조합 간에 체결한 단체협약 중 일정한 사항에 대하여는 이를 위반한 경우 형사처벌(1천만원 이하의 벌금)이 될 수 있으며, 그 사항은 다음과 같다.

단체협약 위반시 처벌되는 사항

- 임금 · 복리후생비, 퇴직금에 관한 사항
- 근로 및 휴게시간, 휴일, 휴가에 관한 사항
- 징계 및 해고의 사유와 중요한 절차에 관한 사항
- 안전보건 및 재해부조에 관한 사항
- 시설·편의제공 및 근무시간중 회의참석에 관한 사항
- 쟁의행위에 관한 사항

Ⅲ 쟁의행위

1. 쟁의행위 개념과 유형

노조법 제2조(정의) 이 법에서 사용하는 용어의 정의는 다음과 같다.
6. "쟁의행위"라 함은 파업 · 태업 · 직장폐쇄 기타 노동관계 당사자가 그 주장을 관철할 목적으로 행하는 행위와 이에 대항하는 행위로서 업무의 정상적인 운영을 저해하는 행위를 말한다.

(1) 개념

노동관계 당사자간에 근로조건의 결정에 관한 주장의 불일치로 인하여 발생한 분쟁상태에서, 그 주장을 관철할 목적으로 하는 업무의 정상적인 운영을 저해하는 행위를 쟁의행위라고 한다.

(2) 유형 - 근로자측 쟁의행위

1) 파업

노동조합이 자기의 주장을 관철시키기 위하여 조직적으로 근로의 제공을 전면적으로 거부하는 행위를 말한다.

〈파업의 종류〉

기준	구분
파업의 기간	무기한 파업, 시한부 파업
파업의 범위	총파업[259], 전면파업[260], 부분파업[261]
파업의 목적	정치파업, 동정파업, 항의파업 등
투쟁행위의 시기	공격적 파업[262], 수동적 파업[263]

259) 전국적으로 행하는 파업
260) 특정산업 또는 특정기업의 전체 근로자가 참가하는 파업
261) 특정산업 또는 특정기업의 일부 근로자가 참가하는 파업
262) 사용자의 직장폐쇄보다 선제적으로 행하는 파업

2) 태업

형식적으로 노동력을 제공하지만, 불성실하게 근무함으로써 작업능률을 저하시키는 행위를 말한다.

❖ 건설달인의 TIP

태업은 쟁의행위 수단중 하나로, 근로계약으로 약정된 노무를 불안전하게 제공한 것이므로 그 부분만큼의 임금을 지급하지 않을 수 있으며, 감액수준을 결정함에 있어 단체협약 및 취업규칙에 정한 바가 없다면 근로제공의 불완전 정도, 생산량 감소정도 및 당해 사업장의 임금 계산방법 등을 종합적으로 고려하여 결정할 수 있을 것이다(노조 68110-40, 2003.02.04.).

3) 준법투쟁

법령·단체협약·취업규칙 등의 규정을 필요이상으로 엄격히 준수하거나 보장된 권리를 일제히 행사하여 작업능률을 저하시키는 행위를 말한다.

〈준법투쟁의 종류〉

연장·휴일근로 거부, 연차휴가 집단사용, 정시 출퇴근, 안전·보안법규 철저준수 등

4) 피켓팅

파업이나 보이콧에 수반되는 보조적행위로 비조합원들의 사업장 출입을 저지하고 파업참여에 협력할 것을 구하는 행위를 말한다.

〈피켓팅의 종류〉

플래카드 설치, 유인물 배포, 바리케이드 설치 등

5) 보이콧

사용자 또는 그와 거래관계에 있는 제3자의 상품구입 기타 시설 이용을 거절하거나 그들과의 근로계약 체결을 거절할 것을 호소하는 행위를 말한다.

---

263) 사용자의 직장폐쇄 후에 행하는 파업

6) 직장점거

사용자의 의사에 반하여 사업장내에서 퇴거하지 않고 체류하거나 점거하는 행위를 말한다.

〈금지되는 점거행태〉

노조법 제42조(폭력행위등의 금지) ①쟁의행위는 폭력이나 파괴행위 또는 생산 기타 주요업무에 관련되는 시설과 이에 준하는 시설로서 대통령령이 정하는 시설을 점거하는 형태로 이를 행할 수 없다.

생산 기타 주요업무에 관련되는 시설과 이에 준하는 아래의 시설을 점거하는 행태로 직장점거를 할 수 없다.

1. 전기 · 전산 또는 통신시설
2. 철도(도시철도를 포함한다)의 차량 또는 선로
3. 건조 · 수리 또는 정박중인 선박. 다만, 「선원법」에 의한 선원이 당해 선박에 승선하는 경우를 제외한다.
4. 항공기 · 항행안전시설 또는 항공기의 이 · 착륙이나 여객 · 화물의 운송을 위한 시설
5. 화약 · 폭약 등 폭발위험이 있는 물질 또는 「화학물질관리법」 제2조제2호에 따른 유독물질을 보관 · 저장하는 장소
6. 기타 점거될 경우 생산 기타 주요업무의 정지 또는 폐지를 가져오거나 공익상 중대한 위해를 초래할 우려가 있는 시설로서 고용노동부장관이 관계중앙행정기관의 장과 협의하여 정하는 시설

(3) 유형 - 사용자측 쟁의행위

1) 직장폐쇄

근로자의 노무수령을 거부하고 임금지불을 면하는 행위를 말한다.

〈직장폐쇄의 종류〉

기준	구분
직장폐쇄 시기	선제적 직장폐쇄, 대항적 직장폐쇄
조업중단 범위	전면적 직장폐쇄, 부분적 직장폐쇄
직장폐쇄 목적	공격적 직장폐쇄, 방어적 직장폐쇄

❖ 건설달인의 TIP

직장폐쇄는 그 정당성이 인정되어야 임금지급의무가 면제되며, 만일 정당성을 결여한 경우에는 임금지급의무를 면할 수 없다.

구체적인 노동쟁의의 장에서 단행된 사용자의 직장폐쇄가 정당한 쟁의행위로 평가받기 위하여는 노사간의 교섭태도, 경과, 근로자측 쟁의행위의 태양, 그로 인하여 사용자측이 받는 타격의 정도 등에 관한 구체적 사정에 비추어 형평의 견지에서 근로자측의 쟁의행위에 대한 대항·방위 수단으로서 상당성이 인정되는 경우에 한한다 할 것이고, 그 직장폐쇄가 정당한 쟁의행위로 평가받을 때 비로소 사용자는 직장폐쇄기간 동안의 대상 근로자에 대한 임금지불의무를 면합니다.
〈대법원 2000.05.26.선고, 98다 34331〉

❖ 건설달인의 TIP

직장폐쇄를 할 경우에는 미리 행정관청 및 노동위원회에 각각 신고를 하여야 하고, 신고를 하지 아니할 경우에는 500만원 이하의 과태료가 부과된다.

♣ 직장폐쇄 신고서 (별첨 6-2)

강반장의 질문

직장폐쇄 기간에는 조업을 할 수 없나요?

직장폐쇄 기간 중에도 비조합원과 파업불참 조합원 중 근로희망자를 통한 조업은 계속할 수 있습니다.

2. 쟁의행위의 정당성

노조법 제37조(쟁의행위의 기본원칙) ①쟁의행위는 그 목적·방법 및 절차에 있어서 법령 기타 사회질서에 위반되어서는 아니된다.
②조합원은 노동조합에 의하여 주도되지 아니한 쟁의행위를 하여서는 아니된다.

쟁의행위는 그 정당성이 인정되는 경우에 민사상 손해배상과 형사상 책임이 면책되는데, 그 정당성에 대한 판단은 헌법이 보장하고 있는 쟁의권의 적합한 범위 내에서 이루어지며 쟁의행위의 주체, 목적, 시기 및 절차, 수단과 방법의 정당성을 판단한다.

> 근로자의 쟁의행위가 형법상 정당행위가 되기 위하여는 ① 그 주체가 단체교섭의 주체로 될 수 있는 자이어야 하고, ② 그 목적이 근로조건의 향상을 위한 노사간의 자치적 교섭을 조성하는 데에 있어야 하며, ③ 사용자가 근로자의 근로조건 개선에 관한 구체적인 요구에 대하여 단체교섭을 거부하였을 때 개시하되 특별한 사정이 없는 한 조합원의 찬성결정 등 법령이 규정한 절차를 거쳐야 하고, ④ 그 수단과 방법이 사용자의 재산권과 조화를 이루어야 함은 물론 폭력의 행사에 해당되지 아니하여야 한다는 여러 조건을 모두 구비하여야 한다고 되풀이 판시하고, 특히 그 절차에 관하여 쟁의행위를 함에 있어 조합원의 직접.비밀.무기명투표에 의한 찬성결정이라는 절차를 거쳐야 한다는 노동조합및노동관계조정법 제41조 제1항의 규정은 노동조합의 자주적이고 민주적인 운영을 도모함과 아울러 쟁의행위에 참가한 근로자들이 사후에 그 쟁의행위의 정당성 유무와 관련하여 어떠한 불이익을 당하지 않도록 그 개시에 관한 조합의사의 결정에 보다 신중을 기하기 위하여 마련된 규정이므로 위의 절차를 위반한 쟁의행위는 그 절차를 따를 수 없는 객관적인 사정이 인정되지 아니하는 한 정당성을 인정받을 수 없다할 것이다.
> 〈대법원 전원합의체 판결 2001.10.25.선고, 99도 4837〉

(1) 주체의 정당성

쟁의행위의 주체(근로자측)는 단체교섭이나 단체협약을 체결할 능력이 있는 노조법상 노동조합이어야 한다.

정당성 없는 주체

- 노조법상 노동조합이 아닌 법외조합, 쟁의단, 해고자복직투쟁위원회, 노사협의회 등
- 노동조합의 의사와 관계없이 독자적으로 행하는 조합원 일부집단[264)]
- 조합의 통제에 반하여 쟁의행위를 행하는 노동조합 산하조직(지부·지회·분회 등)[265)]

(2) 목적의 정당성

쟁의행위는 근로조건의 유지·개선과 근로자의 경제적·사회적 지위향상을 위한 것이어야 하고, 근로조건과 무관한 정치적 사항, 사용자의 인사·경영권에 관한 사항, 구속자 석방 등을 목적으로 하는 쟁의행위는 정당성을 잃는다.

강반장의 질문

회사가 구조조정을 못하게 하기 위한 쟁의행위를 할 수 있나요?

기업의 구조조정의 실시 여부는 경영주체에 의한 고도의 경영상 결단에 속하는 사항으로서 이는 원칙적으로 단체교섭의 대상이 될 수 없고, 그것이 긴박한 경영상의 필요나 합리적인 이유 없이 불순한 의도로 추진되는 등의 특별한 사정이 없는 한 노동조합이 그 실시를 반대하기 위하여 벌이는 쟁의행위는 목적의 정당성을 인정할 수 없습니다. 〈대법원 2003.07.22.선고, 2002도 7225〉

(3) 시기 및 절차의 정당성

쟁의행위는 단체교섭 이후 최후의 수단으로 행해져야 하며, 법령이 정하는 바에 따라 조정전치, 조합원의 찬반투표 절차를 거쳐야 한다[266].

(4) 수단과 방법의 정당성

쟁의행위의 수단과 방법은 사용자의 재산권과 조화를 이루어야 하며, 폭력·파괴행위 등 반사회적 행위를 수반하는 경우에는 정당성이 인정되지 않는다. 폭력·파괴행위 등에 의할 경우에는 폭력죄·상해죄·재산손괴죄·업무방해죄 등의 형사책임이 부과될 수 있다.

신청인들은 운전기사직에 있는 근로자들로서 노동조합 간부로 활동을 하면서 피신청인 회사 노조를 포함한 경남지역택시노조 산하 7개 분회가 택시 운송수입금 전액 관리제 실시를 요구하면서 전면 파업에 돌입할 때 신청인들이 파업을 주도하면서 정상적인 업무를 방해하고 근로자를

264) 조합원의 직접·비밀·무기명 투표에 의한 과반수 찬성으로 결정된 노동조합의 의사에 의하여야 주체의 정당성이 인정된다.

265) 다만, 산별노조 규약에 의해 위임하거나, 독자적인 규약 및 집행기관을 가지고 있는 지부 등의 경우는 가능하다.

266) 출석조합원이 아닌 전체 재적조합원의 과반수 찬성을 얻어야 한다.

폭행하는 등 불법행위를 하여 피신청인으로부터 고소를 당하여 신청인들 모두가 유죄를 선고받아 복역 내지는 집행유예 처분을 받은바, 비록 정당한 파업이라 할지라도 평화적으로 쟁의행위를 하지 않고 폭력과 물리력을 행사한 것은 피신청인 회사 규정에 의해서도 명백한 해고사유이므로 징계해고 결정은 정당한 징계권 행사로 부당해고가 아니다.
〈중노위 99부해328, 1999.09.29.〉

3. 쟁의행위 절차상 제한

노조법 제45조(조정의 전치) ①노동관계 당사자는 노동쟁의가 발생한 때에는 어느 일방이 이를 상대방에게 서면으로 통보하여야 한다.
②쟁의행위는 제5장제2절 내지 제4절의 규정에 의한 조정절차(제61조의2의 규정에 따른 조정종료 결정 후의 조정절차를 제외한다)를 거치지 아니하면 이를 행할 수 없다. 다만, 제54조의 규정에 의한 기간내에 조정이 종료되지 아니하거나 제63조의 규정에 의한 기간내에 중재재정이 이루어지지 아니한 경우에는 그러하지 아니하다.

(1) 상대방에 서면 통보

노동쟁의가 발생한 때에는 어느 일방이 이를 상대방에게 서면으로 통보하여야 한다.

♣ 쟁의발생 통보서 샘플 (별첨 6-3)

(2) 행정관청과 관할노동위원회에 서면 신고

노동조합은 쟁의행위를 하고자 할 경우에는 행정관청과 관할노동위원회에 쟁의행위의 일시·장소·참가인원 및 그 방법을 미리 서면으로 신고하여야 한다[267].

♣ 쟁의행위 신고서 (별첨 6-4)

267) 노조법 시행령 제17조

(3) 조정전치주의

쟁의행위 전에 조정절차를 거치지 아니하면 쟁의행위를 할 수 없으며, 이를 위반하여 쟁의행위를 한 경우에는 1년 이하의 징역 또는 1천만원 이하의 벌금에 처한다.

♣ 노동쟁의조정신청서 (별첨 6-5)

조정신청시 필요서류

- 노사공통 : 교섭대표노조 확정 관련 서류(사본), 조정받고자 하는 쟁점사항 및 근거
- 노동조합 : 조정신청 이유서, 조정신청사항 및 참고자료(사전조사 제출자료, 노조설립신고증 사본, 노조조직도, 조합원분포 현황, 단체협약 및 규약, 단체교섭 경위, 동종업계 임금현황 등)
- 사용자 : 조정신청 답변서, 노사분쟁사항 및 참고자료(사전조사 제출자료, 회사조직도, 근로자수, 조합원수, 과거3년간 사업실적, 손익계산서, 동종업계 임금현황 등)

♣ 노동쟁의 사전조사 제출자료[268]

노동쟁의 사전조사 제출자료

1. 사업장 개요
   가. 사 업 장 명 : 나. 대 표 자 :
   다. 사업장소재지: (다수 사업장별 소재지 / 근로자수 / 조합원수 기재)
   라. 사 업 종 류 : 업(주생산품 :)
   마. 전 화 번 호 : T. (FAX :)
   바. 근 로 자 수 :
   사. 주 담 당 자 : 직위 성명 (전화 :)
   아. 회사설립일 : . . .(. . .)

2. 노동조합 개요(사업장에 있는 모든 노조에 대해 기재)
   가. 노동조합명 : 나. 대표자(임기) :
   다. 노동조합소재지 : (다수 조합원별 소재지 / 근로자수 / 조합원수 기재)
   라. 전 화 번 호 : T. (FAX :)
   마. 조 합 원 수 :
   바. 주 담 당 자 : 직위 성명 (전화 :)
   사. 임금(단협)유효기간 : . . .(. . .)
   아. 노조설립일 : . . .(. . .)

268) 중앙노동위원회, 조정 및 필수유지 업무 매뉴얼, 2013.7., p.28

3. 교섭대표노동조합 관련 사항
   가. 교섭요구 사실의 공고일 :
   나. 교섭요구 노동조합의 확정일 :
   다. 교섭대표노동조합 확정일 :
   라. 교섭대표노동조합 지위유지기간 :
   마. 기타 교십대표노동조합 관련 사항(공동교십단, 개별교십 합의 어부 등)

4. 사업장 경영자료

구 분 \ 연 도 별	년	년	년	비 고 (년 예상 등)
1, 평균임금인상액·(인상율)	천(%)	천(%)	천(%)	
2. 월평균임금액·(통상임금)	천(천)	천(천)	천(천)	
3. 매출액 ·(매출신장율 %)	억(%)	억(%)	억(%)	억(%)
4. 근로자수 ·(조합원수)	명(명)	명(명)	명(명)	
5. 영업이익 (1인당)	천원	천원	천원	- 영업이익/근로자수
6. 부채 비율				- 부채액/자본액
7. 이자보상 비율				- 영업이익/이자비용
8. 인건비 비율	억(%)	억(%)	억(%)	- 인건비/매출(지출)액
9. 1%인상시 인건비·(직접비)	억(억)	억(억)	억(억)	- 인건비=직접비+간접비
10. 손익계산서 내용 ○ 매출액(백만단위) - 매출액 원가				※ 이하 특이사항기재
○ 매출이익 - 판매·관리비				
○ 영업이익 + 영업외 수익 - 영업외 손실				
○ 경상이익 + 특별이익 - 특별손실				
○ 차감전 이익 - 법인세 등				
○ 당기 순이익				

5. 단체교섭경위(구체적 작성)
○ 교섭기간(차수) : 200 . . . ~ 200 . . .(차)
○ 교섭결과 내용 : (임금, 단협) 총(개 항목)중 합의(개 항목),
미합의(개 항목)
○ 차수별 교섭경위
※ 별지에 교섭차수별로 작성, 교섭일시·장소·주요내용·합의사항 명시

6. 조정신청(미합의)사항
- "별첨"「조정을 받고자 하는 쟁점사항 및 근거자료」제출로 생략
※ 조정신청사항이 많을 경우 별지로 작성(아래아 한글, A4횡), 디스켓 제출

7. 기타 참고사항(동종 업종, 산별 등 비교 자료 등)

〈노동쟁의 조정[269]〉

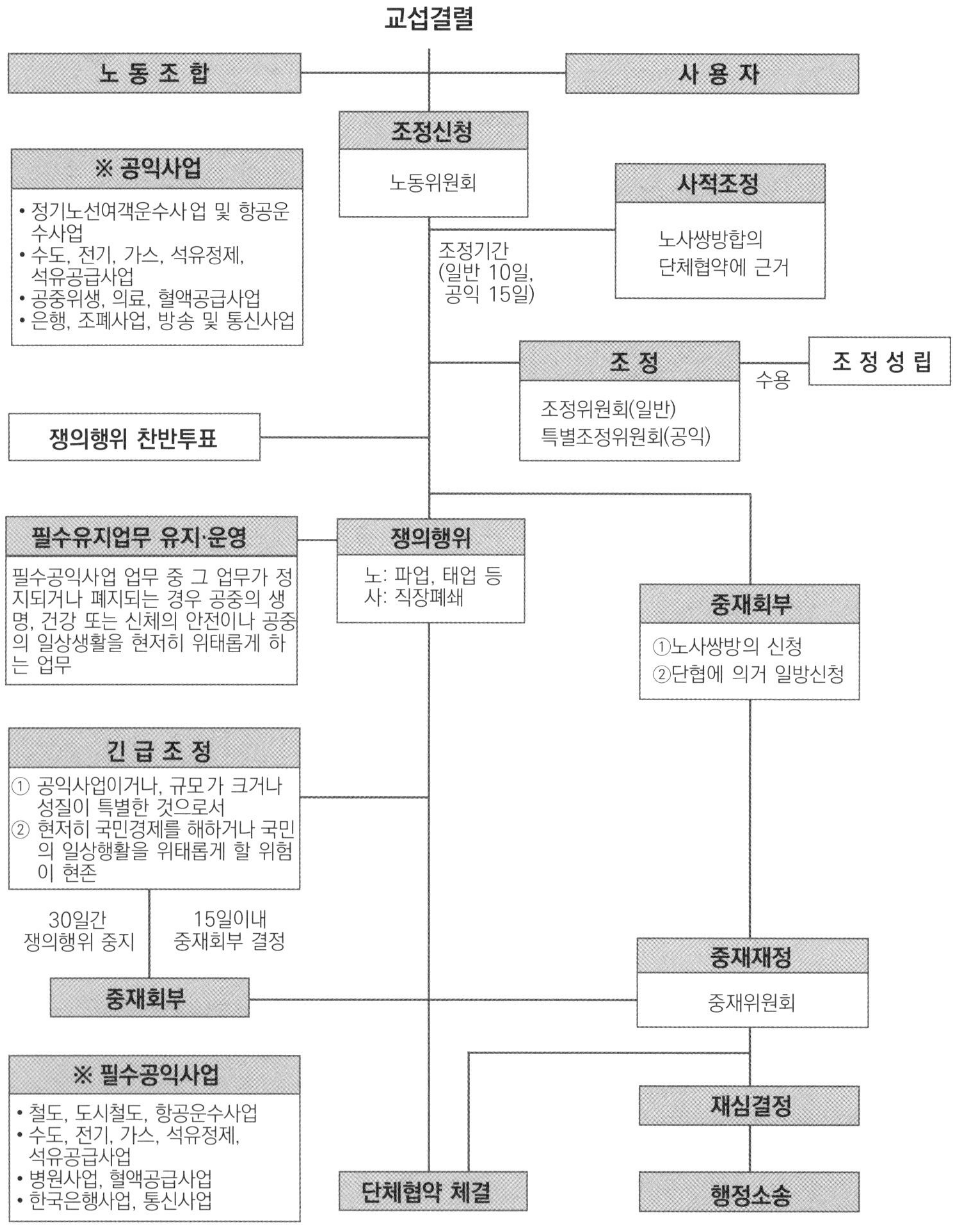

269) 「조정 및 필수유지 업무 매뉴얼」, 중앙노동위원회, 2013.7. p.10

4. 신규채용 및 대체근로 제한

노조법 제43조(사용자의 채용제한) ①사용자는 쟁의행위 기간중 그 쟁의행위로 중단된 업무의 수행을 위하여 당해 사업과 관계없는 자를 채용 또는 대체할 수 없다.
②사용자는 쟁의행위기간중 그 쟁의행위로 중단된 업무를 도급 또는 하도급 줄 수 없다.

사용자는 쟁의행위기간 중 그 쟁의행위로 중단된 업무의 수행을 위하여 당해 사업과 관계없는 자를 채용·대체할 수 없으며, 도급·하도급을 줄 수 없다.

(1) 신규채용 제한

사용자는 쟁의행위로 인하여 중단된 업무를 대체할 목적으로 신규채용을 할 수 없다[270]. 신규채용의 위반여부는 표면상의 이유만을 가지고 판단해서는 안되며, 인력충원 절차, 인력부족 규모, 결원발생시기, 신규채용의 필요성 등을 종합적으로 고려하여 판단하여야 한다.

> 노동조합 및 노동관계조정법 제43조는 쟁의행위로 중단된 업무의 수행을 위하여 당해 사업과 관계없는 자를 채용 또는 대체할 수 없도록 규정하고 있는 바, 쟁의행위로 중단된 업무에 당해 사업내 근로자를 투입하고 그 결과로 공백이 생긴 업무에 당해 사업과 관계없는 자를 신규채용·투입하였다면, 외형상 신규 채용자에게 쟁의행위로 중단된 업무를 직접 수행하도록 한 것은 아니지만 사실상 신규채용의 목적이 쟁의행위로 중단된 업무의 수행을 위한 것으로 판단되므로 동법 제43조 규정의 취지에 반한다고 보아야 할 것임.
> 〈노동조합과-336, 2005.01.27.〉

(2) 대체근로의 제한

사용자는 쟁의행위로 인하여 중단된 업무 수행을 위하여 사업과 관계없는 자로 대체할 수 없다. 대체불가능한 자는 당해 사업과 관계없는 자이기 때문에 당해 회사에 근무하고 있는 당해 사업과 관계있는 자는 대체근로를 시킬 수 있다.

270) 쟁의행위로 인하여 중단된 업무를 대체할 목적이 아닌 근로자 퇴직등 자연감소에 따른 인력충원, 사업확장 등에 따른 인력충원, 쟁의행위와 무관한 업무의 신규채용 등의 경우는 금지된 신규채용으로 보지 않는다.

강반장의 질문 1

한 사업장에 여러개의 작업장 중 하나의 작업장에서 쟁의행위가 발생한 경우, 다른 작업장의 근로자를 대체할 수 있나요?

쟁의행위 중 다른 사업장의 대체는 물론 한 사업장에서도 직접 관계없는 종업원의 대체도 할 수 없습니다. 노동쟁의조정법 제15조의 대체는 한 기업체의 사용자 소유의 수개사업장(A, B)이 있을 경우 A사업장에서 쟁의가 발생하였을 때 동 기간중 B사업장의 종업원으로 대체함은 물론이고 한 사업장내라 할지라도 그 쟁의 분야에 직접 관계없는 종업원의 대체도 의미하는 것입니다.
〈노정노 1452.5-4533, 1964.11.04.〉

강반장의 질문 2

쟁의행위시 비조합원의 대체근로도 금지한 단체협약을 위반하여 비조합원을 대체한 경우, 대체근로 금지위반에 해당되나요?

사용자가 비조합원에게 쟁의행위로 중단된 업무를 수행토록 하였다면 단체협약 위반에 따른 책임문제는 별론으로 하더라도 법 제43조 규정의 취지에 위반된다고 보기는 어려우므로 동조 위반으로 처벌할 수는 없다고 봅니다.
〈노동조합과-821, 2004.03.30.〉

(3) 도급·하도급의 제한

사용자는 쟁의행위기간 중 그 쟁의행위로 중단된 업무를 도급·하도급 줄 수 없다. 도급·하도급이 중단되는 업무는 쟁의행위로 인하여 중단된 업무에 한하므로 쟁의행위와 관련이 없는 업무에 대한 도급 및 하도급은 가능하다.

강반장의 질문

하청업체의 노조가 파업을 하는 경우, 원청업체가 하청업체를 바꿀 수 있나요?

하청업체 노조파업시 하청업체를 교체할 수 있습니다. 노동조합및노동관계조정법 제43조의 규정에 의하여 사용자는 쟁의행위 기간중 노동조합의 쟁의행위로 중단된 업무의 수행을 위한 채용 · 대체 또는 도급 · 하도급을 제한하고 있는 바, 이는 노동관계당사자인 사용자에 관한 제한 규정으로써 원청회사에 대하여 동 규정에 의한 채용 · 대체 또는 도급 · 하도급을 제한하는 것은 아닙니다.
〈협력 68140-469, 1997.12.04.〉

5. 쟁의행위에 대한 법적책임

(1) 정당한 쟁의행위

1) 민사상 면책

사용자는 단체교섭 또는 쟁의행위로 인하여 손해를 입은 경우에 노동조합 또는 근로자에 대하여 그 배상을 청구할 수 없다.

2) 형사상 면책

단체교섭 또는 쟁의행위 기타의 행위로서 근로조건의 유지·개선과 근로자의 경제적·사회적 지위의 향상을 위한 목적을 달성하기 위하여 한 행위는 업무방해죄 등 형법상 범죄로 벌하지 아니한다. 다만, 폭력이나 파괴행위는 어떠한 경우에도 정당한 행위로 해석되지 않는다.

3) 근로자 구속제한

근로자는 쟁의행위기간 중 현행범 외에는 노조법 위반을 이유로 구속되지 않는다[271].

4) 불이익취급 금지

근로자가 정당한 쟁의행위에 참가한 것을 이유로 해고하는 등 불이익취급을 할 수 없다.

(2) 정당하지 아니한 쟁의행위

1) 민사상 책임

노무제공 거부에 따른 채무불이행 및 불법행위에 따른 손해배상

271) 구속되지 않을 뿐, 범죄출석조사, 입건 또는 불구속기소는 가능하다.

2) 형사상 책임

상해죄, 폭행죄, 협박죄, 업무방해죄, 주거침입죄, 퇴거불응죄, 손괴죄 등 위반

3) 징계책임

조합원 개인 및 조합간부에 대한 징계

Ⅳ 부당노동행위

노조법 제81조(부당노동행위) 사용자는 다음 각 호의 어느 하나에 해당하는 행위를 할 수 없다.

1. 근로자가 노동조합에 가입 또는 가입하려고 하였거나 노동조합을 조직하려고 하였거나 기타 노동조합의 업무를 위한 정당한 행위를 한 것을 이유로 그 근로자를 해고하거나 그 근로자에게 불이익을 주는 행위
2. 근로자가 어느 노동조합에 가입하지 아니할 것 또는 탈퇴할 것을 고용조건으로 하거나 특정한 노동조합의 조합원이 될 것을 고용조건으로 하는 행위. 다만, 노동조합이 당해 사업장에 종사하는 근로자의 3분의 2 이상을 대표하고 있을 때에는 근로자가 그 노동조합의 조합원이 될 것을 고용조건으로 하는 단체협약의 체결은 예외로 하며, 이 경우 사용자는 근로자가 그 노동조합에서 제명된 것 또는 그 노동조합을 탈퇴하여 새로 노동조합을 조직하거나 다른 노동조합에 가입한 것을 이유로 근로자에게 신분상 불이익한 행위를 할 수 없다.
3. 노동조합의 대표자 또는 노동조합으로부터 위임을 받은 자와의 단체협약체결 기타의 단체교섭을 정당한 이유없이 거부하거나 해태하는 행위
4. 근로자가 노동조합을 조직 또는 운영하는 것을 지배하거나 이에 개입하는 행위와 노동조합의 전임자에게 급여를 지원하거나 노동조합의 운영비를 원조하는 행위. 다만, 근로자가 근로시간중에 제24조제4항에 따른 활동을 하는 것을 사용자가 허용함은 무방하며, 또한 근로자의 후생자금 또는 경제상의 불행 기타 재액의 방지와 구제등을 위한 기금의 기부와 최소한의 규모의 노동조합사무소의 제공은 예외로 한다.
5. 근로자가 정당한 단체행위에 참가한 것을 이유로 하거나 또는 노동위원회에 대하여 사용자가 이 조의 규정에 위반한 것을 신고하거나 그에 관한 증언을 하거나 기타 행정관청에 증거를 제출한 것을 이유로 그 근로자를 해고하거나 그 근로자에게 불이익을 주는 행위

'부당노동행위'란 근로자의 노동조합 조직, 가입, 노조활동, 단체교섭 등에 대한 사용자의 반노동조합적인 부당한 행위를 말하는 것으로 법을 통해 부당노동행위로 인정되는 행위를 규정하고 있다.

1. 부당노동행위 유형

(1) 불이익 취급

사용자는 근로자가 노동조합의 업무를 위한 정당한 행위를 한 것, 정당한 단체행위에 참가하거나 사용자의 법위반사실을 신고하였다는 것 등을 이유로 그 근로자를 해고하거나 불이익을 줄 수 없다.

원인행위

- 노동조합 가입 또는 가입하려고 한 행위 : 노조가입원서 배포, 노조가입희망 표명, 가입원서 제출 등
- 노동조합을 조직하려고 한 행위 : 근로자 모집, 정관작성 등
- 노동조합 업무를 위한 정당한 행위 : 단체교섭, 쟁의행위, 총회, 대의원회 개최 등
- 정당한 단체행동 참가 : 쟁의행위 등
- 사용자 법위반행위에 대한 노동위원회 신고 및 발언, 행정관청에 증거제출

(2) 불공정 고용계약

사용자는 근로자가 어느 노동조합에 가입하지 아니할 것 또는 탈퇴할 것을 고용조건으로 하거나 특정한 노동조합원의 조합원이 될 것을 고용조건으로 하지 못한다. 단, 근로자가 채용된 후 일정기간내 노조에 가입해야하고, 가입하지 않거나 노조에서 탈퇴하면 사용자가 그 근로자를 해고하도록 하는 Union-Shop 제도를 두고 있는 경우[272]는 예외로 한다.

(3) 단체교섭 거부 및 해태

사용자는 노동조합의 대표자 또는 노동조합으로부터 위임받은 자와의 단체협약체결 기타 단체교섭을 정당한 이유없이 거부하거나 해태하는 행위를 할 수 없다.

---

272) 해당 노동조합이 당해 사업장에 종사하는 근로자의 3분의 2이상을 대표하고 있을 때

(4) 지배·개입 및 경비원조

사용자는 근로자가 노동조합을 조직 또는 운영하는 것을 지배·개입하는 행위 및 노동조합 전임자에 대한 급여지원, 노동조합 운영비 원조행위를 할 수 없다. 다만, 헌법재판소가 '노동조합이 운영비를 원조하는 행위'에 관한 부분은 헌법에 합치되지 아니한다고 하며 헌법불합치 판단을 하였고 이에 따라 위 법률조항은 2019년 12월 31일을 시한으로 개정될 때까지 계속 적용된다는 결정을 선고하였으므로 사실상 2019년 12월 31일 이후로는 운영비 원조행위는 부당노동행위가 되지 않게 된다.

〈관련판례〉

> 운영비원조금지조항이 단서에서 정한 두 가지 예외를 제외하고 운영비 원조 행위를 일률적으로 금지하는 것이 노동조합의 자주성을 확보하고자 하는 입법목적 달성을 위해서 필요한 범위를 넘어서는 것이고, 오히려 노동조합의 활동을 위축시키거나 노동조합과 사용자가 우호적이고 협력적인 관계를 맺기 위해서 대등한 지위에서 운영비 원조를 협의하는 것을 막아 실질적 노사자치를 구현하고자 하는 근로3권의 취지에도 반하는 결과를 초래하므로, 노동조합의 단체교섭권을 침해한다고 판단한 것이다.
> 〈헌법재판소 전원재판부 2018. 5. 31.선고, 2012헌바90〉

2. 부당노동행위에 대한 제재

(1) 노동위원회 구제명령

> **노조법 제82조(구제신청)** ①사용자의 부당노동행위로 인하여 그 권리를 침해당한 근로자 또는 노동조합은 노동위원회에 그 구제를 신청할 수 있다.
> ②제1항의 규정에 의한 구제의 신청은 부당노동행위가 있은 날(계속하는 행위는 그 終了日)부터 3월 이내에 이를 행하여야 한다.

부당노동행위로 인하여 그 권리를 침해당한 근로자 또는 노동조합은 부당노동행위가 있은 날로부터 3월 이내에 노동위원회에 그 구제를 신청할 수 있다. 노동위원회는 관련조사 및 심문 등을 거쳐 부당노동행위가 성립한다고 판정한 때에는 사용자에게 구제명령을 발하고, 부당노동행위가 성립되지 않는다고 판정한 때에는 그 구제신청을 기각하는 결정을 한다. 사용자가 노동위원회의 확정된 구제명령을 따르지 않고 위반한 경우에는 3년 이하의 징역 또는 3천만원 이하의 벌금에 처해진다.

구제명령의 내용

◦ 원칙적 원상회복조치
  - 불이익 취급의 경우 : 원직복귀명령, Back Pay 명령[273)]
  - 불공정 고용계약의 경우 : 불공정 계약 파기
  - 단체교섭 거부 및 해태의 경우 : 단체교섭명령, 단체협약 체결명령
  - 지배·개입 및 경비원조의 경우 : 지배·개입 및 경비원조 행위 중지 및 금지

(2) 형사처벌

사용자가 부당노동행위 금지규정을 위반한 경우 2년 이하의 징역 또는 2천만원 이하의 벌금에 처해지며, 사업주는 2천만원 이하의 벌금이 병과된다.

〈절차[274)]〉

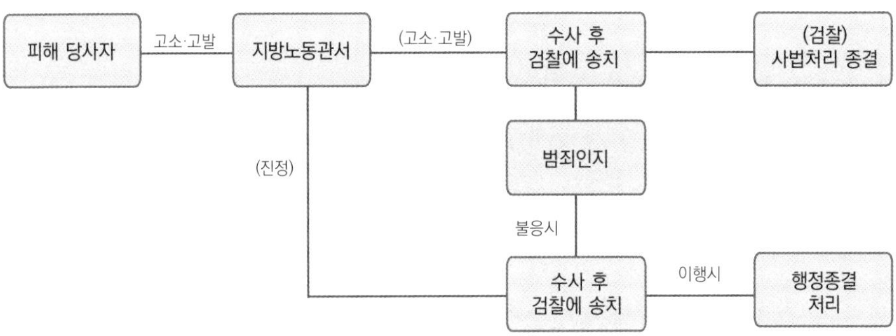

273) 해고로 인해 상실된 임금을 소급지급하는 것
274) 최영우, 집단노동법실무, ㈜중앙경제, 2018, p.675

(3) 민사상 원상회복 및 손해배상

사용자의 부당노동행위에 대하여 민사소송을 통한 원상회복 및 불법행위에 따른 손해배상청구가 가능하다.

사법적 구제 내용

- 불이익 취급의 경우 : 해고무효확인소송, 노동위원회 구제명령 거부에 대한 불법행위 손해배상, 해고무효 본안판결시까지 임금지급가처분, 종업원지위보전가처분
- 불공정 고용계약의 경우 : 계약무효청구
- 단체교섭 거부 및 해태의 경우 : 단체교섭권 침해에 대한 손해배상청구, 단체교섭지위확인소송
- 지배·개입 및 경비원조의 경우 : 지배·개입 및 경비원조 행위에 대한 손해배상청구

V 노사협의회

근로자참여 및 협력증진에 관한 법률(이하 '근참법'이라 한다.) 제4조(노사협의회의 설치) ①노사협의회는 근로조건에 대한 결정권이 있는 사업이나 사업장 단위로 설치하여야 한다. 다만, 상시 30명 미만의 근로자를 사용하는 사업이나 사업장은 그러하지 아니하다.

근로자와 사용자가 참여와 협력을 통하여 근로자의 복지증진과 기업의 건전한 발전을 도모하기 위하여 구성하는 협의기구를 노사협의회라고 하며, 상시 30명 이상의 근로자를 사용하는 사업 또는 사업장의 경우에는 노사협의회를 설치하여야 한다. 만일 협의회의 설치를 정당한 사유없이 거부하거나 방해하는 경우에는 1천만원 이하의 벌금에 처해진다.

강반장의 질문 1 사업장에 노동조합이 있는데 노사협의회를 별도로 설치해야 하나요?

「근로자참여 및 협력증진에 관한 법률」 제5조에 의한 노동조합과 노사협의회 활동에 대한 분리규정 외에도 근로조건의 유지·개선 등이 목적인 노동조합과 노사의 참여와 협력을 통한 노사 공동의 이익 증진이 목적인 노사협의회는 그 설치와 활동 목적이 상이하므로 노동조합이 설립되어 단체협상을 한다는 이유로 노사협의회 설치에 대한 예외를 인정하기는 어려울 것으로 사료됩니다.
〈노사협력정책과-1860, 2010.12.31〉

강반장의 질문 2 사업장이 여러군데에 분산되어 있는데 노사협의회를 설치해야 하나요?

하나의 사업에 당해 근로자가 지역별로 분산되어 있더라도 전체근로자수가 30인 이상일 경우에는 그 주된 사무소에 노사협의회를 설치하여야 하고, 그 사업장에 대하여도 노사협의회를 설치할 수 있습니다.
〈협력68210-409, 2003.11.20.〉

강반장의 질문 3 상시근로자수를 산정할 때 일용직도 포함해야 하나요?

근로자 수 산정에는 일용근로자 등 명칭에 관계없이 근로자는 모두 포함하여야 하나 파견, 도급 등과 같이 직접적인 근로관계가 없는 자는 상시 근로자수 산정에서 제외합니다.

1. 노사협의회 설치 절차

- 노사협의회 설치관련 공고
- ↓
- 노사협의회 설치준비위원회 구성
  - · 노사협의회 설치와 위원구성 준비
  - · 근로자위원 선출을 위한 준비위원회 활동
- ↓
- 노사협의회 위원 위촉 및 선출
  - · 근로자위원 선거공고 및 입후보자 접수
  - · 근로자위원 선거 실시 및 당선자 확정
  - · 사용자위원 위촉
- ↓
- 노사협의회 규정제정 및 제출
  - 15일 이내 관할 지방고용노동관서에 제출

2. 노사협의회 규정

협의회는 그 조직과 운영에 관한 협의회규정을 제정하고 협의회를 설치한 날부터 15일 이내에 고용노동부장관에게 제출하여야 하며, 이를 위반한 경우에는 200만원 이하의 과태료가 부과된다.

협의회규정에 포함되어야 할 내용

◦ 협의회의 위원의 수 : 노사 각 3인 이상 10인 이내에서 동수로 구성
◦ 근로자위원의 선출 절차와 후보 등록에 관한 사항 : 선거관리위원회 구성 및 선출, 선관위임무,

선거일 당선자 결정방법 등

- 사용자위원의 자격에 관한 사항 : 사용자위원의 부서와 직위 등 구체적인 위원자격 명시
- 협의회 위원이 근로한 것으로 보는 시간에 관한 사항
- 협의회의 회의 소집, 회기, 그 밖에 협의회의 운영에 관한 사항 : 정기회의 개최시기, 공고방법, 회의소집방법, 회의소집통보기한, 회의공개여부, 비밀누설금지 및 벌칙, 회의록 작성 및 유지 등
- 임의 중재의 방법 · 절차 등에 관한 사항 : 중재위원 구성, 중재방법 등
- 고충처리위원의 수 및 고충처리에 관한 사항 : 고충처리위원회 구성방법, 처리절차, 고충처리대장 비치 등

♣ 노사협의회 운영규정 샘플 (별첨 6-6)

♣ 협의회 규정 제출서 (별첨 6-7)

3. 노사협의회 구성

근참법 제6조(협의회의 구성) ①협의회는 근로자와 사용자를 대표하는 같은 수의 위원으로 구성하되, 각 3명 이상 10명 이하로 한다.

협의회는 근로자와 사용자를 대표하는 같은 수의 위원으로 구성되며, 위원수는 각 3명이상 10명 이하로 한다.

(1) 위원선출

1) 근로자위원

근로자의 직접·비밀·무기명투표로 선출하되, 근로자의 과반수로 조직된 노동조합이 있는 경우에는 노동조합의 대표자와 그 노동조합이 위촉하는 자로 한다. 근로자위원 선출에 입후보하려는 자는 해당 사업이나 사업장의 근로자여야 하며, 해당 사업 또는 사업장 근로자의 10명 이상의 추천을 받아야 한다.

♣ 근로자위원 후보 추천서 샘플 (별첨 6-8)

강반장의 질문

근로자위원 후보자가 없을 경우 사용자가 이를 선정하여도 되나요?

노사협의회의 근로자위원 선출에 사용자가 개입하여 일방적으로 근로자위원 후보를 선정하고 근로자참여및협력증진에관한법률 시행령 제3조 제1항에 따른 직접 · 비밀 · 무기명 투표를 거치지 않고, 사용자가 일방적으로 정한 근로자위원에 대하여 신임 · 비신임만을 묻는 형식이었다면 이는 법 제10조 제1항에 위배됨. 따라서 법에 정한 정당한 절차에 의해 선출되지 아니한 근로자위원은 자격이 없다고 사료됩니다. 이와 관련하여 자격이 없는 자가 근로자위원으로서 노사협의회 의결에 참여하였다면 근로자참여및협력증진에관한법률의 의결된 사항으로서의 효력이 부인된다 할 것입니다.
〈노사 68107-253, 1998.09.08.〉

2) 사용자위원

당해 사업 또는 사업장의 대표자와 그 대표자가 위촉하는 자로 한다.

(2) 의장과 간사

위원 중에서 호선하여 협의회를 대표하며 회의 업무를 총괄하는 의장을 두며, 근로자위원과 사용자위원 중 각 1명으로 공동의장으로 할 수 있다.

노사쌍방은 회의 결과의 기록 등 사무를 담당하는 간사 1명을 각각 둔다.

(3) 위원의 임기

위원의 임기는 3년으로 하며, 연임할 수 있다. 단, 보궐위원의 임기는 전임자 임기의 남은 기간으로 한다. 위원의 임기가 끝난 경우라도 후임자가 선출될 때까지는 계속 그 직무를 담당한다.

(4) 위원의 신분

위원은 비상임·무보수로 한다.

사용자는 근로자위원의 직무수행과 관련하여 불이익한 처분을 하지 못하며, 협의회 출석시간 및 이와 직접 관련된 시간으로서 노사협의회 규정에서 정한 시간은 근로한 시간으로 간주한다.

(5) 사용자의 의무

사용자는 근로자위원의 선출에 개입하거나 방해하여서는 안되며, 근로자위원의 업무활동을 위하여 장소의 사용 등 기본적인 편의를 제공하여야 한다.

4. 노사협의회 운영

협의회는 3개월마다 정기적으로 회의를 개최해야 하며, 필요한 경우 임시회를 개최할 수 있다. 회의를 개최할 때에는 의장 협의회의 회의를 소집하고 회의 개최 7일 전에 회의 일시, 장소, 의제 등을 각 위원에게 통보하여야 한다.

만일, 노사일방의 대표자가 회의의 목적을 문서로 밝혀 회의의 소집을 요구하면 그 요구에 따라야 한다.

회의는 근로자위원과 사용자위원 각 과반수의 출석으로 개최하고 출석위원 3분의 2이상의 찬성으로 의결한다.

협의회 의결로 공개하지 않는 것으로 정한 경우가 아닌 한 원칙적으로 공개한다.

협의회 위원은 협의회에서 알게 된 비밀을 누설하여서는 아니된다.

협의회는 개최일시 및 장소, 출석위원, 협의내용 및 의결사항, 그 밖의 토의사항에 대하여 기록한 회의록을 작성하여 3년간 보존하여야 한다.

♣ 노사협의회 회의록 (별첨 6-9)

5. 노사협의회 임무

노사협의회는 노사간에 일정한 사항을 협의하고 의결하여 근로자의 이익증진과 경영의 합리화를 도모한다.

(1) 협의사항

노사가 성실히 협의하는 것으로 충분하며, 반드시 노사합의 또는 결정에 이르러야 하는 것은 아니다. 다만, 의결한 경우에는 성실히 이행하여야 한다.

협의사항

- 생산성 향상과 성과 배분
- 근로자의 채용 · 배치 및 교육훈련
- 근로자의 고충처리
- 안전, 보건, 그 밖의 작업환경 개선과 근로자의 건강증진[275)]
- 인사 · 노무관리의 제도 개선
- 경영상 또는 기술상의 사정으로 인한 인력의 배치전환 · 재훈련 · 해고 등 고용조정의 일반원칙
- 작업과 휴게 시간의 운용
- 임금의 지불방법 · 체계 · 구조 등의 제도 개선
- 신기계 · 기술의 도입 또는 작업 공정의 개선
- 작업 수칙의 제정 또는 개정
- 종업원지주제와 그 밖에 근로자의 재산형성에 관한 지원
- 직무 발명 등과 관련하여 해당 근로자에 대한 보상에 관한 사항
- 근로자의 복지증진
- 사업장 내 근로자 감시 설비의 설치
- 여성근로자의 모성보호 및 일과 가정생활의 양립을 지원하기 위한 사항
- 「남녀고용평등과 일 · 가정 양립 지원에 관한 법률」 제2조제2호에 따른 직장 내 성희롱 및 고객 등에 의한 성희롱 예방에 관한 사항
- 그 밖의 노사협조에 관한 사항

275) 사업장 규모에 따른 안전보건사항 논의구조(「노사협의회 운영매뉴얼」, 고용노동부, 2011.6, p.106)

구분	30명~100명 사업장	100명 이상 사업장	비고
논의기구	노사협의회	산업안전보건위원회	- 노사협의회와 별도로 설치 (산업안전보건법 제19조) - 논의사항 산안법에 명시(산업안전보건법 제19조 제2항, 제4항) 100명 이상 사업장은 협의사항이 중복되므로 사실상 산업안전보건위원회에서 취급 - 세부적인 노사협의회 안전보건 협의사항은 산업안전보건위원회 논의사항 참고 가능
설치·구성	- 설치의무 - 노사대표 포함 각각 3~10명 이내 동수 구성	- 설치의무 - 노사대표 포함 각각 10인 이내 동수구성	
논의사항	- 안전·보건 - 작업환경 - 근로자 건강증진	- 산업재해예방계획 - 안전보건관리규정 - 안전·보건교육 - 작업환경의 개선 - 근로자 건강관리 - 산업재해 통계 - 중대재해 재발방지 - 위험설비 안전조치 - 기타 안전·보건사항	
논의수준	협의	협의·의결·결정	

(2) 의결사항

협의회의 의결을 거친 후 의결된 사항을 신속히 근로자에게 알리고 성실히 이행하여야 한다.

의결사항

◦ 근로자의 교육훈련 및 능력개발 기본계획의 수립
◦ 복지시설의 설치와 관리
◦ 사내근로복지기금의 설치
◦ 고충처리위원회에서 의결되지 아니한 사항
◦ 각종 노사공동위원회의 설치

(3) 보고사항

근로자위원과 사용자위원이 각 사항에 대하여 보고하거나 설명할 수 있으며, 반드시 협의나 의결이 강제되는 것은 아니다.

보고사항

◦ 사용자 보고사항[276)]
  - 경영계획 전반 및 실적에 관한 사항 : 단기 및 중장기 경영계획, 경영실적과 전망, 기구개편, 사업확장, 합병, 공장이전 및 휴,폐업 등 경영상 중요한 결정사항
  - 분기별 생산계획과 실적에 관한 사항 : 분기별 생산계획과 실적, 사업부서별 목표와 실적, 신제품개발과 기술, 기법의 도입
  - 인력계획에 관한 사항 : 인사방침, 증원이나 감원등 인력수급계획, 모집과 훈련
  - 기업의 경제적 · 재정적 상황 : 재무구조에 관한 일반 현황, 자산현황과 운용 상황, 부채현황과 상환 상황, 경영수지 현황
  - 그 밖의 사항 : 사용자가 보고하도록 협의회에서 의결된 사항, 근로자가 정당하게 보고를 요구한 사항
◦ 근로자위원 보고사항
  - 근로자의 요구사항

276) 사용자가 이에 대한 보고와 설명을 이행하지 아니하는 경우 해당 사항에 관한 자료제출을 요구할 수 있고, 사용자는 그 요구에 성실히 따라야 한다.

강반장의 질문 노사협의회 협의사항이 합의되지 않은 것을 이유로 파업을 할 수 있나요?

근참법상 협의회의 협의는 합의를 전제하지 않으며, 합의되지 않음을 이유로 한 쟁의행위가 허용되지 않는다는 점에서 쟁의행위가 인정되는 노동조합의 임금협상과는 차이가 존재한다 할 것입니다.
〈협력 68210-303, 2003.08.02.〉

6. 고충처리

근참법 제26조(고충처리위원) 모든 사업 또는 사업장에는 근로자의 고충을 청취하고 이를 처리하기 위하여 고충처리위원을 두어야 한다. 다만, 상시 30명 미만의 근로자를 사용하는 사업이나 사업장은 그러하지 아니하다.

상시 30명 이상의 근로자를 사용하는 사업 또는 사업장에는 고충처리위원을 두어야 하며, 이를 위반한 경우에는 200만원 이하의 벌금에 처해진다.

◦ 고충처리위원은 노사를 대표하는 3명 이내의 위원으로 구성하되, 협의회가 설치되어 있는 경우에는 협의회가 그 위원 중에서 선임하고, 협의회가 설치되어 있지 않은 경우에는 사용자가 위촉한다.
◦ 고충처리위원의 임기는 3년으로 하되, 연임할 수 있다.
◦ 근로자는 고충사항이 있는 경우, 고충처리위원에게 구두 또는 서면으로 신고할 수 있고, 고충처리위원은 고충사항의 접수 및 처리에 관한 대장을 작성하여 1년간 보존하여야 한다.
◦ 고충처리위원이 근로자로부터 고충사항을 청취한 경우에는 10일 이내에 조치사항과 그 밖의 처리결과를 해당 근로자에게 통보하여야 하며, 고충처리위원이 처리하기 곤란한 사항은 협의회의 회의에 부쳐 협의 처리한다.

♣ 고충처리신청서 샘플 (별첨 6-10)

♣ 고충사항 접수·처리 대장 (별첨 6-11)

제 6 장

별첨 서식자료

[별첨 6-1] 단체협약신고서

단체협약신고서

(앞쪽)

당사자	노동조합		사용자(단체)	
명칭				
대표자				
소재지	(전화번호)		(전화번호)	
사업체(단체) 개요	근로자 수 (구성사업장수)		조합원 수	
단체협약 체결일			단체협약 유효기간	

「노동조합 및 노동관계조정법」 제31조제2항, 같은 법 시행령 제15조 및 같은 법 시행규칙 제11조에 따라 단체협약을 신고한다.

년 월 일

신고인 노동조합 대표 (서명 또는 인)

신고인 사용자(단체) 대표 (서명 또는 인)

행정관청 귀중

첨부서류	단체협약서 사본	수수료 없음

[별첨 6-2] 직장폐쇄 신고서

직장폐쇄 신고서

※ 색상이 어두운 란은 신청인이 적지 않습니다.

접수번호	접수일	처리기간

노동조합	조합명	대표자
	소재지 (전화번호:)	

사용자	사업장명	대표자
	소재지 (전화번호:)	

위 노동관계 당사자 간에 발생한 노동쟁의로 인하여 직장을 폐쇄하고자 「노동조합 및 노동관계조정법」 제46조제2항과 같은 법 시행규칙 제16조제8호에 따라 다음과 같이 신고한다.

노동 쟁의 발생	사업장명	사업의 종류
	소재지	
쟁의행위 참가인원수		쟁의행위 발생연월일
직장폐쇄 이유		
직장폐쇄 일시		직장폐쇄 범위
기타 참고사항		

년 월 일

신고인 (서명 또는 인)

행정관청 귀하

OO지방노동위원회 귀중

비고: 신청사유 기재란이 부족한 경우에는 별지에 작성한다.	수수료없음

[별첨 6-3] 쟁의발생 통보서 샘플

쟁의발생 통보서

수신 : ㈜ ○○ 대표이사 △△△

제목 : 쟁의발생통보

년 월 일부터 시작한 20○○년 단체협약체결을 위한 단체교섭이 년 월 일 현재에 이르기까지 타결되지 못하였고, 더 이상 단체교섭에 의한 타결의 여지가 없다고 판단되어 노동조합및노사관계법 규정에 의거하여 노동쟁의가 발생하였음을 통보한다.

년 월 일

○○○ 노동조합 위원장 (인)

[별첨 6-4] 쟁의행위 신고서

쟁의행위신고서

※ 색상이 어두운 란은 신청인이 적지 않습니다.

접수번호	접수일	처리기간

노동조합	조합명	대표자
	소재지 (전화번호)	

사용자	사업장명	대표자
	소재지 (전화번호)	

위 노동관계당사자 간에 발생한 노동쟁의로 인하여 쟁의행위를 하고자 「노동조합 및 노동관계조정법 시행령」제17조와 같은 법 시행규칙 제16조제13호에 따라 다음과 같이 신고한다.

쟁의행위 일시	쟁의행위 장소
쟁의행위 참가인원 총 명 (남 명, 여 명)	
쟁의행위 방법	
쟁의행위 결의내용(투표일시, 투표결과 등)	

년 월 일

신고인 (서명 또는 인)

행정관청 귀하

OO지방노동위원회 귀중

비고: 기재란이 부족한 경우에는 별지에 작성한다.	수수료 없음

[별첨 6-5] 노동쟁의조정신청서

노동쟁의조정신청서

※ 색상이 어두운 란은 신청인이 적지 않습니다. (앞쪽)

접수번호	접수일	처리기간 일반 10일 공익 15일

당사자	노동단체		사용자(단체)	
명칭				
대표자				
소재지	(전화번호)		(전화번호)	
조합원 수		근로자 수		
사업의 종류		단체협약 유효기간		

위 노동관계당사자 간에 발생한 노동쟁의를 조정하여 줄 것을 「노동조합 및 노동관계조정법」 제53조제1항, 같은 법 시행령 제24조제1항 및 같은 법 시행규칙 제14조제1항에 따라 신청한다.

년 월 일

신청인 (서명 또는 인)

OO지방노동위원회 귀중

첨부서류	1. 사업장 개요 2. 단체교섭 경위 3. 당사자간 의견의 불일치사항과 및 이에 대한 당사자의 주장내용 4. 기타 참고사항	수수료 없음

[별첨 6-6] 노사협의회 운영규정 샘플

○○기업(주) 노사협의회 운영규정

제정 . . .
개정 . . .

제1장 총 칙

제1조(목적) 본 규정은 근로자와 사용자 쌍방이 이해와 협조를 통하여 노사공동의 이익을 증진함으로써 ○○기업의 발전과 근로자 복지증진에 기여함을 목적으로 한다.

제2조(명칭 및 소재) 노사협의회(이하 "협의회"라 한다)는 본사 및 각 사업장에 설치하고 명칭은 다음과 같이 정한다.

설치장소	본 사	안 양	구 미	군 포
명 칭	전사협의회	안양공장협의회	구미공장협의회	군포공장협의회

제3조(신의성실의 의무) 근로자와 사용자는 상호신뢰를 바탕으로 성실하게 협의에 임하여야 한다.

제4조(노동조합과의 관계) 노동조합의 단체교섭 및 기타 모든 활동은 이 규정에 의하여 영향을 받지 않는다.

제5조(사용자의 의무) ① 사용자는 근로자위원의 선출에 개입하거나 방해해서는 안 된다.
② 사용자는 근로자위원의 업무를 위하여 장소제공 등 기본적인 편의를 제공한다.

제2장 협의회의 구성

제6조(협의회의 구성) ① 협의회는 근로자와 사용자를 대표하는 각 ○명의 위원으로 구성한다.
※ 노사협의회 위원은 노사동수로 구성하되 노사 각 3명이상 10명 이내로 구성 (「근로자참여 및 협력증진에 관한 법률」제6조제1항)
② 근로자를 대표하는 위원(이하 "근로자위원"이라 한다)은 근로자가 선출한다.
③ 사용자를 대표하는 위원(이하 "사용자위원"이라 한다)은 다음과 같다.
가. ○○○(대표이사) 나. ○○○(공장장) 다. ○○○(관리이사)
라. ○○○(인사노무팀장) 마. 기타 대표이사가 위촉하는 임직원 ○○○

제7조(의장) ① 협의회의 의장은 위원 중에서 호선한다. 이 경우 근로자위원과 사용자 위원 중 각 1명을 공동의장으로 한다.
② 의장은 협의회를 대표하며 회의업무를 총괄한다.
③ 의장의 임기는 1년으로 한다.

제8조(간사) ① 노사 쌍방은 회의의 기록 등 사무를 담당하는 간사 1명을 각각 둔다.
② 간사는 근로자위원 및 사용자위원 중에서 각각 호선하여 선출된 자로 한다.

제9조(위원의 임기) ① 위원의 임기는 3년으로 하되 연임할 수 있다
② 보궐위원의 임기는 전임자의 남은 기간으로 한다.
③ 위원은 그 임기가 만료된 경우라도 그 후임자가 선출될 때까지 계속 그 직무를 담당한다.

제10조(위원의 신분) ① 위원은 비상임·무보수로 한다.
② 위원의 협의회 출석시간에 대하여는 근로한 것으로 본다. 아울러, 협의회 출석과 직접 관련된 협의회 출석을 위한 이동시간 및 자료검토시간(회의 1회당 최대 4시간)에 대해서도 근로한 것으로 본다.

제11조(실무소위원회) ① 협의회는 상정된 안건의 사전심의를 위하여 실무소위원회를 구성할 수 있다.
② 실무소위원회는 노사위원 각각 2명으로 구성한다.
③ 노사일방의 협의회대표는 실무소위원회의 개최가 필요하다고 인정되는 경우 상대방 에게 7일전까지 이를 통보하여야 한다. 다만, 긴급하거나 신속한 결정이 요구되는 경우는 예외로 한다.

제3장 근로자위원 선출

제12조(선거관리위원회 구성) ① 근로자위원 선출에 관한 선거관리위원회(이하 "선관위"라 한다)는 ○명 이내의 위원으로 구성한다.
② 선관위는 선거공고일부터 14일전에 구성한다.

제13조(선거관리위원회의 임무) 선관위의 임무는 다음 각 호와 같다.
1. 선거 및 일정공고
2. 투표 및 입후보자 등록 등에 관한 사항
3. 당선자 결정에 관한 사항
4. 기타 선거와 관련된 사항

제14조(선거관리위원 선출) 선거관리위원은 선거관리에 참여를 희망하는 근로자 중에서 추첨에 의하여 결정한다.

제15조(선거일) 근로자위원 선거는 근로자위원 임기 만료일 15일 이전에 실시한다.

제16조(후보 등록) ① 근로자위원에 입후보하고자 하는 자는 당해 사업장의 근로자 10명 이상의 추천(복수추천 가능)을 받아 선관위에 등록하여야 한다.
② 선거관리위원은 공정한 투표관리를 위하여 근로자위원에 입후보할 수 없다.

제17조(근로자위원 선출) ① 근로자위원은 직접·비밀·무기명투표에 의하여 선출한다.
② 근로자위원은 부서별 인원비례에 따라 배정된 인원을 선출하되 당선자는 투표결과 다수득표자 순으로 한다.
③ 득표수가 같을 때에는 장기근속자, 연장자 순으로 당선자를 결정한다.

제18조(보궐선거) ① 근로자위원에 결원이 생긴 때에는 결원이 발생한 날부터 30일 이내에 보궐선거를 실시한다.
② 제①항에 불구하고 제17조에 의한 근로자위원으로 선출되지 못한 자 중 다수득표자 순에 의한 차점자 명부를 작성·보관하고 근로자위원의 결원을 보궐선거 없이 명부상 서열에 따라 충원할 수 있다.

제4장 협의회의 운영

제19조(협의회 회의) ① 협의회의 정기회의는 매분기 말월 첫째주에 개최한다.

② 협의회는 노사대표가 안건을 제기하는 경우 임시회의를 개최할 수 있다.
③ 협의회의 회기는 협의회 개최공고 시 정하여 공고한다.

제20조(회의소집) ① 협의회의 회의는 의장이 소집한다.
② 의장은 노사일방의 대표자가 회의의 목적 등을 문서로 명시하여 회의의 소집을 요구할 때에는 이에 응하여야 한다.
③ 의장은 회의 개최 7일전에 회의일시, 장소, 의제 등을 각 위원에게 통보하여야 한다.

제21조(사전 자료 제공) 근로자위원은 회의의제로 통보된 의제 중 협의사항 및 의결 사항과 관련된 자료를 협의회 회의 개최 전에 사용자에게 요구할 수 있으며 사용자는 이에 성실히 응하여야 한다. 다만, 그 요구자료가 기업의 경영·영업상의 비밀 또는 개인정보에 해당하는 경우에는 그러하지 아니한다.

제22조(정족수) 회의는 근로자위원과 사용자위원의 각 과반수의 출석으로 개최하고 출석위원 3분의 2이상의 찬성으로 의결한다.

제23조(회의의 공개) 협의회 회의는 공개한다. 다만, 출석위원 과반수의 의결이 있는 경우 비공개할 수 있다.

제24조(비밀유지) ① 협의회의 위원은 협의회에서 지득한 비밀을 누설하여서는 아니 된다. 다만, 비밀의 범위는 매 회의에서 정한다.
② 협의회 위원이 비밀을 누설한 경우에는 징계위원회에 회부한다.

제25조(회의록 비치) ① 회의록은 노사쌍방의 간사 중 1명이 작성하여 각 1부씩 보관한다.
② 협의회는 다음 각호의 사항을 기록한 회의록을 작성·비치한다.
가. 개최일시 및 장소
나. 출석위원
다. 협의내용 및 의결사항
라. 기타 토의사항
③ 회의록에는 출석위원 전원이 서명하거나 날인한다.
④ 회의록은 작성일부터 3년간 보존한다.

제 5 장 협의회의 임무

제26조(협의사항) ① 협의회는 다음 각호의 1에 해당하는 사항을 협의한다.
1. 생산성 향상과 성과배분
2. 근로자의 채용·배치 및 교육훈련
3. 근로자의 고충처리
4. 안전 보건 그 밖의 작업환경 개선과 근로자의 건강증진
5. 인사 노무관리의 제도개선
6. 경영상 또는 기술상의 사정으로 인한 인력의 배치전환 재훈련 해고 등 고용 조정의 일반원칙
7. 작업과 휴게시간의 운용
8. 임금의 지불방법·체계·구조 등의 제도개선
9. 신기계 기술의 도입 또는 작업공정의 개선
10. 작업수칙의 제정 또는 개정
11. 종업원 지주제 기타 근로자의 재산형성에 관한 지원

12. 직무발령 등과 관련하여 당해근로자에 대한 보상에 관한사항
13. 근로자의 복지증진
14. 사업장 내 근로자 감시설비의 설치
15. 여성근로자의 모성보호 및 일과 가정생활의 양립을 지원하기 위한 사항
16. 「남녀고용평등과 일·가정 양립 지원에 관한 법률」 제2조제2호에 따른 직장 내 성희롱 및 고객 등에 의한 성희롱 예방에 관한 사항
17. 그 밖의 노사협조에 관한 사항

② 협의회는 제1항의 각호의 사항에 대하여 제22조의 정족수에 따라 의결할 수 있다.

제27조(의결사항) 다음 각호의 1에 해당하는 사항에 대해서는 협의회의 의결을 거쳐야 한다.
1. 근로자의 교육훈련 및 능력개발 기본 계획의 수립
2. 복지시설의 설치와 관리
3. 사내근로복지기금의 설치
4. 고충처리위원회에서 의결되지 아니한 사항
5. 각종 노사공동위원회의 설치

제28조(보고사항) ① 사업주는 정기회의에 다음 각호의 1에 해당하는 사항에 관하여 성실하게 보고, 설명하여야 한다.
1. 경영계획 전반 및 실적에 관한 사항
2. 분기별 생산계획과 실적에 관한 사항
3. 인력계획에 관한 사항
4. 기업의 경제적 재정적 현황

② 근로자위원은 제1항의 규정에 의한 보고 설명을 이행하지 아니하는 경우에는 제1항의 각호에 관한 자료의 제출을 요구할 수 있으며, 사업주는 이에 성실히 응해야 한다.

③ 근로자위원은 근로자의 요구사항을 보고·설명할 수 있다.

제29조(의결된 사항 등의 공지) ① 의장은 협의회에서 의결된 사항을 10일 이내에 공고하여야 한다.

② 협의회는 협의회 운영에 관한 사항을 간행물, 전용게시판 등의 방법으로 안내하여야 한다.

제30조(의결된 사항의 이행) 근로자와 사용자는 협의회에서 의결된 사항을 성실하게 이행하고 그 결과를 상호 신속히 통보하여야 한다.

제31조(임의중재) ① 협의회는 노사대표 각 ○명으로 중재위원회를 구성할 수 있다.

② 중재위원회는 다음 각호의 사항에 대하여 중재한다.
1. 제26조에 규정된 사항에 관하여 협의회가 의결하지 못한 경우
2. 협의회에서 의결된 사항의 해석 또는 이행방법 등에 관하여 의견이 불일치가 있는 경우
3. 그 밖에 중재가 필요한 경우

③ 제2항의 규정에도 중재가 성립하지 않을 경우에는 노동위원회에 중재신청을 할 수 있다.

④ 제2항 및 제3항의 규정에 의한 중재결정이 있는 때에는 협의회의 의결을 거친 것으로 보며 근로자와 사용자는 이에 따라야 한다.

제6장 고 충 처 리

제32조(고충처리위원회) ① 근로자의 고충을 청취하고 이를 처리하기 위하여 고충처리 위원회를 설치 운영한다.

② 고충처리위원회는 사업장 단위로 설치한다.

제33조(고충처리위원회의 구성) ① 고충처리위원은 협의회 위원 중에서 호선하여 노사 각 1명의 위원으로 구성한다.
※ 고충처리위원은 노사를 대표하는 3명 이내의 위원으로 구성
② 고충처리위원의 임기는 3년으로 한다.
③ 사원 고충사항을 효과적으로 처리하기 위해 상담원과 사외 상담원을 둘 수 있다. 이때 사외 상담원은 법률, 병무, 건강, 인생, 결혼 등 분야별 학식과 덕망이 있는 인사를 선정하여 위촉할 수 있다.

제34조(고충의 처리) ① 근로자는 고충처리위원에게 구두 또는 서면으로 상담을 신청한다.
② 상담신청을 접수한 고충처리위원은 당해 근로자의 고충을 성실히 청취한 후 접수일 로부터 10일 이내에 처리결과를 해당 사원에게 서면으로 통보하여야 한다. 다만, 사외 상담원의 상담을 요할 시에는 상담일정을 별도로 지정하여 상담을 실시할 수 있다.
③ 고충처리위원이 처리하기 곤란한 사항에 대해서는 협의회에 부의하여 협의 처리한다.

제35조(상담실운영) 근로자의 고충을 처리하기 위하여 총무부 및 노동조합 사무실에 고충처리상담실을 설치·운영한다.

제36조(대장비치) 고충처리위원은 고충사항의 접수 및 그 처리에 관한 대장을 작성·비치하고 이를 1년간 보존한다.

제7장 보 칙

제37조(대표위원의 권한위임) 노사 쌍방의 대표위원은 필요시 그 권한을 타 위원에게 위임할 수 있다.

제38조(신고의무사항) 협의회와 관련하여 고용노동부에 신고하여야 할 제반 사항은 사용자측에서 한다.

제39조(운영세칙) 협의회는 협의회 운영 등과 관련된 사항에 대하여 운영세칙을 작성할 수 있다.

제40조(규정 외의 사항) 이 규정에 명시되지 않은 사항에 대해서는 법령 및 통상 관례에 따른다.

부 칙

이 규정은 20 . . .부터 시행한다.

[별첨 6-7] 협의회 규정 제출서

[ ] 제정
[ ] 변경 **협의회규정 제출서**

※ [ ]에는 해당되는 곳에 √ 표시를 한다.

접수번호	접수일	처리기간 즉시

제출인	성명	생년월일
	주소	전화번호

사업체	사업장명	전화번호
	노동조합명칭	노동조합대표자 성명
	주소	조합원 수 명 (남: 명, 여: 명)

노사협의회	설치사유 발생일	설치일자
	설치사유	위원 수 근로자위원 명 사용자위원 명
	정기회의 일자	

협의회규정 제정일자	협의회규정 변경일자

「근로자참여 및 협력증진에 관한 법률 시행규칙」 제3조제1항에 따라 [ ] 제정, [ ] 변경된 노사협의회 규정을 제출한다.

년 월 일

제출인 (서명 또는 인)

○○지방고용노동청(지청)장 귀하

첨부서류	1. 협의회규정 1부 2. 변경된 협의회규정 1부(협의회규정을 변경한 경우에만 제출한다)	수수료 없음

[별첨 6-8] 근로자위원 후보 추천서 샘플

<table>
<tr><td colspan="6" align="center">근로자위원 후보 추천서</td></tr>
<tr><td rowspan="3">피추천인</td><td>성 명</td><td></td><td>소 속</td><td></td><td>직 위</td><td></td></tr>
<tr><td>입사일자</td><td></td><td>생년월일</td><td colspan="3">년 월 일 생</td></tr>
<tr><td colspan="6">상기자를 당사의 노사협의회 근로자위원 후보로 추천한다.
년 월 일</td></tr>
</table>

<table>
<tr><td rowspan="11">추 천 인</td><td>연번</td><td>성 명</td><td>소 속</td><td>직 위</td><td>날 인</td></tr>
<tr><td>1</td><td></td><td></td><td></td><td></td></tr>
<tr><td>2</td><td></td><td></td><td></td><td></td></tr>
<tr><td>3</td><td></td><td></td><td></td><td></td></tr>
<tr><td>4</td><td></td><td></td><td></td><td></td></tr>
<tr><td>5</td><td></td><td></td><td></td><td></td></tr>
<tr><td>6</td><td></td><td></td><td></td><td></td></tr>
<tr><td>7</td><td></td><td></td><td></td><td></td></tr>
<tr><td>8</td><td></td><td></td><td></td><td></td></tr>
<tr><td>9</td><td></td><td></td><td></td><td></td></tr>
<tr><td>10</td><td></td><td></td><td></td><td></td></tr>
</table>

[별첨 6-9] 노사협의회 회의록

(앞쪽)

제 차 (정기 · 임시) 노사협의회 회의록	
회 의 일 시	
회 의 장 소	
협 의 사 항	
보 고 사 항	
의 결 사 항	
의결된 사항 및 그 이행에 관한 사항	
그 밖의 참고사항 및 전분기 의결된 사항의 이행 상황	

(뒤쪽)

참 석 위 원			
근 로 자 위 원		사 용 자 위 원	
성 명	서 명	성 명	서 명

[별첨 6-10] 고충처리신청서 샘플

<table>
<tr><td colspan="5" align="center">고충처리신청서</td></tr>
<tr><td rowspan="4">인
적
사
항</td><td>소 속</td><td colspan="3"></td></tr>
<tr><td>직 급</td><td></td><td>사 원 번 호</td><td></td></tr>
<tr><td>성 명</td><td></td><td>주민등록번호</td><td></td></tr>
<tr><td>현주소</td><td colspan="3"></td></tr>
<tr><td colspan="5">〈고 충 사 항〉</td></tr>
<tr><td colspan="5" align="center">위와 같이 고충처리신청서를 제출하오니 처리하여 주시기 바랍니다.
년 월 일
신청인 (인)</td></tr>
</table>

[별첨 6-11] 고충사항 접수·처리 대장

<table>
<tr><th colspan="9">고충사항 접수 · 처리대장</th></tr>
<tr><th rowspan="2">접수
번호</th><th rowspan="2">접수
일자</th><th colspan="2">고충처리 요청인</th><th rowspan="2">고충내용</th><th rowspan="2">처리결과</th><th rowspan="2">회신
일자</th><th rowspan="2">고충
처리
위원</th></tr>
<tr><th>성명</th><th>소속부서</th></tr>
<tr><td></td><td></td><td></td><td></td><td></td><td></td><td></td><td></td></tr>
</table>

제 7 장

노동사건 진정 및 구제 실무

I 노동청 진정절차

사용자가 근기법 등 노동관계법령을 위반한 경우 근로자는 고용노동부에 진정 및 고소·고발을 할 수 있으며, 감독기관인 고용노동부는 근로감독관을 통하여 이러한 근로자의 진정 및 고소·고발에 따른 신고사건을 수행한다.

〈지방고용노동관서〉

지역	지방청 및 지청	관할
서울	서울지방고용노동청	중구, 종로구, 동대문구, 서초구
	서울강남	강남구
	서울동부	성동구, 광진구, 송파구, 강동구
	서울서부	용산구, 마포구, 서대문구, 은평구
	서울남부	영등포구, 양천구, 강서구
	서울북부	중랑구, 노원구, 강북구, 도봉구, 성북구
	서울관악	관악구, 구로구, 금천구, 동작구
경인·인천·강원	중부지방고용노동청	인천 중구, 남구, 동구, 연수구, 남동구, 옹진군
	인천북부	인천 부평구, 계양구, 강화군, 서구
	부천	부천시, 김포시
	의정부	의정부시, 포천시, 구리시, 남양주시, 동두천시, 연천군, 철원군, 양주시
	고양	고양시, 파주시
	경기	수원시 화성시 동탄면, 동탄1~3동, 병점1~2동, 진안동, 반월동, 용인시, 화성시
	성남	성남시, 광주시, 양평군, 이천시, 여주시, 하남시
	안양	안양시, 과천시, 군포시, 광명시, 의왕시
	안산	안산시, 시흥시
	평택	평택시, 오산시, 안성시
	강원	춘천시, 화천군, 홍천군, 양구군, 인제군, 가평군
	강릉	강릉시, 동해시, 속초시, 고성군, 양양군
	원주	원주시, 횡성군
	태백	태백시, 삼척시
	영월출장소	영월군, 정선군, 평창군
부산·경남	부산지방고용노동청	부산 중구, 동구, 서구 영도구, 남구, 부산진구, 연제구, 사하구
	부산동부	동래구, 금정구, 수영구, 해운대구, 기장군
	부산북부	북구, 사상구, 강서구

지역	지방청 및 지청	관할
	창원	창원시, 함안군, 의령군, 창녕군
	울산	울산광역시
	양산	김해시, 밀양시, 양산시
	진주	진주시, 사천시, 산청군, 거창군, 함양군, 합천군, 하동군, 남해군
	통영	통영시, 고성군, 거제시
대구·경북	대구지방고용노동청	대구광역시 중구, 수성구, 북구, 동구, 군위군,
	대구서부	남구, 서구, 달서구, 달성군, 고령군, 칠곡군, 성주군
	포항	포항시, 영덕군, 울릉군, 울진군 경주시
	구미	구미시, 칠곡군, 김천군
	영주	영주시, 봉화군, 문경시, 상주시
	안동	안동시, 예천군, 의성군, 청송군, 영양군
광주·전라	광주지방고용노동청	광주광역시, 나주시, 화순군, 곡성군, 구례군, 담양군, 장성군, 광산구, 영광군, 함평군
	전주	전주시, 남원시, 무주군, 장수군, 진안군, 완주군, 임실군, 순창군, 정읍시
	익산	익산시, 김제시
	군산	군산시, 부안군, 고창군
	목포	목포시, 신안군, 진도군, 무안군, 영암군, 해남군, 장흥군, 강진군, 완도군
	여수	순천시, 보성군, 고흥군, 여수시, 광양시
	제주근로개선지도센터	제주특별자치도
대전·충천	대전지방고용노동청	대전광역시, 금산군, 세종특별자치시, 공주시, 논산시, 계룡시
	청주	청주시, 진천군, 괴산군, 보은군, 증평군, 옥천군, 영동군
	천안	천안시, 당진시, 예산군, 아산시
	충주	충주시, 제천시, 단양군, 음성군
	보령	보령시, 서천군, 부여군, 홍성군, 청양군
	서산출장소	서산시, 태안군

〈진정사건 처리절차〉

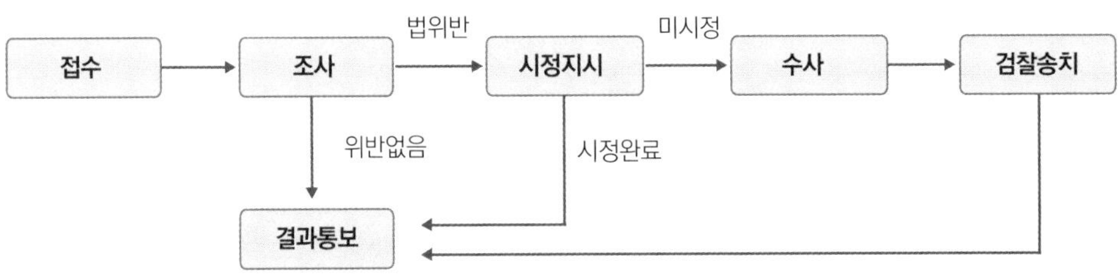

1. 접수

사업 또는 사업장에서 노동관계법령 위반행위로 권익을 침해당한 자는 사업장 소재지 관할 지방고용노동관서에 진정서를 제출할 수 있다.

❖ 건설달인의 TIP

진정사건이 접수되면 감독관은 사용자에 통보하고 관련 사항에 대해 1차적 사실관계 조사 등을 진행한다.

2. 조사

진정이 제기된 내용에 대하여 감독관은 조사를 진행하고 이를 위하여 감독관이 필요한 경우 당사자 그 밖의 참고인에게 출석을 요구할 수 있으며 사건을 접수한 날로부터 25일 이내에 처리하여야 한다[277].

♣ 출석요구서 (별첨 7-1)

❖ 건설달인의 TIP

조사를 받을 때에는 진정내용에 대해 주장할 수 있는 자료(근로자의 경우에 근로계약서, 근로사실내용 등, 사용자의 경우 임금지급내역서, 입금내역 등)를 최대한 자세하고 충분하게 준비하여 제출하여야 한다. 대리인이 있는 경우 대리인과 함께 출석하여 주장내용이 잘 전달될 수 있도록 하는 것이 좋다.

❖ 건설달인의 TIP

근로감독관이 출석요구를 한 날짜와 시간에 출석하여 조사받는 것이 원칙이지만 부득이하게 해당일에 출석이 어려운 경우에는 담당 근로감독관과 출석날을 조율할 수 있다.

277) 부득이한 경우에는 조사기간을 연장할 수 있다.

3. 시정지시

조사결과 법 위반사항이 있는 것으로 확인되는 경우에 감독관은 기간을 정하여 시정하도록 지시를 하되[278], 기한내에 시정이 완료되면 내사종결하고, 기한내에 시정하지 아니하면 범죄인지 보고 후 수사에 착수한다.[279]

♣ 시정지시서 (별첨 7-2)

4. 반의사불벌죄 처리

금품청산, 임금지급 등과 같이 피해자의 명시적인 의사에 반하여 공소를 제기할 수 없는 위반사건에 대해서는 피해자에게 법 위반자에 대한 처벌을 원하는지 여부를 확인한다. 피해자가 법 위반자에 대한 처벌불원 의사를 표시하는 경우에는 처벌불원 의사표시의 철회는 불가능하고 같은 내용으로 재신고도 할 수 없다는 사실을 알린 후 '처벌불원 의사표시 유의사항 고지확인서'를 제출받는다.

♣ 진정(고소장) 취하서 (별첨 7-3)

〈처벌불원 의사표시 유의사항 고지확인서〉

처벌을 원하지 않는다는 의사표시에 따른 유의사항 고지사실 확인
1. 귀하는 ○○지방고용노동청(지청)에 제기한 임금 등 체불 사건과 관련하여 체불사업주에 대한 처벌을 원하지 않는다는 의사를 표시하였습니다. 2. 체불사업주에 대한 처벌을 원하지 않는다는 귀하의 의사표시는 철회할 수 없습니다. 3. 귀하가 체불사업주에 대해 처벌을 원하지 않음으로써 같은 내용에 대해 다시 신고할 수 없습니다.
(문) 귀하는 위와 같은 내용에 대해 근로감독관으로부터 고지 받았나요? (답) (자필 기재) (문) 귀하는 체불사업주에 대한 처벌을 원하지 않는다는 의사를 철회할 생각이 있나요? (답) (자필 기재) (문) 귀하는 동일한 체불사건에 대해 다시 신고할 생각이 있나요? (답) (자필 기재) 20 . . . 확인자: (인)

278) 시정기간 없이 즉시 범죄인지로 되는 경우에는 바로 범죄인지(과태료 부과)한다.
279) 행정사항인 경우는 과태료를 부과한다.

5. 수사

사용자가 감독관의 시정지시에 응하지 않는 등으로 인하여 감독관이 범죄를 인지한 경우 감독관은 검사의 지휘를 받아 범죄를 수사하고 증거를 수집한다.

6. 송치

감독관은 수사가 완료되는 즉시 그 결과를 지방관서장에게 보고하고 관할 검찰청에 송치한다.

❖ 건설달인의 TIP

검찰에 송치되면 검찰에서 당사자들을 불러 조사를 하고 일반적으로 약식기소 후 벌금형을 확정한다. 임금체불 등으로 인한 경우 근로자는 민사소송 등을 거쳐 사업장에 강제집행을 할 수 있다.

Ⅱ 노동위원회 구제절차

고용노동부의 소속기관인 노동위원회는 노사간의 이익 및 권리분쟁에 대한 조정과 판정을 주업무로 하는 독립성을 지닌 준사법적 기관으로 근로자위원, 사용자위원 공익위원 3자로 구성된 합의제 행정관청이다.

〈지방노동위원회〉

중앙노동위원회, 서울지방노동위원회, 부산지방노동위원회, 경기지방노동위원회, 충남지방노동위원회, 전남지방노동위원회, 경북지방노동위원회, 경남지방노동위원회, 인천지방노동위원회, 강원지방노동위원회, 충북지방노동위원회, 전북지방노동위원회, 제주지방노동위원회, 울산지방노동위원회

〈구제신청 처리절차[280]〉

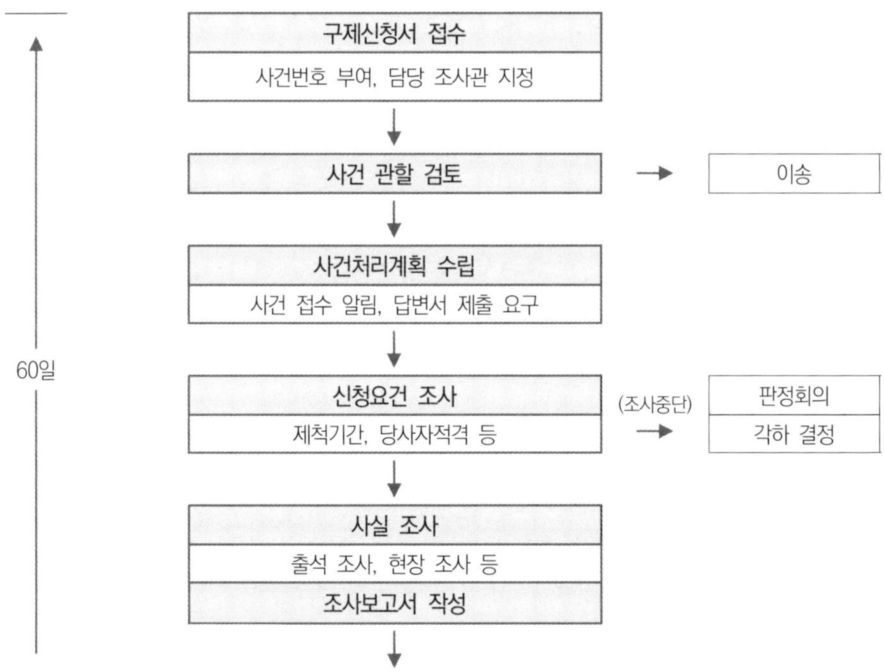

280) 심판업무 처리요령, 중앙노동위원회, 2007, p.12

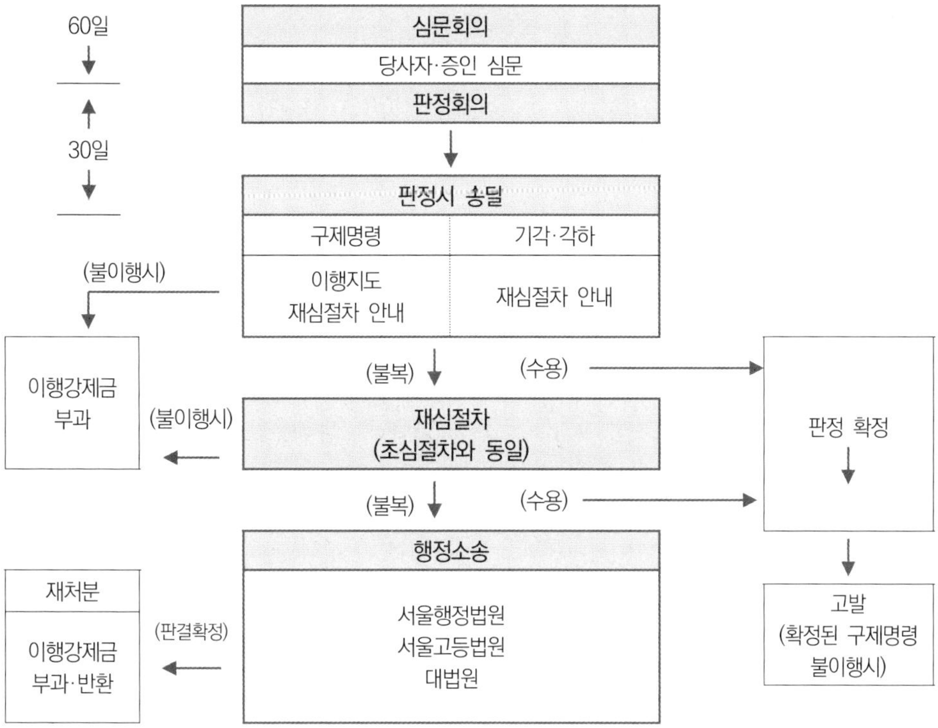

1. 접수

사용자로부터 정당한 이유없이 해고·휴직·정직 등 기타 징벌을 당한 근로자는 관할 지방노동위원회에 부당해고 등 구제신청을 할 수 있으며, 사용자로부터 노동조합의 업무를 위한 정당한 행위를 한 것을 이유로 불이익을 받는 등 부당노동행위로 인하여 권리를 침해당한 근로자 또는 노동조합은 부당노동행위 구제신청을 할 수 있다.

❖ 건설달인의 TIP

구제신청이 접수되면 담당 조사관은 신청인이 제출한 구제신청서 및 이유서를 상대방 당사자에게 송달하고 이에 대한 답변서를 제출하도록 요구한다.

2. 조사

담당조사관은 사실조사를 하기 전에 당해 사건이 신청요건 또는 구제절차 유지요건을 갖추었는지 검토하고, 만일 신청요건 등이 갖추어지지 않은 경우에는 각하한다.

❖ 건설달인의 TIP

구제신청은 당사자적격이 있어야 하므로 근로자 또는 노동조합이 아닌 자가 구제신청을 하였을 경우 당사자적격이 없음을 주장하여야 한다. 또한 심문회의 전 조사과정에서 조사관이 당사자 출석조사를 요청할 수도 있으므로 이 과정에서 충분한 정보를 제공하여 사실관계를 주장할 수 있다. 화해의 가능성이 있는 사건의 경우 조사관이 화해를 타진하는 경우도 있으므로 화해의 가부도 미리 염두해두고 출석조사에 임하면 된다.

3. 심문회의

사건조사가 끝나면 사건 접수일로부터 60일 이내로 심문회의가 개최되고, 심문일정 통지서가 심문회의 개최일 7일 전까지 송부된다.

❖ 건설달인의 TIP

당사자가 합의한 경우나 기타 사유에 해당되는 경우에는 심문회의를 연기할 수 있으며, 연기하고자 하는 경우에는 심문회의 개치 3일 전까지 심문회의 연기신청서를 제출하여야 한다.

♣ 심문회의 연기신청서 (별첨 7-4)

심문회의에는 공익위원, 근로자위원, 사용자위원이 참석하며, 당사자는 심문회의 개최 전일까지 심문회의 참석자명단을 작성하여 제출하여야 한다.

♣ 심문회의 참석자 명단 (별첨 7-5)

〈심문회의 진행순서 및 시나리오[281]〉

1. 성원여부 및 당사자 확인 : 의장
   ① 위원전원 출석 확인
   ② 당사자 확인
   참석자를 확인하겠습니다.
   - 근로자 측 : 근로자 ○○○ 참석하셨지요?(대리인 있는 경우 대리인 확인)
   - 노동조합 측 : (주)▽▽노동소합 법규국장 △△△ 참석하셨지요?(대리인 있는 경우 대리인 확인)
   - 사용자 측 : (주)▽▽ 인사부장 ○○○ 참석하셨지요?(대리인 있는 경우 대리인 확인)
2. 개회선언 : 의장
   - 지금부터 ○○○○부해○○ (주)○○○ 부당해고구제 신청사건의 심문회의(회의종류)를 시작하겠습니다. (의사봉 3회 타봉)
   - 조사관의 유의사항 낭독이 있겠습니다.
   - 참석하신 당사자는 모두 일어서 주십시오.
   - 유의사항 낭독 : 조사관

≪유 의 사 항≫

1. 이 회의는 노동위원회법 제15조 제3항 및 노동위원회규칙 제25조의 규정에 의하여 개최하는 것으로, 당사자·대리인·증인·참고인은 위원의 질문에 성실하게 답변하여야 한다.
2. 당사자는 의장(위원장)의 승인을 얻어 자기에게 유리한 증거를 제출하거나 진술할 수 있고,(증인을 심문 또는 반대 심문할 수 있으며) 심문을 종결할 때 자신을 위한 최종진술을 할 수 있습니다.
3. 만약, 허위자료를 제시하였을 때에는 노동위원회법 제31규정에 따라 처벌을 받을 수 있으며, 회의질서를 문란케 한 사람은 노동위원회법 제20조에 따라 퇴장명령을 받게 됩니다.

   - 앉아 주시기 바랍니다.
3. 사건개요 설명
   - 조사관은 사건개요를 설명 해주시기 바랍니다. : 의장
   - 사건개요 설명 : 조사관 **(사건개요를 설명할 때 신청요건에 관한 직권조사 결과를 반드시 설명)**
4. 심문진행 : 의장
   - 위원들의 심문에 대하여 간단하게 답변하여 주시기 바랍니다.
   - 심문은 공익위원, 근로자위원, 사용자위원 순으로 하고, 심문이 끝나면 당사자에게 최종진술의 기회를 드리겠습니다.
   - ○○○ 공익위원님(우측 공익위원) 먼저 심문해 주십시오.
   ▲ 공익위원 심문
   - ○○○ 공익위원님(좌측 공익위원) 심문해 주십시오.
   ▲ 공익위원 심문
   - ○○○ 근로자위원님 심문해주십시오.
   ▲ 근로자위원 심문
   - ○○○ 사용자위원님 심문 해주십시오.
   ▲ 사용자위원 심문
   ※ 증인이 참석한 경우 증언의 취지와 관련된 심문 시 의장이 증인을 신청한 쪽에 먼저 증인심문의 기회를 부여하고, 상대방에게 반대심문을 하도록 한 후 위원들이 보충심문을 함
5. 심문 종결 : 의장
   - 이상으로 심문을 종결하고, 당사자에게 최종진술 기회를 드리겠습니다.
   - 먼저 근로자 측 최종 진술하여 주시기 바랍니다.
     · 근로자 측 최종 진술
   - 사용자 측 최종 진술하여 주시기 바랍니다.
     · 사용자 측 최종 진술
6. 폐회선언 : 의장
   - 이상으로 ○○○○부해○○ (주)○○○(주) 부당해고구제 신청사건의 심문회의를 마칩니다. (의사봉 3회 타봉)

---

281) 심판업무 처리요령, 중앙노동위원회, 2007, p.93~94

❖ 건설달인의 TIP

심문회의가 종료된 후 위원 판정회의를 거쳐 최종 판정결과가 정해지면 조사관은 의결 다음날 당사자에게 통보한다. 일반적으로 심문회의 다음날 의결결과 통보를 받을 수 있고, 만일 통보가 되지 않으면 확인요청을 해볼 수 있다.

4. 판정서 송달

심판사건을 종결한 후 30일 이내에 판정서 등 그 결과를 서면으로 통보한다. 판정에 이의가 있는 경우에는 판정서를 송달받은 일로부터 10일(재심사건은 15일) 이내에 재심을 신청하면 된다.

5. 구제명령 이행

부당해고 등 구제명령이 있는 경우 사용자는 이행기한까지 구제명령을 이행하여야 하고 이행결과에 대해 보고서를 제출하여야 한다. 만일, 사용자가 이행기한까지 구제명령을 이행하지 않은 경우에는 이행강제금이 부과된다.

♣ 구제명령 이행결과 통보서 (별첨 7-6)

6. 이행강제금

근기법 제33조(이행강제금) ①노동위원회는 구제명령을 받은 후 이행기한까지 구제명령을 이행하지 아니한 사용자에게 2천만원 이하의 이행강제금을 부과한다.
⑤노동위원회는 최초의 구제명령을 한 날을 기준으로 매년 2회의 범위에서 구제명령이 이행될 때까지 반복하여 제1항에 따른 이행강제금을 부과 · 징수할 수 있다. 이 경우 이행강제금은 2년을 초과하여 부과 · 징수하지 못한다.

이행강제금 제도는 부당해고등 구제명령에 대한 이행을 강제하여 구제명령의 실효성을 높이기 위하여 시행하고 있는 제도로 사용자가 구제명령을 이행할 때까지 1년에 2회 범위 내에서 총 4회까지 부과된다.

이행강제금 부과기준[282)]

◦ 정당한 이유 없는 해고에 대한 구제명령을 이행하지 아니 한 자 : 500만원 ~ 2,000만원
◦ 정당한 이유 없는 휴직, 정직에 대한 구제명령을 이행하지 아니 한 자 : 250만원 ~ 1,000만원
◦ 정당한 이유 없는 전직, 감봉에 대한 구제명령을 이행하지 아니 한 자 : 200만원 ~ 500만원
◦ 정당한 이유 없는 그 밖의 징벌에 대한 구제명령을 이행하지 아니 한 자 : 100만원 ~ 500만원

❖ 건설달인의 TIP

이행강제금은 부당해고등에 관한 구제명령을 토대로 부과하는 것이고 구제명령은 재심신청이나 행정소송에 의하여 그 효력이 정지되지 아니하므로 재심신청이나 행정소송 제기 여부와 관계없이 이행강제금이 부과되나, 만일 구제명령이 재심이나 법원판결로 취소된 경우에는 반환된다.

282) 구체적인 이행강제금의 금액은 위반행위의 종류에 따른 부과금액의 범위에서 위반행위의 동기, 고의·과실 등 사용자의 귀책 정도, 구제명령 이행을 위한 노력의 정도, 구제명령을 이행하지 아니한 기간 등을 고려하여 결정한다.

Ⅲ 산재보험 심사·재심사 절차

근로복지공단의 보험급여 지급결정 등에 이의가 있는 경우 그 처분에 불복하는 자가 이의를 제기하는 제도로서, 근로복지공단에 대한 심사청구와 산업재해보상보험심사위원회에 대한 재심사청구의 이심제도로 조직되어 있다.

〈심사·재심사청구 처리절차〉

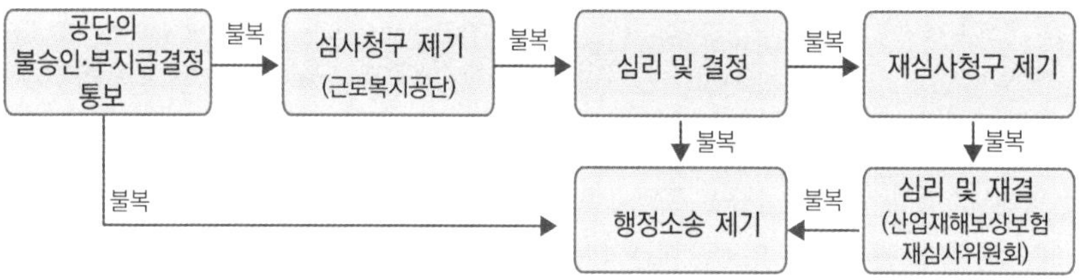

〈심사·재심사청구의 심리 및 결정절차〉

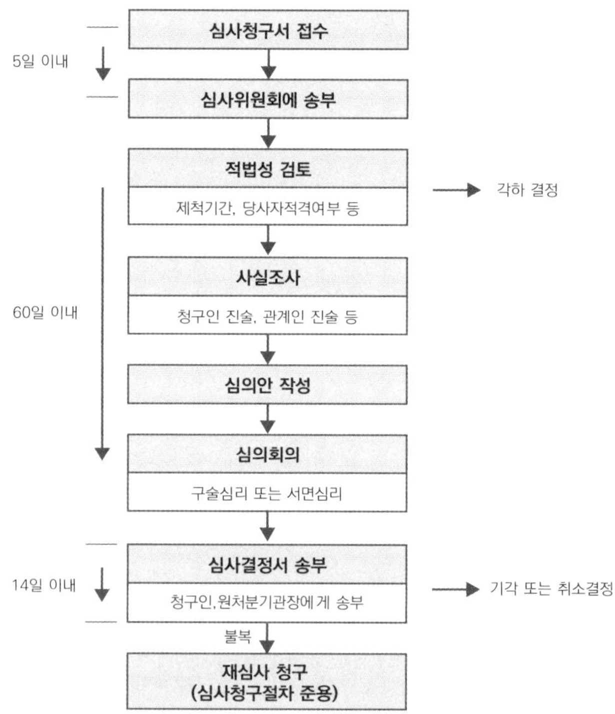

1. 접수

근로복지공단 소속기관(지역본부, 지사)의 보험급여 등에 관한 결정에 이의가 있는 자는 보험급여 결정 등을 한 공단의 소속기관을 거쳐 공단에 심사청구를 할 수 있다.

❖ 건설달인의 TIP

청구인은 보험급여 결정 등이 있음을 안 날로부터 90일 이내에 심사청구서를 제출하여야 하는데, 심사청구서는 청구인의 이름 및 주소, 심사청구의 대상이 되는 보험급여의 결정내용, 보험급여 등에 관한 결정이 있음을 안 날, 심사청구의 취지 및 이유 등의 내용이 포함되어야 한다.

2. 조사

심사장은 청구의 적법요건 검토 결과 적법요건을 충족하면 심사결정에 필요하다고 인정되는 사실을 조사하고, 유해·위험요인에 장기간 노출되어 발병하거나 또는 일정기간 잠복기가 지난 후에 밝혀지는 질병 등에 관한 심사청구의 경우에 필요하면 산업안전보건공단 등 전문기관에 업무상 질병 여부에 대한 조사를 의뢰할 수 있다.

3. 심의회의

심사장의 조사가 끝나면 사건 접수일로부터 60일 이내로 심사위원회의 심의가 개최되고, 위원장은 심의회의 일시 및 장소를 심의회의 개최일 3일 전까지 청구인 및 원처분기관장에게 각각 서면 또는 전자적 방법(문자메시지 전송, 이메일 통지)으로 통지한다. 단, 부득이한 사유로 그 기간 이내에 결정을 할 수 없는 경우 1차에 한하여 20일을 넘지 아니하는 범위에서 그 기간이 연장될 수 있다.

❖ 건설달인의 TIP

심의회의에 의견 진술하고자 하는 청구인은 심의회의 개최 전까지 구술심리신청서를 제출하여야 한다.

♣ 구술심리신청서 (별첨 7-7)

4. 판정서 송달

심의회의에서 의결을 한 날부터 14일 이내에 청구인 및 원처분기관장에게 심사결정서를 송부한다. 심사결정에 이의가 있는 청구인은 결정 통지를 받은 날부터 90일 이내에 원처분기관을 거쳐 산업재해보상보험재심사위원회에 재심사청구 또는 관할 행정법원에 행정소송을 제기할 수 있다.

제 7 장

별첨
서식자료

[별첨 7-1] 출석요구서

제　　　호

출 석 요 구

귀하에 대한　　　　　　　　　　　사건(진정인　　　　　)에 관하여 문의할 일이 있으니　　.　　.　　오전(후)　　　시에 ○○지방고용노동청(○○지청)○○○○과로 출석하여 주시기 바랍니다.

출석하실 때에 반드시 이 출석요구서와 주민등록증(또는 운전면허증) 및 도장, 그리고 아래 증거자료와 기타 귀하가 필요하다고 생각하는 자료를 가지고 나와 주시기 바랍니다.(대리인 출석시 위임장 지참)

1.
2.
3.

지정된 일시에 출석할 수 없는 부득이한 사정이 있거나 이 출석요구서와 관련하여 궁금한 점이 있으면, ○○○○과(전화　　　-　　　　)에 연락하여 출석일시를 조정하시거나 궁금한 사항을 문의하시기 바랍니다.

20　　.　　.　　.

○○지방고용노동청(○○지청)

특별사법경찰관

근 로 감 독 관　　　　　(인)

[별첨 7-2] 시정지시서

<table>
<tr><td colspan="2">제　　호
문서번호 :
수　　신 :</td><td colspan="4">시　정　지　시　서</td></tr>
<tr><td>사업장명</td><td colspan="2"></td><td>대 표 자</td><td colspan="2"></td></tr>
<tr><td>소 재 지</td><td colspan="5"></td></tr>
<tr><td>위 반 법 조 항</td><td>시정 지시 내용</td><td>체불자수</td><td>체불금액</td><td colspan="2">시정기한</td></tr>
<tr><td></td><td></td><td></td><td></td><td colspan="2"></td></tr>
<tr><td></td><td></td><td></td><td></td><td colspan="2"></td></tr>
<tr><td colspan="6">. . . ~ . . . 까지 실시한 　　결과 지적된 노동관계법 위반사항에 대하여 위와 같이 시정 지시하니, 이 시정지시서를 근로자가 잘 볼 수 있는 장소에 게시하시고, 시정 결과와 게시 사실에 대한 증빙자료를 첨부하여 　. . .까지 보고하시기 바랍니다.

20　.　.　.

○○지방고용노동청(○○지청)장</td></tr>
</table>

[별첨 7-3] 진정(고소장) 취하서

진정(고소장) 취하서

1. 당사자 및 민원접수번호

○ 신고인(진정인, 고소인)

- 성명: (생년월일:)
- 주소: (☎)

○ 피진정인(피고소인)

- 성명: (☎)
- 사업체명:
- 소재지:

2. 취하사유 및 형사처벌에 관한 의사

○ 취하사유:

〈 체불금품 수령내역 〉

(단위: 원)

계	임금	퇴직금	기타금품

※ 진정사건과 관련하여 체불금품을 수령한 경우에 위 내역을 작성

○ 형사처벌을 희망하는지 여부:

※ 임금체불사건에 있어 가해자의 처벌을 원하지 않는 사건(반의사불벌죄)에 대해서는 "처벌불원 의사 표시에 따른 유의사항 고지사실 확인서"를 별지로 작성하여 제출

20 . . .

취하인 성명 (인)

○○지방고용노동청(지청)장 귀하

[별첨 7-4] 심문회의 연기신청서

<table>
<tr><td colspan="3">심 문 회 의 연 기 신 청 서</td></tr>
<tr><td colspan="2">사 건</td><td></td></tr>
<tr><td rowspan="3">신청인</td><td>성 명</td><td>(주민등록번호 :)</td></tr>
<tr><td>주 소</td><td>(☎ :)</td></tr>
<tr><td>당사자 지위</td><td>□ 근로자(또는 노동조합) □ 사용자 (해당란에 ∨표시)</td></tr>
<tr><td colspan="2">연기 사유
(해당란에 ∨표시)</td><td>□ 근로자가 조합선거 출마자로서 선거 당일이 심문회의 당일인 경우
□ 사용자의 주주총회 당일이 심문회의 당일인 경우
□ 당해 구제신청사건과 같은 원인에 의한 소송의 재판기일이 심문회의 당일인 경우
□ 당사자나 대리인이 수행하는 심판사건의 심문회의가 같은 날 다른 노동위원회에서 개최 예정인 경우
□ 당사자 또는 대리인이 해외출장 중인 경우
□ 당사자가 합의하여 심문회의의 연기를 신청한 경우
□ 중대한 신병치료 중으로 거동이 불편한 경우
□ 「형사소송법」에 의한 체포·구속
□ 사고로 인한 상해, 급성질병 등이 발생한 경우
□ 그 밖의 사유(상세히 기재)</td></tr>
<tr><td colspan="3">노동위원회규칙 제53조 제1항에 따라 위와 같이 심문회의 연기를 신청한다.

년 월 일
신청인 (서명 또는 날인)
(대리인) (서명 또인 날인)

○○노동위원회 위원장 귀하</td></tr>
<tr><td colspan="2">구비서류</td><td>연기사유에 대한 소명 자료</td></tr>
</table>

[별첨 7-5] 심문회의 참석자 명단

■ 노동위원회규칙 [별지 제12호서식]

심문회의 참석자 명단

사　　건	
심문회의 일시	

「노동위원회규칙」제52조제3항에 따라 심문회의 참석자 명단을 아래와 같이 제출한다.

당사자 지위	성 명	생 년 월 일	당사자와의 관계 (대리인, 참고인)	직위 · 직책
[ ] 근 로 자 [ ] 노동조합 [ ] 사 용 자 (해당란에 √표시)				

붙임: 위임장

년　　월　　일

제출자　　　　(서명 또는 날인)

중앙노동위원회위원장 귀하

210mm×297mm(백상지 80g/㎡)

[별첨 7-6] 구제명령 이행결과 통보서

구제명령 이행결과 통보서

사 건:

1. 근로자 성명:

2. 사용자
 - 사업체명:
 - 소 재 지:
 - 대표자명: (주민등록번호:)

3. 구제명령 이행기일:

위 구제신청에 관한 구제명령을 . . . 다음과 같이 이행하였습니다.

다 음

구제명령의 내용	이행 내역

※ 근로자가 여럿인 경우 별지작성 가능

년 월 일

제출자: (서명 또는 날인)

○○노동위원회위원장 귀하

붙임	구제명령 이행결과 증빙 자료

210mm×297mm(백상지 80g/㎡)

[별첨 7-7] 구술심리신청서

<table>
<tr><td colspan="4">구 술 심 리 신 청 서</td></tr>
<tr><td>사건번호</td><td colspan="3"></td></tr>
<tr><td>사 건</td><td colspan="3"></td></tr>
<tr><td>청 구 인</td><td></td><td>재해근로자</td><td></td></tr>
<tr><td>신청취지 및 이유</td><td colspan="3"></td></tr>
<tr><td>비 고</td><td colspan="3"></td></tr>
<tr><td colspan="4">위와 같이 구술심리를 신청합니다.

년 월 일

신청인 주소
성명 (서명 또는 날인)

근로복지공단 이사장 귀하</td></tr>
</table>

건설달인이 본

건설업 노무관리 실무

인쇄일 2019. 10. 21

발행일 2019. 11. 1

저　자 이덕조(더원이엔씨 노무법인 대표노무사)

발행인 최삼규

발행처 **건설경제**

소재지 서울 강남구 언주로 711, 12층(논현동, 건설회관)

전　화 02) 515-7320

홈페이지 www.cnews.co.kr

정　가 35,000원

ISBN 979-11-88761-34-0-93360